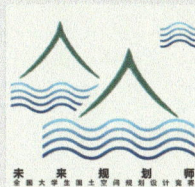

未来规划师 | 全国大学生国土空间规划设计竞赛
获奖作品集（2021—2022）

自然资源部国土空间规划局
自然资源部人力资源开发中心　编
天 津 大 学 建 筑 学 院
东 南 大 学 建 筑 学 院

科学出版社

内 容 简 介

本书为第一、二届未来规划师——全国大学生国土空间规划设计竞赛获奖作品集。该项赛事由自然资源部主办，两届竞赛先后由东南大学、天津大学承办。本书收录了两届竞赛的设计任务书与全部获奖作品，每个获奖作品附有竞赛组委会的方案点评。两届竞赛的命题均聚焦竞赛举办地城市真实地段的更新问题。参赛者通过实地调研，运用多种分析方法，归纳城市问题与更新难点，提出综合解决方案并落实于空间设计，成果最终以可视化的图纸形式表现。本书在内容上尽可能忠实地展现参赛图纸原貌，全面展现竞赛成果，能够代表当前我国城乡规划专业教学的最高水平。

本书适合城乡规划专业师生、城乡规划从业者以及关注城市更新工作的非专业读者阅读。

审图号：GS京（2024）1312号

图书在版编目（CIP）数据

未来规划师 : 全国大学生国土空间规划设计竞赛获奖作品集 : 2021—2022/ 自然资源部国土空间规划局等编. —北京：科学出版社，2024.5
ISBN 978-7-03-076114-9

Ⅰ. ①未… Ⅱ. ①自… Ⅲ. ①国土规划 – 案例 – 中国 –2021—2022
Ⅳ. ①F129.9

中国国家版本馆 CIP 数据核字（2023）第 146766 号

责任编辑：付 娇/责任校对：马英菊
责任印制：吕春珉/封面设计：宋 卉

科 学 出 版 社 出版
北京东黄城根北街 16 号
邮政编码：100717
http://www.sciencep.com

北京中科印刷有限公司印刷
科学出版社发行　各地新华书店经销
*
2024 年 5 月第 一 版　开本：889×1194 1/12
2024 年 5 月第一次印刷　印张：20
字数：348 000
定价：238.00 元
（如有印装质量问题，我社负责调换）
销售部电话 010-62136230　编辑部电话 010-62135319-2031

本书编委会

主　编

张　兵　　易树柏　　曾　鹏

副主编

李　枫　　吴卫东　　蹇庆鸣

编　委（按姓氏笔画排序）

于海涛　　门晓莹　　王　引　　王　超　　叶　斌　　边兰春

吕　斌　　朱　妍　　刘　军　　江　泓　　许熙巍　　孙在宏

阳建强　　李　枫　　李建波　　吴卫东　　张　兵　　张　彤

张尚武　　张晓玲　　陈　天　　陈晓东　　武廷海　　林　坚

易树柏　　罗小龙　　周　俭　　周长林　　段　进　　贺灿飞

顾安国　　党　晟　　殷　铭　　黄亚平　　黄经南　　曹一辛

彭　翀　　董玛力　　傅　兆　　曾　坚　　曾　鹏　　鲍　莉

霍　兵　　蹇庆鸣

序一

"未来规划师——全国大学生国土空间规划设计竞赛"（以下简称"竞赛"）作为一个新近创立的城乡规划相关专业全国性大学生竞赛，截至2022年底已成功举办两届。竞赛一经推出，就得到了各高校的热烈响应。新时代国土空间规划工作既需要高屋建瓴的顶层设计，也需要广大学子新鲜的思考和创意。以竞赛形式促进国土空间规划新视角、新体系、新方法走进大学课堂，凝聚新共识，同时使国土空间规划工作从业界实践的现实约束中解放出来，拥抱理想，面向未来，激发其作为一种制度创新的生命力，正是自然资源部国土空间规划局指导、自然资源部人力资源开发中心主办该竞赛的宗旨。

习近平总书记指出："人民城市人民建、人民城市为人民。"[1] "城市是人集中生活的地方，城市建设必须把让人民宜居安居放在首位，把最好的资源留给人民。"[2] "要坚持广大人民群众在城市建设和发展中的主体地位，探索具有中国特色、体现时代特征、彰显我国社会主义制度优势的超大城市发展之路。"[3] 基于当前我国城乡规划教学体系的特点，并考虑到国土空间规划背景下我国城市设计教学体系的要求，两届竞赛聚焦国土空间规划中空间尺度较小、社会经济文化背景较复杂的城市更新工作。竞赛坚持真地真题、现场调研的传统组织方式，传承城

[1] 习近平. 在浦东开发开放30周年庆祝大会上的讲话. 新华社. (2020-11-12). https://baijiahao.baidu.com/s?id=1683151629453731935&wfr=spider&for=pc.

[2] 马原, 许晴, 刘书文. 一见·城市建设，总书记强调必须把这一点放在首位. 人民日报, 2021-03-25. https://baijiahao.baidu.com/s?id=1695179279884007656&wfr=spider&for=pc.

[3] 习近平. 在浦东开发开放30周年庆祝大会上的讲话. 新华社. (2020-11-12). https://baijiahao.baidu.com/s?id=1683151629453731935&wfr=spider&for=pc.

乡规划教学重视调查研究的传统，也契合国土空间规划工作实事求是的特点，命题工作由自然资源部国土空间规划局、自然资源部人力资源开发中心、承办院校、承办地规划和自然资源局协办，确保竞赛命题的专业性、真实性、在地性，确保竞赛基础资料翔实可靠；竞赛评审邀请来自学界、业界、政府部门的权威人士共同参与，确保竞赛评审标准开放多元，环节公正透明，结果能够全面体现竞赛水准。

两届竞赛组织中各个环节的制度保障及高效率的协调工作，使参赛院校师生的能力得以充分施展，智慧得以充分表达，也使竞赛的获奖作品能够以作品集的形式及时、完整、清晰地呈现于读者面前。作品集的内容和设计充分尊重作品作者意愿，在保障出版物可读性的同时，最大限度地保留了图纸的原始面貌。竞赛除常规性的一、二、三等奖及佳作奖外，还设置了若干专项奖，以表彰评审标准中单项突出的作品，促进竞赛向更高水平迈进，

激励国土空间规划体系下城市更新工作的前沿探索。

受益于城乡规划教育传统中对可视化表达方式的重视，这些作品的读者不仅仅限于城乡规划相关专业人员，也包括关注热爱城市文化、关注城市问题、关心城市未来的人。我国的国土空间规划为了人民，属于人民，也必将来自人民。相信本书能在国土空间规划的理论研究、实践运行、教学优化、科学普及等方面起到重要作用。

大家能够聚在一起，对城市有认知，对生活有启悟，对设计有帮助，就已足够。

感谢参加竞赛的所有高校和师生团队，感谢主办、承办、协办、合作单位，感谢评审委员会。

自然资源部国土空间规划局局长

张 兵

序 二

　　在自然资源部国土空间规划局的直接领导下，在部共建高校、地方规划主管部门和行业单位的通力协作下，"未来规划师——全国大学生国土空间规划设计竞赛"截至2022年底已经成功举办两届，取得了良好的反响。

　　第一届竞赛以"更新让居住更美好"为主题，以南京市秦淮区钓鱼台、淮海路两个固定地块的城市更新为选题，面向国内国土空间规划相关专业三年级及以上本科生开展设计方案评比，竞赛活动吸引了国内56所高校的94支代表队500余名师生报名参加。第二届竞赛以"城市更新、内涵提升"为主题，以天津市鞍山道、劝业场、天钢-机床厂三个真实项目地块的城市更新为选题，面向国内国土空间规划相关专业三年级及以上本科生和城乡规划专业硕士研究生开展设计方案评比，吸引了全国56所高校的113支代表队700余名师生报名参加。

　　全国大学生国土空间规划设计竞赛是国家行业主管部门举办的全国性竞赛，自然资源部党组高度重视，部党组成员、副部长庄少勤亲自审定竞赛方案，国土空间规划局局长联合担任竞赛组委会主任，竞赛成绩已成为一大批高校"推荐免试研究生"的重要依据，体现了竞赛的权威性。在竞赛主题上，贴近国土空间规划战略导向和地方规划实践，讲真事；在选题选址上，聚焦地方发展的真实案例和真实数据，做真题；在方案落地上，为当地城市更新思路提供多学科视角，出真招。突出了竞赛的实践性。通过竞赛活动向高校师生传播国土空间规划新理念，营造国土空间规划体系建设和人才培养的良好氛围，反映城市更新对规划改革的积极响应，许多高校已将竞赛与教学改革紧密结合，将"多规合一"改革纳入教学内容，体现了竞赛的引领性。始终坚持"公平、公开、专业"的基本原则，开门办竞赛，持续推进竞赛的制度化、规范化建设，段进院士连续担任两届竞赛评审委员会主任，亲自制定评审规则和程序，全程主持评审过程，确保了竞赛的公正性与权威性。

竞赛活动的积极开展，有效地推动了国土空间规划专业队伍建设"政产学研"的有机融合。一是以赛促学，引领"多规合一"人才培养。参赛师生在交流碰撞中不断加深对国土空间规划的认识体会，是在实践中检验理论的珍贵经历，特别是鼓励跨学院、跨专业联合组队，是尝试利用多学科知识合力解决同一规划问题的有益探索。二是以赛促教，展现"多规合一"融合趋向。竞赛优秀作品展现了参赛者鲜活的创造思维和良好的规划设计能力，部分作品还融合了地理、生态、社会调查等内容，对于打破学科藩篱，探索构建"多规合一"的国土空间规划知识体系，具有示范作用。三是以赛促建，推进"多规合一"改革实践。竞赛成果得到地方规划部门的关注，以期从丰富多样的设计思路中获得指导城市更新工作的灵感和启发，更好地把竞赛工作与国土空间规划重点工作和地方实践结合起来，使竞赛活动成为国土空间规划"产教融合"的有效载体。自然资源部人力资源开发中心也将进一步凝心聚力，将竞赛办成一项关注度高、参与度广、竞争

性强的全国大学生竞赛，为国土空间规划体系建设和监督实施提供人才和智力支撑。

本书汇集已举办的第一、二届全国大学生国土空间规划设计竞赛获奖作品，作为面向规划实践的探索性成果，具有理论联系实际、认知结合实例的特点，可以为相关高校开展国土空间规划教学改革提供支持和帮助，也可以为行业单位的城市更新规划实践提供借鉴和参考。

面向新时代，国土空间规划专业人才培养的改革实践处在探索进行时，不少问题需要在实践中不断寻求更加科学、更加合理、更加有效的解决方案。全国大学生国土空间规划设计竞赛不仅是比拼技术能力的竞技场，更是一个具有不同专业背景、不同特点的高校之间互相学习交流的平台。亟待全国高校国土空间规划相关专业的师生和"政产学研"界同人共同携手，珍惜这样难得的实践机会，积极参与，共同解答如何更有效地推进国土空间规划专业人才队伍建设，使优秀人才在国土空间规划体系建设和监督实施中脱颖而出发挥更大作用的时代命题，为全球空间治理、可持续发展和构建人类命运共同体贡献中国智慧。

自然资源部人力资源开发中心党委书记
易树柏

序 三

"未来规划师"的初舞台

构建国土空间规划体系是党中央、国务院为践行生态文明建设而做出的重要部署，也是我国夯实现代化空间治理的重要基础。规划体系改革带来了行业价值导向和专业技术路径的重构与迭代；与之相应，国土空间规划相关学科建设与人才培养成为规划教育亟须探索和实施的领域。竞赛是规划专业教学与设计实践的一种特殊形式，体现参赛者在较短工作周期内发现问题、分析问题、解决问题的能力，以及表达思想、表述方案、表现空间的能力，特别是面对复杂环境、复杂问题、复杂路径的创新能力。因此，竞赛的教学方式是国土空间规划人才培养的重要手段。

在这样的背景下，全国大学生国土空间规划设计竞赛作为行业主管部门指导、面向全国高校师生的专业竞赛，对于创新国土空间规划人才培养模式具有示范意义。自2021年以来，经过两届竞赛的不断探索，产生了很多具有创新性的教学方式，参赛高校师生开放思想、积聚智慧，在大学生竞赛的平台上共同努力、共同进步。两届竞赛均以承办地城市在规划、建设、治理方面的关键问题为切入点，强调综合运用规划知识和技能解决实际问题的价值导向，高度契合国土空间规划人才培养的核心特征，取得了非常好的竞赛成果和教学成效。

"天津城投杯"第二届全国大学生国土空间规划设计竞赛由自然资源部国土空间规划局指导，自然资源部人力资源开发中心主办，天津大学建筑学院承办，天津市规划和自然资源局、全国城市规划专业学位研究生教育指导委员会、北京大学城市与环境学院、清华大学建筑学院、同济大学建筑与城市规划学院、南京大学建筑与城市规划学院、东南大学建筑学院、武汉大学城市设计学院、华中科技大学建筑与城市规划学院、天津市城市规划设计研究总院有限公司协办。竞赛得到了合作单位天津城市基础设施建设投资集团有限公司的大力支持。

竞赛选题响应新时期国土空间规划体系下城市更新工作的特点和难点，以"城市更新、内涵提升"为主题，结合天津城市发展需求，选取主城区范围内历史底蕴深厚、特色显著、亟须更新改造的片区作为规划设计对象，选题方向与城市更新的教学目标和教学重点紧密结合。56所参赛高校来自全国各个地区，总体分布均匀，作品数量和质量均有一定提升。参赛作品普遍达到较高水平，参赛者能够理解和把握城市更新的要素、路径和机制，对城市发展演进的规律有较为深刻的认知，总体技术路线较为清晰；参赛团队展现出熟练的空间组织能力与规划设计技能，空间表达与图纸表现精彩生动，部分作品具有很好的创新性和前瞻性，反映出青年学子的专业热情与创造思维，对城市更新实践具有重要的参考价值。参赛作品评审会邀请了来自高等院校、规划管理部门和规划设计单位的15位专家组成评审委员会，并由段进院士担任主任。56所院校选送的本科生组78份、研究生组24份参赛作品参加了评选，共选出本科生组一等奖2项、二等奖7项、三等奖8项、佳作奖13项，专项奖6项；研究生组一等奖1项、二等奖2项、三等奖3项、佳作奖6项，专项奖3项。在竞赛组织上，主办单位、承办单位、协办单位、合作单位紧密合作，克服困难，保障赛事顺利进行，为各参赛队伍提供了细致周到的服务；同时创新赛事组织形式，"云发布""云调研"等环节得到高度认可。第二届全国大学生国土空间规划设计竞赛受到各类媒体的高度关注，赛事影响力得到进一步扩大。各高校通过竞赛平台达到教学交流的目的，对提升国土空间规划人才培养质量具有重要意义。

全国大学生国土空间规划设计竞赛承续规划学科聚焦实践问题的核心特色，匹配城乡规划专业人才培养的重点方向，探索未来城市发展与建设的实施路径，契合国土空间规划体系改革的价值导向。一年一城一题"倾情接力"，政－产－学－研联动"倾注资源"，行业主管部门领衔"倾力托举"，期待全国大学生国土空间规划设计竞赛越办越好，成为最具影响力的大学生竞赛，成为"未来规划师"展示才华、走向成功的初舞台。

天津大学建筑学院副院长

曾　鹏

目　录

---

① 专项奖由本届一等奖、二等奖、三等奖和佳作奖遴选产生。

2022 年"天津城投杯"第二届全国大学生
国土空间规划设计竞赛获奖作品——研究生组　189

[一等奖]

[二等奖]

"南京国图杯"第一届全国大学生国土空间规划设计竞赛设计任务书

1. 设计主题

  国土空间规划是国土空间发展的指南、可持续发展的空间蓝图，是各类开发保护建设活动的基本依据。2018年10月24日，习近平总书记在广州考察时强调："城市规划和建设要高度重视历史文化保护，不急功近利，不大拆大建。要突出地方特色，注重人居环境改善，更多采用微改造这种'绣花'功夫，注重文明传承、文化延续，让城市留下记忆，让人们记住乡愁。"[①]当前，我国许多地区进入存量更新与增量开发并重的阶段，城市更新成为国土空间规划的主要任务之一，也是新时代国土空间规划亟待解决的重点和难点问题。

  本届竞赛的主题是"更新让居住更美好"。城市更新具有"目标多元、问题交织、空间复杂、推进困难"等特点，居住空间则是城市更新中面广量大的重要对象，如何充分结合物质空间特征和人群特点，展开居住空间更新，是城市更新规划设计的难点。南京作为一座古老而充满活力的城市，既拥有深厚的历史文化底蕴，又具有现代城市发展的朝气与活力。如何推进南京老城

居住空间的更新，不断满足人民群众的生活需求，使其以自信的姿态步入未来，需要"未来规划师"共同探索！

2. 场地背景

  南京，简称宁，江苏省省会，位于江苏省西南部、长江下游，东西最大横距约70千米，南北最大纵距约150千米，市域平面呈南北长东西窄展开，面积6587.02平方千米。南京是中国东部地区重要的中心城市、全国重要的科研教育基地和综合交通枢纽，是长三角辐射带动中西部地区发展的重要门户城市、首批国家历史文化名城和中国优秀旅游城市。

  秦淮区地处南京主城东南，因"中国第一历史文化名河"秦淮河贯穿全境而得名，区域面积49.11平方千米，东与江宁区上坊接壤，西至外秦淮河与建邺区相连，北以中山东路、汉中路为界与玄武、鼓楼两区交界，南以雨花东路、卡子门大街为界与雨花台区相邻，2022年末区域常住人口74.21万。秦淮区是古都金陵的起源，有"江南锦绣之邦，金陵风雅之薮"的美称，秦淮文化是金陵文化的重要组成部分，区内有夫子庙、江南贡院等一大批全国知名的历史景点，同时也有发达的各类商业金融设施和

---

① 传承城市文脉. 人民日报, 2024-02-09(9). https://baijiahao.baidu.com/s?id=17903719811 14406569&wfr=spider&for=pc.

创新潜力巨大的新兴产业。近年来，秦淮区围绕历史文化保护、"城市双修"、民生改善等工作，走出了一条"党建引领、以人为本、延续文脉、因地制宜、共建共享"的城市更新路径。注重延续历史文脉，注重新老城和谐，更加注重群众参与，彰显文化魂，留住烟火气，培育新产能，让更多群众告别蜗居陋居，走进宜居优居；让创新动能加快集中集聚，回归老城区，让城市更新更有温度，城市生活更加美好，城市发展更有后劲。

3.设计地段

设计场地位于南京市秦淮区"钓鱼台地段"（含荷花塘历史文化街区及钓鱼台历史风貌区）和"淮海路地段"。参赛小组在两地段中任选其一进行研究，并在研究范围内自选10～30公顷地块展开详细设计。

地段一：钓鱼台地段（约50公顷）（图1）

钓鱼台地段位于南京市秦淮区，包含荷花塘历史文化街区及钓鱼台历史风貌区，南至南京明城墙，东至中华路，北至集庆路，西至鸣羊街。

场地是南京老城南传统生活承载地，有着浓厚的人文气息，是能够代表南京本地文化的活化石，拥有中华门、明城墙、秦淮河等丰富历史文化遗存，文化底蕴深厚，一条条巷子紧密相连，静静地诉说着南京老城南的千年春秋。随着城市发展的进程不断加快，钓鱼台原有的传统街区受到较大冲击。参赛者可从传统街

图1 钓鱼台地段（约50公顷）

区复兴、社群关系重塑、用地产权梳理等多个方面切入地段更新规划，思考如何在保护和传承多元历史文化的同时，提升空间品质，改善居民生活，最终形成人文关系和谐、空间关系合理、功能业态多元的高品质街区。

地段二：淮海路地段（约60公顷）（图2）

淮海路地段位于南京市秦淮区最北侧，南至户部街，东至太平南路，北至中山东路，西至中山南路，总面积约60公顷。

地段西接新街口商圈、东连亟待复兴的传统商业街太平南

图2 淮海路地段（约60公顷）

路，其内贯穿多条市井街巷。地段地处南京主城中心繁华地带，有着浓厚的商业氛围和历史人文气息，见证了南京近百年来的沉浮和变迁。这里拥有大华大戏院、金陵刻经处、原首都电话局等一大批珍贵的历史遗存，描绘着曾经的达官显贵与社会名流在此的摩登岁月。这里也有南京新街口百货商店、中央商场、金盛百货等一大批繁华的购物和金融中心，彰显着南京这座现代化城市的朝气与活力。然而，繁华的背后，是历史所遗留的沉重包袱，场地东侧的老旧居住区与新街口繁华的商业区形成了鲜明的对

比，被人们称为"霓虹灯下的阴影区"。参赛者可从老旧空间更新、区域业态优化、产权关系梳理、低效用地开发等多个方面切入地段更新规划，思考如何在协调繁华的新街口商圈和周边地区发展的同时，提升空间品质和人气活力，保护与利用现有的近代历史遗存，最终形成具有多元业态、活力空间、商贸繁荣的中心街区。

4.规划设计要求

从目标、方案和机制等方面全面合理并富有创造性地开展地段更新规划与设计。

（1）把握更新原则：以新时代生态文明建设为核心理念，加强治理思维的综合运用，采用大数据、田野调查、历史研究等多种技术手段，展开更新设计。

（2）明确更新目标：在分析城市发展目标的基础上，结合场地物质空间特征、历史文化特色、社会经济发展状况等，确定合理的更新目标。

（3）设计更新方案：从用地布局、空间组织、城市形态、生活品质等方面展开更新规划设计，要求结构清晰、布局合理、功能适配、形态优美；鼓励具有创造性的思维与方法，设计须达到一定深度。

（4）提出更新机制：对城市更新的实施机制有合理的认识和判断。

未来规划师

2021年

"南京国图杯"第一届全国大学生
国土空间规划设计竞赛获奖作品
——本科生组

2021年【南京国图杯】第一届全国大学生国土空间规划设计竞赛获奖作品——本科生组（一等奖）

根脉城南·一甲子——基于多阶段策略的南京城南历史城区保护更新设计

参赛院校：东南大学
作者姓名：董炫旻　高翰　杨俊杰　于涵　赵博韬
指导老师：殷铭　葛天阳
"南京国图杯"第一届全国大学生国土空间规划设计竞赛　一等奖

方案点评：

　　该作品是在国土空间规划背景下的城市更新探索，是解决空间-社会整体问题的一种尝试。作品选择了南京老城南历史地区中具有复杂社会空间问题的钓鱼台片区，基于该场地多要素复合的现状，通过抽丝剥茧的细致分析概括出场地内的主要矛盾和核心价值，考察了不同主体的参与方式和更新实施的可行性，形成其规划设计的基本依据。场地自发形成的复杂脆弱的社群特征和有别于老门东等开发成熟片区的烟火气息是方案的核心关切，方案试图使钓鱼台片区一方面继续保留现有的社群关系，成为居民安居乐业的居住地，另一方面开枝散叶，联动老城南地区，成为老南京生活记忆的活载体。方案以城市更新过程中"去士绅化"为目标，提出了多阶段有机更新的策略，逐步解决居民的实际问题，焕发城南的历史活力，最终达到片区自组织有机发展的愿景。该作品前期调研扎实，规划逻辑清晰，平面布局合理，图纸表达深入，具有饱满的人文关怀。

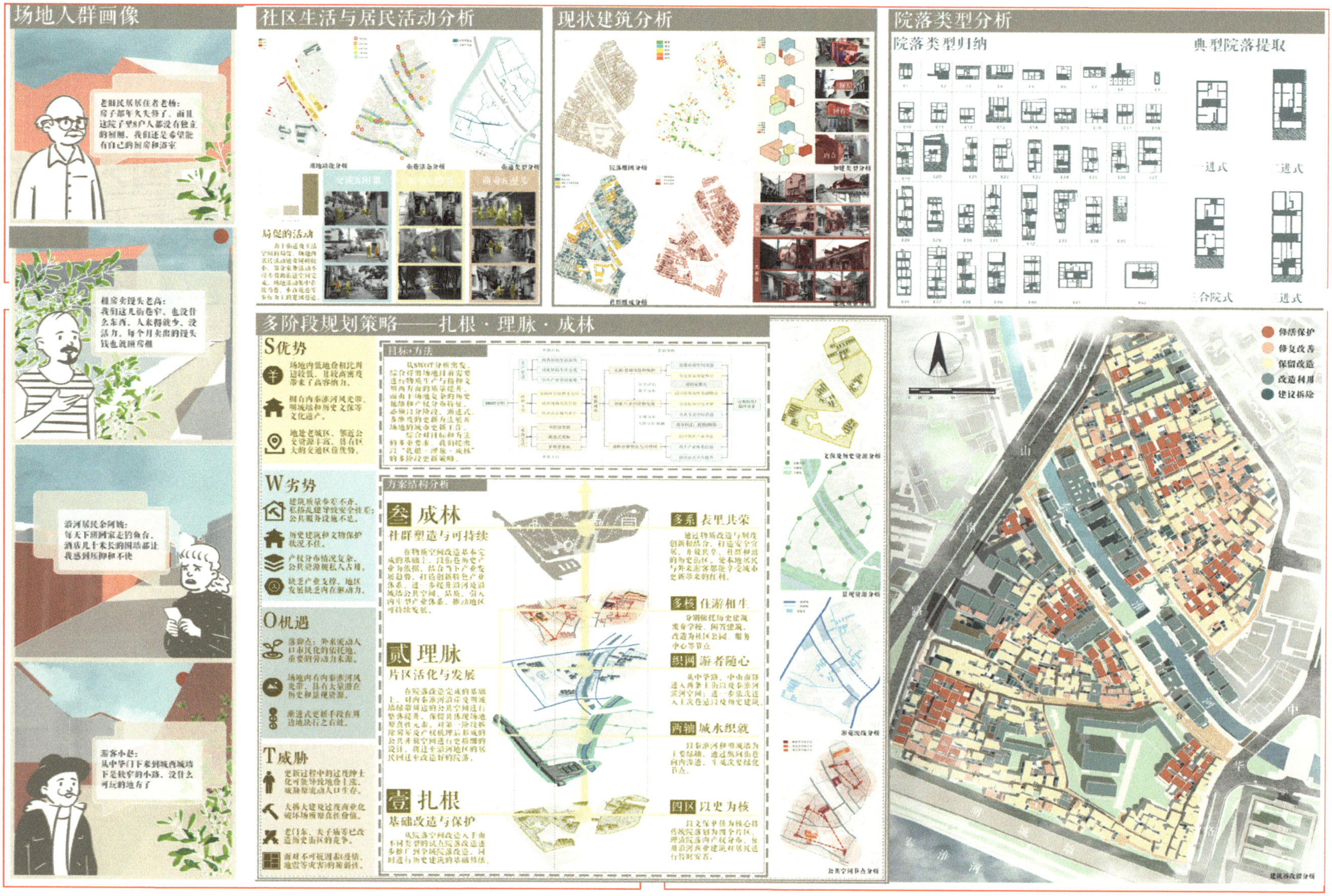

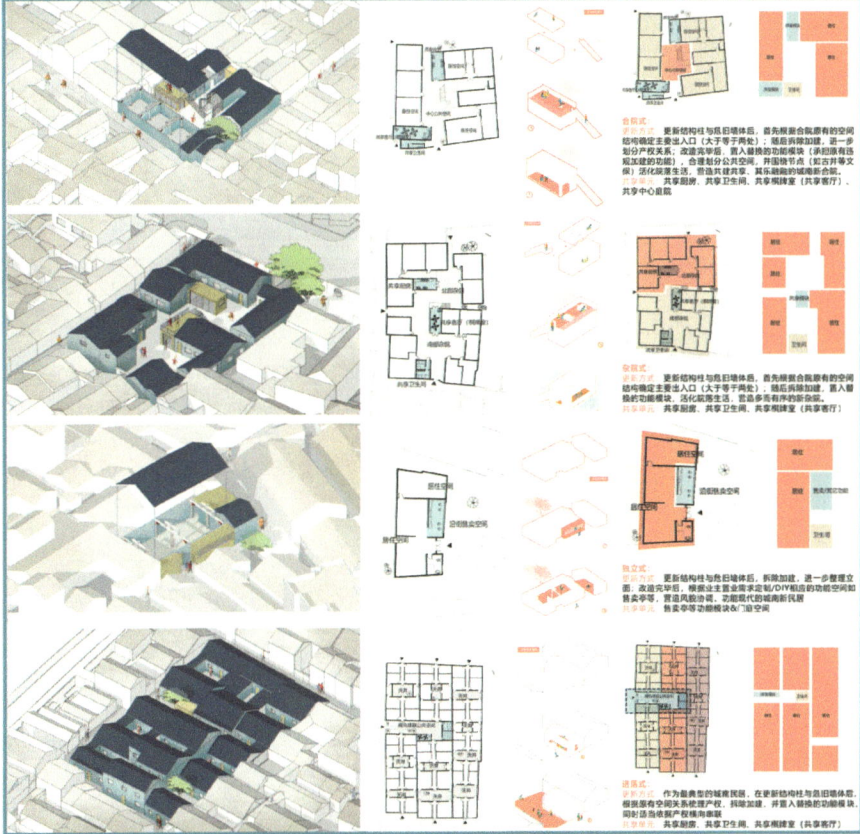

阶段一·扎根·模式总平

合院式

杂院式

独立式

进落式

老街阶段一·扎根·模式总平

多元院落格局的差异化更新模式

合院式

杂院式

独立式

进落式

阶段一·扎根·三门四院齐合美

2021年『南京国图杯』第一届全国大学生国土空间规划设计竞赛获奖作品——本科生组（一等奖）

阶段二街道设计依据

沿河改造策略

● 重点设计节点

街道设计细部

主要街道轴测图

浣河下沉公园

昊家粮房生活馆

沿街艺术框架

早餐街·夜市街

功能分区

道路系统

景观系统

场地底图

结构分析

阶段二·理脉·坊巷河城乐融融

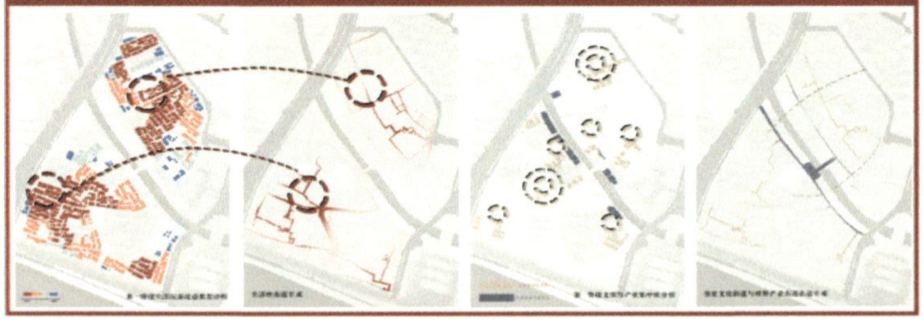

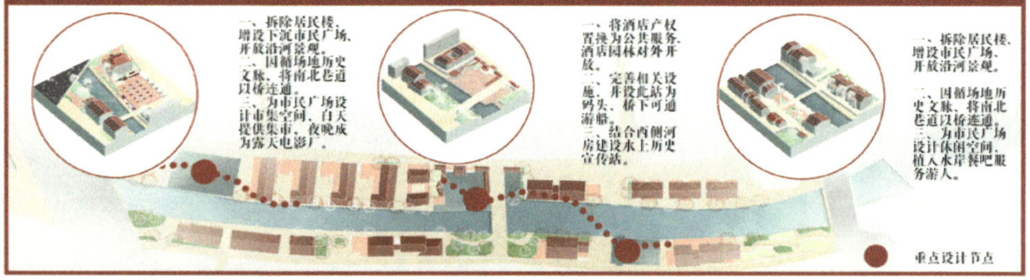

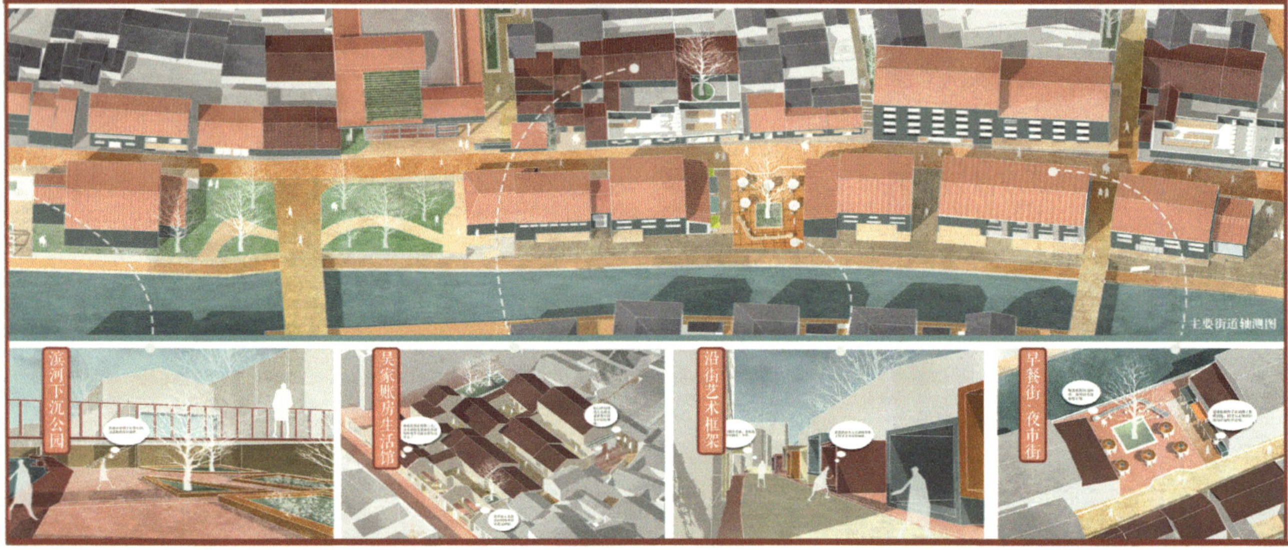

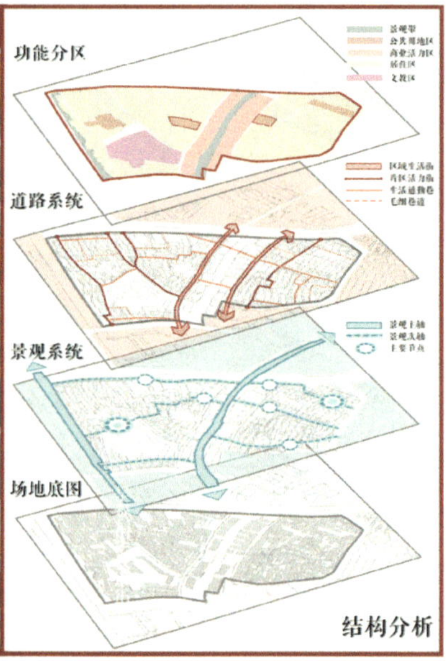

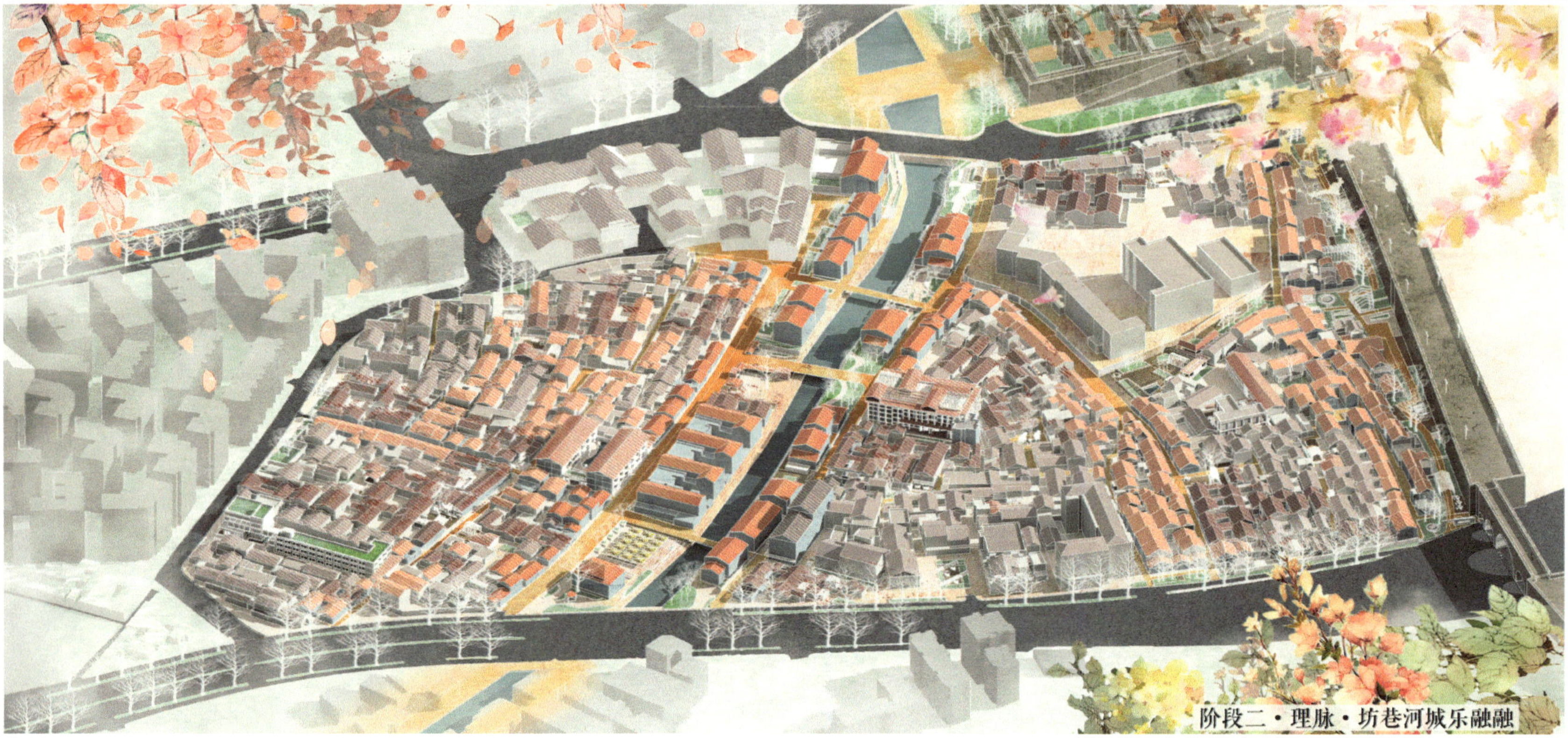

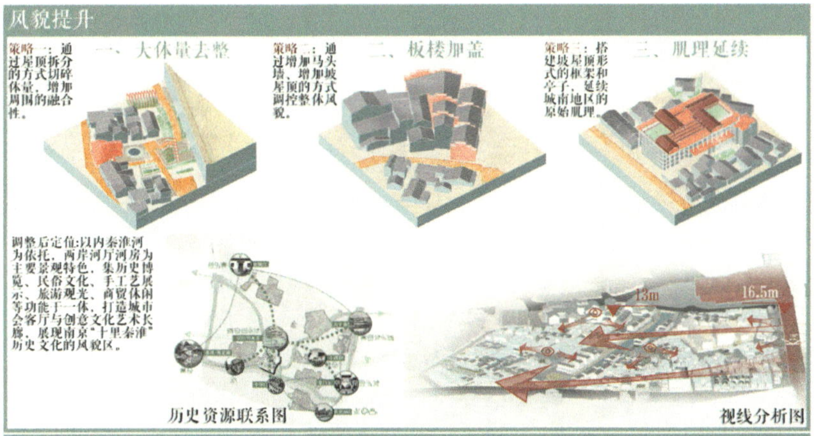

风貌提升

策略一：大体量去整

策略二：板楼加盖

策略三：肌理延续

历史资源联系图

视线分析图

13m　16.5m

公共空间体系

工作网络

生活网络

游览网络

总平面图

自组织模式愿景

居民　企业　政府

公司企业　外来租户　原始住民　政府部门

城南自组织计划

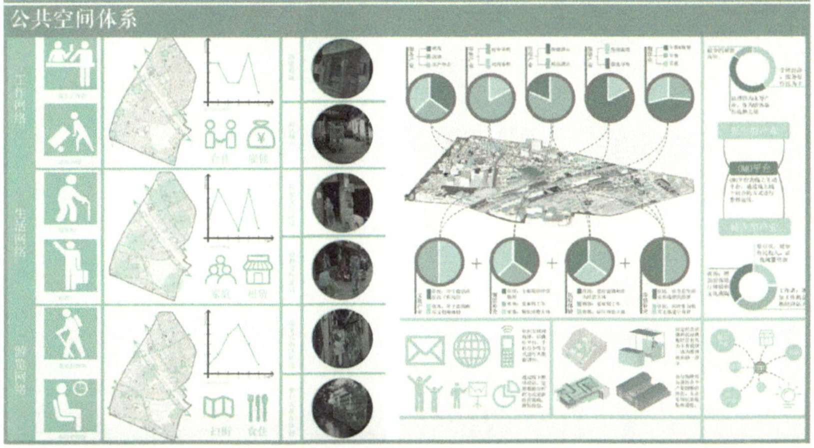

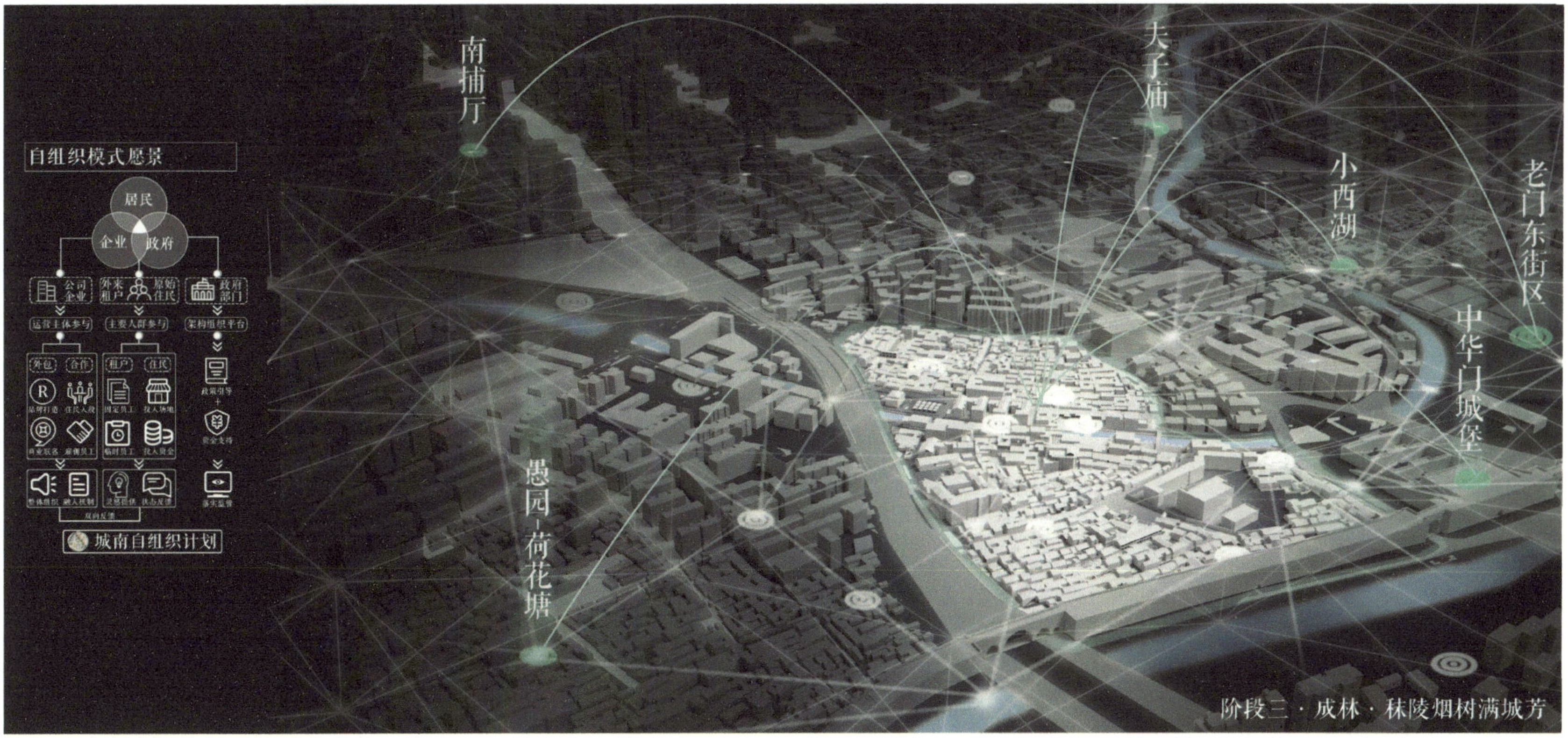

南捕厅

夫子庙

小西湖

老门东街区

中华门城堡

愚园·荷花塘

阶段三·成林·秣陵烟树满城芳

明城墙

秦淮河

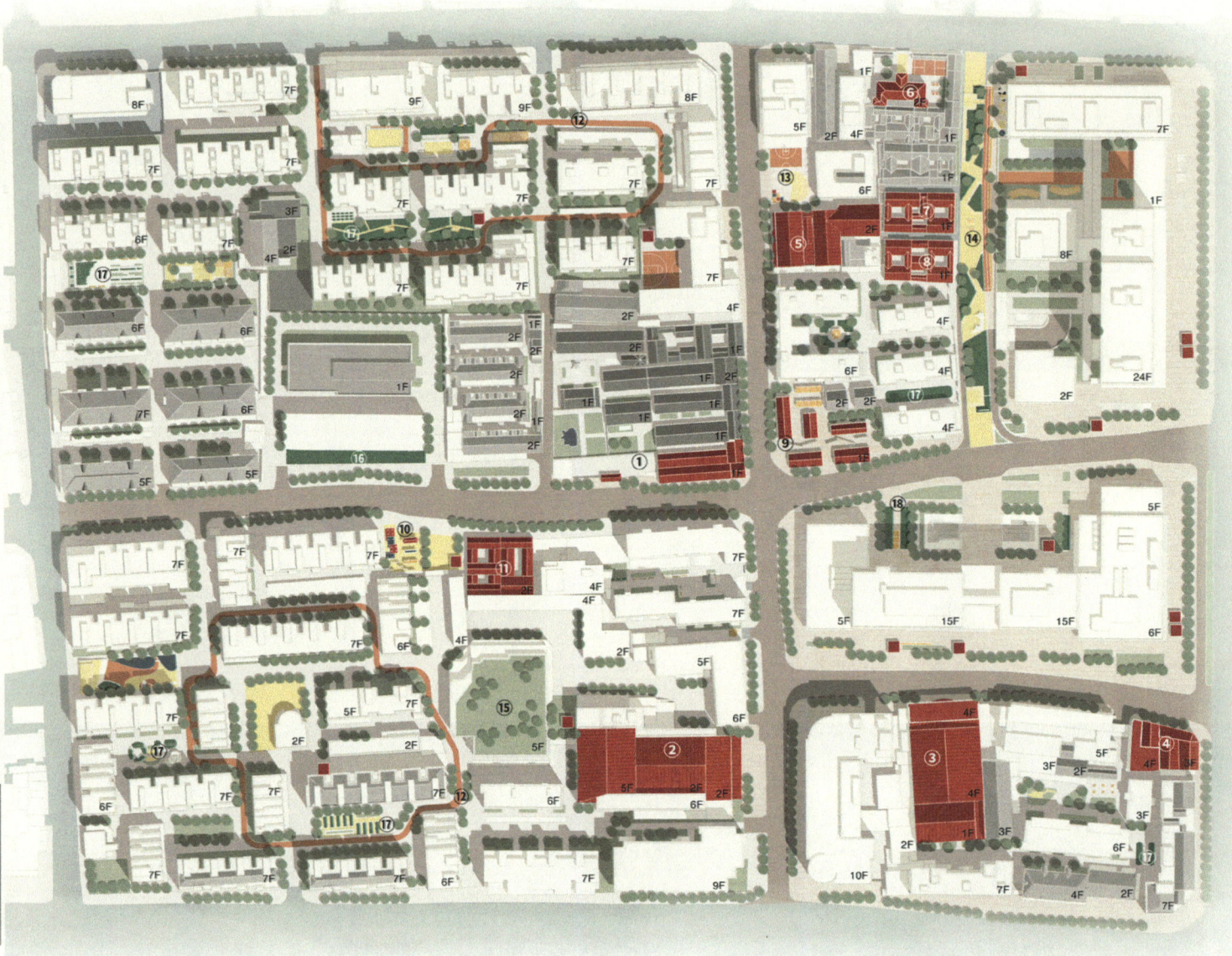

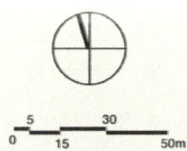

0 5 15 30 50m

文化场所

① 刻经博物馆
② 江南剧院
③ 国民大戏院
④ 古籍书店
⑤ 东方饭店
⑥ 社区课堂
⑦ 金陵记忆馆
⑧ 社区图书馆
⑨ 文化体验街坊
⑩ 艺术展廊
⑪ 文创院落

体育场所

⑫ 社区跑道
⑬ 儿童体育场
⑭ 绿色操场

自然场所

⑭ 绿色操场
⑮ 屋顶花园
⑯ 口袋生态园
⑰ 种植实践地
⑱ 绿色生态长廊

指标表

项目名称	数据指标
规划总用地	16.53ha
总建筑面积	34.29ha
建筑密度	36.16%
容积率	2.07
绿化率	17.94%

破茧——后"双减"时代南京淮海路地段学习型社区的更新设计

参赛院校：北京大学
作者姓名：陈雪琦　肖婉琛　李天舒　陆　莹
指导老师：戴林琳　许立言
"南京国图杯"第一届全国大学生国土空间规划设计竞赛　一等奖

方案点评：

城市建成区具有复杂的社会生态系统，城市更新既是对物质空间环境的调整，更要处理好人与城市、社会的关系。该作品响应"双减"这一热点话题，通过规划设计与管理手段回应新时代多元化的市民需求，旨在打破城市和人群之间物质空间和社会关系壁垒，塑造开放共享的公共空间体系，实现"破茧化蝶"。设计结合"双减"下的新空间需求与原场地资源，用"学习+"概念串联公共空间和社会关系网络，引导不同人群实现社会关系交叠，打造学习型社区愿景。以实操性为先导，构建"社区治理+社区运营+社区学习"的综合营造路径，通过成本效益核算，探索更新过程中各方利益的平衡。该作品紧扣时代命题，以"双减"政策下青少年的学习为切入点，串联多个年龄段人群的活动，细化了"学习型社区"的概念，将政策设计和空间设计紧密联系起来，符合城市老旧社区的普遍性现实需求，为城市更新工作提供了一个崭新视角。

问题总结

人群活动时谱分析

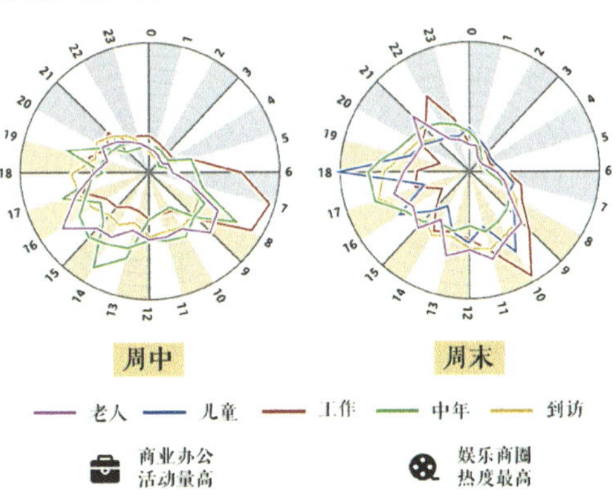

周中　　　周末

— 老人　— 儿童　— 工作　— 中年　— 到访

商业办公 活动量高　　娱乐商圈 热度最高

交互网络划分分析

- 驻留1小时以上
- 全人群轨迹
- 考察联系强度

社交 枢纽点

交互 阻隔壁

拓扑分析算法

设计思路

政策背景

双减

校外培训负担
学校作业负担

2021年7月24日《关于进一步减轻义务教育阶段学生作业负担和校外培训负担的意见》

1. 小学一、二年级不布置作业。
2. 不得在节假日举办学科类培训。

学校　课外班　少年儿童

政策引导 被动破茧

减负后的少年儿童去哪里？

作新茧 家 ✗
转为蝶 ✓

家人陪同 中青年+老人 群体破茧
维持破茧状态 → 效益最大 避免产生干扰 活动组织

破旧茧，阻新茧 → 设施连通 人群交互 场地激活 → 全新组织方式 → 学习型社区

破茧化蝶·设计愿景

学习型社会　　　社区共同体　　破茧化蝶

人人皆学 老人 少年儿童 中青年　处处可学 家庭 公园 展馆　时时能学 平日 假期 节庆　设施连通共享 养老 广场 公服　社区归属感 共建 共治 共享　文化认同感 了解 体验 传承

世界文学之都氛围　　热人社区营造氛围

物质空间 提质量 → 学习+ ← 促融合 社会关系

文化　自然　老 中 青　政 企 文
满足生活需要　知识共享交流　人群融合认同

破茧·实现手段

破茧对象　破茧媒介
少年儿童 个体茧 文化
老人 自然
中青年 群体茧 体育

多元参与 轮流授课 对外开放

充分利用场地 现有资源点　空间串联　艺术传承 知识共享

文化学习·场

教育下移 由点及面
规模 内容 地点 任务　生态科普 种植实践 自然保护　自然学习·场　体育学习·场　健身步道 技能训练 体育竞赛

特定人群　社区层级　较小规模

破茧·整体策略

传统院落 1.整理院落结构，恢复传统肌理 2.文化业态引入，产业功能提升

独栋住宅 1.拆除围墙违建，合并公共空间 2.共享基础设施，提高管理效率

历史建筑 1.局部空间开放，内部结构改造 2.文化活动植入，重塑场所记忆

老旧小区 1.围墙界面改造，增强边界活力 2.公共空间升级，丰富社区活动

原址安置 1.拆除危房杂院，推动原址安置 2.保留历史建筑，营建公共空间

公共建筑 1.底层空间开放，建筑功能置换 2.建筑立面修整，融入历史风貌

破茧·学习策略

专业讲授　定期 特邀 开放

相互传习

自主学习　场景 在线·离线·体验 艺术展览 报刊标牌 文化廊 图书阅览

共同进步

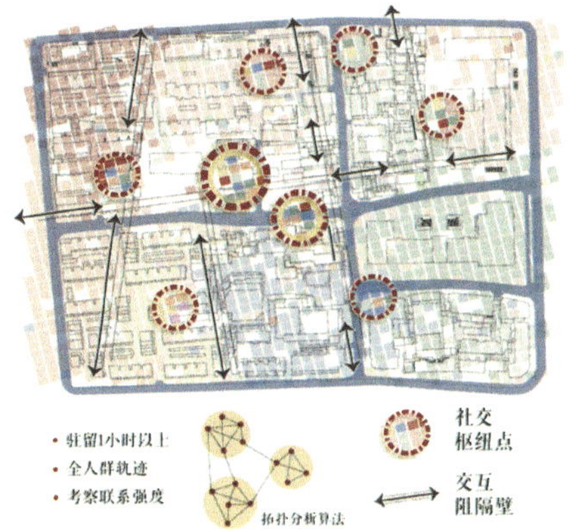

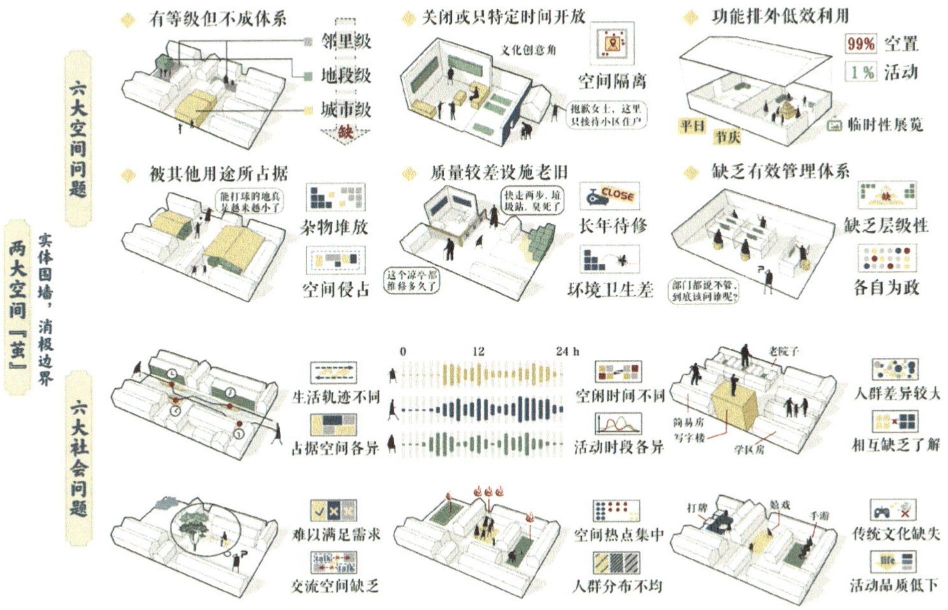

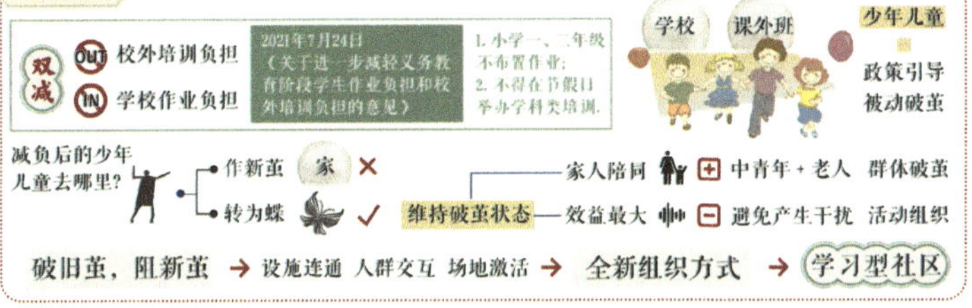

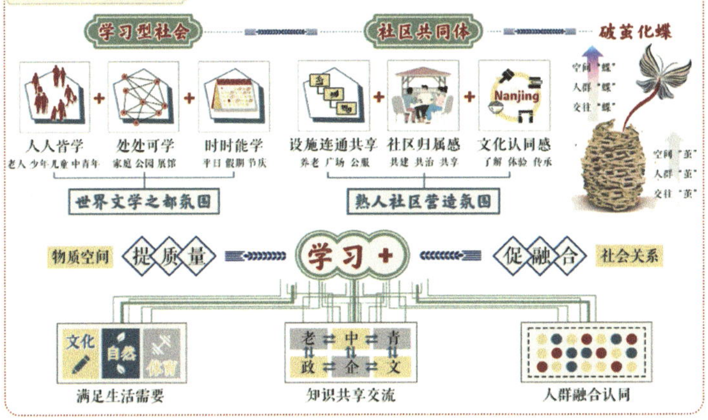

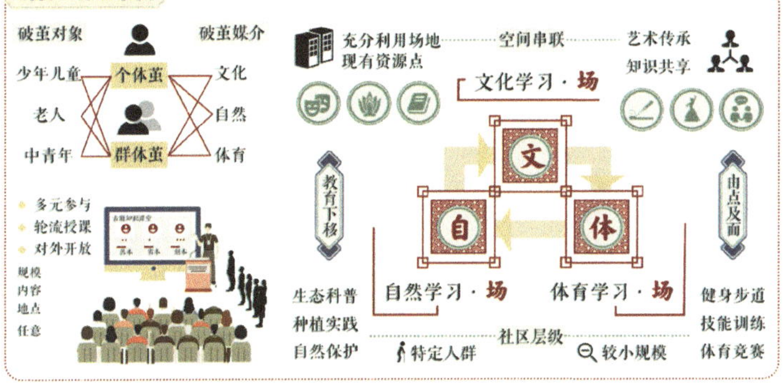

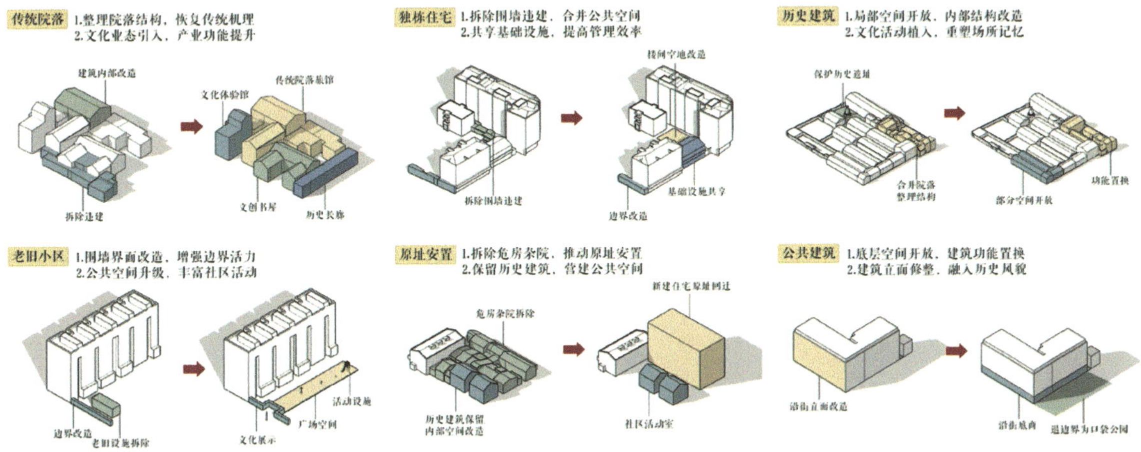

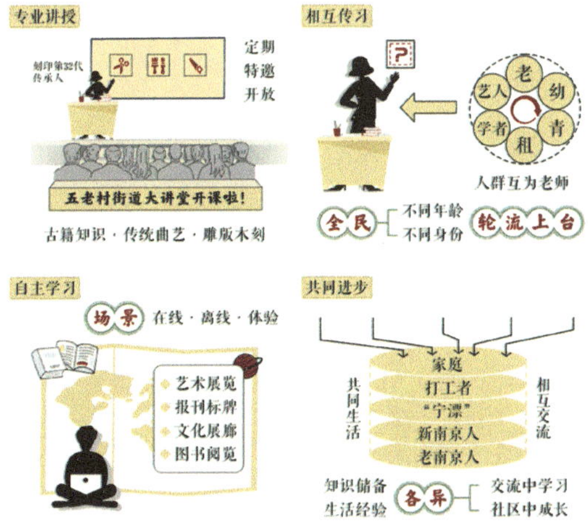

2021年「南京国图杯」第1届全国大学生国土空间规划设计竞赛获奖作品——本科生组（一等奖）

人群破茧路径引导

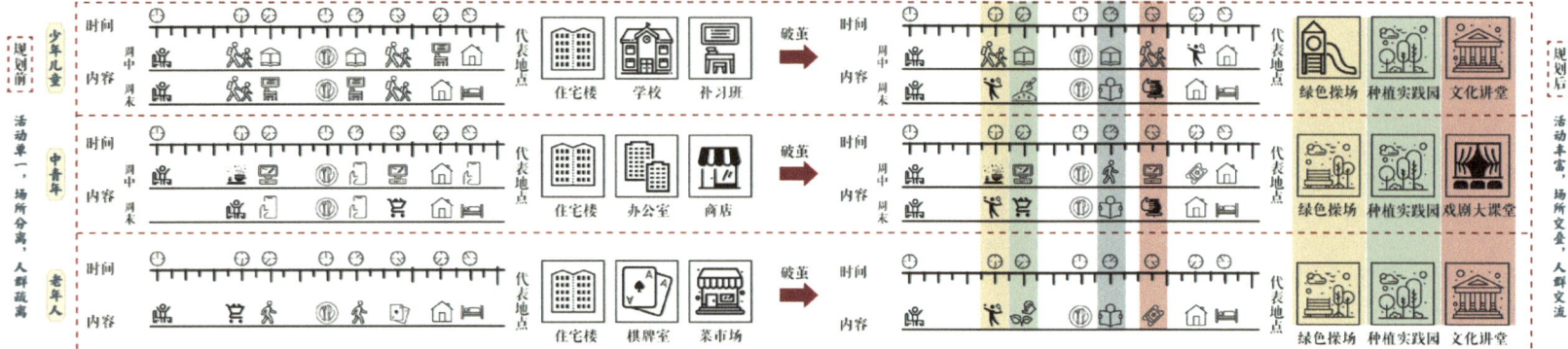

规划分析

总体空间结构
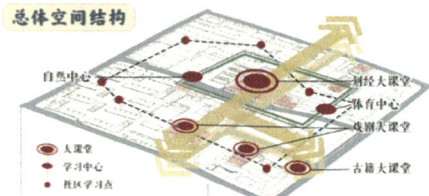

用地布局规划
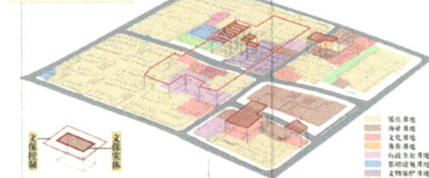

用地强度控制
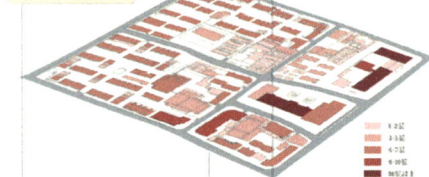

文化场所布局
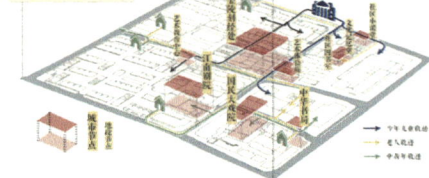

体育场所布局

自然场所布局

行政管理单元
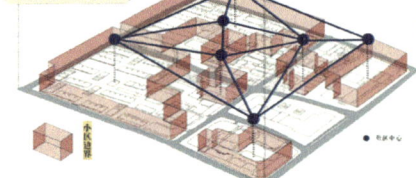

区域协调分析
破壁·串联
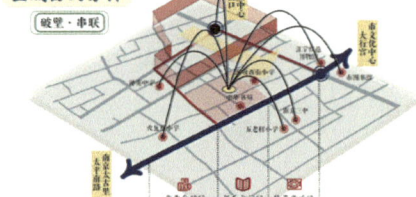

学习节点

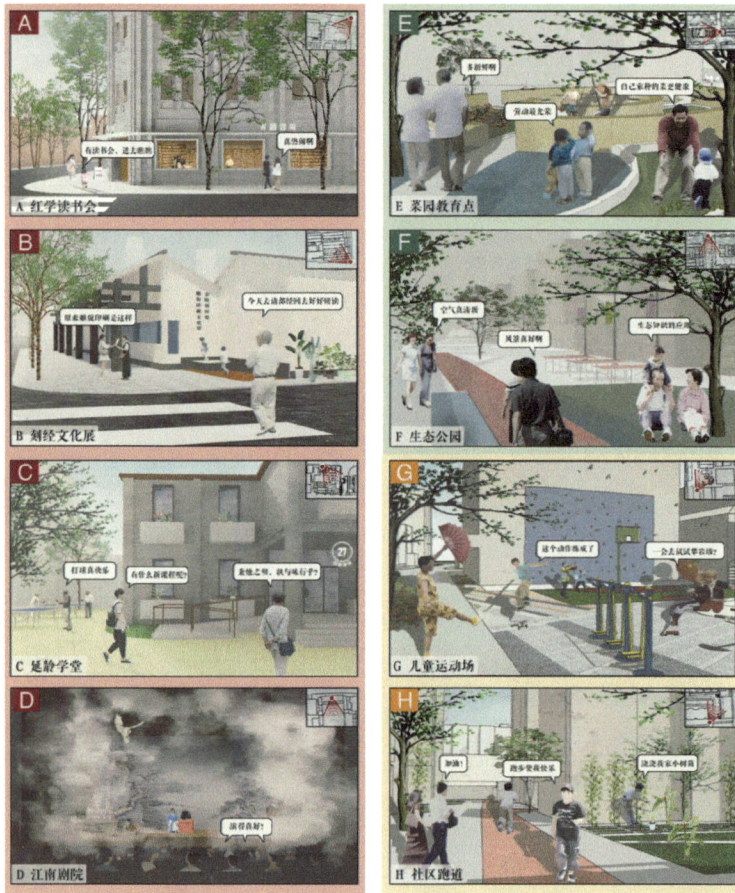

A 红学读书会

B 刻经文化展

C 延龄学堂

D 江南剧院

E 菜园教育点

F 生态公园

G 儿童运动场

H 社区跑道

淮海路剖面图

实施策略

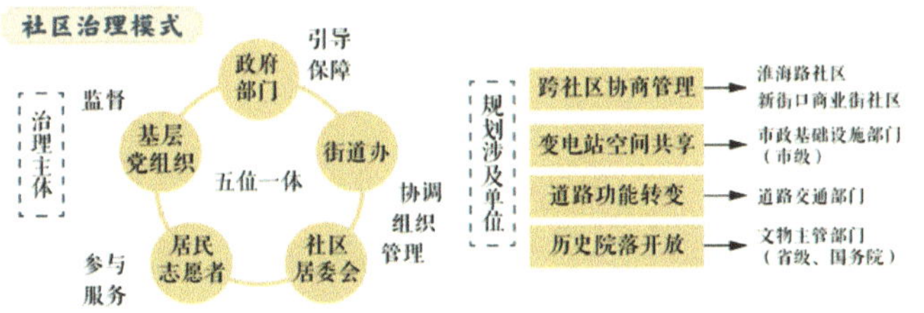

社区治理模式

治理主体

监督

政府部门

引导
保障

基层党组织
五位一体
街道办
协调组织管理

居民志愿者
参与服务
社区居委会

规划涉及与单位

跨社区协商管理 → 淮海路社区
新街口商业街社区

变电站空间共享 → 市政基础设施部门（市级）

道路功能转变 → 道路交通部门

历史院落开放 → 文物主管部门（省级、国务院）

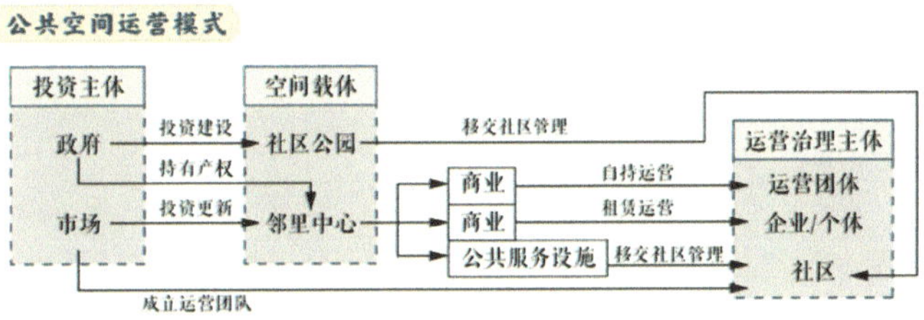

公共空间运营模式

投资主体 / 空间载体 / 运营治理主体

政府 — 投资建设 / 持有产权 → 社区公园 — 移交社区管理
市场 — 投资更新 → 邻里中心

商业 — 自持运营 → 运营团体
商业 — 租赁运营 → 企业/个体
公共服务设施 — 移交社区管理 → 社区

成立运营团队

社区教育模式

社区 — 活动组织 空间管理 多方协商
文保单位 — 价值挖掘 空间共享
学校 — 资源共享

政府 — 政策保障 资金支持

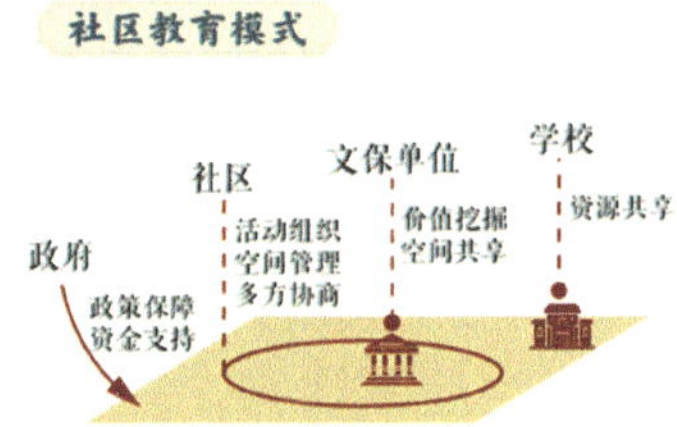

规划分期与经济核算

成本核算

拆除改造 + 体制管理 + 场地运营 + 场地维护 NEW

效益核算

协调效益 + 发展效益

协调效益	发展效益
政府：垂直管理 新旧协调 发展潜力	社会：公共设施 交通改善 社会关系　经济：租金收益 财务净现 土地财政
居民：公众参与 社会保障 居住条件	主体：景观功能 环境卫生 生态质量　文化：历史传承 文化教育 传统技艺
开发者：品牌效应 投资收益 利用强度	社建：社区安全 院落归属 生活改善　运营：运动能力 身体机能 共同精神

STEP 1 节点开放，社区激活——半年

活力节点
活化社环
公共空间

近期

打造重要节点

碎巷开放 梳理肌理 活化利用
拆除违建 重布设施 集聚人气

活化社区空间

成本		m² 占地 建筑		效益	
拆除更新	拆	6309	8715	政	管理升级 区域提升
	建	5703	10945	居	社区归属 生活品质
连建拆除	拆	3195	5672	商	厂商告之 运营试点
+ 就近安置	人	约 1k 人			

拆除改造 约2680万元
管理运营维护 约2500万元
成本总计 约5180万元

效益总计 约1900万元

STEP 2 破茧联通，活力渗入——一年

活力节点
活生社环
公共空间

中期

破除社区壁垒

释放空间 置入功能 形成规模
打破边界 种植林木 扩大规模

营建自然空间

成本			效益	
拆除更新	墙	1689 m	政	基层组织 上下协调
大杆民居	教	5个	居	社区自治 居里温情
	空	6.9公顷	商	品牌效应 景观社遇
+ 设施置入	公	文体自然		

拆除改造 约1020万元
管理运营维护 约4300万元
成本总计 约5320万元

效益总计 约6700万元

STEP 3 综合提升，结构串联——一年

活力节点
活化社环
公共空间
活力串联

远期

深化社区中心

重构入口 卡富功能 组织装置
沿街长廊 轨迹串联 片区提质

成本		效益	
拆除更新 点 5个活动点		政	区域热点 新旧融合
重点街巷 横 淮海路		居	离教儿乐 文化认同
	纵 延龄巷	商	集约利用 敬业提升
+ 设施置入 公 小型设施			

拆除改造 约680万元
管理运营维护 约4500万元
成本总计 约5180万元

效益总计 约7500万元

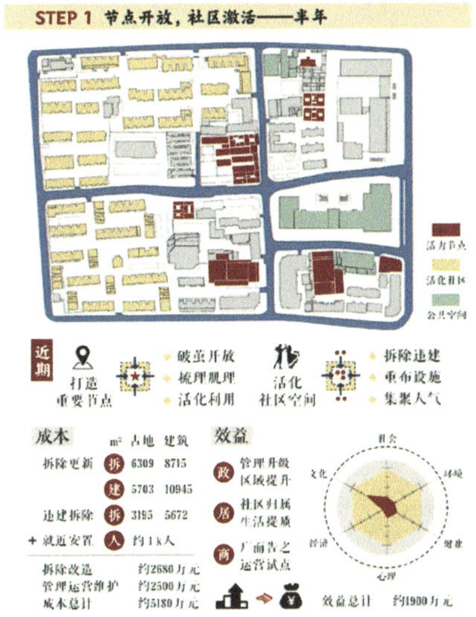

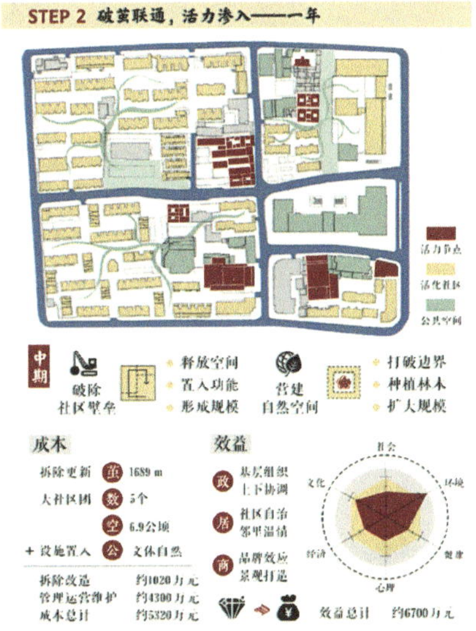

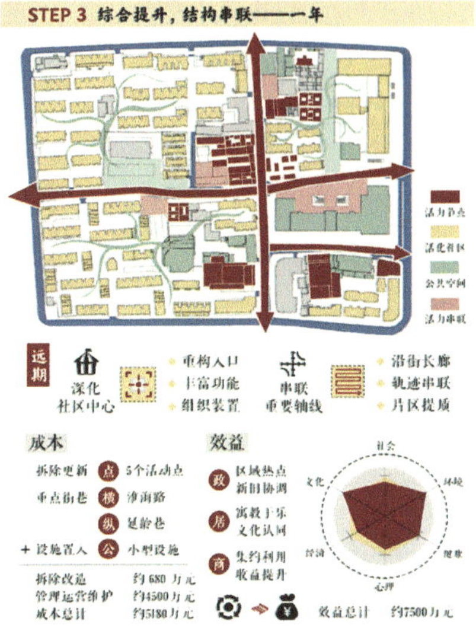

延龄巷·学习文化街区

淮海路片区　内生长计划——"权-地-人"视角下的特大商圈周边住区有机更新

参赛院校：清华大学

作者姓名：宿佳境　韩雨　安珺　郑舒文　姚雨昕

指导老师：唐燕　来源

"南京国图杯"第一届全国大学生国土空间规划设计竞赛　二等奖、最佳立意奖

方案点评：

　　该作品所选地段位于南京新街口商业片区以东，社区发展长期遭受来自外部商圈的消极影响，内部面临着产权割据、公共空间紧张、更新动力不足等困境，无法满足居民对高质量生活的诉求。方案从"权-地-人"视角切入，提出社区更新的"内生长"计划，以渐进式改造实现城市商圈与住区的良性互动和互补发展，探寻特大商圈周边住区更新的系统性解决思路。方案从协调"产权"关系入手，利用公产等易改造地块促发更新行动，弥补公共服务短板的同时引导私有空间合理让渡，实现更新的"动力内生长"；然后借助"用地"结构优化、内部与外部的资源共享，实现片区的"资源内生长"；最后通过公共空间活化和多元"人群"参与下的社区运维，实现共建共营的地方"活力内生长"。作品对场地定位准确，现状梳理细致，目标具有前瞻性，技术路线合理，图纸表达清晰。

地段区位

中心城区
中国重点示范城区商圈
市级公共活动中心

新街口商圈
金融商务商贸增长级
重要轨道交通枢纽

地段面积：19.9公顷

中心城区 | 老城
新街口商圈 | 淮海路地段 | 设计范围

交通区位
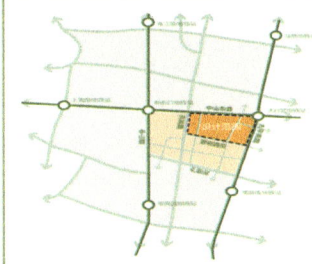

功能区位
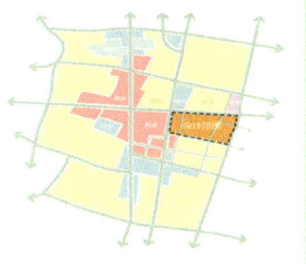

历史沿革

民国公馆　民国社区　建国后新街口
六朝遗址　　民国机关

行政教育文化　市井生活文化　商业商贸文化

民国建游府西街小学　抄纸巷小吃街　太平南路民国风情街

现状识别　　问题剖析　　概念推演　　目标和策略

权　产权视角

产权分布　功能分布

公产：多为民国留下的建筑
私产：房改房、棚户区，类型复杂
军产：众多部队家属院和服务功能分布在地段

教育　住宅　商业　文物　办公　闲置

痛点1：内部产权割据，用地碎片化，难以达成统筹利用

- 建筑烂尾、建筑闲置，用地低效
- 私搭乱建现象较多
- 居住面积小，公共空间被占用
- 历史建筑未得到展示
- 房屋年代久，结构不牢固
- 不能进行商业经营，界面封闭
- 公共空间被停车占据
- 历史建筑得到有效展示

军产 5个地块 3.6公顷
私产 64个地块 8.2公顷
公产 13个地块 4.8公顷

产权问题需要内部协调

整合内部用地
↓
产权 ←交换→ 服务
↓
激发内部动力

"资源共享的更新机制！"

动力内生长：产权协调

地　空间视角

地段及周边POI分布

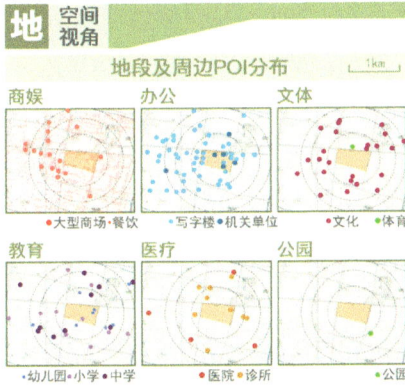

商娱：大型商场·餐饮
办公：写字楼·机关单位
文体：文化·体育
教育：幼儿园·小学·中学
医疗：医院·诊所
公园：公园

痛点2：内部空间紧张，可供开发的土地不足，闲置资源未得到有效利用

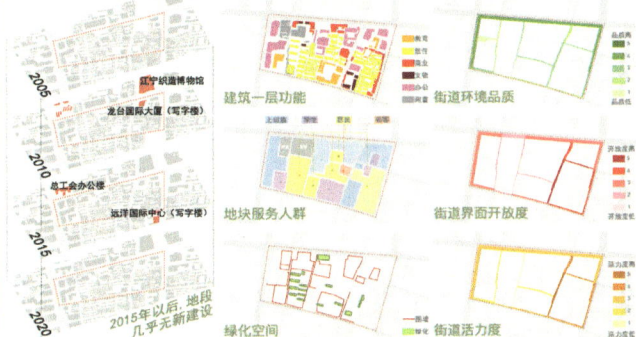

2005　2010　2015　2020

2015年以后，地段几乎无新建设

建筑一层功能
地块服务人群
街道界面开放度
绿化空间
街道环境品质

外部资源蚕食，内部资源未挖掘

调和内部矛盾
↓
城市资源 + 社区资源
↓
激活内部资源

"开放友好的街区环境！"

城市公共空间　城市公共建筑　社区边界　社区公共空间　社区公共建筑

资源内生长：用地优化

人　人群视角

新街口商圈全年流量　地段街道满意度调查

47份问卷

痛点3：内部活力缺失，服务水平无法满足人群多样化的需求

1920年代　1950年代　1970年代　1980年代　1990年代　2000年代　2010年代

社区　办公　商业

外来人口涌入，本地居民需求被忽视

联动内部主体
↓
外来人口涌入，本地居民需求被忽视
↓
创造内部活力

"共建共营的活力街道！"

社区居民活动　科教办公活动　商业娱乐活动

活力内生长：人群参与

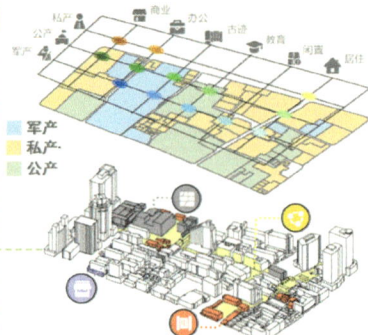
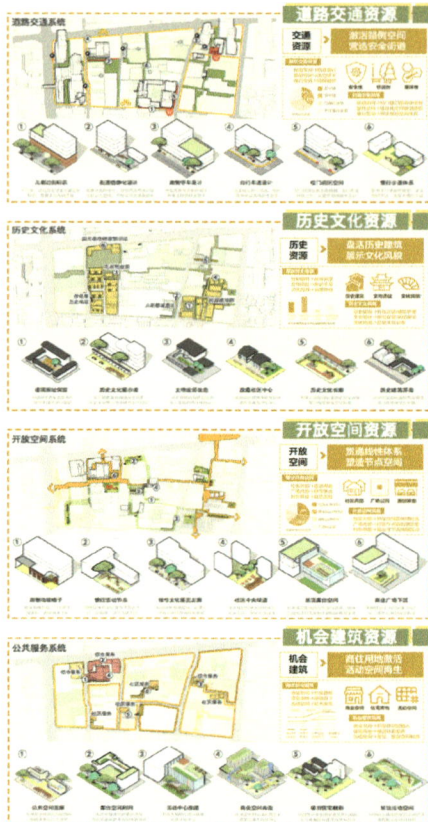

动力内生长：产权协调　　　资源内生长：用地优化

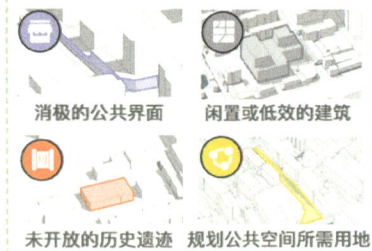

产权变更空间

- 消极的公共界面
- 闲置或低效的建筑
- 未开放的历史遗迹
- 规划公共空间所需用地

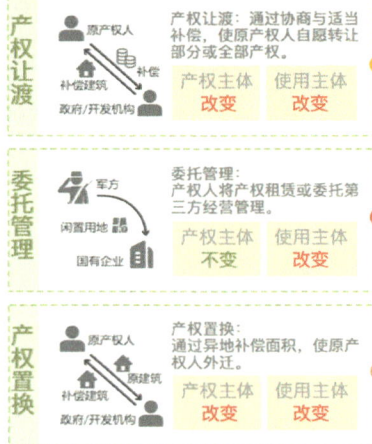

产权调整方式

产权让渡：通过协商与适当补偿，使原产权人自愿转让部分或全部产权。

产权主体	使用主体
改变	改变

委托管理：产权人将产权租赁或委托第三方经营管理。

产权主体	使用主体
不变	改变

产权置换：通过异地补偿面积，使原产权人外迁。

产权主体	使用主体
改变	改变

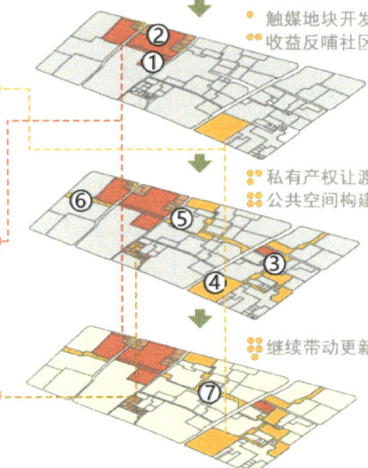

军产
私产
公产

- 触媒地块开发
- 收益反哺社区
- 私有产权让渡
- 公共空间构建
- 继续带动更新

道路交通资源

历史文化资源

开放空间资源

机会建筑资源

社区空间分布

服务资源

绿地资源

停车资源

城市资源　社区资源

自有空间让渡

公共效益反哺

<模式一> 社区内部平衡

<模式二> 社区之间共享

2021年「南京国图杯」第一届全国大学生国土空间规划设计竞赛获奖作品——本科生组（二等奖）（专项奖——最佳立意奖）

活 力 内 生 长 : 人 群 参 与

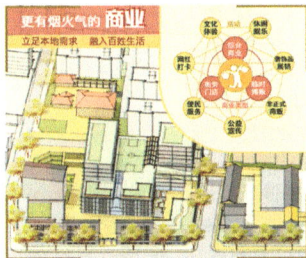

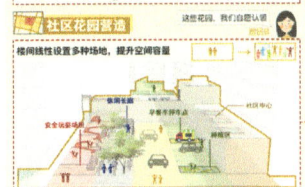

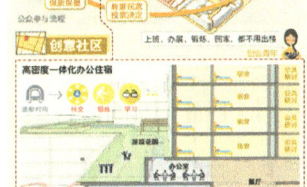

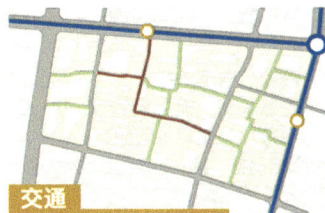

更有归属感的社区
激活低效用地 爱展社区文化

更有人情味的办公
业态互动互联 创造共享空间

更有烟火气的商业
立足本地需求 融入百姓生活

闲置店铺模块
闲置店铺按照柱网模块，宜人公共服务模块，创造街道活力

社区花园营造
楼间线性设置多种场地，提升空间容量

社区文化客厅
发挥社区居民特长爱好，增强社区配性

业态互联
设置产业配套空间，营造创意街巷，提供跨行业的交流机会

创意社区
高密度一体化办公住宿

潮汐业态
为不同时段的需求提供空间支持

时间	
7:30	早餐铺
7:30	活动派场
11:30	老年食堂
15:30	课后看护
16:30	社区健身

周末集市
鼓励居民的非正式经营活动

文化路演
结合创意办公，举办展示等活动，增强办公和社区的互动

结构

- 结构主轴
- 结构次轴
- 主要节点
- 次要节点

结构上，强化地段与周边的联系，让地段成为城市结构的延伸，主轴串联综合服务楼，以及财政局、首都电话局、民国建筑群等历史地段，向外沟通商圈和江南织造博物馆；次轴服务于市民活动，串联地段内外重要公共服务建筑。

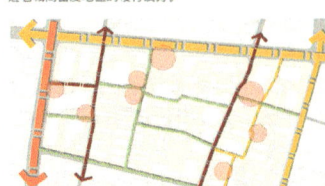

交通

- 地铁线
- 原有车行道
- 新增车行道
- 公共慢行道
- 地铁站
- 公交站

交通上，延续地段原有车行道，并在条件允许的情况下加密路网，增加西祠堂巷、蔡家花园和有福家苑北侧道路，内部打通部分围墙，增加慢行道，使地块间的联系更加紧密，促进老城高密度地区的慢行友好。

功能

- 商贸混合区
- 历史探访区
- 居住服务区
- 商业
- 办公
- 服务
- 教育
- 居住
- 文物

功能上，在保留地段原有功能的基础上，增强地块功能的混合度，并形成西侧、北侧、东侧三条主干道更加开放活跃，内部更加安静私密的格局。

风貌

- 现代商业街
- 民国风情街
- 市井活力街
- 绿色休闲街
- 重要节点

风貌上，控制街道立面氛围，根据历史演变和功能特点，形成现代商业、市井活力、民国风情、绿色休闲四类街道，增强空间识别度，强化市民的场所记忆。在街巷旁和公共建筑周边设置街角广场，提升空间品质，强化场所的文化性。

经济技术指标

	改造前	改造后
地块面积	19.8公顷	19.8公顷
容积率	3.86	3.33
建筑密度	49.8%	42.5%
绿化率	13.2%	22.1%
建筑面积	764000平方米	660000平方米（其中拆除109400平方米，新建5400平方米）

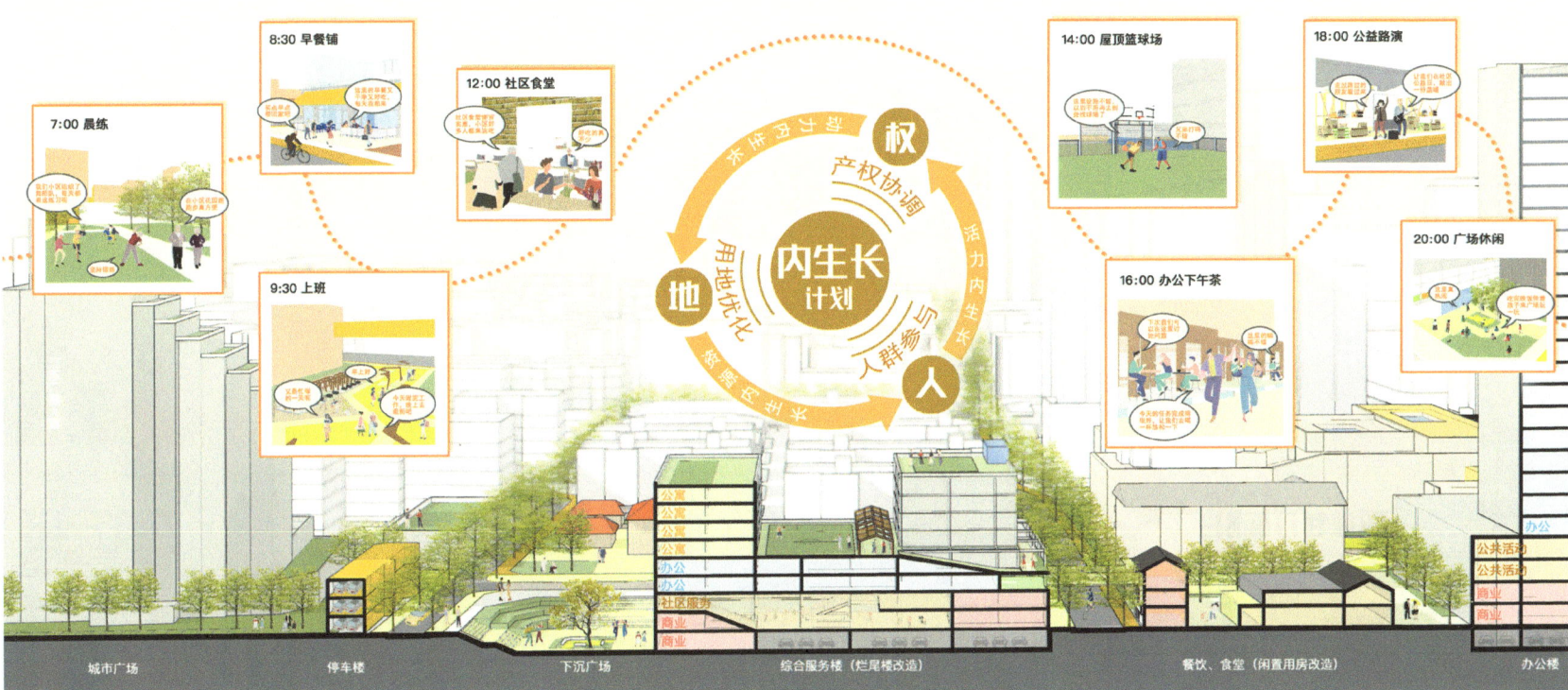

7:00 晨练
8:30 早餐铺
9:30 上班
12:00 社区食堂
14:00 屋顶篮球场
16:00 办公下午茶
18:00 公益路演
20:00 广场休闲

内生长计划

权 · 产权协调
地 · 用地优化
人 · 人群参与

活力内生长

城市广场　　停车楼　　下沉广场　　综合服务楼（烂尾楼改造）　　餐饮、食堂（闲置用房改造）　　办公楼

公寓 办公 社区服务 商业　　公共活动 商业 办公

017

时空链合 城心再叙——基于空间叙事理论的南京淮海路地块更新设计

参赛院校：南京大学
作者姓名：王 璐 程思蕊 欧 登 孙穆群
指导老师：张益峰 何仲禹
"南京国图杯"第一届全国大学生国土空间规划设计竞赛 二等奖

方案点评：

该作品选址毗邻新街口、大行宫，地理区位优越，历史文化丰富，但场地存在着居住空间质量差、公共活动空间不足、业态低端、文化特色不显等问题，是繁华都市中的"阴影区"，亟待更新改善。方案通过引入空间叙事理论，按照识别场地内的叙事对象、判别叙事问题、改造叙事媒介、生成叙事内容的逻辑，通过讲好地块内的"事"，即故事、事件、事理，提升地块在不同层级空间上的功能，实现街区复兴的目标，将其打造成居住共享、空间活力、业态多元、彰显历史价值的中心街区。该作品以"事"为主题词，对场地现状的梳理和解读深入细致，以叙事手法主导空间设计，规划设计逻辑自洽，图纸表达清晰，为老旧居住区更新提供了新思路。

历史演变

周边概况

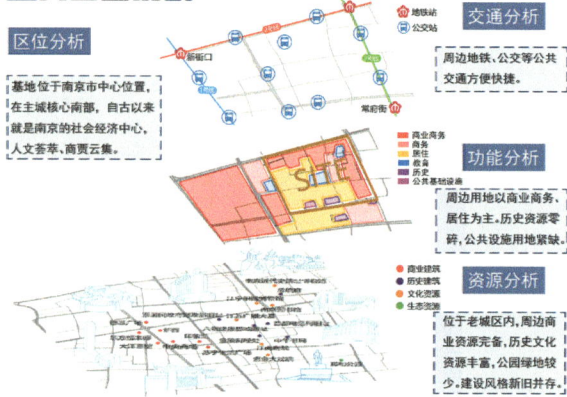

上位概况

时代背景

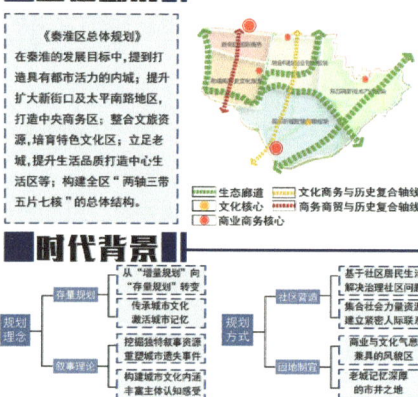

基地问题分析

基地现状分析

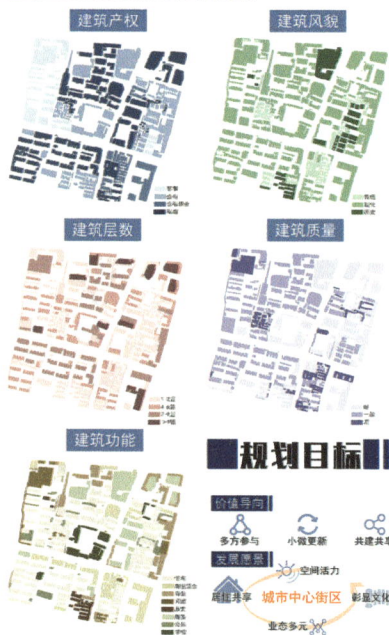

叙事对象识别

规划目标

■ 设计理念及框架 ■

理论介绍
- 叙事对象
- 空间叙事的三要素
- 叙事媒介 → 叙事内容展示的空间
- 叙事内容 → 故事 / 事件 / 事理

设计框架
前期分析
- 周边概况
- 上位规划
- 时代背景
- 基地现状

问题分析
- 居住空间
- 公共空间
- 产业空间
- 文化空间

概念引入
- 引入 → 空间叙事理论 spatial narratives

具体策略
- 叙事对象识别 → 居民 游客 上班族
- 叙事媒介改造 → 居住空间 / 公共空间 / 产业空间 / 文化空间
- 叙事内容生成 → 故事生成 / 事件打造 / 事理重塑

■ 规划系统分析 ■

交通系统
- 城市主干路
- 城市次干路
- 城市支路
- 步行街

功能分区
- 居住用地
- 商业服务业设施用地
- 公共服务用地
- 文物古迹用地
- 公共设施用地

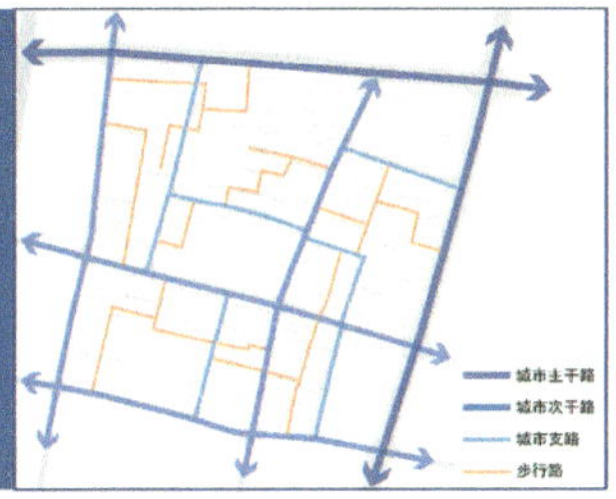

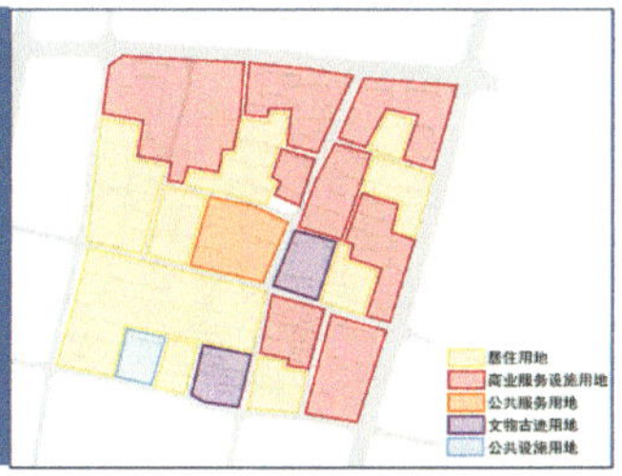

■ 叙事媒介改造 ■

居住空间策略
针对基地内部现存的传统院落、现代居住小区分别提出不同的改造策略。通过共建的方式改善居民生活环境。
- 现代居住区
- 传统居住区

文化空间策略
充分利用基地内的文化资源点和老城记忆点，从空间营造和文创产业两方面实现文化的延续。
- 历史文化遗存点

公共空间策略
对公共空间进行分类，总结场地内现有的问题，通过点、线、面的方式完成对公共空间的细化。
- 点
- 线
- 面

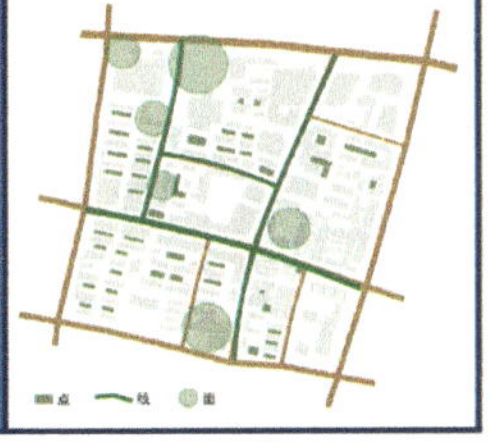

产业空间策略
梳理现有产业，增加商务商业，发展历史文化产业，设计旅游路线，发掘现有媒体资源，引入现代媒体产业。
- 商业
- 行政
- 商务
- 社区服务
- 历史文化
- 教育
- 智能
- 娱乐媒体
- 旅游服务
- 其他道路

■ 规划总平面 ■

N

主要经济技术指标
/ECONOMICS AND
TECHNICAL INDICATORS
总用地面积: 25.64公顷
容 积 率: 2.46
建筑密度: 32%
绿 地 率: 27%

0 20 40 80m

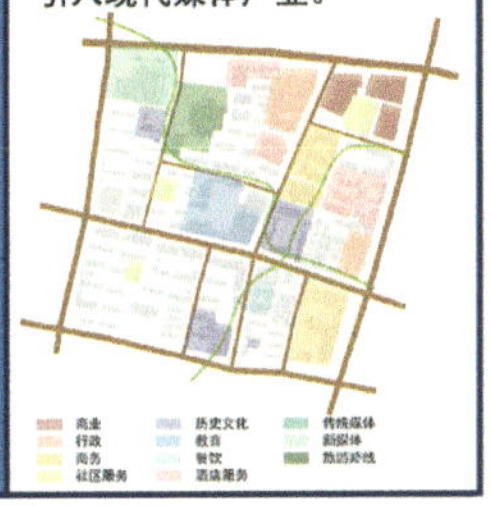

图例
- A 新媒体大楼
- B 江苏广播大厦
- C 下沉广场
- D 商务楼
- E 游府西街小学
- F 独立工作室
- G 睦邻中心
- H 电话局博物馆
- I 商业街
- J 劳动大厦
- K 变电所
- L 幼儿园
- M 树德坊
- N 金陵刻经处
- P 东方饭店
- Q 公园
- R 小松涛传统院落
- S 远洋国际中心
- T 潮流商业楼
- U 游府新村
- V 蔡家花园
- W 有福家苑
- X 办公楼

2021年「南京国图杯」第一届全国大学生国土空间规划设计竞赛获奖作品——本科生组（二等奖）

■故事生成■

早上 地点：运动角 人物：中老年人、运动爱好者 情节：晨练、健身、做操、打太极……

上午 地点：绿植园 人物：社区居民、园丁、管理人员 情节：种植、浇水、修剪、观赏、放松……

午后 地点：社区文化角 人物：居民、社区工作者 情节：娱乐、切磋、休息、社交、了解社区事务、反馈意见……

天黑 地点：街巷 人物：居民、游客、消费者、商家 情节：散步、逛街、游玩、聚会、购物、广场……

傍晚 地点：儿童娱乐场 人物：儿童、家长、看护人员、社区工作者 情节：玩耍、活动、锻炼、交友……

下午 地点：社区中心 人物：儿童、学生、志愿者、社区工作者 情节：看书、自习、交流、辅导……

■事件打造■

STEP 1 叙事框架构建

关系建立 人物 / 地点 / 时间 / 事件

印象测评

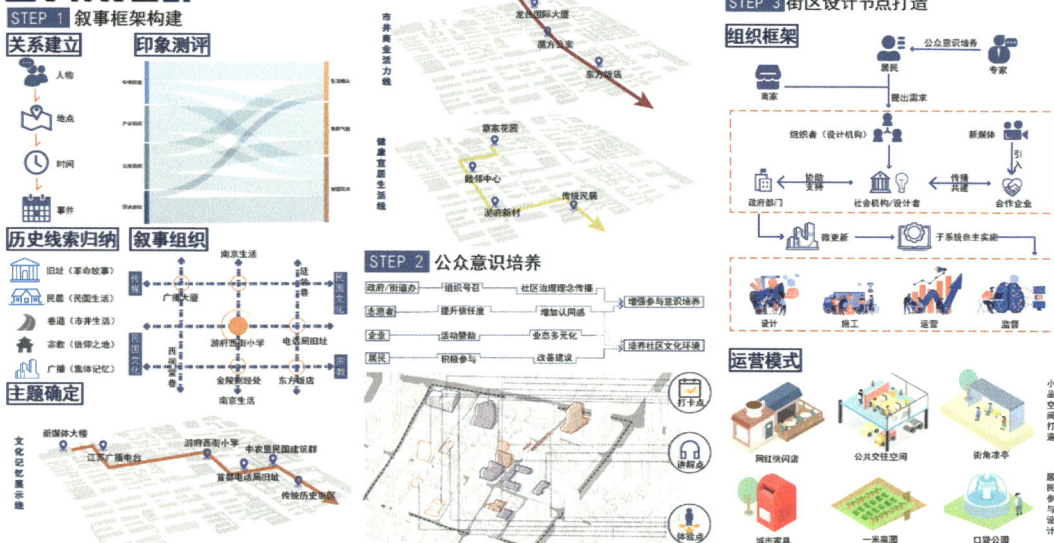

历史线索归纳 旧址（革命故事） 民居（民国生活） 巷道（市井生活） 宗教（信仰之地） 广播（集体记忆）

主题确定 文化记忆展示系统

叙事组织 南京生活

STEP 2 公众意识培养

政府/街道办 → 组织号召 → 社区治理理念传播 → 增强参与意识培养
志愿者 → 提升依赖度 → 增加认同感
企业 → 活动赞助 → 业态多元化 → 培养社区文化环境
居民 → 积极参与 → 改善建设

STEP 3 街区设计节点打造

组织框架

公众意识培养：居民、专家、商家、展示需求、组织者（设计机构）、新媒体、政府部门、社会机构/设计者、合作企业、微更新、子系统自实施

运营模式

小品空间打造、居民参与设计：网红快闪店、公共交往空间、街角凉亭、城市家具、一米菜园、口袋公园

打卡点 / 讲解点 / 体验点

■事理重塑■

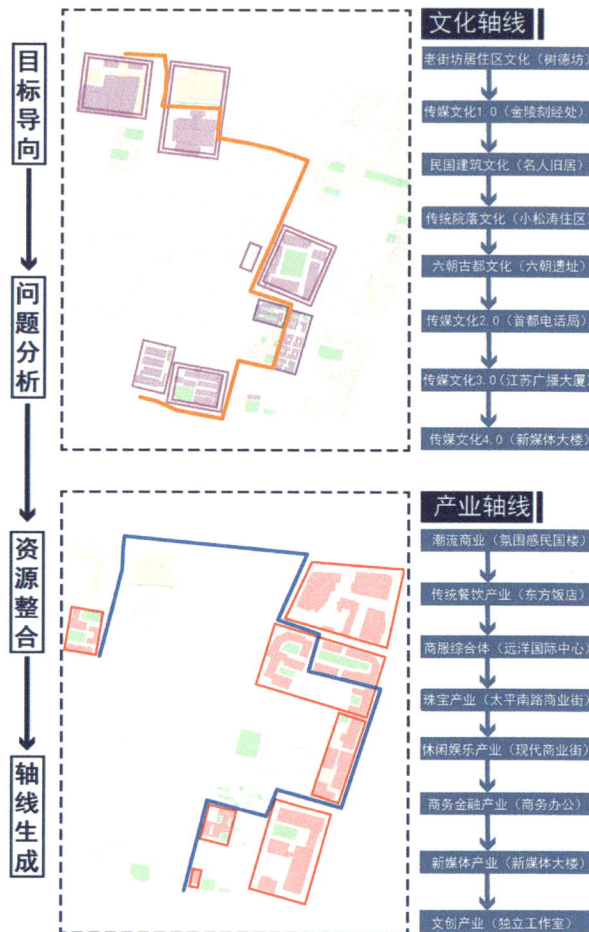

重塑过程

目标导向 → 问题分析 → 资源整合 → 轴线生成

文化轴线
老街坊居住区文化（树德坊）
传媒文化1.0（金陵刻经处）
民国建筑文化（名人旧居）
传统院落文化（小松涛住区）
六朝古都文化（六朝遗址）
传媒文化2.0（首都电话局）
传媒文化3.0（江苏广播大厦）
传媒文化4.0（新媒体大楼）

产业轴线
潮流商业（氛围感民国楼）
传统餐饮产业（东方饭店）
商服综合体（远洋国际中心）
珠宝产业（太平南路商业街）
休闲娱乐产业（现代商业街）
商务金融产业（商务办公）
新媒体产业（新媒体大楼）
文创产业（独立工作室）

■故事生成 空间更新■

共享书吧
小区广场
小松涛院落
艺术展览

■事件打造 多方参与■

下沉广场
睦邻中心
电话局博物馆
东方饭店

▊ 事理重塑 功能提升 ▊

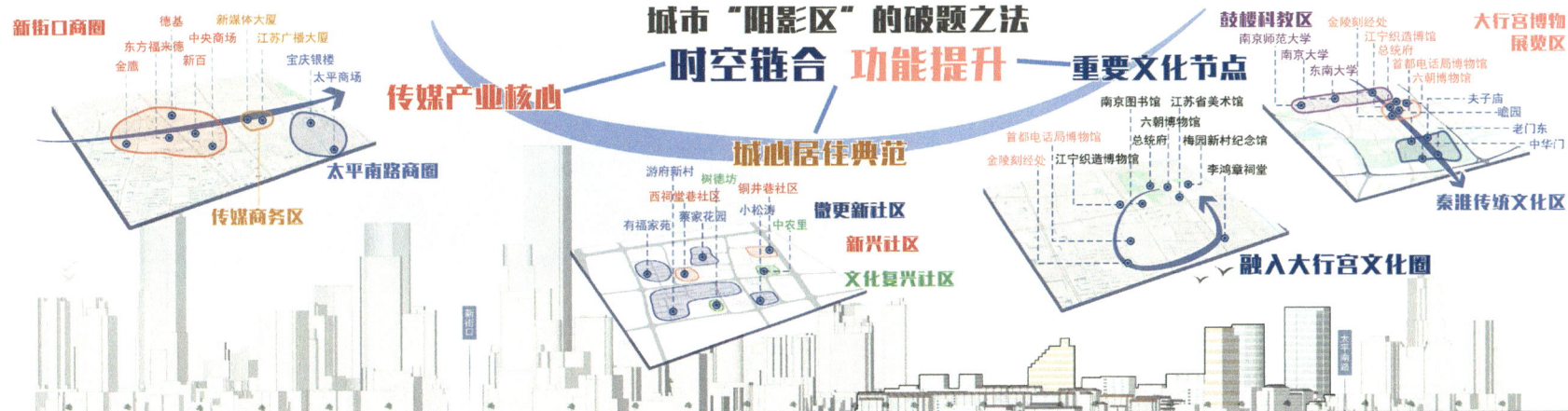

城市"阴影区"的破题之法

时空链合　功能提升

新街口商圈
德基
东方福米德　中央商场
金鹰　新百
新媒体大厦
江苏广播大厦
宝庆银楼
太平商场

传媒产业核心

传媒商务区

太平南路商圈

城心居住典范

游府新村
树德坊
西祠堂巷社区　铜井巷社区
有福家苑　寨家花园　小松涛
中农里
微更新社区
新兴社区
文化复兴社区

重要文化节点

南京图书馆　江苏省美术馆
六朝博物馆
总统府
首都电话局博物馆　梅园新村纪念馆
金陵刻经处
江宁织造博物馆
李鸿章祠堂

融入大行宫文化圈

鼓楼科教区
南京师范大学
南京大学
东南大学
金陵刻经处
江宁织造博物馆
总统府
首都电话局博物馆
六朝博物馆
夫子庙
瞻园
老门东
中华门

大行宫博物展览区

秦淮传统文化区

▊ 鸟瞰图 ▊

2021年『南京国图杯』第一届全国大学生国土空间规划设计竞赛获奖作品——本科生组（二等奖）

城墙公园　　饮马巷巷　　创忆工所　　星座平台　　百花园

画入城池，旧梦新绎——基于空间基因理论的历史街区设计

参赛院校：湖南大学
作者姓名：潘婉滢　周欣儒　刘诗雨　李浩宁　罗喜红
指导老师：向　辉　姜　敏
"南京国图杯"第一届全国大学生国土空间规划设计竞赛　二等奖

方案点评：

　　该作品选取南京中华门周边的老城区为设计基地，主要针对"日常生活的脱节"和"历史文化的落寞"的现实问题，通过引入"画入城池"的概念，将充满市井生活气息的场景进行从古到今的转译，从而实现将基地建设为"秦淮高品质居住区"的目标。方案主要借助空间基因的理论，探索和分析老城南的"空间基因"，从中提取有关自然、社会、艺术三方面的空间特征。这些"空间基因"在场景的设计中产生空间形态、空间使用方式、回归者三方面的转译，将筛选出的"空间基因"及其特征因子传承于满足发展需求的新的空间结构中，实现"画入城池"的渐进式居住品质提升的目标。方案以古画中的空间特质为切入点，对城市更新中还原和传承历史空间进行了有益的探索。

综合现状分析

建筑质量分析
Quality of construction

建筑风貌分析
Architectural style

景观结构分析
Landscape structure

建筑功能分析
Type of building use

概念解读

【理论解析】

空间基因

空间基因理论

【概念解读】

回入城渠

1.田野调查与资料解读

2.空间基因研定
识别提取、解析评价

3.设计创意与规划落地

概念获取

【密郊繁会景列图录】 明 （等选）

人群调研分析

空间基因提取

基因一：传统形制（城绿融合、中轴对称）

基因二：城水关系（河居建筑）

基因三：空井化（建筑类型演化）

基因四：河网灵长（街道连建、杂现与侵占）

总平面图

结构分析

设计说明：本方案立足于空间场理论下的钓鱼台历史文化街区的城市设计。探讨了从大拆大建到渐进式更新的另一种可能，即在"绣花式"更新的基础上由点到面营造出有序、有序、有层，和谐的空间模式。本方案在空间设计过程中，借助肌理梳理、慢行构建、点状插入、片区联动等空间策略，还原一个维持历史文化本色的一个多层高品质原居住区，形成能留得住延续的南都繁荣与和谐街区。

主要经济技术指标：

名称	单位	数值
总用地面积	ha	14.0
总建筑面积	㎡	18.6
容积率	—	1.3
建筑密度	%	57.7
绿地率	%	15.6

图例

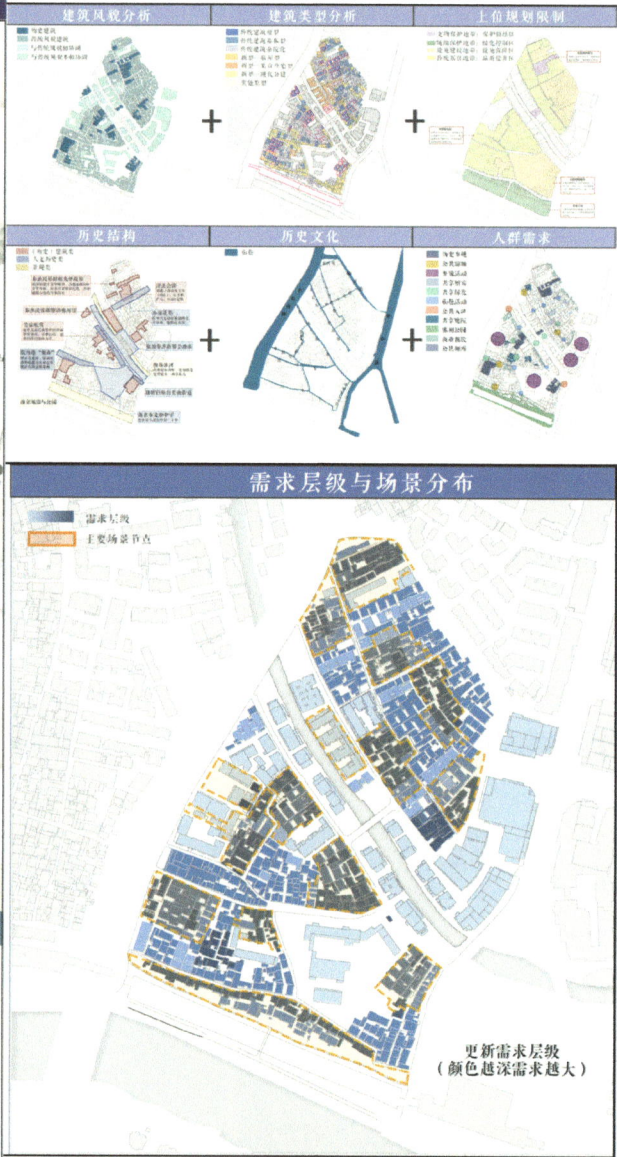

建筑风貌分析　建筑类型分析　土地规划限制

历史结构　历史文化　人群需求

需求层级与场景分布

更新需求层级
（颜色越深需求越大）

泾县会馆场景节点

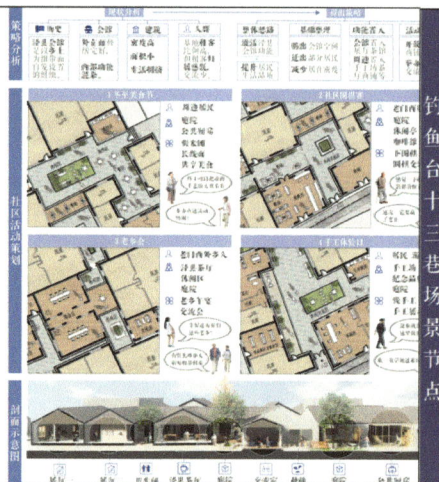

策略分析

钓鱼台十三巷场景节点

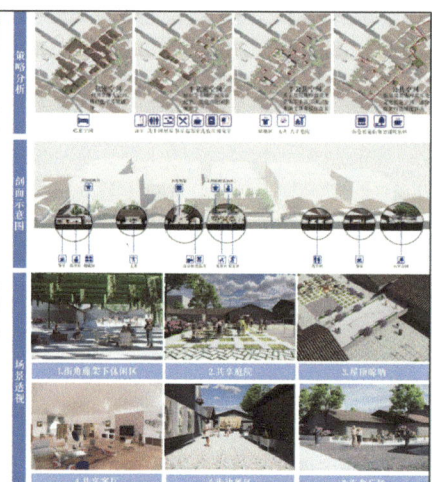

策略分析

逻辑框架

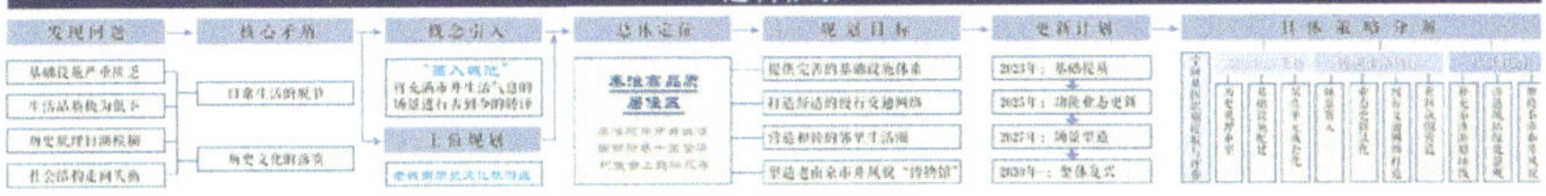

策略分析

基础重构

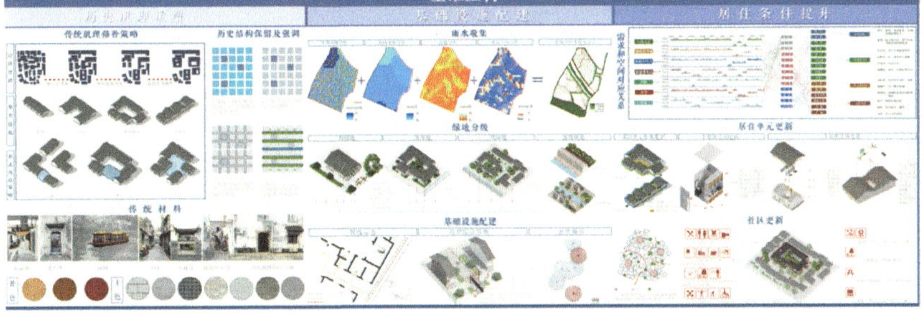

传统生活转译

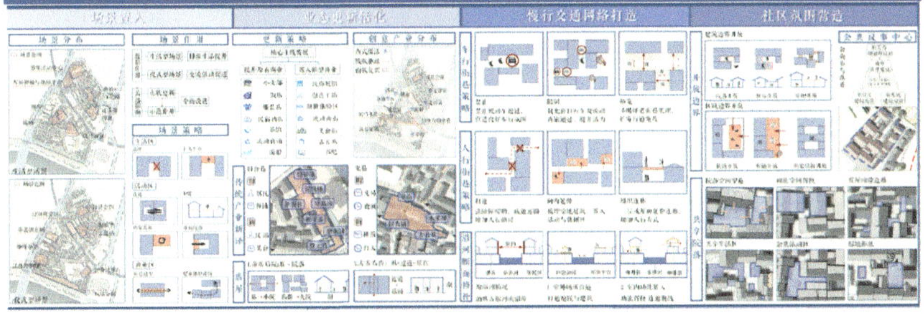

片区联动

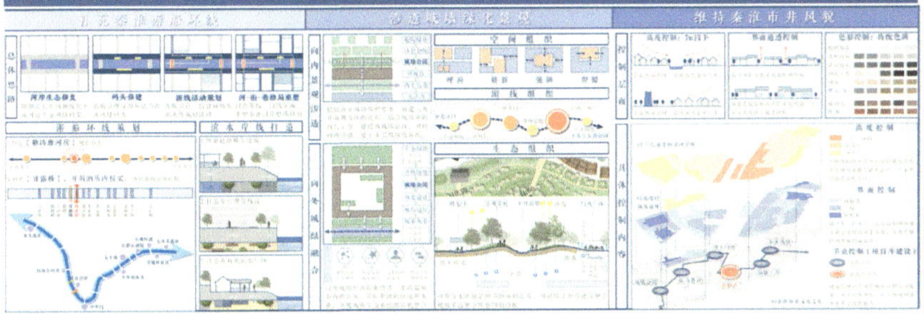

效果图

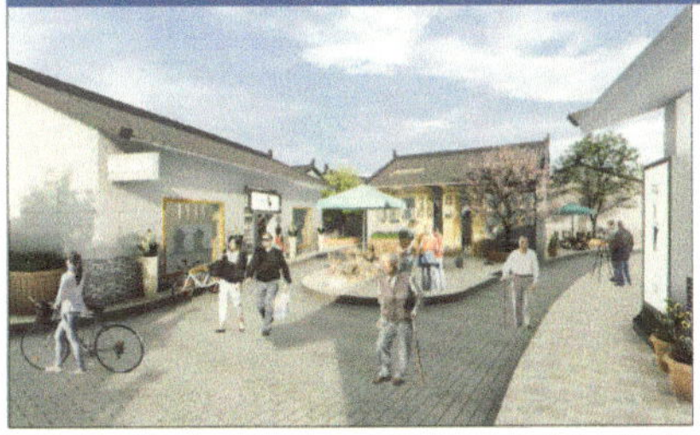

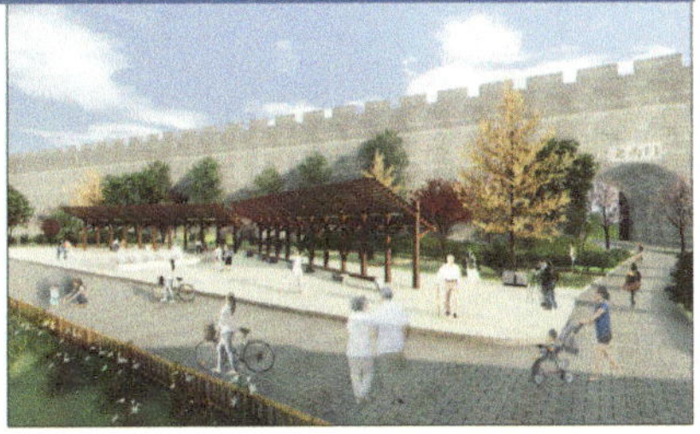

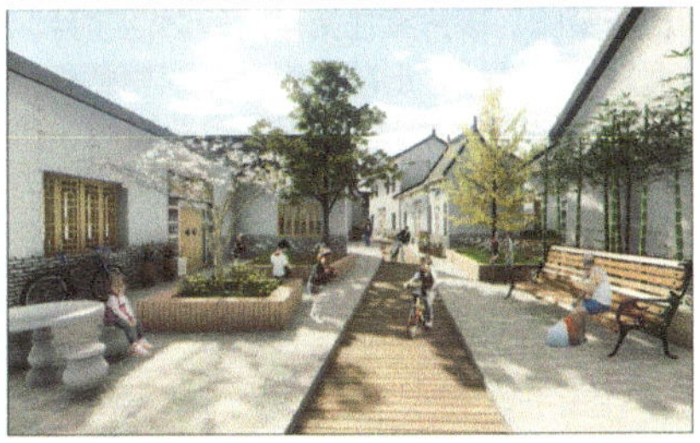

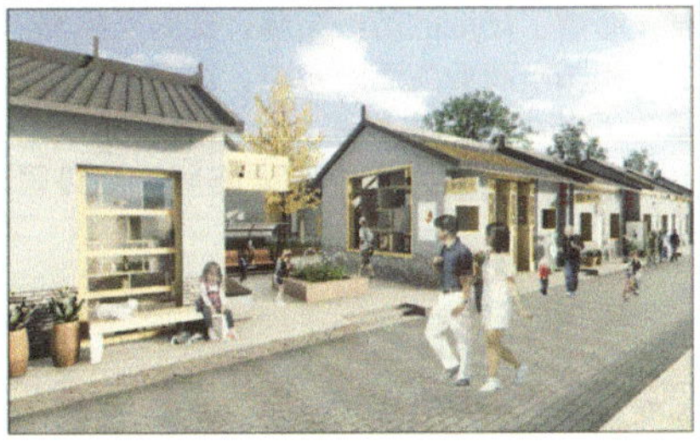

沿河剖面图

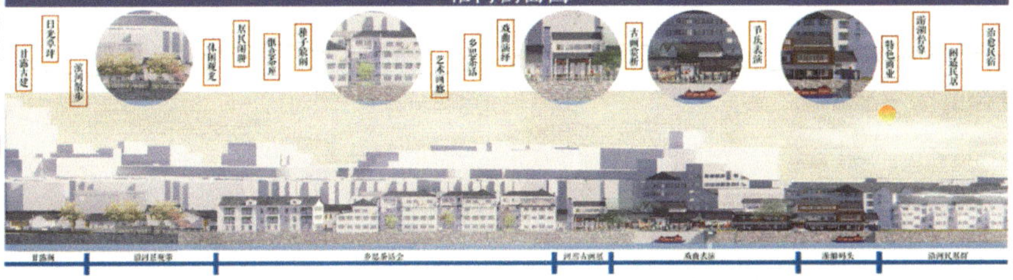

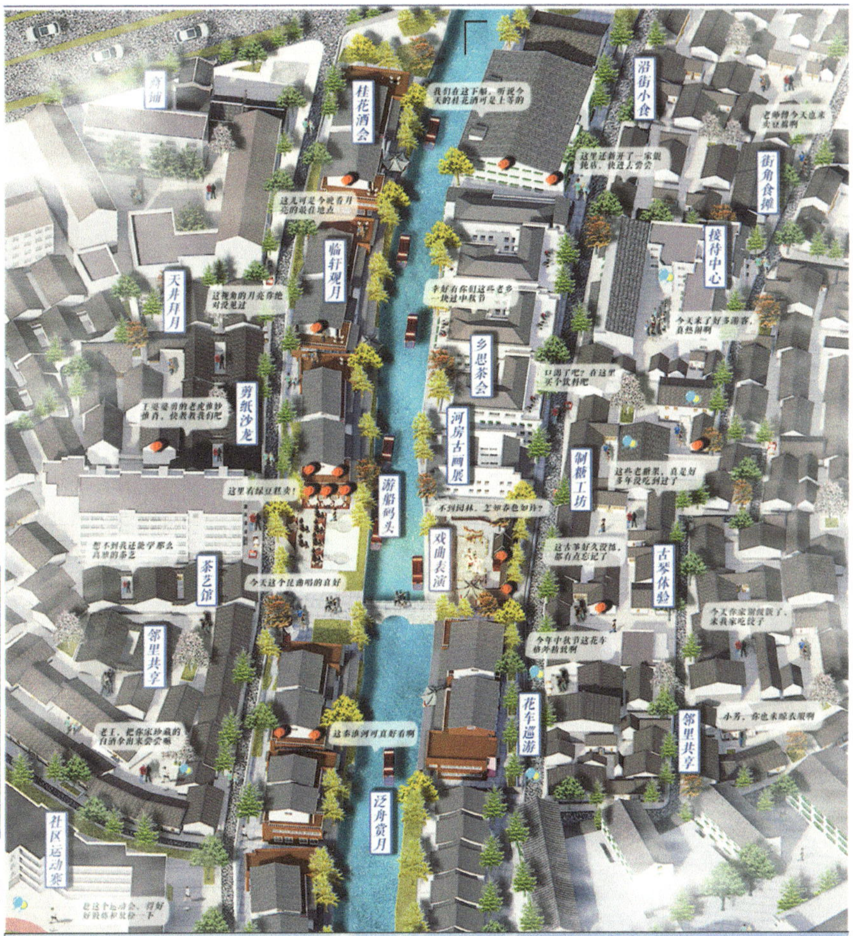

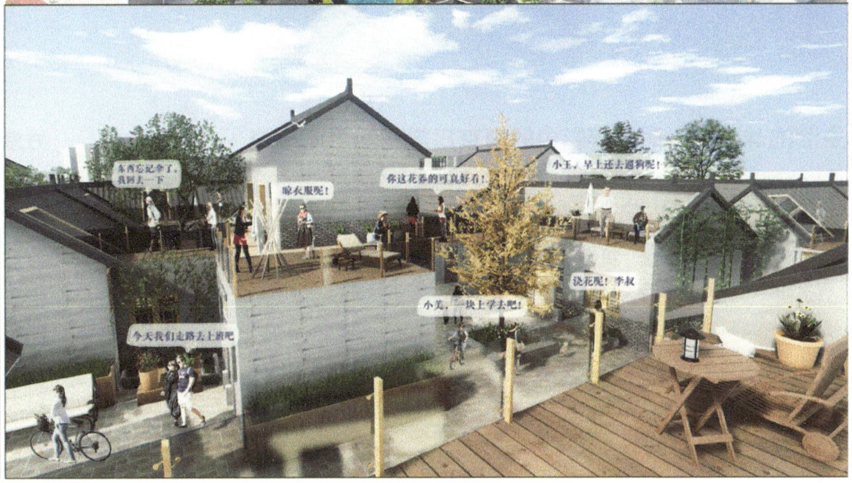

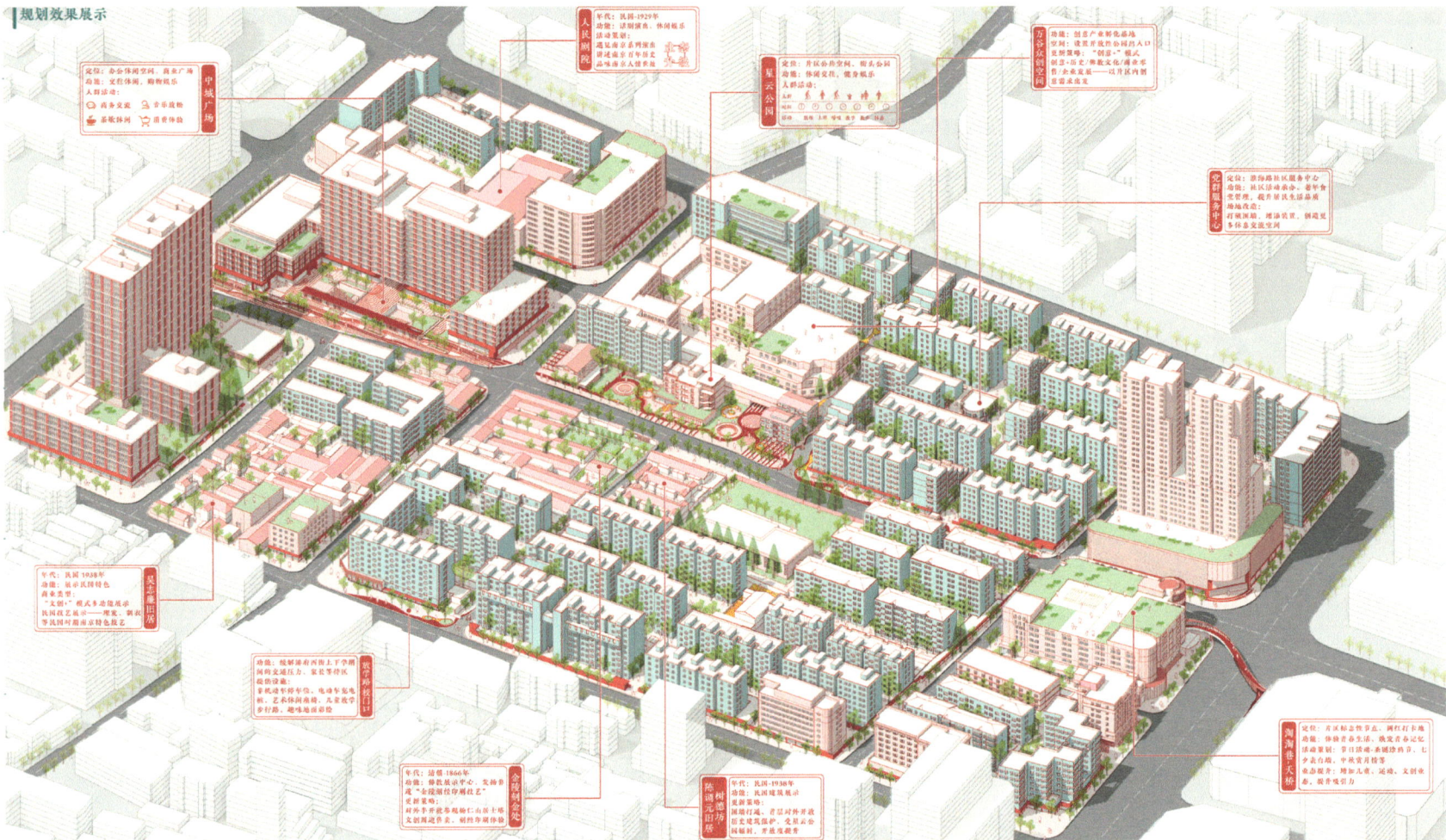

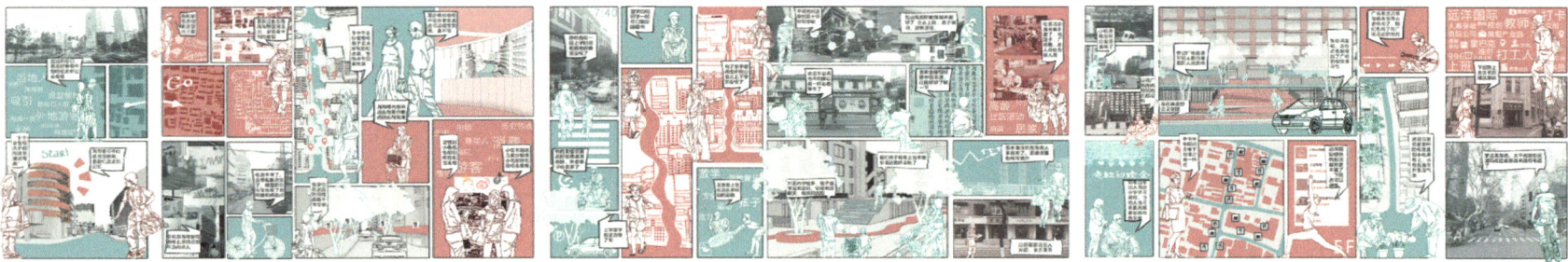

生活的味道——时光碎影中的南京日常空间更新策略

参赛院校：西安建筑科技大学

作者姓名：陈晓旭　王旭东　李瑾雯　齐雨萌

指导老师：叶静婕　李　昊

"南京国图杯"第一届全国大学生国土空间规划设计竞赛　二等奖

方案点评：

　　该设计对地段层叠显性的历史线索和隐性的日常生活进行提取，使具有不同年龄、身份、职业、需求的人在这里共同构成丰富且最具特色的南京市井图景。设计从人群活动和需求出发，尊重了场地的历史文脉，实施有机渐进的更新策略。该方案在第一阶段激活了片区公共生活和城市商业生活潜力点；第二阶段则以淮海路连点成线，形成抄纸巷、双塘巷和小松涛巷等五条小街的生长线；继而第三阶段拓展商业区，聚合淮海新村和游府新村两个居住区，成功构建片区发展的整体格局，最终呈现在地日常生活的丰饶，串联了历史空间的谱系。

规划地段

都市空间与南京市南部老门西比邻，区位条件得天独厚，资源丰富。本区由西部和北部商务为核心…各一条街…承担，将重点放在公学教学楼的公益性，打造街区活力中心…

特征梳理

功能混合拼贴

- 楼选
- 商住用地
- 居住用地
- 公用用地
- 公用设施

淮海路————片区发展主干线

沙街巷·倒街红美食街 / 社区服务·儿童行教育学园 / 小松涛巷·老旧商业特色街

外部多方牵引

商业 / 商务 / 居住 / 商务

人群多元共生

	居民	白领	市民
	延续原有生活	广场休闲	记忆激活
	空间		
	重塑全新生活	拓展活动	回溯历史
	活动	空间	
	新旧并存	住区改造	空间提质 / 情怀再现

价值主张

BASE

- 人群情况
- 业态分布
- 生活生产
- 游览观光

访客暂住居 / 白领 / 在地居民（包括就近上班、老人和儿童）

新内需+居住民+暂内需时的记忆留存

1. 用地成分离高度混杂，居住、办公、商业均有涉及，但公共空间场地极度缺乏；
2. 场地飞速发展，承载了南京近三十年乃至近百年的历史，留下诸多遗产；
3. 整体业态无法承接外部人流，仅满足内部居民生活；
4. 社区生活背离，人群关系淡漠

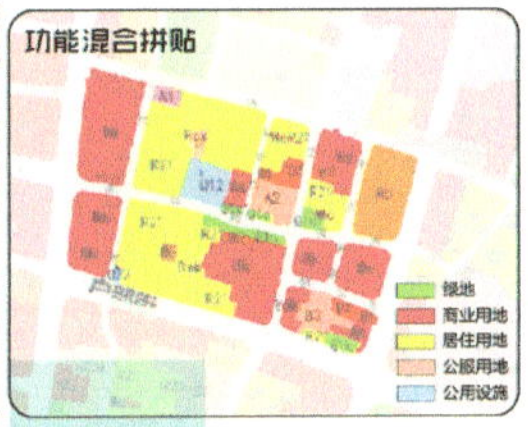

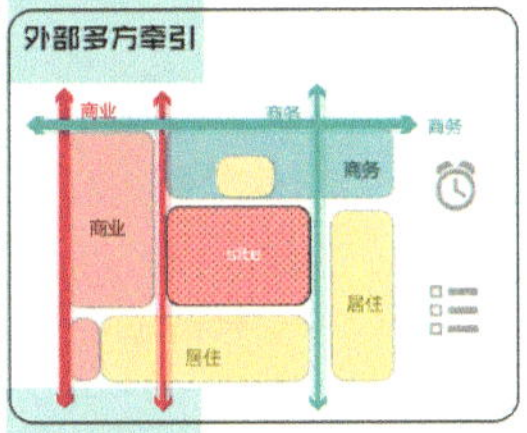

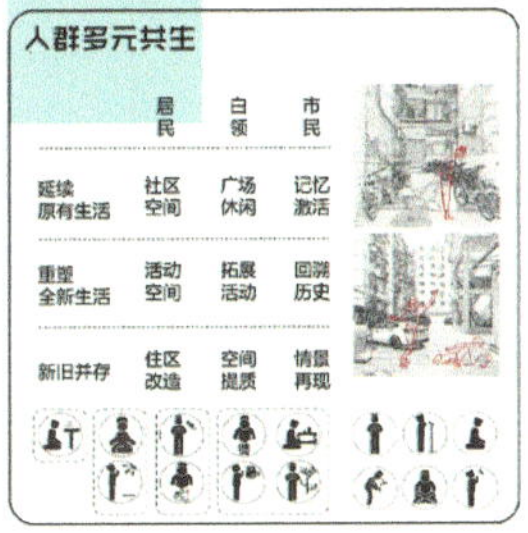

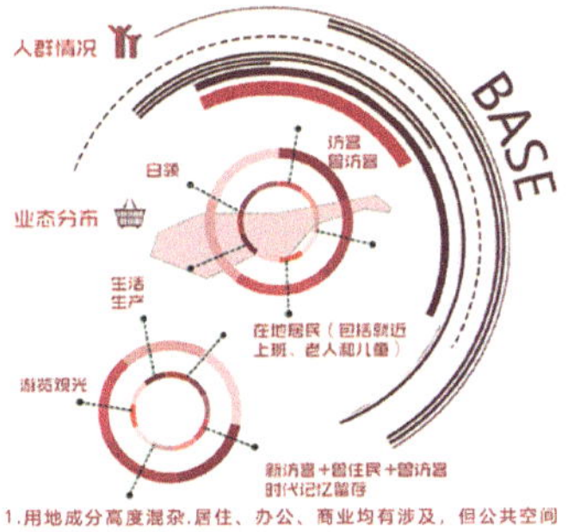

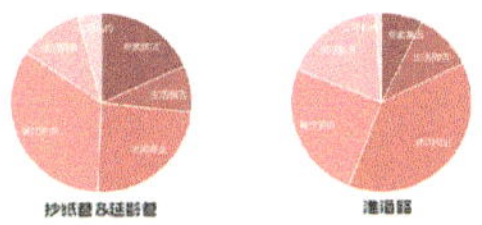

问题总结

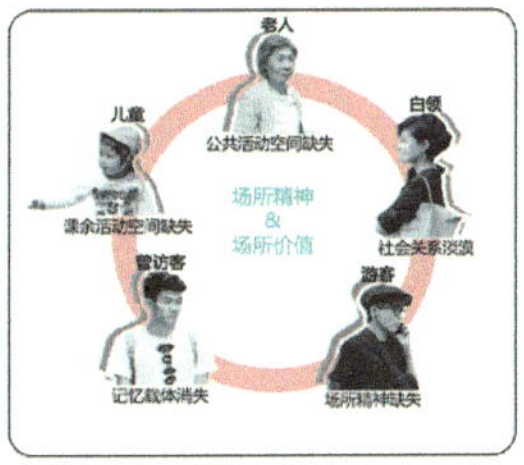

- 老人 / 儿童 / 白领 / 游客
- 公共活动空间缺失
- 场所精神&场所价值
- 社会关系淡漠
- 场所精神缺失
- 记忆载体消失
- 溪余活动空间缺失

应对策略

- 寻找记忆
- 社区活动
- 观光访客
- 居民生活
- 活动打卡
- 都市白领

2025 阶段一：挖掘潜力点——远洋半岛国际中心、淘淘巷、淮海路134号地段

2030 阶段二：串联线——联结内外关系，提升淘海巷、双梧巷、小松涛巷，搭接纵方关系

2035 阶段三：带动全面发展—通过前两点系统的改造，虚活片区，达接整体新关系

- 共同规划
- 渐进规划
- 有限规划
- HERE / SHOULD BE / THERE
- 20% 80%

规划·更新策略探析

基于空间、时间和人群的剖析，对片区内现状活力要素进行评判和梳理，确定更新规划结构。

打造片区活力亮点	创造片区公共中心	提升场地活动潜力
城市开放空间	片区公共空间	办公休闲空间
淘淘巷	天桥	淮海路134号	口袋公园	历史中城街里	休闲广场

人群·生活流线解析

片区内人群多元共生，主要有在地居民、办公白领和外来游客，并对其流线等相关要素进行梳理。

人群生活状态		
南北交往断裂	道路通达性差 / 社区路网不完善
邻里空间缺失	活动空间缺失 / 场地设施不完善
邻里关系薄弱	人情关系淡漠 / 情感纽带缺失

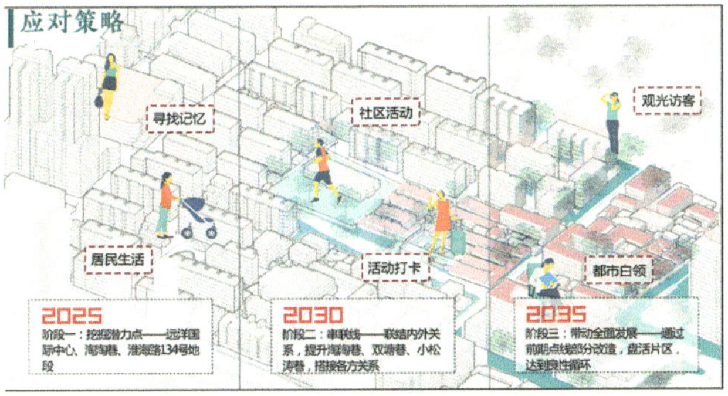

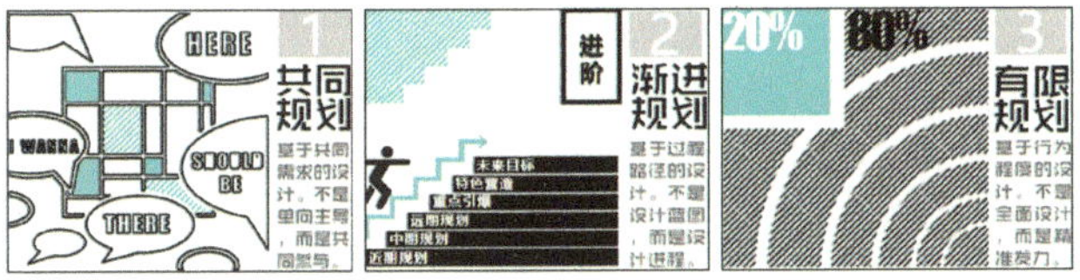

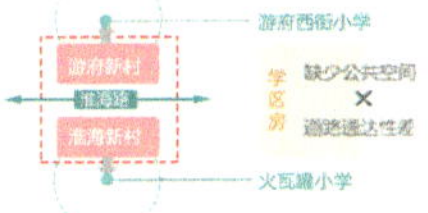

游府西街小学 → 游府新村 / 缺少公共空间 × 道路通达性差 ← 淮海新村 / 火瓦瓦小学

时间·历史要素梳理

片区内时间叠盖共存，历史点丰富，但布局较为分散，以民国时期历史建筑为主。

历史文化格局		
物质遗存荒废	遗存利用率低 / 资源保护性差
历史记忆断层	城市空间的遗忘 / 人物事件的遗忘
文化资源稀少	文化活动的消失 / 物质文化的缺失

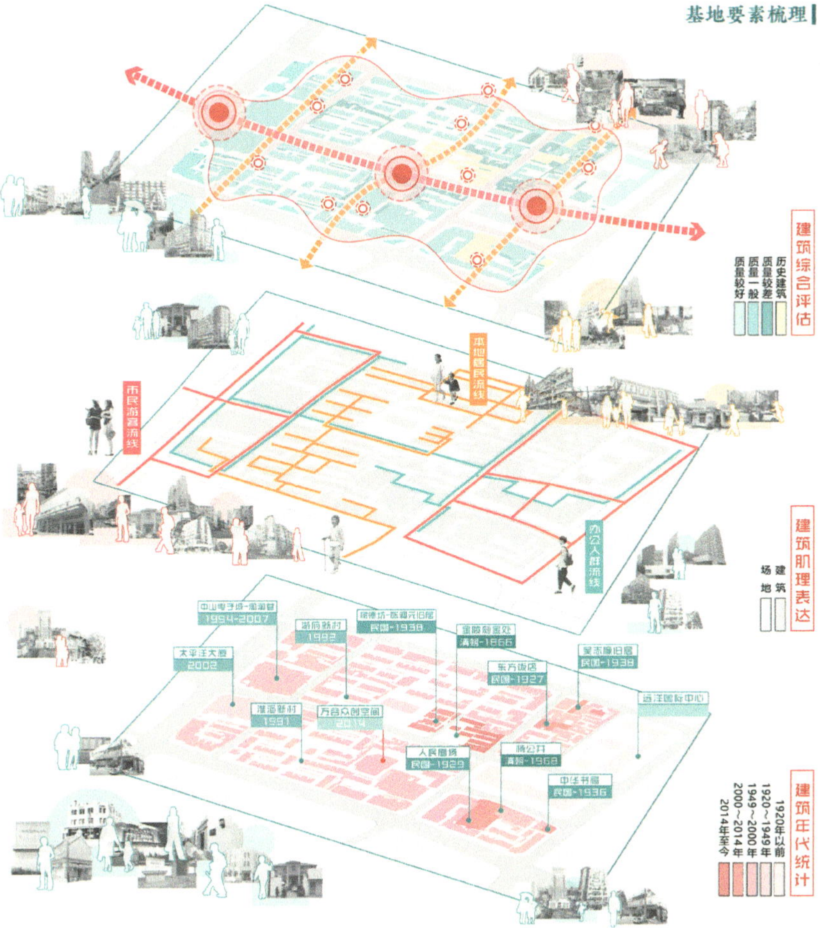

空间·现状基地梳理

片区内部建筑功能混合拼贴，对资源及问题点进行梳理，分析基地内最迫切需要解决的问题。

建筑功能空间		
功能混合拼贴	用地性质复杂 / 多元功能复合
权属边界硬化	建筑新旧参差 / 功能融合性差
公服配套不足	公共空间缺失 / 街巷道路不合理

基地要素梳理

建筑综合评估 — 历史建筑 / 质量较好 / 质量较差 / 质量一般

建筑肌理表达 — 本地居民流线 / 市民流线 / 办公人群流线 / 场地 / 建筑

建筑年代统计 — 中山电子修·国美馆 1994-2007 / 游府新村 1993 / 研发·医疗元旧址 民国-1938 / 满昌 1866 / 东方饭店 民国-1927 / 吴志潜旧居 民国-1938 / 远洋国际中心 / 太平大桥 2002 / 淮海新村 1991 / 万音众创空间 / 人民剧院 民国-1929 / 晴公井 满新-1968 / 中华书局旧址 民国-1936

建筑年代统计 — 1920年以前 / 1920～1949年 / 1949～2000年 / 2000～2014年 / 2014年至今

建筑功能梳理 — 居住建筑 / 其他建筑 / 宗教建筑 / 商业建筑 / 餐饮办公

香港城·淘淘巷 / 淮海路变电站 / 布的西街幼儿园 / 金陵别金处 / 游府西街小学 / 吴志潜旧居 / 淮海路31号院 / 浙府新制 / 东方饭店 / 沙坝园小区 / 淮海新村 / 朝漂坊 / 淮海路61号院 / 远洋国际中心 / 太平洋大厦 / 江南剧院 / 万音众创空间 / 东浦大厦 / 人民剧院 / 中华书局旧址

2021年「南京圈圈杯」第一届全国大学生国土空间规划设计竞赛获奖作品——本科生组（二等奖）

027

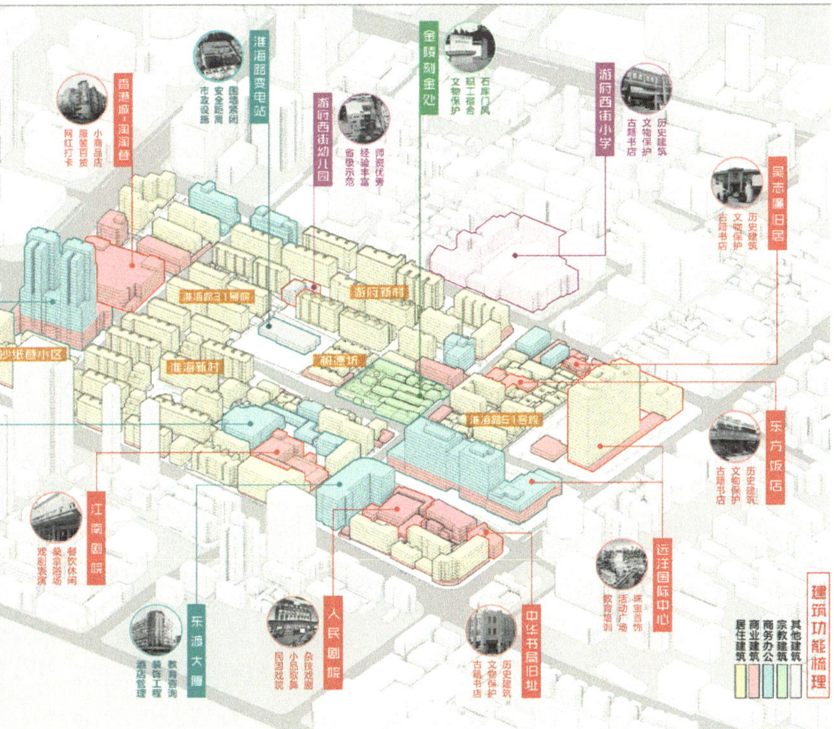

都市白领的栖息地

激活点一

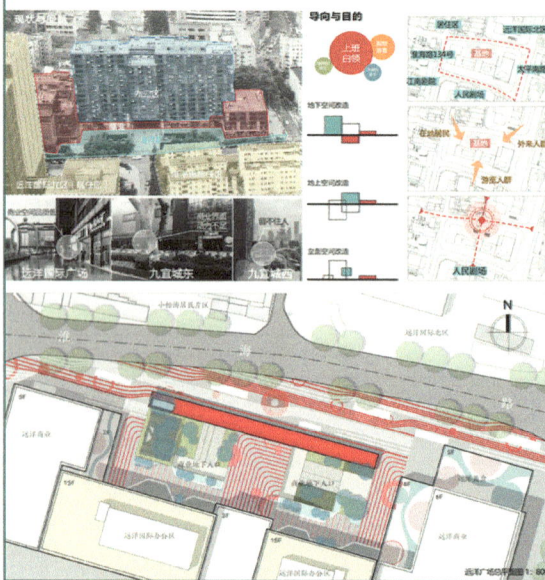

片区公共生活的共生场

激活点二

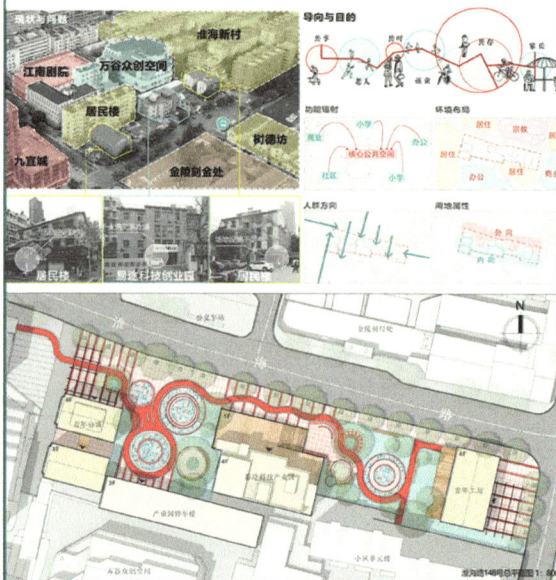

城市商业空间的生长线

激活点三

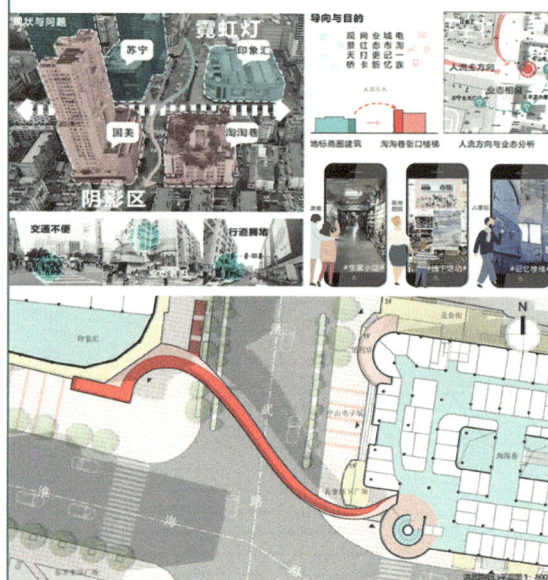

更新策略

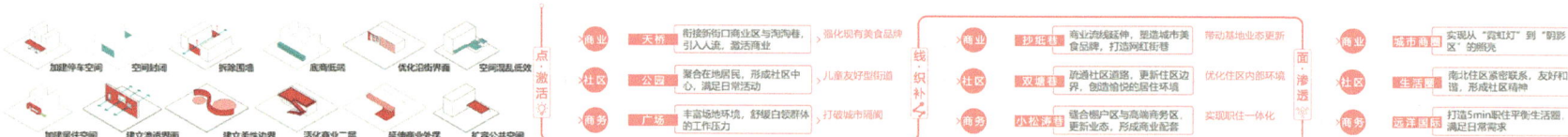

生活的味道——时光碎影中的南京日常空间更新策略

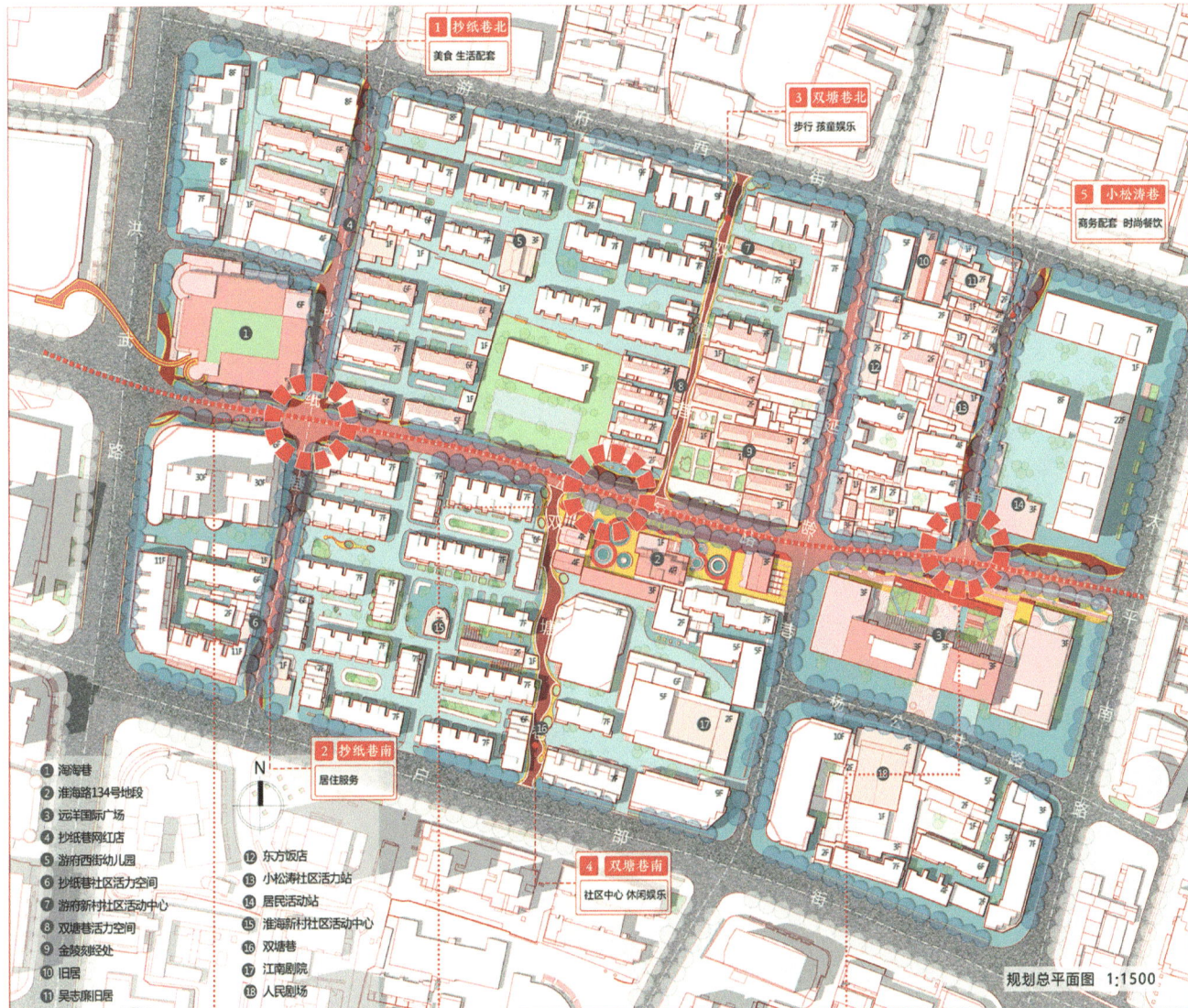

更新策略

1 抄纸巷北
美食 生活配套

3 双塘巷北
步行 孩童娱乐

5 小松涛巷
商务配套 时尚餐饮

2 抄纸巷南
居住服务

4 双塘巷南
社区中心 休闲娱乐

① 淘海巷
② 淮海路134号地段
③ 远羊国际广场
④ 抄纸巷网红店
⑤ 游府西街幼儿园
⑥ 抄纸巷社区活力空间
⑦ 游府新村社区活动中心
⑧ 双塘巷活力空间
⑨ 金陵刻轻处
⑩ 旧居
⑪ 吴志廊旧居
⑫ 东方饭店
⑬ 小松涛社区活力站
⑭ 居民活动站
⑮ 淮海新村社区活动中心
⑯ 双塘巷
⑰ 江南剧院
⑱ 人民剧场

规划总平面图 1:1500

1 抄纸巷北
抄纸巷商业改造

2 抄纸巷南
抄纸巷住区边界改造

3 双塘巷北
双塘巷社区活动场所改造

4 双塘巷南
双塘巷低效空间改造

5 小松涛巷
小松涛巷商业改造

人群活动

抄纸巷
美食探店
商业活动
排队打卡
老年活动
双塘巷
儿童娱乐
小松涛巷
商务办公
时尚餐饮

改造效果图

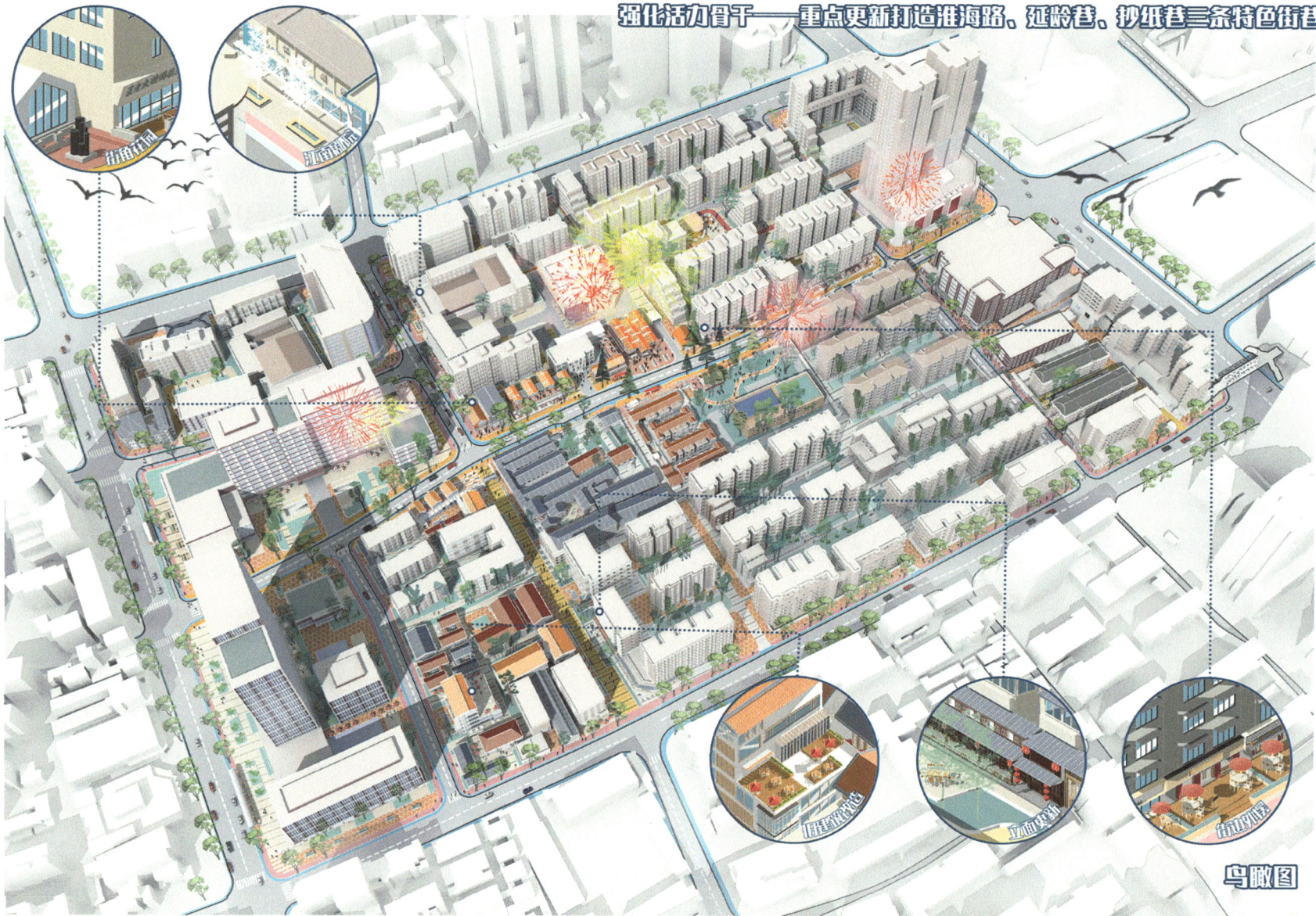

街角花园

沿街动态

历史建筑更新

立面更新

街角小程

鸟瞰图

2021年「南京国图杯」第一届全国大学生国土空间规划设计竞赛获奖作品——本科生组（二等奖）

烟火街口，情怀家园——以整体关联性为导向的南京秦淮区淮海路地段城市更新

参赛院校：同济大学
作者姓名：刁海峰 贾蔚怡 李卓欣 张悦晨 翟元昊
指导老师：匡晓明
"南京国图杯"第一届全国大学生国土空间规划设计竞赛 二等奖

方案点评：

    该作品从层积性视角追溯新街口淮海路地段的历史变迁，提取"街口"这一特色要素；采用"城市更新双评价"的方法对基地现状展开了充分的调研评估。针对历史、社会和空间三个维度的现实问题，提出"再续秦淮故事""再建生活舞台""再现烟火人家"三个目标，以实现点亮新街口的新烟火，再唤老秦淮的老情怀，打造"烟火街口，情怀家园"的愿景。更新方案以整体关联性为导向，在存量更新的语境下贯彻国土空间规划底线思维，横向到边，纵向到底，分层传导；依托街道空间强化活力骨干，链接活力节点，打造"三街关联成网、三点串联街口和四片联动家园"的空间格局。方案前期调研评估科学，规划结构清晰，图纸表达深入，实现了较好的整体关联性。

秦淮街口"初认知"

从区位条件、上位规划、历史文化层积性、空间正义视角下的"阴影区"四个层面对淮海路地段进行初步认识，并了解其多方条件优良、文化底蕴深厚、空间正义缺失的问题

○ 区位条件——处于南京市秦淮区新街口中间区活力范围内的优良地理、经济、文化条件

○ 历史文化层积性——六朝、明清、民国层积繁景的深厚历史文脉

○ 空间正义视角下的"阴影区"——紧邻新街口中间区，却成为商业活力低下、环境品质不佳、社会人群凝聚的"霓虹灯下的阴影区"

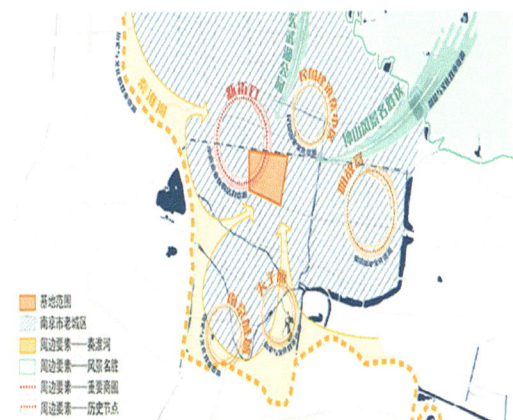

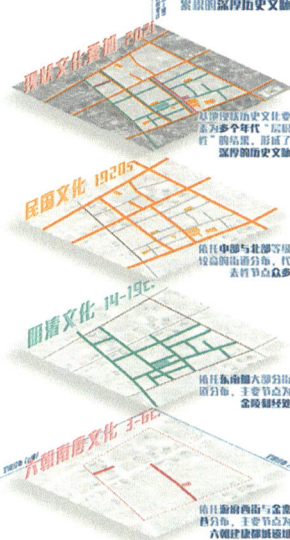

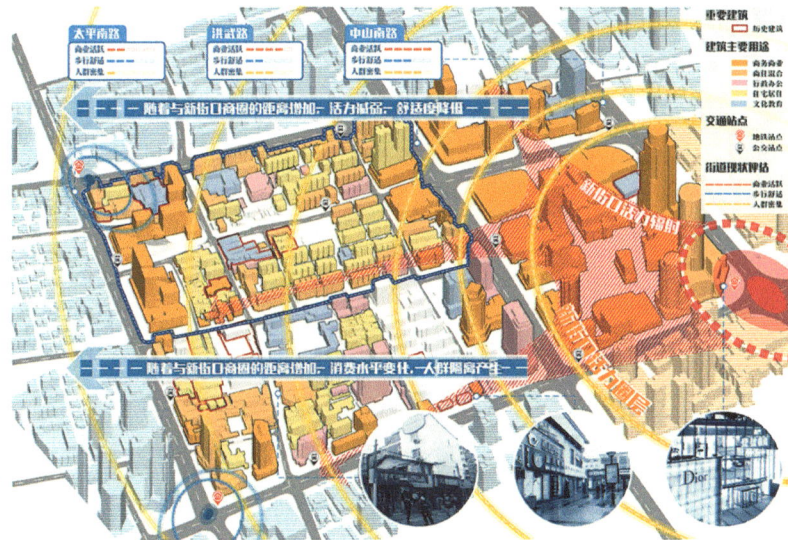

○ 上位规划——南京市、秦淮区总体规划对于传承历史、优化空间、回归生活的多重要求

太平南路　淮海路　中山南路

随着与新街口商圈的距离增加，活力减弱，舒适度降低

随着与新街口商圈的距离增加，消费水平变化，人群隔离产生

城市更新"双评价"

从国土空间规划思维出发，将前置"双评价"手段类比并灵活运用于城市有机更新中，科学指导后续更新策略

○ 空间宜居性评价——多种模拟方法与大数据结合的定量评价与精细观察得到的现状系统评估

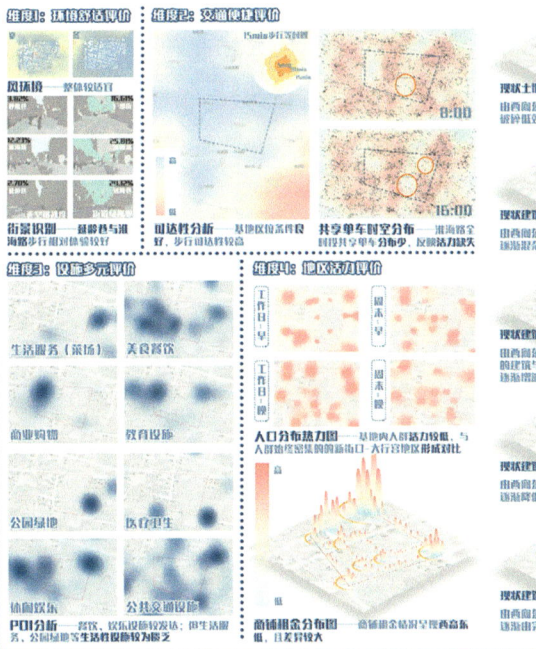

维度1：环境舒适评价
维度2：交通便捷评价
维度3：设施多元评价
维度4：社区活力评价

风环境
街景识别

生活服务（策场）　美食餐饮
商业购物　教育设施
公园绿地　医疗卫生
休闲娱乐　公共交通设施

POI分析

人口分布热力图

商铺租金分布

○ 人群适应性评价——"淮海路复兴计划"app

HI! HUAIHAI

现状土地利用
现状建筑年代
现状建筑质量
现状建筑高度
现状建筑风貌

烟火情杯"释主题"

立足于基地整体认知、双维评价与现状总结的"烟火街口，情杯家园"概念性演绎

○ 问题总结——从"历史、空间、社会"进行多维度考虑的基地现状问题

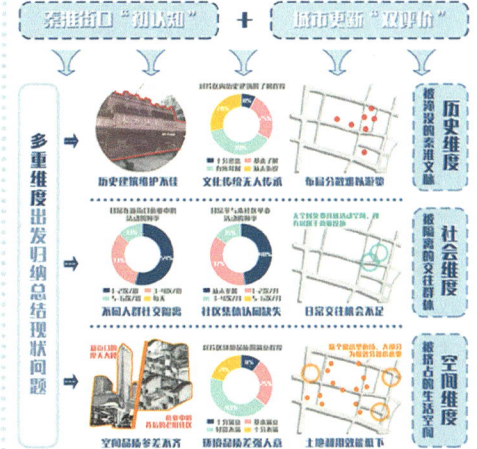

秦淮街口"初认知" + 城市更新"双评价"

历史维度
社会维度
空间维度

多重维度出发归纳总结现状问题

○ 目标愿景——从三重层面点亮新街口的新烟火，再映老秦淮的老情杯

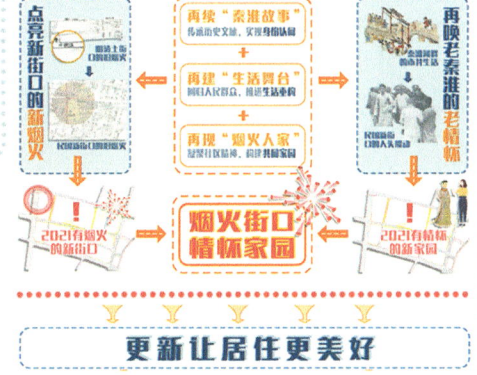

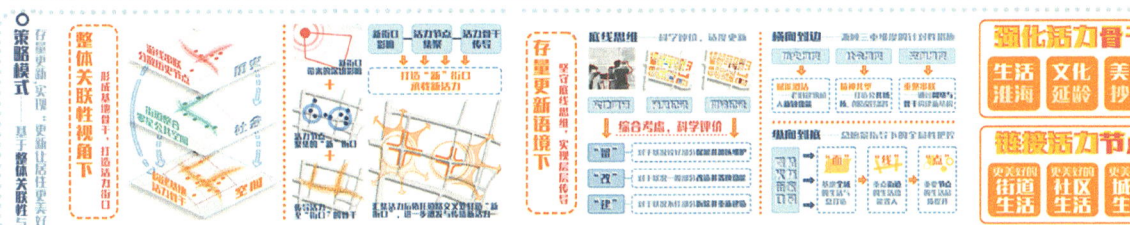

点亮新街口的新烟火

再续"秦淮故事"
再建"生活舞台"
再映"烟火人家"

再映老秦淮的老情杯

2021有烟火的新街口 → 烟火街口 情杯家园 ← 2021有情杯的新家园

○ 策略模式

整体关联性视角下
存量更新语境下

强化活力骨干
生活淮海　文化延龄　美食抄纸

链接活力节点
街道生活　社区生活　城市生活

更新让居住更美好

2021年"南京国图杯"第一届全国大学生国土空间规划设计竞赛获奖作品——本科生组（二等奖）

1:1250 总平面图

图例
1 休憩亭
2 品茗轩
3 民国名人历史陈列馆（陈援元故居）
4 乐活运动场
5 健身跑道
6 交流廊
7 红心广场
8 喝茶聊吧
9 社区服务中心
10 社区养老中心
11 淮海菜场
12 HAI生活广场
13 延龄人文酒吧
14 小吃淮海点总
15 延龄街区广场
16 东方饭店
17 小吃沐文创园
18 丝路客厅
19 丝路咖啡厅
20 丝路历史展览馆

N
0 100 200 500

城市设计框架图
"三街"关联成网，"三点"串联市口，"四片"联动家园

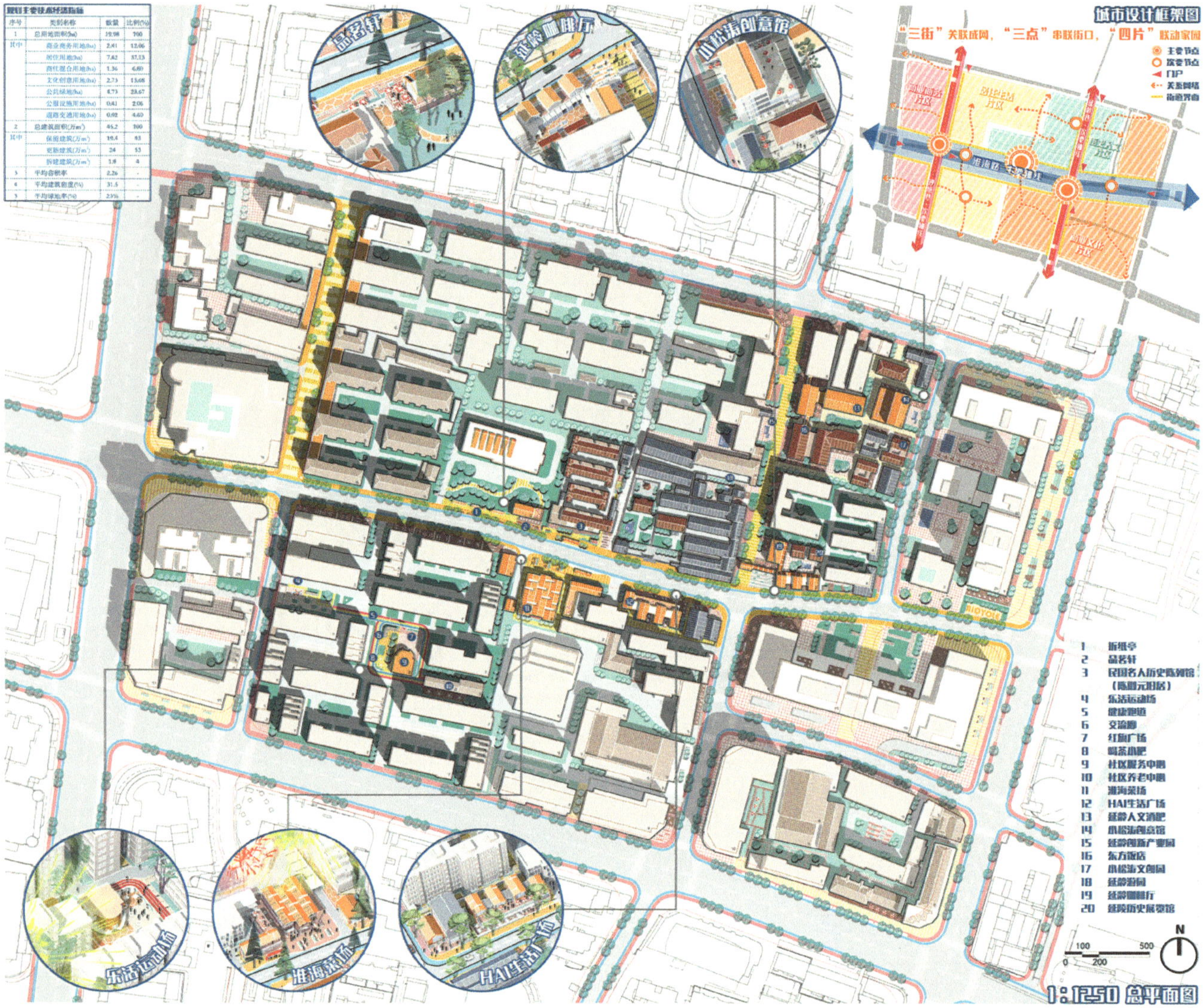

淮海地块"总体设计" 首先形成整体地块的
总体设计方案，对后续规划更新起引领与指导性作用

○ 总体功能结构策划
○ 要素分解   ○ 游线串联
○ 片区策划   ○ 结构整合

烟火精杯"策略演绎" 回应目标愿景，从
三重层面具体演绎"烟火精杯"更新策略

街道策路 从问题出发针对性打造三条特色街道

○ 街道更新结构图

品质生活淮海路

网红美食抄纸巷

人文慢行延龄巷

淮海路

抄纸巷

延龄巷

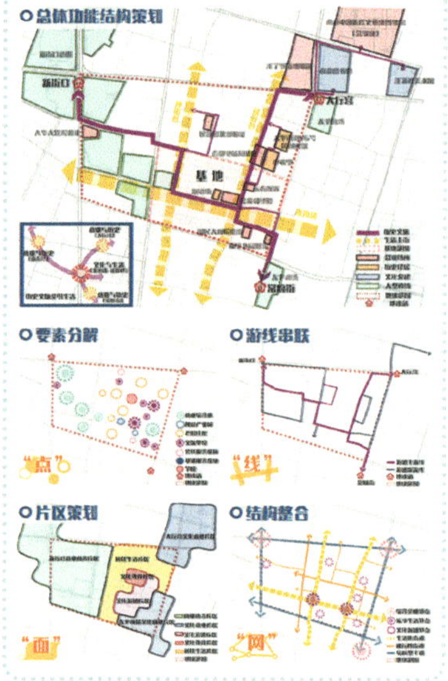

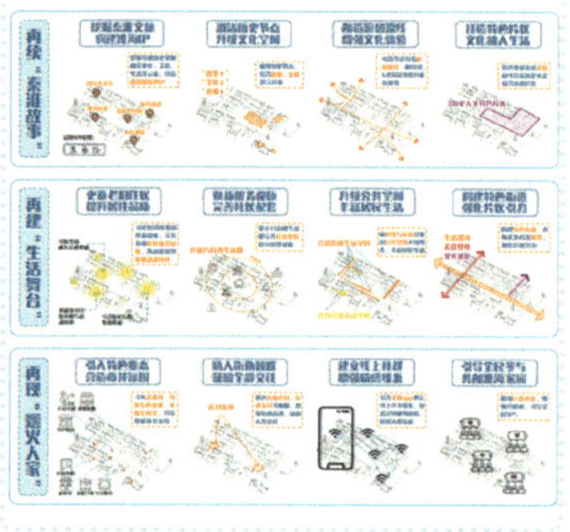

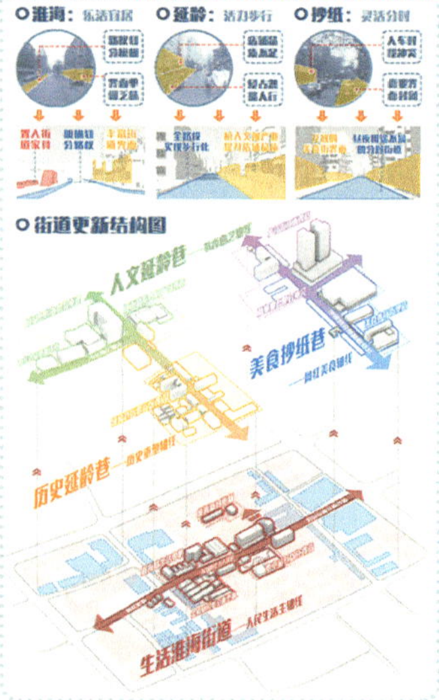

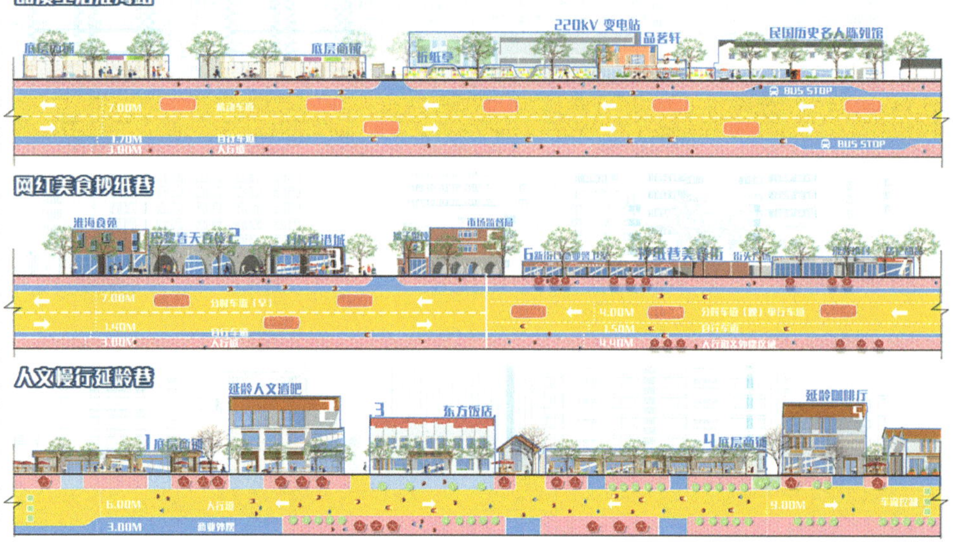

红旗下的一天——淮海新村居民广场

市民的烟火气——淮海菜市场

传承秦淮文脉——小松涛历史片区

街道生活舞台——变电站更新

更美好的街道生活　街道生活舞台

更美好的社区生活　社区烟火人家——植入便民服务设施、业态全面更新提质，彰显城市温度

更美好的城市生活　城市文脉传承——激活小松涛节点，置入文创休闲新功能，传递城市精神

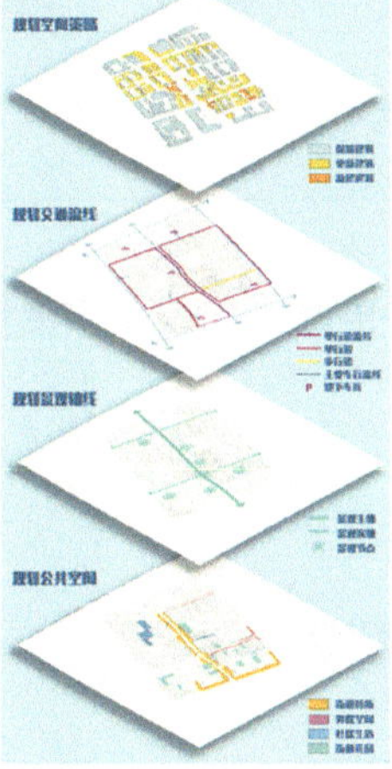

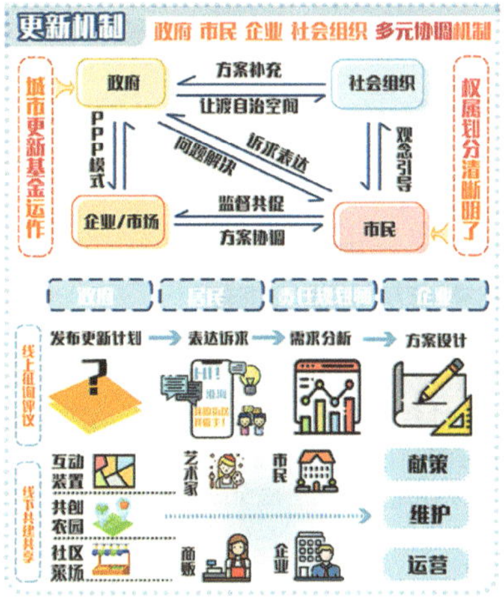

更新机制　政府 市民 企业 社会组织 多元协调机制

总平面图

图例：
- 原有建筑改造
- 原有民居改造
- 混合型改造民居
- 开发型对外业态
- 历史文保单位
- 一般保留民居
- 秦淮河水系
- 绿化系统用地
- 公共开敞空地
- 空中走廊

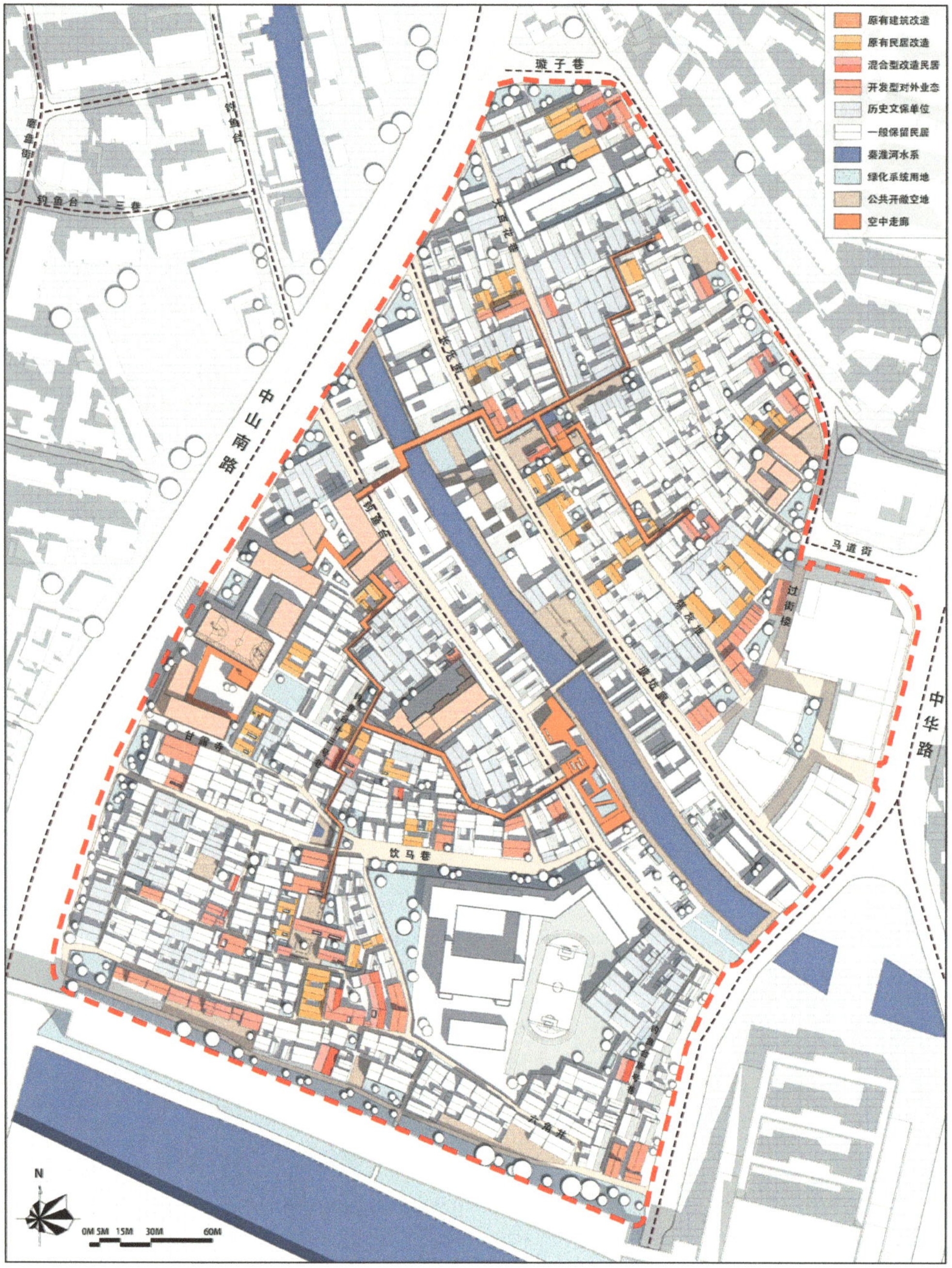

地图信息映射

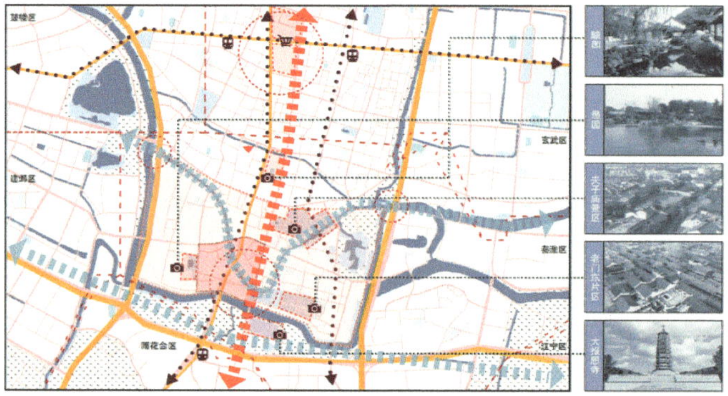

场景提取

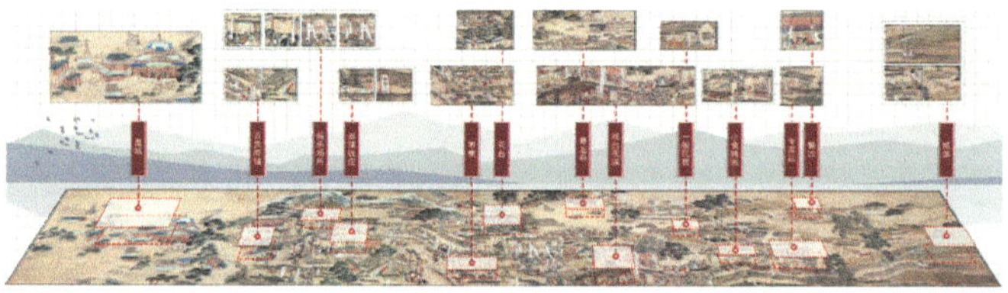

老城南民居平面演变

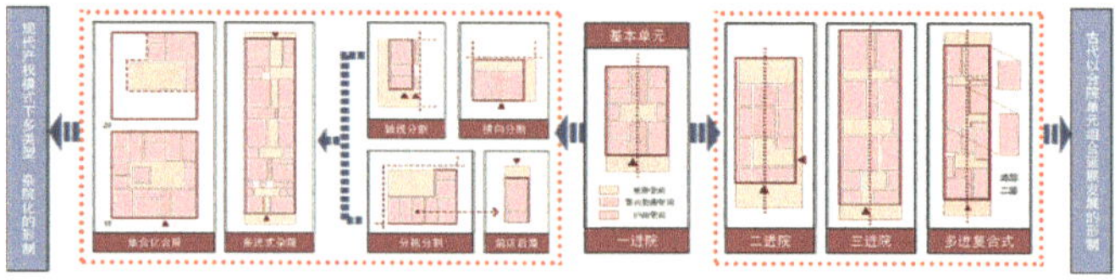

区域内公共建筑 | 周边公共交通 | 建筑层数

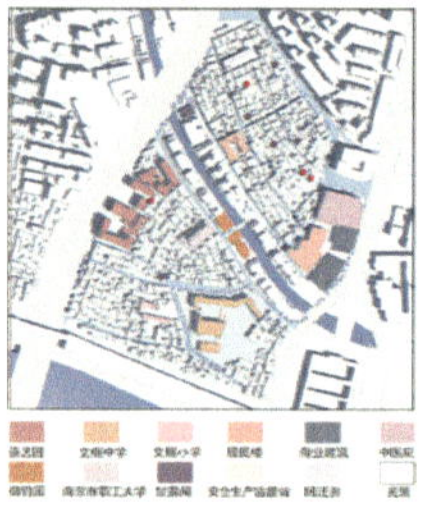

现存历史建筑 | 建筑结构 | 绿化服务系统

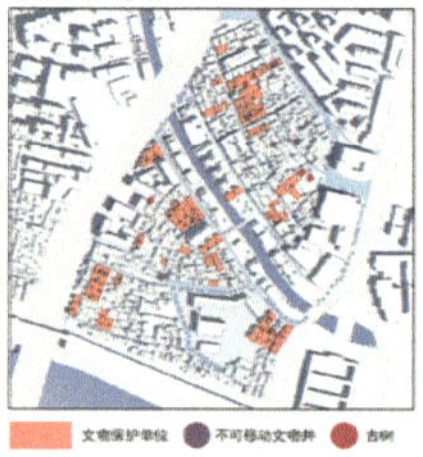

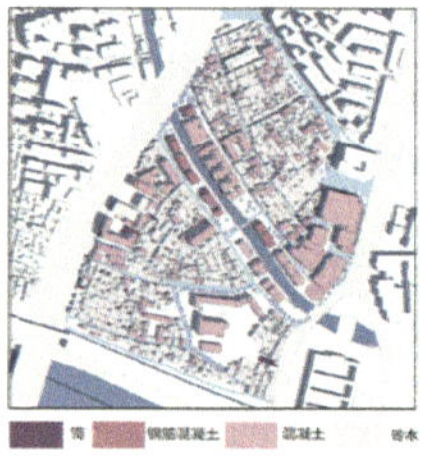

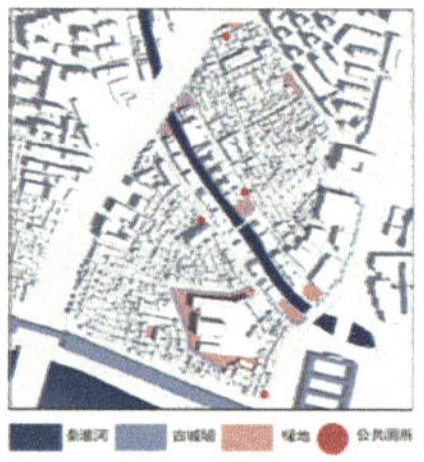

更新、改造与转型——城南旧事·十里秦淮，基于多维空间下的高密度历史城区更新

参赛院校：昆明理工大学

作者姓名：景子健　陈星宇　陈　昕　李君芳

指导老师：王　颖　雷　雯

"南京国图杯"第一届全国大学生国土空间规划设计竞赛　三等奖

方案点评：

　　该作品选址于南京市秦淮区钓鱼台历史风貌区，此地段发展滞后，居民多为低收入群体。方案通过研究场地历史与现状特点，充分考虑了文脉与风貌并存以及当地居民对老宅的情感，设计摒弃了"大尺度重建"的传统方法，选择立足局部、见缝插针的点状改造，实现居住质量的提高和生活模式的更新。为了能够满足历史城区的可持续发展，方案沿秦淮河两侧进行了功能置换，将场地内原有的小型产业园区更新为社区综合体，希望能吸引更多的人群以旅游、居住或经营等不同方式参与到老城的更新发展过程中。方案平面布局清晰，规划结构合理，图面表达细致，考虑到了不同人群的需求。

鸟瞰图

规划分析图纸

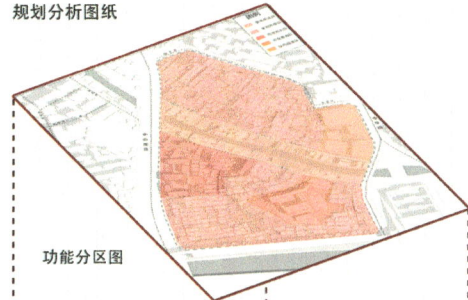

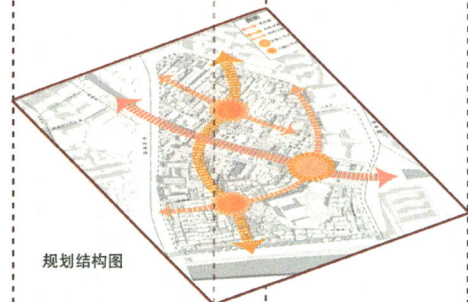

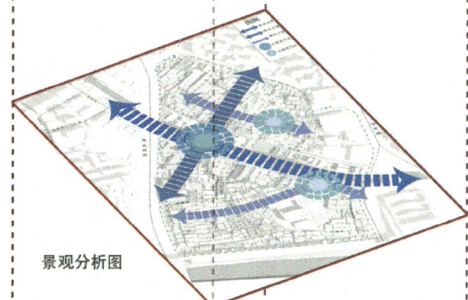

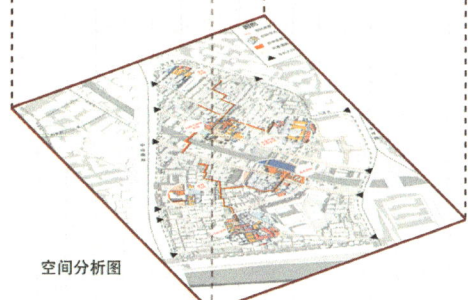

功能分区图

规划结构图

景观分析图

交通分析图

空间分析图

2021年「南京国图杯」第一届全国大学生国土空间规划设计竞赛获奖作品——本科生组（三等奖）

沿岸文化区设计

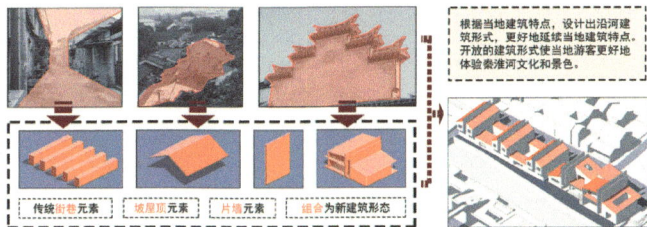

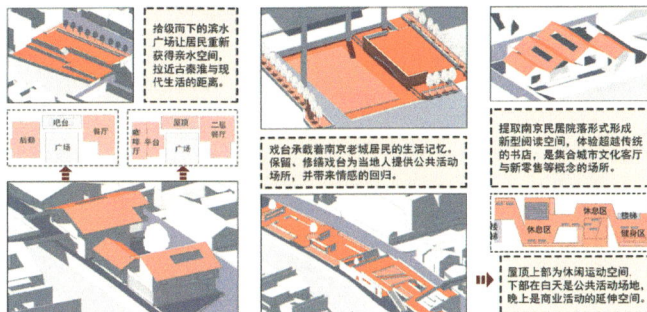

根据当地建筑特点，设计出沿河建筑形式，更好地延续当地建筑特点。开放的建筑形式可使当地游客更好地体验秦淮河文化和景色。

传统街巷元素　坡屋顶元素　片墙元素　组合为新建筑形态

拾级而下的滨水广场让居民重新获得亲水空间，拉近古秦淮与现代生活的距离。

吧台　售卖　屋顶　二层餐厅
棋牌　广场　晾晒平台　广场

戏台承载着南京老城居民的生活记忆。保留、修缮戏台为当地提供公共活动场所，并带来情感的回归。

提取南京民居院落形式形成新型阅读空间，体验超越传统的书店，是集合城市文化客厅与新零售等概念的场所。

休息区　体闲区　楼梯区

屋顶上部为休闲运动空间，下部在白天是公共活动场地，晚上是商业活动的延伸空间。

民居改造修复原则

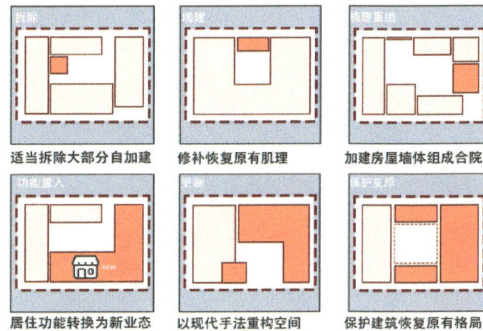

适当拆除大部分自加建　修补恢复原有肌理　加建房屋墙体组成合院

居住功能转换为新业态　以现代手法重构空间　保护建筑恢复原有格局

居住空间重构

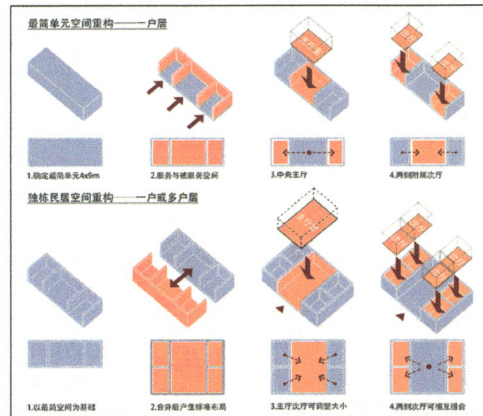

最简单元空间重构——一户屋

1.确定最简单元4×9m　2.服务与被服务空间　3.中央主厅　4.两侧附属次厅

独栋民居空间重构——一户或多户屋

1.以最简空间为基础　2.合并宿户生修准布局　3.主厅次厅可调整大小　4.两侧次厅可相互组合

小型文化综合体设计

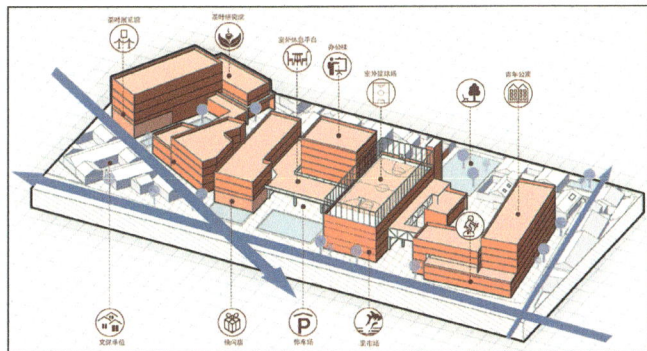

基础分析

道路交通分析

土地利用现状

建筑高度分析

建筑年代分析

建筑质量分析

更新潜力评估

万巷：街巷研究

四邻：人群研究

设计说明

选地说明

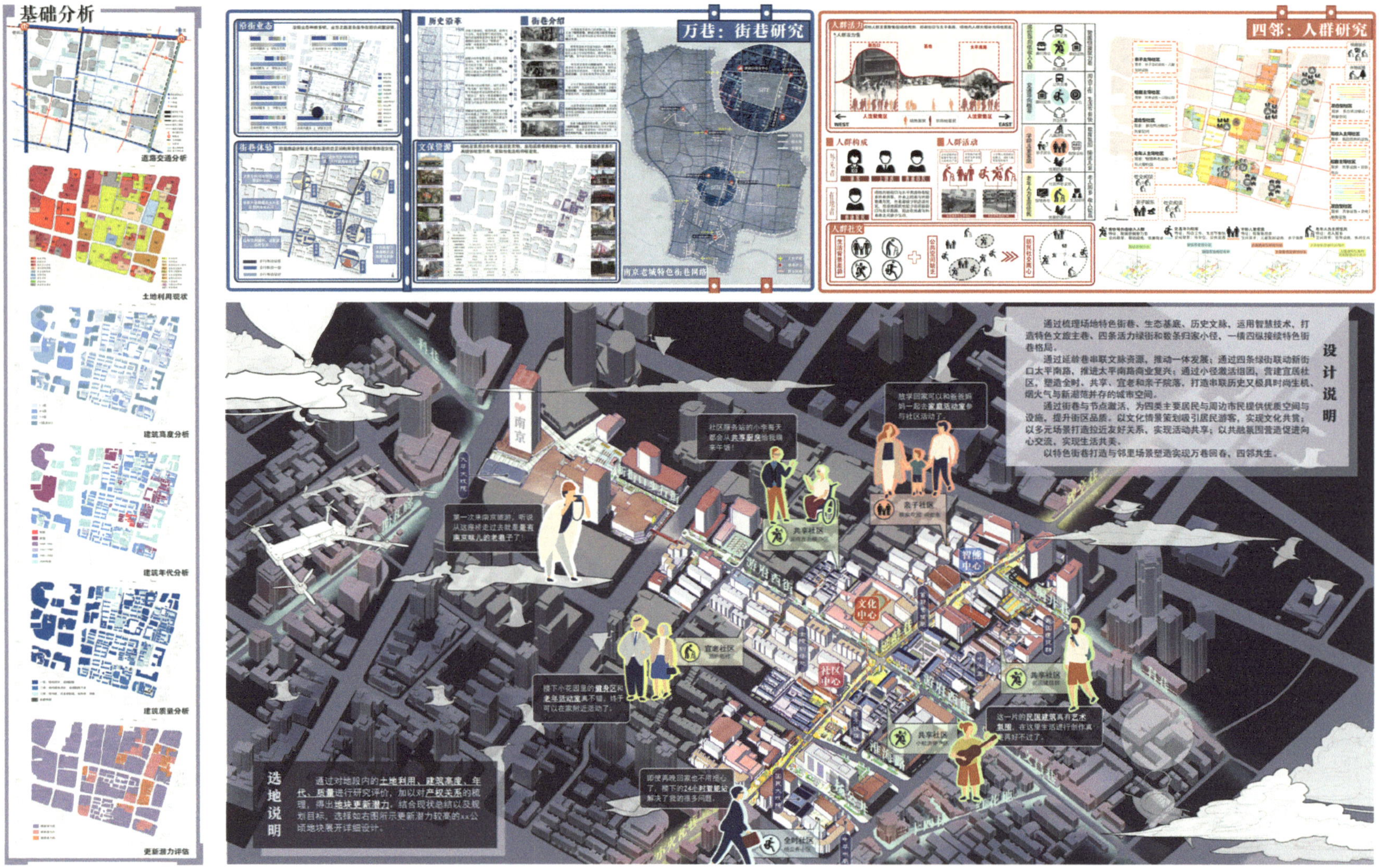

万巷回春，四邻共生

参赛院校：东南大学
作者姓名：冯春 陈挚 林昀儒 王慧颖 袁潇洁
指导老师：葛天阳 殷铭
"南京国图杯"第一届全国大学生国土空间规划设计竞赛 三等奖

方案点评：

该作品着重从空间与人两个方面入手，展开研究与设计。在物质空间方面抓住场地街巷密集、文化深厚的优势，以及空间混杂、物质衰退的不足，对场地内外的街巷展开全面梳理，基于历史文化积淀与市井生活底蕴，营造类型多样、富有活力的街巷网络。在人的生活方面，准确把握场地中住户、租客、游客、上班族四类人群的不同需求，提出"四邻共生"的品质提升思路，营造共享性与针对性兼备的生活场所，满足不同人群的多元活动需求，促进各类人群的共融。方案将街巷空间营造与活动品质提升有机结合，通过空间结构梳理与社区微更新相结合的多元手法，力图实现街巷尺度上的街区复兴。方案主题鲜明，逻辑清楚，布局合理，表达深入，较好地落实了设计主旨。

主题解析

街巷场景

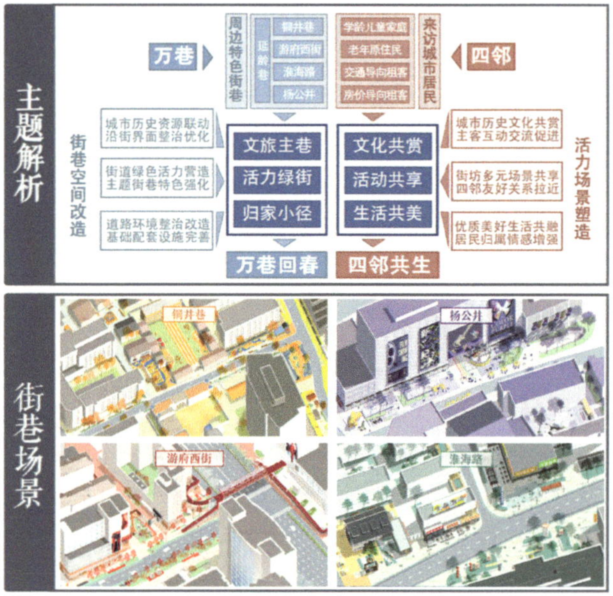

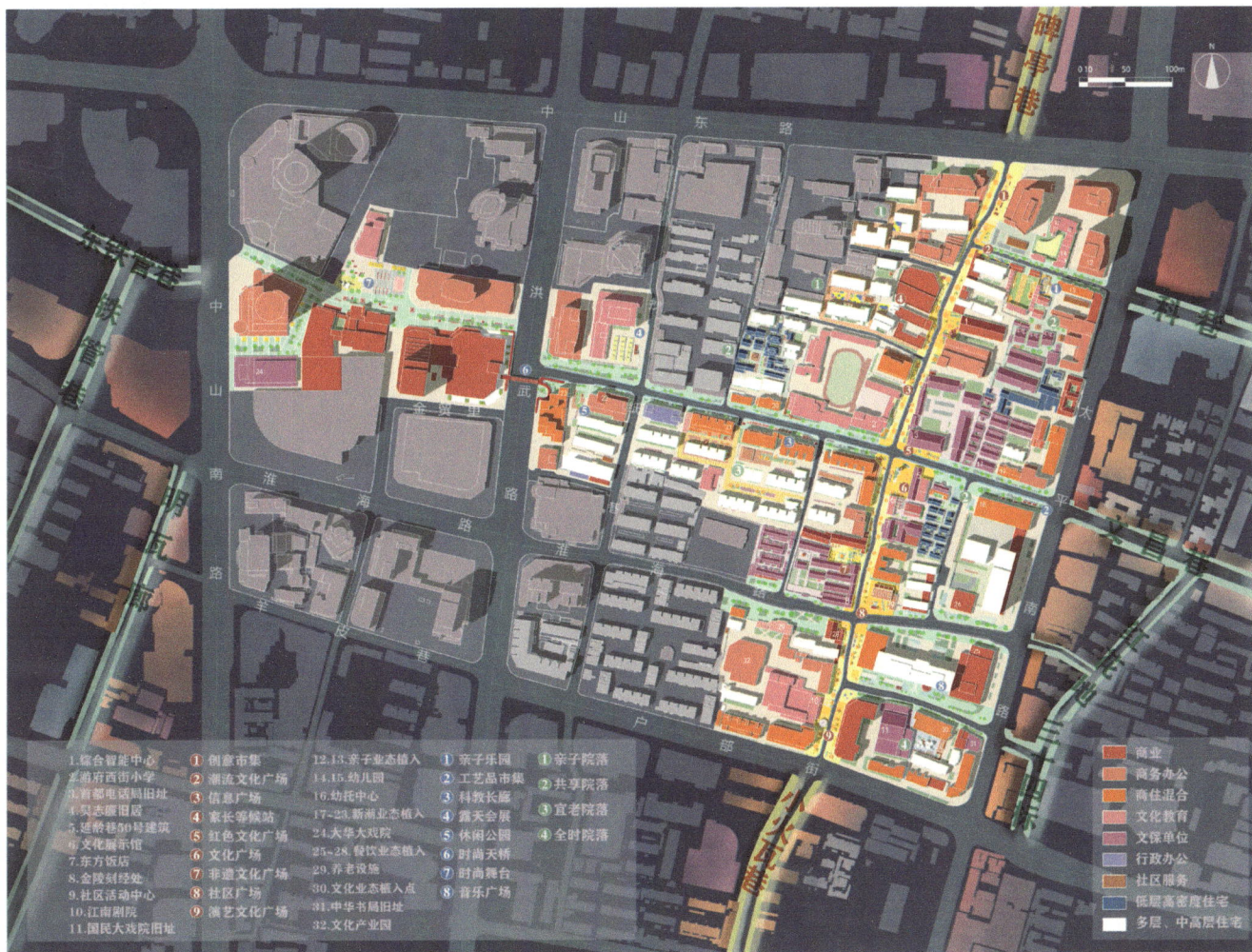

万巷回春
前 ← 断裂 → 后
联通
文化巷 烟火巷 新潮巷

四邻共生

文化共赏

2021年「南京国图杯」第一届全国大学生国土空间规划设计竞赛获奖作品——本科生组（三等奖）

1.综合智能中心
2.首都府西街小学
3.首都电话局旧址
4.奂志暖旧居
5.延龄巷50号建筑
6.文化展示馆
7.东方饭店
8.金陵刻经处
9.社区活动中心
10.江南�978院
11.国民大戏院旧址

① 创意市集
② 潮流文化广场
③ 信息广场
④ 家长等候站
⑤ 红色文化广场
⑥ 文化广场
⑦ 非遗文化广场
⑧ 社区广场
⑨ 演艺文化广场

12.13.亲子业态植入
14.15.幼儿园
16.幼托中心
17~23.新潮业态植入
24.大华大戏院
25~28.餐饮业态植入
29.养老设施
30.文化业态植入点
31.中华书局旧址
32.文化产业园

① 亲子乐园
② 工艺品市集
③ 科教长廊
④ 露天会展
⑤ 休闲公园
⑥ 时尚天桥
⑦ 时尚舞台
⑧ 音乐广场

① 亲子院落
② 共享院落
③ 宜老院落
④ 全时院落

商业
商务办公
商住混合
文化教育
文保单位
行政办公
社区服务
低层高密度住宅
多层、中高层住宅

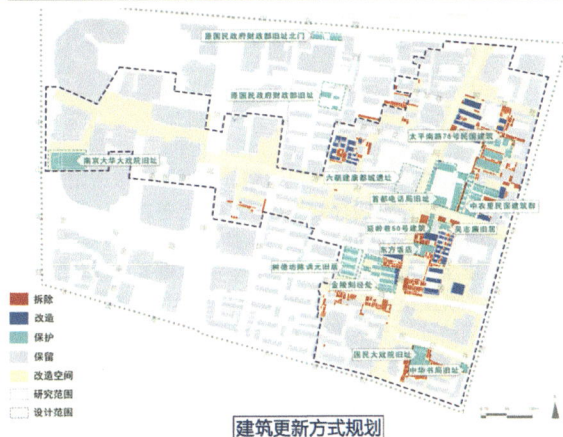

建筑更新方式规划

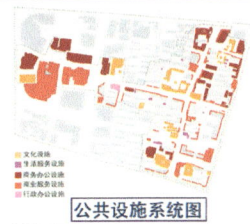

拆除
改造
保护
保留
改造空间
研究范围
设计范围

公共设施系统图

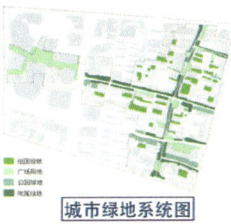

城市绿地系统图

智能设施系统图

街巷主题系统图

开放节点系统图

四邻社区系统图

露天会展

时尚天桥

时尚舞台

037

织旧纳新 智绣新街

新旧融合视角下南京新街口淮海路地段城市有机更新设计

■ 基地问题总结 ■

■ 街巷黯淡，功能割裂

毗邻城市主干道，内部路网主要由支路构成，没有游憩性街巷，连通性差

控提对生活性街坊设置多条巷道，现状道路宽度不够或被建筑阻挡

基地内公共性、非公共性地块被道路分割、功能割裂，活力低下

■ 记忆失落，文脉难寻

1928年以前　1929年　1930年　1952年　1980年　1996年　2005年　2021年

难以寻觅的记忆　难以感受到的历史　难以赓续的文脉

■ 烟火式微，住区破败

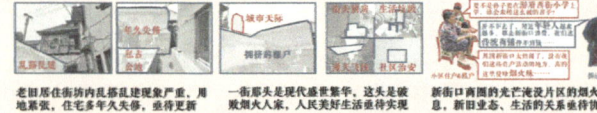

老旧居住街访内乱搭乱建现象严重、用地紧张，住宅多年久失修，亟待更新

一街一头是现代繁华都市，这头是破败烟火人家，人民美好生活难以实现

新街口商圈的光芒淹没片区的烟火气息，新旧业态、生活的关系亟待协调

■ 设计主题演绎 ■

Step 1 主题解读

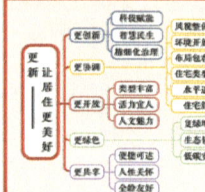

更新让居住更美好

Step 2 目标梳理

南京城市格局中的淮海路地段　**人民美好生活**中的淮海路地段

城市更新

织旧纳新 智绣新街　未来愿景

Step 3 任务回应

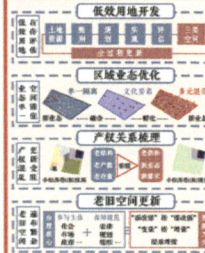

Step 4 概念框架

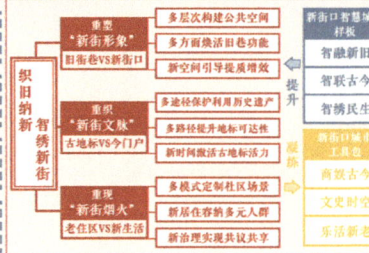

织旧纳新 智绣新街

"新街口形象" 旧街巷VS新街口：多层次构建公共空间／多方面焕活巷道功能／新空间引导提质增效

重织 "新街口文脉" 古地标VS今门户：多途径保护利用历史遗产／多路径提升地标可达性／新时间激活古地标活力

重现 "新街口烟火" 老住区VS新生活：多模式定制社区场景／新居共容纳多元人群／新治理实现共建共享

新街口智慧城市工具箱：智融新旧／智联古今／智绣民生　提升

新街口智慧城市工具箱：商贸古今／文史时空／乐活新老

城市支持结构——面向"核间地带"构建城市支撑网络

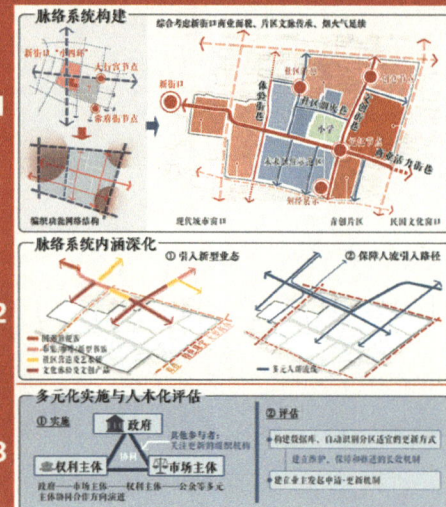

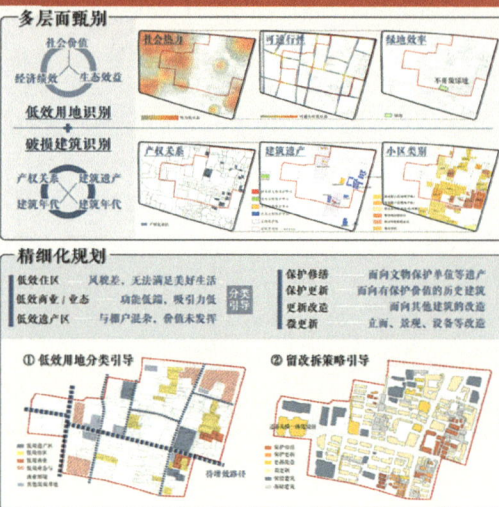

脉络系统构建

脉络系统内涵深化

①引入新型业态　②保障人流引入路径

多元化实施与人本化评估

①实施　②评估

多层面甄别

社会价值　可行性　生态效率

低效用地识别 + 破损建筑识别

精细化规划

保护绣情／保护更新／更新改造／微更新

①低效用地分类引导　②留改拆策略引导

织旧纳新，智绣新街——新旧融合视角下南京新街口淮海路地段城市有机更新设计

参赛院校：同济大学
作者姓名：刘　政　李思颖　陈泽胤　霍逸馨　游智敏
指导老师：田宝江
"南京国图杯"第一届全国大学生国土空间规划设计竞赛　三等奖

方案点评：

　　该作品以新旧融合为视角，对南京市淮海路地段进行有机更新。基地是南京市城市主中心新街口的重要组成部分，但其内部的城市烟火已淹没在新街口主核的光芒之下。方案提出了"织旧纳新，智绣新街"的主题，力图创造协调、开放、绿色、共享的未来居住环境。方案精细化地甄别了旧有资源，构建了全要素全过程的更新规划路径，并依据基地既有的街巷肌理，网络化地组织城市空间，最后提出"重塑新街形象""重织新街文脉""重现老街烟火"三大策略。方案调研细致，布局清晰，结构合理，凝练出的工具包可为新时期城市更新提供借鉴。

重塑"新街形象"旧街巷VS新街口 　步骤1

重织"新街文脉"古地标VS今门户 　步骤2

重现"新街烟火"老住区VS新生活 　步骤3

重塑"新街形象"旧街巷VS新街口

规划策略——畅达活路，空间形象新旧共荣

■ 构建多层次公共活动空间体系

■ 多方面焕活旧街巷功能

■ 新空间引导低效用地增值提效

更新策略

线空间：街道空间更新模式

点空间：公共活动空间更新模式

重织"新街文脉"古地标VS今门户

规划策略——记忆追溯，精确制定更新模式

■ 多路径保护利用历史遗产

■ 多路径提升地标可达性

■ 新事件激活古地标活力

更新策略

类型一：居住类遗产更新/中农里建筑群

类型二：文化展示功能导向/首都电话局

类型三：商业导向遗产更新/小松涛巷

类型四：宗教遗产景观美化/金陵刻经处

重现"新街烟火"老住区VS新生活

规划策略——统筹考虑，有机分片区更新

■ 多模式定制社区场景

■ 分龄段渐进开发

■ 多元的居住需求

■ 新治理实现共谋共享

更新策略

类型一：开放性场景营造的老旧小区

类型二：整体性承包转租的人才公寓

类型三：针灸式更新改造的住宅组团

工具包一·商旅古今

工具包二·文史时空

工具包三·乐活新老

"新街烟火"工具包

道路交通系统

景观与开放空间系统

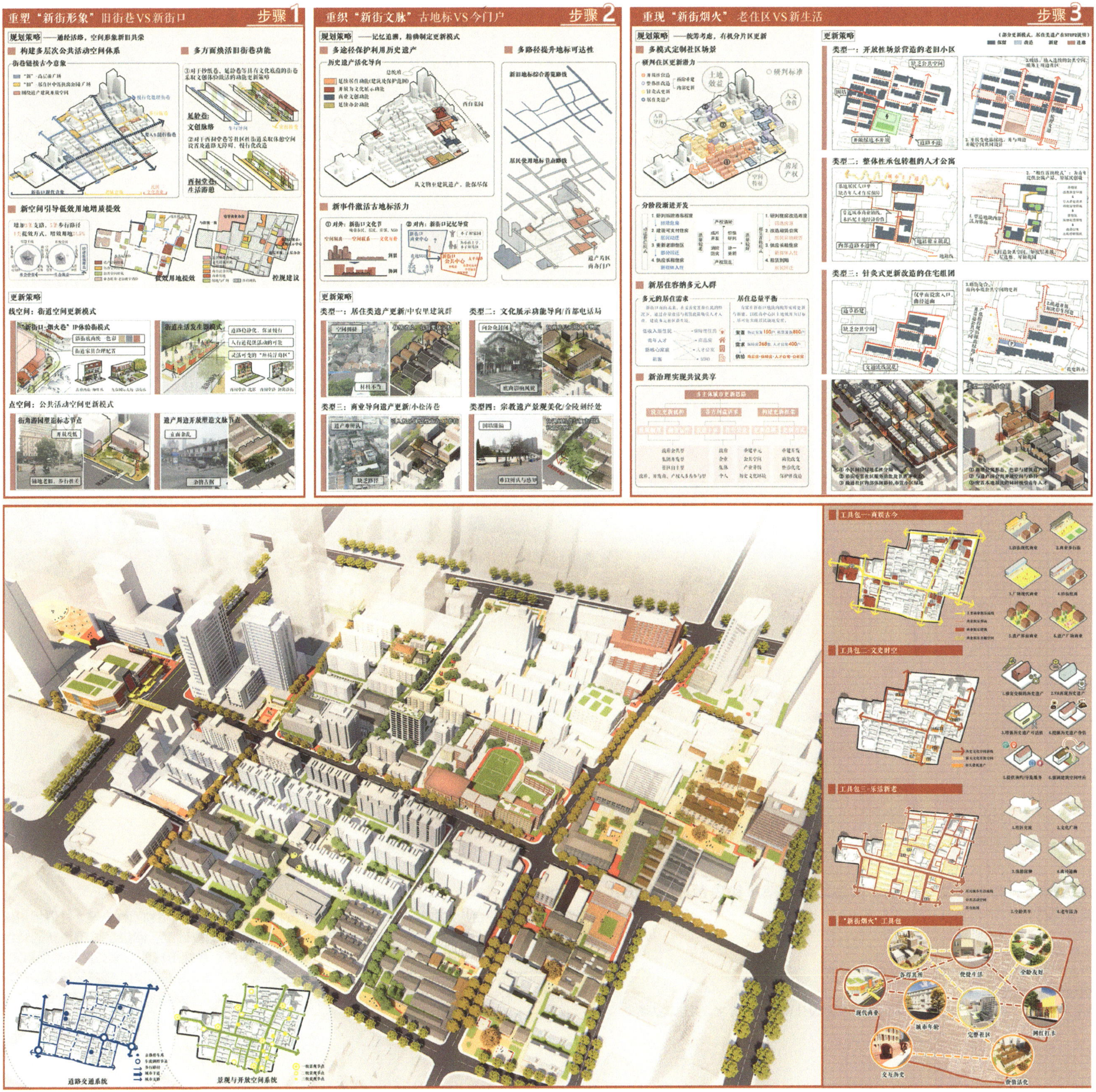

总平面图

更新区技术经济指标

总用地面积	20.52ha
更新区面积	14.64ha
更新区总建筑面积	163628m²
保留建筑占比	65.56%
更新区容积率	1.12
建筑密度	42.13%
绿地率	24.03%

现存问题

地块功能单一　历史遗迹较多但未正利用起来　在地文化不彰　生态网络破碎　公共空间缺乏　社会群体割裂　传统民居地处老龄化严重

场地要素

场地物理环境特征　场地社会环境特征

人群活动

在地原居民：居民、租客
外地参与者：游客

房屋业主建筑修缮　外来游客特色功能　上班租客租房需求　街道商家商业界面　公司白领居住需求

规划分析图

【一轴一带 九区多点】　【保护历史 适当拓宽】　【景观渗透 增植绿化】

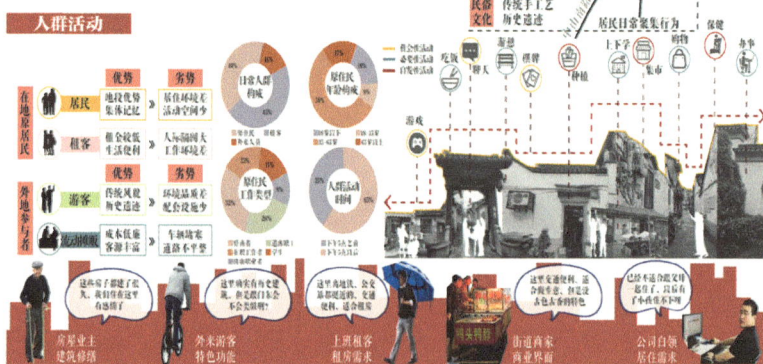

溯古链今，智廊环生——基于共生理论的南京钓鱼台片区渐进式更新设计

参赛院校：华中科技大学
作者姓名：陈银冰　冯京昕　朱予沫　肖美瑜
指导老师：王智勇　林颖
"南京国图杯"第一届全国大学生国土空间规划设计竞赛　三等奖、最佳表达奖

方案点评：

南京钓鱼台片区有着浓厚的历史底蕴与市井气息，同时也面临物质性衰退、社群组织松散、产权分布复杂等问题。该作品在传统物质形态设计的基础上，回应了城市更新的特色诉求——如何协同共治、如何复合提升、如何渐进更新，最终形成的方案在更新类型划定、延续城市地域文脉、强化城市功能、塑造风貌特色、激发城市空间活力、提高环境品质等方面提出了设计策略。方案对现状梳理细致，结构布局合理，图纸表达清楚，较好地回应了该场地城市更新的命题。

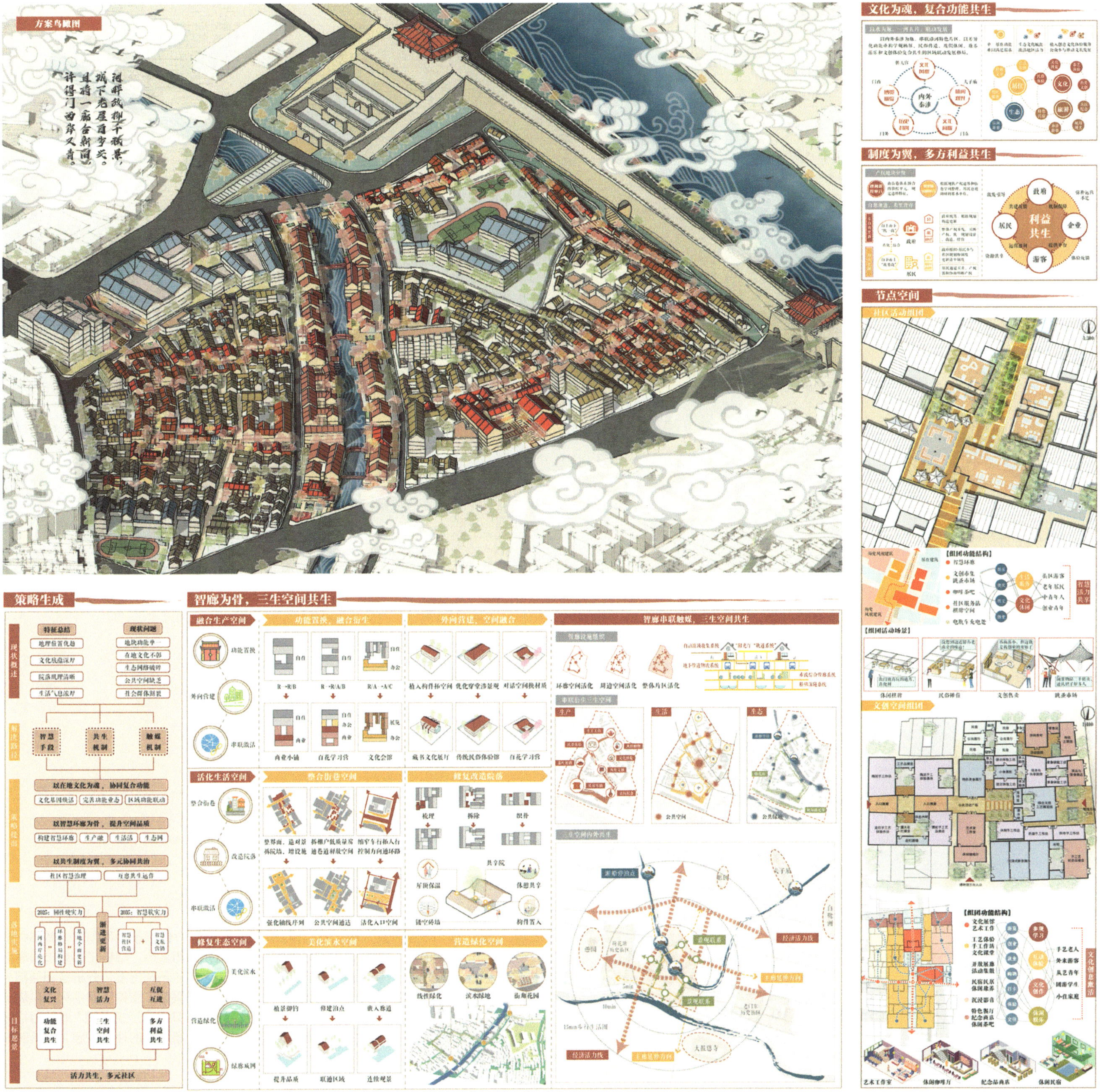

方案鸟瞰图

策略生成

特征总结 / 现状问题

现状概述 / 现状问题

智廊为骨，三生空间共生

融合生产空间

功能置换、融合衍生

R→R/B　R→R/A/B　R/A→A/C

商业小铺　自习学习营　文化会客

外向营建、空间融合

藏书文化展厅　传统民俗体验馆　自习学习营

活化生活空间

整合街巷空间

整合街巷　改造院落　串联激活

修复改造院落

梳理　拆除　搭补

修复生态空间

美化滨水空间

美化滨水　营造绿化　绿化成屋

提升品质　联通区域　连续观景

营造绿化空间

线性绿化　滨水湿地　街角花园

智廊串联触媒，三生空间共生

生产　生活　生态

文化为魂，复合功能共生

制度为翼，多方利益共生

利益共生

节点空间

社区活动组团

【组团功能结构】

【组团活动场景】

文创空间组团

【组团功能结构】

艺术工作室　休闲咖啡厅　纪念品商店　休闲民宿

2021年「南京国图杯」第一届全国大学生国土空间规划设计竞赛获奖作品——本科生组（三等奖）（专项奖——最佳表达奖）

总平面图

用地代码	用地名称	用地面积（公顷）	占城市建设用地比例（％）
R	居住用地	4.51	30.41
C	公共设施用地	3.50	23.60
C2	商业服务业用地	0.30	2.02
C3	文化用地	0.40	2.70
C8	商务办公用地	2.30	15.51
S	道路广场用地	3.68	24.82
G	绿地	0.14	0.94
	总用地面积	14.83	100

技术经济指标

总用地面积	14.83
建筑密度	36.5
容积率	1.53
绿地率	32.9%

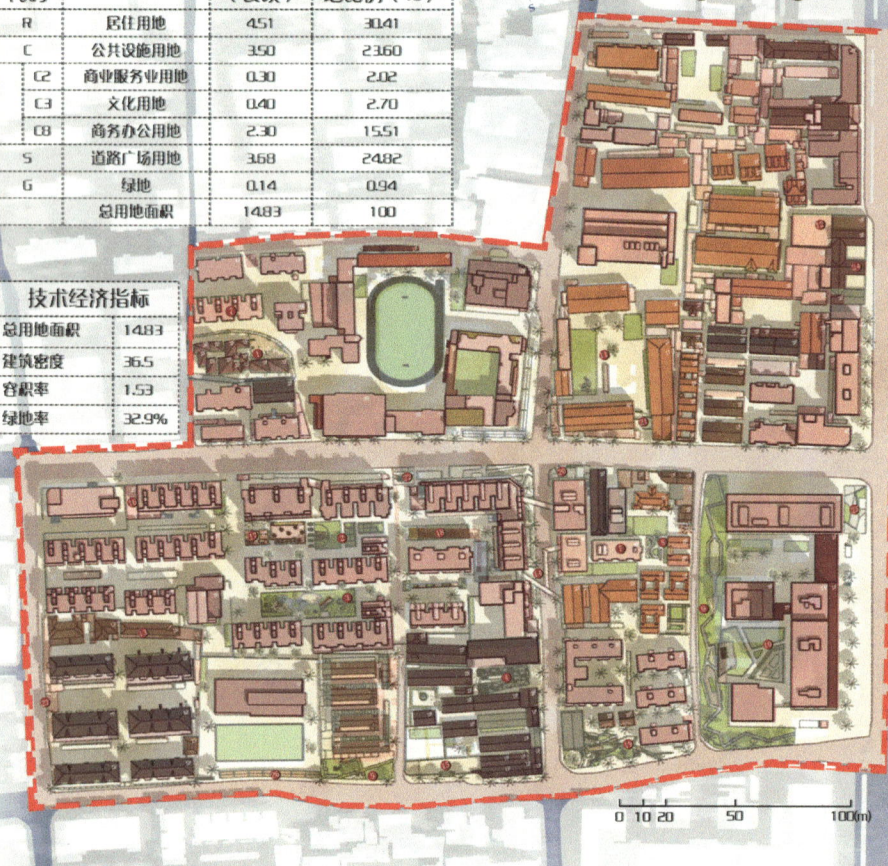

图例：
- 社区活动中心
- 运动场
- 儿童游乐中心
- 旅游咨询点
- 栖霞公园
- 栖霞公园
- 居民安置楼
- 栖霞游乐园
- 远涛公园
- 远洋读书角
- 电信展览馆
- 慢生活花店
- 便民商业街
- 过街天桥
- 金陵刻经处

0 10 20 50 100(m)

悲之窘境
悲剧解析
分析思路

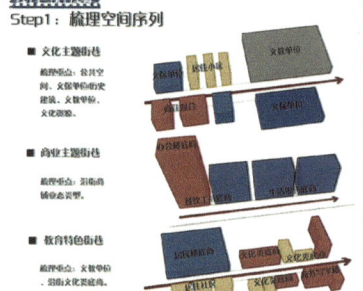

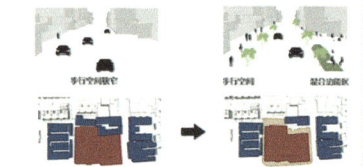

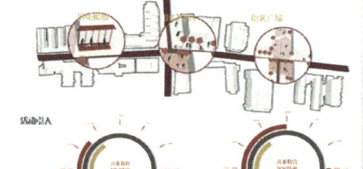

喜剧预演
空间生成
街道塑造

Step1：梳理空间序列

■ 文化主题街巷
■ 商业主题街巷
■ 教育特色街巷

Step2：沿街整治、打造节点

Step3：节点升级、功能嵌入

悲之几何
场地初判

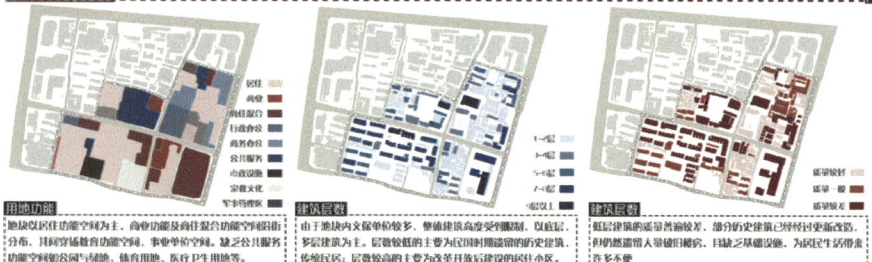

用地功能 / 建筑层数 / 建筑层数

由悲转喜

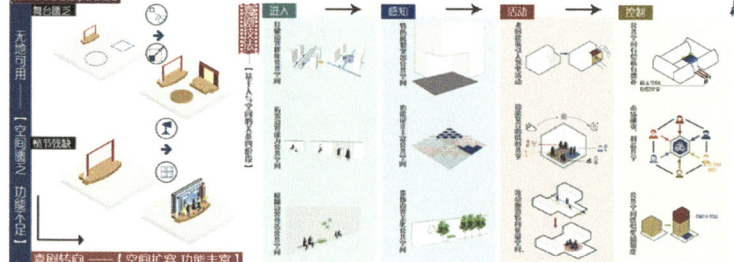

无地可用 ——【空间匮乏 功能不足】
喜剧转向 ——【空间扩容 功能丰富】

公地悲喜剧——跨越产权的魅力社区营建

参赛院校：北京大学

作者姓名：李佳瑞　李　爽　李贺诚　赵千惠　张馨元

指导老师：宋　峰　刘　涛

"南京国图杯"第一届全国大学生国土空间规划设计竞赛　三等奖

方案点评：

城市"公地"作为一种公共资源，本应更好地为居民服务，但由于种种因素，城市中的公地往往得不到合理利用。该作品以城市公地的识别与活化为切入点，解析了南京市秦淮区旧城中的各种公地问题，从产权属性与实际使用及其需求之间的矛盾出发，分析各利益相关方的诉求与协作潜力，跨越产权分析不同类别公地的活化利用策略，重构空间序列、供需关系、功能体系。方案对场地现状矛盾剖析准确，提出了"公私有致、亲密无间"的魅力社区目标，创新性地提出超越产权限制的社区营造策略，试图激活场地内的存量资源，对新时期城市更新工作有启发意义。

鸟瞰效果图

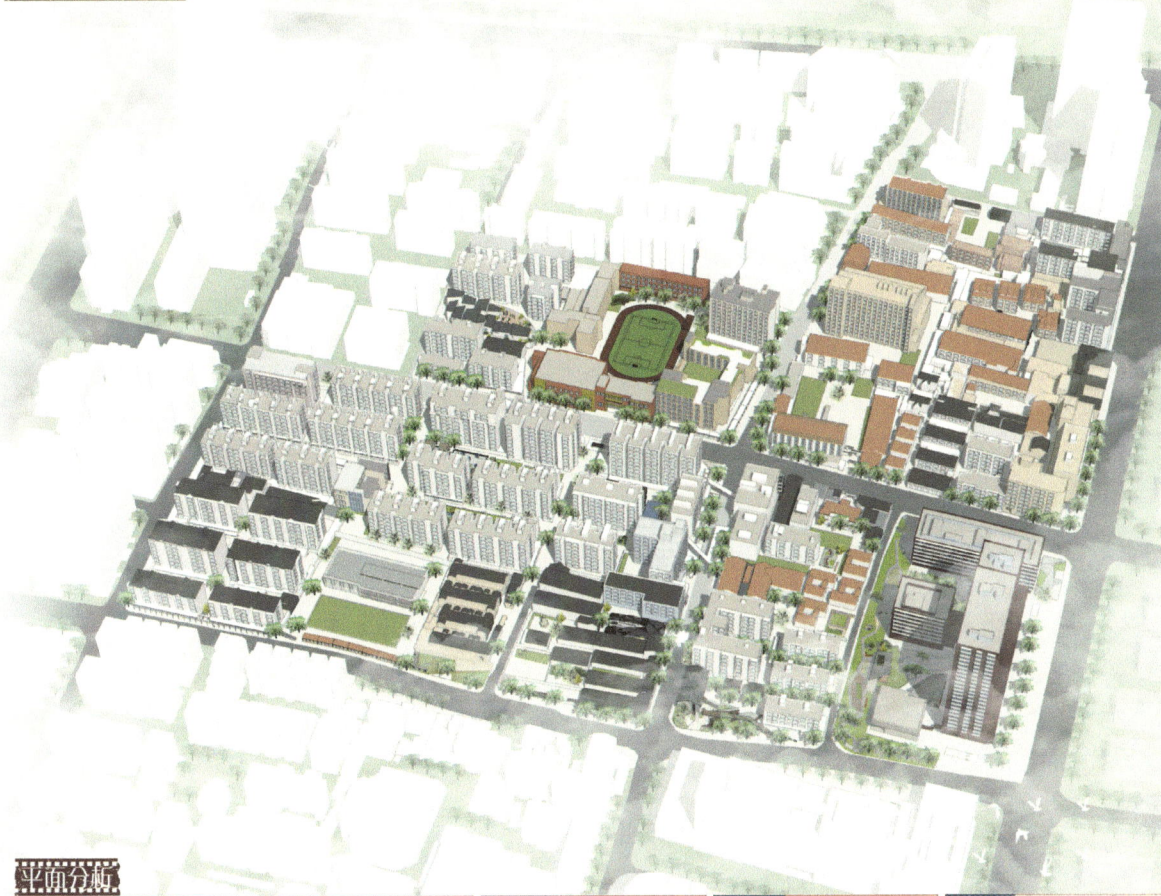

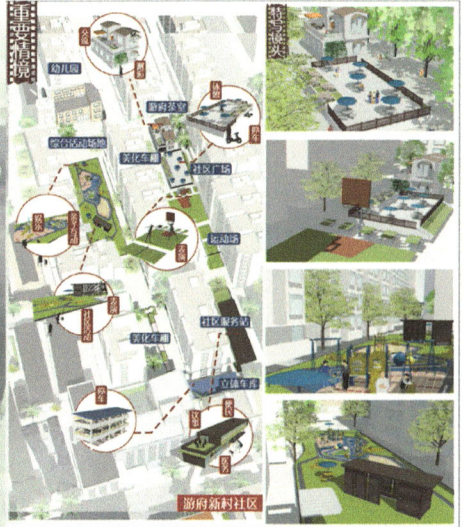

平面分析

公共空间　　规划结构　　道路系统　　功能置换　　改造策略

街巷分析

游府西街：教育主题街巷　　延龄巷：生活服务街巷　　太平南路：商业文化街

抄纸巷：美食文化街

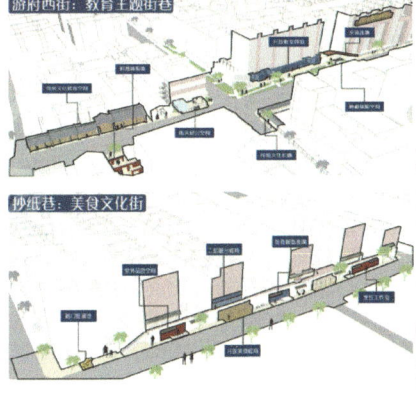

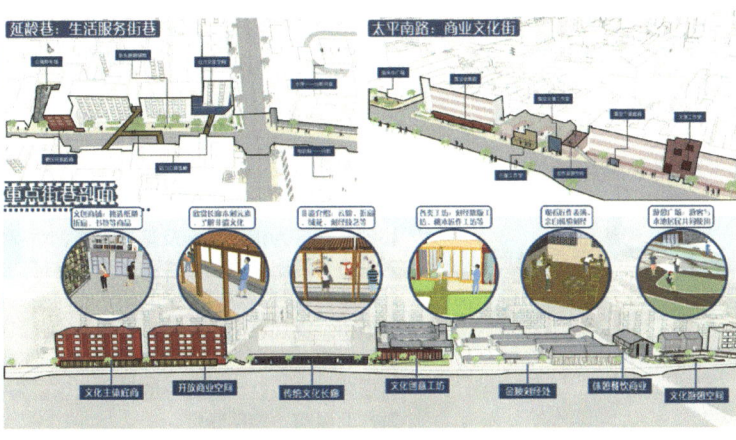

▊总平面图

▊场地分析

文化要素提取 ‖

商业氛围："城之南隅，康衢四达，辎輧往来，朝及其夕"

工艺生活："百工货物买卖各有区肆"

文人底蕴："烟笼寒水月笼沙，夜泊秦淮近酒家"

人群感知 ‖

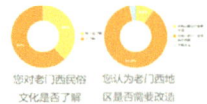

人群活动 ‖

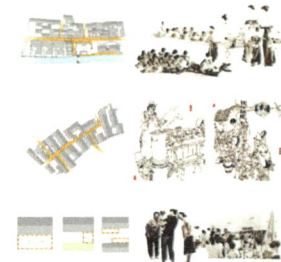

物质空间评价 ‖

优势资源 ‖

公众需求 ‖

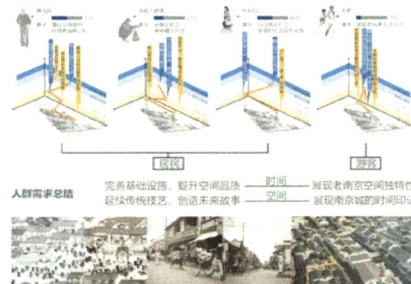

项目定位 ‖

项目愿景 ‖

故巷秦淮瞻旧梦，门西坊社创新生——基于时空共融和韧性街区理念的南京市钓鱼台片区重塑计划

参赛院校：天津大学
作者姓名：王华钊　王智瑾　张智茹　王雨涵　王钰琪
指导老师：蹇庆鸣　曾鹏
"南京国图杯"第一届全国大学生国土空间规划设计竞赛　三等奖

方案点评：

该作品以探索南京市钓鱼台片区时间-空间双重属性最优化展现为切入点，以时空共融和韧性街区为核心目标及基本策略，对基地内外各类资源价值、发展动力、矛盾冲突进行深入剖析，提出兼具前瞻性和在地化特征的规划愿景和规划措施，并构建相应空间的规划和设计框架。该方案以城市空间印记的时空交互延续为导向，并以此为基础对空间设计进行方向性指引，实现城市更新核心目标下的建筑肌理、公共空间、街巷活动的时空共融。通过历史保护、产业重构、空间改造、交通梳理等一系列措施，力争在传承钓鱼台片区文脉的基础上打造兼具开放性和在地性的理想街区。方案在街院模式探索、雨洪管理策略、社会关系治理等方面具有一定创新性。

■I设计分析
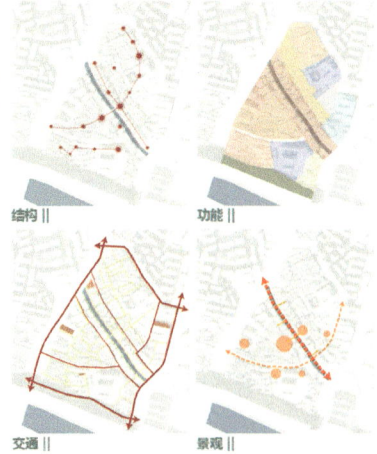

结构 || 功能 ||

交通 || 景观 ||

■I组团分析
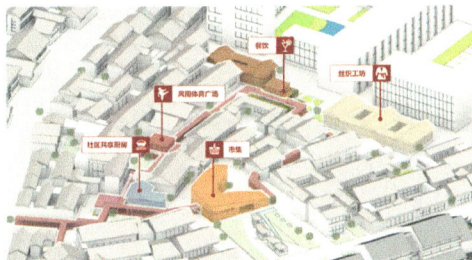

文教科创组团 || INNOVATIVE CULTURE AND EDUCATION CLUSTER

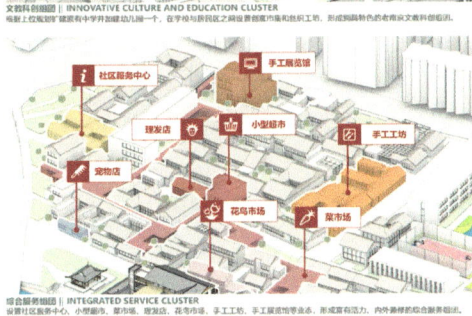

综合服务组团 || INTEGRATED SERVICE CLUSTER

■I雨洪管理
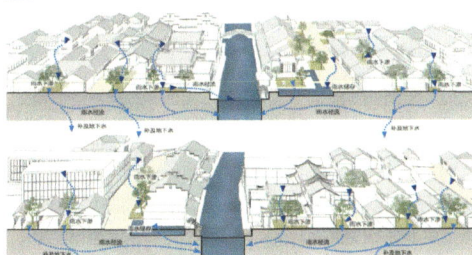

■I改造策略

建筑肌理
问题：合院杂化严重 底商活力缺失
措施：整合建筑肌理 允许底商外溢

公共空间
问题：节点缺乏激活 建筑尺度不一
措施：打造历史节点 开拓公共空间

风雨长廊
问题：缺乏绿地空间 空间过渡缺乏
措施：串联公共空间 增强空间联系

建筑改造
问题：空间可用较少 建筑功能单一
措施：植入激活空间 前商业后居住

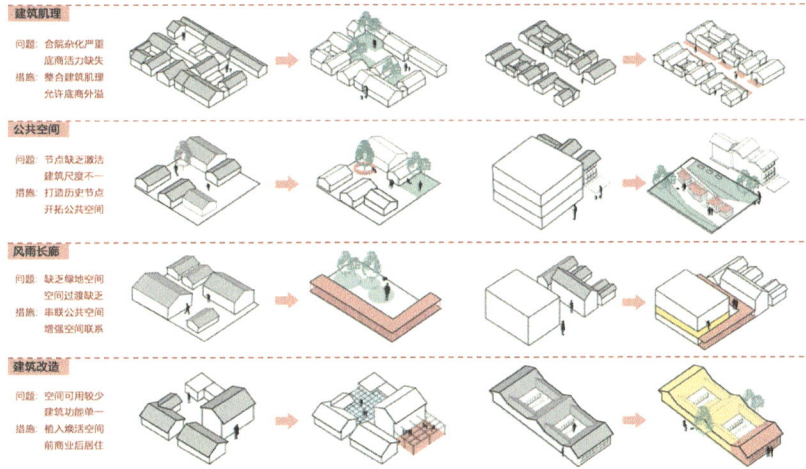

■I街巷活动

花鸟市场   菜市场   美食小吃   南京老字号

甘露阁   居民楼   休闲娱乐   牌坊   亭廊绿地

古戏楼   社区市集   南京美食   酒店民宿

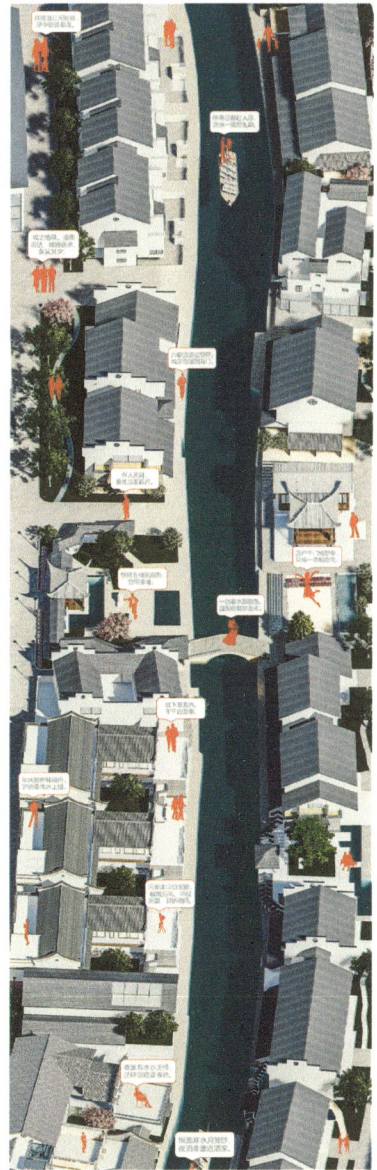

2021年【南京国图杯】第一届全国大学生国土空间规划设计竞赛获奖作品——本科生组（三等奖）

地区评价

风光带　夜游
历史　文化　古建筑群
秦淮河
夜景　小吃　画舫
夜市　建筑

内部的人群活动主要围绕秦淮河展开。对于场地的评价以正面和中性为主，也有部分负面评价，负面评价的来源主要是夫子庙秦淮风光带整体的过度且无特色的商业化。

区域位置

新秦淮区位于南京市中心位置，在主城核心南部。南接东山副城，西邻建邺区，北接鼓楼、玄武区，东邻麒麟创新科技园。因十里秦淮贯穿全境而得名。秦淮区自古以来就是南京的社会经济中心、人文荟萃、商贾云集。钓鱼台地段位于南京秦淮区，地块面积约42公顷，包含荷花塘历史文化街区及钓鱼台历史风貌区，南至南京明城墙，东至中华路，北至集庆路，西至鸣羊街。
中华门位于场地内部大报恩寺，从视线和距离上与场地联系最紧密。

居民与游客分析—主要问题

居民　老旧　游客
隐私　怀旧　打卡
生活　杂乱

【宏观】对比分析

场地基础分析

【中观】节点分析

【微观】矛盾点与冲突点分析

用地一览表

总体规划分析

总结构规划
用地功能更新规划
业态结构规划
道路交通规划
文化共荣结构规划
5分钟生活圈规划
渐近式规划
风貌分区规划

总平面图

重点规划传统建筑
传统建筑
一般建筑
重点规划一般建筑
硬质铺地
重点公共区域
核心公共区域
绿色空间与圃路
历史街巷
城市道路
廊架
古城墙
水域

①古戏台中心广场　②秦坊庙生活广场　③滨河步道　④问茶集（文化集市）　⑤幸新空间　⑥日常街巷　⑦放马场文化空间　⑧非遗文化街　⑨亲子空间　⑩古坊空间　⑪转角商店　⑫开旅剧场　⑬主题书店（屋顶花园）　⑭盒子盆栽花园　⑮茶室（屋顶花园）　⑯主题民宿　⑰特色摄影馆　⑱本土唱厅　⑲民居家文化博物馆　⑳武氏居文化博物馆　㉑秦淮小吃博物馆　㉒社区集市场　㉓社区活动中心　㉔民宿　㉕传统民居展示区　㉖曾静毅故居　㉗幼儿园

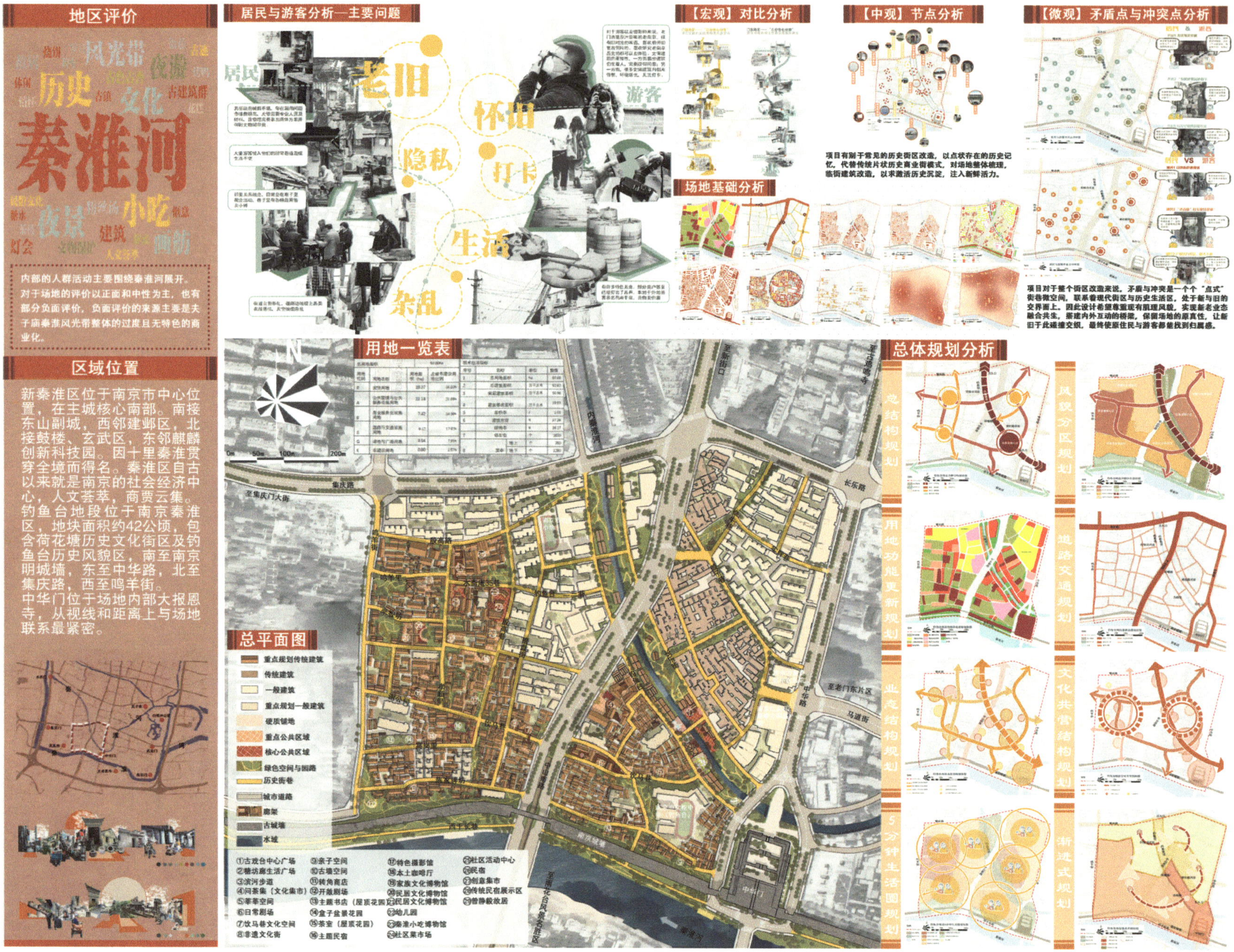

三分距离·七分亲近——基于主客共享第三空间构建的钓鱼台历史地段更新规划设计

参赛院校：北京林业大学
作者姓名：廖丹妍　陈心妍　李菀珂　骆柯虹　刘海啸
指导老师：李　翅　董晶晶
"南京国图杯"第一届全国大学生国土空间规划设计竞赛　三等奖

方案点评：

该作品切实关注到了场地在发展中如何平衡游客与居民双方需求的问题。以游客与居民之间保持"三分距离"的公共平台的塑造，促进游客与居民之间"七分亲近"的形成。以居民与游客的共生为切入点，将钓鱼台历史街区看作一个有机整体，围绕公共服务设施与空间优化升级、老旧业态转型升级、传统风貌保护传承等重点开展更新设计。

该作品以微调整、轻介入、留余地为打造"三分距离"的手段，触发形成实现互敬、互信、互持、共荣的"七分亲近"的更新策略。方案规划三个建设阶段，通过社区渐进式微更新，保留场地原真性，塑造新型邻里关系，打造多元的主客共享第三空间，从而使外来游客与场地原居民和谐共生，将钓鱼台片区打造成开放包容的历史文化街区。作品规划策略层次丰富、全面详细，场地设计灵活有趣，展现了老南京的独特魅力。

总鸟瞰图

理念解析

把历史街区看作一个有机体，以展现与源智的共生为切入点，聚焦"微更新"微改造，以渐进式的更新方式，使各功能与新的生活方式相适应，激活场地原真性，保护场地的文化活力为旅游驱动力。

内秦淮河沿岸　微调整、留余地　互敬、共荣

居民活动空间

居民生活圈　轻介入、留余地　互持、互信

社区中心

社区集市场

2021年「南京国图杯」第一届全国大学生国土空间规划设计竞赛获奖作品——本科生组（三等奖）

题目分析

【三分距离，七分亲近】钓鱼台片区地处老城南核心地段，地理位置优越，文化资源丰富，是探访原始老南京风味的必经之处，以"微调整""轻介入""留余地"为策略手段，秉持"互敬""互信""互持""共荣"的更新理念，通过社区渐进式微更新，保留场地原真性，塑造新型邻里关系，从而使外来游客与场地居民和谐共生，将钓鱼台片区打造成开放包容的历史文化街区。

规划定位

区域定位

通过挖掘夫子庙秦淮风光带历史文化价值对建筑进行微更新改造，统筹区域文化产业、丰富第三空间，打造集文旅、购物、居住、景观于一体的城市名片。

场地定位

重视社区居民生活需要，优化配套设施，改造老旧建筑；立足场地现有民居，茶文化等区域定位资源，与城市及区域定位相协调，激活场地文化、引入特色产业，打造主客共享型的历史文化街区。

规划框架

背景思考　街区复兴　空间梳理　关系重塑

现状问题

理论基础　三分距离　七分亲近

更新策略　微调整　轻介入　留余地　互敬　互信　互持　共荣

更新目标　改善民生　历史街区钓鱼台　重塑活力

更新策略·三分距离

微调整

巷井空间营造

巷井空间营造 + 公共设施更新

沿街墙面营造应临时休闲需求，占用街巷空间少

运用缝界墙面进行展览，满足文化展览、文创产品展览需求

可放置杂物，坐下闲息、儿童游乐

体闲式街巷　展览式街巷　叠居式互动街巷

留余地

特色品牌打造

社区智慧管理

通过互联网、物联网和大数据平台，打造街区特色美食地图与街区特色文化地图，解析区域特征，对社区进行智慧化管理，通过网络进行信息收集，让居民办事与有关部门服务更加方便快捷。

运营管理模式　云端数据收集

更新策略·七分亲近

互持

闲置房屋再利用

新业态植入

互动装置设置

海选平台建立

互敬

节事路线规划

传统业态复兴

共荣

城市微规划引导

节点效果图

内秦淮河沿岸：采用"留余地"的三分策略，推进"互敬"+"共荣"。疏通内秦淮河沿岸公共空间，增加具有老街特色的场所，吸引集聚游客与居民。

问柴巷：采用"轻介入"的三分策略，推进"互持"+"共荣"。整治老旧建筑，置入适合居民生活的多功能特色店业态，打造场地地品味。

日常剧场：采用"微调整"的三分策略，推进"互敬"+"互信"。打造街巷公共空间，形成居民对内交流，对外展示的友好平台。

分时菜集：采用"微调整"的三分策略，推进"互敬"+"共荣"。对置置民居住功能进行置换，在城市街与区间置入一条微型商业街，激发场地内生力量。

读地·书店屋顶花园：采用"轻介入"的三分策略，融入"互持"+"互信"。置换与时俱进建筑功能，利用楼顶空间增加景观效果，为人们创造发现城市的新视角。

民居博物馆：采用"轻介入"的三分策略，推进"互持"+"共荣"。置换建筑功能，宣传民居文化，形成居民活动与对外展示的友好平台。

2021年【南京国图杯】第一届全国大学生国土空间规划设计竞赛获奖作品——本科生组（三等奖）

寻"基础人需"

空间需求

人群分类	需求	对应空间现状	
老年	休闲交流空间 健身活动空间	滨水广场	
中年	商业活动空间 院内生产空间	老旧院落、叫卖底商	
青年	休闲娱乐空间 舒适居住空间	破旧建筑	
儿童	播戏玩耍空间 安静学习空间	校园	

约鱼台地块居民大约4300人，约1500户，目前，大多居民年龄段为中年，居民文化程度较高，多为在地就业，但是大多数人认为居住环境急需改变。

"叙"秦 故事

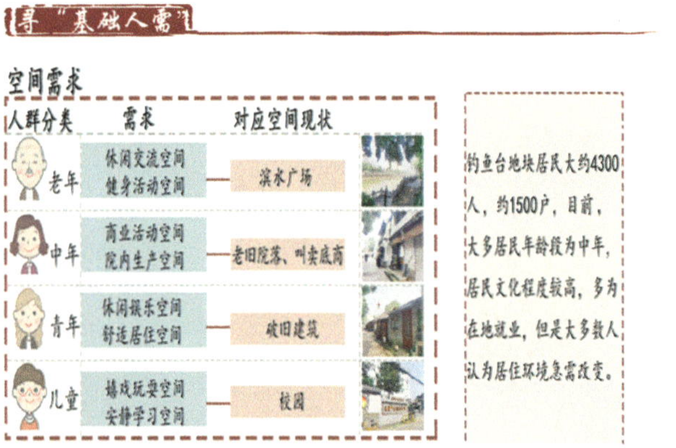

"渐"寻秦淮梦

参赛院校：湖南城市学院
作者姓名：周明先　曹　颖　李沅羲　伍　梦　王睿禹
指导老师：周　波　方　程
"南京国图杯"第一届全国大学生国土空间规划设计竞赛　三等奖

方案点评：

该作品针对老龄化问题冲击下城市的不适应性问题，提出了有步骤的改造策略。作品认为该地段居民缺乏对当地文化价值的认识，设计原点应回归居民，充分挖掘当地历史文脉，提出了"以人传物—以物传文—以文促人"的上升循环路线，力图实现生活驱动文化、文化反作用于生活的有机循环，激发居民参与的热情与行动，最终支撑起一种可持续的、渐进式的良性循环，满足居民基本生活需求、发展需求乃至精神需求。方案对该地段的城市更新提出了美好愿景，描述了一种居民群体驱动的城市更新路径，具备一定的理论价值。

2021年「南京国图杯」第一届全国大学生国土空间规划设计竞赛获奖作品——本科生组（三等奖）

特色体验馆　程先甲展览馆　老城南商业街　天福古树商综　糟坊廊河坊　秦淮书画坊　钓鱼台民居

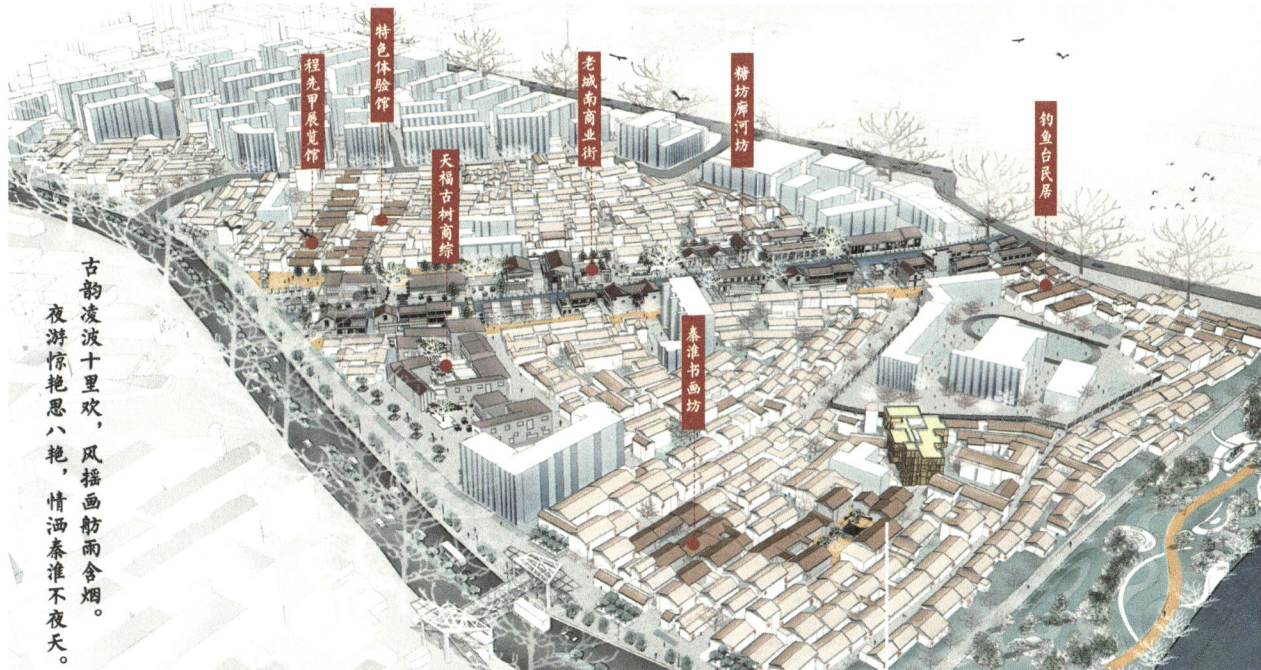

古韵凌波十里欢，
风摇画舫雨含烟。
夜游惊艳思八艳，
情涵秦淮不夜天。

"规"秦淮游线

旅游线

游览路线策划

人居线

程先甲故居：古朴雅致的地道居民居风景线
老城南美食商业街：独特南道的风情购物，品尝特色美食
秦淮创意工坊：特色文创产品，传递历史温度
饮马巷民居：南京古物保护单位
内秦淮河：亲水步道，亭水闲趣，空间随弯就曲，轻松人情味

壹·生活体验　贰·文化体验　叁·民俗文化　肆·节日气氛　伍·街道体验

活动类型策划

日常购物　历史展览馆　手工作坊　秦淮灯会　街头咖啡厅
广场锻炼　古迹游览　特色体验馆　端午龙舟　开放院落

文体广场：倚附道居民日常锻炼
街道居委会：解决居民日常事务
钓鱼台小学
天福古树商综：以百年古树为辐射中建设的商业体

空间节点分析

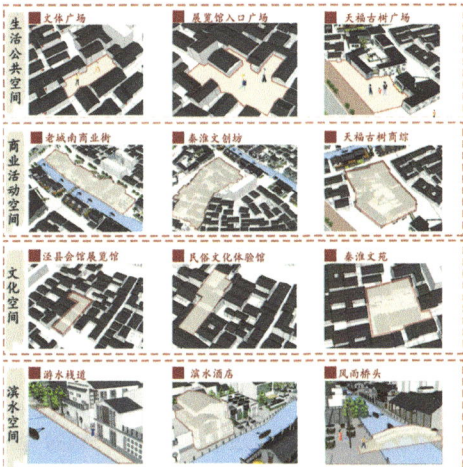

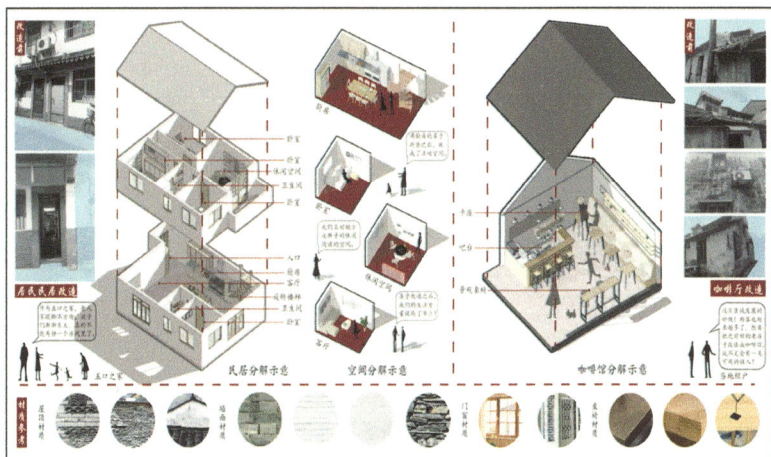

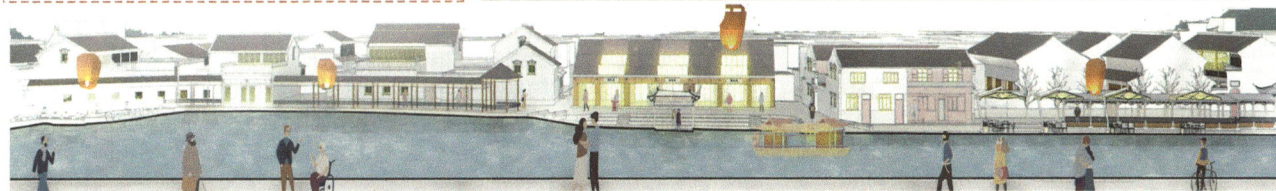

生活公共空间：文体广场、展览馆入口广场、天福古树广场
商业活动空间：老城南商业街、秦淮文创坊、天福古树商综
文化空间：泾县会馆展览馆、民俗文化体验馆、秦淮书苑
滨水空间：游水线廊、滨水居、风雨桥头

居民民居改造　空间分解示意　咖啡馆分解示意
民居分解示意

再循环机制

居民层面 阈值提升

初级环：地段改造、物质空间完善、精神家园逐步建设；居民参与、居民归属感增强
再循环：居民进行优化改造、空间更富文化含义；居民生活阈增加、进来更优物质空间
文化融入物质空间反作用于居民精神；居民文化素养提升、再循环体系持续
被动参与（前期）与主动提议（后期）
钓鱼台居民会议

生活层面 弹性提升

生活空间：原路灯布置→部分路段进行亮度密度调整；原城规镇布置→依据居民产生强度进行修改
建筑空间：维保留广场→设置居民休闲引导空间；部分文化建筑利用率较高→注入文化休闲区
公共空间：部分公共空间利用率较高→注入运动活力区

生产销售行业：完善服务体系→发展旅游、整合旅游；创新旅游→刺激消费、消费增多
研究工作室：传统文化不断深入→居民文化有机结合
生产空间：河道生活污水随意排放破坏→河道成为生态水区

秦淮文化展览馆

文化层面 活化提升

民俗文化：居民民居→居民民居→居民植入民居
文化点状：故居保护、故居传承、故居创新→精神植入居民自信
文化线状：街巷治理、公共服务建设→意向街道展示→分色到户古街巷

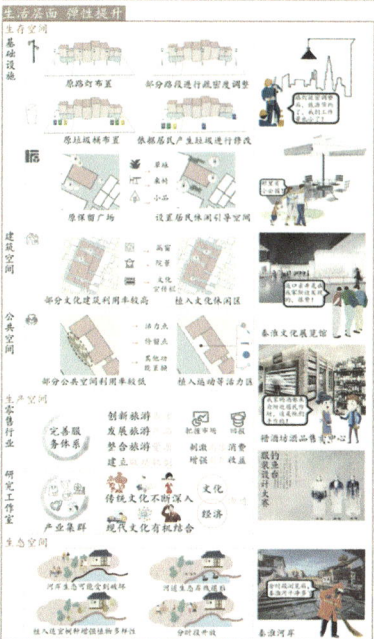

六角井的一天

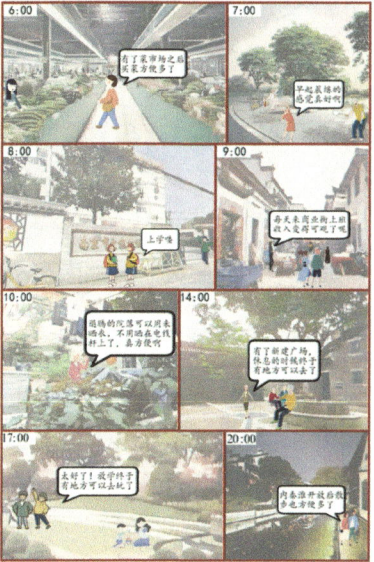

6:00　7:00　8:00　9:00　10:00　14:00　17:00　20:00

基地宏观分析

基地综合现状分析

主题解析

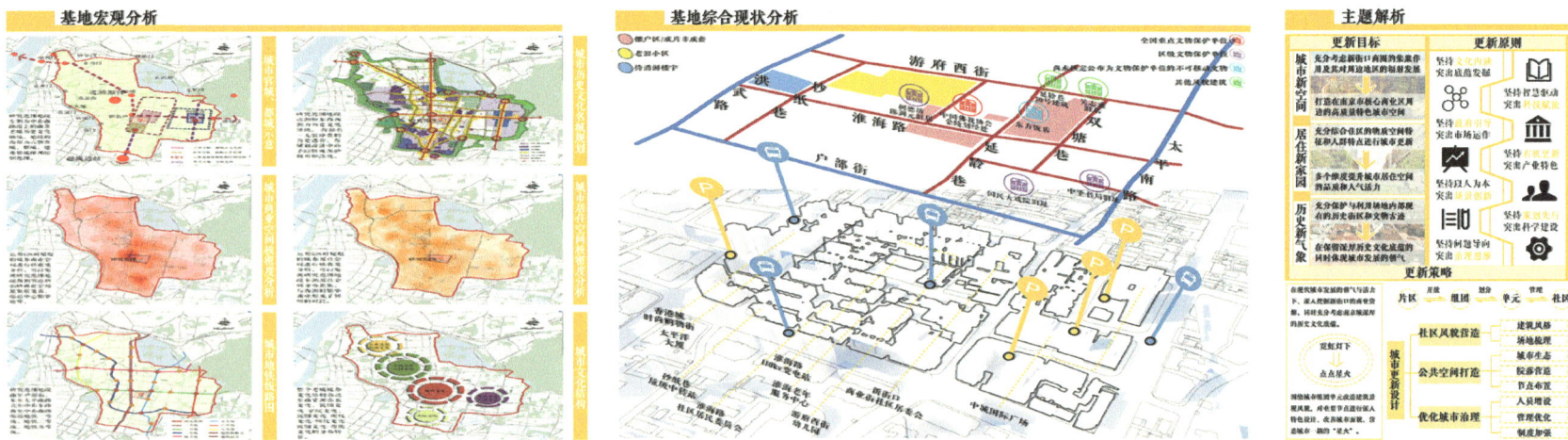

规划设计总平面图

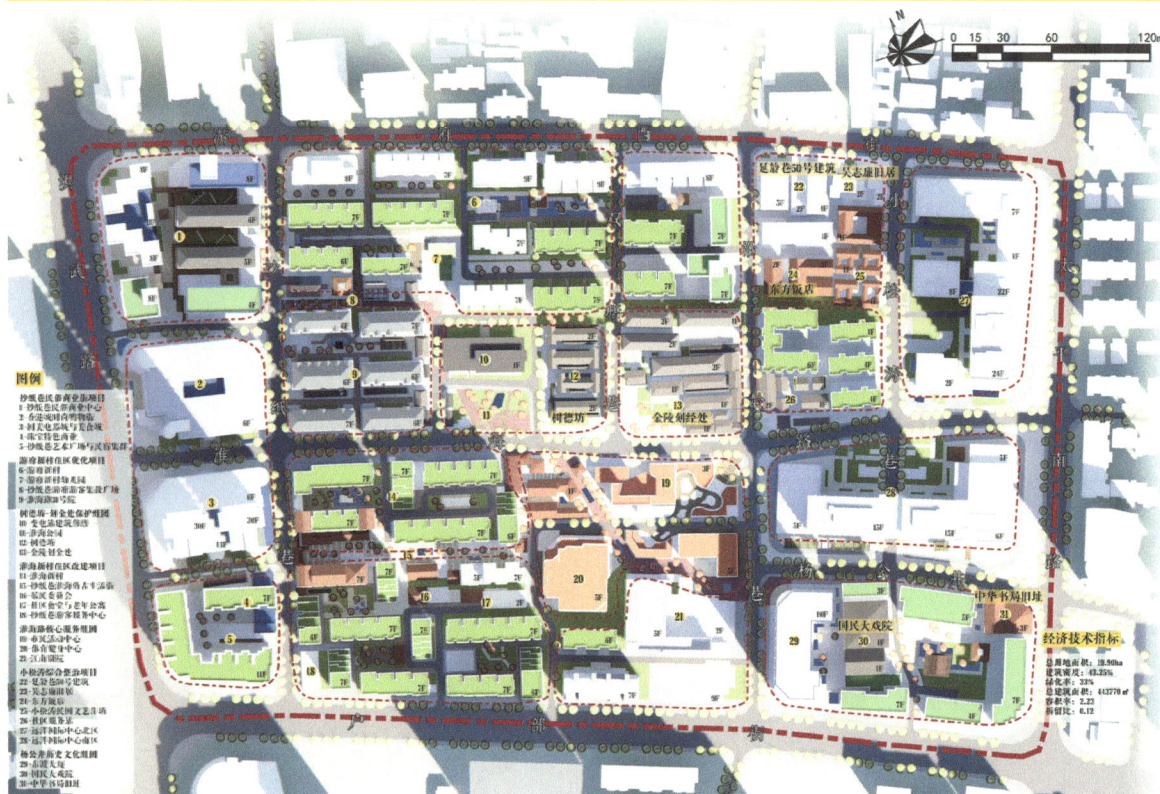

规划设计分析图

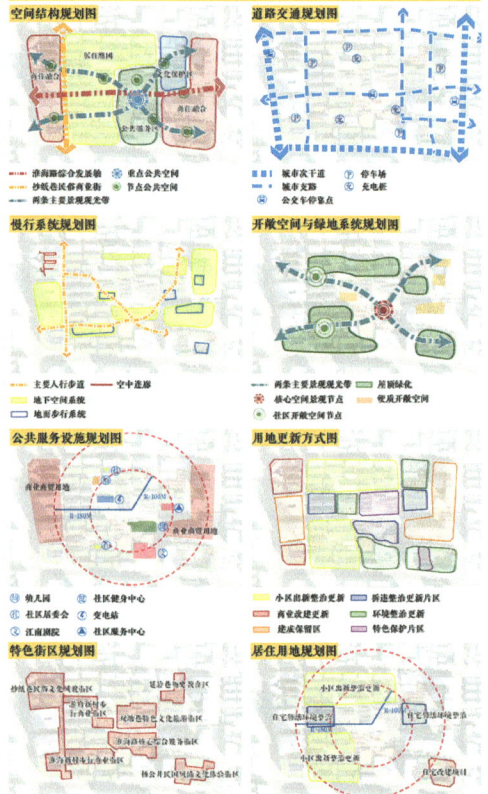

霓虹灯下的"星火"——南京市秦淮区淮海路地段城市更新设计

参赛院校：华中科技大学
作者姓名：崔 澳 刘思杰 左沛文 余春洪
指导老师：任绍斌 邓 巍
"南京国图杯"第一届全国大学生国土空间规划设计竞赛 三等奖

方案点评：

该作品从城市尺度入手，着眼于现代城市的发展活力和新街口的商业资源，充分考虑南京城深厚的历史文化底蕴，围绕多个组团单元改造建筑景观风貌，致力营造城市一隅的"星火"。设计结构清晰，布局合理，将深厚的历史文化底蕴和城市发展的朝气与活力融合互促，实现了"城市新空间""居住新家园""历史新气象"的设计目标。值得一提的是，设计还对城市更新的实施机制有着合理清晰的认知判断，在设计中提出"1+1+X"的更新项目运作策略，针对多元业态、活力空间和商贸繁荣进行更新项目设计营造，围绕共建、共享、共治、共商、共赢五大原则对更新项目分时期运营管理，有助于设计的多元参与和最终落地。

霓虹灯下的"星火"

南京市秦淮区淮海路地段城市更新设计

规划设计鸟瞰图

设计说明：
该设计基于基地区位优势和地块特征，依托更新让居住更美好的设计主题，充分考虑新街口商圈的集聚作用及对周边地区的辐射发展，结合老旧居住区的物质空间特征和人群特点进行城市更新规划设计，打造在南京市核心商业区周边的高质量特色城市空间，并着力提升居住空间的生活品质和人气活力；与此同时充分保护与利用场地现有的历史遗存元素，使得该片区在保留深厚历史文化底蕴的同时，又具有现代城市发展的朝气，实现"城市新空间"、"居住新家园"、"历史新气象"的设计目标，点燃霓虹灯下的点点"星火"。

更新要素支撑

组团与建筑组群层面
①核心组团设计
- 解决问题
- 设计目标

商业组团　特色空间　融合空间

片区保护　历史街区　文物遗迹

②公共空间节点
- 解决问题
- 设计目标

设施完善　绿林工场　公众服务

交互体验　景观控制　无线热点

地块轴带与廊道层面
①建筑轴带关系
- 解决问题
- 设计目标

架空通廊　建筑连廊　城市慢空　阳光生活

风貌管控　城市意向　轮廓指引　观景平台

②景观廊道营造
- 解决问题
- 设计目标

街旁绿植　组团绿化　人体场所　宝兴监理

城市慢道　人体场所　宝兴监理

单体建筑与场地层面
①老旧建筑改造
- 解决问题
- 设计目标

立面优化　引用新型材料　绿色建筑　现代城市新气息

内部改造　适度拆新建　社区改造　空间转角

②活动场地优化
- 解决问题
- 设计目标

环境整治　开放场地组织　节能环保

以人为本　多元主体参与

规划设计立面图

南立面图　　　　　西立面图

建筑更新示例——淮海新村老年公寓与社区食堂

1 建筑效果图

重要节点　拆解分析

2 周边场地分析

公建组团　商业街区　老年公寓　社区食堂　淮海新村居住组团

城市新空间　居住新家园　生活新体验　历史新气象

3 剖透视图

4 主要居住户型

更新项目运作策略

政府资金　产权人及使用人　潜在社会多元主体，共同参与资金筹集与运营

更新项目设计营造-提升设计水平　更新项目运营管理-强调党建引领

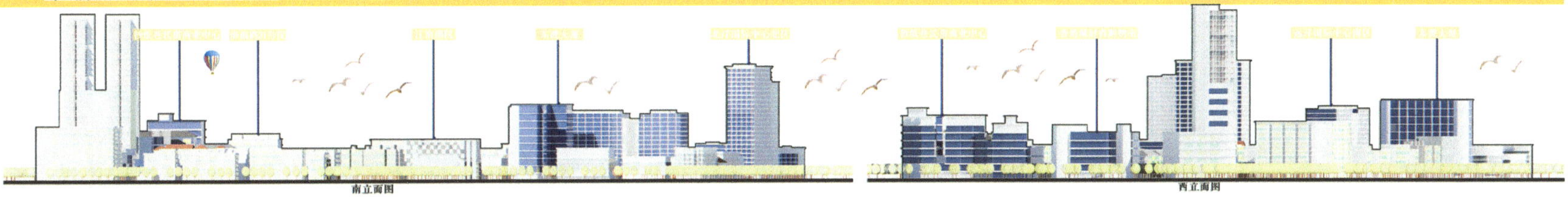

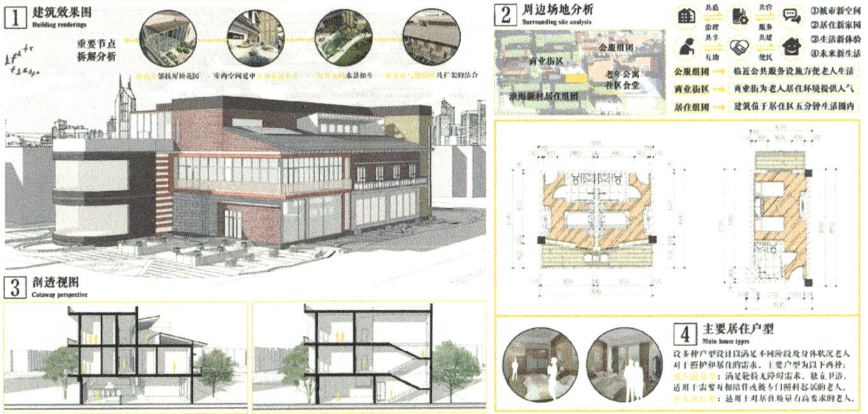

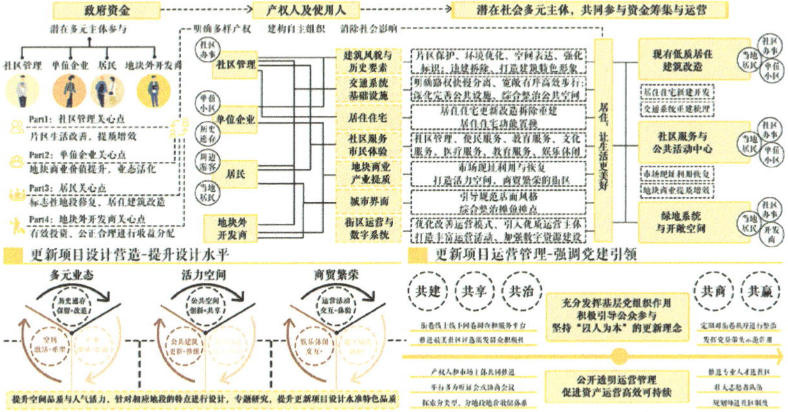

生活博物馆

参赛院校：南华大学

作者姓名：李玉霜 朱珠 孔晨晨 郑文沁 陈梓薇

指导老师：吴博 阳海辉

"南京国图杯"第一届全国大学生国土空间规划设计竞赛 三等奖、最佳分析奖

方案点评：

　　该作品以南京"博物馆之城"的别称为出发点，结合基地居民生活特色，提出"生活博物馆"的设计理念，并以人的三感（安全感、舒适感、愉悦感）、五觉（视觉、听觉、嗅觉、味觉、触觉）为切入点，提出切实可行的提升居民生活品质与游客感知体验的更新策略。方案从建筑、交通、空间、活力及开发时序展开设计，以"Z"字轴类比博物馆流线，并构建廊架适当分离居民与游客，以人为本，减少游客对居民日常生活的干扰。方案逻辑严谨，分析全面，有较好的创新性，整体图面表达清晰。

■ 主题解析

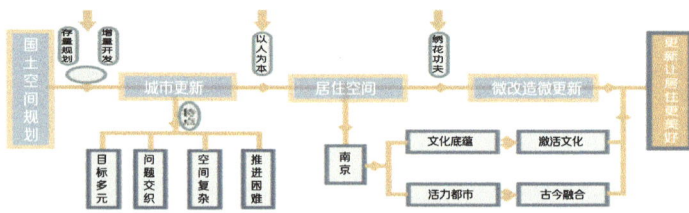

■ 文化区位

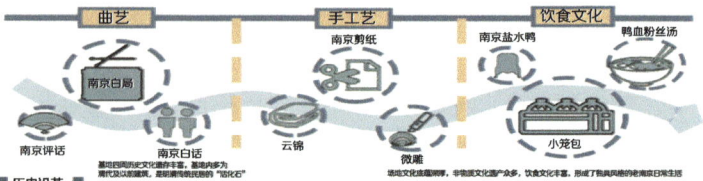

■ 历史沿革

■ 基地现状分析

■ 基地现状总结

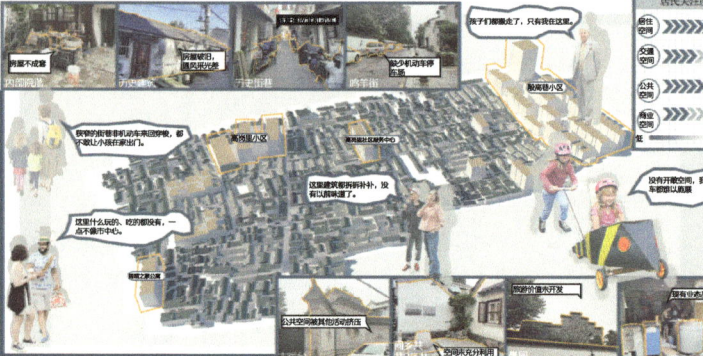

■ 概念规划与演绎

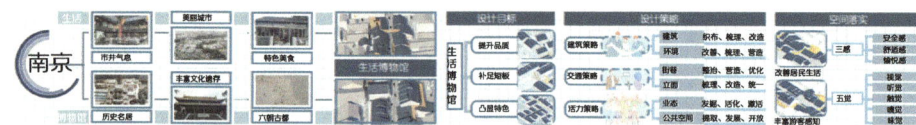

■ 规划设计策略

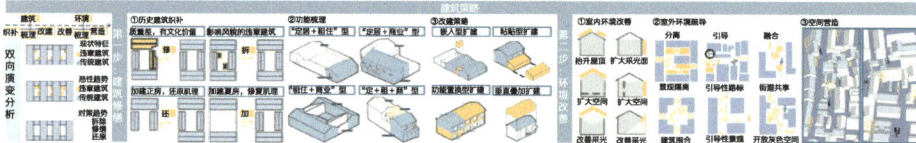

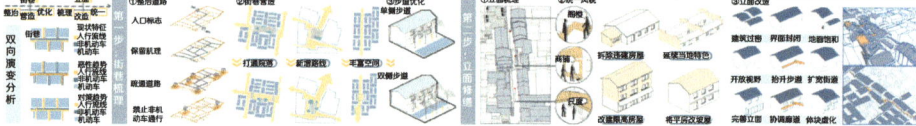

■ 总平面图

总平面图 1:3000

图例：
① 小区绿地 ② 登高望远
③ 殷离培明清住宅 ④ 古井改造
⑤ 刘芝田故居 ⑥ 主题活动广场
⑦ 空中廊道 ⑧ 孝顺里22号名宿
⑨ 休憩节点 ⑩ 曾静毅故居
⑪ 民居改造 ⑫ 钓鱼台幼儿园
⑬ 小茶馆 ⑭ 社区服务中心
⑮ 谢公祠20号居民 ⑯ 普通民居改造
⑰ 历史民居改造 ⑱ 小菜场
⑲ 高岗里9号井 ⑳ 乡乡共井历史民居
㉑ 魏家骅故居 ㉑ 高岗里历史民居

经济技术指标：
绿化率：26%
基地占地面积：15ha
建筑占地面积：52%
拆迁比：6.4%
保留的建筑面积：152632平方米
改造的建筑面积：14482平方米
拆除建筑面积：9886平方米

设计说明：
设计地块位于南京市秦淮区，是南京市老城南传统生活承载地，有着浓厚的人文气息和众多的历史遗存。设计继承南京的活化石。
本方案承接南京市"博物馆之城"的定位，结合当地居民特色生活，提出"生活博物馆"的设计理念。以人的三感五觉入为切入点，从建筑、交通、活力展开设计以"Z"字轴类比博物馆流线，并构建廊架于丰富游客流线体验和对小区居民正常生活的干扰。提升居民安全感、舒适感和愉悦感，并从视觉、听觉、嗅觉、味觉、触觉五个方面活化场地，丰富游客感知。

052

生活博物馆

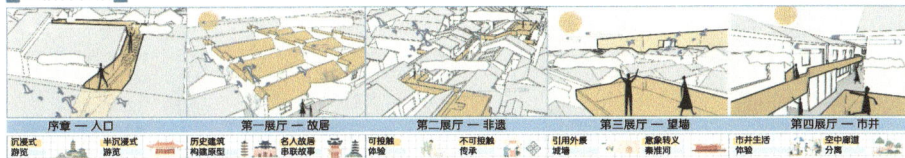

序章 — 入口	第一展厅 — 故居	第二展厅 — 非遗	第三展厅 — 望城	第四展厅 — 市井

| 沉浸式游览 | 半沉浸式游览 | 历史建筑构建原型 | 名人故居串联故事 | 可触摸体验 | 不可触摸 | 引用外景体验 | 意象转义泰淮河 | 市井生活体验 | 空中廊道分离 |

五觉

视觉

① 改造手法	② 效果图

书场白局

纳凉家常

休憩闲话

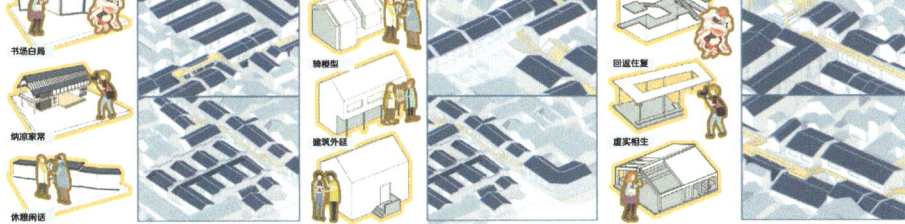

触觉

① 改造手法	② 效果图	① 改造手法	② 效果图

屋顶改造

骑楼型

建筑外径

嗅觉

步步高升

回返住宅

虚实相生

漫览

① 改造手法	② 效果图

环绕式

私家厨房

穿越式

博物馆

切边式

常市场

味觉

① 改造手法	② 效果图

连锁餐饮

打造

重新分区

居民私房菜

住户家庭

开放私房菜

无座小店

小铺面

扩大门面

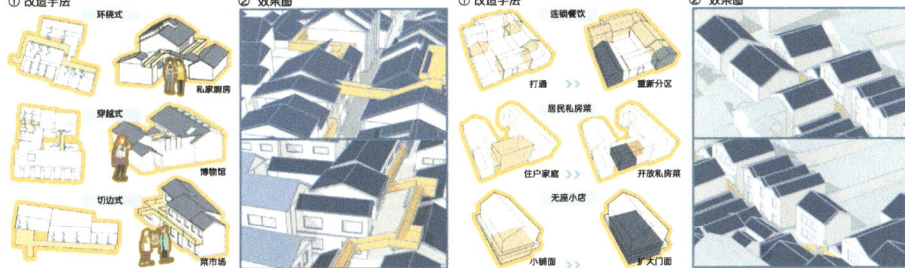

三感

安全感

① 消防安全保障	② 生活保障

第一步
划定防火安全街区
功能、社会属性
街区尺度、规模
自然街巷空间格局
结合公园做避难场所

第二步
确定消防安全等级
排除安全隐患建筑
划分重点保护建筑
确定消防安全等级
在建筑内部做避难场所

第三步
根据实际情况调整
局部调整街区边界
街区规模的再调整
智能检测火灾系统

主次指挥中心
路口及流量建筑周边
智慧系统

植入室型
修缮利用
注入活力
传统民居修缮
居住空间优化
闲置空间盘活
生活服务提升

整合提升

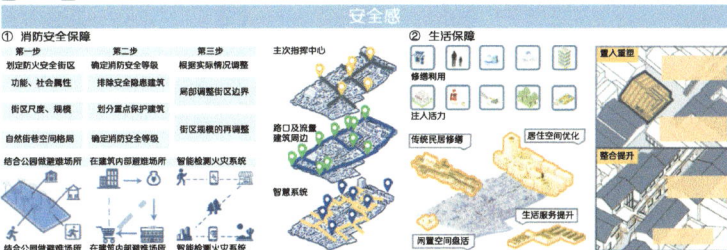

舒适感

① 民居改造	② 生活服务提升

明清民国现代

加建围合
拆除围合
拆除重换

不同需求居住
办公楼
幼儿园
养老院
超市
小菜场

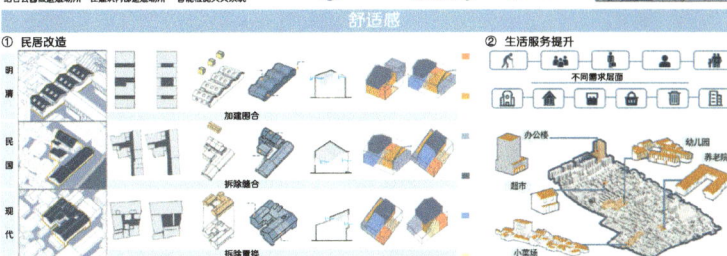

愉悦感

① 活动空间构建	② 休憩空间改造	③ 节点展示

户外展览
阶梯座椅
公园休憩
冥想盒子
休憩树池
知识科普
窗边小座
晚望平台
屋顶平台

古井空间
古树空间
下挖引水
上图引水
清除打开
拆除迁出
休憩园
智歌剧
休憩园
智歌剧

口袋公园
活动广场

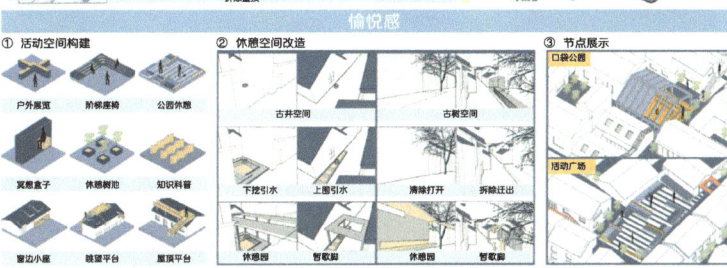

轴线图

鸟瞰图

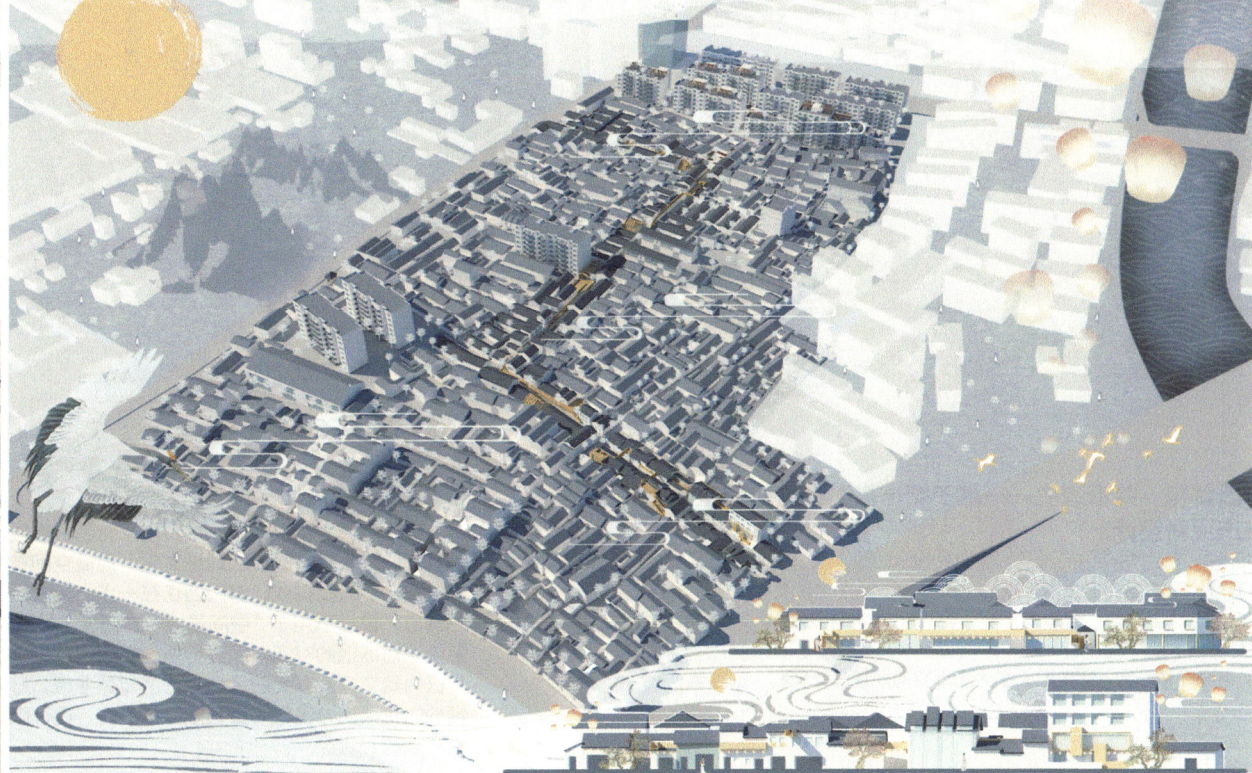

2021年「南京国图杯」第一届全国大学生国土空间规划设计竞赛获奖作品 — 本科生组（三等奖）（专项奖 — 最佳分析奖）

图例：
1 街头绿地
2 程先甲故居文化展览馆
3 规划幼儿园
4 泾县会馆-胭脂水粉展览
5 长乐泰淮灯笼展售街
6 居家养老服务站
7 泰淮民宿展览
8 耕坊廊河房茶室
9 城墙眺望台
10 便民服务市场
11 泰淮白茶城
12 吴家账房纺织品售卖、文化展览
13 社区文化活动室
14 社区卫生服务站
15 饮马巷市井生活体验街
16 口袋公园
17 饮马巷民宿
18 便民公园
19 规划幼儿园
20 城墙游线转折点
21 文枢初级中学
22 城墙下公园
23 明城墙
24 中华门城堡
25 钓鱼台美食街

区位分析　上位规划解读
周边交通分析
规划逻辑框架
空间基因解析评价

寻因解构·共治繁生——基于城市基因理论的钓鱼台片区城市更新设计

参赛院校：青岛理工大学
作者姓名：姜清馨　曹思源　毛　雯　曹家豪　付梦姣
指导老师：韩　青　石　峰
"南京国图杯"第一届全国大学生国土空间规划设计竞赛　三等奖

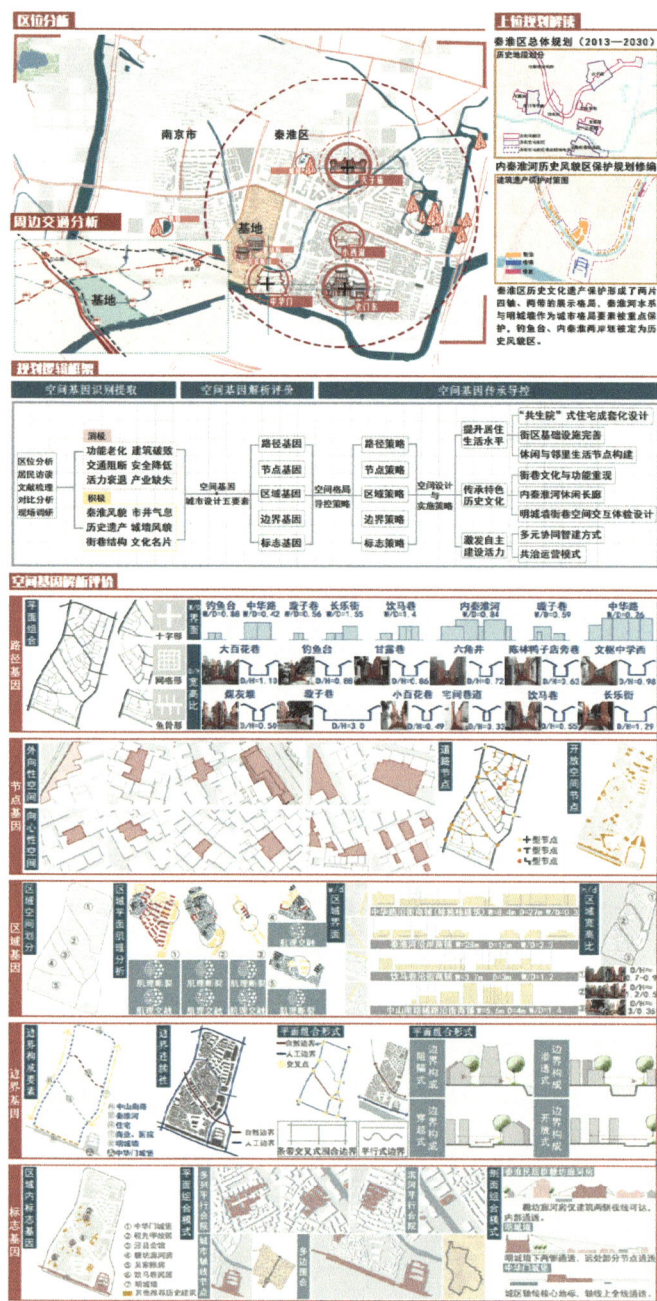

方案点评：

老门西作为南京老城中最具南京特色、最具烟火气息的区域，仍然保留着较为完好的街巷肌理结构，具有明显的地域文化、地域空间特色，然而，配套不完善的社区、不成套的住房、复杂的人口构成让老门西正在一点点失去活力。为使老门西重焕生机、凸显出南京特有的气息，设计引用了"空间基因"的概念，结合城市设计要素，对老门西的空间构成进行了解读，对场地的空间基因进行识别提取、解析评价，并据此进行传承导控。此外，设计还对片区内具有强烈意义的地标进行了专题考虑，打造了秦淮河沿线步行带、城墙探访步道；对场地的长久活力进行考量，设计了政府、设计院、居民三方长期联络、共创美好社区的联动模式。

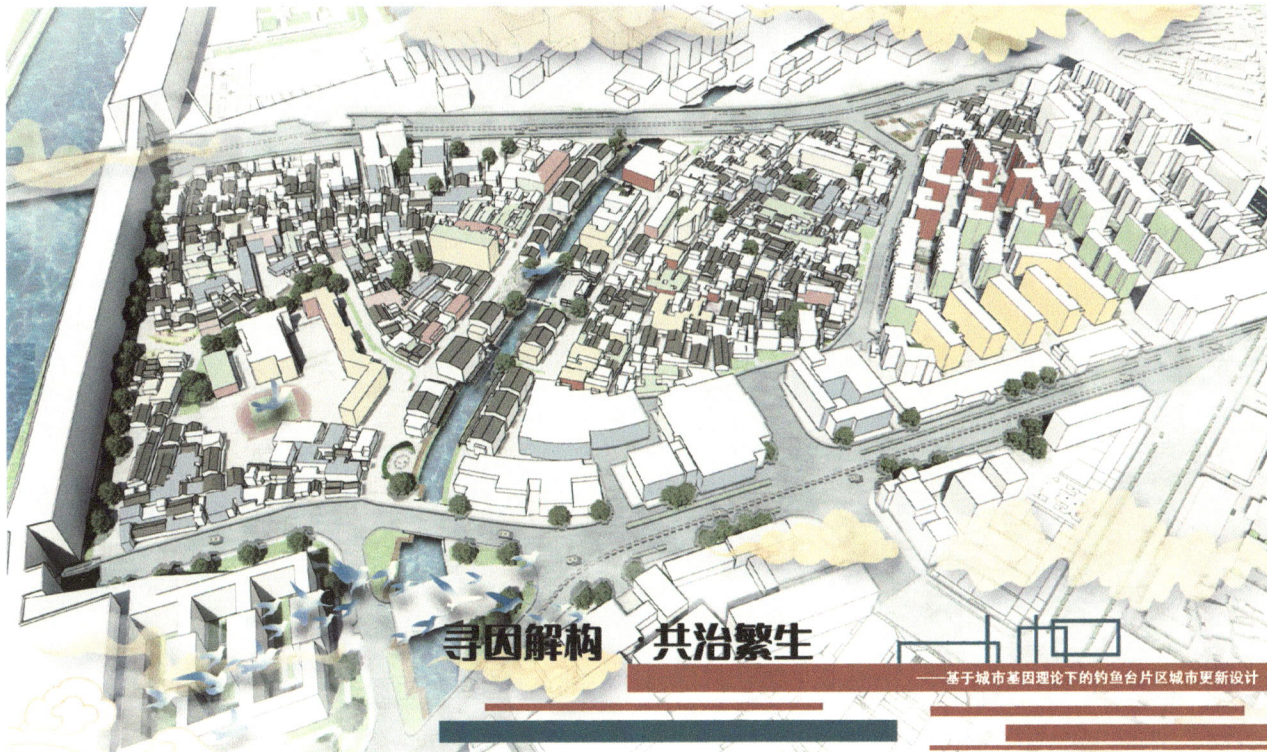

寻因解构 共治繁生

—基于城市基因理论下的钓鱼台片区城市更新设计

空间基因的空间格局导控策略

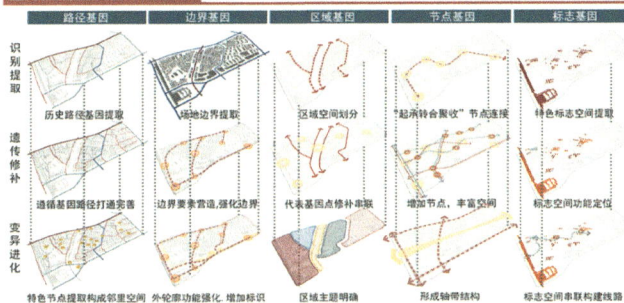

路径基因	边界基因	区域基因	节点基因	标志基因
识别提取	肌理边界提取	区域空间划分	"起所特色聚收"节点连接	特色标志空间提取
遗传修补	边界要素营造，强化边界	代表基因点修补串联	增加节点，丰富空间	标志空间功能定位
变异进化				
特色节点提取构成邻里空间 外轮廓功能强化 增加标识		区域主题明确	形成轴带结构	标志空间串联构建流线

街巷与沿街建筑

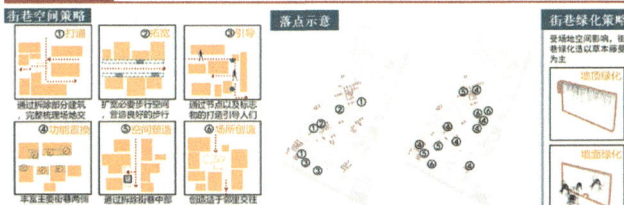

建筑单体改造提升策略

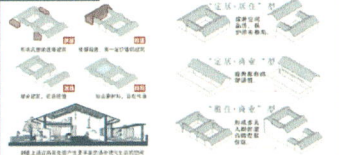

CIM+VR可视化建筑改造APP

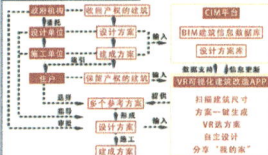

景观改造策略

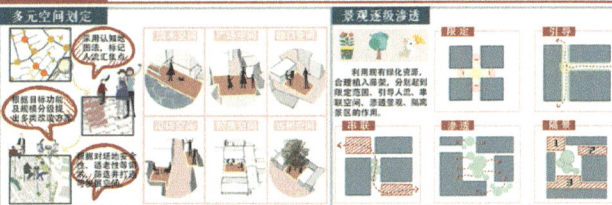

明城墙街巷空间交互体验设计

秦淮策略

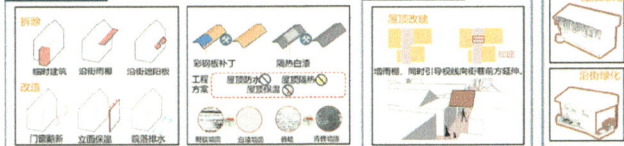

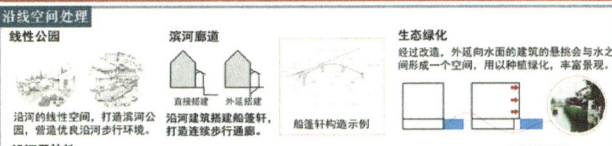

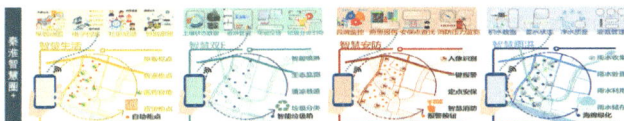

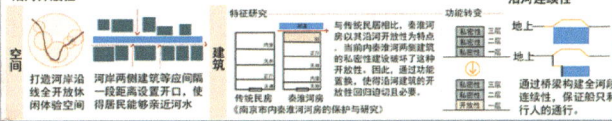

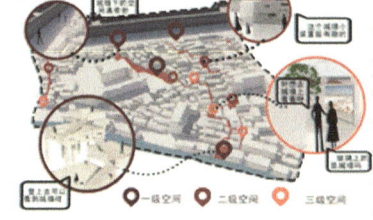

总平面图

设计说明

南京市考棚小学

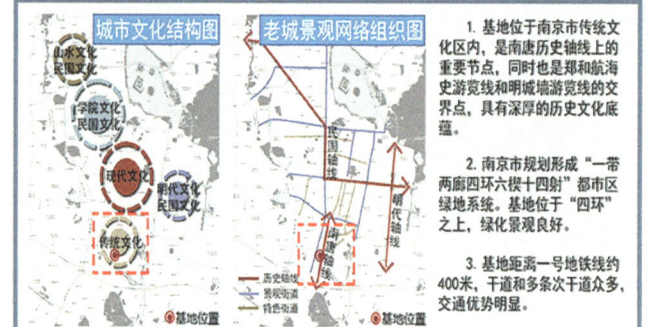

补阙拾遗 繁绘秦淮 ——基于嵌入织补理论的南京钓鱼台地段的更新设计

区位分析

基地南距秦淮河约270米，北至集庆路，西至中山南路，东至中华路，南至内秦淮河，用地面积为14.45公顷。基地南部有内秦淮河穿过，以鞍子巷为分界线，东北部为现代风貌区，西南部为历史风貌区。

城市定位

城市文化结构图　老城景观网络组织图

1. 基地位于南京市传统文化区内，是南唐历史轴线上的重要节点，同时也是郑和航海史游览线和明城墙游览线的交界点，具有深厚的历史文化底蕴。

2. 南京市规划形成"一带两廊四环六楔十四射"都市区绿地系统。基地位于"四环"之上，绿化景观良好。

3. 基地距离一号地铁线约400米，干道和多条次干道众多，交通优势明显。

主要游览线路图　城市地铁线路图

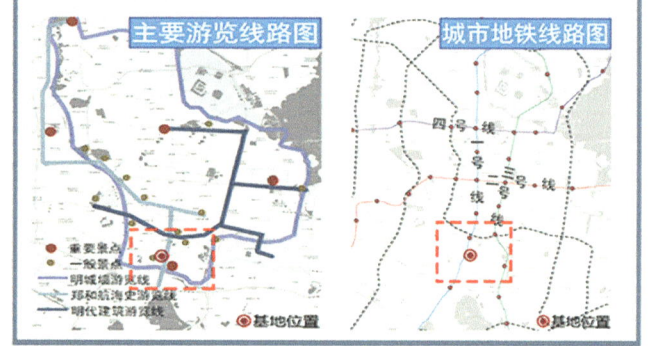

规划分析

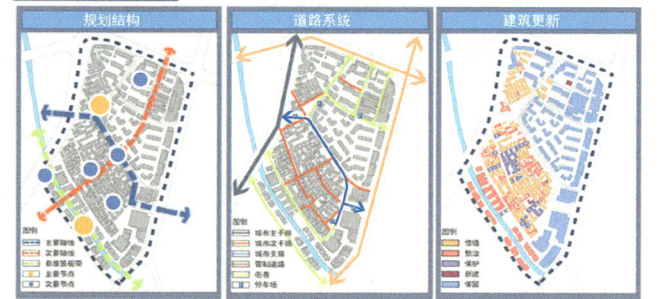

规划结构　道路系统　建筑更新

补阙拾遗，繁绘秦淮——基于嵌入织补理论的南京钓鱼台地段的更新设计

参赛院校：河南城建学院

作者姓名：张金瑶　屈晨晨　李会静　葛雨晴　曹尚武

指导老师：邢　燕　赵玉凤

"南京国图杯"第一届全国大学生国土空间规划设计竞赛　佳作奖

方案点评：

该作品运用形态织补理论，试图赋予城市局部地区新的功能与结构，从而带动周边地块的整体环境更新。方案拆除了建成环境较差且相对位置处于地段中心的建筑物，对其空间进行整合再开发，塑造视觉和功能上的地标性建筑，为环境注入活力。方案从问题出发，采用大数据、田野调查、历史研究、发放问卷等多种调研方式，跨专业、多渠道、多方法制定详细综合的解决方案，试图构筑更安全、更宜居、更高效、更韧性的城市。方案对问题的分析较为全面，所借鉴的理论成熟，方法路径可行。

2021年【南京国图杯】第一届全国大学生国土空间规划设计竞赛获奖作品——本科生组（佳作奖）

理论解析

【嵌入织补理论】

形态织补 对现存具有一定历史价值的老建筑进行改造，在保持表面肌理不变的前提下，对其内部空间进行改造，赋予其新的功能与结构，从而带动周边地区的整体环境更新。

保留 → 织补

拆除 → 嵌入

功能嵌入 较为普通的城市地段，选择建成环境较差且相对位置于地段几何中心的构筑物进行彻底的拆除，对空进行整合，再发展全新的项目，以形成在视觉和功能上都以自我为中心的标志物，为周围的环境带来活力。

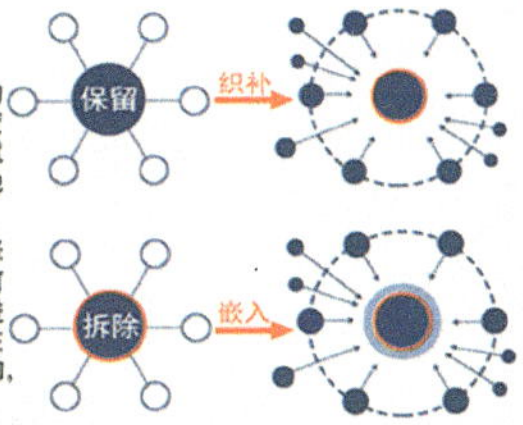

规划构思

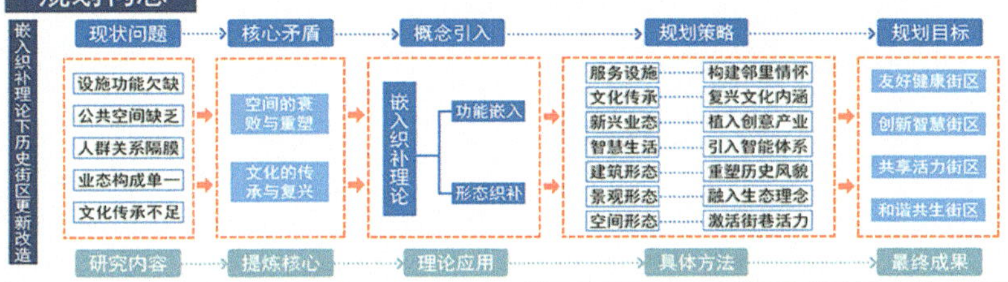

嵌入织补理论下历史街区更新改造

现状问题 →	核心矛盾 →	概念引入 →	规划策略 →	规划目标
设施功能欠缺	空间的衰败与重塑	嵌入织补理论	服务设施 构建邻里情怀	友好健康街区
公共空间缺乏			文化传承 复兴文化内涵	创新智慧园区
人群关系隔膜		功能嵌入	新兴业态 植入创意产业	
业态构成单一	文化的传承与复兴	形态织补	智慧生活 引入智能体系	共享活力街区
文化传承不足			建筑形态 重塑历史风貌	
			景观形态 融入生态理念	和谐共生街区
			空间形态 激活街巷活力	

研究内容 →	提炼核心 →	理论应用 →	具体方法 →	最终成果

鸟瞰图

空间形态——激活空间活力

壹 激活街巷空间

街道办	组织疏通 维护管理	街巷复兴
设计师	整治疏解 自然演进	微观设计
居民	反馈需求 生活体验	空间治理

巷道空间重塑

窄巷空间类型化 · 窄巷空间织补

打造健康街区

贰 激活公共空间

街道办	组织疏导 协调居民	调动组织	种植 交流
设计师	空间控制 人性设计	空间规划	
居民	反馈需求 多样配套	公共生活 功能多样	阅读 下棋

综合功能空间

设想一种功能多样的空间使用模式，以缓解有限空间中的矛盾。

多元空间打造

小广场 · 古树 · 街道

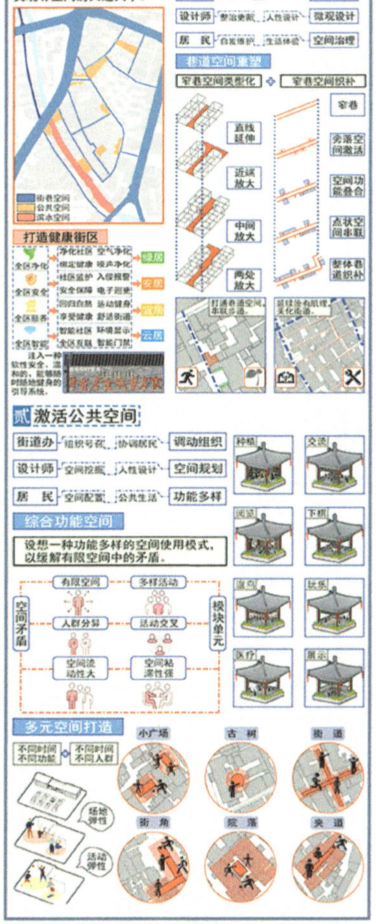

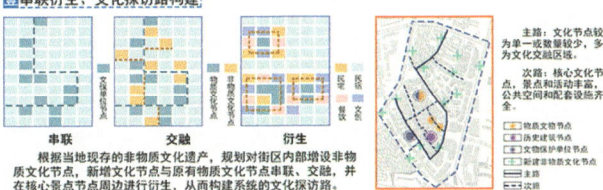

功能嵌入

文化传承——复兴文化内涵

壹 串联衍生、文化探访路构建

串联 · 交融 · 衍生

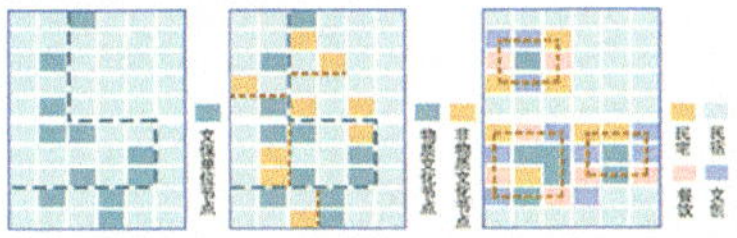

根据当地现存的非物质文化遗产，规划对街区内部增设非物质文化节点，新增文化节点与原有物质文化节点串联、交融，并在核心景点节点周边进行衍生，从而构建系统的文化探访路。

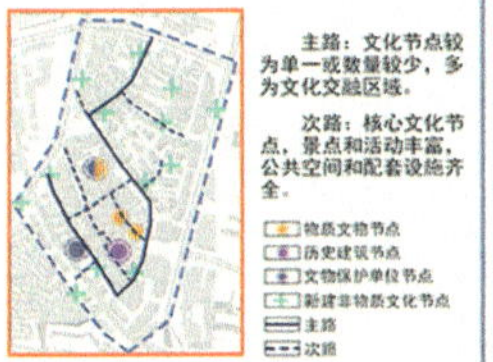

贰 文化保护利用途径

通过文化功能的渗透、文化空间的改建、人文活动的展开和业态格局的复兴促进街区文化共享。

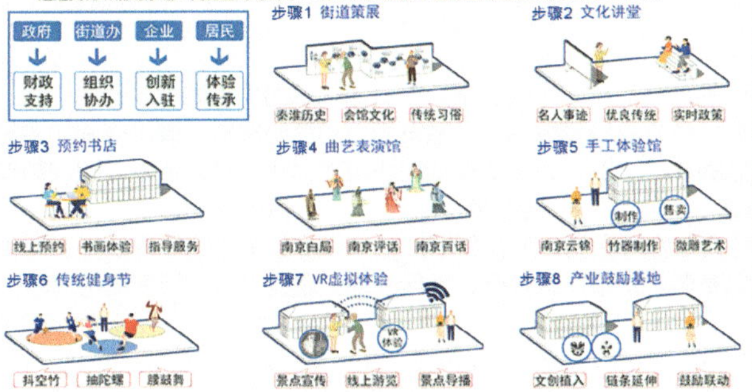

政府	街道办	企业	居民
财政支持	组织协办	创新入驻	体验传承

步骤1 街道策展
步骤2 文化讲堂
步骤3 预约书店
步骤4 曲艺表演馆
步骤5 手工体验馆
步骤6 传统健身节
步骤7 VR虚拟体验
步骤8 产业鼓励基地

形态织补

建筑形态——建筑空间修补

壹 传统民居修复

对基地内部现存的传统院落提出不同改造策略，迎合新形势提出健康建筑策略。

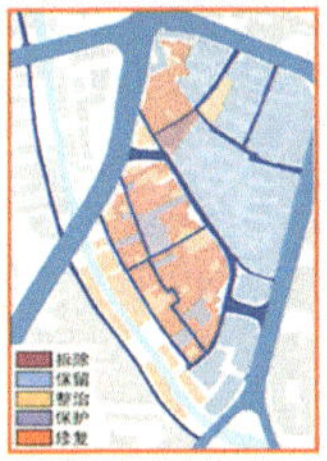

修缮 · 拆除 · 增补 · 整治
置换 · 植入 · 提质 · 重构

贰 健康建筑营造

健康要素+模式

空气流通 · 生态循环 · 恒温保湿 · 节能照明 · 智能融入 · 安全保障 · 噪声过滤 · 用水质量 · 卫生防护 · 建材环保

节能供电系统 · 垂直绿化系统 · 循环供水系统 · 保温通风系统

景观形态——生态绿化修补

壹 自然景观修复

利用现有绿化资源，置入多样种植架体，调动居民的自主性，实现绿化渗透。

多方参与种植模式 · 多样种植功能渗透

贰 人文景观修复

古树、古井保护

人文记忆再道

激活居民认同感促进居民公众参与

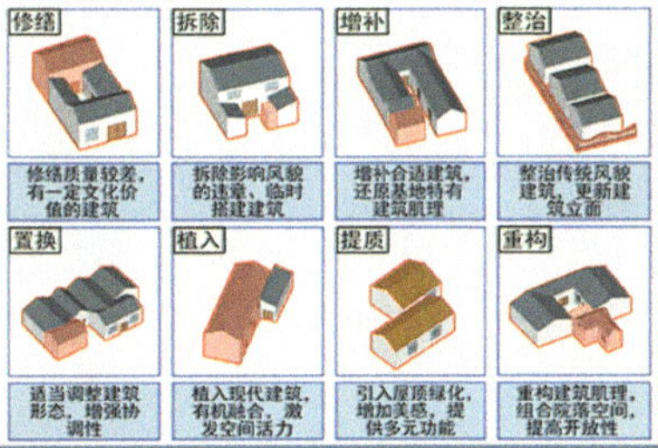

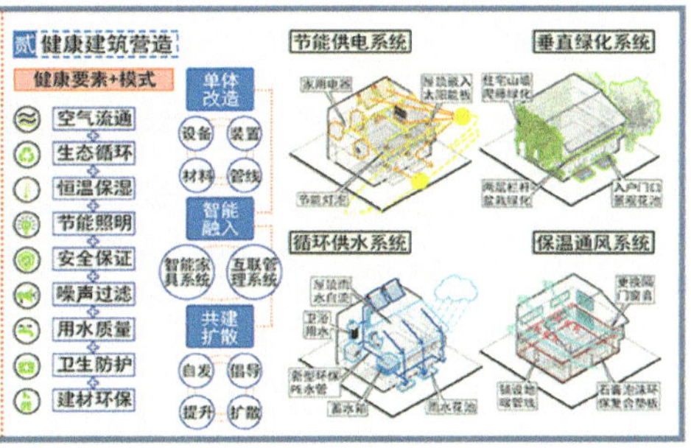

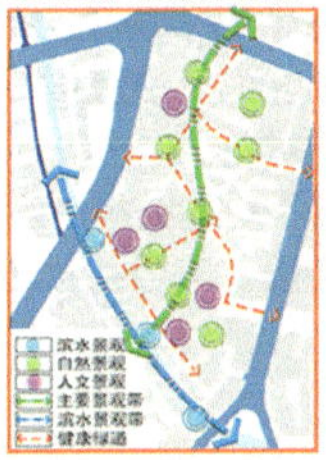

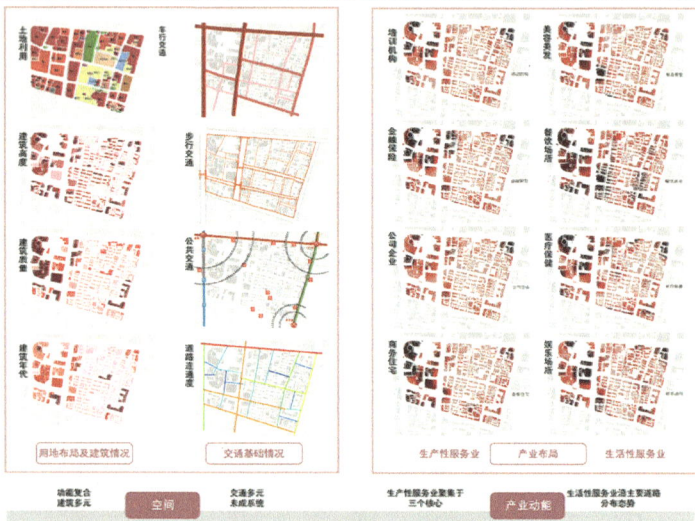

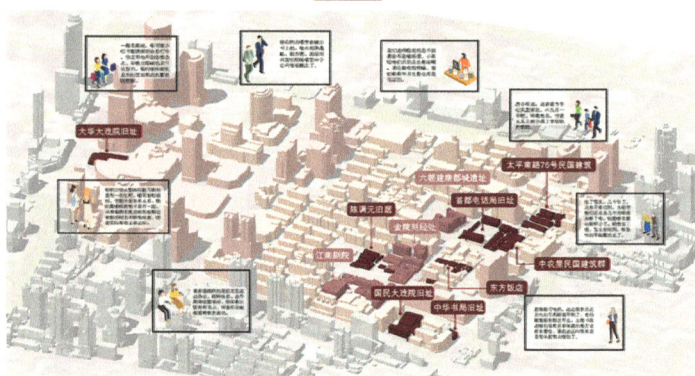

总平面图

1. 香港城购物中心
2. 党群服务中心
3. 万谷教育科技园
4. 江南剧院
5. 陈调元旧居
6. 金陵刻经处
7. 戏剧文学交流中心
8. 中华书局旧址
9. 远洋国际中心(北区)
10. 远洋国际中心(南区)
11. 艺术体验集市
12. 民国文化街区
13. 城市展厅

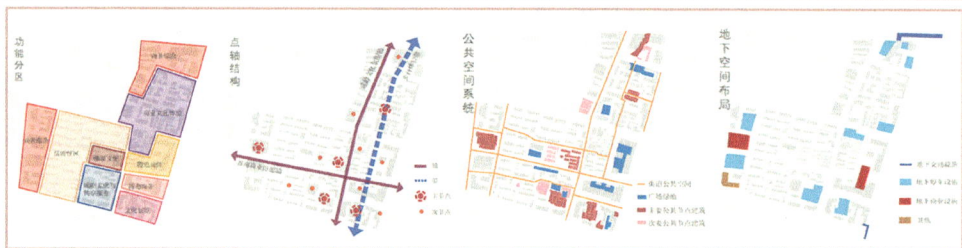

面史向新——释放南京底蕴与活力的CAZ先行示范区

参赛院校： 南京大学
作者姓名： 林馥雯　周同绘　田　靖　杨溢贤
指导老师： 陈　浩　孙　洁
"南京国图杯"第一届全国大学生国土空间规划设计竞赛　佳作奖

方案点评：

　　在城市多中心、组团化的发展趋势下，以南京新街口为代表的传统城市商业中心如何转型升级？为了回答这个问题，该作品以释放底蕴、激发活力的核心思路，通过空间的多元复合、单元的分类改造、交通的疏导组织，力求使规划地块成为文化创意、沉浸体验与都市生活兼容的活力街区。方案选取用地复合且强连接性的"L"形片区作为更新抓手，打造"两轴一带"功能结构，织补社会与物质空间，加强新旧对话。以多维情感地图奠定南京新街口交融碰撞、兼容并蓄的气质基调。方案主题鲜明，目标明确，路径可行，规划结构清晰。

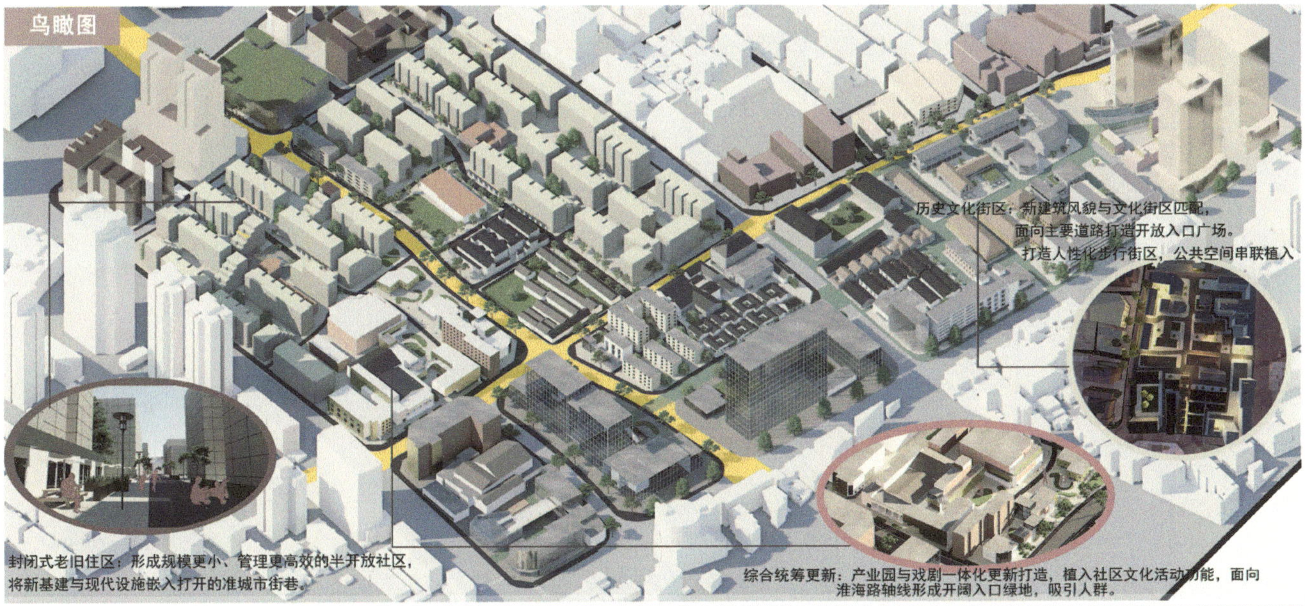

鸟瞰图

历史文化街区：新建筑风貌与文化街区匹配，
面向主要道路打造开放入口广场。
打造人性化步行街区，公共空间串联植入

封闭式老旧住区：形成规模更小、管理更高效的半开放社区，
将新基建与现代设施嵌入打开的准城市街巷。

综合统筹更新：产业园与戏剧一体化更新打造，植入社区文化活动功能，面向
淮海路轴线形成开阔入口绿地，吸引人群。

淮海商业游憩：立面改造提升—住区底商开发—步行适宜性改造　戏剧文学交流中心：界面开放—公共交流广场释放—空间贯通　民国文化街区：风貌改善氛围营造—公共空间释放串联

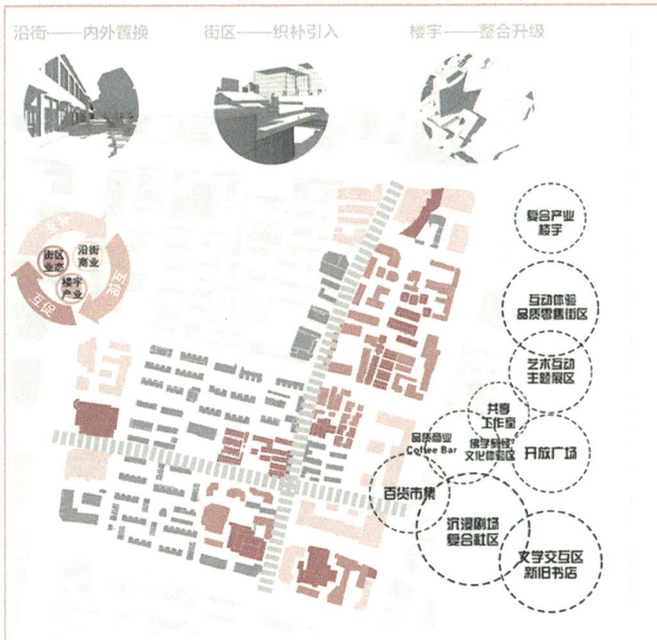

沿街——内外置换　街区——织补引入　楼宇——整合升级

复合产业楼宇
互动体验品质零售街区
艺术互动主题展区
共享工作室
品质商业 Coffee Bar
开放广场
百货市集
沉浸剧场复合社区
文学交互区 新旧书店

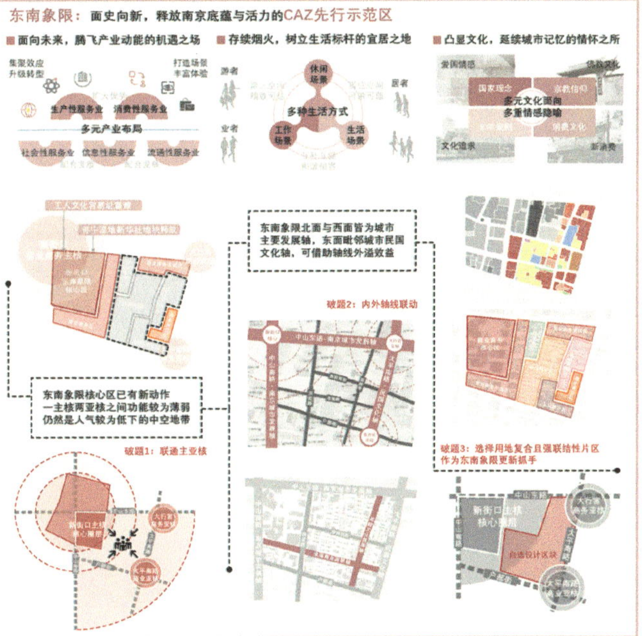

东南象限：面史向新，释放南京底蕴与活力的CAZ先行示范区
- 面向未来，腾飞产业动能的机遇之场
- 存续烟火，树立生活标杆的宜居之地
- 凸显文化，延续城市记忆的情怀之所

东南象限北近面与西面皆为城市
主要发展轴，东面毗邻城市民国
文化轴，可借助轴线外溢效益。

东南象限核心区已有新动作
一主核两亚核之间功能较为薄弱
仍然是人气较为低下的中空地带

破题1：联通主亚核
破题2：内外轴线联动
破题3：选择用地复合且强联结性片区
作为东南象限更新抓手

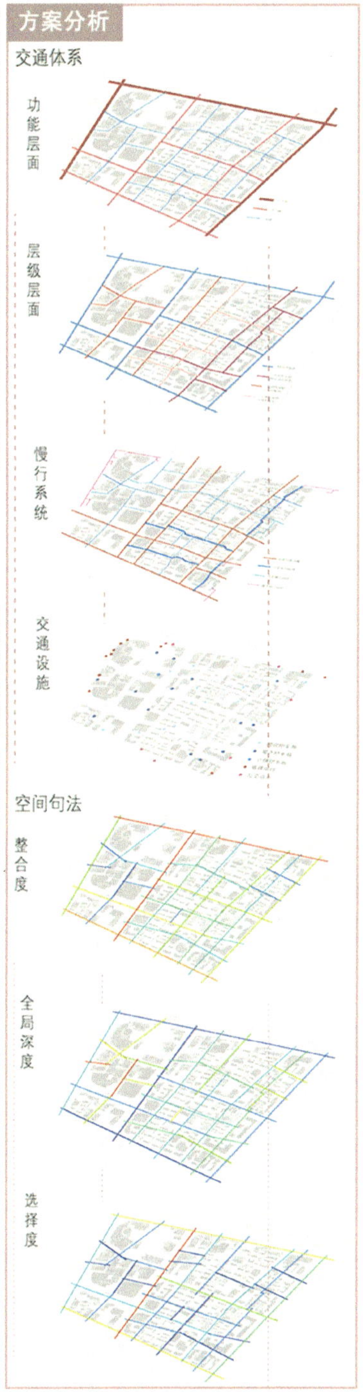

方案分析

交通体系
功能层面
层级层面
慢行系统
交通设施

空间句法
整合度
全局深度
选择度

剖面标注
戏剧主题展馆　古籍书店新式书店　观火街道　艺术工坊　艺术家工作室　对话街区　新街口历史主题长廊文化　城市广场地下空间

2021年「南京国图杯」第一届全国大学生国土空间规划设计竞赛获奖作品——本科生组（佳作奖）

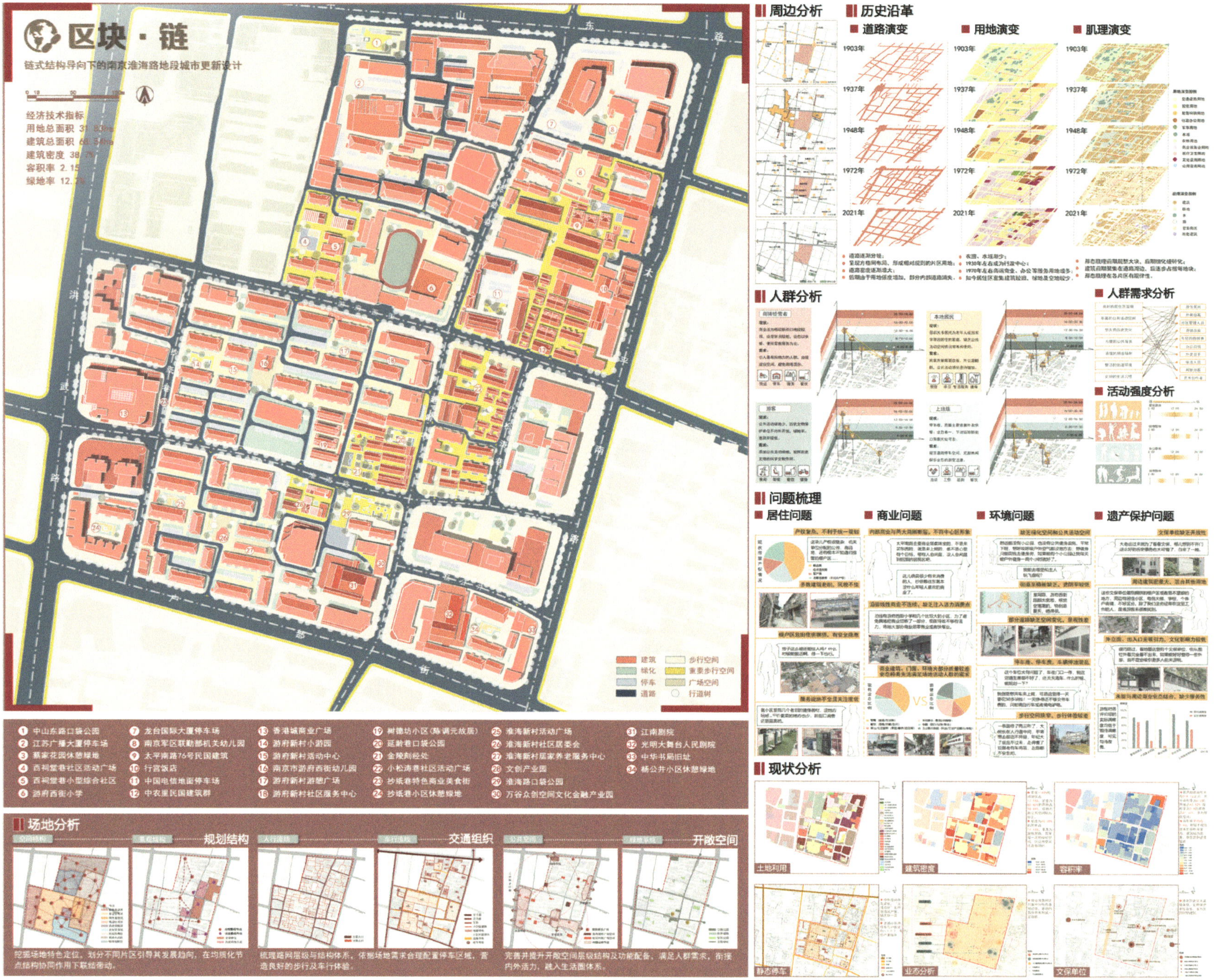

区块·链

链式结构导向下的南京淮海路地段城市更新设计

经济技术指标
用地总面积 31.63公顷
建筑总面积 68.39万㎡
建筑密度 38.7%
容积率 2.15
绿地率 12.7%

图例
- 建筑
- 绿化
- 停车
- 道路
- 步行空间
- 重要步行空间
- 广场空间
- 行道树

① 中山东路口袋公园
② 江苏广播大厦停车场
③ 蒸家花园休憩绿地
④ 西祠堂巷社区活动广场
⑤ 西祠堂巷小型综合社区
⑥ 游府西街小学
⑦ 龙台国际大厦停车场
⑧ 南京军区联勤部机关幼儿园
⑨ 太平南路76号民国建筑
⑩ 行宫饭店
⑪ 南京电信地面停车场
⑫ 中农里民国建筑群
⑬ 香港城商业广场
⑭ 游府新村小游园
⑮ 游府村活动中心
⑯ 南京市游府西街幼儿园
⑰ 游府新村游憩广场
⑱ 游府新村社区服务中心
⑲ 树德坊小区（陆润元故居）
⑳ 延龄巷口袋公园
㉑ 金陵刻经处
㉒ 小松海巷社区活动广场
㉓ 抄纸巷特色商业美食街
㉔ 抄纸巷小区休憩绿地
㉕ 淮海新村活动广场
㉖ 淮海新村社区居委会
㉗ 淮海新村屋家养老服务中心
㉘ 文创产业园
㉙ 淮海路口袋公园
㉚ 万谷众创空间文化金融产业园
㉛ 江南剧院
㉜ 光明大舞台人民剧院
㉝ 中华书局旧址
㉞ 杨公井小区休憩绿地

场地分析

规划结构
交通组织
开敞空间

把握场地特色定位，划分不同片区引导其发展趋向，在均质化节点系统协同作用下取绩带动。
梳理路网层级与街巷体系，依据场地需求合理配置停车区域，营造良好的步行及车行体验。
完善并提点升开放空间层级结构及功能配套，满足人群需求，街接内外活力，融入生活圈体系。

周边分析

历史沿革

道路演变 用地演变 肌理演变

1903年 / 1937年 / 1948年 / 1972年 / 2021年

人群分析

人群需求分析

活动强度分析

问题梳理

居住问题 商业问题 环境问题 遗产保护问题

现状分析

土地利用 建筑密度 容积率
静态停车 业态分析 文保单位

区块·链——链式结构导向下的南京淮海路地段城市更新设计

参赛院校：南京林业大学
作者姓名：李夜心 陆彦如 颉一瑞 周子婷 严菲
指导老师：柴洋波 熊伟婷
"南京国图杯"第一届全国大学生国土空间规划设计竞赛 佳作奖

方案点评：

　　该作品以"区块·链"为主题，试图借用计算机网络领域的区块链概念，在城市更新中提出一种去中心化的社区服务解决方案。方案尝试形成多中心的服务单元，解构传统以服务半径为依据的单中心服务设施布局模式，以实现更有效的公共服务，最终促进城市老旧居住片区的更新活化。方案主题鲜明，概念清晰，所抓问题准确，提出的策略有针对性，对城市更新过程中的公共服务供给有一定的参考价值。

SWOT分析

优势
- 历史悠久，文脉深厚
- 有较为优质的教育资源
- 内部商业业态体系成熟
- 场地居住办公人口众多

劣势
- 居住区品质一般
- 局部交通不畅，停车不便
- 公共空间缺失，绿化率低
- 土地成分高，开发消耗大
- 产权较复杂，更新难度大

机会
- 紧邻城市核心交通节点，交通条件优越
- 城市更新战略；国家推进旧小区改造政策
- 秦淮区上位规划：处于新街口中心区与城东路金融商务中心区之中，于南京历史复合轴线之上

挑战
- 周边条件优越的公共开放空间有较强吸引力
- 周边同质片区更新产生竞争

规划定位

塑造品质高、风貌佳、安全舒适的居住空间，利用周边优势增添区域活力	激活片区商业活力，打造连续舒适美观的商业休闲空间场所
保障基本绿地需求，提升公共空间品质，打造具有动态弹性的社区环境	彰显具备地域吸引力、影响力、识别性的历史文化特色

定位 商业贯通、环境提升、文化彰显的城市中心社区

概念生成

概念引入 源于计算机网络领域

区块链 通过节点连接的散装网络分层结构，实现信息的全面传递

- 线性镶嵌方式 + 时间顺序 + 数据
- 中心化数据 / 数据安全 / 共识机制 / 不可篡改
- 一条有序的数据区块
- 多方共同维持 密码算法
- 数据块记录信息，链接到下一个数据块

概念转化

区块链构架
- 均质节点/片区
- 流质贯通的路径
- 时空序列

概念应用 应用于规划领域

去中心化 节点均质、各处分散平行，保持系统的稳定性，基于现状，满足多类人群需求

开放性 公共空间开放交流，历史遗产开放活化，商业形式开放升级

独立性 节点（如公共空间、历史遗产、商业街等）具备各自吸引力、流通性、活力特色

居民 / 上班族 / 学生 / 游客 / 过路人

鸟瞰图

新街口商圈 / 大行宫商圈

住区更新策略

目标 塑造品质高、风貌佳、安全舒适的居住空间，利用周边优势增添区域活力

1.建筑风貌更新

2.棚户区改造

3.配套设施补充

商业活力策略

目标 激活片区商业活力，打造连续舒适美观的商业休闲空间场所

1.商业节点打造

2.商业中心改造

3.沿街商业更新

环境提升策略

目标 打造具有动态弹性的社区环境，保障基本绿地需求，提升公共空间品质

1.绿地形式创新

2.街道资源整合

3.公共空间优化

遗产保护策略

目标 彰显兼具地域吸引力、影响力、识别性的历史文化特色

1.梳理空间延续文脉

2.增加遗产的开放性

3.恢复遗产风貌

规划设计方案 激活与新生

N

西人口

东人口

15

2

1

5

6

7

8

11

10

9

12

13

14

人口：13000人
规划面积：24.64公顷
建筑面积：10.86公顷
建筑密度：0.44
容积率：1.32
路网密度：14.93千米/平方千米

0 25 50 100米

1 地下停车入口
2 名人故居展览馆
3 毁子巷棋桌
4 大百花巷凉亭
5 文创展览手工馆
6 文创集市街区
7 锺坊庙故事
8 古戏台观赏园
9 钓鱼台休闲长廊
10 账房展览馆
11 茶文化体验园
12 历史故居展览馆
13 多功能游乐园
14 城墙绿化公园
15 风貌区居民迁入地

壹 更新困境

区位背景 历史与生活

上位规划 保护与创新

访谈印象 矛盾与冲突

现状特点 建筑与设施

历史保护建筑多

公共空间节点少

人车交通系统不完善

便民服务网点不完善

调研印象 问题与潜力

问题 ← → 潜力

更新困境 需求的四个"困"

| 自我与家庭 → 内生动力困乏 |
| 求知与审美 → 历史文化困惑 |
| 社交与归属 → 邻里交往困难 |
| 生理与安全 → 品质提升困难 |

更新基础 建筑的分类

贰 激活策略

活居 危房腾退，局部精修

活情 节点强化、邻里重塑

活史 史物保护，内外联动

活业 创意融合，内生活化

活 | 化 | 活画——保护与激活共存，老门西绘新画卷

参赛院校：北京师范大学
作者姓名：杜 辰 柳博文 李凯昕 胡 蝶 代嘉欣
指导老师：黄大全 陶 遂
"南京国图杯"第一届全国大学生国土空间规划设计竞赛 佳作奖

方案点评：

　　该作品运用人文地理学田野调研方法，从人口构成、历史文化背景、活动场所和经济结构等多个角度对目标地块和周边区域展开深入调研。基于此，对地块和周边环境进行整合，采用城市规划、城市地理、文化地理等领域的理论和方法分析和识别地块的核心问题，厘清居民生活和地块发展所面临的主要困境，提出规划策略和目标。在空间规划方面，着重考虑了建筑和街道空间现状肌理，结合居民不同层次的需求和地块发展潜力进行分层分级的更新规划，构建带动区域发展的点轴结构。基于"地方芭蕾"等理论，对空间场所进行梳理和重构，在老城区营造多元融合、业态多样的生活画卷愿景，达到盘活目标地块社区和经济活力的目的。方案分析缜密，逻辑清楚，具有人文关怀。

鸟瞰门西 人群、行为与空间

地方芭蕾：人们生活在这里，身体在特定的实体环境中形成一套习惯，实现人与环境的和谐，在公共空间孕育地方芭蕾之美。

目标人群：老年居民
主要行为：下棋社交

目标人群：商户 外来消费者
主要行为：加工销售洽谈 品茶养生住宿

目标人群：游客 上班族
主要行为：停放车辆

目标人群：游客
主要行为：参观学习

目标人群：居民
主要行为：迁入新居

目标人群：游客
主要行为：参观学习

目标人群：居民 游客
主要行为：休闲 社交

目标人群：游客
主要行为：参观学习

目标人群：居民 游客
主要行为：锻炼 休闲 社交 研学

目标人群：居民 游客
主要行为：游玩 休闲

目标人群：商户 游客
主要行为：展览手工 创业办公

目标人群：商户 游客
主要行为：经营传播 消费体验

目标人群：居民 游客
主要行为：散步休憩 游览打卡

目标人群：游客
主要行为：游览打卡

目标人群：游客
主要行为：戏台观演

肆 地方芭蕾

规划空间策略 修复与提升

规划结构图

景观动线图

修复策略图

交通规划图

功能分布图

绿地系统图

多功能活力发展

体验与创新 释放五感

历史街区的文创产品往往集中在纪念物和美食两类。
钓鱼台却不同，这里风物英幼，一砖一木都包含着古秦淮的悠久浪漫。站在这片温暖而深沉的土地上，不妨解放五感，自由地与之拥抱。

视觉
随机手绘。
根据游人提供的街区照片填补出画面中的人偶，留下画面里每个人独特的故事。

嗅觉
包含兰草香、哮唽农服香、河畔潮湿泥土香等，仿佛置身于百花巷的朝朝暮暮。

听觉
磁带留声。
磁带里记录着南京市过去的声音，有秦淮河水声、街区居民交谈声、叫卖声和歌声。

味觉
茶艺培训。
面向社区居民开放，冬夏两季培训课后将以茶会友，邀请游人品新茶、聊天地。

触觉
钓鱼台创新研学活动。
带领学员仔细探访的鱼台的古建筑和风物人情，触碰文重巷区沉睡的历史。

入口 地下停车场
入口处设置地下停车场，既满足历史风貌区与小区居民停车需求，方便外来自驾游客，又维护历史风貌区内步行街道肌理，保障居民出行安全。

文创 文化创意产业区
文化创意产业是沟通文化与商业的桥梁，利用老民居改造的建筑空间设置文创产业，既展示了传统老宅风貌，也为地方引进新业态。

茶憩 品茶休闲空间
介于居民区与沿街商铺网络的茶憩空间，是区域内的新业态。在吸引过客人进入历史风貌区入口的同时，也可以将更多的青年活力带给这区域。

城墙 城墙下的公园
城墙下的绿色空间是画轴的终点，也是居民散步放松的长廊。它利用了城墙下的阴影为温热的南京营造舒适公园，同时也与其他城墙下的绿色空间相联结，展示城墙文化。

博史 城南历史展览馆
利用周边的考察小学建筑的历史更展览，一方面向进入此地的游客介绍和展示城南文化和故事，另一方面，它也是届型文重中学开展研学的好去处。

休闲 居民游憩中心
嵌入居民区的公共空间，设计了极富特点的构筑为居民创造了休闲娱乐的场地。在满足美感的同时，为居民的相遇与闲聊提供机会，拉近邻里关系。

更新策略

居住·化难为易
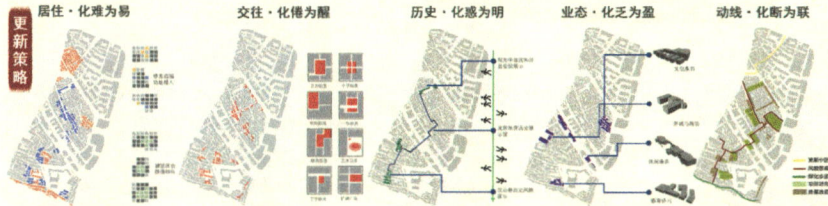
危房、私建房拆除，修剪边界，闲置空间开发点状串联（锐地提桥、有机更新等），院落留白，点式绿化。

交往·化僻为醒
公共空间保留激活，充分利用闲置零散地，院落，路口等潜在的留白空间，提供邻里交往环境。

历史·化晦为明
在区域南、北和中部共开发三处历史展示区，打造更新轴线上的关键节点。

业态·化乏为盈
地方展发激活。注重质量改造，对外层产业空间内外联动，内生增长。

动线·化断为联
规划空间分为功能活化区和质量改造区，相互贯通联结，构建南北动态化轴。

循环更新

活力与持续
产能除旧 去除与定位无关，地方特色不明显的老旧产能
手段除陈 探寻同质文化特色的纯商业化布局手段

采用循环更新的策略，通过实现"除"——"故"——"智"——"联"的可持续发展策略，提升钓鱼台历史风貌区的业态活力，激发内生发展动力。

故事情结 呈现生活体验感，讲好钓鱼台独特的街区故事。
故乡情怀 情怀产品，明信片和食物，需要更多地方性体验活动。

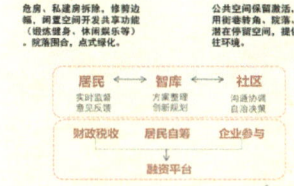
居民 智库 社区
财政税收 居民自筹 企业参与
融资平台
联合政府与企业多元化投资 政企联动
结合展览、文艺活动推广街区文化产品展联合

在循环中不断寻找问题，破解困境，找到可行的实施方案，推动历史街城的规划与发展，实现老城中新的突破与实现。
保持产业空间形态与原有居民生活的协调性 智换空间
通过智库联系居民和社区，辅助经营决策 智库调节

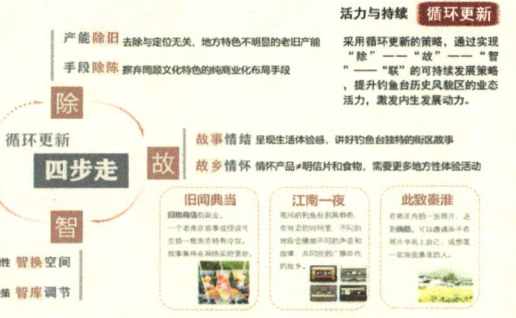
旧间典当
一个老店在富着过往时光，里面藏着一座座的特色小店，故事仿佛体现在各个角落里。

江南一夜
夜间的消费亮化也是其中的一种，地方全体感受夜间产品和空间，并反映在消费者心中，其的内容打造"圈氛代"的乐趣。

此致秦淮
夜间的画卷展一道别开一生面片，可以品鉴清味一条朋友圈之余，一起领略游戏人。

叁 重绘画卷

①环榴阁 在内南淮河岸时，依托历史文化底蕴，打开环榴阁卷画，营造古色古香的环境氛围。
②亲水休憩区 储阶碎打造亲水空间，与河道产生互动机会，并作为夜间观赏古戏台演出的看台。
③赖坊廊河房 作为历史文化保护建筑，传统风格浓厚，向往来人群展示古秦淮河畔原有民居风貌。

①古井三岔口 曾被全部归入地下，古井零散复历史岁上的鲜洁干和，居民往来也更加安全。
②原木长廊 长廊的形式便于打开房屋与街道之间的联系，同时能够营造公共空间供居民游憩。
③休闲凉亭 街边的凉亭能够孚在转角的小空间内形成景观的变化，增添视觉层次感。

城南河畔景图
秦淮河畔，古戏台旁，泛一叶扁舟，赏四时微茫。朝朝暮暮，看取临水佳人踯躅烟雨中；熙熙攘攘，听得彼岸妙音婉转石阶上。
内秦淮河以南立面 中学 游乐园 长廊 展览 游城

门西民居群像
曾经困窘地，将来文化家。城墙后现报恩寺，屋门前迎邻里亭。街头巷尾，黄发垂髫并乐。安居乐业少愁念；承前启后，粉墙斜顶皆佳，添瓦加砖卷牵挂。
中山南路以东立面 北托所 文创 医疗 河道 南民居

技术经济指标

总用地面积	20.90公顷
总建筑面积	21.558万平方米
建筑占地面积	11.62万平方米
容积率	1.02
建筑密度	55.6%
绿地率	30.67%
停车位	360个

用地平衡表

用地类型	面积	百分比
总用地	20.9公顷	100%
居住用地	11.7公顷	55.9%
商业用地	4.2公顷	20.1%
道路用地	2.3公顷	11.0%
公共绿地	2.7公顷	12.9%
公建用地	1.3公顷	10.0%

道路交通分析图

功能分区分析图

绿地系统分析图

综构游线分析图

1:1000

1. 阳光里状源（微展显馆）
2. EASY百年老文社区
3. 清代民居
4. 老门西文化守望者甘会
5. 含院诗社
6. 古鸡台
7. 糖坊廊河房
8. 河畔居民区
9. 清真广场（纪念）
10. 慢文字
11. 河畔手作市集
12. 吴家旗房+市集
13. 中华门抗日博物馆
14. 南京文昌中学
15. 六角井社区客厅
16. 六角井幼儿园
17. 优鸟串南养殖养殖房
18. 甲具茶坊
19. 白鹭坊（民俗）
20. 名来老二书坊
21. 老书房
22. 翠入达民居
23. 中华门
24. 老门西商务办公区

1 基地背景

本次所选取基地为南京市钓鱼台地块，该地块位于秦淮区中华门以西，故称为"老门西"，且被秦淮河贯穿于场地内部，是秦淮风光带重要组成部分，区域人优势尤为显著。且地块内及其周边地区历史资源丰富，自古便是"达官之愿居、文人之雅座、百姓之乐居"。

历史沿革

2 问题分析

3 平面分析

交通分析图
- 次干道
- 主干道
- 支路
- 街坊路

建筑高度分析图
- 8层以上
- 5-7层
- 3-5层
- 1-2层

历史建筑分析
- 历史建筑

用地权属分析图

坊市寻忆，慢享门西——基于社群共生模式的南京钓鱼台片区微更新规划设计

参赛院校：天津大学
作者姓名：缪奕言　王雨佳　翁童曦　徐彤伟　王怡雯
指导老师：侯　鑫　许熙巍
"南京国图杯"第一届全国大学生国土空间规划设计竞赛　佳作奖、最佳布局奖

方案点评：

该方案规划结构清晰，绘图表现明快，整体设计采用微更新的策略，有浓厚的人文色彩，准确地呈现了南京秦淮河岸的老城风韵。在空间设计上，以"坊"的植入、"市"的营造、"居"的完善三点作为切入点，以慢享路径串联起整个场地，达到场景的焕活，以此吸引创新人群，达到人群的焕活。方案整体思路较为清晰，但是略显不足的是策略浅尝辄止、不够扎实深入，方案创新性亦不足。

河道轴测

制度设计

慢享路径示意

社群共生理论

社群共生

有机更新　　　活力塑造

保护 修缮 维护　　引入 置换 发展

老南京的最后一月净土，保留老南京的风俗风情。

特色产业　产业置换、功能置换，让居民体验参游其中。

从社群共生出发，权衡城市发展中的有机更新和活力塑造，打造老门西的焕然新生。

空间慢享示意

院落改造　　滨水空间　　街巷空间　　广场空间

旧院落　　更新院落　　街巷空间　　里坊空间

"坊" 的植入，释为手工作坊与艺术家手作室。　饮马街南京老味手工作坊

"市" 的营造，释为滨河商街、市场与周末集市。　滨河露天亲水商业空间

"居" 的完善，释为开放空间的优化与立面改造。　滨河小区立面进行修缮

坊

市

居

场景焕活

行为焕活

人群焕活

065

区位特征

■ 地理区位

■ 周边要素

■ 文化特色

基地现状

■ 基面现状

■ 业态分布

设计思路

问题总结

设计概念

概念演绎

设计思路

■ 策略一：增强都市与住区的联系性

1. 确定基地现状的权属　　2. 构建都市型公共服务系统

1. 确定工业街巷　　2. 建立多元街巷体系

■ 策略二：丰富居民的公共活动空间

1. 确定可利用屋顶　　2. 构建屋顶平台和连廊构建

1. 确定地面公共活动空间和街巷　　2. 构建地面公共活动体系

■ 策略三：唤醒历史文化记忆

1. 确定历史文化现状点　　2. 构建多元凸显文化空间

1. 确定活动发生点　　2. 构建日常与非日常活动体系

总平面图　1:1200

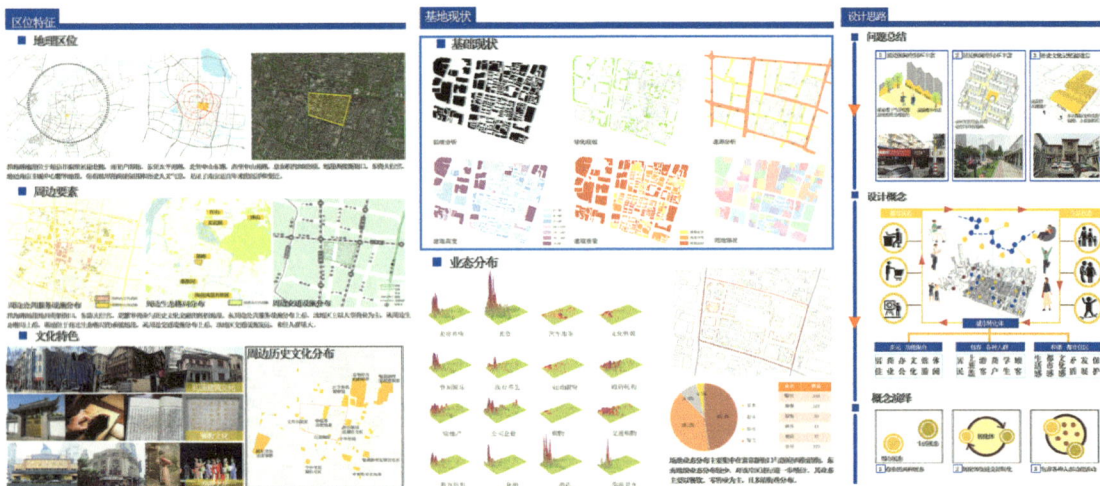

城市转换体——基于都市与社区公共生活原真性的住区更新

参赛院校：南京工业大学
作者姓名：张　千　马东旭　林书昌　吴君妍　顾超毅
指导老师：魏羽力　黎智辉
"南京国图杯"第一届全国大学生国土空间规划设计竞赛　佳作奖

方案点评：

　　南京工业大学参赛团队选择该场地，看到了此类居住街区中日常生活空间的丰富性及其所代表的城市生活的原真性。设计以问题为导向，通过植入生活单元的操作，分别从街道、建筑和居民公共生活方面提出更新措施，根据该类地段的特点，重新定义了居住街区从公共到私人的空间等级，提出共享住区的概念，以延续社区中现有的社会交往与互动。设计植入了空中连廊、转换层交往平台、共享公寓与办公、文化产业集群等要素，将老城中心的开放社区打造为内部与外部、社区与城市、生活与服务、工作与休闲的接触点和转换层，以此激发城市中真实生活和具体互动带来的空间活力。而如何将城市中日常生活的具体认知和体验转化为设计，还需要不断地学习与尝试。

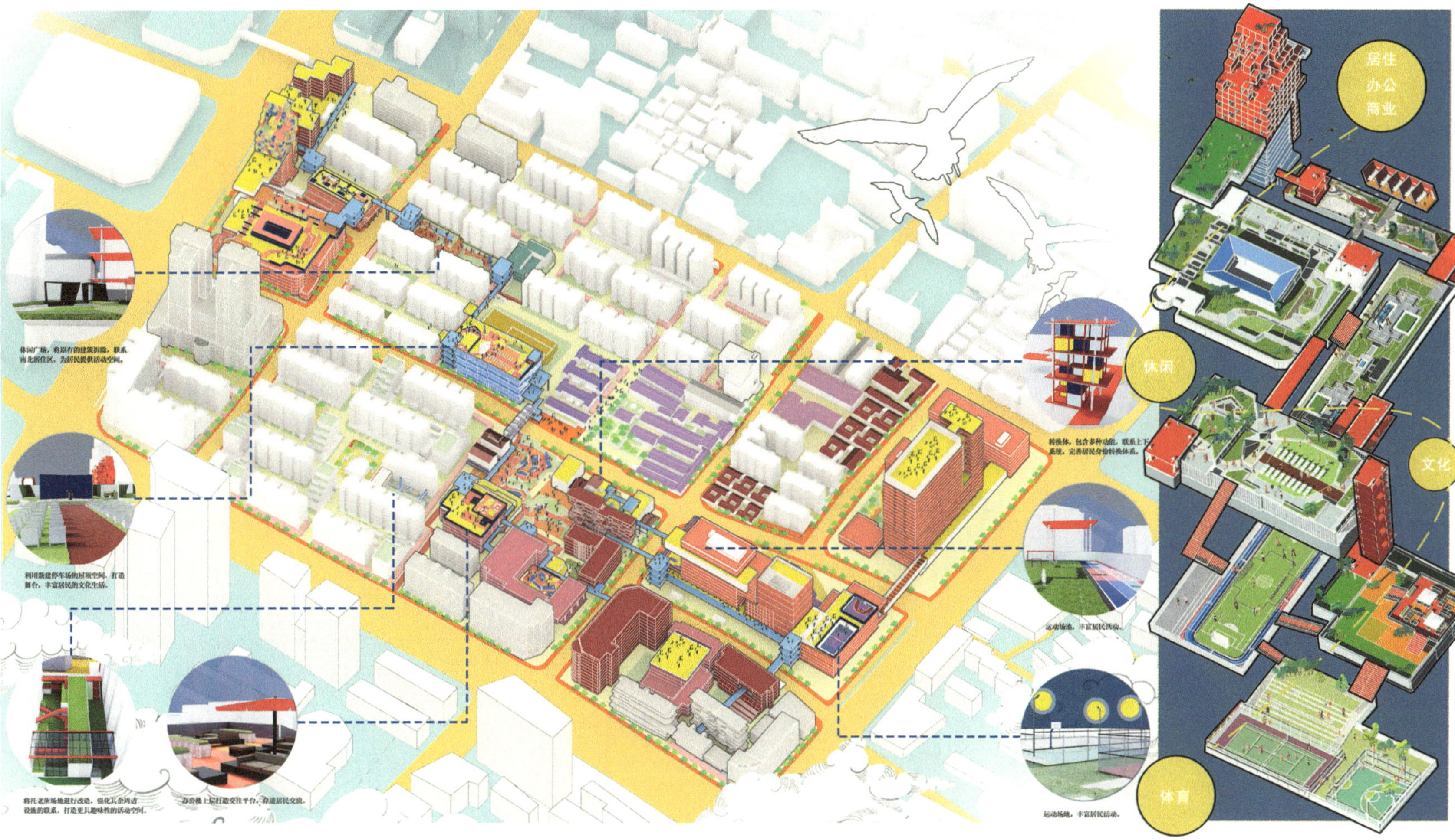

休闲广场，将原有的建筑改造，联系南北居住区，为居民提供活动空间。

利用新建停车场地的屋顶空间，打造舞台，丰富居民的文化生活。

转换体，包含多种功能，联系上下系统，完善研民身份转换体系。

将托北原场地进行改造，强化社区公间活设施的联系，打造更具趣味性的活动空间。

办公楼上层打造交往平台，促进居民交流。

运动场地，丰富居民健身。

运动场地，丰富居民健身。

居住 办公 商业

休闲

文化

体育

路径立面

生态休闲　商务金融　商务金融　生态休闲
商务金融　商务金融　商务金融　运动健身　居住生活　生态休闲　居住康体　商务金融
运动健身　文化传媒　文化传媒　运动健身　商务金融　居住生活　商务金融　生态休闲　运动健身　生态休闲
　文化传媒　运动健身　文化传媒　生态休闲　居住生活　运动健身　生态休闲　文化传媒　居住康体
　　　　　　　文化传媒　　　商务金融　　生态休闲　运动健身　商务金融

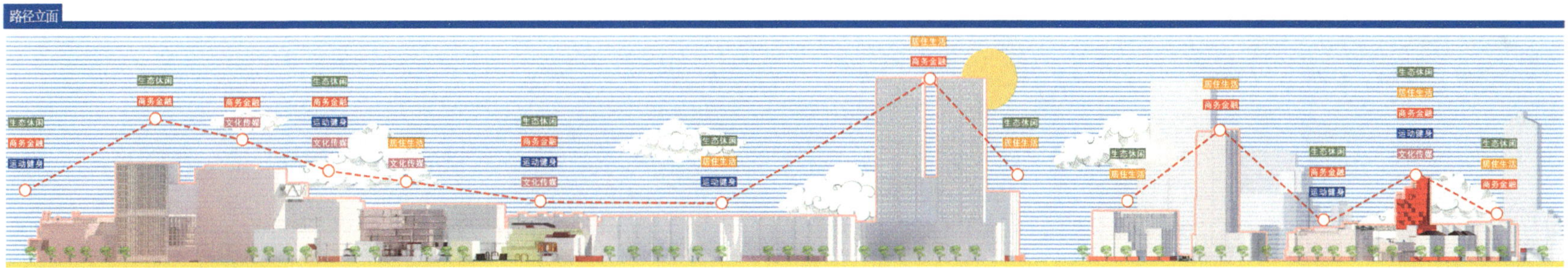

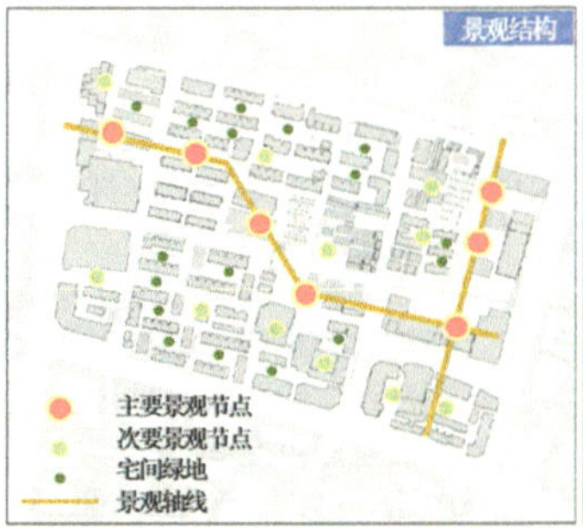

景观结构

● 主要景观节点
● 次要景观节点
● 宅间绿地
—— 景观轴线

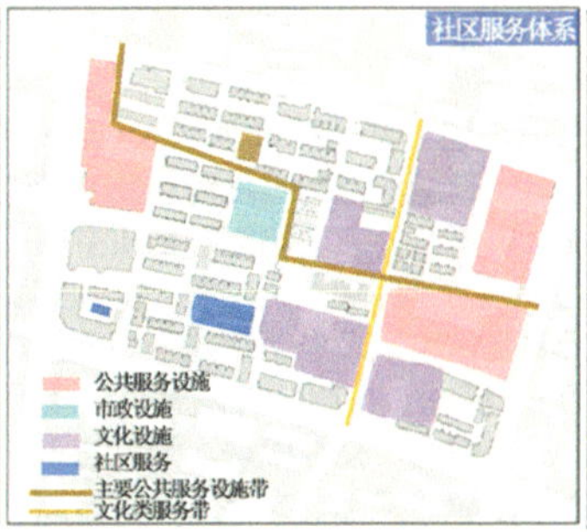

社区服务体系

■ 公共服务设施
■ 市政设施
■ 文化设施
■ 社区服务
—— 主要公共服务设施带
—— 文化类服务带

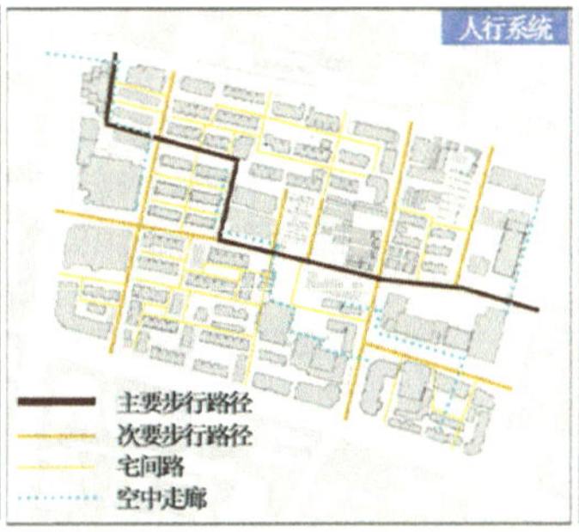

人行系统

—— 主要步行路径
—— 次要步行路径
—— 宅间路
······ 空中走廊

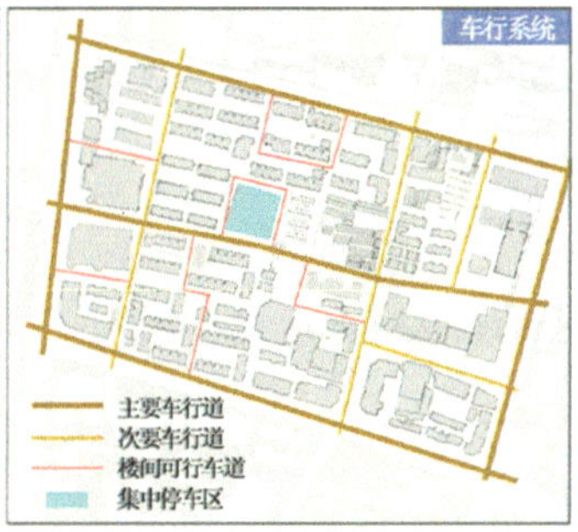

车行系统

—— 主要车行道
—— 次要车行道
—— 楼间可行车道
■ 集中停车区

规划结构

—— 主要轴线
—— 次要轴线
● 重要节点

067

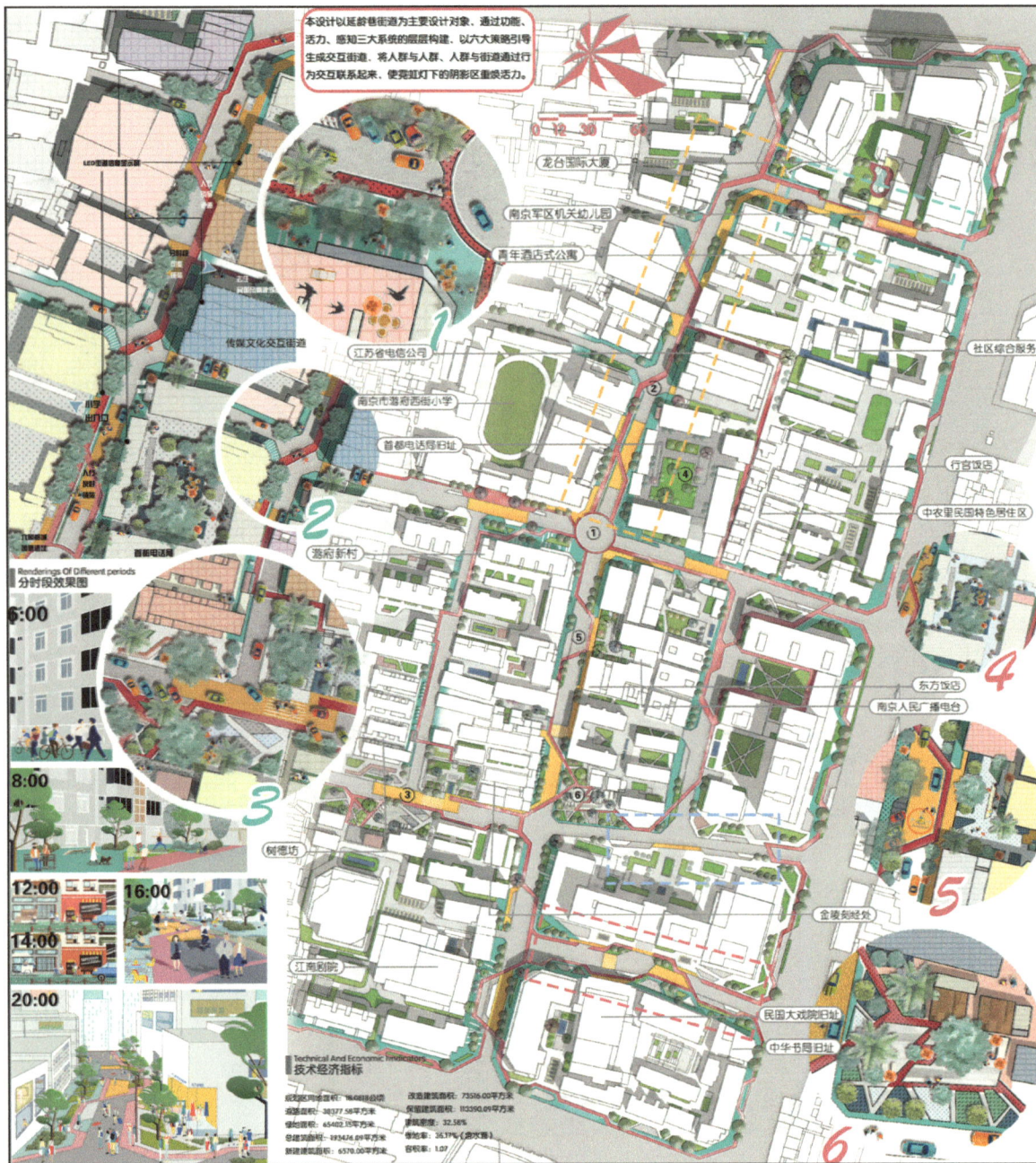

本设计以延龄巷街道为主要设计对象，通过功能、活力、感知三大系统的底层构建，以六大策略引导生成交互街道，将人群与人群、人群与街道通过行为交互联系起来，使霓虹灯下的阴影区重焕活力。

分时段效果图
Renderings Of Different periods

6:00
8:00
12:00　16:00
14:00　20:00

技术经济指标
Technical And Economic Indicators

■ 区位环境

■ 历史沿革

■ 街道活动分析

■ 人群时段流向评价

通勤时间-人群活动流向　　工作日闲时-人群活动流向　　休息日-人群活动流向

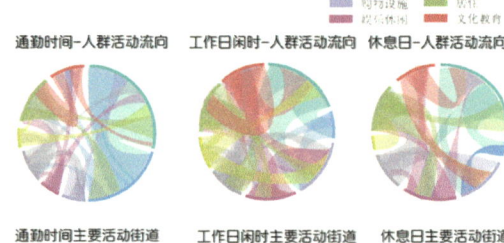

通勤时间主要活动街道　　工作日闲时主要活动街道　　休息日主要活动街道

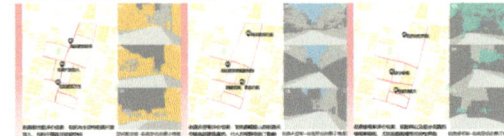

■ 街道空间关系及人性化评价

交互街区——基于街道空间营造的延龄巷街道空间设计

参赛院校：云南大学
作者姓名：黄宇兴　董凤干　应钰宁　周可凡　王诗莹
指导老师：赵　敏　罗桑扎西
"南京国图杯"第一届全国大学生国土空间规划设计竞赛　佳作奖

方案点评：

　　云南大学参赛团队以街道更新设计作为切入点和创新点，通过"交互街区·共享生活"的设计理念，塑造了活力、智慧的延龄巷地段。团队通过实地调研、大数据等方式，详细分析了延龄巷的历史文脉、人群行为活动和街道物质空间现状，使规划方案具备在地性。

　　规划方案基于功能、活力、感知三大系统，实现了更新地段人街交互，探索了国土空间规划时代城市更新的新思路、新方法、新模式。规划策略提出，运用共享街道理论激发街巷活力；构建街巷"生活＋"模式，布局公共设施，丰富街巷功能与居民体验；串联地段历史遗产，营造开放界面、沉浸空间、交往模块，为人与人、人与街道交互提供空间。

　　规划方案整体图面效果表达突出、文字清晰，方案论述逻辑严密，并对未来城市规划新技术的运用做了深入思考。

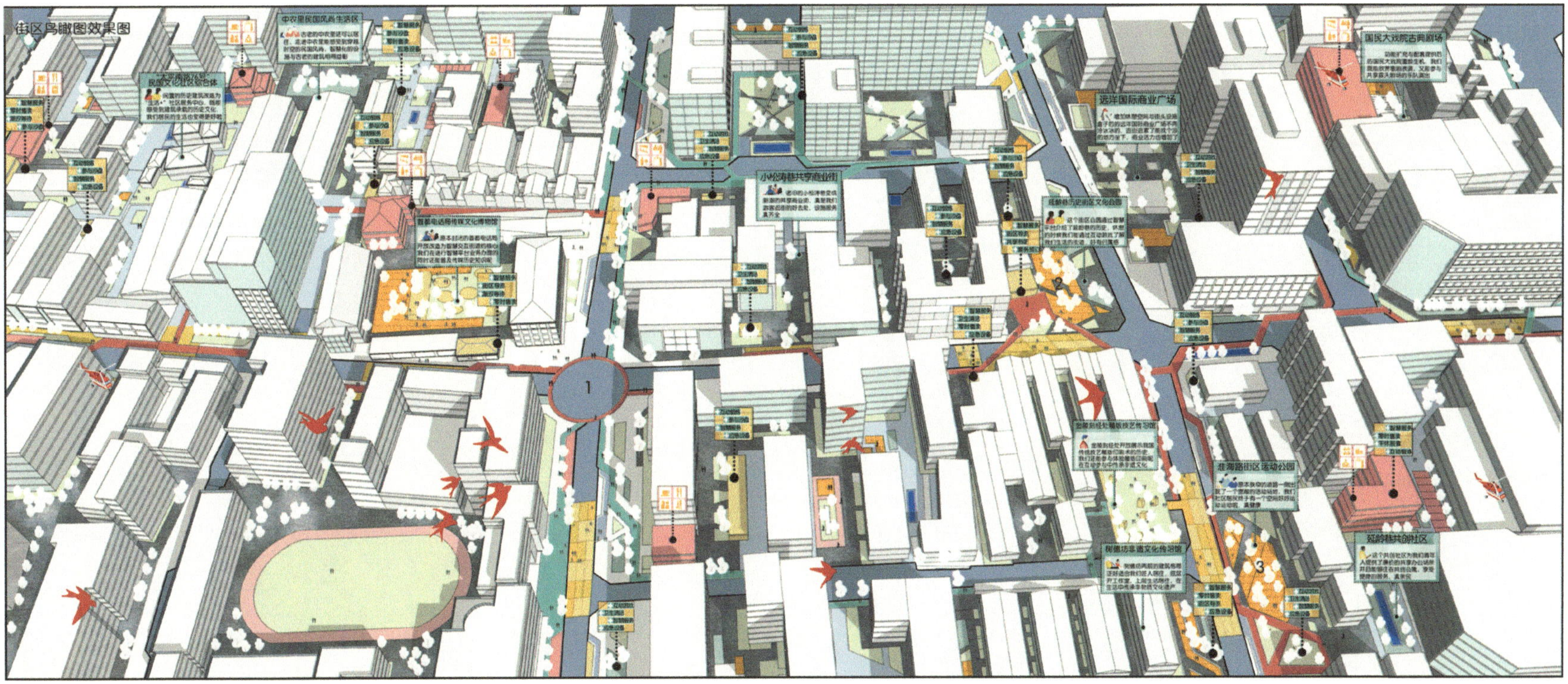

街区鸟瞰图效果图

■ 系统生成

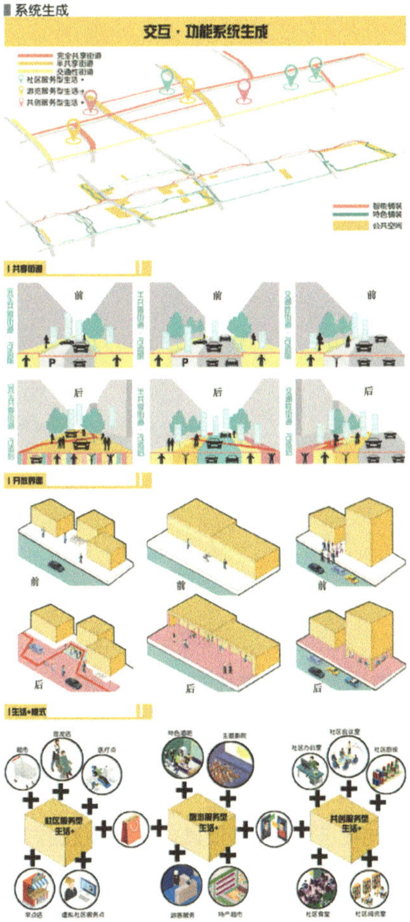

交互·功能系统生成

交互·活力系统生成

交互·感知系统生成

■ 节点效果图

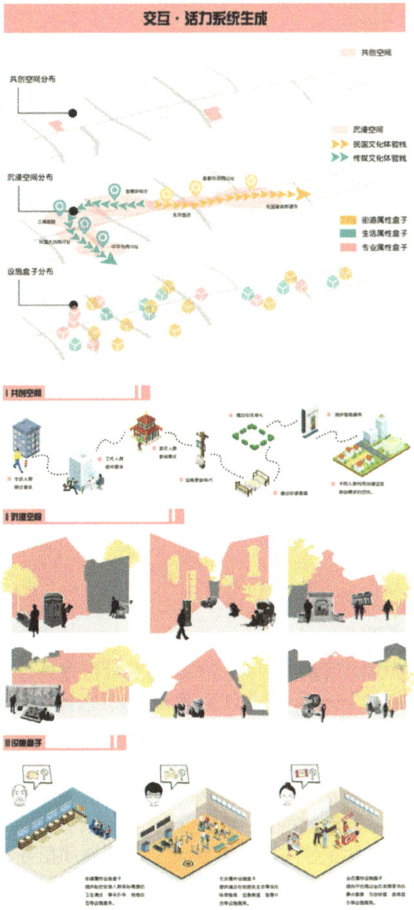

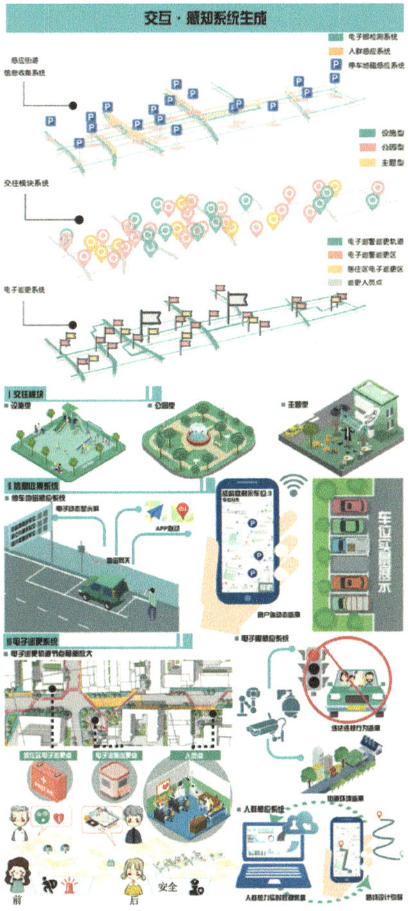

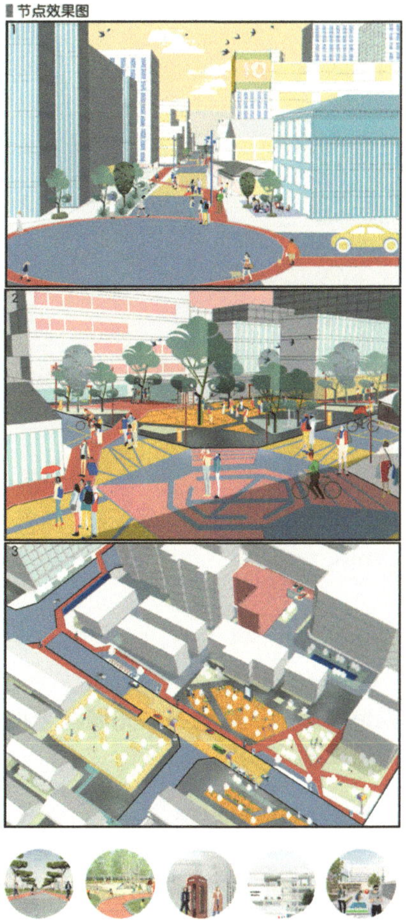

总平面图

设计说明

今天的建筑是城市肌理中的孤立物件，而当今的青年在这样的社会环境下成为"无缘青年"。基地位于南京市新街口淮海路片区，研究范围内以青年人群为主，场地面临社区封闭青年难以融入、青年地缘记忆缺乏，青年社缘联结匮乏等问题。设计通过织垣、溯源、结缘三个主要策略，联结青年与社区，以集体共享模式运作，从而更深入地增加居住者之间的亲密关系。提出了环境绿化、街道空间、建筑空间、设施业态及公共空间五个规划更新具体方向，建立一个生活、工作和休闲共存的空间，在保持亲密的同时形成一个青年共创共享共治的社区。

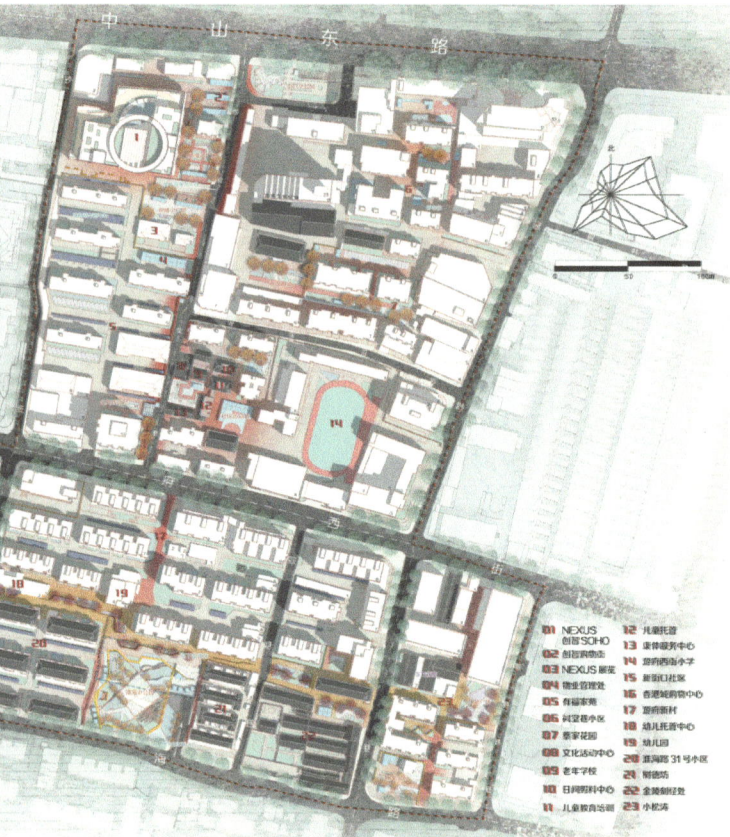

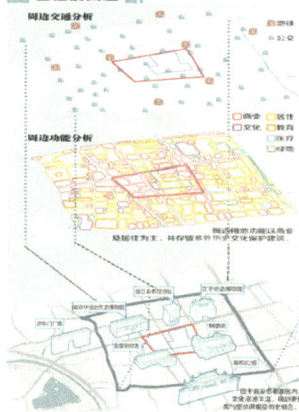

区位及周边

理念青景

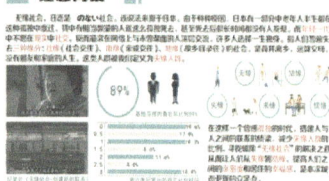

人群分析－青年

平面综合分析

前期分析

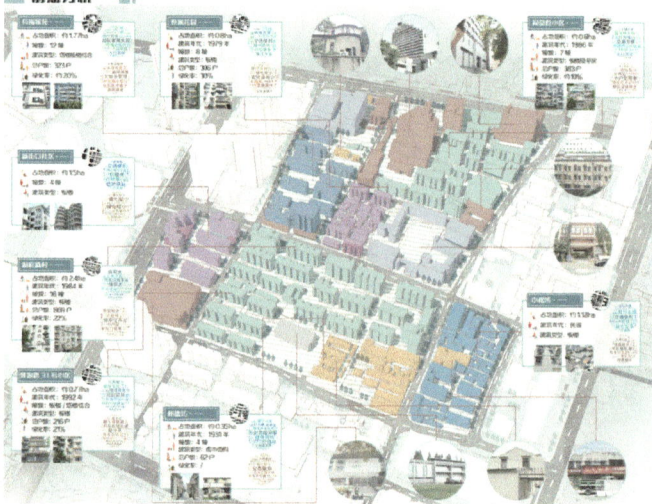

基地问题总结

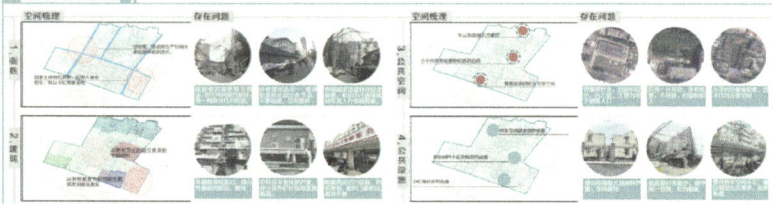

研究问题总结　　**策略手法**

研究范围选定　　**主题解析**

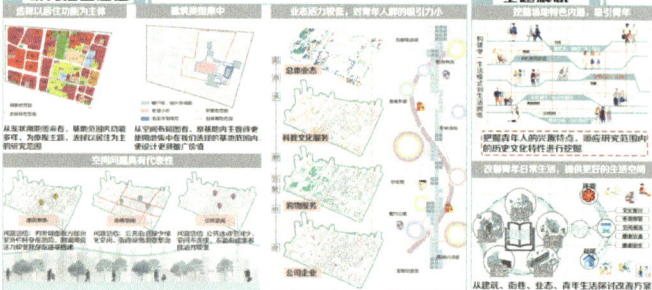

主题解析

织垣·溯源·结缘——无缘社会视角下南京市新街口淮海路片区更新规划

参赛院校：苏州科技大学

作者姓名：耿汐雯　孙泠泠　刘雯婷　陈兆轩　邹清杨

指导老师：邓雪媛　郑皓

"南京国图杯"第一届全国大学生国土空间规划设计竞赛　佳作奖

方案点评：

紧邻南京新街口商圈的淮海路片区是一个外来青年人群占比高达75%的老旧住区，该作品将这"一老一新"作为更新规划设计的突破口。方案畅想了未来青年人生活与工作的多种模式，以及相应的新型社会组织，使这里的青年人与老年人、本地人与外来者的社会角色实现互动互补。同时，方案从建筑立体绿化、街道空间、设施业态、公共空间等多元城市空间要素入手，见缝插针地营造出孵化器、公共空间、第三空间等，以小惊喜带动大改变，通过针灸式的微更新构建一个青年、老年互动的社区，力图创造具有更多连接的都市生活。方案主题鲜明，逻辑清晰，将物质更新和社会组织更新进行了较好的结合。

鸟瞰图

西祠堂巷节点更新透视图

溯源 – 记忆再现

充分利用基地内的文化资源和记忆点，从物质空间营造和文创产业带动两方面实现文化的追溯与传承发展

STEP 1 记忆延续 情景再现

STEP 2 产业升级 文创融入

潜力分析	支撑模式		
	创意休闲	旅游酒店 青年酒吧 服务中心 商业会馆	
目标定位	娱乐体验	手工作坊 艺术街区 美食街 青年旅社	
多元功能的融合	文化展示	昆曲戏馆 文化长廊 棋牌室 微型博物馆	
历史文脉的传承 创新体系的发展	多元平台	创意集市 创意论坛 媒体中心 创智SOHO	

人群活动

人群流线
如何在封闭社区条件下实现青年的健康生活？

织垣策略

步骤1 模式化打开社区

步骤2 活动举办

人群流线
如何在现有文脉背景下深入青年的地缘记忆？

根脉策略

步骤1 策略延续文化

步骤2 空间体现

人群流线
如何在无墙社会背景下实现青年的社缘联结？

结缘策略

步骤1 空间联结青年社缘

步骤2 多元营造

织垣 – 模式策略

防疫式策略
疫情背景 + 场分割成 = 防疫式

离散式策略
活力模块 + 基础设施补足 = 离散式

集中式策略
模块组合 + 活动举办 = 集中式

分流式策略
人群分流 + 趣味性 = 分流式

结缘 – 智慧互联

充分利用基地内的面状空间和青年活力，从弹性空间转变和网络平台管理两方面实现青年之间缘分联结

步骤1 弹性机缘 空间相遇

步骤2 智慧规划 互联管理

移动端社区规划APP

1. 参与投票，决定在街区放置功能模块，参与社区决策
2. 线上交流，获取空间使用状态、最新社区活动消息
3. 运用大数据平台收集社区居民的信息和数据，更好组织空间和活动

2021年「南京国图杯」第一届全国大学生国土空间规划设计竞赛获奖作品—— 本科生组（佳作奖）

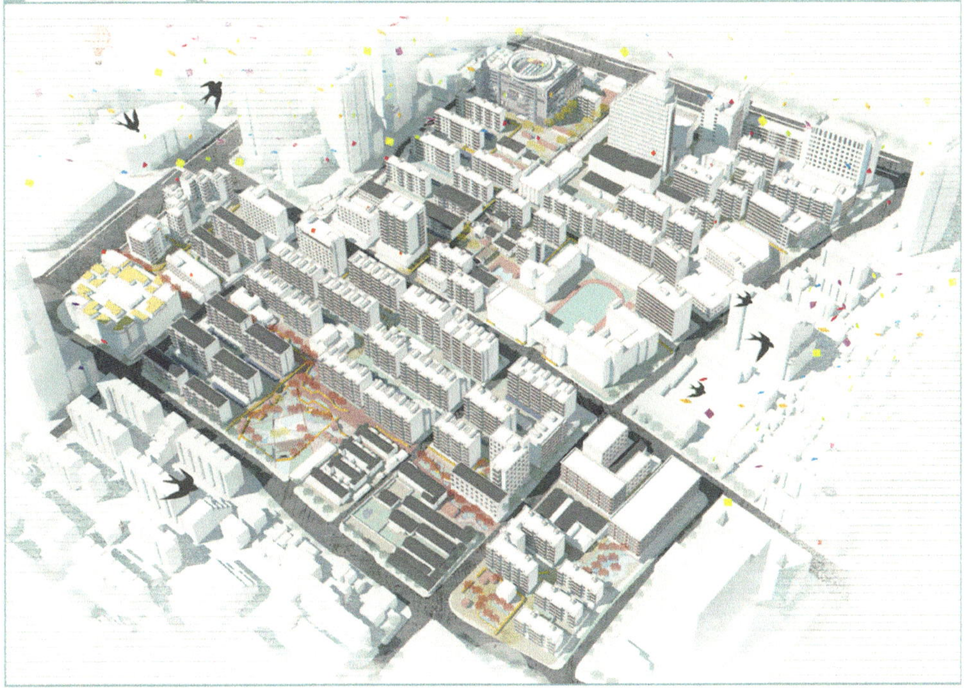

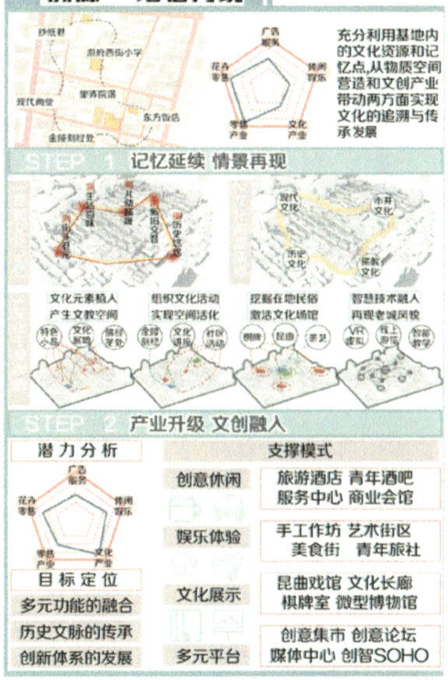

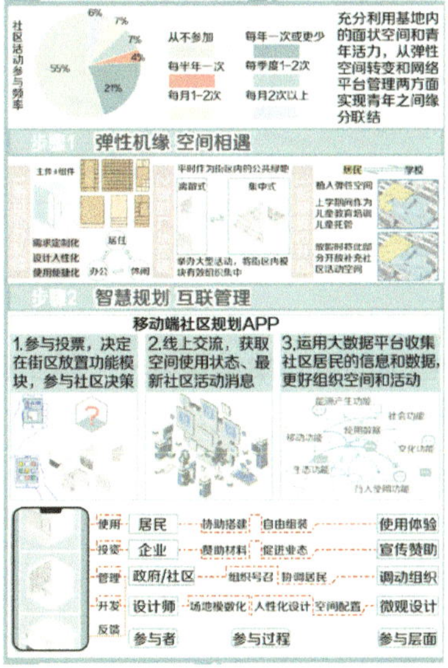

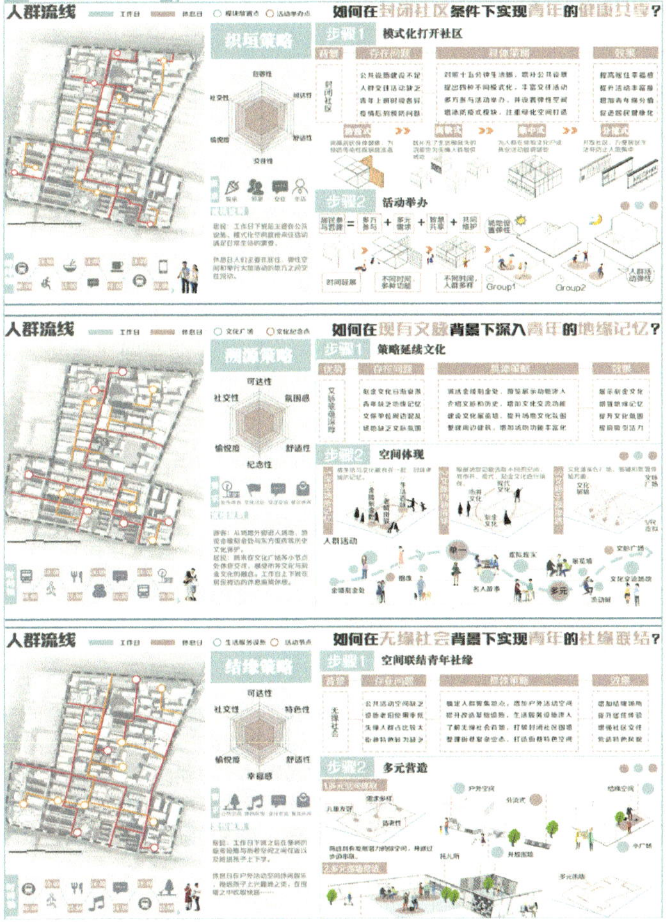

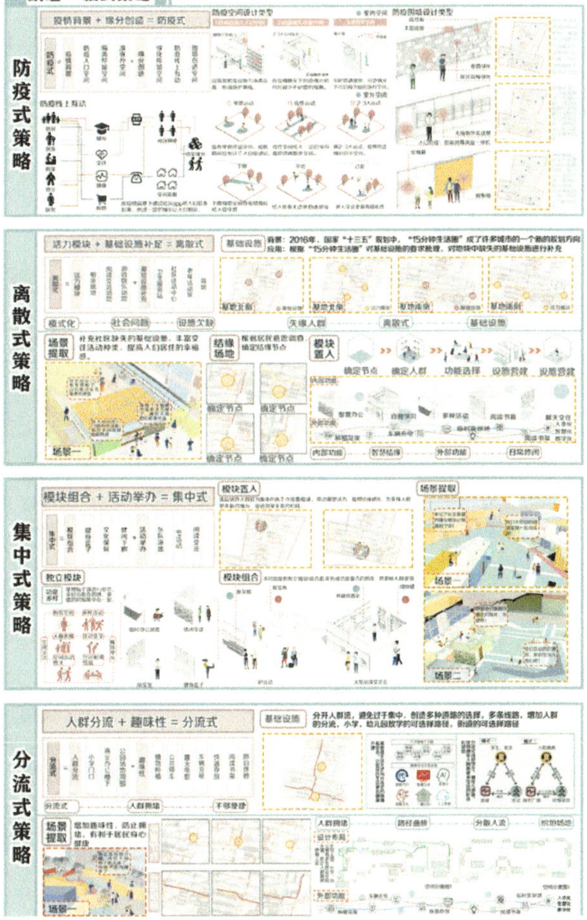

图例：

- 历史保护建筑
- 重点改建建筑
- 修缮建筑
- 新建重建建筑
- 可变装置
- 规划红线

设计说明

本设计选取南京钓鱼台地段荷花塘历史片区的16.365公顷，以地块内居住功能板块的主要矛盾为出发点，着重解决地块内居住空间问题——空间混乱、空间占用、空间不利用，以触媒理论为指导方向建立可变模块盒子，通过更新手段绘境画卷，勾勒美好秦淮印象。

通过可变模块、肌理梳理、空间营造、街巷疏通四大更新策略，对地块统筹考虑，通过居住提升进行经济文化赋能，使片区可持续发展，达到对新使居住美好的目的，留住烟火气息，焕发地块风韵，发展片区经济，绘境画卷展开荷花塘历史片区美好画面。

现状问题

慢行系统
- 居民主路线
- 游客主路线
- 游客次路线

道路结构
- 充电桩
- 停车点
- 非机动车道
- 机动车道
- 步行道
- 停车区域

功能分区
- 文化教育区
- 现代居住区
- 传统居住区
- 文创体验区
- 文化展示区
- 改造住区
- 城墙展示区

景观结构
- 景观主轴
- 景观次轴
- 景观节点

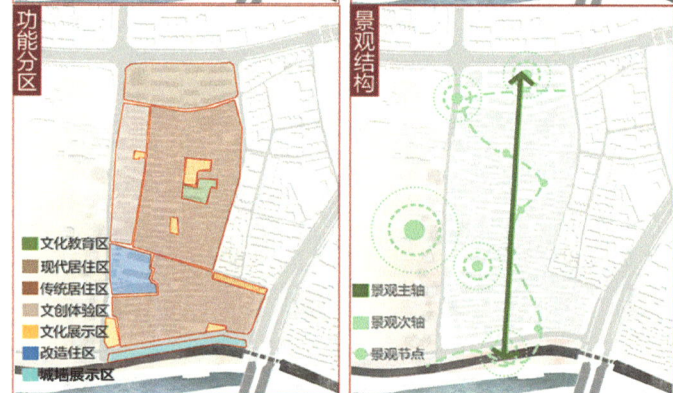

秦淮印象·绘境画卷——基于触媒理论的荷花塘历史片区有机更新

参赛院校：南华大学
作者姓名：袁泽棋 樊雨薇 刘 旅 冯伟尧 蒋依雯
指导老师：黄春华 王志远
"南京国图杯"第一届全国大学生国土空间规划设计竞赛 佳作奖

方案点评：

该作品选取南京钓鱼台地段荷花塘历史片区作为规划设计场地，以地块内居住环境的主要矛盾为出发点，着重解决地块内居住空间的三大问题——空间混乱、空间占用、空间不利用，从可变模块、肌理梳理、空间营造、街巷疏通四个方面阐述了更新策略。方案以触媒理论为指导，对地块统筹考虑，建立可变的"模块盒子"，通过居住提升，进行经济文化赋能，促进片区的可持续发展。方案所借鉴理论成熟，方法合理，表述清晰，提出的规划策略可行。

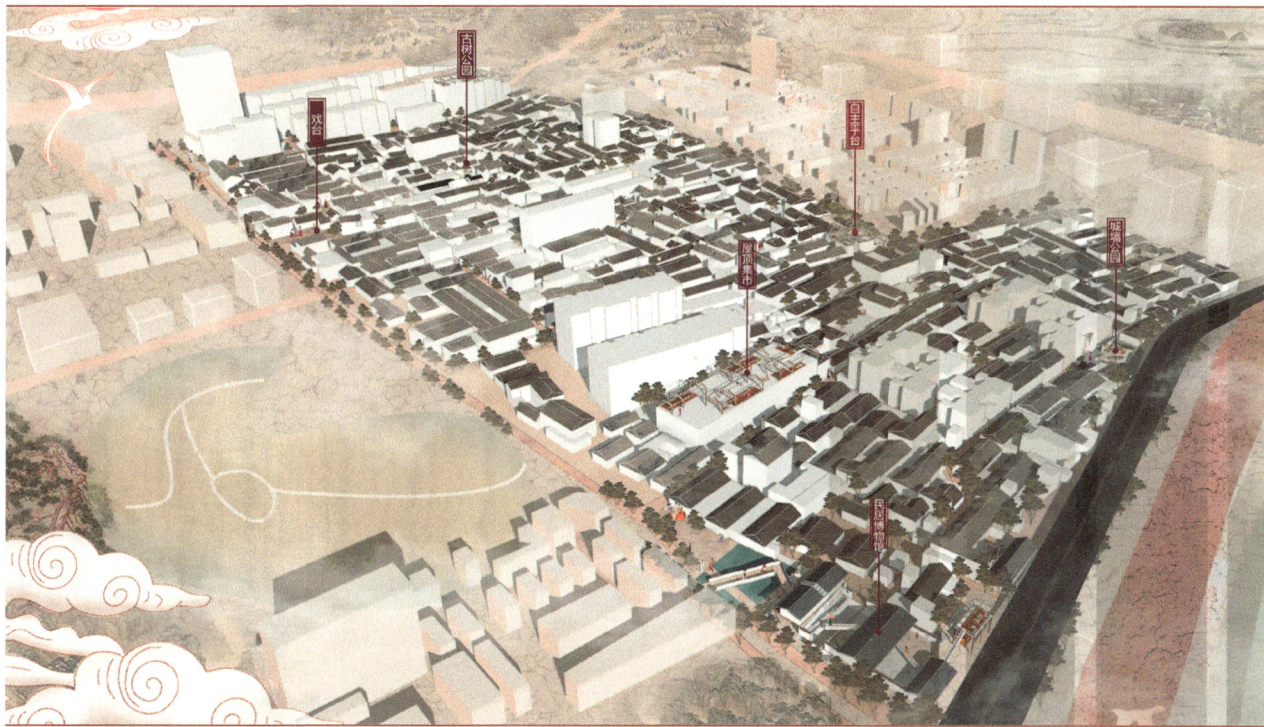

■ 核心理念

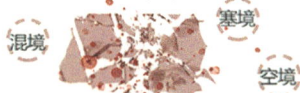

混境　塞境　空境

地块内存在问题归结于破碎三境

可变模块　空间整治

触媒理论，以模块为点、空间为面创新激活

白描　勾染　泼墨

勾境　留白

以更新手段为笔，填补破境，描绘秦淮画卷

■ 可变装置

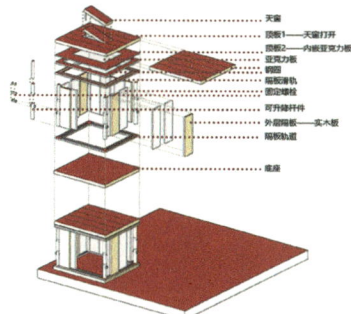

混境·空间修补

■01 街巷修补

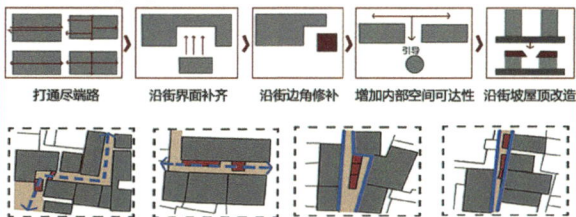

打通尽端路　沿街界面补齐　沿街边角修补　增加内部空间可达性　沿街坡屋顶改造

打通　拆除　退后　界面

■02 街道营造

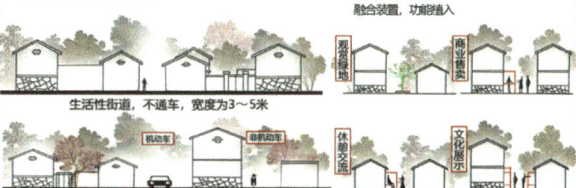

融合装置，功能嵌入

生活性街道，不通车，宽度为3~5米

机动车　非机动车　休憩交流　文化展示

复合型街道，允许通车，宽度不小于4米

■03 院落修补

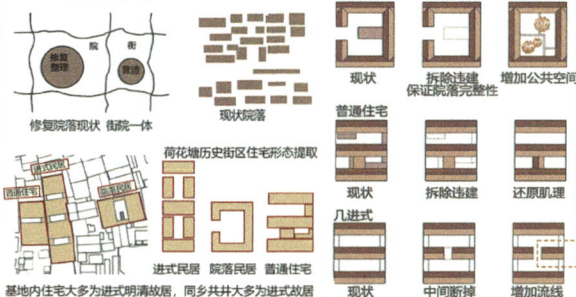

修复院落现状　街院一体

现状院落

院落式

现状　拆除违建　增加公共空间
保证院落完整性

普通住宅

现状　拆除违建　还原肌理

几进式

现状　中间断掉　增加流线

荷花塘历史街区住宅形态提取

进式民居　院落民居　普通住宅

基地内住宅大多为进式明清故居，同乡共井大多为进式故居

空境·空间利用

■01 公共空间营造

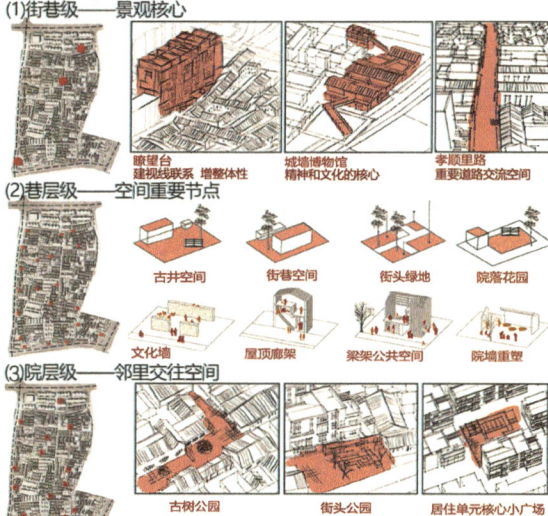

(1)街巷级——景观核心

瞭望台　城墙博物馆　孝顺里路
建观线联系　增整体性　精神和文化的核心　重要道路交流空间

(2)巷层级——空间重要节点

古井空间　街巷空间　街头绿地　院落花园

文化墙　屋顶廊架　梁架公共空间　院墙重塑

(3)院层级——邻里交往空间

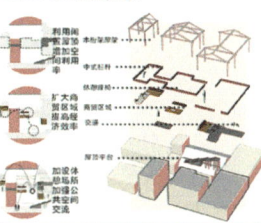

古树公园

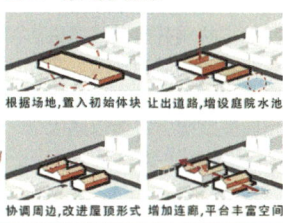

街头公园　居住单元核心小广场

■02 屋顶集市

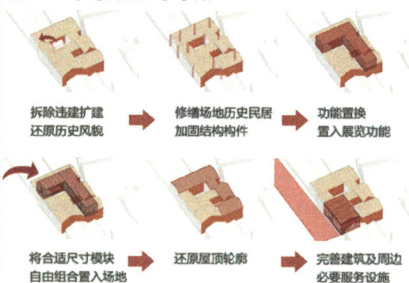

根据场地，置入初始体块　让出道路，增设庭院水池

协调周边，改进屋顶形式　增加连廊，平台丰富空间

■03 增设博物馆

塞境·空间疏通

■01 改造民居纪念馆

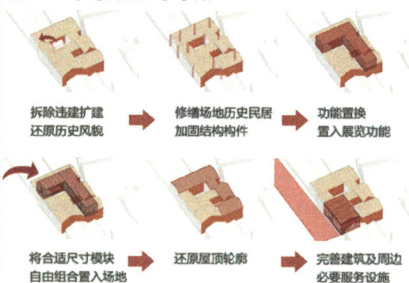

拆除违建扩建　修缮场地历史民居　功能置换
还原历史风貌　加固结构构件　置入展览功能

将合适尺寸模块　还原屋顶轮廓　完善建筑及周边
自由组合置入场地　　必要服务设施

■02 垂直绿植

占用门前通道
使狭小的空间
变得拥挤

？

如何还原交通空间

■03 景观策略

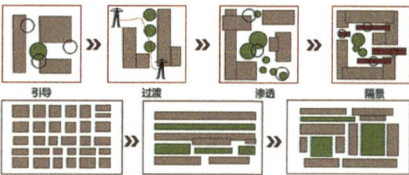

引导　过渡　渗透　隔景

073

场地调研感知及设计说明

城市山水格局

区位分析　历史文化资源

街巷格局演变

资源与问题汇总

上位规划

人群活力
人群主要流线
街巷活力分析

现状系统分析

更新策略梳理

场地信息提取与分析

重点历史建筑
保护建筑
改造建筑
功能置换
重要街巷
活力潜力点

现状人群分析

院落类型分析
传统院落模式研究　现状院落研究

SWOT分析
优势　机遇
劣势　挑战

规划愿景

规划人群及活动
人群分类　活动需求

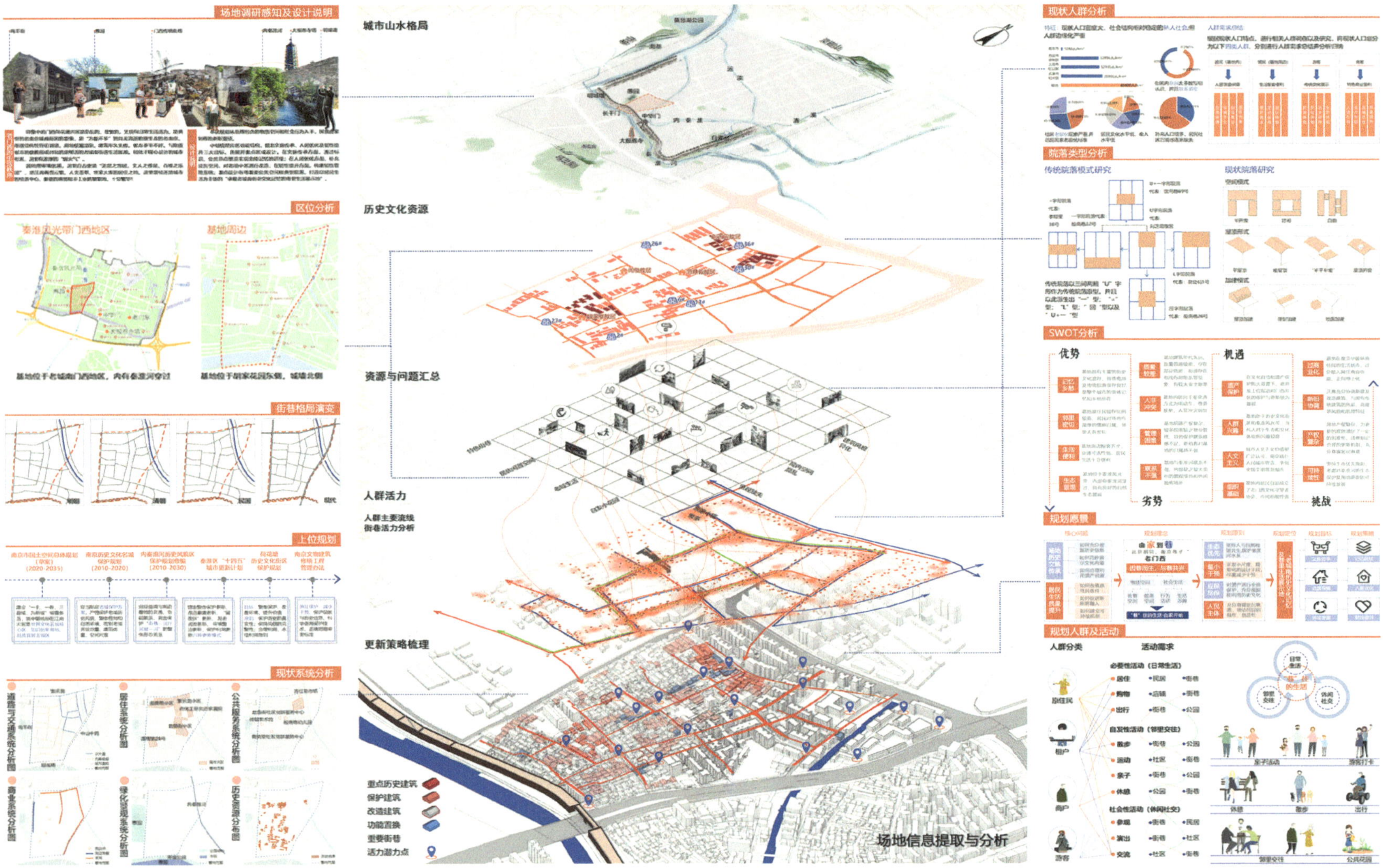

"巷"往的生活·由家开始

参赛院校：西安建筑科技大学

作者姓名：王　璇　李富瑶　韦一珉　刘程云　刘钰芃

指导老师：王　阳

"南京国图杯"第一届全国大学生国土空间规划设计竞赛　佳作奖

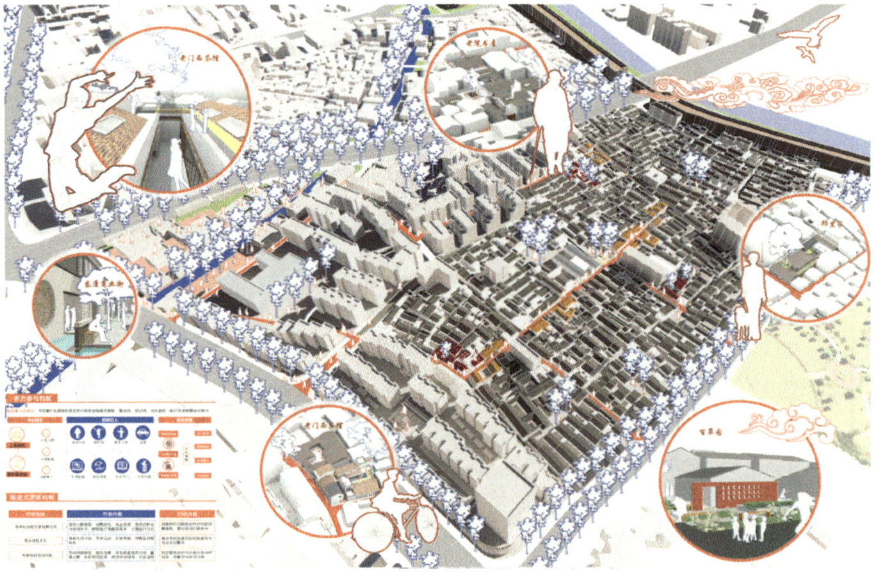

方案点评：

　　该作品所选基地位于南京市老城南门西片区，规划方案从街巷包含的物质空间和社会行为入手，探索由家到巷的更新路径。方案通过梳理片区功能结构，提出文脉传承、人居优化及韧性提升三大目标，并展开重点区域设计。在文脉传承方面，通过标志、公共节点的塑造实现金陵记忆的延续；在人居优化方面，补充公共空间，对老旧小区进行改造；在韧性提升方面，构建韧性管控系统。方案重点设计街巷重要公共空间和典型院落，打造以居民生活为主体的"承载老城南历史文化记忆的巷里生活展示地"。方案切入点独特，为片区的未来发展提供了新的思路。

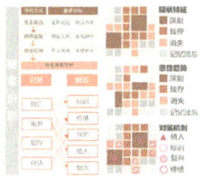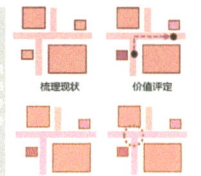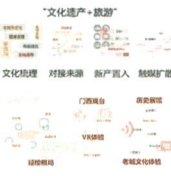
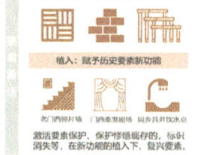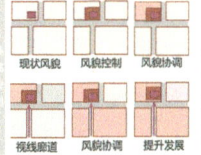
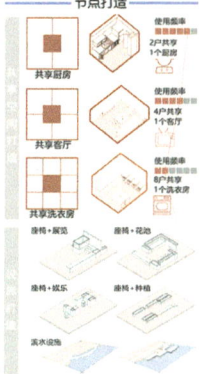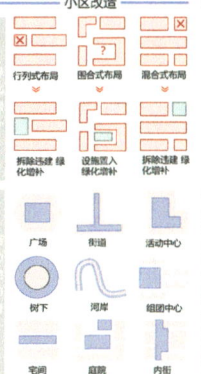

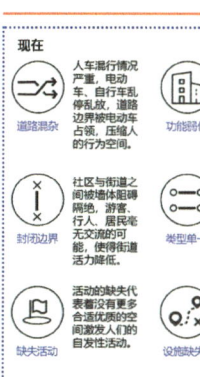

规划策略

记忆延续

古巷标识

标签：地面、立面、三维

植入：赋予历史要素新功能

格局重现

梳理现状　价值评定

强化路径　塑造节点

现状风貌　风貌控制　风貌协调

视线廊道　风貌协调　提升发展

金陵梦回

"文化遗产+旅游"

文化梳理　对接未来　新产置入　触媒扩散

"文化遗产+科技"

DIGITAL　VR·VIDEO　AI·URE3D

人居优化

节点打造

共享厨房　共享客厅　共享洗衣房

广场　街道　活动中心

小区改造

路面引导　墙面引导　装置引导

尺度体验　人文体验　景观体验

房屋修缮　意见反馈　矛盾协调

社区医生　环保监管　疫情管控

社区食堂　活动空间　休憩空间

服务完善

韧性提升

韧性管控系统构建

智慧社区　智慧交通　生态环境

防洪应对

截　防　排

防火应对

防疫应对

街巷设计策略

现在

道路混杂　功能弱化　封闭边界　举型单一　缺失活动　设施缺失

未来

慢行联通　多元功能　边界开放　智能互动　道路平整　活动植入

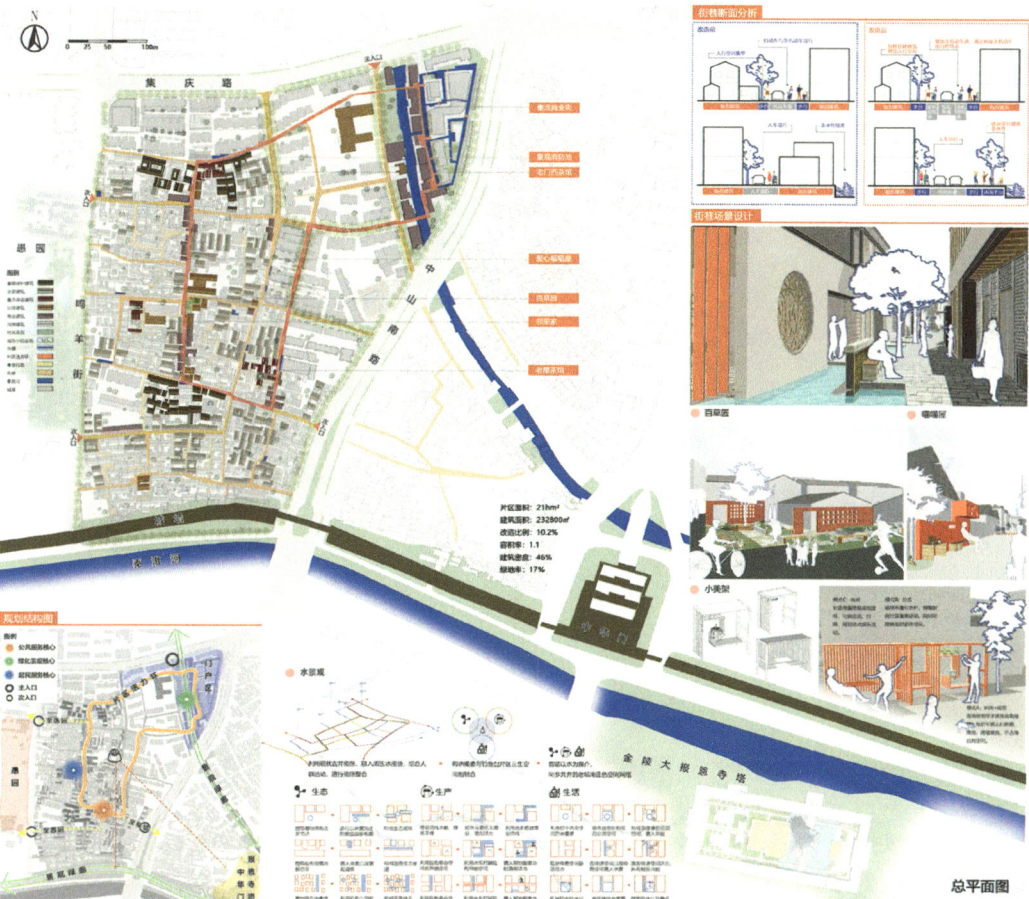

总平面图

用地面积：21hm²
建筑面积：232800㎡
改造比例：10.2%
容积率：1.1
建筑密度：46%
绿地率：17%

规划结构图

街巷断面分析

街巷场景设计

百草园　嬉嬉园　小美筑

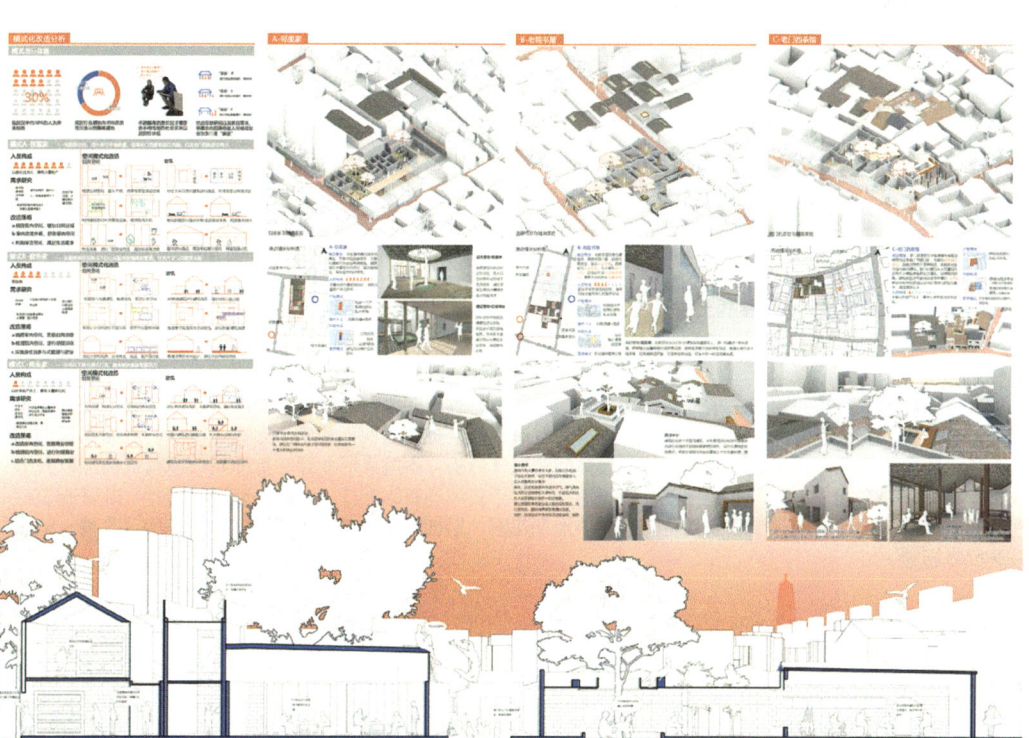

模式化改造设计

A·明园居　B·老街年屋　C·心忆老街

2021年「南京国图杯」第一届全国大学生国土空间规划设计竞赛获奖作品——本科生组（佳作奖）

活动广场

休闲廊道

庭院景观

儿童活动场地

活动广场

景观廊道

基地位于南京历史文化名城和主城区功能提升的核心地区。
因秦淮河贯穿全境得名，自古以来就是南京的社会经济中心

基地1km范围内有较多的大型商圈，2km范围内有鼓楼商圈和湖南路商圈，地铁3号线穿过商圈，交通便利。基地内部以集中式办公商居为主，兼顾游府西街沿线居住和公共服务功能

地铁3号线
地铁2号线
五分钟生活圈
十分钟生活圈
十五分钟生活圈

十五分钟生活圈内公共配套设施完善，平衡和满足了儿童、青年、中年、老年等不同群体的生活需求

生活不便 文化消隐
肌理残缺 环境不佳
场所失落 活力缺失

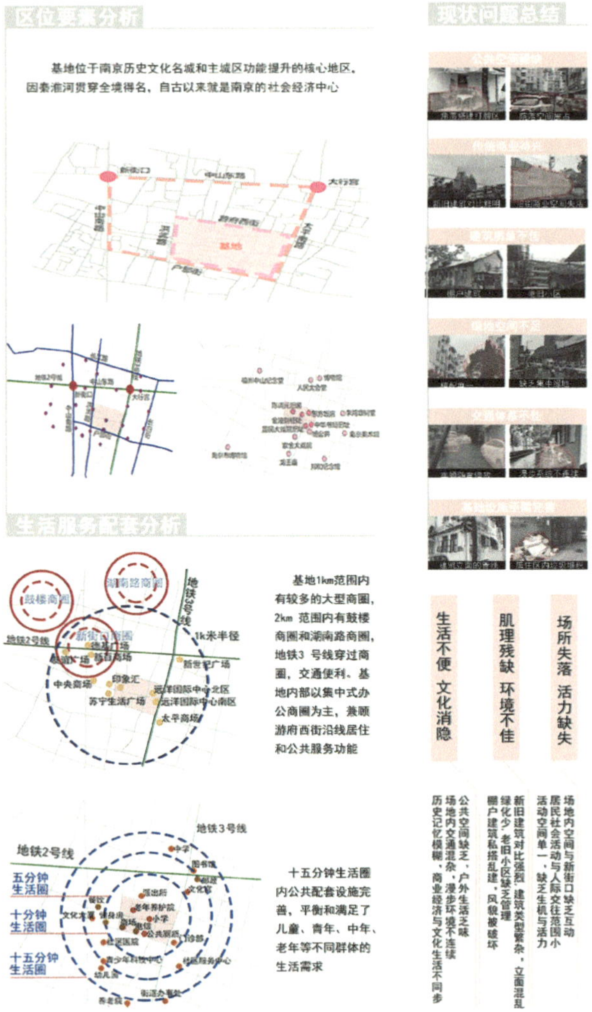

见微知著——基于时空缝合理念的社区微更新设计

参赛院校： 河南城建学院
作者姓名： 伊晗慈 翟嘉欣 刘 云 王 飞 靳豪娣
指导老师： 刘会晓 李梦迪
"南京国图杯"第一届全国大学生国土空间规划设计竞赛 佳作奖、最佳落地奖

方案点评：

该作品基于融合与共生的主题，从宜居、宜游、宜享、宜行四个方面设计针对南京市淮海路地段的规划策略，以实现"现状整改、便利居民、空间共享、促进交流、提升居民幸福感"的规划目标，进而实现创建活力社区的最终目标。方案结合基地现状，具体问题具体分析，不搞大拆大建，提取基地原有优势加以升级改造，打造核心空间。方案可实施性强，便于落地，对于基地原有的居住、道路、交通等问题，能够通过合理运用基地内的闲置空间、串联公共空间、增设屋顶花园、增加绿化、完善配套设施等措施加以改善，以提升居民幸福感。

保护修缮

更新改造

概念框架

现状问题	规划策略						

社区空间
公共空间缺失，商业有待提升
街道活力缺失
缺少绿化空间

社区建筑
建筑形态混乱
建筑质量一般
建筑功能单一
建筑风貌杂乱

社区设施
居民生活不便，当地文化消隐
缺乏停车设施
道路交通不便

缺乏公共空间

社区缺乏绿化空间
社区缺乏停车设施

宜居
宜行
宜游
宜享

居住空间需求
出行条件需求
公共空间需求
配套设施需求

时空复合

嵌入织补

基础设施
生态保障
风貌形象
节能措施
交通改善
停车系统
街道空间
公共环境卫生
社区共享空间
社区绿地
海绵系统
社区管理
社会福利保障
文体设施
智慧共享

现状整改 便利居民
绿色利民
空间共享 促进交流
提高居民幸福感

策略一：建筑更新美学生活
策略二：街道更新优化资源
策略三：公共绿道实用美观

方案生成

依据模块提取利用
城市级别的商业配套 + 交通优势
环境升级改造 + 增加公共设施
现存商业条件 + 增加空间节点
建筑屋顶改造 + 三维体系
环境升级改造 + 三维体系

打造核心功能
活力商业空间
特色商业环线
特色商业街
屋顶花园和公服系统
居住生活联通系统

核心结构解读
特色商业环线

公共服务中心
新型展示空间
沿街商业半开放空间

利用基地内未利用的商业空间，组合为公共空间，增添街道活力。

空中花园　运动设施
休闲广场　阅读场所
社区展览　休憩设施

利用屋顶空间，增添公共设施，提高空间利用率，同时也丰富了居民的生活。

散步长廊　儿童公园
展示廊架　社区中心
居民广场　社区舞台

合理利用街道现存的空间，避开车行流线，置入市民活动设施，增加居住幸福感，交流共生。

策略一：建筑更新美学生活

1. 立面改造
结合社区建筑以及绿化现状，局部立面可运用垂直绿墙，增加社区绿化率，可分为局部分块设计或整体设计。

太阳能瓦
防盗窗
空调外机悬挂
管线收集管

2. 垂直绿墙

3. 沿街店招
规范户外广告牌设置，结合社区历史脉络以及人文特色，强调总体统一，个性化设计，提升顾客的购物体验感。

4. 楼道整饰
通过对建筑的楼道空间处理，改善居民居住环境。比如悬挂竖画、书法、张贴社区活动照片等。

策略二：街道更新优化资源

1. 社区停车
a. 较宽的主干道承载主要机动车通行功能，设置双向机动车道，邻近道路绿线采用垂列式或平行式停车区
b. 9m的主干道调整为单行道，避免会车，两侧平行停车
c. 住宅楼之间的道路主要承担步行功能，小于4m的道路不设停车区

2. 道路功能
较宽的主干道的支路，允许机动车在夜间利用非机动车道停车泊
日间作为步行街，可用于商业、休闲等
夜晚满足交通需求与行人互不干扰，提高街道利用率

3. 慢行优先
改造道路断面，慢行优先

4. 街道空间
改造道路断面，慢行优先

策略三：公共绿道实用美观

现状违规建筑 设计公共空间 改建公共建筑
建筑体量较大 拆除后设计 设为便衣空间
屋顶空间重组 布置屋顶绿化 翻建屋顶花园
现有空地 不要新建房屋 设计公共空间

完善配套功能
1. 配套社区自助图书馆
2. 自助快递柜机
3. 自助缴费机

配套儿童游乐场
改造后

垃圾分类

环卫设施
公共厕所数量不足　增加公共厕所
增加环卫工人休息室

总平面图

图例
① 片区中心广场
② 休闲游廊
③ 商业广场
④ 健身步道
⑤ 居住生活主广场
⑥ 运动休闲场地
⑦ 入口集聚广场
⑧ 综合商业楼
⑨ 商业办公
⑩ 风貌协调区
⑪ 地下广场
⑫ 江南贡院
⑬ 陈霖祠旧址
⑭ 金陵制造局
⑮ 东方饭店
⑯ 国民大戏院旧址
⑰ 中华书局旧址

技术经济指标
总用地面积：20.04公顷
总建筑面积：400898平方米
容积率：2.0
绿地率：30%
停车位：地上113个
　　　　地下231个

规划结构

功能分区

景观系统

道路系统

公共空间分析

城市建筑建设现状分析

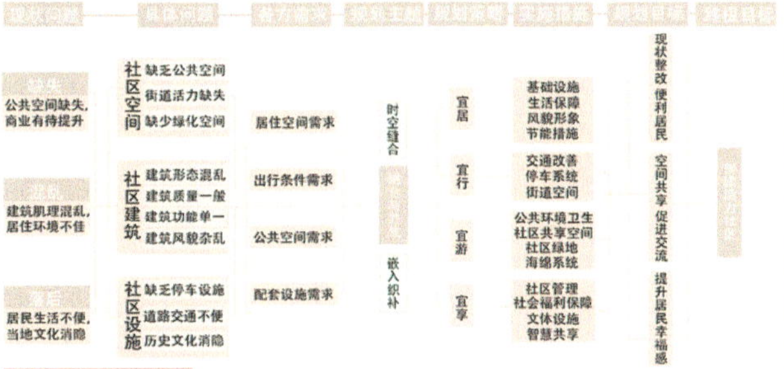

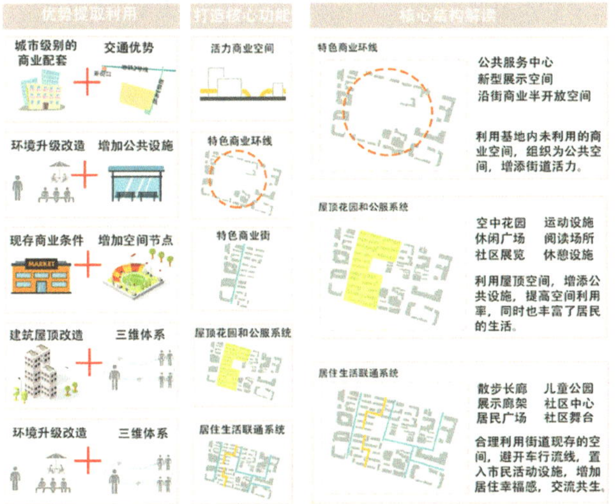

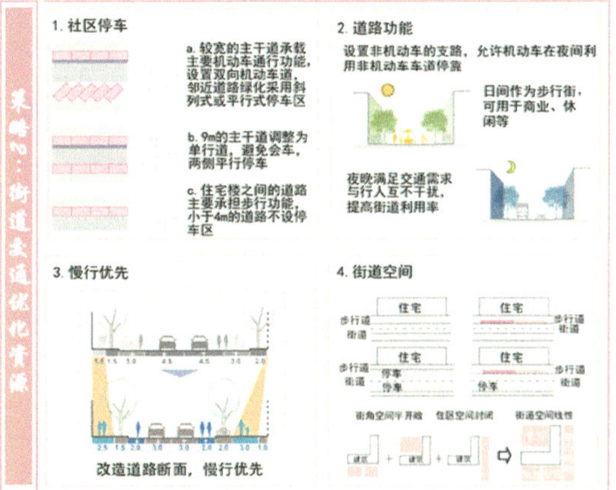

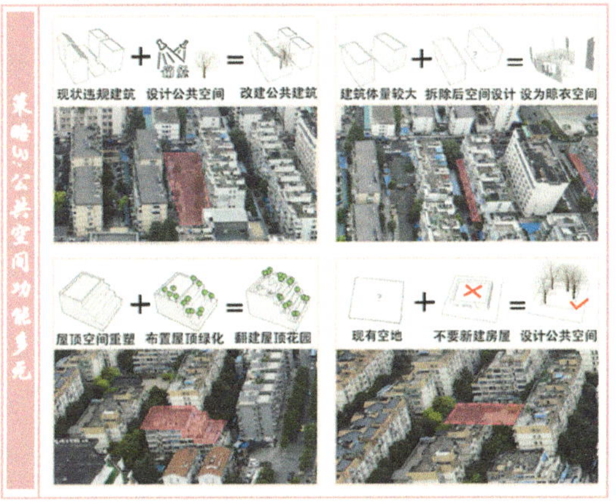

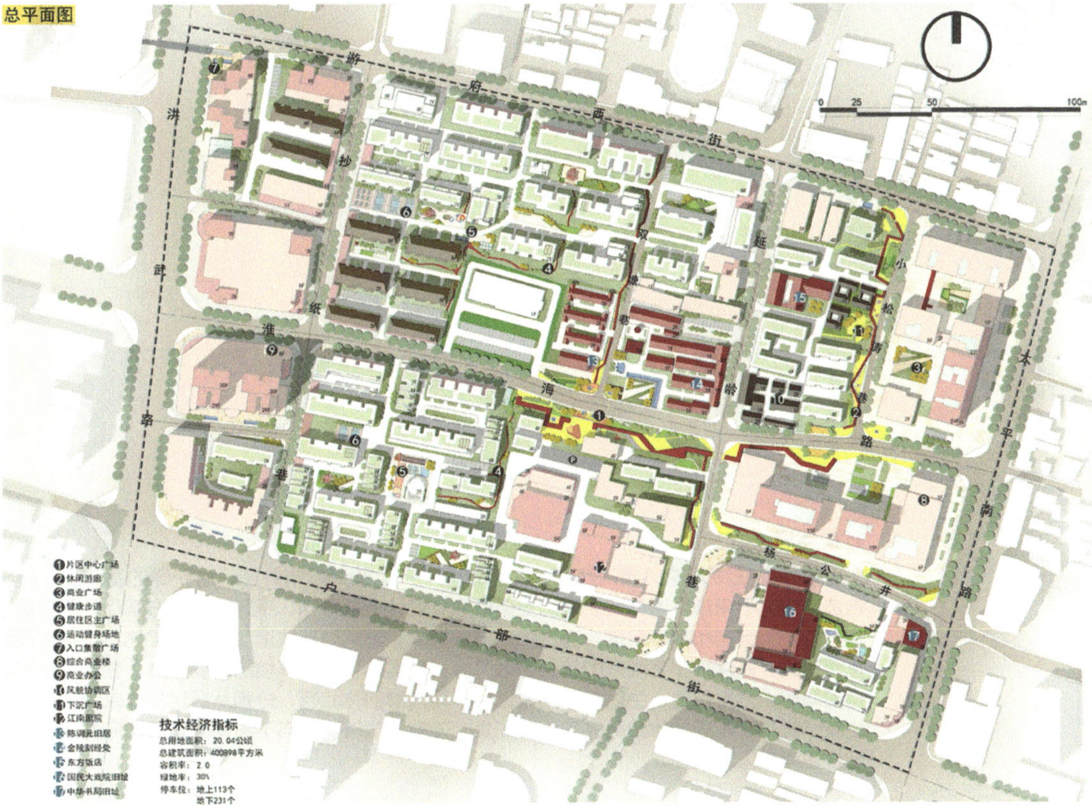

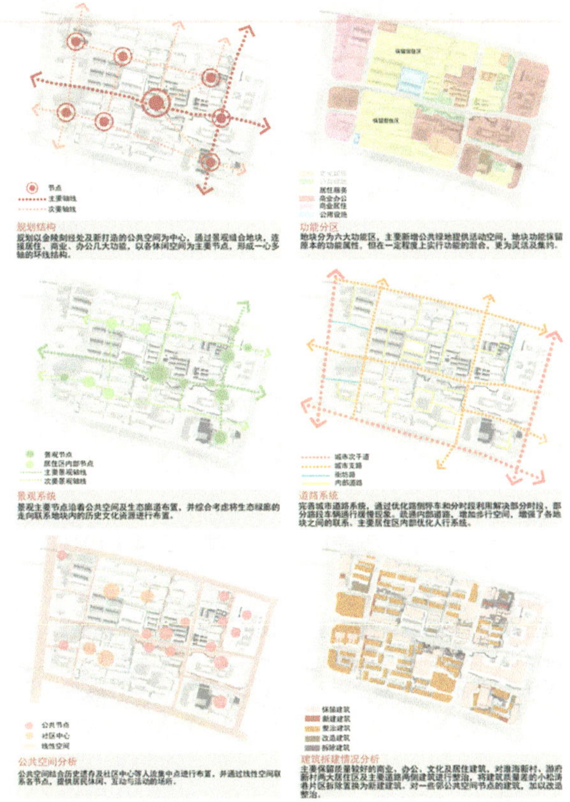

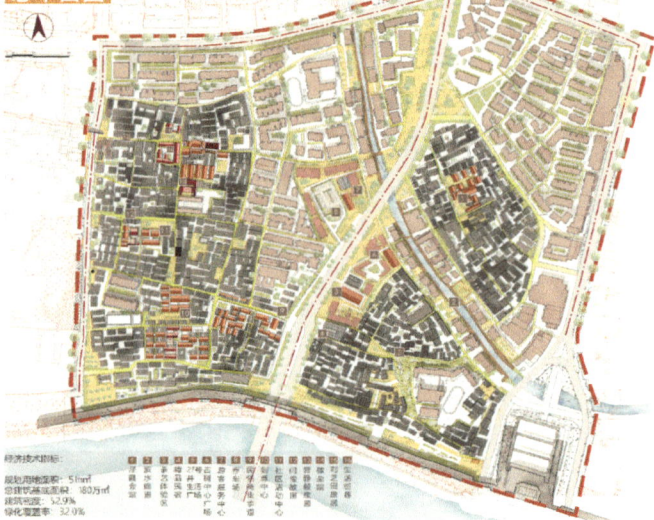

总平面图

地块资源

■ 人 人文生活

■ 景 景观资源

古井

古树

夫子庙秦淮风光带

■ 地-自然资源

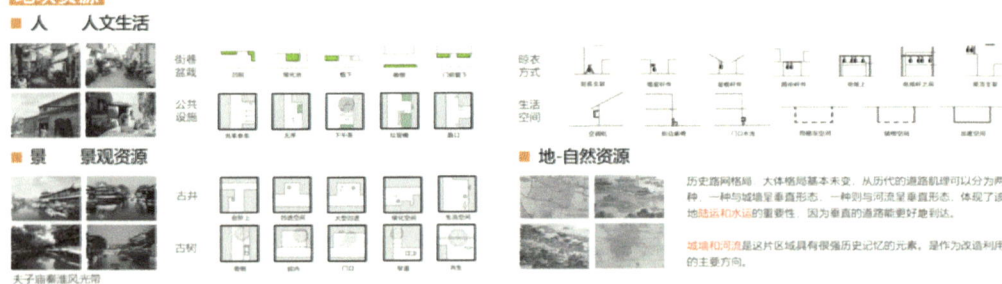

历史路网格局，大体格局基本未变，从历代的道路机理可以分为两种，一种与城墙呈垂直形态，一种与河流呈垂直形态，体现了该地运和水运的重要性，因为垂直的道路能更好地利达。

城墙和河流是这片区域具有很强历史记忆的元素，是作为改造利用的主要方向。

规划解读

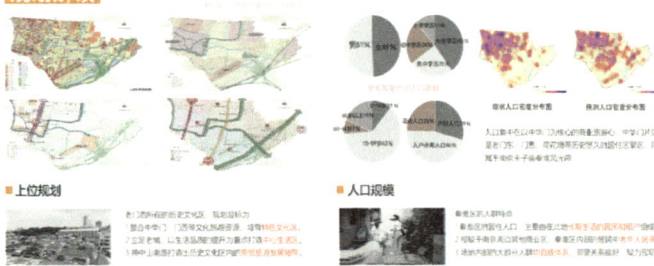

■ 上位规划

■ 人口规模

概念解析与阐述

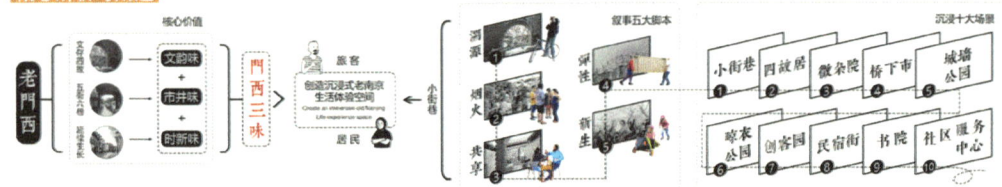

核心价值

老门西 → 文韵味 + 市井味 + 时新味 → 门西三味

叙事五大脚本

沉浸十大场景

小街巷　四旧居　微杂院　桥下市　城墙公园

亭家公园　创客街　民宿街　书院　社区服务中心

创造沉浸式老南京生活体验空间
Create an immersive and featuring Life experience space

更新分析

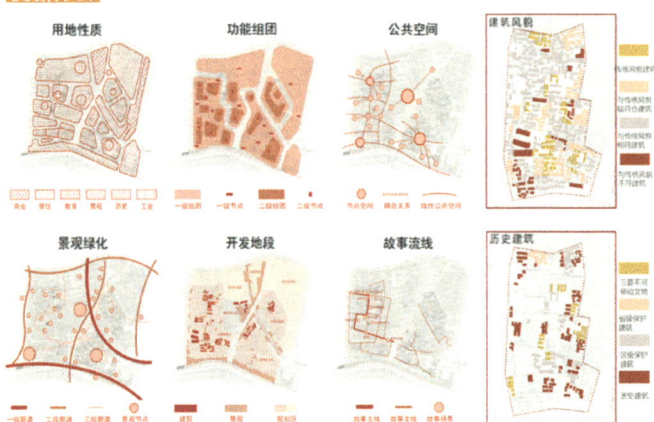

用地性质　功能组团　公共空间　建筑风貌

景观绿化　开发地段　故事流线　历史建筑

问题提出与解决

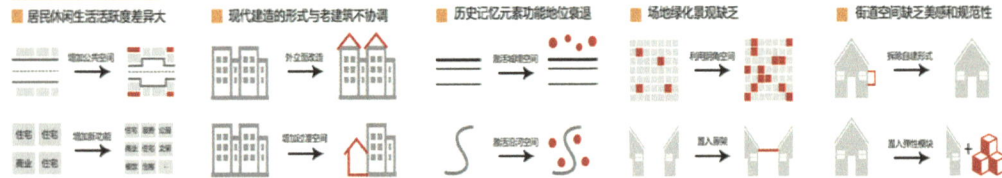

居民休闲生活活跃度差异大　现代建造的形式与老建筑不协调　历史记忆元素功能地位衰退　场地绿化景观缺乏　街道空间缺乏美感和规范性

门西三味——南京秦淮区钓鱼台地段更新设计

参赛院校：中国矿业大学

作者姓名：杨颜培　钱叶柯　曾庆航　陈雪惠　朱庆临

指导老师：林　岩　赵立元

"南京国图杯"第一届全国大学生国土空间规划设计竞赛　佳作奖

方案点评：

　　该作品在深入挖掘老门西地段核心价值——文韵味、市井味、时新味的基础上，提出创造沉浸式老南京生活体验空间的更新概念，设计有理有据，不乏新意。方案尽可能保留了原有的空间结构和街巷肌理，通过弹性模块植入、建筑局部改造、微空间优化、街巷界面活化等策略，既保护了老南京的特色街区风貌，又实现了人居环境的品质提升。在实体空间改善的同时，方案还注重生活氛围的塑造和不同人群的体验感，分别从居民和外来游客的视角出发，塑造了不同的体验路径和系列场景，使空间能够满足当下不同人群的实际需求，具备理性思考和人文关怀。

重点地段总平面图

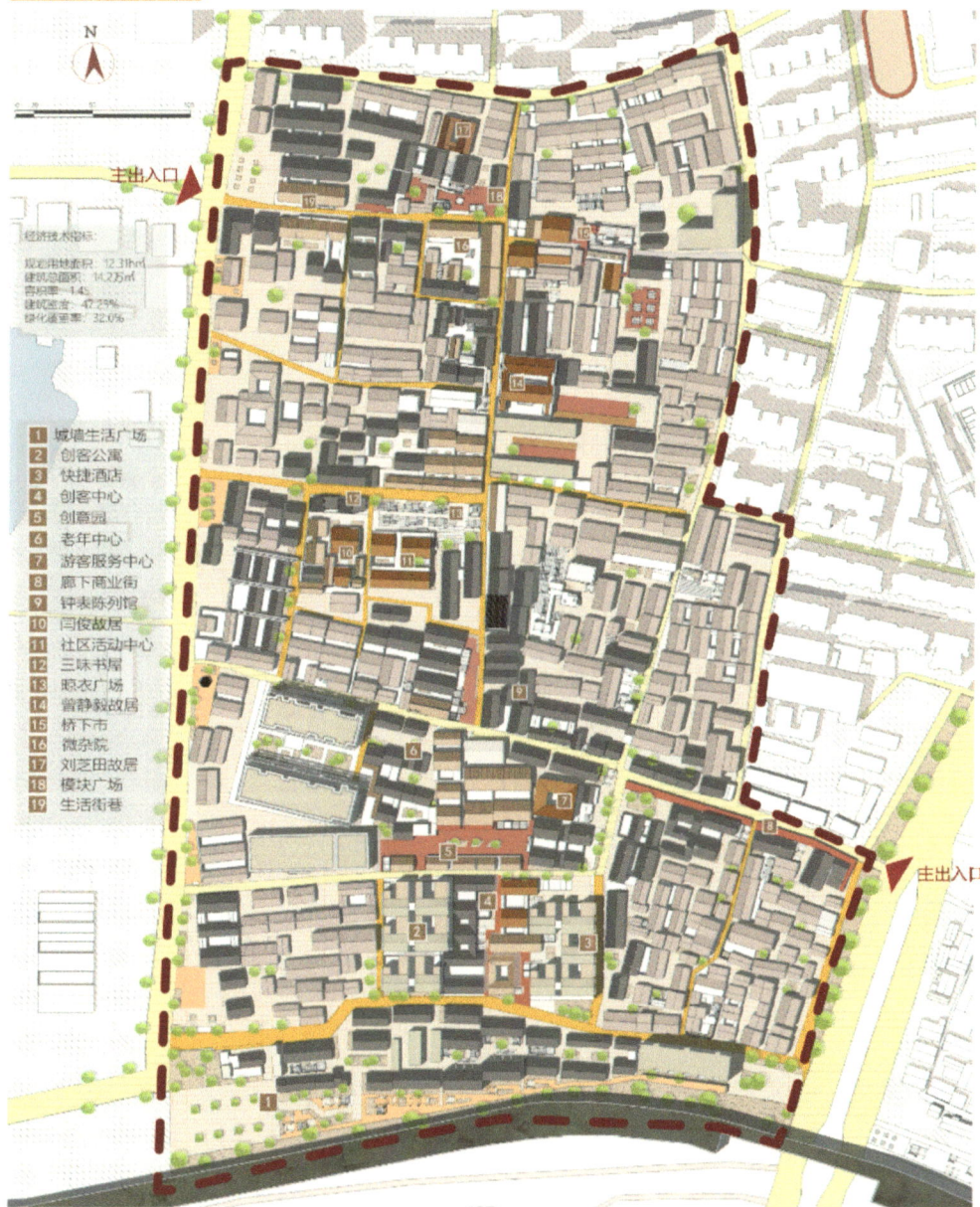

N

主出入口

经济技术指标:
规划用地面积: 12.31hm²
建筑总面积: 14.23万m²
容积率: 1.45
建筑密度: 47.29%
绿化率: 32.0%

1 城墙生活广场
2 创客公寓
3 快捷酒店
4 创客中心
5 创意园
6 老年中心
7 游客服务中心
8 廊下商业街
9 钟表陈列馆
10 周俊故居
11 社区活动中心
12 三味书屋
13 照壁广场
14 曾静毅故居
15 桥下市
16 微杂院
17 刘芝田故居
18 橹梁广场
19 生活街巷

主出入口

规划结构

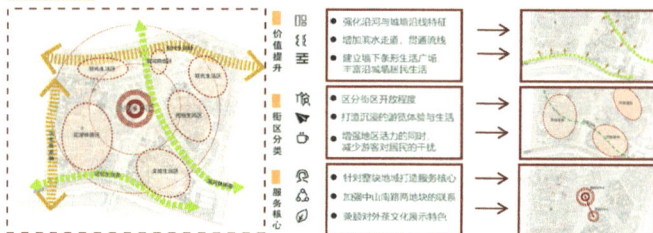

路线规划

品文韵   悟生活

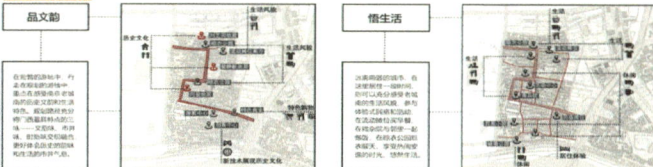

群众策略

策略一：加速提高生活质量。

策略二：加快重塑邻里空间

策略三：实现居民线上共享

策略一：弹性模块

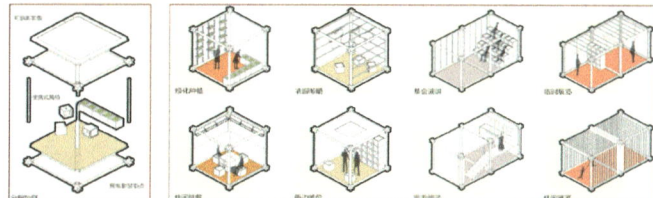

策略二：建筑改造

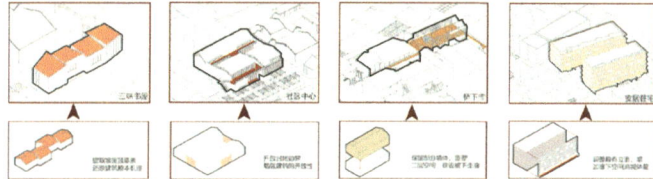

策略三：广场优化

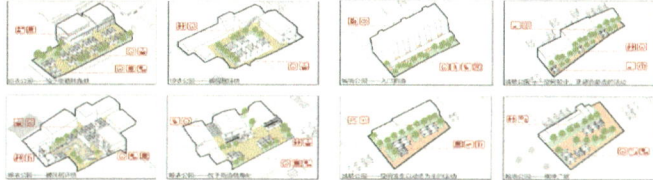

旅客沉浸式场景

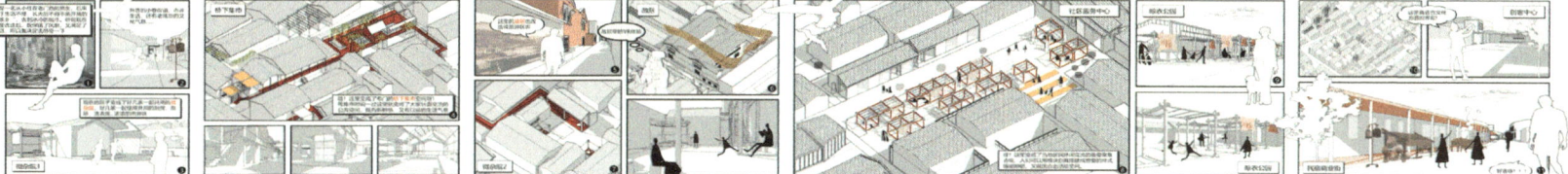

居民生活式场景

2021年「南京国图杯」第一届全国大学生国土空间规划设计竞赛获奖作品——本科生组（佳作奖）

文枢秦淮，共享长干——基于艺文社造的南京门西历史街区更新改造设计

参赛院校：南京林业大学
作者姓名：李 洋 马青屿 马心怡 仝淑琪 朱佳依
指导老师：方 程 李 岚
"南京国图杯"第一届全国大学生国土空间规划设计竞赛 佳作奖

方案点评：

　　南京林业大学参赛团队从城市艺术文化空间和社区群体营造两个角度探讨历史街区更新问题，展现了对城市历史文化、居住生活和传统产业的认知和理解。团队基于综合全面的现状分析，总结历史文脉和居住生活两大问题，提出文枢秦淮、共享长干的理念，以打造文化枢纽和建设共享社区两方面手段来回应问题，并将秦淮河、明城墙、中山路三种性质的轴线进行交叉联系，提升居住、文化、公服的品质，多角度多时段提升历史街区空间。方案条理清晰，思考周全，具体可行。

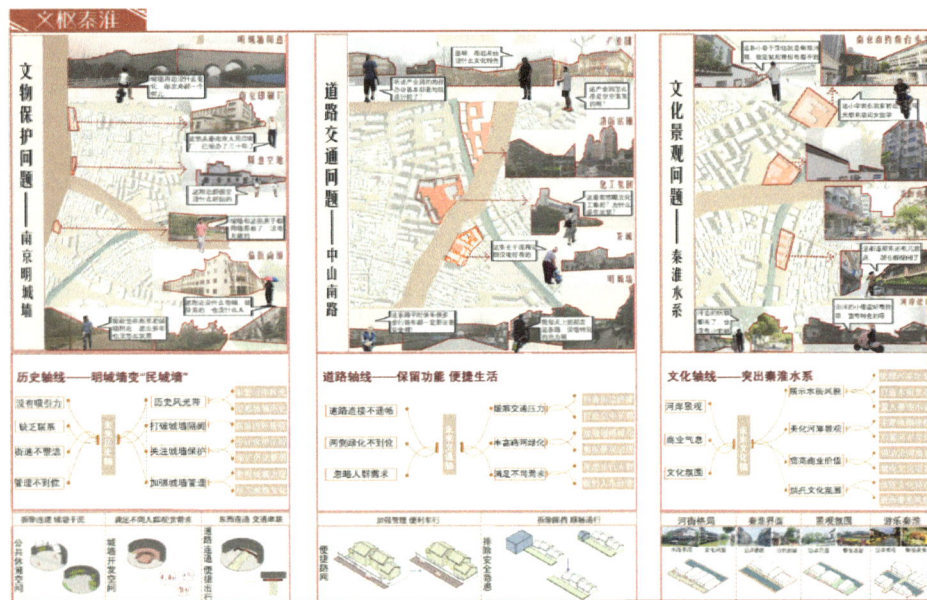

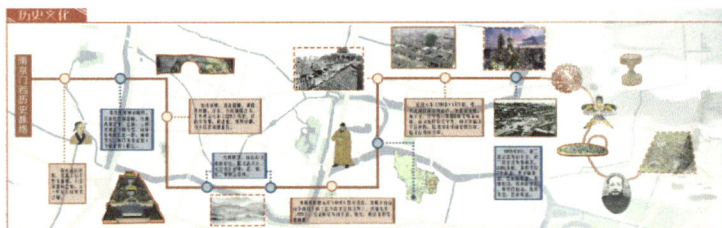

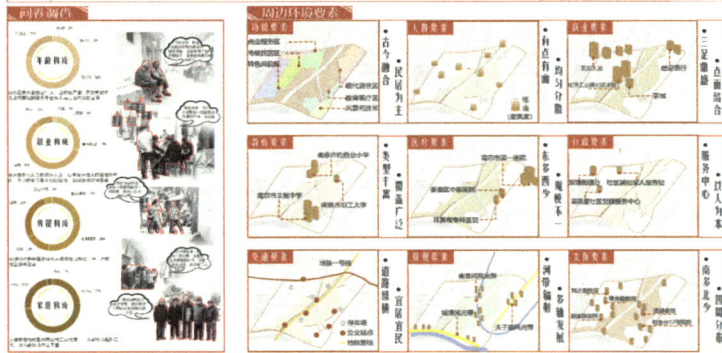

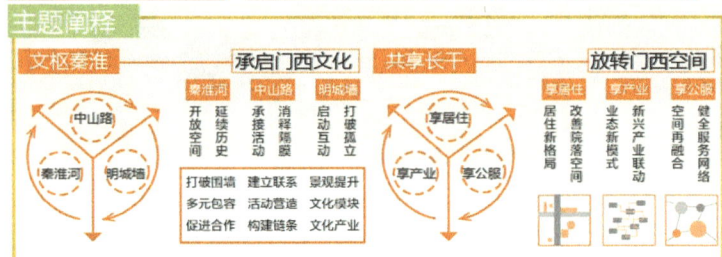

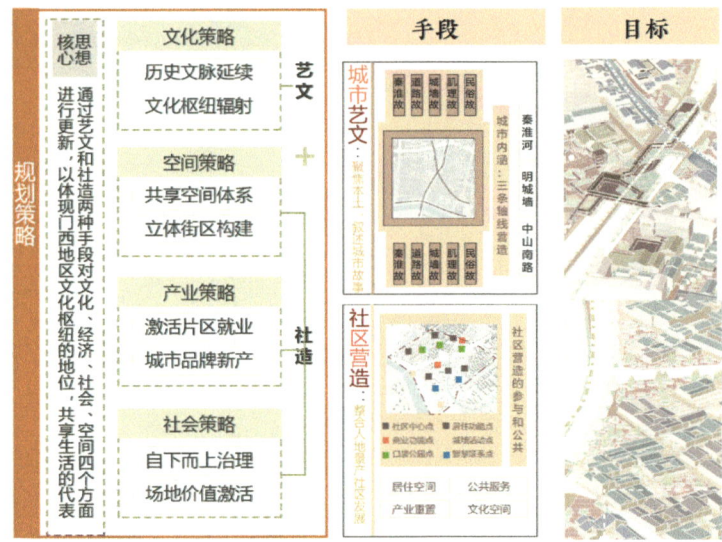

特色空间意向

空间结构

历建意向

绿地景观

道路交通

功能分区

开敞空间

明喻秦淮

共享长干

文旅门淮

轴测图

生活场景一

河岸轴测图

生活场景三

生活场景二

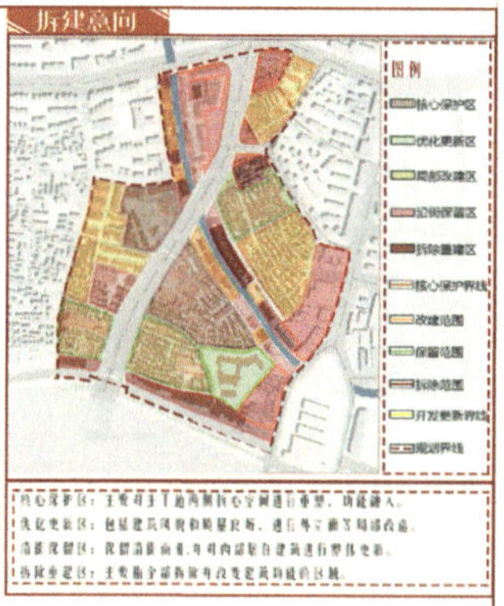

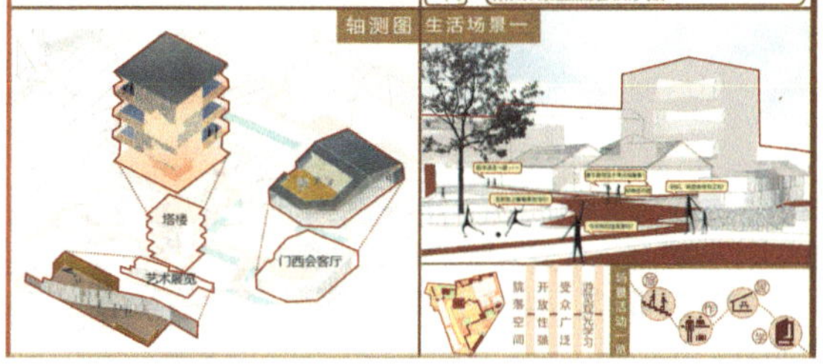

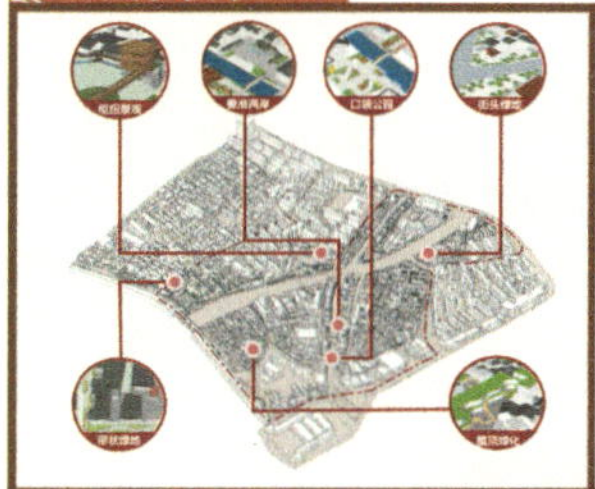

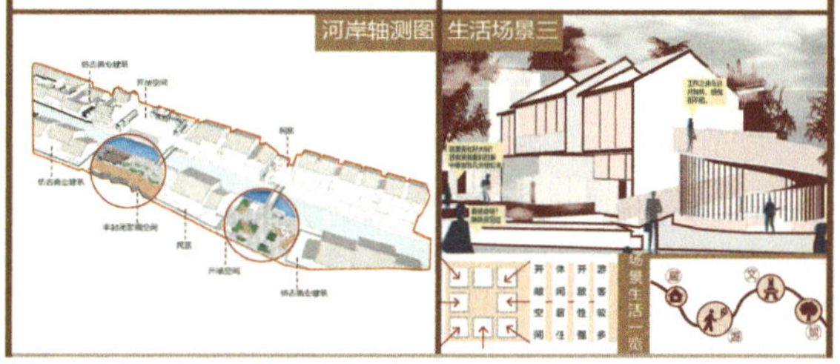

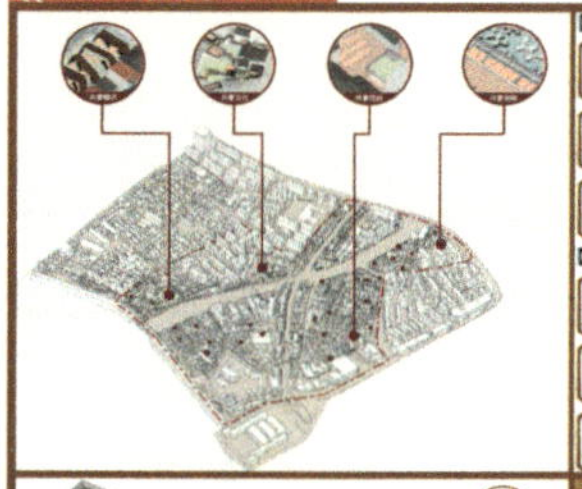

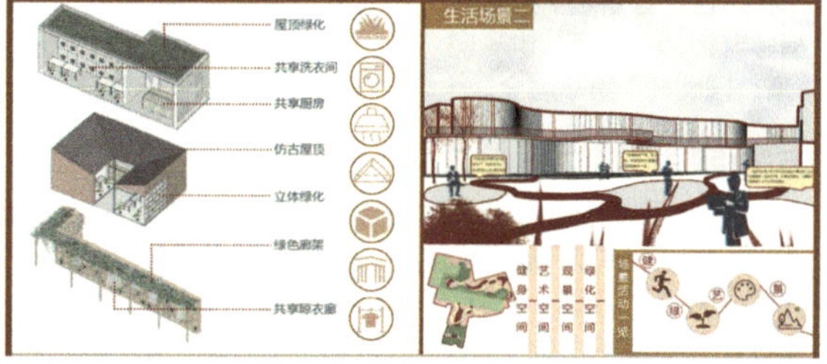

总平图

	1	群坊公园	16	城墙漫游道
	2	秦淮文创	17	明城墙
	3	柳岸书社	18	藏书文化馆
	4	程先甲故居	19	饮马巷书吧
	5	泾县文学社	20	衍庆堂（书画坊）
	6	水街寄灯	21	秦淮艺术馆
	7	环榴阁	22	四喜坊（养生坊）
	8	绿杨茶舍	23	永丰堂（工艺坊）
	9	醉听戏台	24	亦正堂（亲子学堂）
	10	太祖钓鱼	25	秦淮民俗展览厅
	11	游客接待中心	26	作品展售馆
	12	云锦体验馆	27	门西文化博物馆
	13	文枢初级中学	28	民俗体验园
	14	明城墙博物馆	29	民俗手作集市
	15	秦淮文廊	30	南京文化展厅

新建建筑

文保建筑

主要经济技术指标表（设计范围）

地块总用地面积（hm²）	23.83
地块总建筑面积（万m²）	14.22
其中 居住建筑面积（万m²）	9.93
商业建筑面积（万m²）	3.09
文化建筑面积（万m²）	1.29
容积率	0.60
建筑密度（%）	29.80
绿地率（%）	9.04
停车位（辆）	600

保护与更新建筑统计表（设计范围）

建筑类型		建筑面积（万m²）	百分比（%）
现状建筑	保护建筑	1.08	12.1
	其中 维修建筑	0.19	2.1
	修缮建筑	0.31	3.4
	改善建筑	0.58	6.4
	整治建筑	7.86	87.9
	其中 改造建筑	4.36	48.8
	保留建筑	0.54	6.0
	拆除建筑	2.96	33.1
	总计	8.94	100
新建建筑		1.49	—

历史沿革

东吴时期 崛起 | 南唐时期 发展 | 明朝时期 繁荣 | 民国时期 鼎盛 | 1949年解放后 低速 | 未来 新机

现状总结

土地利用现状图　道路系统现状图　历史环境要素分布现状图

规划结构

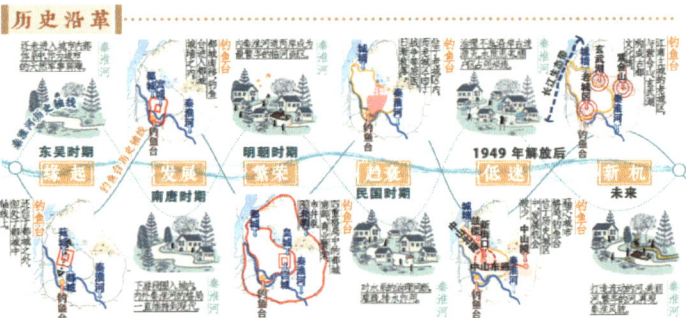

循水织脉　门西往事——南京钓鱼台地段规划设计

参赛院校：浙江工业大学

作者姓名：鲍妍宏　邵筱萱　俞唯逸　金晔烨　孙启元

指导老师：丁　亮　洪　明

"南京国图杯"第一届全国大学生国土空间规划设计竞赛　佳作奖

方案点评：

　　中华门以西的钓鱼台地区位于秦淮风光带沿岸，是南京文化的发源地，自古便有"达官之悠居、文人之雅居、百姓之乐居"的美誉。该作品以秦淮河为主线，梳理了文脉（历史文化）、动脉（道路街巷）、形脉（空间环境）、人脉（人群业态）四条脉络，通过"循水"，架构"寻文追忆，梭动链网""顺势补形，气贯节续""以人构圈，服务升维"的织脉体系，提出"追忆·文化""链网·交通""补形·空间""构圈·共享"四大策略，打造"文化门西""安居门西""畅行门西""共享门西"，再现门西繁华盛景。规划方案响应"更新让居住更美好"的主题，合理规划留、改、拆片区，通过局部微更新带动片区整体价值提升，规划目标明确，方案设计合理。

2021年「南京国图杯」第一届全国大学生国土空间规划设计竞赛获奖作品——本科生组（佳作奖）

鸟瞰图

秦淮河、循复烟水
听桨声意、人声浸、水声清
门面往事、剥复荣兴
看人正现、文正起、城正兴

设计说明

规划设计场地位于南京老城南门户秦淮风光带沿岸的区位优势，南京文化发源地，自古便是"达官之地居、文人之雅居、百姓之乐居"的文化遗产丰富的特征，以秦淮河为主线，规划文脉（历史文化）、物脉（道路街巷）、形脉（空间环境）、人脉（人群意志）4条脉络，建立"溯水"的文脉扎线链接图。"顺势补形、气脉有续"顺势补形，提出"以人构魂、服务升级"的织补体系。提出"进化·文化""链网·交通""补形·空间""构图·共享"四大策略。

最后划定秦淮河沿岸23.8公顷的重点设计地段，打造"文化门西""安居门西""畅行门西""共享门西"，尝试再现门西繁华往事。

方案分析

游客接待中心

绿杨茶舍

社区会客厅

钓鱼台居住区

方案规划

节点意象

城墙漫游道
可以在城墙脚下散步了，累了就去旁边的小店坐坐。
过几天这里要办场城书展，带我的女儿来这儿看看。

秦淮河步道
今天孩子要在这里听国学讲课，丰富课余生活。
能从桥下过真是方便，这样就不用从大马路过了。话说秦淮河好美啊！
听说这里的民俗文化展览有趣的，孩子们都很喜欢。

钓鱼台传统居住区
咦，这不是李大爷嘛，这是要去散步了吗？来我家坐坐呀！
这里烧新一新了，大家来家前的空地活动。

社区会客厅
咱们上了年纪的人也可以跟年轻人一起聊天，太好了。
约了同事来社区看电影。
哇，这些新建的建筑比之前的大工厂好多了。

方案分析

愿景一：文化门西
文化体验线

愿景二：畅行门西
交通畅行线

愿景三：安居门西
居民日常休闲线

愿景四：共享门西
社区服务线

灯簇淮海，画卷金陵——霓虹灯下的阴影区点亮计划

参赛院校：华南理工大学
作者姓名：张问楚　肖铭淇　黄浩　甄子霈　古心悦
指导老师：赵渺希　姚圣
"南京国图杯"第一届全国大学生国土空间规划设计竞赛　佳作奖

方案点评：

该作品试图引入"金陵灯会"的意象以激活整个片区。方案对淮海路街道的界面整体、视线渗透性和步行可达性进行量化分析后，提出三种更新途径：整体更新，拆低效以缝肌理；单体整改，微整改以新业态；针灸改造，修立面以管风貌。方案着眼于打造并串联街区公共活动节点，激活和链接人群活动热点，打通新街口和白菜园片区之间的联系，通过提高六类街道空间渗透性来带动激发街区活力。作品主题特色鲜明，问题分析深入，更新策略合理，图纸表达清晰。

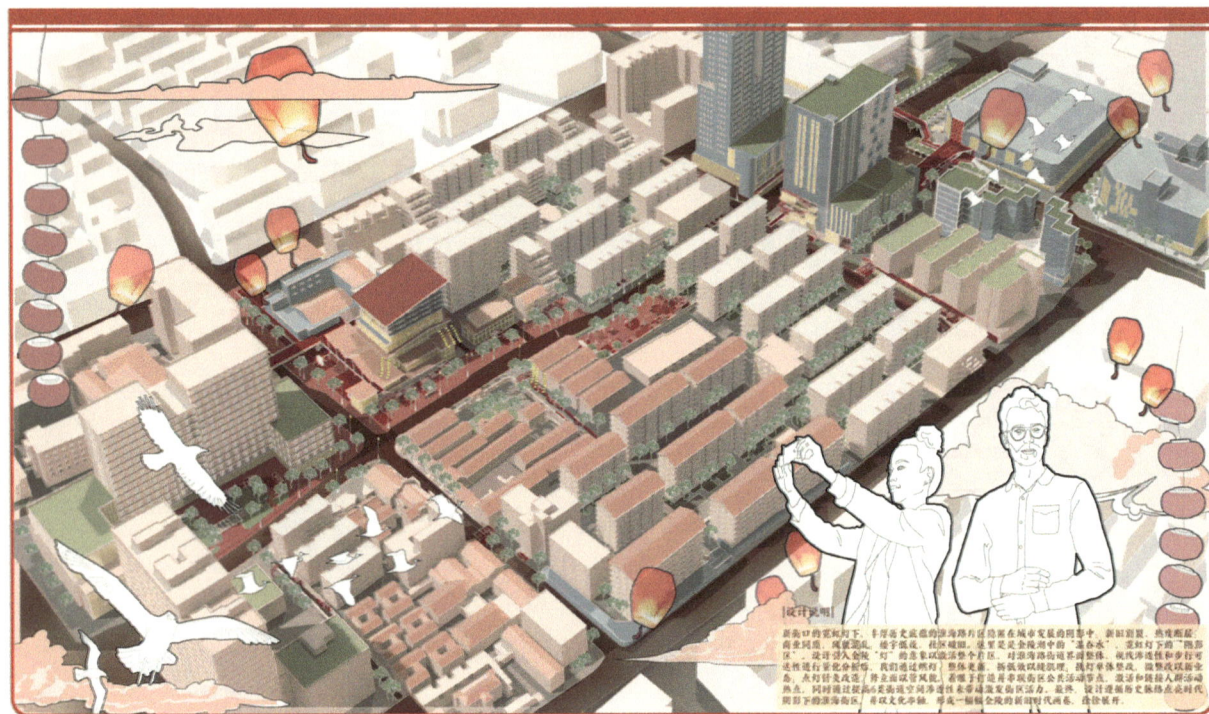

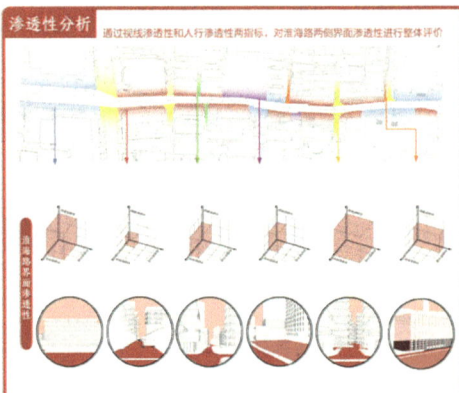

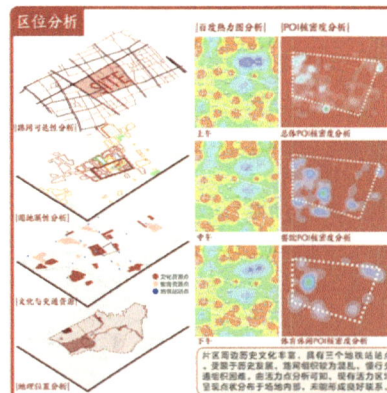

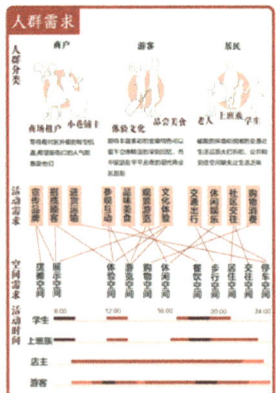

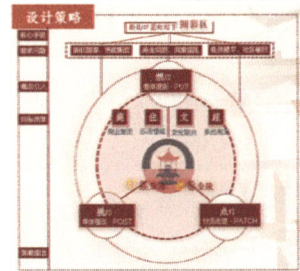

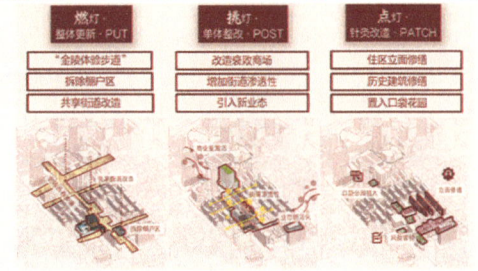

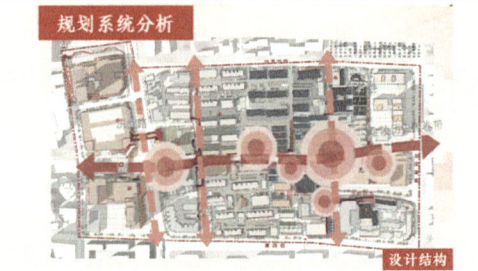

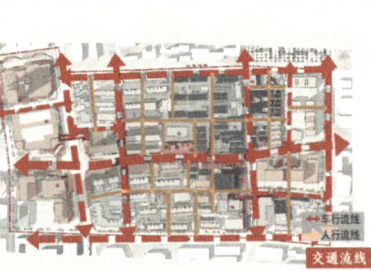

现状分析

场地现状

街区肌理

渗透性分析

区位分析

人群需求

片区定位

规划目标

设计策略

规划系统分析

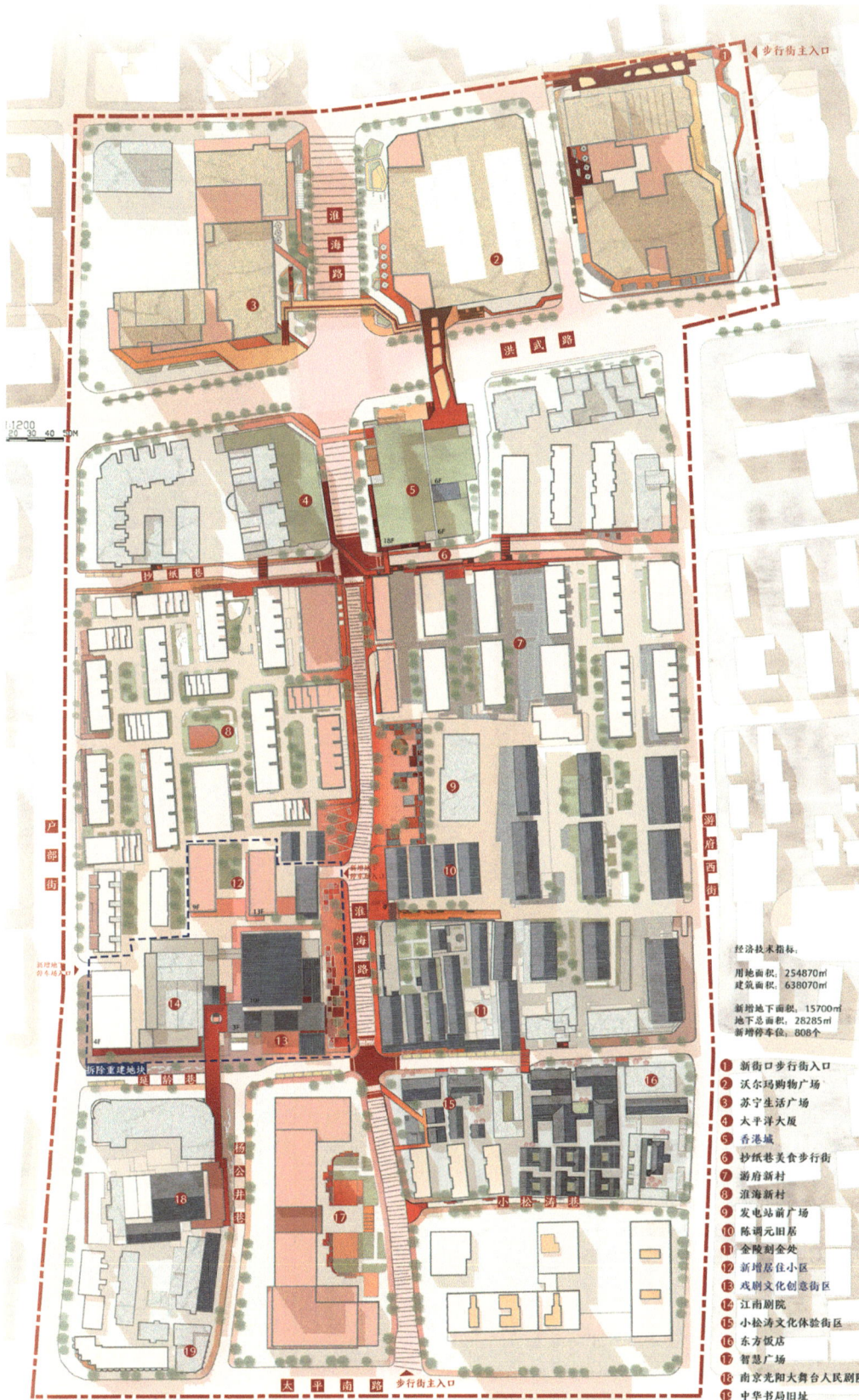

经济技术指标：

用地面积：254870㎡
建筑面积：638070㎡

新增地下面积：15700㎡
地下总面积：28285㎡
新增停车位：808个

① 新街口步行街入口
② 沃尔玛购物广场
③ 苏宁生活广场
④ 太平洋大厦
⑤ 香港城
⑥ 抄纸巷美食步行街
⑦ 游府新村
⑧ 淮海新村
⑨ 发电站前广场
⑩ 陈调元旧居
⑪ 金陵刻金处
⑫ 新增居住小区
⑬ 戏剧文化创意街区
⑭ 江南剧院
⑮ 小松涛文化体验街区
⑯ 东方饭店
⑰ 智慧广场
⑱ 南京光阳大舞台人民剧院
⑲ 中华书局旧址

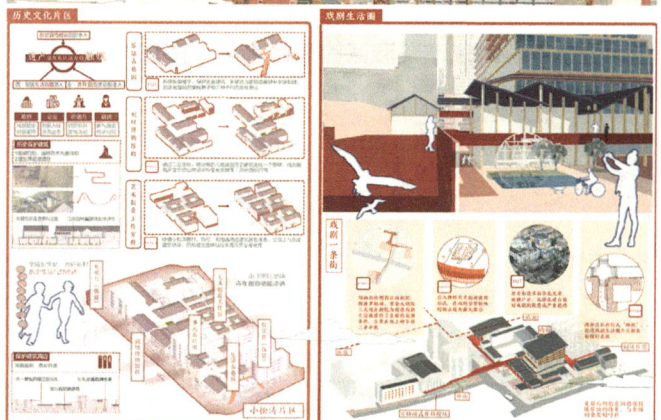

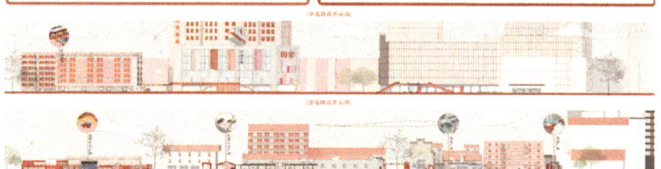

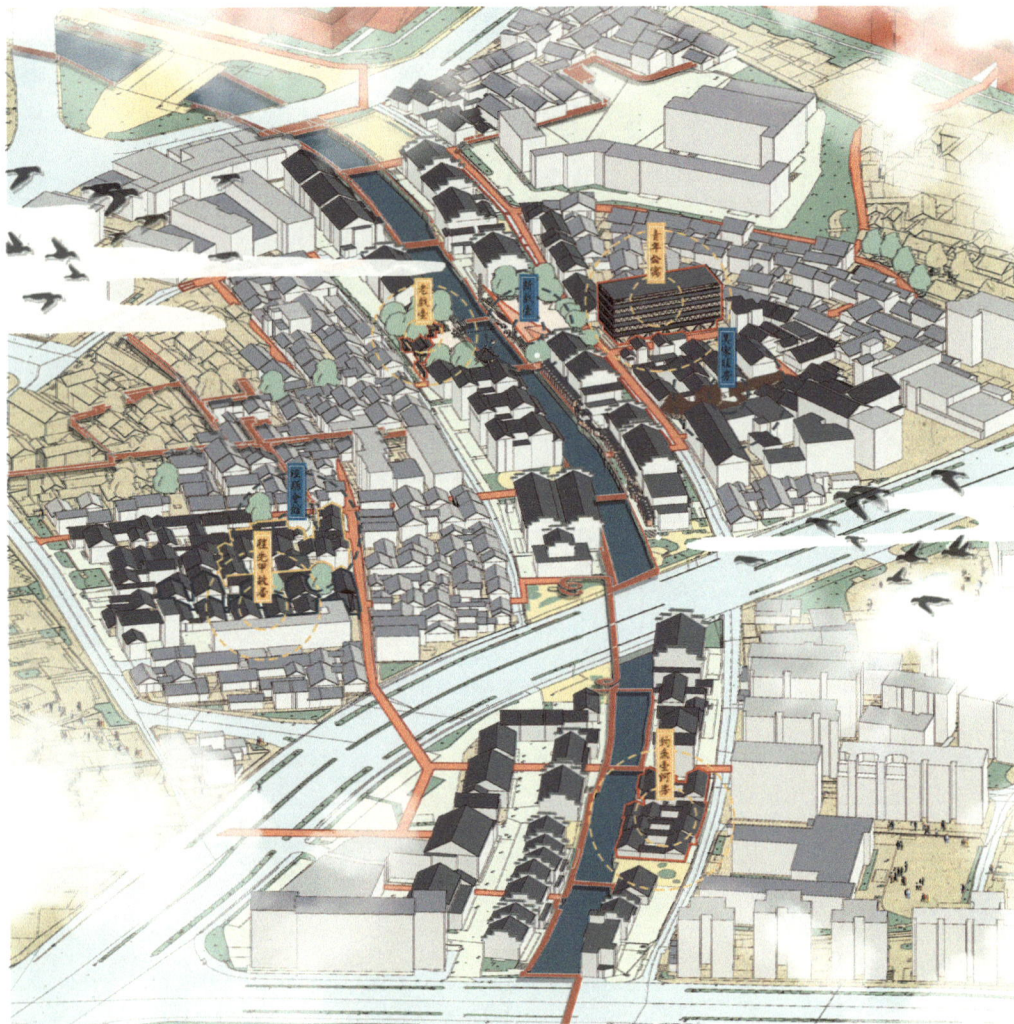

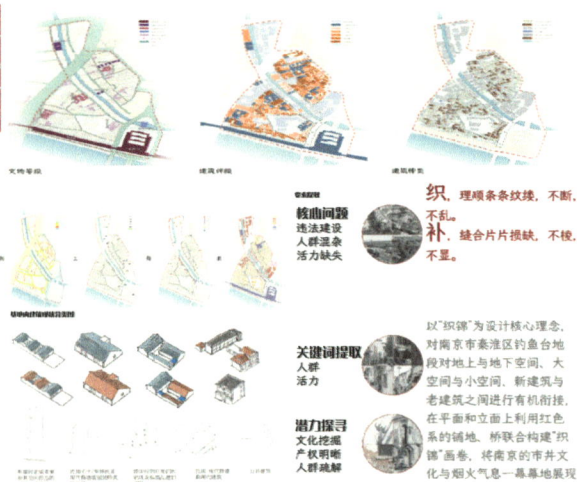

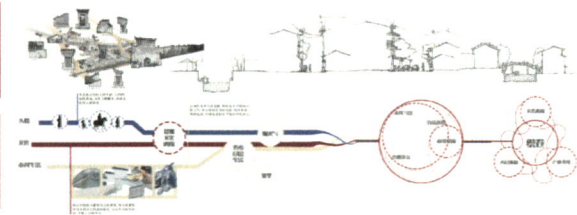

烟火织卷——南京市秦淮区钓鱼台地区可持续城市更新设计

参赛院校：北京工业大学
作者姓名：李晋哲　李淞　张念慈　周珺　郭东远
指导老师：郑善文　戎卿文
"南京国图杯"第一届全国大学生国土空间规划设计竞赛　佳作奖

方案点评：

　　该作品以"织锦"（织造云锦）为设计核心理念，对南京市秦淮区钓鱼台地段的地上与地下空间、大空间与小空间、新建筑与老建筑进行有机衔接，在平面和立面上利用红色系的铺地、桥梁共同模拟"云锦"画卷，展现南京的市井文化与烟火气息。方案力图再造城市设计的"本土模式语言"，借鉴中国传统的丝织工艺品"南京云锦"的织造理念，以线带面，串联地段内各个重要节点，对城市功能进行更新，打造复合功能的街坊式社区，延续钓鱼台地段的城市肌理和空间尺度。方案对城市历史、尺度、生活状态观察细致，规划方案结构清晰，布局合理，图面表达深入。

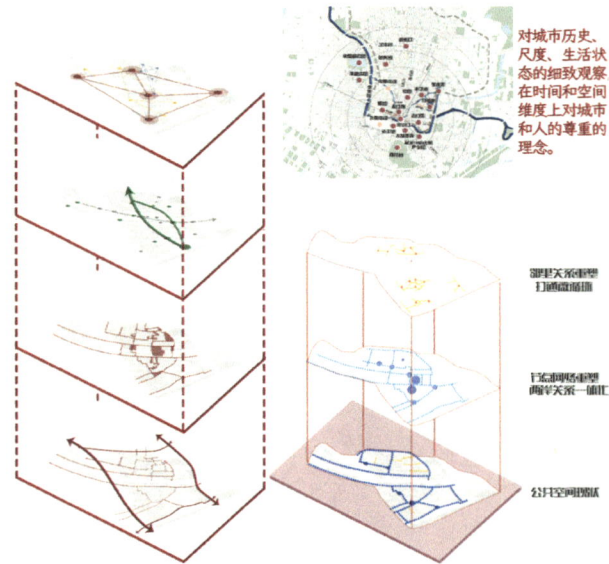

对城市历史、尺度、生活状态的细致观察在时间和空间维度上对城市和人的尊重的理念。

中莲汀 **总平面图**

政策建议

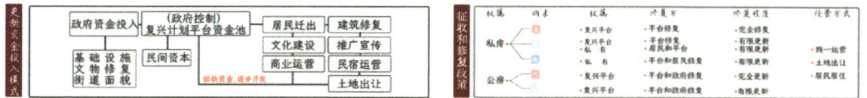

沿内秦淮河剖面示意

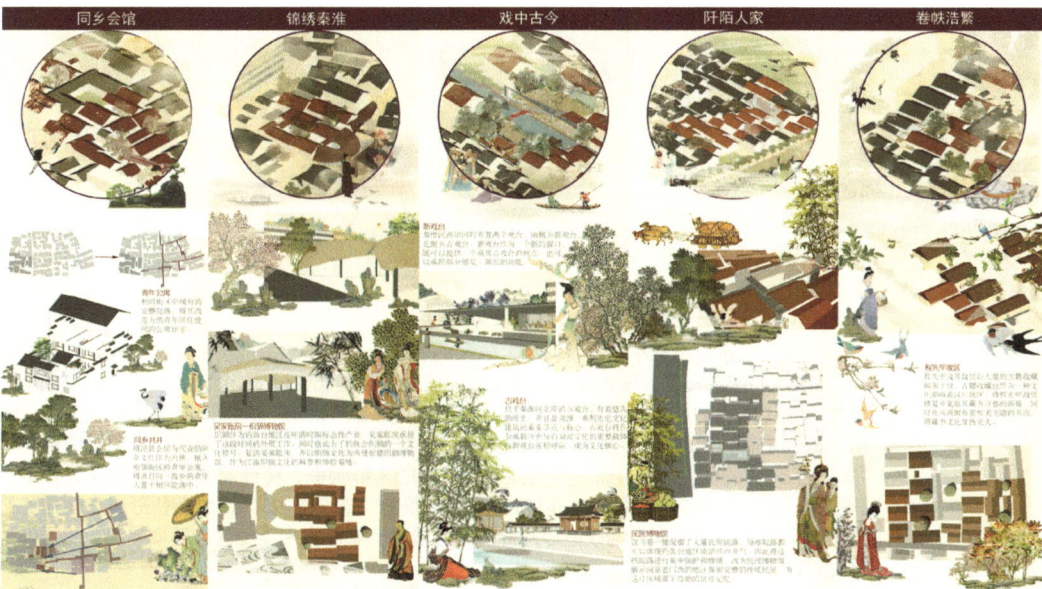

同乡会馆　锦绣秦淮　戏中古今　阡陌人家　卷峡浩繁

实施导则

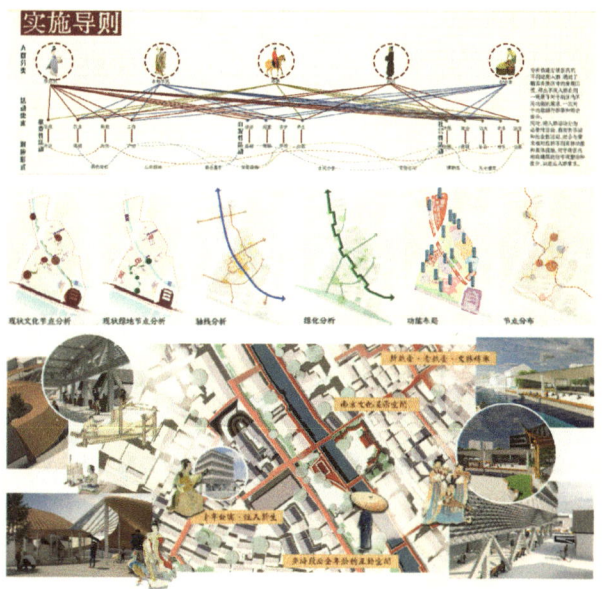

空间现状

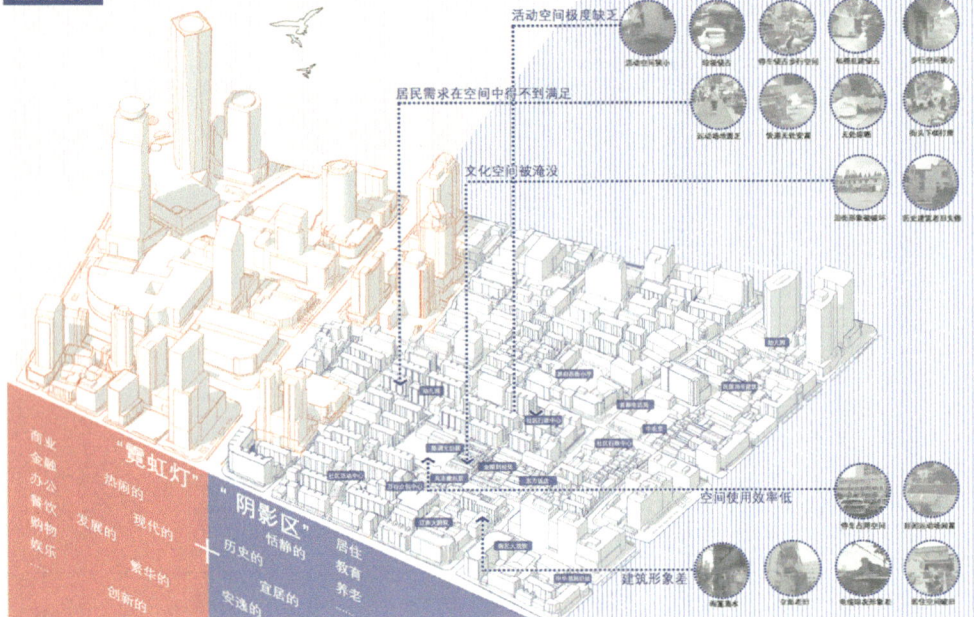

屋顶空间改造

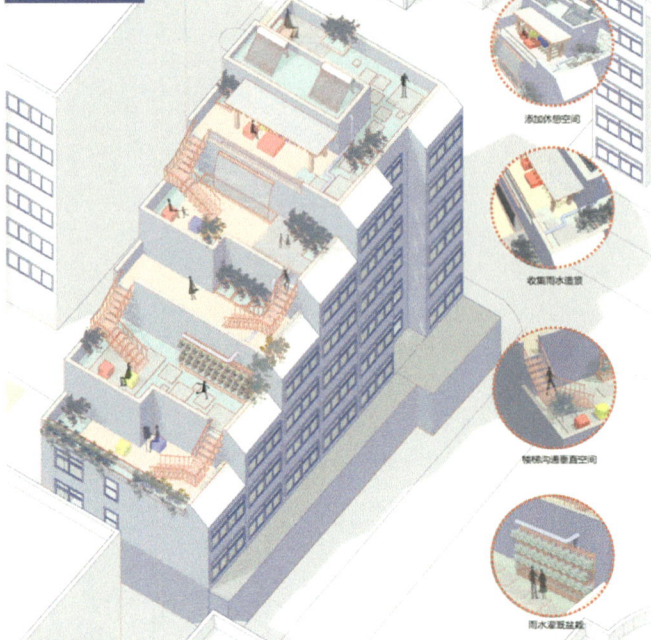

居住空间分析

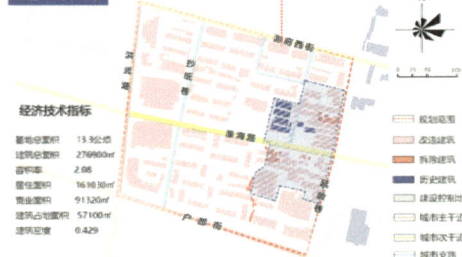

立面改造

在立面更新中，创造垂直公共活动空间

山墙加固
＋
立面美化
＋
垂直空间开发

通过高明度的色彩和设施美化建筑立面，创造活动空间，激发活力

垂直公园立面图

选址分析

经济技术指标

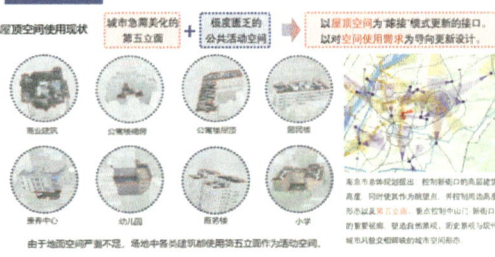

更新接口

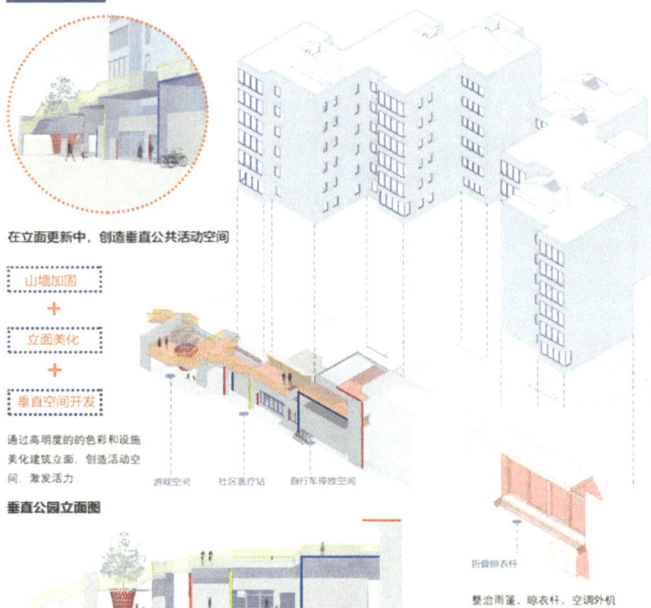

"新""新"相映：南京新街口淮海路地段居住区更新设计

参赛院校：内蒙古工业大学
作者姓名：韩思维　宋心灏　何　顺　曾一江　祗天悦
指导老师：傅　强
"南京国图杯"第一届全国大学生国土空间规划设计竞赛　佳作奖

方案点评：

在南京市新街口繁华的街景背后，破败的老旧居住区与之形成了鲜明的对比，被人们称为"霓虹灯下的阴影"。该作品在淮海路地段居住区的更新设计中，力图以"绣花"式的"微更新"取代传统的"大拆大建"。方案对老旧居住区的"阴影"进行识别、定位、优化、运维，进而进行"微改造"，从而将保护当地文化与满足居民需求统一起来。方案以建筑物的"第五立面"（屋顶）为切入点，根据住宅居住者的人群画像，将住宅屋顶营造为个性化的邻里空间，公共建筑屋顶则转化为以新街口为背景的"城市舞台"，结合街巷形成立体化的开放空间。方案通过屋顶空间改造提升淮海路地段这一城市高密度地区的环境品质，对类似地区的城市更新工作有启发意义。

总平面图

① 垂直公园
② 屋顶剧场
③ 香港城购物中心
④ 幼儿园
⑤ 口袋公园
⑥ 社区服务中心
⑦ 变电站
⑧ 健身器材
⑨ 树德坊
⑩ 金陵刻经处
⑪ 刻经文创
⑫ 太平洋大厦
⑬ 口袋公园
⑭ 社区活动中心
⑮ 口袋公园
⑯ 康养中心
⑰ 图书馆
⑱ 万谷众创中心
⑲ 屋顶活动中心
⑳ 江南大剧院

基地总面积：13.3公顷
建筑总面积：276900㎡
容积率：2.08
居住面积：161000㎡
商业面积：91000㎡
建筑占地面积：57000㎡
建筑密度：0.40
绿地率：34%

总平面图：1:1000

游府西街小学
首都电话局
东方饭店
远洋国际中心

街巷空间改造

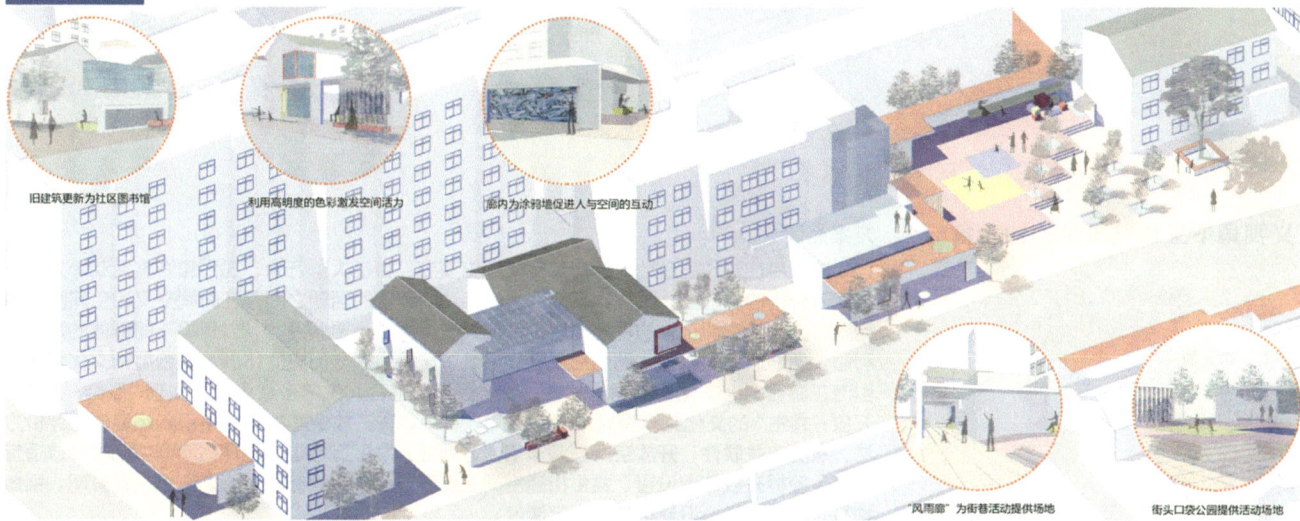

旧建筑更新为社区图书馆
利用高明度的色彩激发空间活力
廊内为涂鸦墙促进人与空间的互动
"风雨廊"为街巷活动提供场地
街头口袋公园提供活动场地

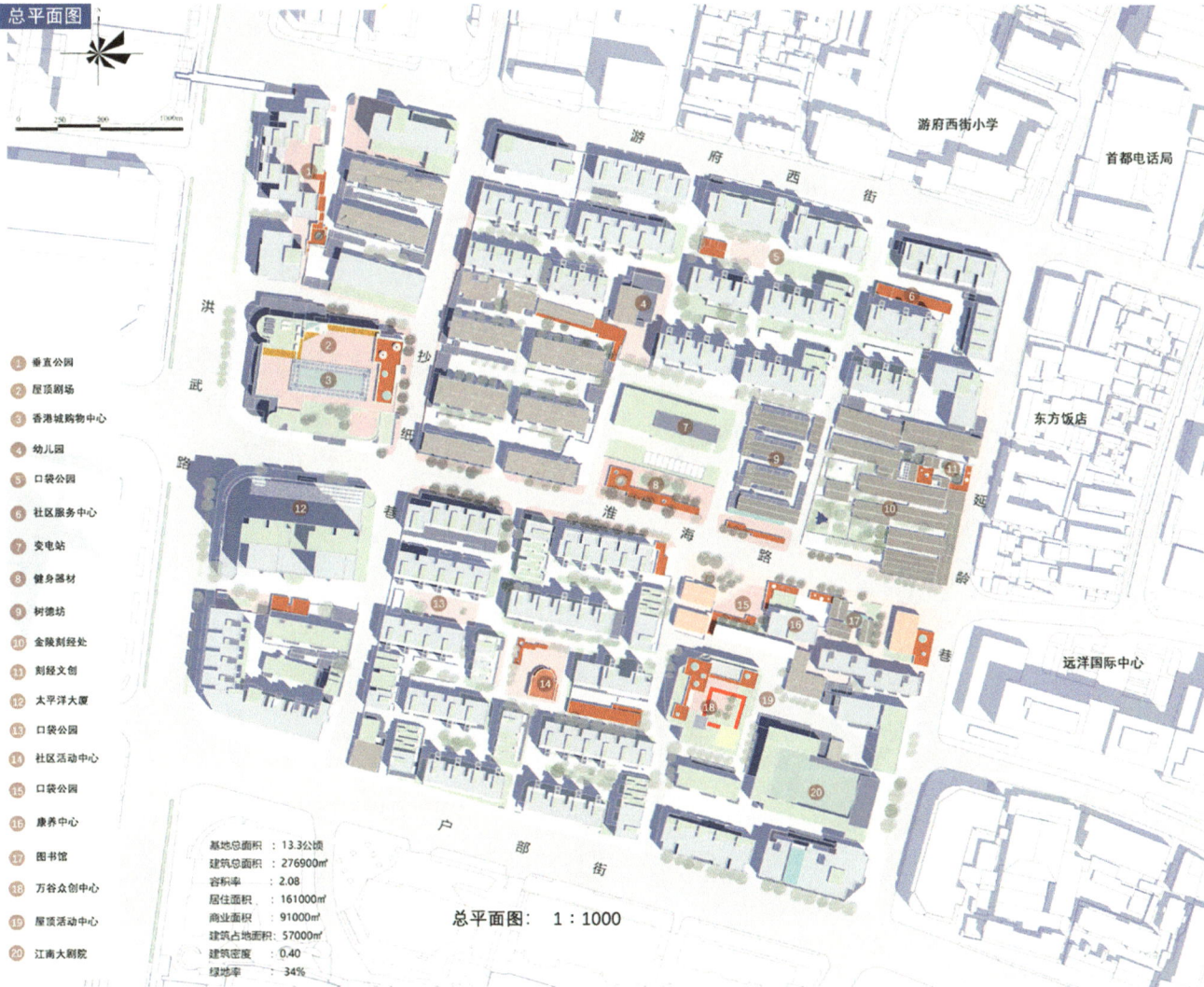

屋顶空间改造内容
地面空间挖潜
屋顶空间功能划分
地面空间功能植入
具有历史风貌建筑
文化空间改造措施
屋顶绿化空间分布
地面绿化空间改造

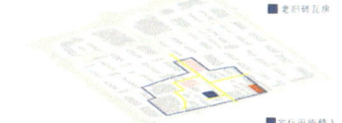

美化塑造
活动开发
低效空间利用
消极空间改造
景观型
生活型
娱乐型
游戏
模建
运动
别致
休闲
金陵刻经利用
展馆与公展
老街道互嵌
文化设施植入
文创产业植入
点状分布
块状分布
口袋公园
微观景观步道

屋顶功能模块

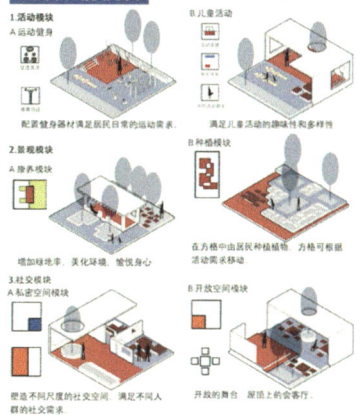

1.活动模块
A 运动健身
配置健身器材满足居民日常的运动需求
B 儿童活动
满足儿童活动的趣味性和多样性

2.景观模块
A 康养模块
增加绿地率，美化环境，愉悦身心
B 种植模块
在为巷中由居民种植植物，方格可根据活动需求移动

3.社交模块
A 私密空间模块
塑造不同尺度的社交空间，满足不同人群的社交需求
B 开放空间模块
开放的舞台，屋顶上的会客厅

2021年【南京国图杯】第一届全国大学生国土空间规划设计竞赛获奖作品——本科生组（佳作奖）

089

1 程先甲故居群
2 商务功能区
3 泛县会馆
4 社区文体中心
5 戏曲茶馆
6 古戏亭
7 糖酥坊河房
8 愉云杂房
9 吴家酱房
10 文化休闲空间
11 特色美食坊
12 游客服务中心
13 文化展览馆
14 共享书屋
15 文枢初级中学

技术经济指标：
地块总面积：14.92公顷
建筑总面积：9.6万平方米
建筑密度：42.9%
容积率：0.69
绿地率：18%

北

【总平面图】

【区位分析】

城市　　镇区　　片区

南京　　　　　　夫子庙秦淮风光带　基地

基地位于南京市，国家历史文化名城。周边城市历史资源一般。

基地位于南京市秦淮区——文化休闲旅游国际性城区，古都金陵的起源，南京文化的摇篮。

基地右邻夫子庙，左邻愚园，处于夫子庙秦淮风光带。周边旅游资源开发较充分。

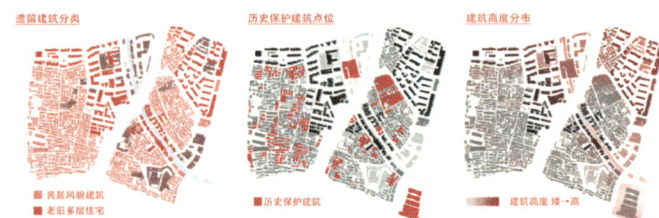

【建筑现状】

遗存建筑分类　　历史保护建筑点位　　建筑高度分布

民居风貌建筑　　老旧多层住宅
历史保护建筑
建筑高度 低→高

【道路分析】

深度值分析　　可达性分析　　连接度分析

街巷空间深度值较好，保有历史氛围
街巷空间可达性一般
街巷空间连接度较差，断头路较多

【开放评价标准】

本组依据街巷空间在选定地块内将其分为13个小地块标号并进行评估

金陵遗梦，秦淮共赏——空间正义视角下文化共享型的钓鱼台地区城市更新设计

参赛院校：东北大学
作者姓名：唐晨旭　李唐　王以诚　吴奕辰　刘天翼
指导老师：高雁鹏　崔俏
"南京国图杯"第一届全国大学生国土空间规划设计竞赛　佳作奖

方案点评：

该作品在对钓鱼台地区的街巷空间历史演变、特征人群行为、居民和游客活动等方面进行深入分析的基础上，关注到基地居民的活动与游客的活动之间存在时间交叉和空间割裂的问题，由此从空间正义的视角提出了文化共享型的城市更新理念，以保障不同群体的需要和利益。规划通过由点到线到面形成开环系统、居民生活与历史文化展示融合重构文化景观吸引潜在游客、老文化与新需求共生、老居民与新游客共生的多重手段，实现"联结-融合-开放-共生"的文化共享型城市公共空间。其中，在开放空间的划分中引入定量化的评价方法，从历史关联性、开放空间资源丰富性、商业开发适宜性等方面评估不同空间的开放适宜程度，使得开放节点设置、共生街道空间改造等方面的设计有据可循。方案主题鲜明，视角独特，方法科学，设计达到了一定深度。

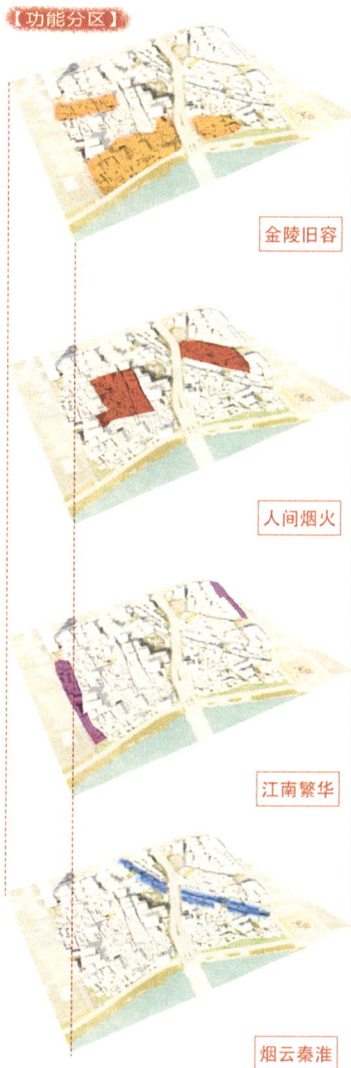

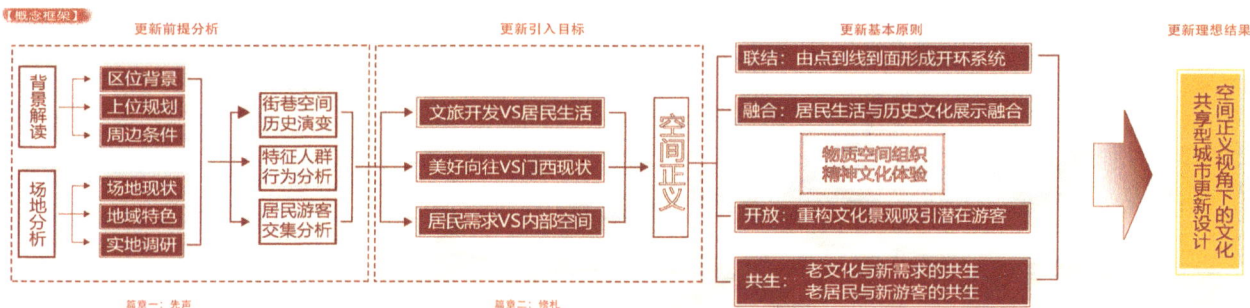

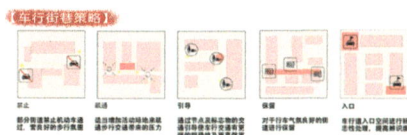

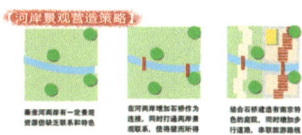

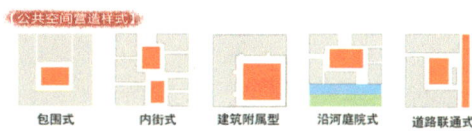

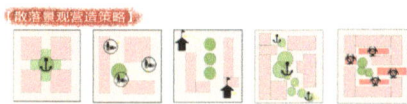

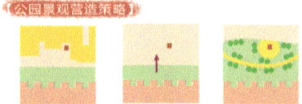

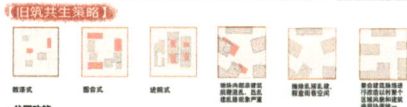

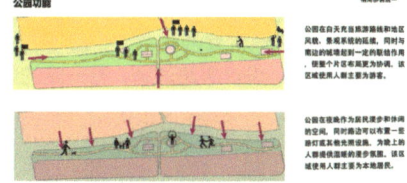

【鸟瞰图】

新旧共生赋天下寒士
百花换新，新人旧容偶家

【功能分区】

金陵旧容

人间烟火

江南繁华

烟云秦淮

【概念框架】

更新前提分析　　　　　　　　　更新引入目标　　　　　　　　更新基本原则　　　　　　　更新理想结果

背景解读
- 区位背景
- 上位规划
- 周边条件

场地分析
- 场地现状
- 地域特色
- 实地调研

街巷空间历史演变
特征人群行为分析
居民游客交集分析

文旅开发VS居民生活
美好向往VS门西现状
居民需求VS内部空间

空间正义

联结：由点到线到面形成开环系统
融合：居民生活与历史文化展示融合
物质空间组织
精神文化体验
开放：重构文化景观吸引潜在游客
共生：老文化与新需求的共生
老居民与新游客的共生

空间正义视角下的文化共享型城市更新设计

篇章一：先声　　　　　　　　　　篇章二：修礼

【车行街巷策略】

【散落景观营造策略】

【旧筑共生策略】

公园功能

【河岸景观营造策略】

【公园景观营造策略】

【开放景观营造策略】

【社区养老志愿策略】

【公共空间营造样式】

包围式　内街式　建筑附属型　沿河庭院式　道路联通式

【院落空间类型】

内院式　L型院式　L型院合封闭式

C型（）型院合半封闭式　内街院式　线性闭合封闭式　三围闭合式

【改造策略】

【清潭茶寓】

【十里秦淮】

【院落深深】

总平面图

① 院落式家庭酒店
② 泾县会馆
③ 特色餐厅
④ 更新居民区
⑤ 医院
⑥ 社区服务中心
⑦ 口袋公园
⑧ 茶楼
⑨ 游客服务中心
⑩ 手工艺市集
⑪ 手工艺坊/工作室
⑫ 御钓台/古戏院
⑬ 南都会酒店
⑭ 文枢中学
⑮ 创意社区
⑯ 手工艺文创店
⑰ 城墙历史展馆
⑱ 创意民宿
⑲ 商住混合休闲带
⑳ 城墙处入口广场

▢ 一期改造优化建筑
▢ 二期改造优化建筑
▢ 新建/整体拆改建筑

前期分析

平面分析

烟火之下，秦淮渐醒——基于地域文脉视角的场所营造

参赛院校：苏州大学
作者姓名：陈姝妤　陈可　刘倩　俞仁雯　汪千琦
指导老师：周国艳　雷诚
"南京国图杯"第一届全国大学生国土空间规划设计竞赛　佳作奖

方案点评：

　　门西地区历史上是南京著名的手工业聚集地，曾有许多传统美食店铺和手工作坊，市井气十足。但随着门西地区的日渐衰败，昔日的手工艺人也慢慢离开了这里。该作品基于"地域生活美学"理念，旨在重启"日常性创造"的人居模式，明确人本关怀的深层内涵及其空间化的实现途径——留人群、引产业、塑场景，力图实现生活性社区营造，重塑昔日门西地区鲜活的生活场景。方案提出的设计策略较好地契合了场地发展的需求。方案主题鲜明，目标明确，对地域文脉的挖掘较为深入，规划布局合理，设计思路清晰，有一定的创新思考。

游客流线分析

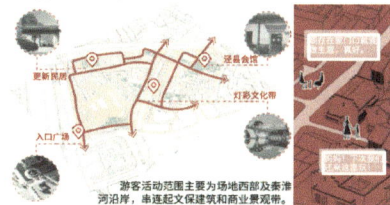

游客活动范围主要为场地西部及秦淮河沿岸，串连起文保建筑和商业景观带。

居民流线分析

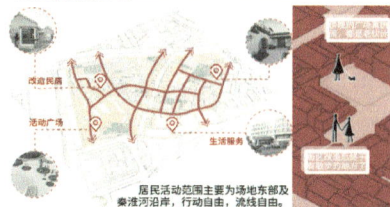

居民活动范围主要为场地东部及秦淮河沿岸，行动自由，流线自由。

手工艺人流线分析

手工艺人活动范围集中，其生活和工作场所往来方便，同时流线途经商店、市场等生活便利服务场所。

经济技术指标

	更新前	更新后
用地面积	15.3ha	15.3ha
容积率	1.24	0.95
建筑密度	34.10%	23.40%
绿化率	8.90%	36.5%

引产业 活体系

产业现状
产业无序化
生活需求型
缺乏生命力

文化底蕴
灯彩文化
市井文化
民俗文化
历建文化

存在缺补 人才引入 特色探索

产业活化
文产联动

文化挖掘
烟火重构 非遗发扬 感知体验

文化体验 —— 文脉秦淮
生活体验 —— 烟火秦淮
产品体验 —— 品鉴秦淮

文化产业
实体产业
特色产业

留人群 构网络

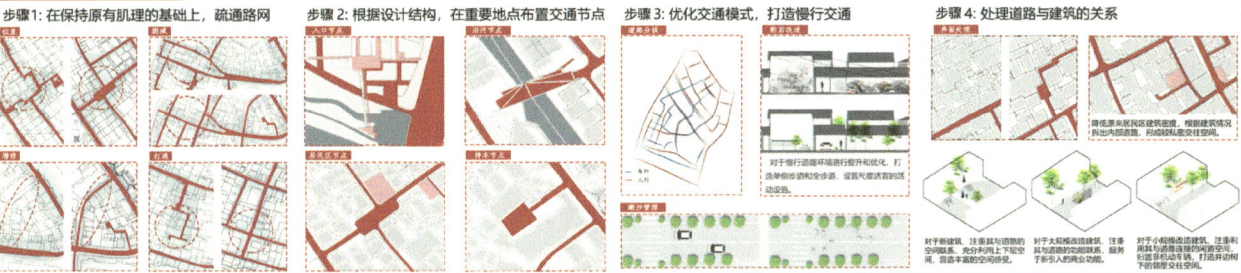

步骤1：在保持原有肌理的基础上，疏通路网
步骤2：根据设计结构，在重要地点布置交通节点
步骤3：优化交通模式，打造慢行交通
步骤4：处理道路与建筑的关系

塑场景 复繁荣

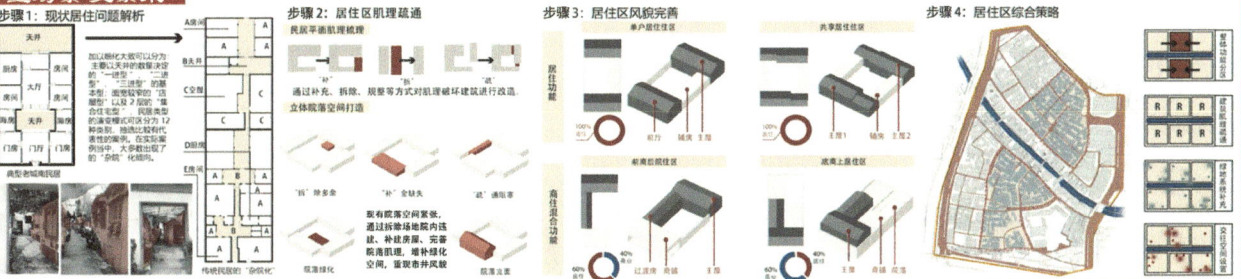

步骤1：现状居住问题解析
步骤2：居住区肌理疏通
步骤3：居住区风貌完善
步骤4：居住区综合策略

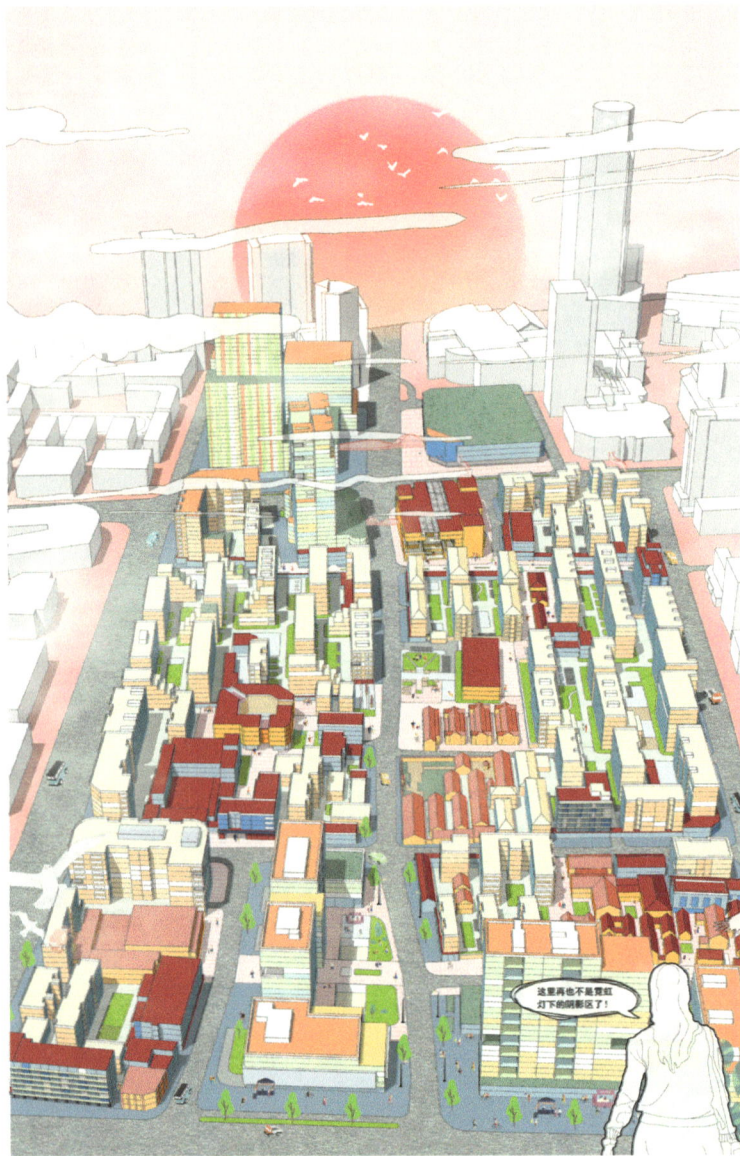

重缝·重逢：南京淮海路地段更新规划设计

参赛院校：浙江工业大学
作者姓名：马施婷　孔　怡　吴子琦　徐慧涛　卢颖丽
指导老师：陈怀宁　杨　宁
"南京国图杯"第一届全国大学生国土空间规划设计竞赛　佳作奖

方案点评：

　　位于新街口商圈一侧的淮海路地段，金融中心与低效楼宇、历史建筑与老旧街区混杂，常被称为"霓虹灯下的阴影区"，空间断层表象背后则是更深层次的社会与文化内涵的割裂。该作品试图借助城市更新对文化、空间、社会三大裂隙进行"缝合"，以期重逢美好的人居环境——活化的历史记忆、宜人的街坊空间和多元化的市井生活。方案通过"悠享环"的总体串联、街区服务的提升延续、小微场景的多点打造、文化功能的激活植入，将地块提升为展示南京新旧交融的新商圈、生活街、文化口。方案构思新颖，目标明确，布局合理，表述清晰。

文之裂隙

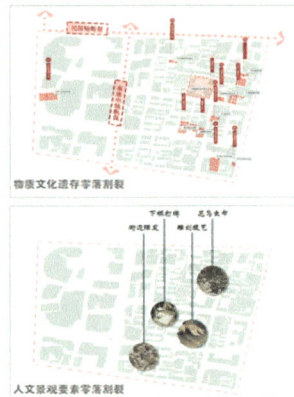

空之裂隙

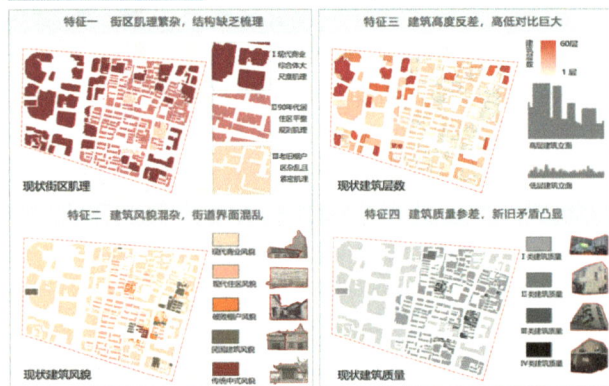

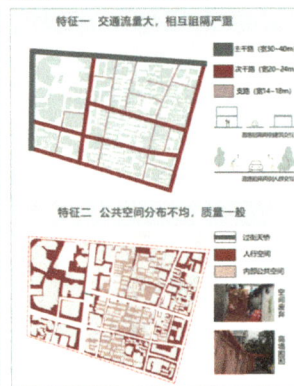

社之裂隙

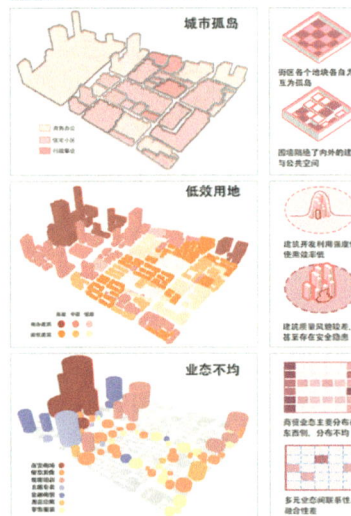

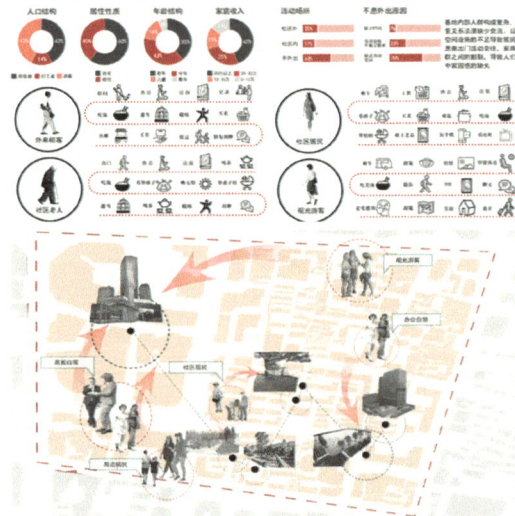

场地问题总结

主题解读

"大规划" 城市更新 "小织补"

城市机能提升 / 土地集约利用 / 遗产保护利用 / 住房公共服务 / 产业特型升级 / 生态环境保护

旧中心区 / 活力提升 / 历史地段 / 旧居住房 / 旧工业区 / 生态恢复

老城居住 / 中心商圈 / 生活圈

文化记忆 / 老旧住房

定位定性

融合现代理念的集中近代百年历史商业、大院住区、市井街巷之美好记忆的重现，展示南京新旧交融、创新变迁的新场景、生活街、文化口

界面打造
创意空间 / 人群需求 / 肌理重塑 / 多元协调
前世今生

激活
创新名城
历史记忆 / 非遗文化 / 民国风情
古都文脉 / 文化口

方案生成

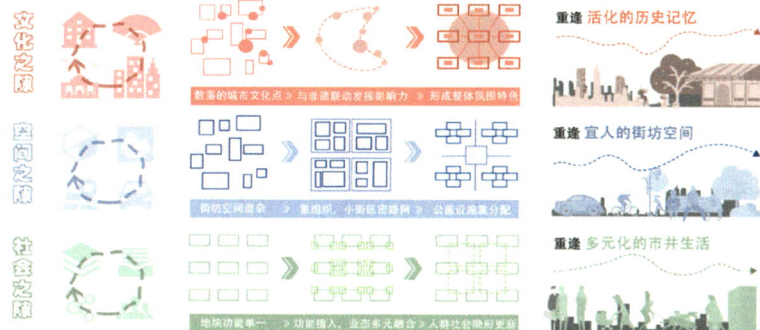

文化之脉 / 空间之脉 / 社会之脉

散落的城市文化点 → 与非遗联动发挥影响力 → 形成整体氛围特色
街坊空间混杂 → 重组织，小街区街路网 → 公服设施重分配
地块功能单一 → 功能植入，业态多元融合 → 人群社会形更新

重塑 活化的历史记忆
重塑 宜人的街坊空间
重塑 多元化的市井生活

重点组团

低效楼宇组团

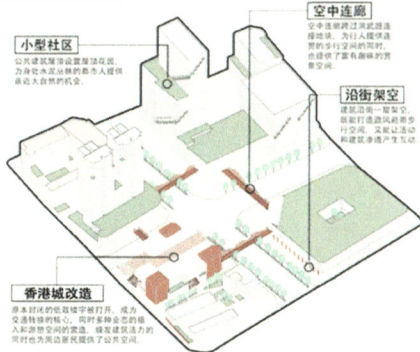

小型社区
空中连廊
沿街架空
香港城改造

抄纸巷组团

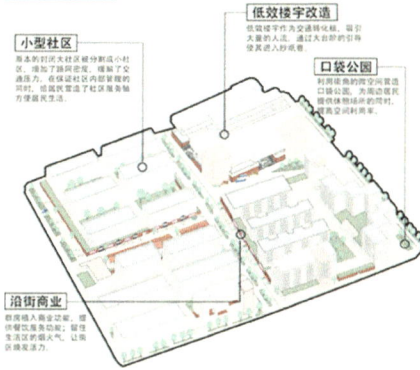

小型社区
低效楼宇改造
口袋公园
沿街商业

淮海社区组团

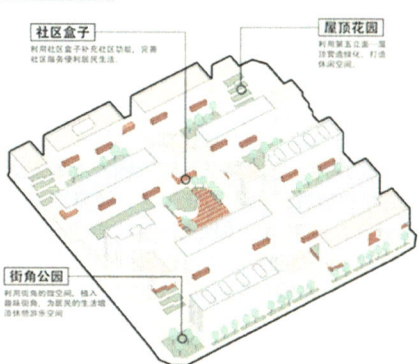

社区盒子
屋顶花园
街角公园

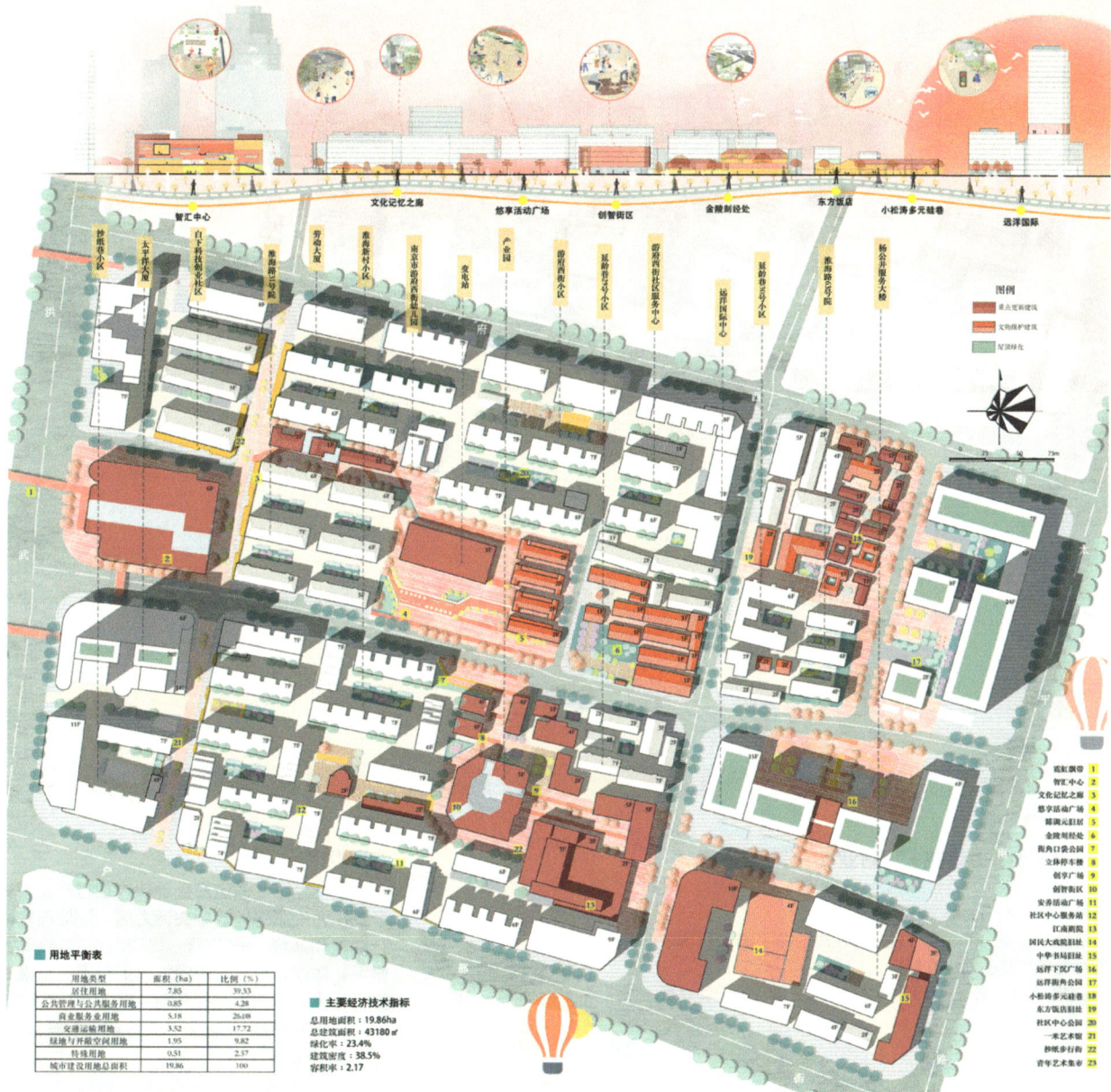

智汇中心 / 文化记忆之廊 / 悠享活动广场 / 创智街区 / 金陵制经处 / 东方饭店 / 小松涛多元链巷 / 远洋国际

图例
- 重点改造建筑
- 文物保护建筑
- 留建新生

用地平衡表

用地类型	面积（ha）	比例（%）
居住用地	7.85	39.53
公共管理与公共服务用地	0.85	4.28
商业服务业用地	5.18	26.08
交通运输用地	3.52	17.72
绿地与开敞空间用地	1.95	9.82
特殊用地	0.51	2.57
城市建设用地总面积	19.86	100

主要经济技术指标

总用地面积：19.86ha
总建筑面积：43180 ㎡
绿化率：23.4%
建筑密度：38.5%
容积率：2.17

1 流虹飘带
2 智汇中心
3 文化记忆之廊
4 悠享活动广场
5 韩调元剧院
6 金陵制经处
7 街角口袋公园
8 立体停车楼
9 创享广场
10 创智街区
11 安养活动广场
12 社区O服务站
13 江城商圈
14 国民大戏院旧址址
15 中华书局旧址
16 远洋下沉广场
17 远洋商务公园
18 小松涛多元链巷
19 东方饭店旧址
20 社区中心公园
21 一米艺术馆
22 抄纸多行街
23 青年艺术集市

General Layout | 总平面图

技术路线

基础分析	具体策略	规划愿景	定位

地块用地现状　　路径及道路使用率　　建筑高度　　建筑质量

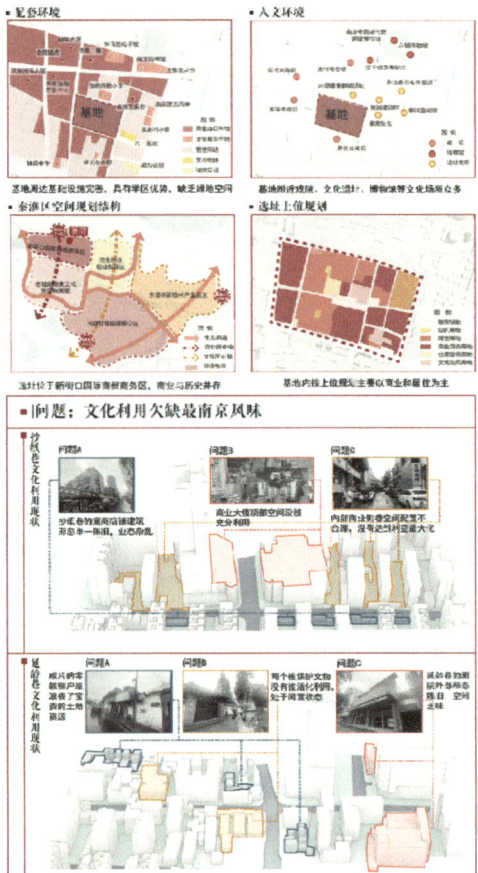

淮海有戏："戏曲+"商业文化圈更新模式

参赛院校：厦门大学
作者姓名：王一苇　姚珊　马仕杰　范宇婕　王雨晴
指导老师：林小如　文超祥
"南京国图杯"第一届全国大学生国土空间规划设计竞赛　佳作奖

方案点评：

　　该作品试图通过打破地块内现行产业模式，延续老城文脉，提升居住软硬件品质，最终形成作为生活样板的中央活力区。该地段戏曲文化底蕴深厚，方案将在地戏曲的三大要素进行抽象和演绎——要素一：戏台布景体现为基地空间的边界柔化与功能混合；要素二：戏服织补体现为基地分阶段的财务平衡更新模式；要素三：戏本编写体现为活巷、筑园、造血的三幕大戏。方案通过构建"戏曲+"商业文化圈的创意，力图为城市打造发展磁极，为新街口CBD补充后街活力，为人群定制多元生活舞台。方案主题特色鲜明，模式建构合理。

戏台市景·搭台 | 柔化边界 有机缝城　功能混设 立体亮城

戏服定制·机制 | 分阶段财务平衡机制　第一阶段——EPC+O模式　第二阶段——自主更新模式

戏本编写·方略 | 贯文通商 巷活淮海　故里烟火 硅态织新　虚实相嵌 弹性造血

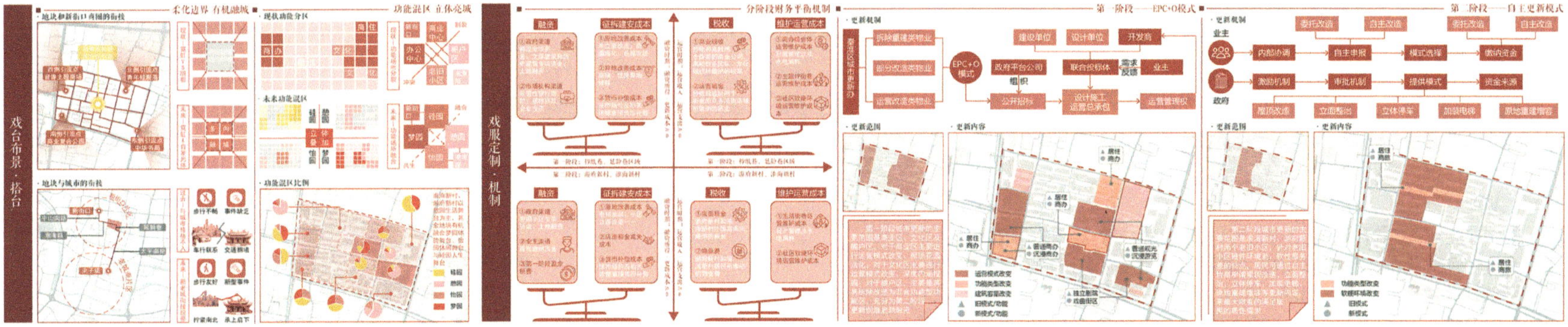

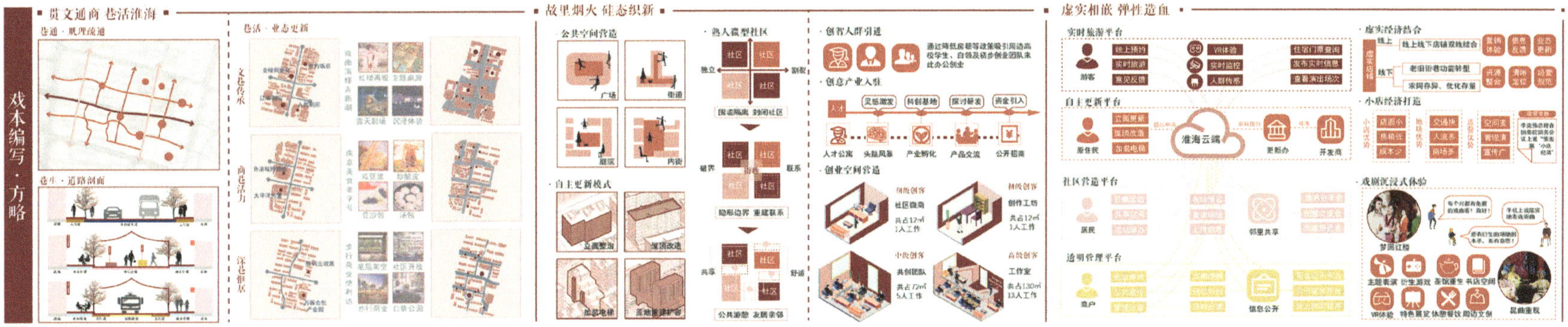

方案展示 | Project Display

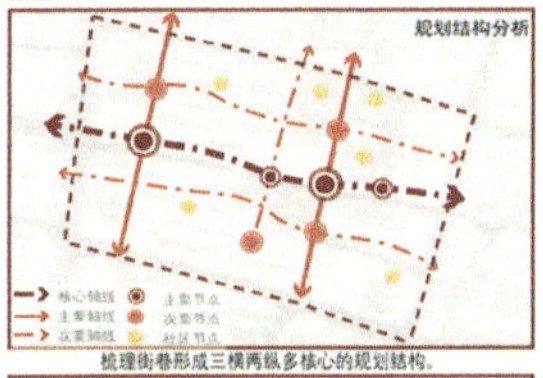

规划结构分析

更新内容分析

交通流线分析

公共空间分析

游览路线分析

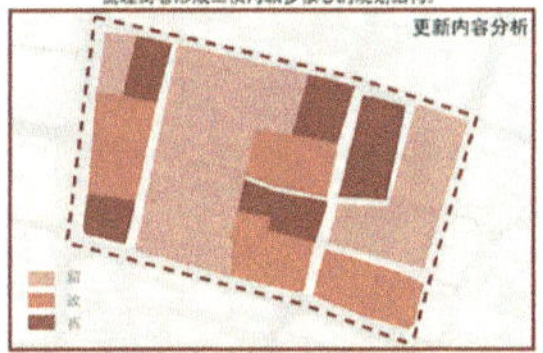

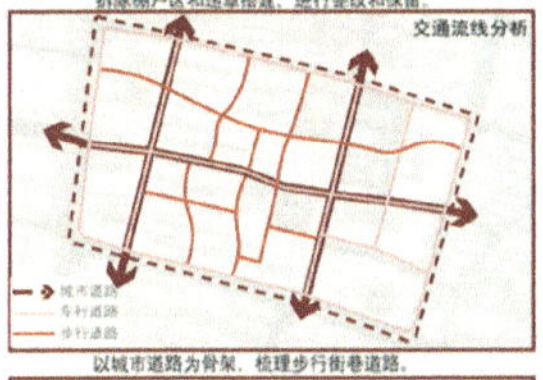

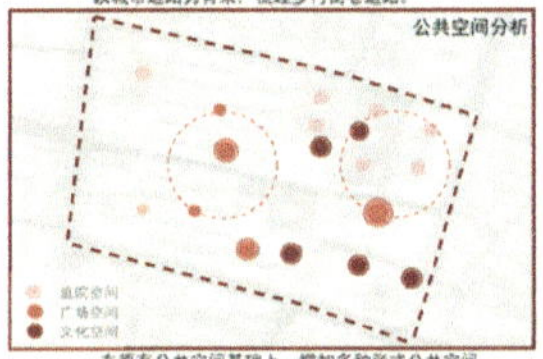

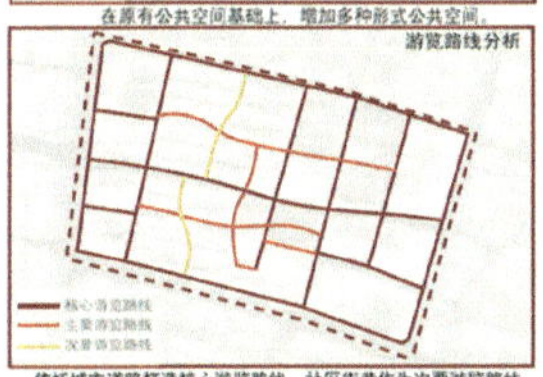

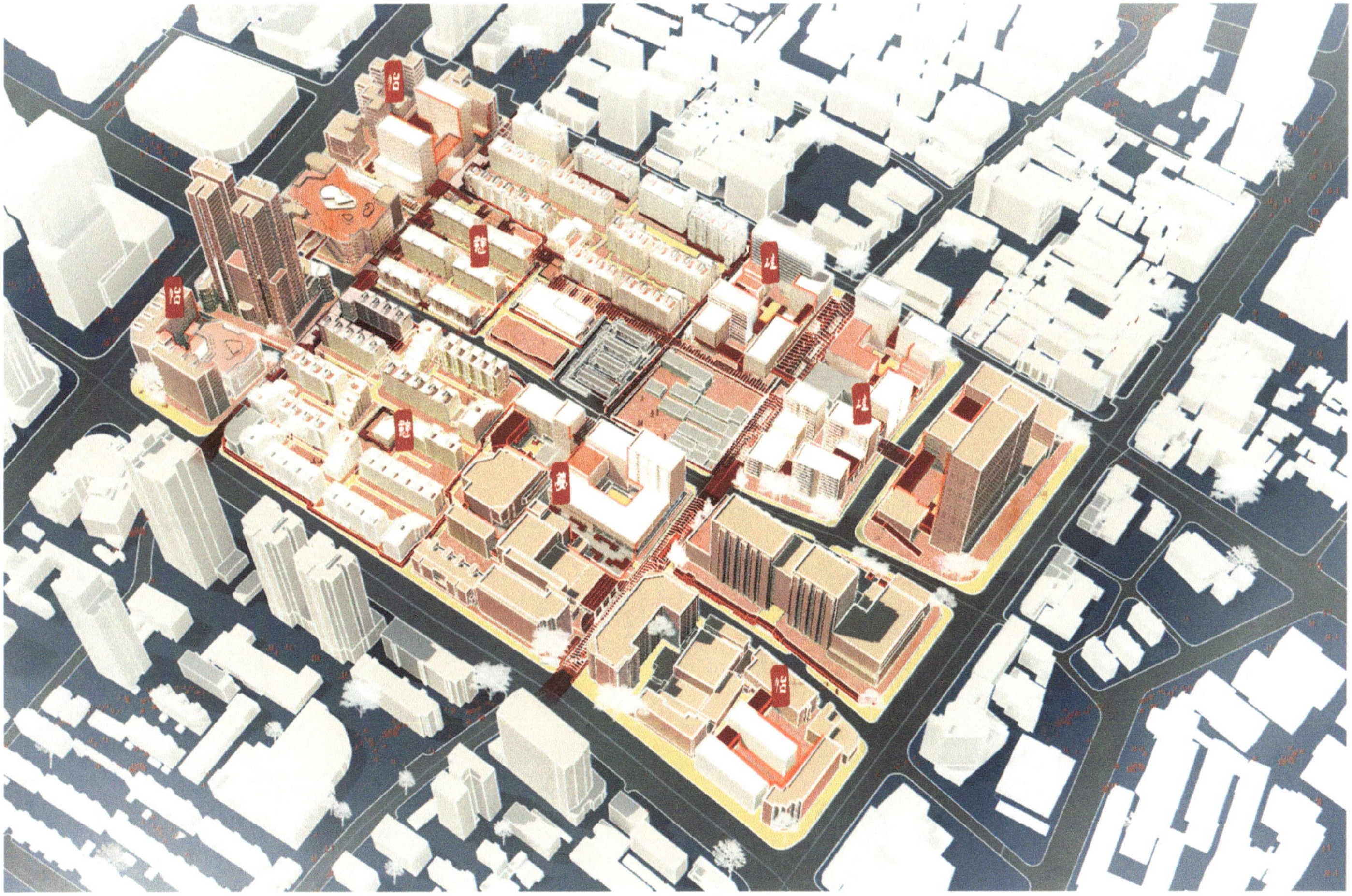

忆古艺今门西情，生生不息同堂人

参赛院校：武汉大学

作者姓名：张舒琳 宋璐 顾瑜 高杰 张先筠

指导老师：孔雪松 陈婷婷

"南京国图杯"第一届全国大学生国土空间规划设计竞赛 佳作奖

方案点评：

　　该作品主题特色鲜明，将历史记忆与传统建筑融合，把传统建筑改造成为地方特色文化馆和艺术展览馆；借助新时代技艺和技术，打造数字化社区平台，共建新时代文艺门西。此外，规划方案将生生不息的主题融入文化价值留存、社区空间更新、绿色空间塑造和智慧文旅建设等方面，充分体现了生活、生态和生机融合的社区规划理念。规划方案布局合理、结构清晰，图面表达点面结合、层次分明。

文化价值体验
1 民俗展览馆
2 云锦织坊
3 南京白局
4 书画展览
5 金陵琴馆

文物保护价值
1 古树
2 古井

空间活化　完善基础设施　道路整治

开放-闭合院落　运营模式　实现过程

文化分析
与周围历史景点的文化分析　门西自身历史文化变革　居民访谈

人口分析
年龄结构　人口结构　居民收入结构　人口预测

GIS分析
热力图分析　基础步行指数空间分布特征　基于高斯两步移动搜寻法的可达性分析

公园绿地热力图
购物消费热力图
医疗机构热力图
养老机构热力图
科教文化热力图
建筑密度分析

基础步行指数空间分布特征

解决方法
现状问题总结　解决方案

生·活　人·群　文·化　区·位 → 优环境 + 细品质 + 续文脉 + 激活力

现状分析
用地类型　建筑类型　建筑层数

规划效果
建筑物规划　生态绿地规划　道路规划

SWOT分析
老城南传统风貌　居住环境差
位于秦淮河风光带　老龄化严重　居民肌理严重破坏
可开发旅游业　产权复杂
文化底蕴丰厚　绅士化可能性大

主题理念分析
概念诠释

规划说明

人始终是生活在历史之中，以历史的逻辑生活着。同样，历史也总是为人所塑造的历史。门西人们的悲喜剧，也即是门西历史真正的内容。

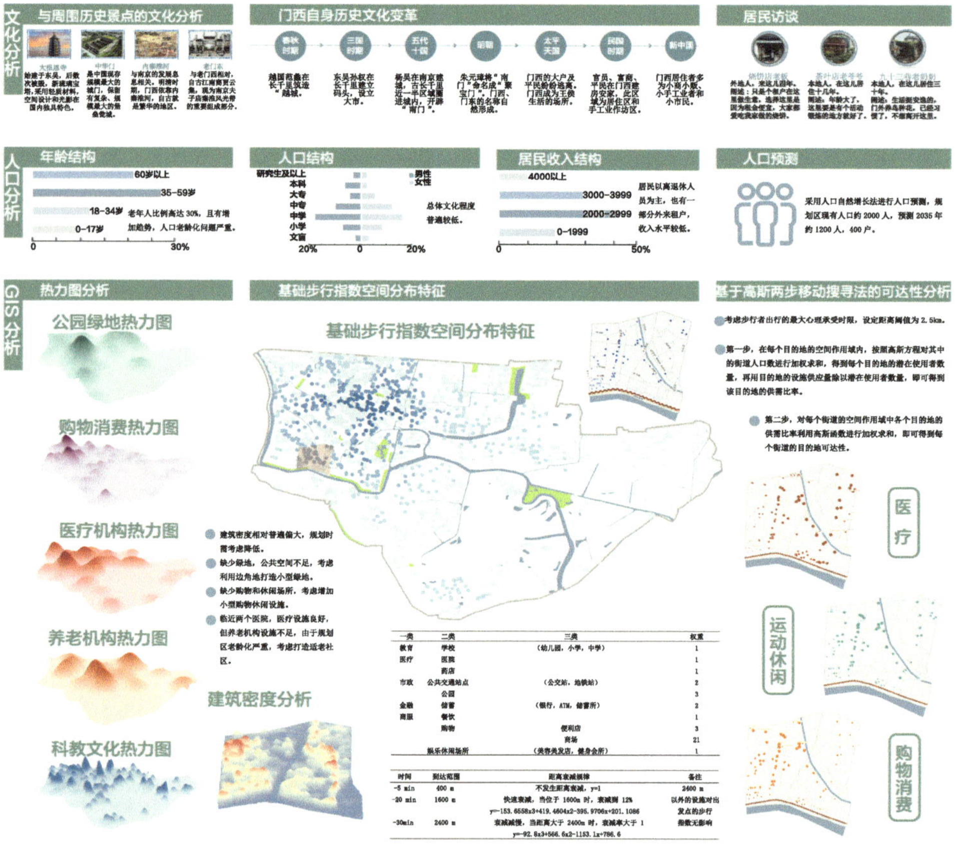

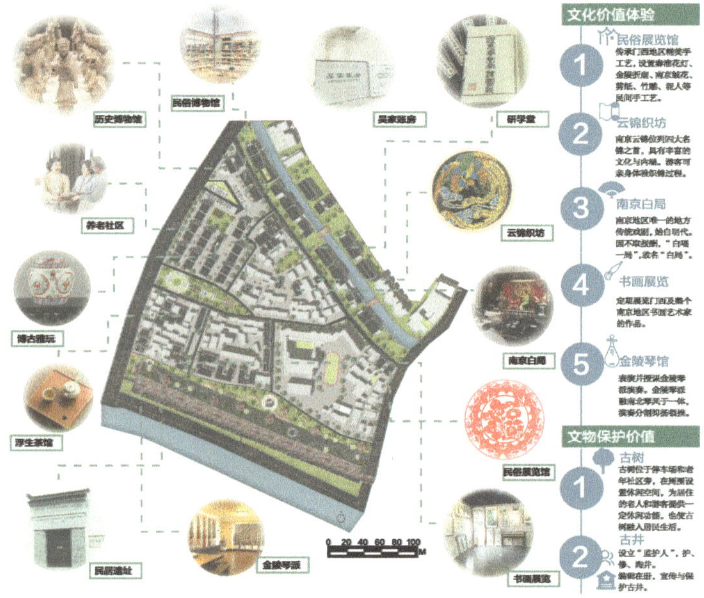

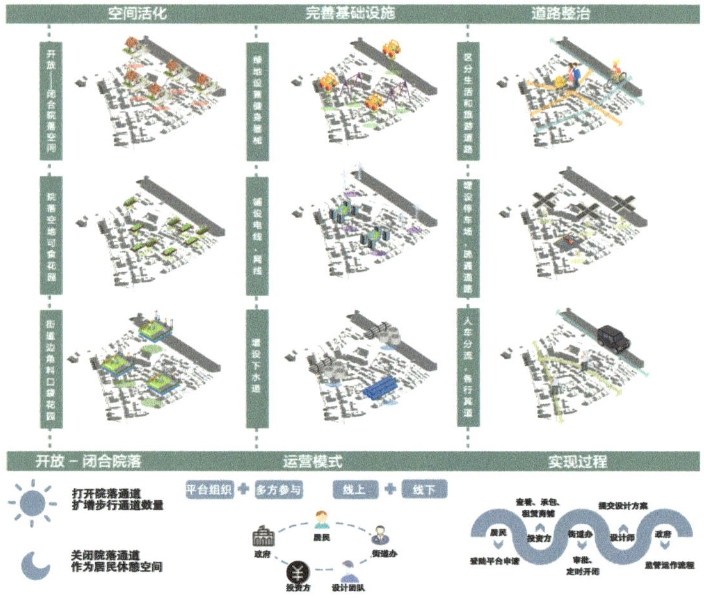

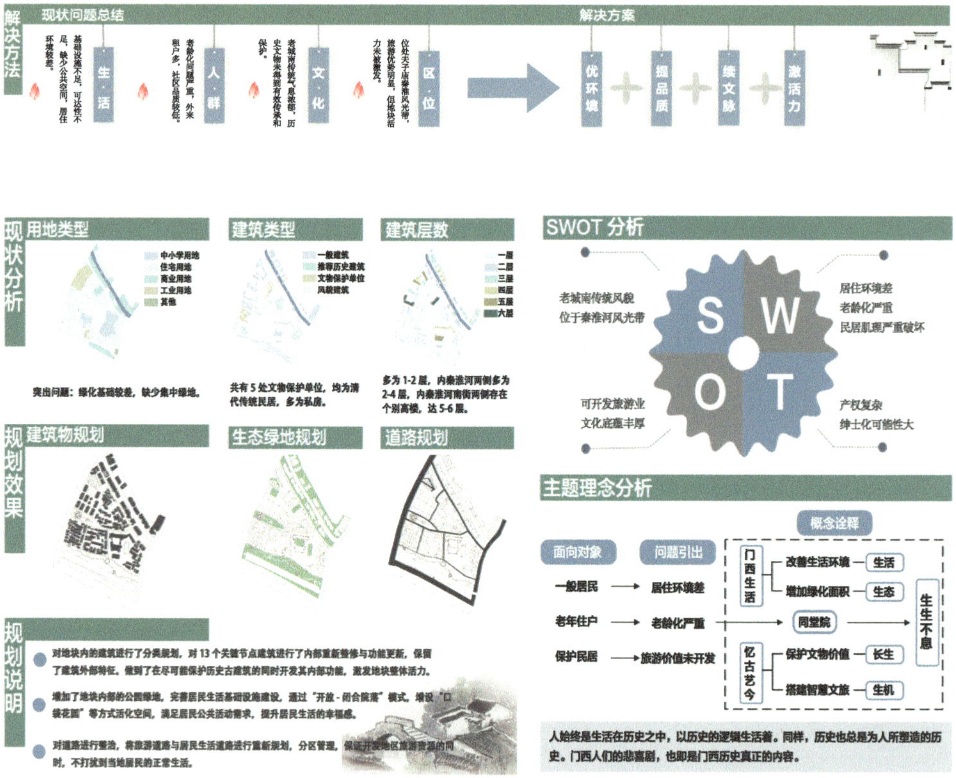

游廊画舫
露天舞台
义德教育
御园垂钓
灯光秀

今朝流水——中心公园
古时明月——城墙绿地
秦淮风光带——秦淮河

绿地设计

游客的一天

民居导览
AR游览
路线规划

智慧文旅的概念

5G
人工智能
大数据
互联网

特色文化

体验
营销
管理

智慧文旅

以特色文化为内在驱动，以现代科技为主要手段，创造一种全新的观赏体验

城区文化中心

利用周边景点资源
区域联动发展
规划主题活动

设立旅游观光路线

旅游路线

其他分析

街巷设计

历史街巷变迁

清代 | 民国 | 近代

街巷保护名录

编号	名称	始建年代	建议地面铺装
1	长乐街	明	保持现状
2	糖坊廊	明	保持现状
3	钓鱼台	明	传统青砖路面
4	六角井	明	保持现状
5	饮马巷	明	保持现状
6	甘雨巷	明	保持现状
7	钓鱼台九三巷	明	保持现状
8	钓鱼台7号巷	明	保持现状

整治策略

空间设计

建筑设计

路面材质
道路变化
道路空间整治

城市绅士化

怎样才能缓解绅士化呢？

养老社区

设计框架
整体分区
内部设计

同堂院

05月30日 08:00

便捷购物

主题活动设计

文艺门西
情定秦淮
观城墙
文脉传承
感恩、知恩、报恩
舌尖上的门东

智慧文旅运营模式

政府指导
市场运作
社会参与

智慧平台系统流程

游客
用户接触

居民意见 游客意见 商业参与 第三方评估

72

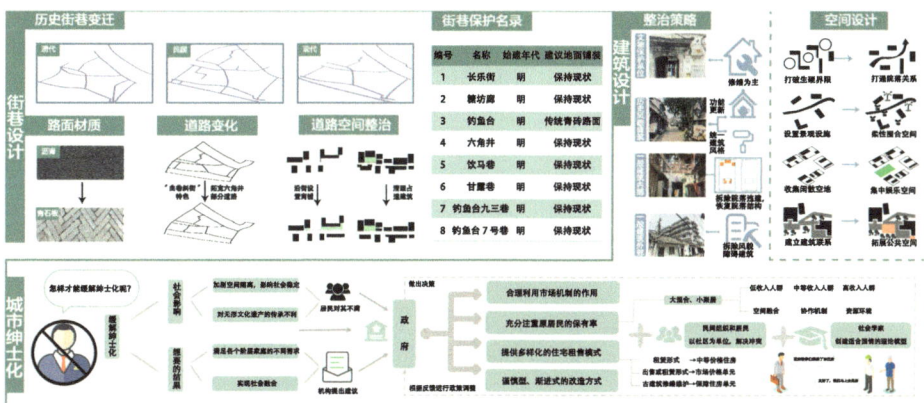

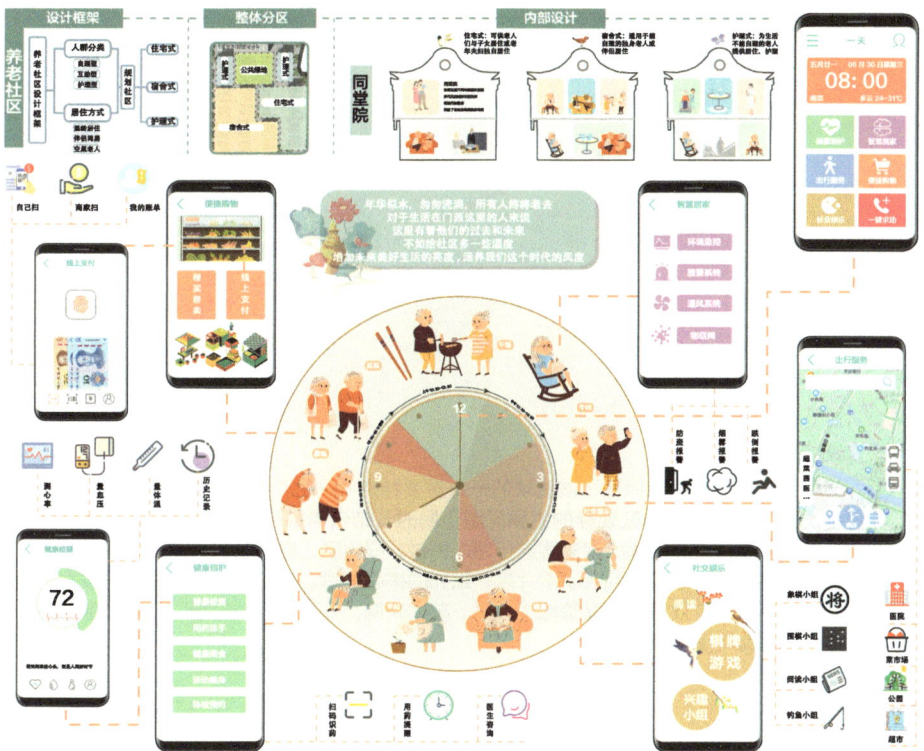

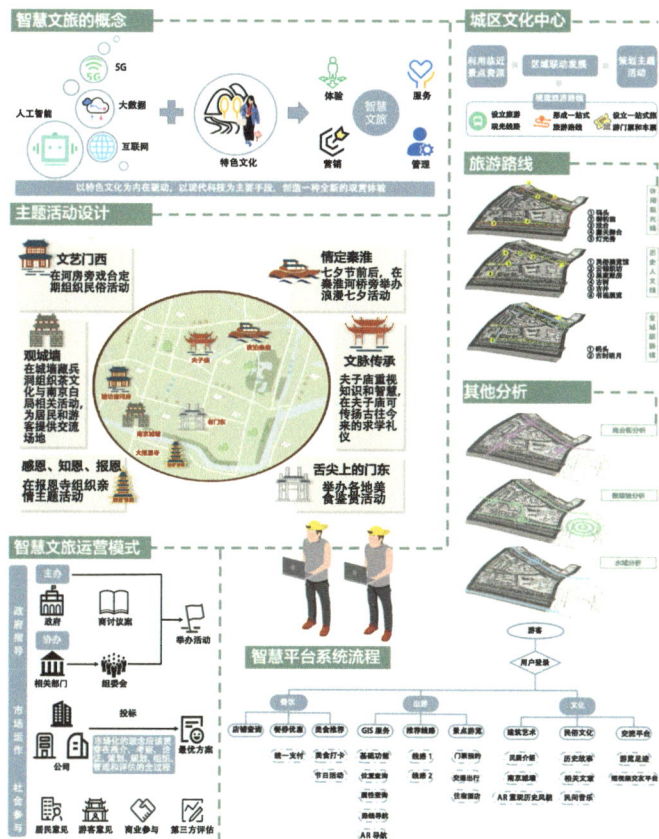

2021年【南京国图杯】第一届全国大学生国土空间规划设计竞赛获奖作品——本科生组（佳作奖）

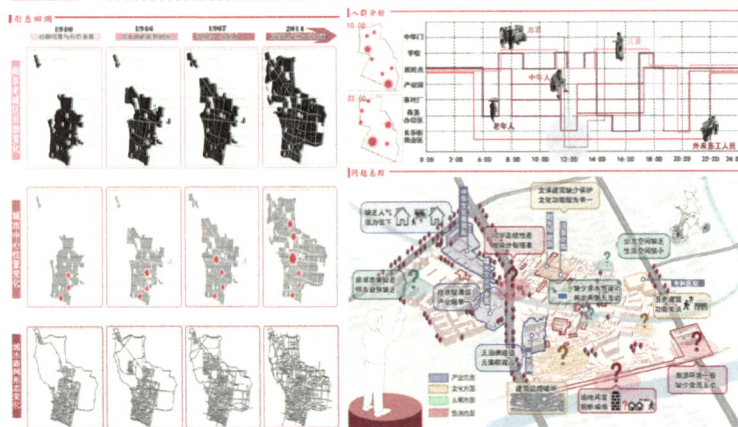

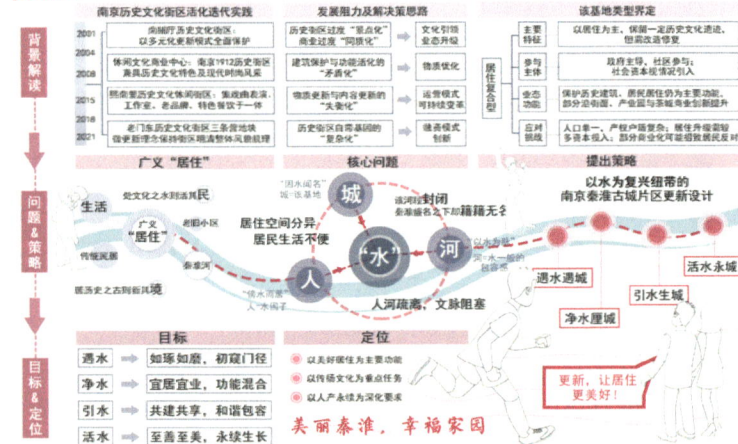

2021年【南京国图杯】第一届全国大学生国土空间规划设计竞赛获奖作品——本科生组（佳作奖）

更生秦淮　水润人家——以水为复兴纽带的南京秦淮古城更新设计

参赛院校：中南大学
作者姓名：王舒敏　邵雅欣　唐伊雯　罗晓茜　白淇文
指导老师：李　铌　刘　钺
"南京国图杯"第一届全国大学生国土空间规划设计竞赛　佳作奖

方案点评：

　　中南大学参赛队伍抓住了该地块的一个重要特点——"秦淮水"，从秦淮内外，思考钓鱼台历史街区与老旧小区现存的主要问题。同时，结合当前存量时代下的城市更新，以初遇、梳理、思考、激活等步骤逐层进行深入探讨，提出了人群、空间、产业、文化等多方面的创新策略，较为精准地回应了该片区一系列的核心问题。该团队利用相关科学技术手段定量证明了更新的有效性，方案落地性较强。总体来说，方案在场地分析、设计创意、图面表达等方面都有可圈可点之处。

净水篇

吸人

人群		
人群：旅者		
人群：业者		
人群：居者		
人群：租客		

留人

分时开放活动场　街道休闲/游憩空间　街角活动中心

动人

滨河空间复兴

滨河空间

内秦淮河与开放节点

外秦淮河与老城墙

人群活动打造

产业发展

产业空间

运营模式

茶艺园　曙光产业园

文化空间

游客　居民　综合

现状　流线范围
规划　流线范围

建立五感空间

引水篇

街区交通(规划前+规划后)　街区肌理(规划前+规划后)　土地利用(规划前+规划后)

建筑容量(规划前+规划后)　开放空间(规划前+规划后)　空间活力(规划前+规划后)

活水篇

城墙公园　公共院落　古戏苑　桥下空间　街角公园　共享驿站

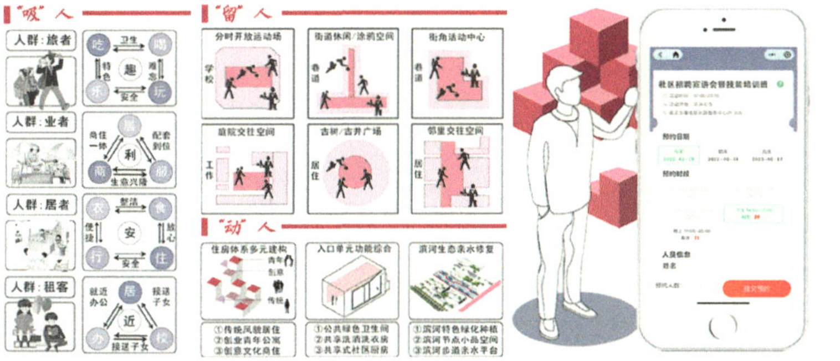

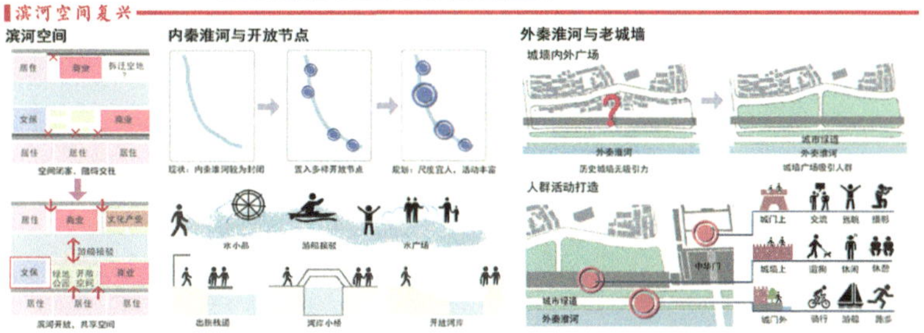

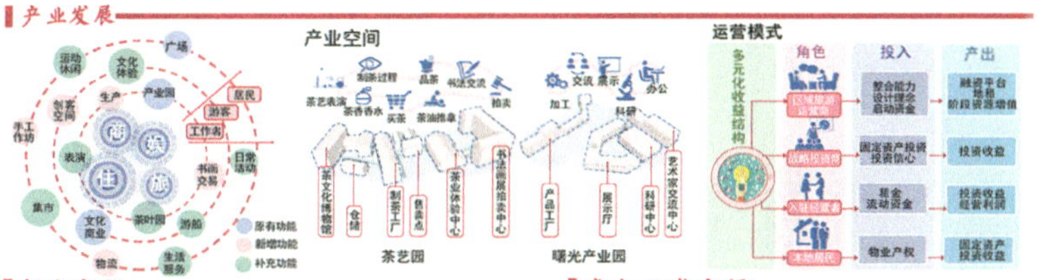

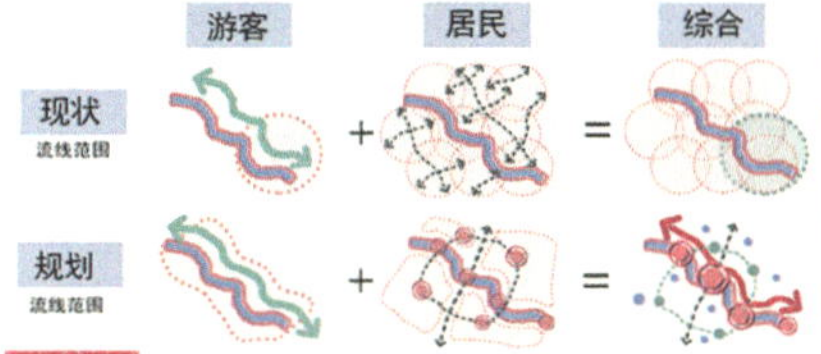

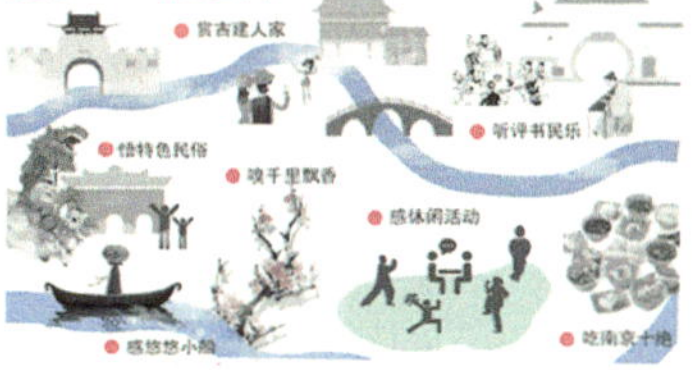

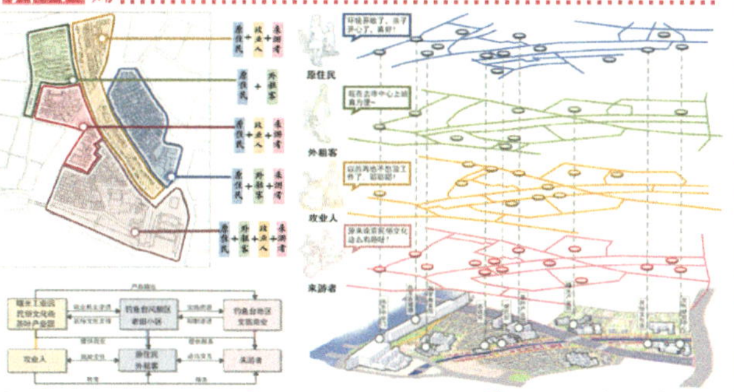

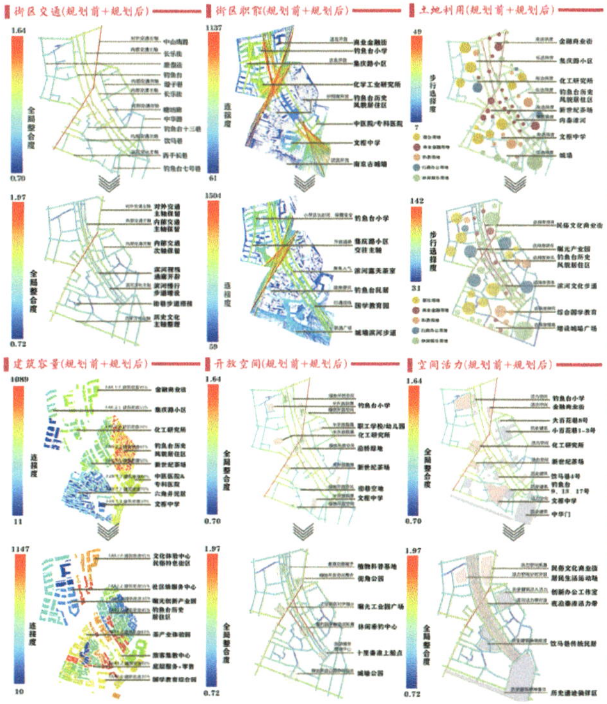

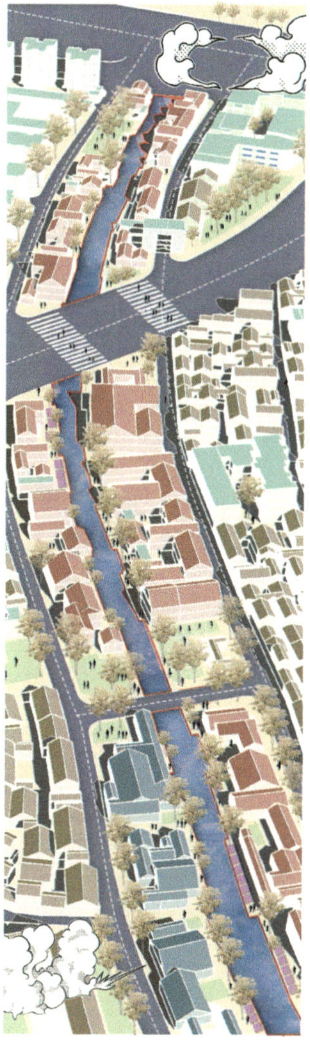

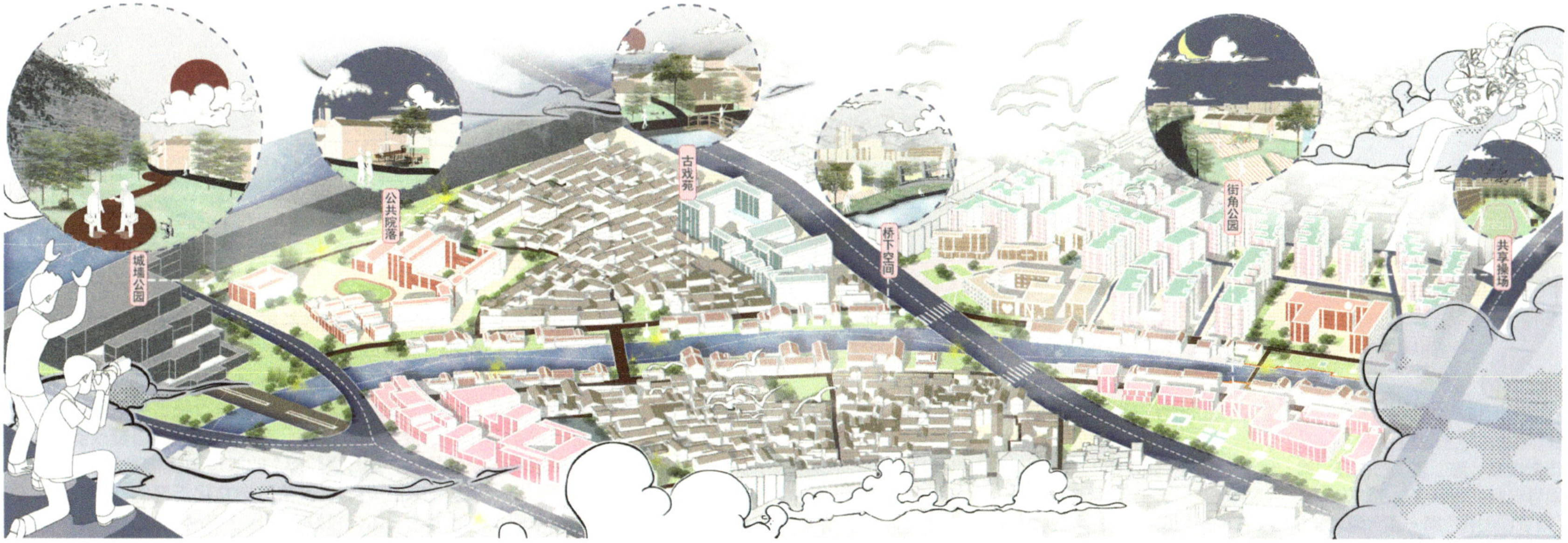

平面图

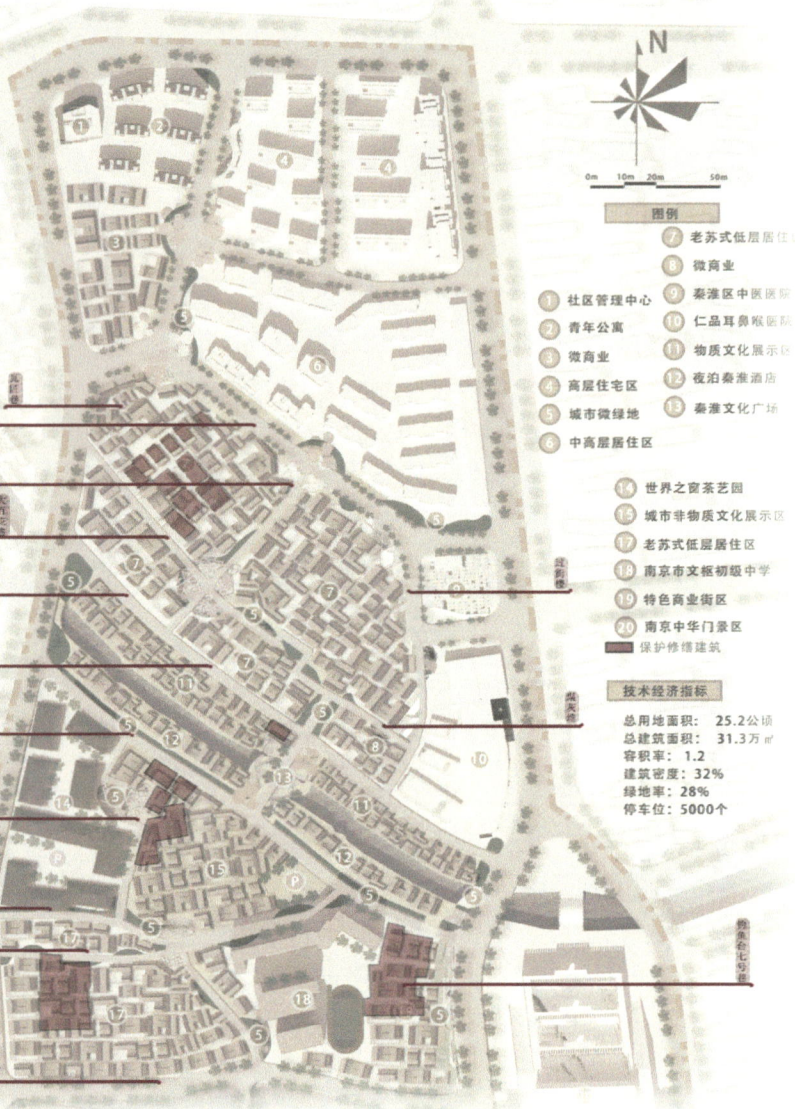

十年可见春去秋来。
千年可叹王朝更替，百年可证生老病死。
万年可观斗转星移。

图例

- ⑦ 老苏式低层居住区
- ⑧ 微商业
- ⑨ 秦淮区中医院
- ⑩ 仁品耳鼻喉医院
- ⑪ 物质文化展示区
- ⑫ 夜泊秦淮酒店
- ⑬ 秦淮文化广场

- ① 社区管理中心
- ② 青年公寓
- ③ 微商业
- ④ 高层住宅区
- ⑤ 城市微绿地
- ⑥ 中高层居住区

- ⑭ 世界之窗茶艺园
- ⑮ 城市非物质文化展示区
- ⑯ 老苏式低层居住区
- ⑰ 南京市文枢初级中学
- ⑱ 特色商业街区
- ⑲ 南京中华门景区
- 保护修缮建筑

技术经济指标

总用地面积：25.2公顷
总建筑面积：31.3万 m²
容积率：1.2
建筑密度：32%
绿地率：28%
停车位：5000个

空间结构分析图　步行系统分析图　功能分区分析图　景观系统分析图

历史建筑遇上现代城市 会碰撞出什么样的火花？

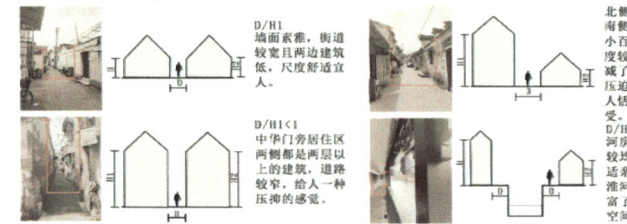

『街巷尺度分析』

『问题总结』

公共空间缺乏　基础设施匮乏

人口居住密度高经济能力弱　建筑老化严重，功能缺失，存在安全隐患

居住空间狭小环境较差　历史文化资源大多采用"点式保护"模式

『解决措施』

增强人群公共空间　加强基础设施建设

提高居民的经济收入，改善居住环境　改善老化建筑补充缺失功能

整治居住空间，加强改善环境　历史文化资源改用"链式保护"模式

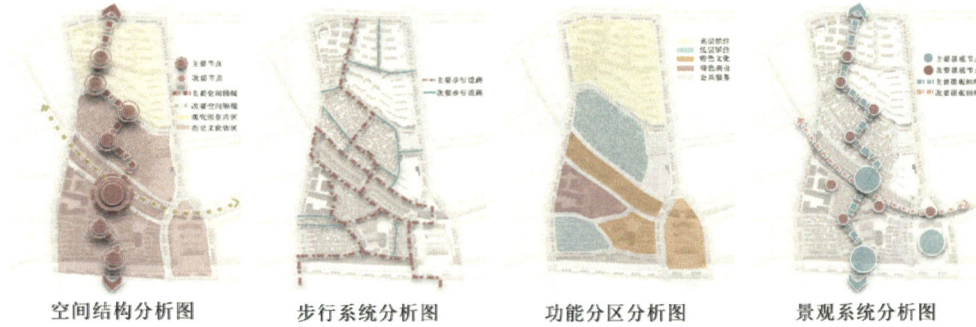

古都末颜　烟火巷承——钓鱼台地段历史城区居住性街巷空间适应性重构探索设计

参赛院校：兰州理工大学
作者姓名：陈　超　葛栋育　梁　娟　张丽霞　张正伟
指导老师：张新红　王雅梅
"南京国图杯"第一届全国大学生国土空间规划设计竞赛　佳作奖

方案点评：

秦淮区钓鱼台地段作为南京所剩不多、保存相对完整的历史地段，漫步古巷，风貌独特，民风淳朴，烟火气息尚存。该作品准确地把握了基地现状问题，选择通过"巷"的更新与保护来传承那些百年烟火。设计提取历史街道空间原型，用发展的眼光进行整合与梳理，对原型空间进行局部改造，从要素提取重塑、空间修补、道路整改多个层面探索更新策略与空间规划，通过"院落"的改造与重构来承接"巷"的民俗生活，发展多样的现代功能，改善历史文化街区的空间环境，使历史文化与现代生活融为一体，较好地回应了竞赛主题。

策略一　要素提取重塑

「1.1 山水格局提取」

国家水利风景区 → 大报恩寺 → 老门东 → 夫子庙

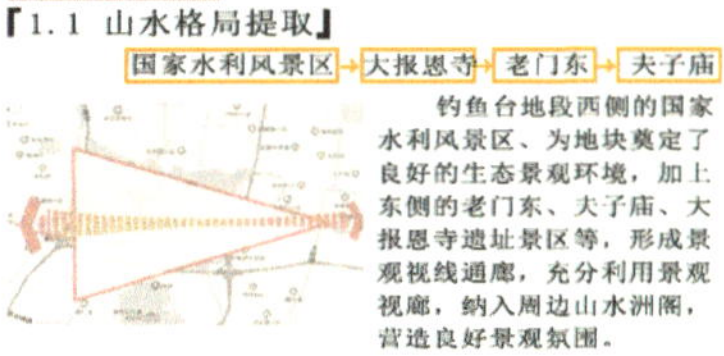

钓鱼台地段西侧的国家水利风景区，为地块奠定了良好的生态景观环境，加上东侧的老门东、夫子庙、大报恩寺遗址景区等，形成景观视线通廊，充分利用景观视廊，纳入周边山水洲阁，营造良好景观氛围。

「1.2 山水格局再现」

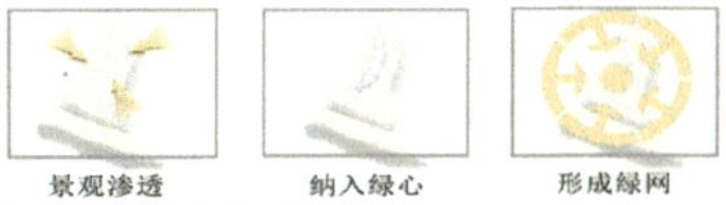

景观渗透　　纳入绿心　　形成绿网

「1.3 景观空间营造」

引导　　渗透　　隔景

「1.4 衔接历史步道」

中华门 → 老门东 → 夫子庙

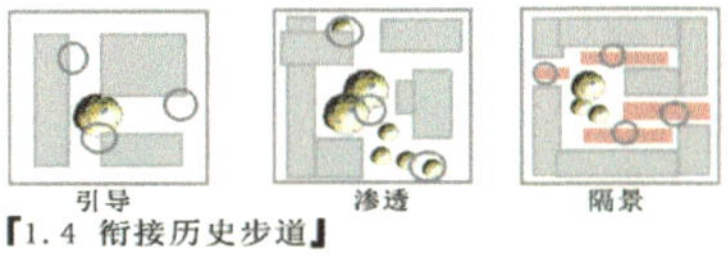

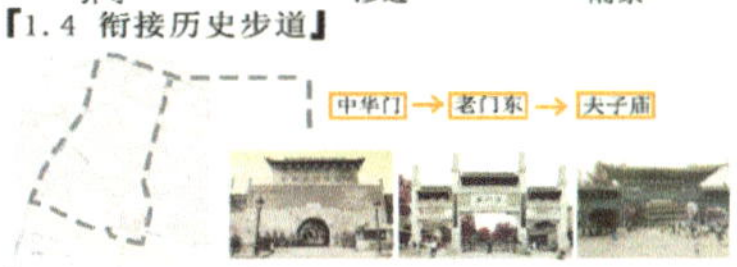

「1.5 文化重塑」

策略二　空间修补

「2.1 院落修补」

院落类型　原型修补　错位分解　组合增补　空间形成

公共空间　　　　　民居体验

菜落组合 错位与打断　　情韵的院落空间
院落组合拆除与连通　　流动的空间

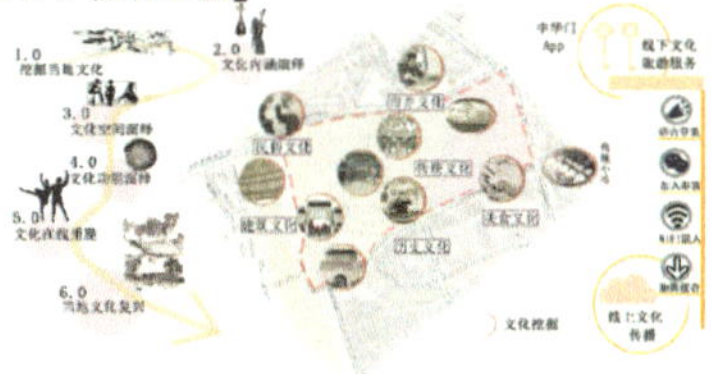

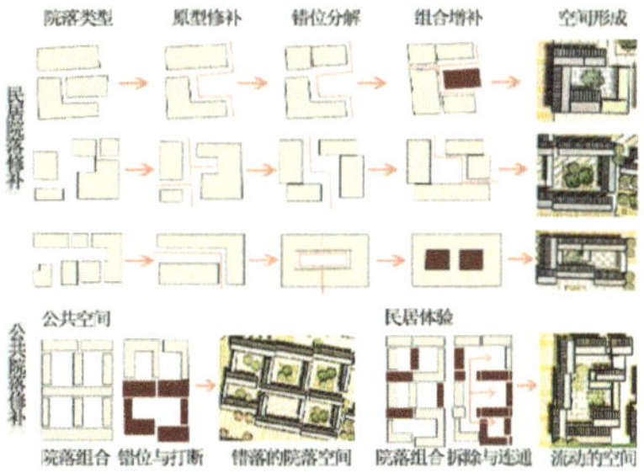

「2.2 重点空间修补」

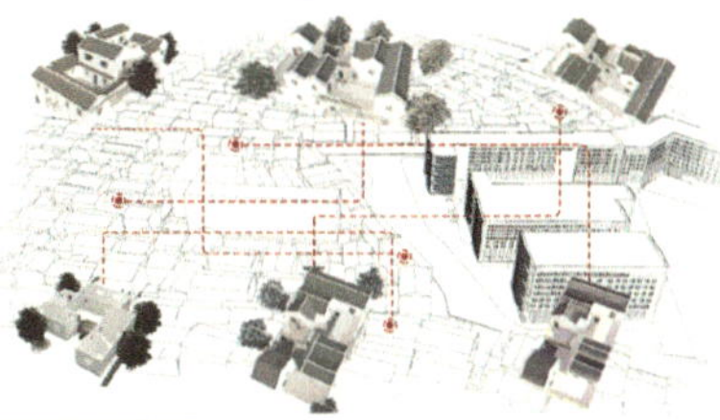

策略三　道路整改

「3.1 疏通路网」　　「3.3 规范停车」

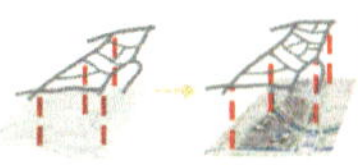

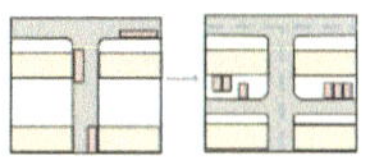

「3.2 道路整改」

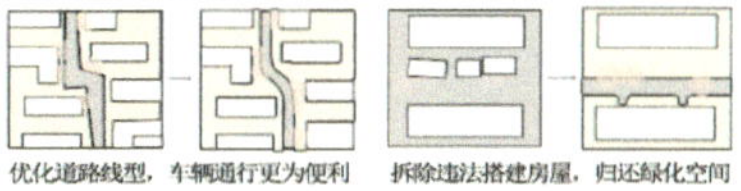

优化道路线型，车辆通行更为便利
拆除违法搭建房屋，归还绿化空间

鸟瞰图

金陵津渡小山楼
一宿行人自可愁
潮落夜江斜月里
两三星火是瓜州

河街展示　　休闲广场　　文化广场　　文化墙

街巷院落改造

传统元素的提取　　传统空间的塑造　　空间活动提取

街巷空间　　院落空间

民俗活动　散步　购物

细节元素提取
筒瓦　勾头　青砖　混凝土
屋顶　墙面

功能优化

●院落改造　　●街巷改造

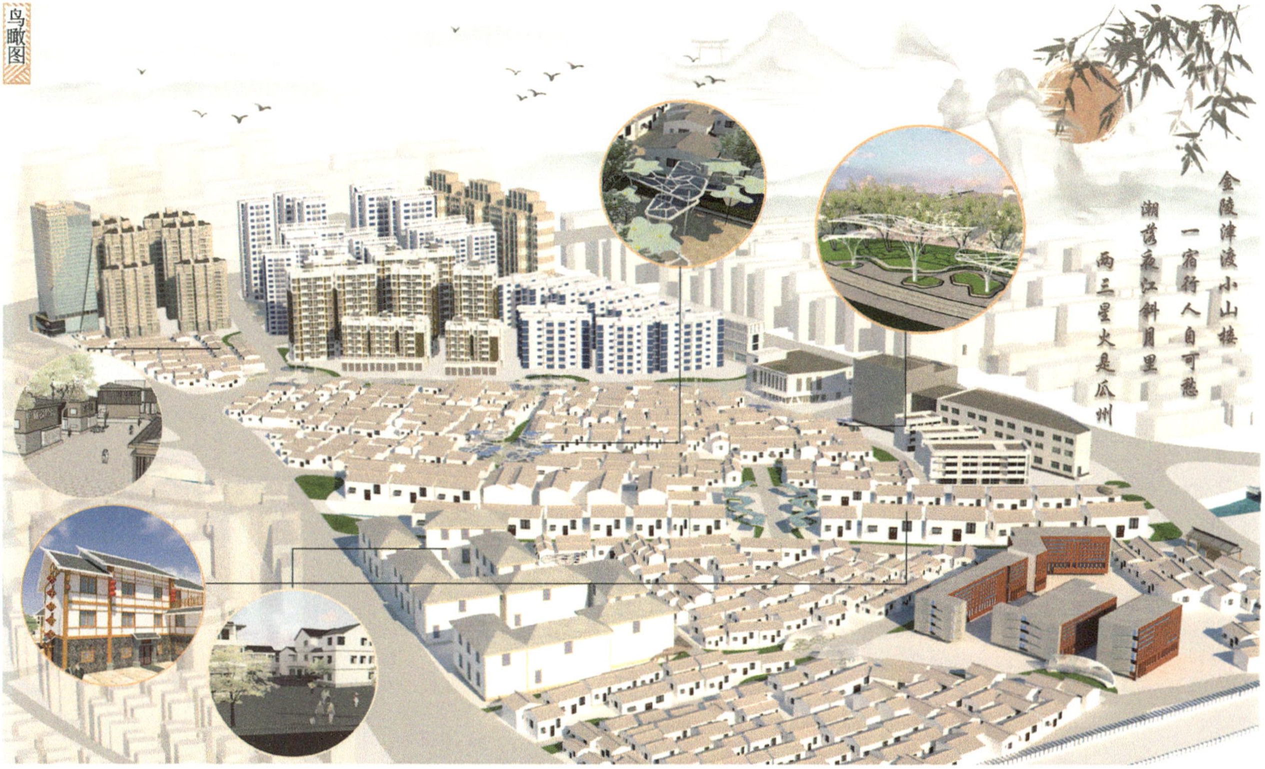

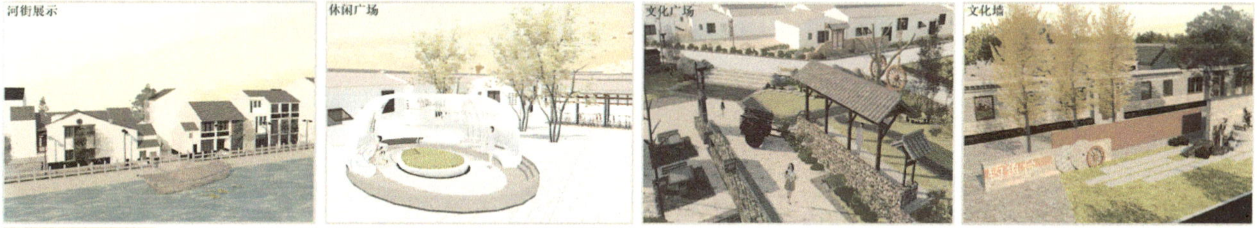

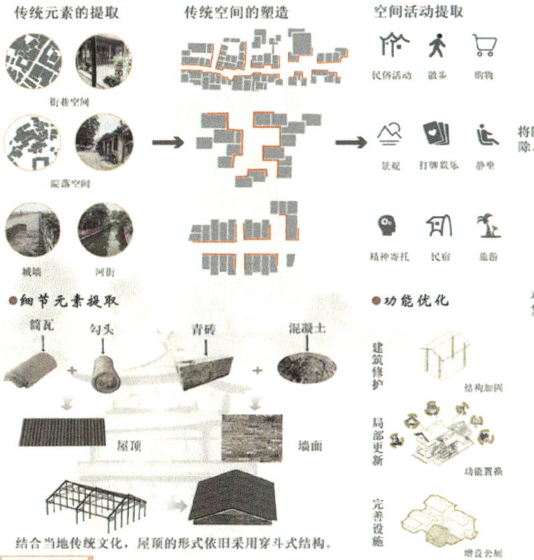

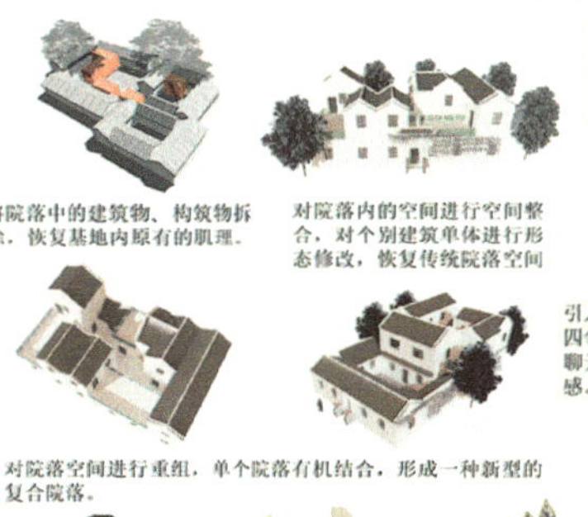

将院落中的建筑物、构筑物拆除，恢复基地内原有的肌理。

对院落内的空间进行空间整合，对个别建筑单体进行形态修改，恢复传统院落空间

对院落空间进行重组，单个院落有机结合，形成一种新型的复合院落。

结合当地传统文化，屋顶的形式依旧采用穿斗式结构。

改造院落，为居民提供符合现代生活质量标准且节能高效的居住环境。

各具特色的文化体验馆设计传统文化展现光彩。

引入商业元素，街坊四邻闲暇时在此聚会、聊天、喝茶、交流情感。

在不破坏老建筑的前提下植入灵活可变的空间系统，满足街巷内的使用和生活。

改变房间和室外的面积配比，把一定的面积还给院子，屋檐下的室外面积作为公共休闲空间使用。

增加街巷内公共空间，解决规划范围内缺少居民、缺少公共活动空间问题。

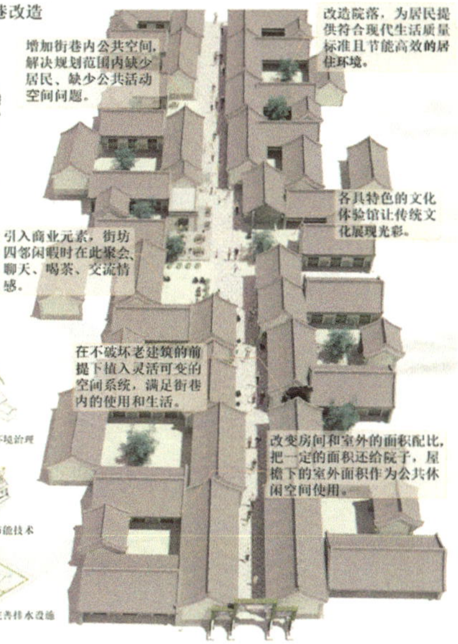

立面图

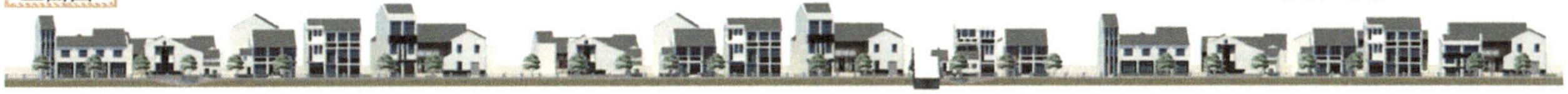

"天津城投杯"第二届全国大学生国土空间规划设计竞赛设计任务书

1. 设计主题

为深入贯彻落实党中央关于实施城市更新行动的重大决策部署，发挥好国土空间规划"多规合一"的系统治理、综合治理和源头治理的作用，积极引导城市优化空间布局、完善功能结构、提升空间品质、增强城市活力和魅力，促进城市内涵式、集约型、绿色化高质量发展，确定本次竞赛主题为"城市更新、内涵提升"。结合主办地天津市的实际情况，本次竞赛选取天津市历史底蕴深厚、开发建设较早、亟须更新改造的主城区范围内的地段作为更新单元，要求规划设计者摸清空间资源底数和历史遗留问题，注重保护、延续历史文脉，注重补齐公共服务短板，注重实施导向，提出针对性的方案。

2. 场地背景

天津，简称"津"，别称津沽、津门，是中华人民共和国省级行政区、直辖市、国家中心城市、超大城市。天津是中国北方十几个省区市对外交往的重要通道，也是中国北方最大的港口城市。截至 2021 年末，全市下辖 16 个区，总面积 11966.45 平方千米，常住人口 1373 万人。

天津位于华北平原东北部、海河流域下游，东临渤海，北依燕山，西靠首都北京。天津是国际性综合交通枢纽、国际消费中心城市、国家物流枢纽、全国先进制造研发基地、北方国际航运核心区、金融创新运营示范区、改革开放先行区、首批沿海开放城市、亚太区域海洋仪器检测评价中心。

天津自古因漕运而兴起，唐朝中叶以后成为南方粮、绸北运的水陆码头；金代设直沽寨；元朝设海津镇，是军事重镇和漕粮转运中心；明永乐二年（1404 年）设天津卫；清咸丰十年（1860 年）天津被辟为通商口岸后，西方列强纷纷在此设立租界，天津成为我国北方开放的前沿和近代我国洋务运动的基地。历经 600 多年，天津形成了中西合璧、古今兼容的独特城市风貌。

3. 设计地段

本次竞赛划定两个研究范围，分别是"鞍山道-劝业场"（范围为福安大街—南门外大街—南京路—保定道—海河）和"天钢-机床厂"（四至为津塘路—昆仑路—海河—雪莲南路）。

两个研究范围皆位于天津中心城区，一个是近代发展起来的租界区，一个是晚近发展起来的工业区，它们都见证了天津近现代城市发展的历史。进入 21 世纪，随着天津城市化的加速，建成区面积扩大，开发强度提高，产业转型升级，工业企业外迁。相对而言，高密度、低强度的历史文化街区面临着居住面积不足、基础设施老化、公共空间稀缺、历史建筑价值和功能不匹配等诸多问题，而工业外迁以后的旧工业区面临着产业空心化、环境污染、城市记忆消失等问题，这些问题都难以通过"大拆大建"的方式来解决，只能通过渐进式的城市更新来解决。

研究范围一："鞍山道－劝业场"

设计地段 A、B：鞍山道片区、劝业场片区（图 1）

"鞍山道－劝业场"位于近代天津的城市核心地带、海河南岸。它地跨旧英、法、日三国租界，历史文化资源十分丰富，尤以风格多样的"小洋楼"建筑为特色，这些历史建筑中有很大比例为近现代名人故居。该片区也是天津近现代商业文化的代表：和平路、滨江道新老两条商街在此交会，路口矗立着著名的"劝业场"大楼。天津市划定的 14 个历史文化街区中，该片区覆盖了 8 个，可以说，该地区集天津城市文化之精华，见证了中国 19～20 世纪城市生活的变革。研究范围一包括 A（鞍山道片区，80 公顷）、B（劝业场片区，73 公顷）两块竞技场地，前者主要以窄路密网的道路系统、低层高密度居住区、近现代名人故居为特色，后者主要以和平路、滨江道两条商业街为特色。

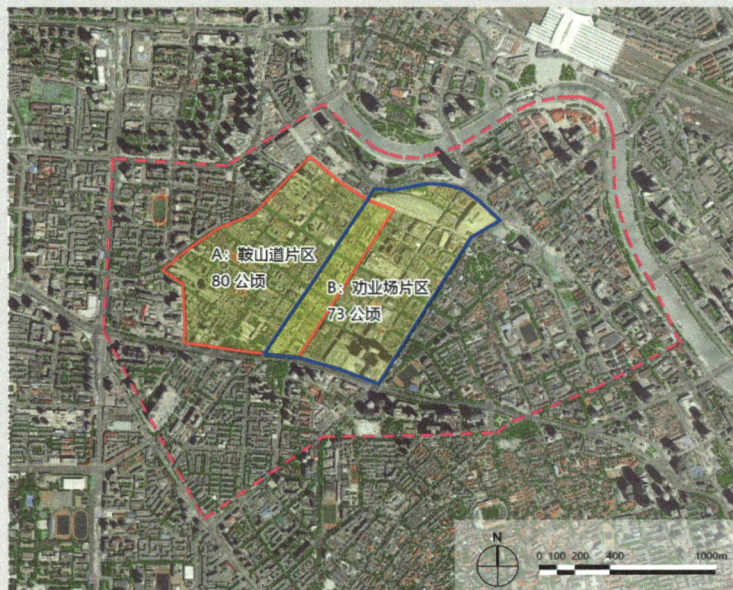

图 1　A：鞍山道片区（80公顷）　B：劝业场片区（73公顷）

研究范围二："天钢－机床厂"

设计地段 C："天钢-机床厂"片区（图2）

"天钢－机床厂"位于天津中心城区东南、海河北岸。这里曾是天津市内工业整体布局的重要组成部分。天津钢厂始建于 1935 年，天津第一机床厂始建于 1952 年，两个重工业企业为天津现代工业体系的建立做出了巨大贡献，见证了天津城市发展驱动力从金融商贸向工业生产的转变。研究范围二包括 C（天钢－机床厂片区，98 公顷）一块竞技场地，完整包括了上述两个工业企业遗留的旧厂区。两个厂区内厂房、仓库、办公楼、工人俱

图2 C：天钢-机床厂片区（98公顷）

乐部、食堂等建筑，烟囱、水塔、通风管道等设施设备大多保存完整，厂区内基础设施齐备、绿化环境优良，虽已停工停产，但仍保持着丰富的工业生产生活印记。

4.规划设计要求

参赛者应从价值导向、目标体系、实施机制、方案设计等方面完整、合理并富有创造性地开展目标地段的更新规划与设计。

（1）把握价值导向：以"人民城市人民建，人民城市为人民"为核心理念，协调保护与发展、规划手段与市场机制的关系，强化国土空间思维，采用公众参与、大数据、田野调查、历史研究等多种技术手段展开更新规划与设计。

（2）建立目标体系：在综合分析城市发展目标的基础上，了解政府部门、市场企业、在地人民等的多元化诉求，结合场地的物质空间特征、历史文化特色、经济平衡要求、社会发展状况、社会公众参与等，确定合理的更新目标体系。

（3）探索更新路径：规划设计应结合更新行动、实施主体、运营机制等方面的考虑，突出更新的常态化、渐进式和持续性，避免运动式更新，提出切实可行的更新实施步骤、运营模式和公众参与机制。

（4）提出设计方案：更新方案应深刻挖掘基地内存量空间的物质、文化价值和场所精神，了解在地人民的生活方式和愿景，发现并深入剖析目前存在的优势、劣势、机遇和挑战，提出针对性策略，从用地布局、功能策划、空间刻画、生活方式等方面展开更新规划设计，要求逻辑清晰、布局合理、功能适配、特色突出，能反映人民群众对美好生活的期望，设计达到一定深度。

未来规划师

2022年 | "天津城投杯"第二届全国大学生
国土空间规划设计竞赛获奖作品
——本科生组

SIP超级商居乐共营体——基于空间分权共享和容量智能扩缩的天津劝业场片区城市更新设计

参赛院校：天津大学建筑学院
作者姓名：生馨蕾　高芷晴　马博然　黄艺　郭淳锐
指导老师：龚庆鸣　党晟
"天津城投杯"第二届全国大学生国土空间规划设计竞赛　一等奖、最佳设计奖

方案点评：

该作品以探索人民－业态－空间的新型关系为切入点，创新性提出"SIP商居乐共营体"概念，以人、业、场共生体的互动生长和共享发展为核心目标及基本策略，对基地内外各类资源价值、生长动力、主要矛盾进行深入剖析，提出兼具前瞻性和在地化特征的空间策略、设计方法并构建相应的空间规划和表现方法。

该方案打造突出人民完整价值感的街区，实现产权视角下各主体利益协调，构思与竞赛主题高度契合。通过可持续更新促进消费、服务、居住环境同步提升，打造国际消费核心地区及多品牌、天津味、新实业、未来派的街区，在建筑群与外部空间、商业建筑延续性更新和复合生态系统等方面的空间设计及表现效果突出。

业态分析

价值评估

区位-历史

概念-生成

概念解读

概念引入

策略-推导

劝吾民与

业盛本固

场益增新

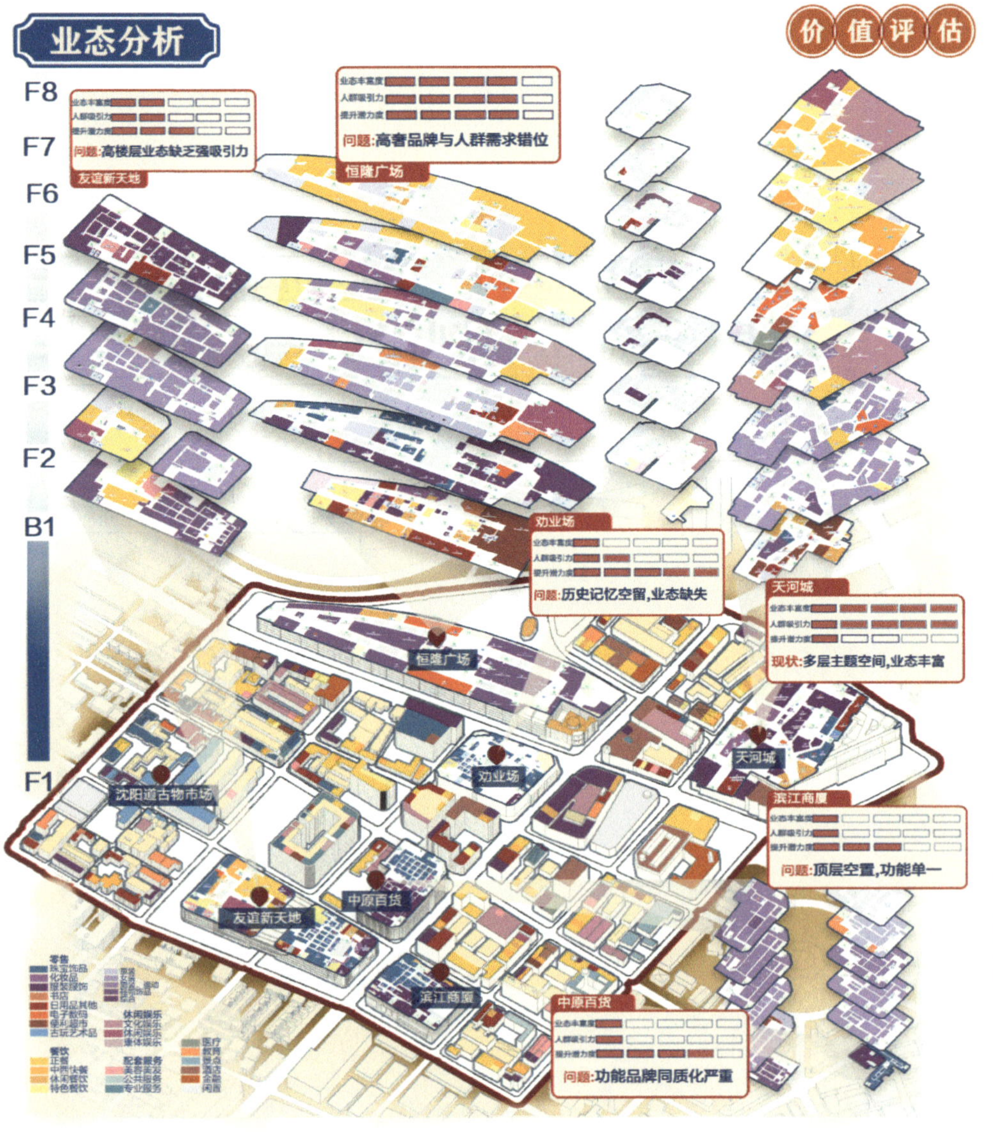

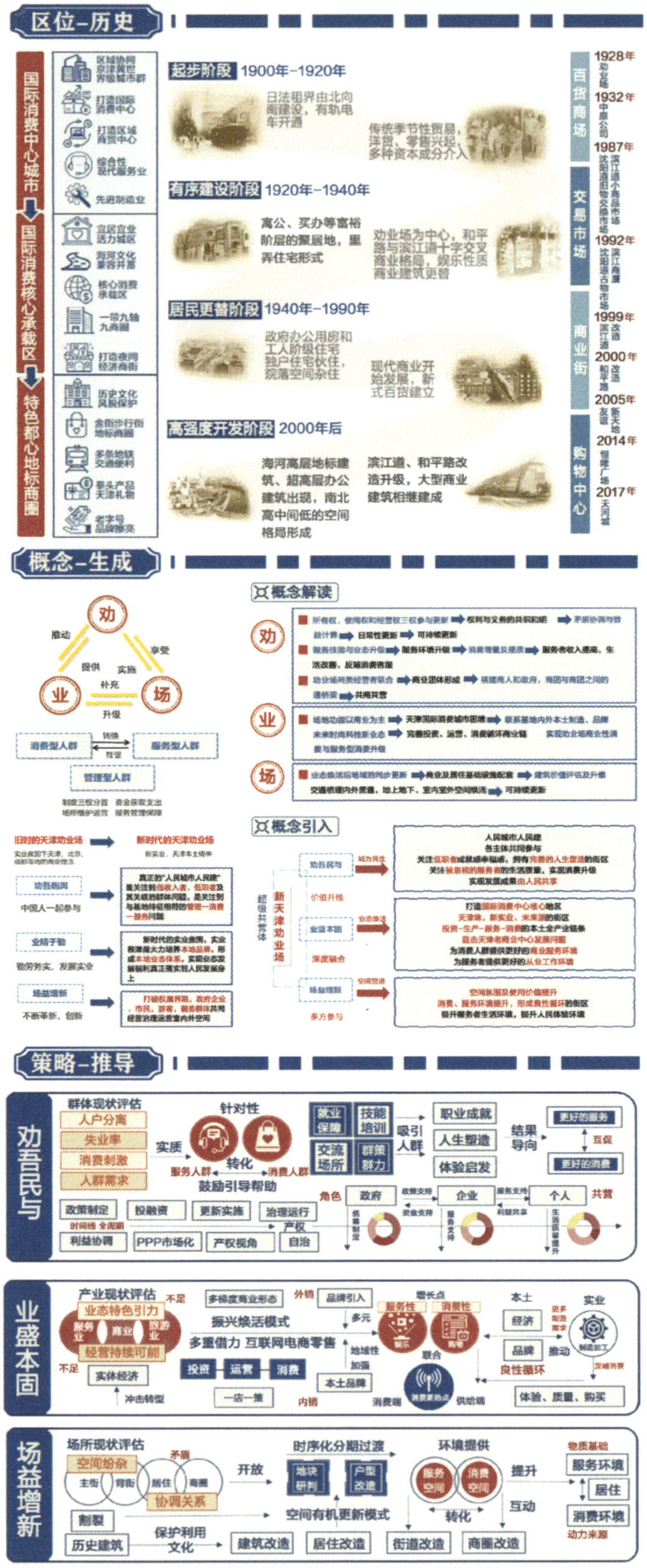

总平面图

设计梳理劝业场片区在人民、业态和空间上的价值与矛盾，提出与旧时的劝业场相比，新时期劝业场片区应当是"劝吾民与""业盛本固""场益增新"的SIP超级商居乐共营体。劝业模式打造塑造人民完整价值感的街区，提供"工人俱乐部"，促进高质量就业，实现产权视角下各主体利益协调；商业模式打造国际消费中心核心地区及多品牌、天津味、新实业、未来派的街区，通过空间改造与功能置换，为消费人群提供更好的服务环境，为服务者提供更好的工作环境，并通过商业团体组织促进商业良性发展；场域模式打造交通脉络，解析建筑肌理，通过可持续更新促进消费、服务、居住环境提升，形成良性循环的街区。

北

1:1750

经济技术指标

用地面积	37.6公顷
总建筑面积	117.4万平方米
容积率	3.12
建筑密度	76.2%
绿地率	9.7%

1. 天河城购物中心
2. 曲艺博览园
3. 社区艺术馆
4. 滨江商厦
5. 租住共享
6. 历史展览馆
7. 共享客厅
8. 法式风情民宿
9. 滨江之环
10. 景观纪念塔
11. 恒隆广场
12. 劝业场
13. 津门美食街
14. 狗不理总店
15. 穹顶巨幕厅
16. 友谊新天地
17. 智享公园

18. 正阳春总店
19. 宴宾楼
20. 下沉广场
21. 过街天桥
22. 锦州道地下隧道入口
23. 服务人员公寓楼
24. 文创共享社区
25. 古玩文创集市
26. 第十三幼儿园
27. 哈密道小学
28. 职业俱乐部
29. 技能培训基地
30. 就业孵化空间
31. 空中平台
32. 城市都厅幕

基地道路功能定位

滨江道	津城商业发展的生态商业街
和平路	多元人群共享的休闲商业街
赤峰道	法式风貌历史体验街
长春道	津门传统特色餐饮街
沈阳道	古玩文创产业精品街
山东路	市井文化宜居休闲街

平面空间分析

规划结构

交通系统

建筑功能

绿地系统

更新方式

更新强度

2022年【天津城投杯】第二届全国大学生国土空间规划设计竞赛获奖作品——本科生组（一等奖）（专项奖——最佳设计奖）

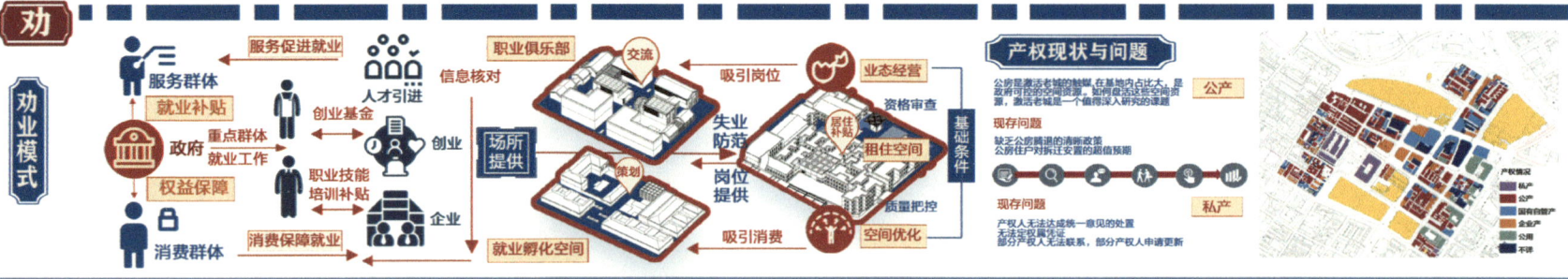

改造效果展示

滨江商厦
- 多维环形步道
- 加入立体绿化
- 附加活力平台
- 将室内延伸到室外

定位：策展型零售空间、数字化体验
层数：地上六层，局部八层，地下两层
面积：50000㎡

中原百货
- 植入屋顶绿化
- 平台活力串联
- 底层业态置换为展览空间
- 开放一层空间

定位：津城历史体验博览、天空花园街区
层数：地上六层，地下一层
面积：20000㎡

友谊新天地
- 策划天台美食夜市
- 多维立体步道
- 建筑局部开放
- 立面广告牌优化

定位：美食购物中心、天台夜市
层数：地上五层，地下一层
面积：89000㎡

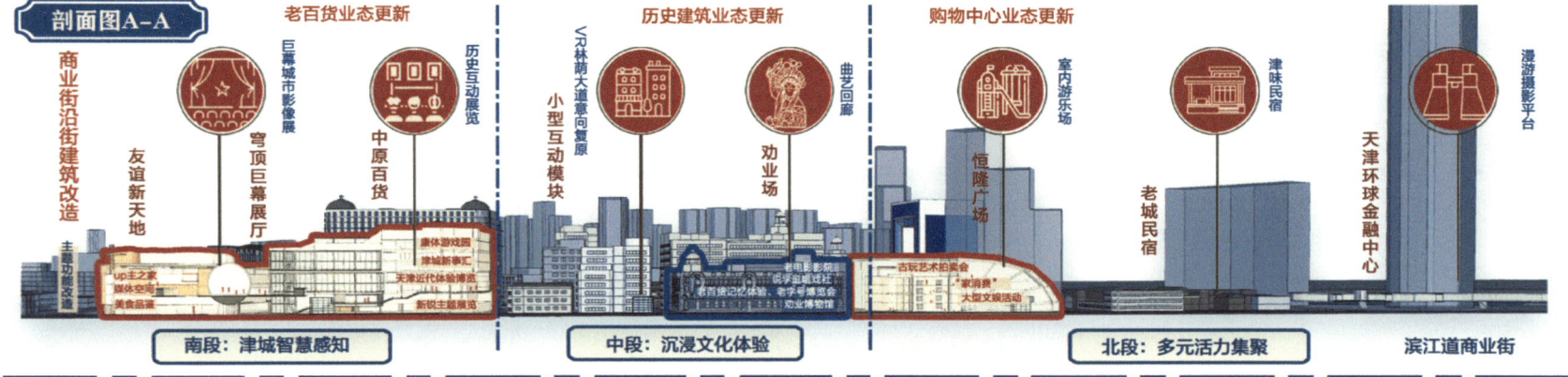

剖面图A-A

南段：津城智慧感知　　中段：沉浸文化体验　　北段：多元活力集聚　　滨江道商业街

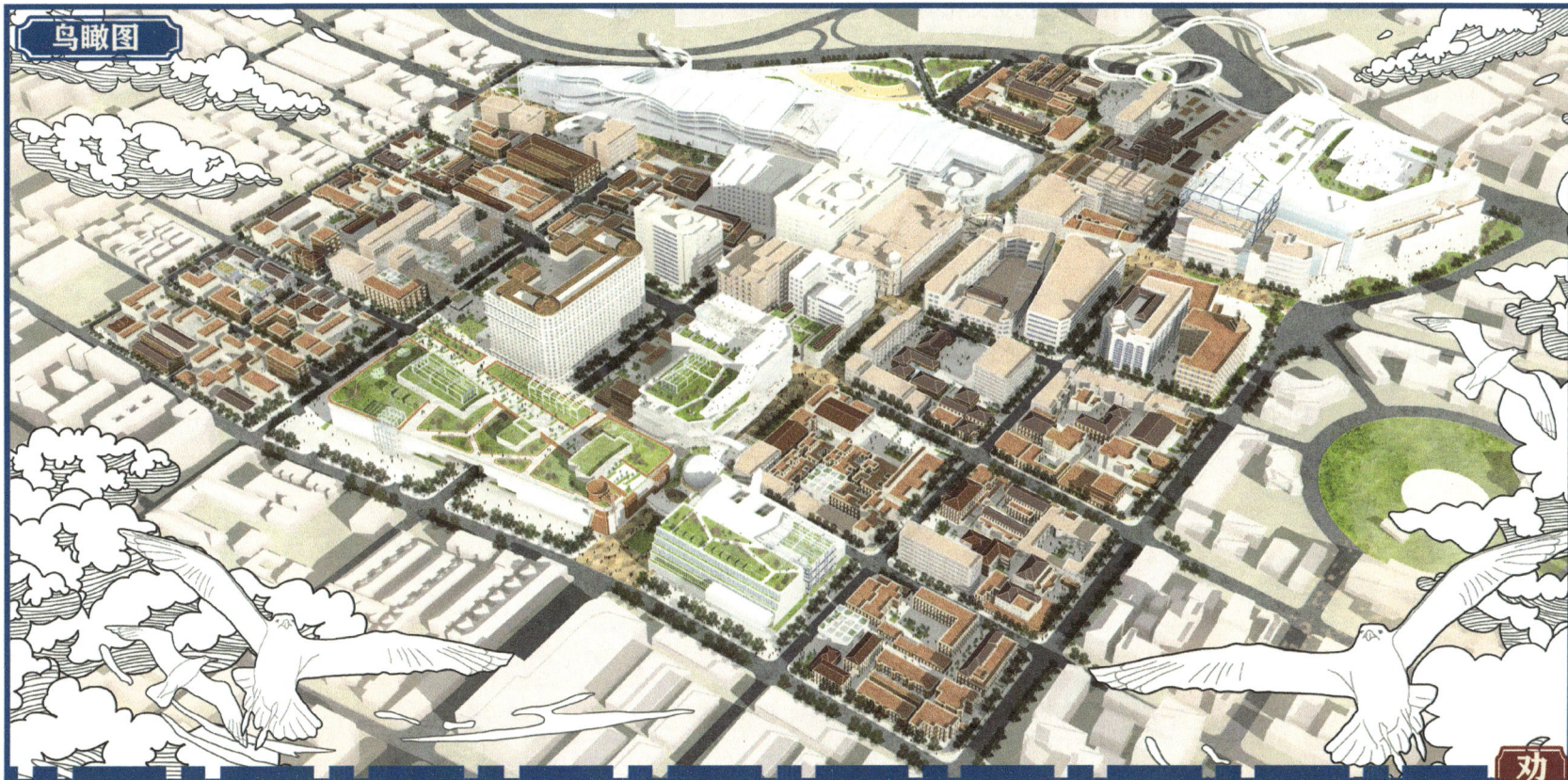

鸟瞰图

劝

建筑户型改造

独立式建筑　里弄式建筑　公寓式建筑

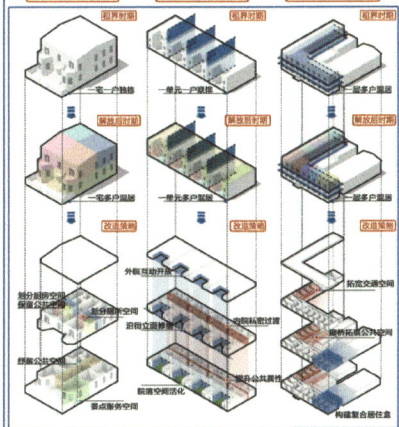

场地更新焕活

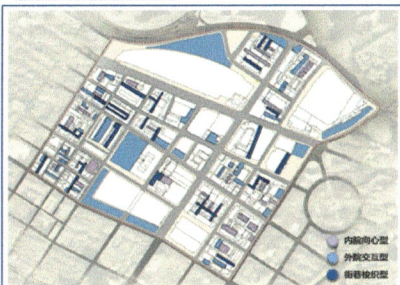

内院向心型　外院交互型　街巷梭织型

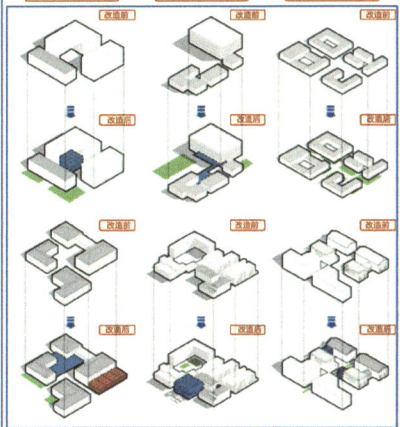

地块综合发展

保护置换类　综合整治类　拆除重建类

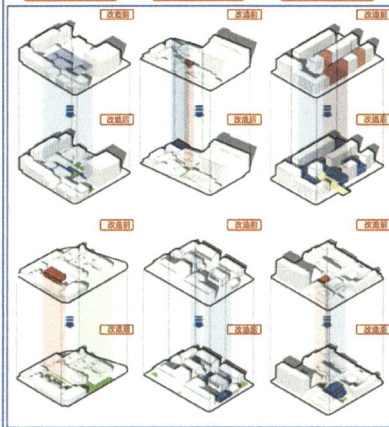

和平金街(23:00-3:00)

拂晓晨园(3:00-7:00)

智环商心(7:00-11:00)

乐游巷里(11:00-15:00)

寻津问里　兴业江湖——基于多阶段更新的鞍山道历史文化街区改造

参赛院校：湖南大学
作者姓名：和　译　王正涵　王馨梓　毛彬冰　郭玉茹
指导老师：陈　娜　许昊皓
"天津城投杯"第二届全国大学生国土空间规划设计竞赛　一等奖

方案点评：

　　该作品围绕基地内特殊的街巷空间"里"与"业"的互动关系，准确地把握了现状问题，通过掌穴——点与组团激活、兴史——圈层化与共融、织脉——轴织补与联动的多阶段规划方法，对鞍山道历史文化街区内建筑的留改拆、城市界面和业态重塑等提出了多样化的解决策略和空间规划，很好地回应了竞赛主题。

　　该方案通过由点及面、逐层推进节点激活、业态互补、轴线织补的更新手段，探索打造历史圈、商业圈、生活圈三圈共融的可持续历史街区的方法，在空间基因的识别提取、体验式商业功能的策划、历史步道的界面处理、更新单元的规划设施、重构公共空间体系等方面提出多维度且具有一定创新性的空间设计思路，图面表现效果突出。

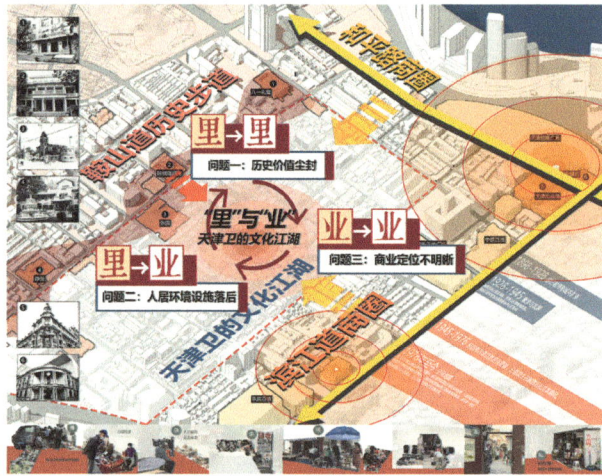

两条主街、一条历史步道、一条南京路（与五大道街区交接），四条性格分明的路网轴线将天津丰富的市井、民俗、人群、业态囊括其中，交触相通。在这里，天津原生江湖的"里业盛衰"表现得淋漓尽致。如今希望在鞍山道复兴之下，以此生动日常，唤起天津文化深处的印记，"寻津问里，兴业江湖"的故事由此展开……

上位规划重点突出历史城区整体保护与复兴

街区位于天津历史城区内的近代原日租界区

场地位于几大历史街区中心，深受多元商业业态及历史文保街区的双重影响

现状识别	问题剖析	目标愿景	多阶段规划：掌穴·兴史·织脉

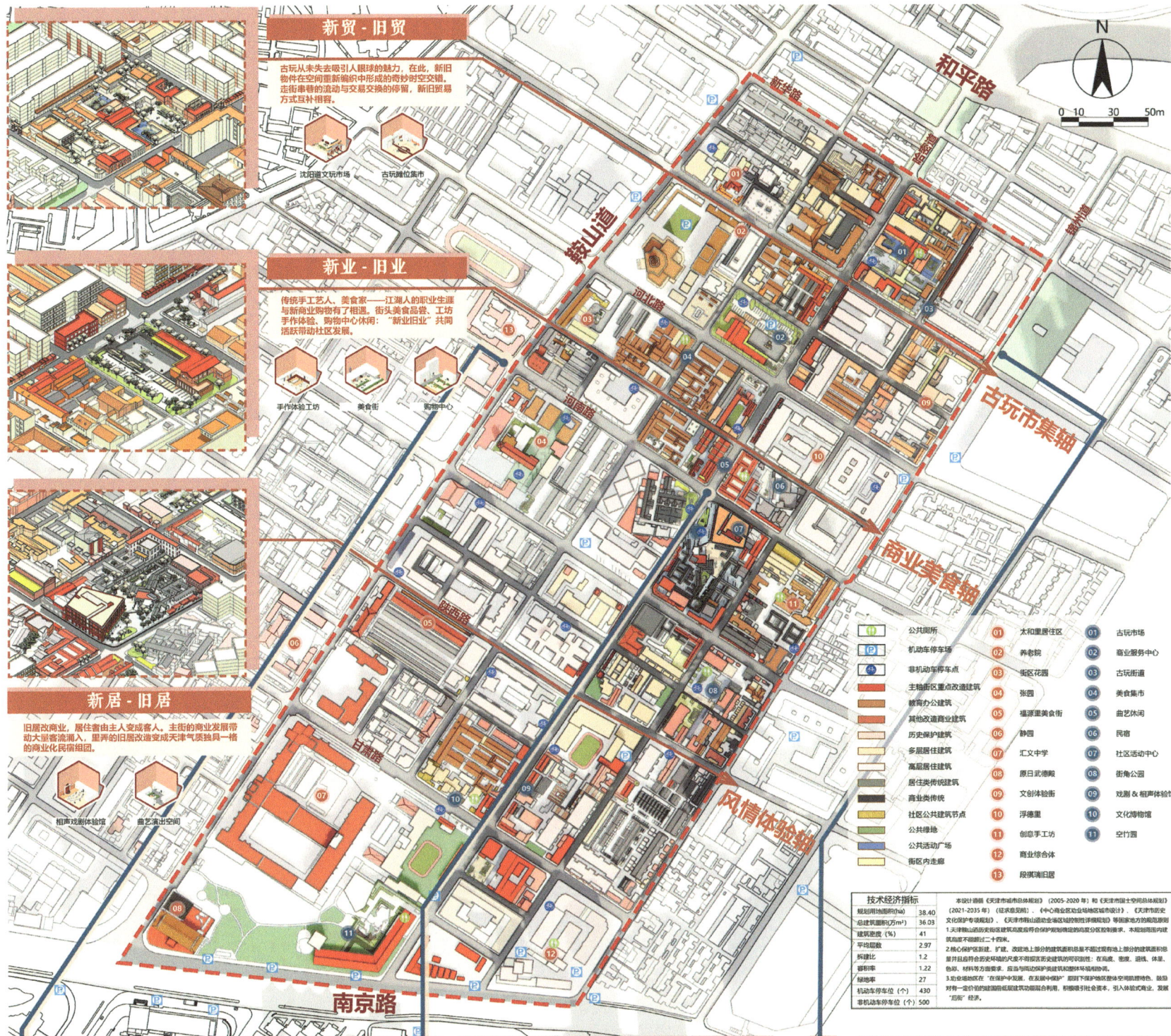

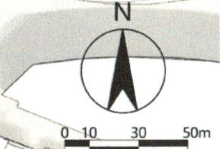

2022年『天津城投杯』第二届全国大学生国土空间规划设计竞赛获奖作品——本科生组（一等奖）

新贸·旧贸

古玩从未失去吸引人眼球的魅力。在此，新旧物件在空间重新编织中形成的奇妙时空交错，走街串巷的流动与交易交换的停留，新旧贸易方式互补相容。

沈阳道全玩市场　　古玩摊位集市

新业·旧业

传统手工艺人、美食家——江湖人的职业生涯与新商业购物有了相遇。街头美食品尝、工坊手作体验、购物中心休闲："新业旧业"共同活跃带动社区发展。

手作体验工坊　　美食街　　购物中心

新居·旧居

旧居改商业，居住者由主人变成客人。主街的商业发展带动大量客流涌入，里弄的旧居改造变成天津气质独具一格的商业化民宿组团。

相声戏剧体验馆　　曲艺演出空间

和平路

新华路

鞍山道

古玩市集轴

商业美食轴

风情体验轴

南京路

历史步道界面

鞍山道作为规划的历史步道，其界面众多历史保护建筑节点成为片区边界活力的触媒连接点。

主轴界面

场地内重点组团之间打造步行环境友好的慢行界面，丰富的建筑形态和业态设置，使得行走的观感和行为活动多样化，富有节奏。

商圈界面

场地与现代商业片区交界面，以相同业态性质、不同建筑风格和体验方式的古玩集市对接，将冲突和变化相连接。

图例

公共厕所
机动车停车场
非机动车停车点
主轴街区重点改造建筑
教育办公建筑
其他改造商业建筑
历史保护建筑
多层居住建筑
高层居住建筑
居住类传统建筑
商业类传统
社区公共建筑节点
公共绿地
公共活动广场
街区内走廊

01 太和里住区
02 养老院
03 街区花园
04 张园
05 福源里美食街
06 静园
07 汇文中学
08 原日武德殿
09 文创体验街
10 浮德里
11 创意手工坊
12 商业综合体
13 段祺瑞旧居

01 古玩市场
02 商业服务中心
03 古玩街道
04 美食集市
05 曲艺休闲
06 民宿
07 社区活动中心
08 街角公园
09 戏剧&相声体验馆
10 文化博物馆
11 空竹园

技术经济指标	
规划用地面积(ha)	38.40
总建筑面积(万m²)	36.03
建筑密度(%)	41
平均层数	2.97
开发强度	1.2
容积率	1.22
绿地率	27
机动车停车位(个)	430
非机动车停车位(个)	500

本设计遵循《天津市城市总体规划》（2005-2020年）和《天津市国土空间总体规划》（2021-2035年）（征求意见稿）、《中心城区商业布局体系规划》、《天津市历史文化保护规划》、《天津市和平区历史文化街区保护详细规划》等规划中关于风貌原则。

1天津轴线道路变形区建筑高度符合分区保护规划整体的高度分区控制要求，本规划范围内建筑高度不超过二十四米。

2核心保护区新建、扩建、改建地上部分的建筑高度和总体不超过地上部分的建筑面积积量并且符合历史环境风貌尺度不得遮掩历史建筑视廊可识别性。在风貌、密度、退线、体量、色彩、材料等方面指标要求，应与当地环境风貌整体环境和谐。

3处理地块区在"在保护中发展，在发展中保护"原则下保护建筑整体空间肌理与风貌。新增有一定分的绿色周边底层建筑功能区内布置，积极倡导引社会资本，发展"后街"经济。

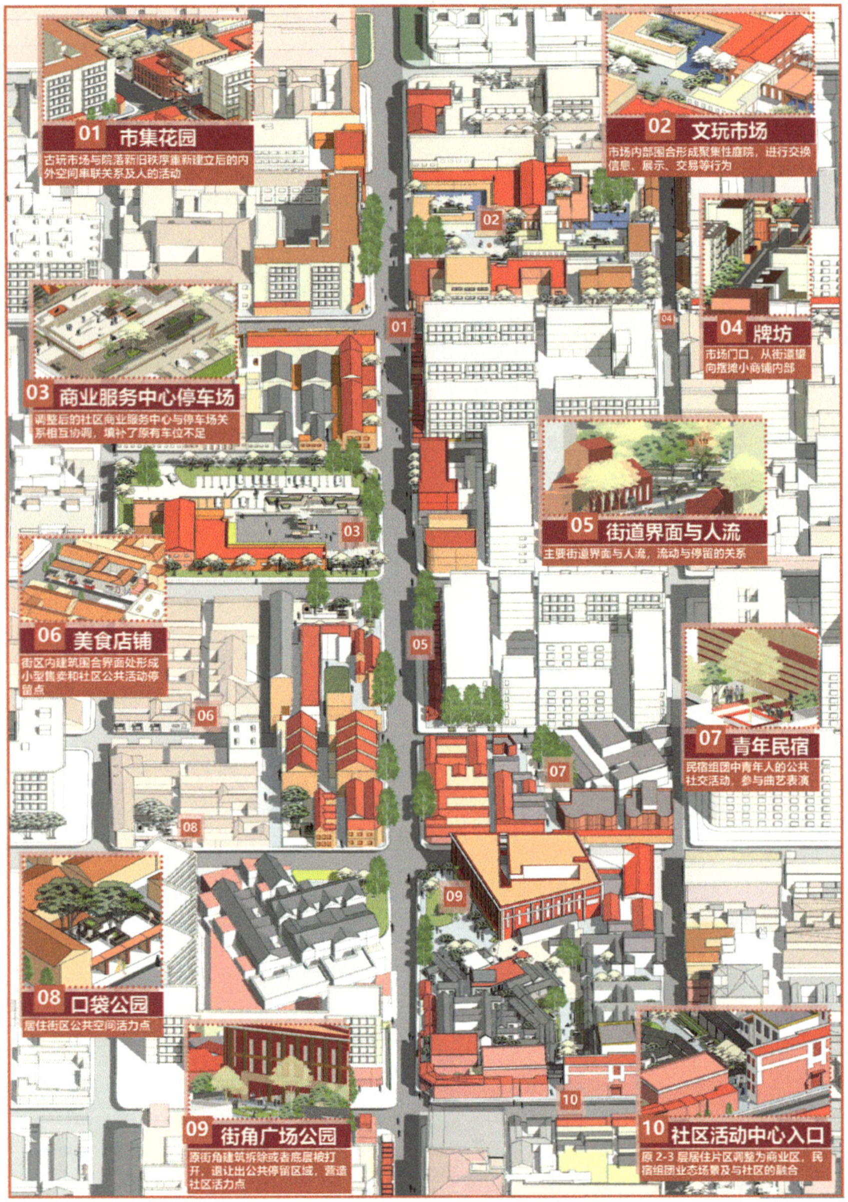

主图标注

01 市集花园
古玩市场与院落新旧秩序重新建立后的内外空间库联关系及人的活动

02 文玩市场
市场内部围合形成聚集性庭院，进行交换信息、展示、交易等行为

03 商业服务中心停车场
调整后的社区商业服务中心与停车场关系相互协调，填补了原有车位不足

04 牌坊
市场入口门口，从街道望向摆摊小商铺内部

05 街道界面与人流
主要街道界面与人流，流动与停留的关系

06 美食店铺
街区内建筑围合界面处形成小型集市和社区公共活动停留点

07 青年民宿
民宿组团中青年人的公共社区活动，参与曲艺表演

08 口袋公园
居住街区公共空间活力点

09 街角广场公园
原街角建筑拆除或者底层改开，退让出公共停留区域，营造社区活力点

10 社区活动中心入口
原 2-3 层居住片区调整为商业区，民宿组团业态场景及与社区的融合

识别：空间基因提取

【院落式】
【门院式】
【独栋式】
【里弄式】

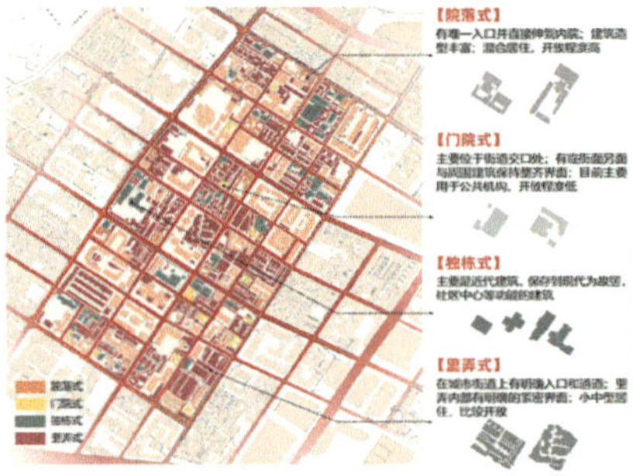

组团：体验式商业节点

节点1：古玩工作室 + 咖啡吧 + 藏家公共展厅

节点2：社区曲艺团 + 评书茶馆 + 青年民宿

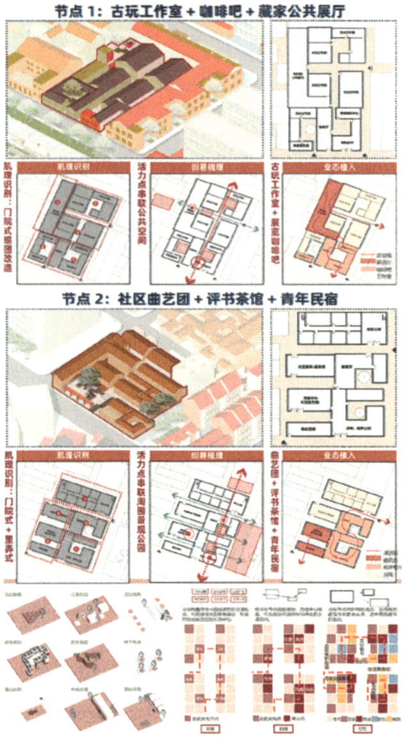

策略：活力点修复与植入

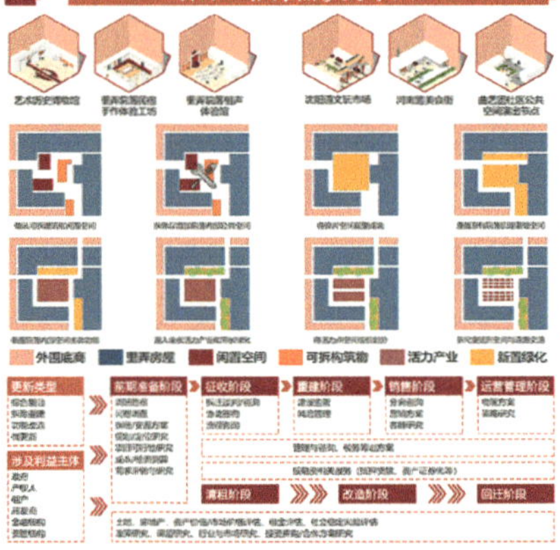

院落格局差异化更新

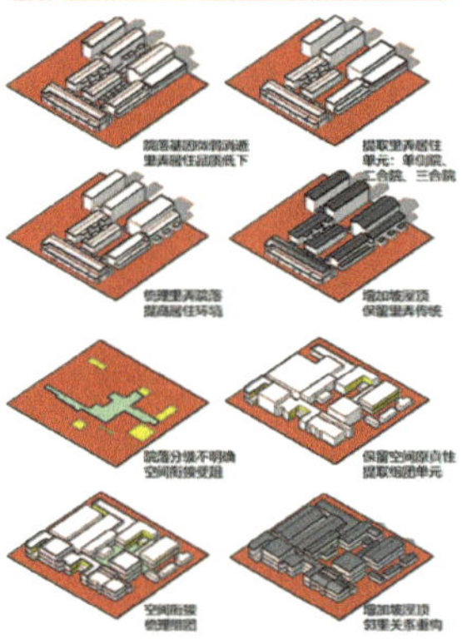

历史步道边界处理

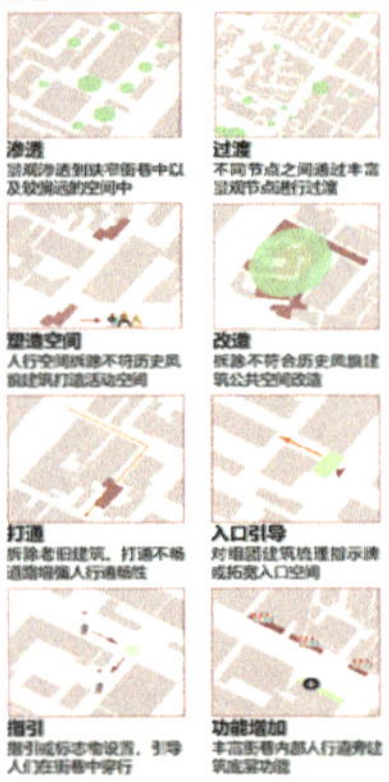

建筑留改拆分析

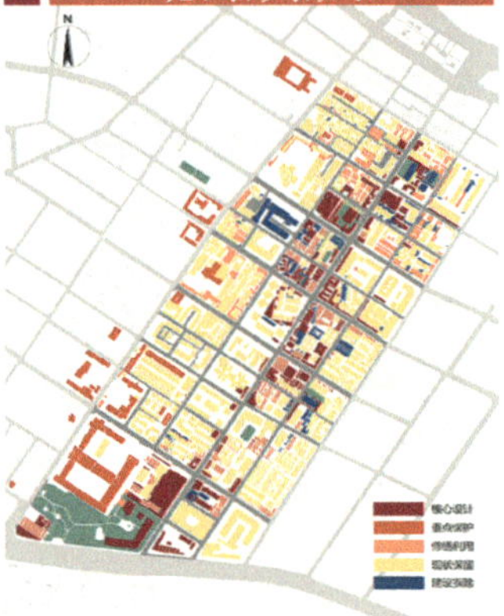

用地属性调整
【居住用地改商业用地】
根据上位规划对地域片区的规划定位以及控制性详细规划中的用地更改要求，将居住用地改为商业用地，并对其他性质用地进行保留、更新或改造。

规划结构分析
【一轴三线多组团】
规划以四平东道为居中主轴，以三条横向更新路线贯穿场地，并关联鞍山道历史步道沿线历史保护建筑与场地内部活力商业触媒点形成多种组团。

更新实施单元
【三轴三区连商圈】
规划使横向形成古玩市集轴、曲艺美食轴、风情体验轴三条轴线，沿轴线形成主题对应的三个片区，将鞍山道历史街区与外部商圈的人群相连接。

道路交通分析
【以史为兴路交织】
规划保护和平区沿海河的横向道路肌理，提取场地内的主要道路及新生街线，横向串联鞍山道历史步道至商业综合体，纵向连接和平路与南京路。

建筑更新指引
【渐进更新复新貌】
规划对场地内现状建筑对历史风貌的影响进行统计分析，以轴线为核心特性、渐进式地保护、拆除、修缮、设计各类型建筑，使场地风貌焕发新生机。

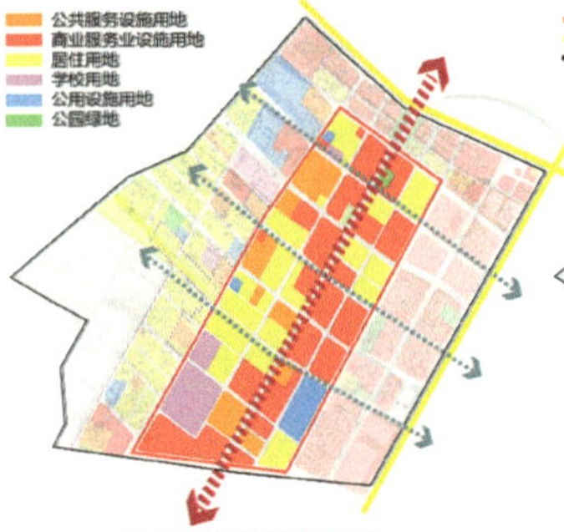

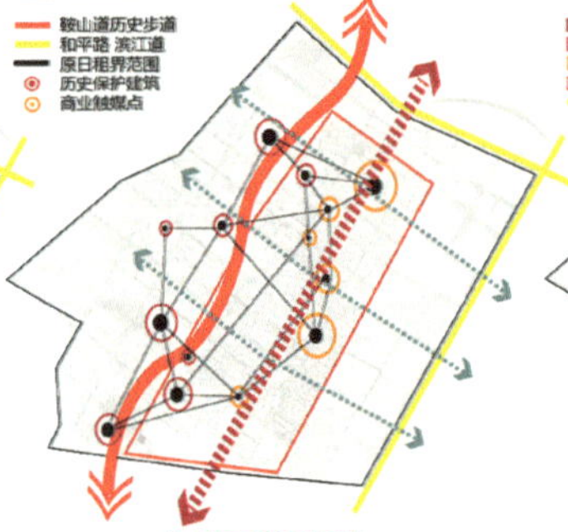

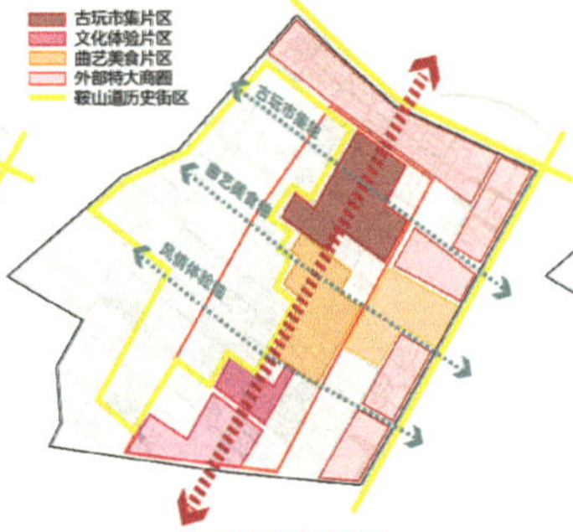

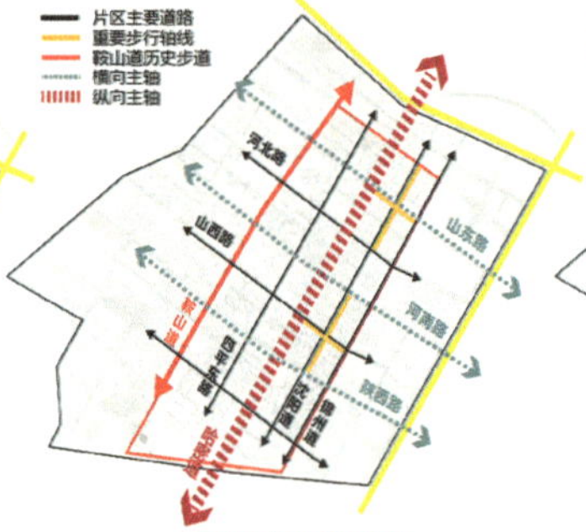

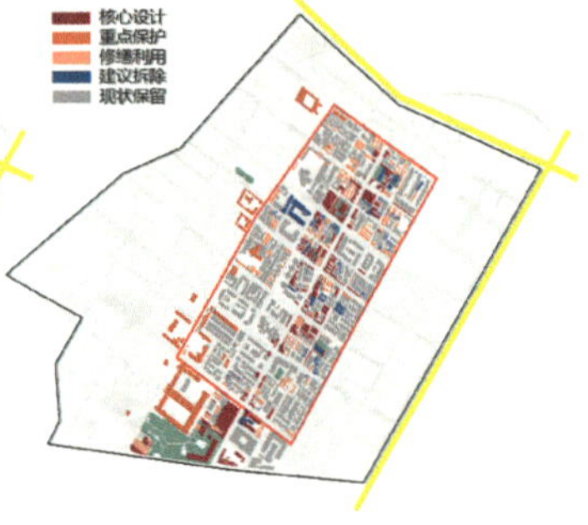

寻津问里 兴业江湖
—— 基于多阶段更新的鞍山道历史文化街区改造

掌穴　兴史　织脉

客官您且慢，古有津门枕渤海卫京都，今有里业相生护寰壤。津门多旧事，业兴百态生，明日更辉煌，奋进新华章，咱啊，下回见！

2022年「天津城投杯」第二届全国大学生国土空间规划设计竞赛获奖作品 —— 本科生组（一等奖）

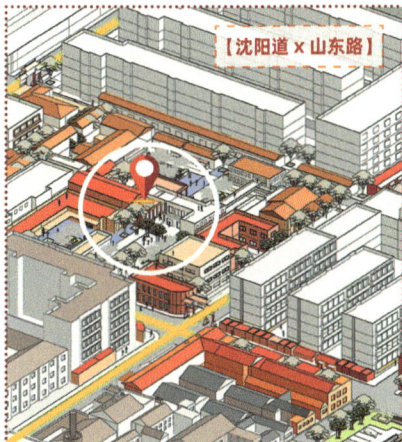

【沈阳道 x 山东路】

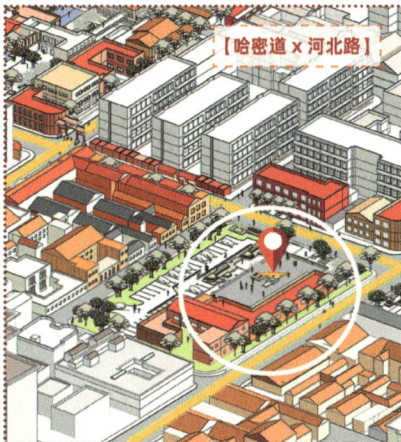

【哈密道 x 河北路】

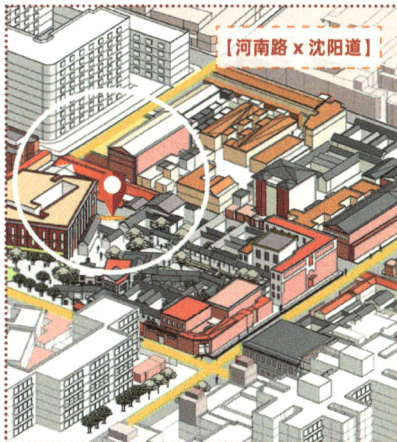

【河南路 x 沈阳道】

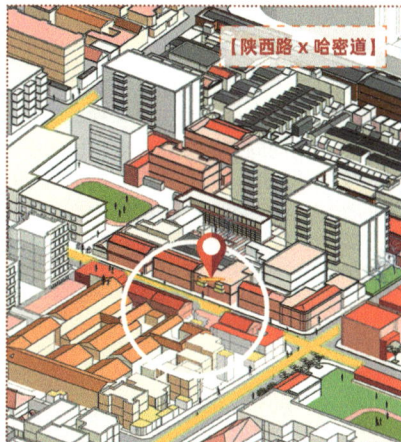

【陕西路 x 哈密道】

古玩市场复兴
展示 · 沟通 · 交易

古玩市场与院落新旧秩序重新建立，保留原有走街串巷体验感之古玩外摆摊位的设置，更新后的庭院空间不仅为集中的交易活动提供场所，同时成为城市内外空间串联及人的活动展示的平台。

商业活动点亮
集中 · 停留 · 分散

调整后的社区商业服务中心作为片区人流车流中转的场所，提供集中、停留与分散的场地，唤起商业业态持续稳固的活力，并为更高的效率和适应于人的行为与活动的目标创造良好条件。

社区中心辐射
引流 · 接纳 · 渗透

原始街角建筑拆除或底层被打开，退让出公共停留区域。原始2-3层居住用地调整为商业用地，采用改造与微更新方式将居民居组团改造为民宿，形成生活化的商业业态场景，功能与社区生活方式相融合。

街道生活重构
流动 · 停留 · 体验

社区主要街道界面被新人流冲入，新旧人流之间流动停留关系的处理是社区生活重构的重点。原街角处美食小商店、遮蔽物与座椅、景观树池、街角口袋公园等点状公共空间重新编织公共社交场所。

【2035鞍山道未来街区】

文玩市场　滨江道

社区商服

民宿曲艺

津味美食

和平路

山东路

河南路

陕西路

哈密道

鞍山道历史街区

九河下梢天津卫，三道浮桥两道关。客官您且慢，古有津门枕渤海卫京都，今有里业相生护寰壤。津门多旧事，业兴百态生，明日更辉煌，奋进新华章！

织脉
渗透 · 建构 · 完善

轴织补与联动

津津乐道——鞍山道片区城市更新设计历史街区博物馆

参赛院校：西南交通大学

作者姓名：赵均铭　姚奕名　许天翔　林　榕　阎凤怡

指导老师：毕凌岚　陈　蛟

"天津城投杯"第二届全国大学生国土空间规划设计竞赛　二等奖、最佳突破奖

方案点评：

西南交通大学参赛团队从"历史街区博物馆"的视角对鞍山道片区进行解读、现状梳理和策略制定。当下，全球范围内，博物馆都在从静态展示向活态参与转变，从封闭内向向开放多元转变，城市街区作为特定主题的"开放式博物馆"，已经成为实践的前沿。西南交通大学参赛团队敏锐地识别到了这一趋势，其方案具有很强的新意。参赛团队从商之道、居之道、游之道、道中道、自然道等几个维度展开策略谋划，较为精准地回应了鞍山道片区的核心问题，方案论述逻辑严密，图纸表达清晰，文字表达具有"天津范儿"，与规划设计主题和内容高度吻合。

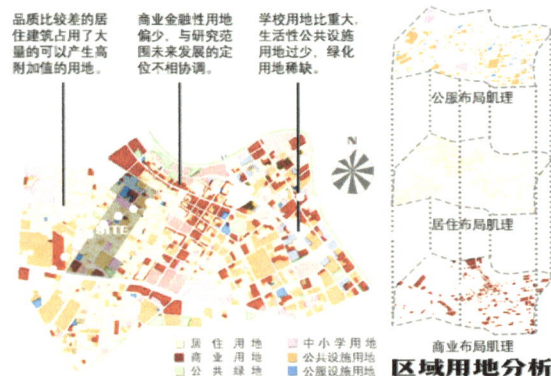

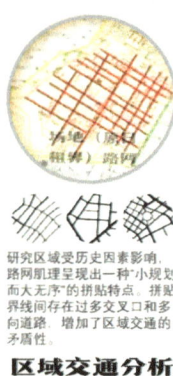

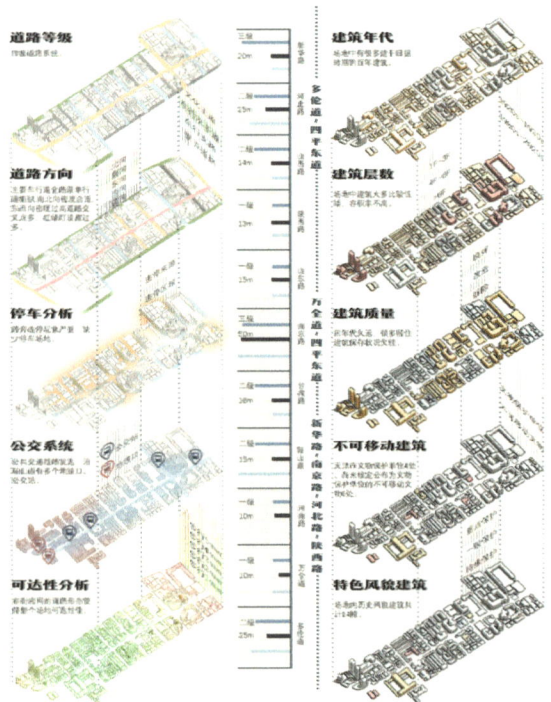

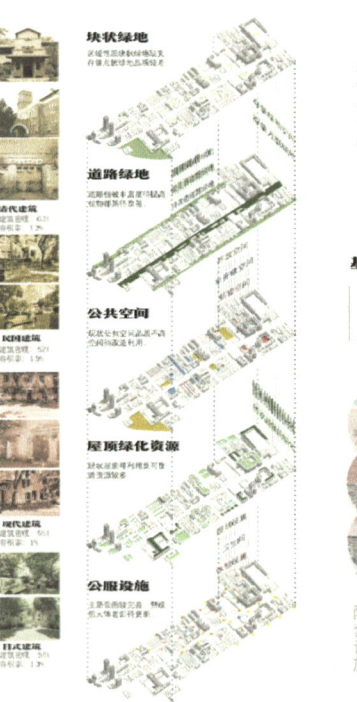

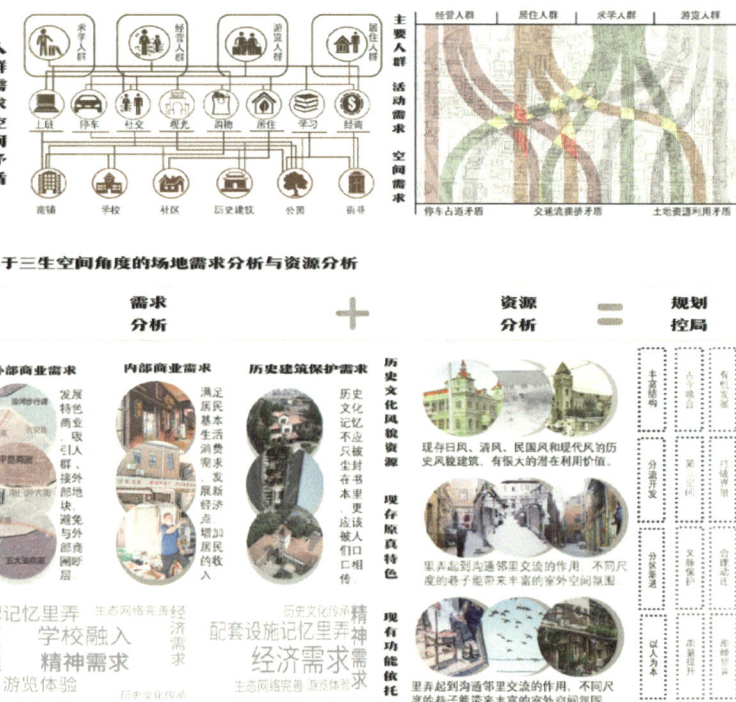

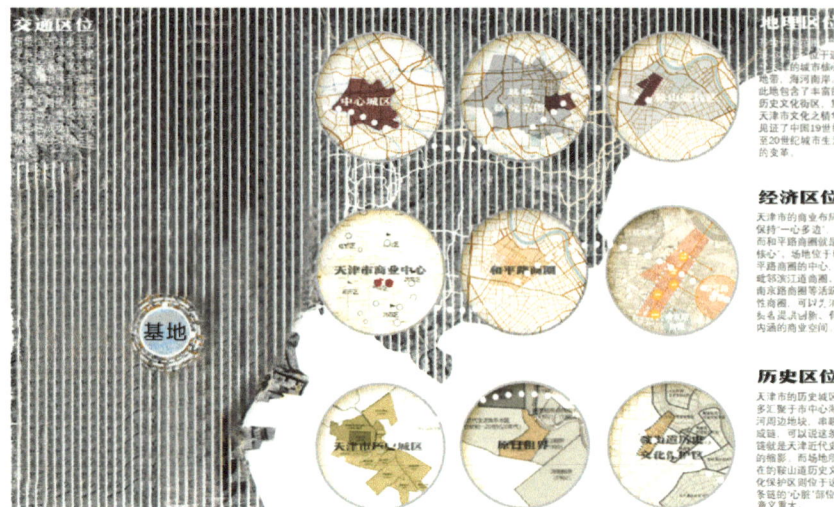

商之道 产自建筑风貌与人群流线

商业等级划分 模式互有分工

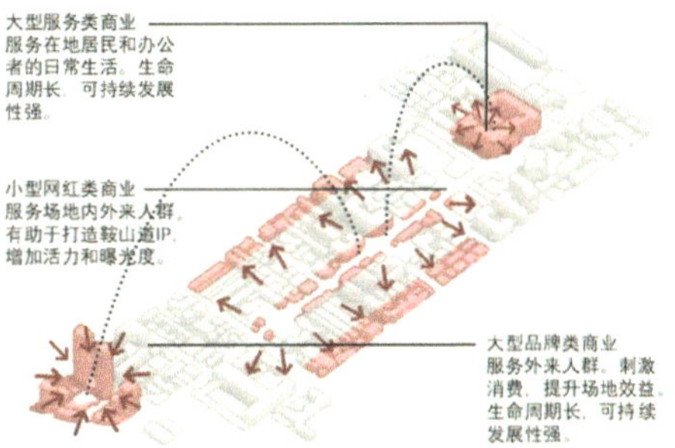

大型服务类商业
服务在地居民和办公
者的日常生活，生命
周期长，可持续发展
性强。

小型网红类商业
服务场地内外来人群，
有助于打造鞍山道IP，
增加活力和曝光度。

大型品牌类商业
服务外来人群，刺激
消费，提升场地效益，
生命周期长，可持续
发展性强。

立面风貌分区 体验层层递进

现代型商服风貌
段，承接天津市
百货大楼风貌。

民国型商旅风貌
段，承接滨江道
段棋盘格风貌。

清代型商旅风貌
段，承接滨仓故
居历史文脉特色。

日式型高务风貌
段，承接进租界
的历史文脉特色。

优化流线组织 淡化人群干扰

游之商
以鞍山道为轴，布置
文旅类商业，以引导
游客在鞍山道附近活
动。

居之商
以万全道和四平东道
为轴，布置生活性商
业，避免居民流线和
游客流线的相干扰。

微型界面连续 动态细节补足

利用街道微空间打造微
型商业空间，植入具有
时空性的流动摊点，增
强商业网络完善性。

微商业植入　早间流动摊点
晚间流动夜市　午间流动摊位

居之道 话于双线程五分钟生活圈

分类拆改 分时更新

拆改区域
居民迁出地
风貌优化区域

阶段一：
建筑质量与
利用效率评估

阶段二：
建筑拆改与
部分在地居民向周边地块外迁

阶段三：
街区整体风貌优化

产居结合 生存运转

里弄·微空间
居民作为营业者向游客售卖特
色纪念品，解决居民经济问题

里弄·全产
特色里弄建筑改造
为体验馆、文创基地
、特色商店，激活里
弄特色经济。

里弄·下产上居
利用里弄特色经济发展
潜力，保留居住功
能的同时获得经济
效益。

服务配套 完善提升

双线程生活圈
快节奏生活圈
两头对接高级
商场和地铁站
功能较为现代
生活节奏较快

记忆里弄 丰富生活

里弄·窄巷
建筑与建筑、建筑与围墙
间的夹缝，是里弄中常见
的半私密空间。
记忆：侍弄花草、茶余饭
后的闲聊

里弄·院落
里弄街区中较为完整的方
形公共空间。
记忆：下棋、乘凉、晾晒
被子衣物

2022年「天津城投杯」第二届全国大学生国土空间规划设计竞赛获奖作品——本科生组（二等奖）（专项奖——最佳突破奖）

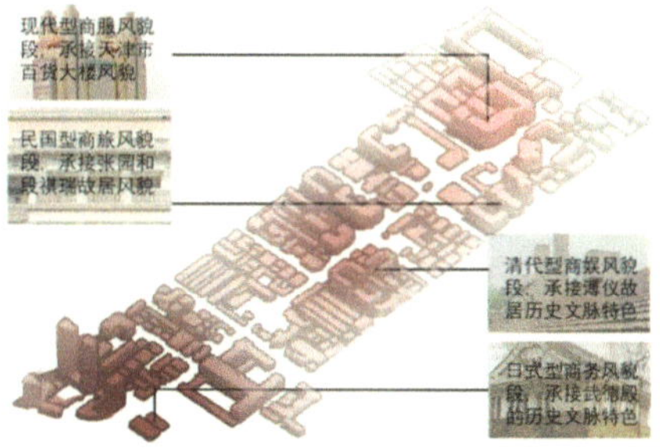

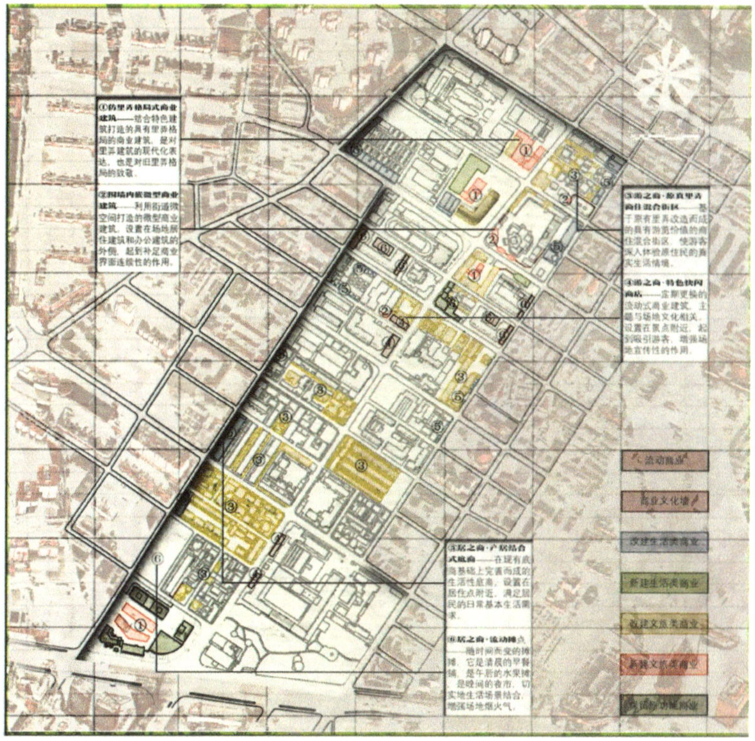

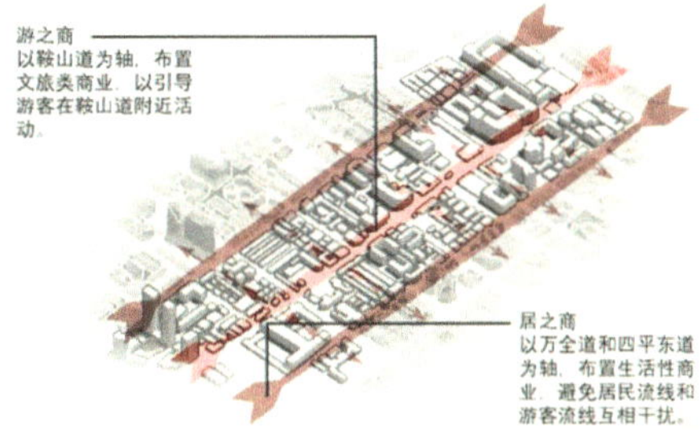

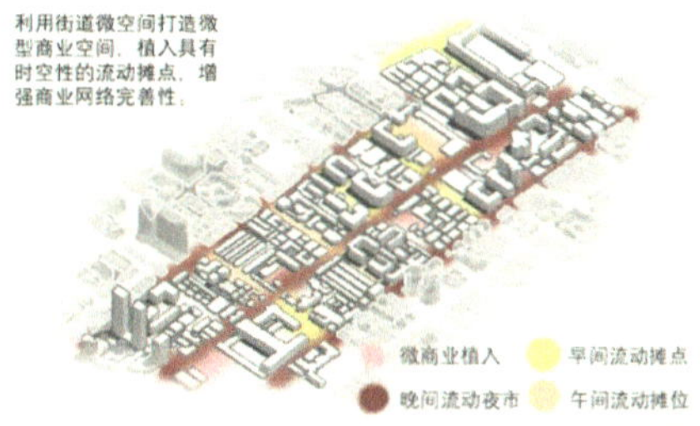

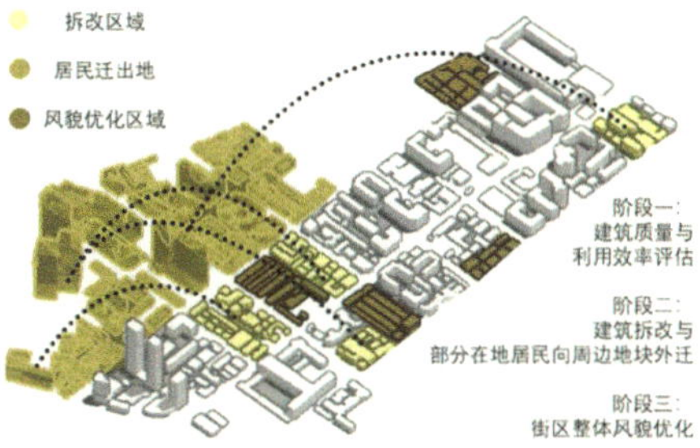

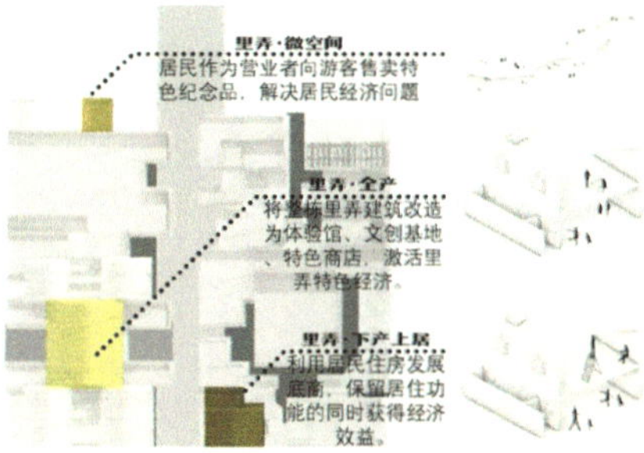

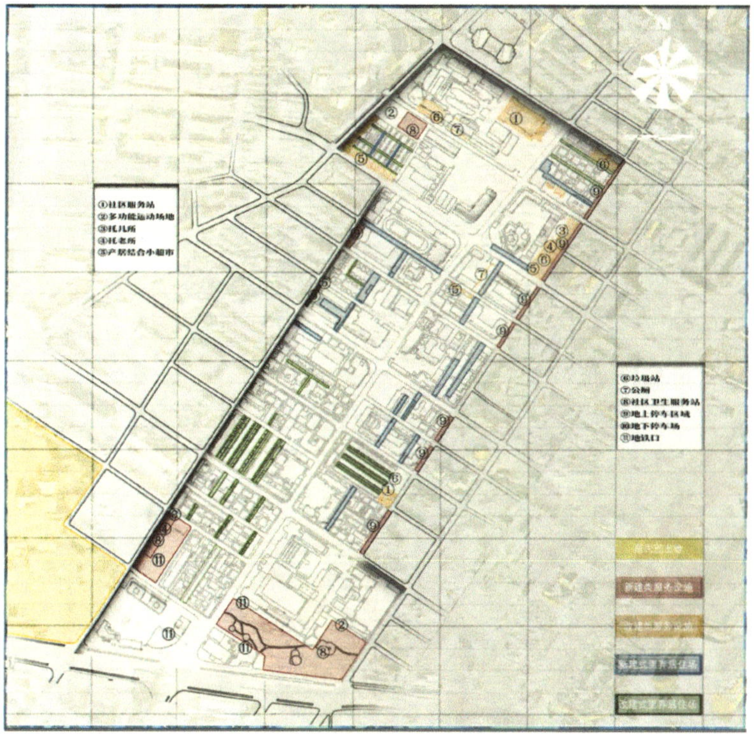

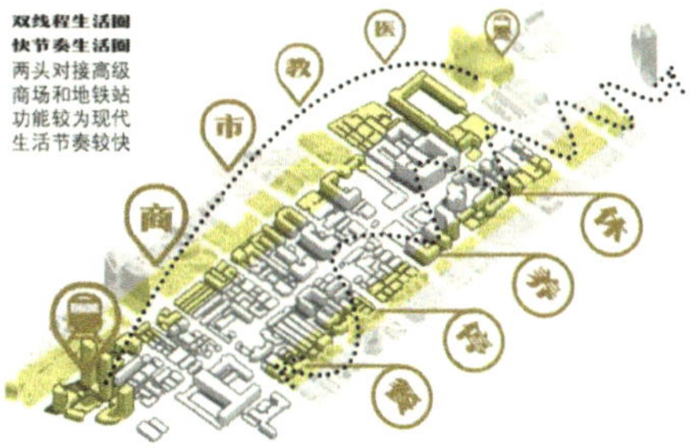

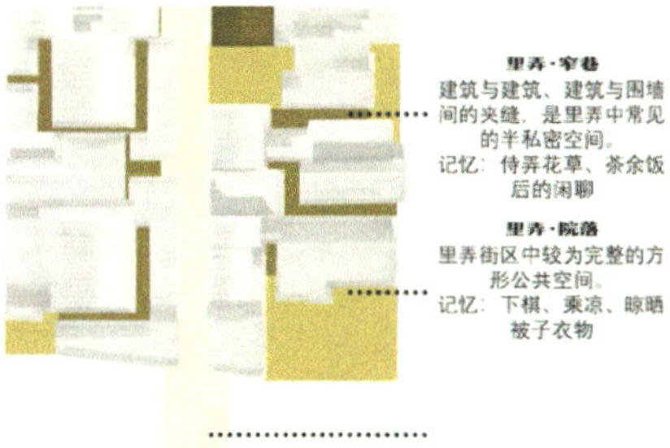

游之道 步行友好与空间叙事的可持续生态

继承原真特色 丰富本土体验

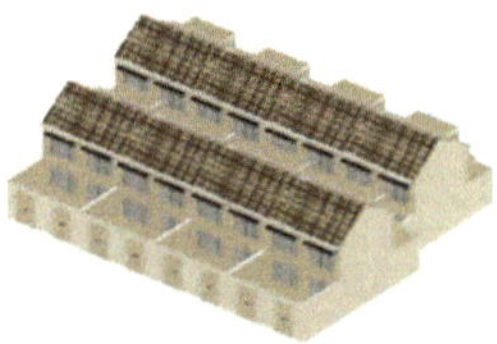

里，指的是居住片区；弄，指的是巷子。里弄指的就是居住片区中的巷子，也指整个里弄居住片区。原真里弄比道路的尺度要小、围合感更强，有更好的空间深度。这些特征使得里弄可以承载多元的、复合的功能。

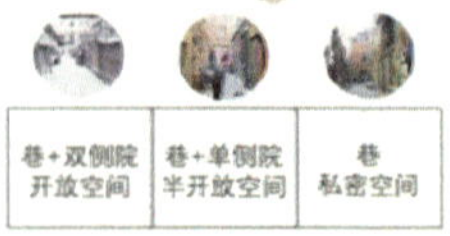

不同尺度的里弄巷子能够带来丰富的室外空间氛围。空间最为精彩的是巷子加院落的模式。有人在巷子里晒太阳、下棋，有的会在院子和院子之间架上架子，种上攀援的植物，很有生活气息和场所氛围。

巷+双侧院 开放空间	巷+单侧院 半开放空间	巷 私密空间

渐进修旧如旧 注重整体保护

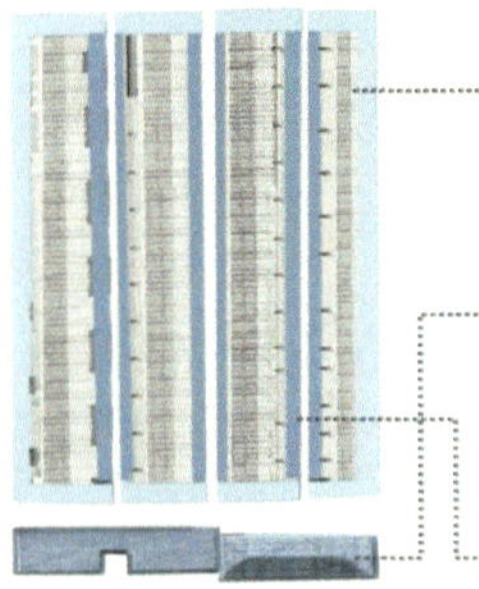

一期风貌改造
改造对象：里弄建筑、历史建筑外围
改造目的：在立面上营造鞍山道整体氛围感

二期风貌营造
新建对象：仿生里弄格局的现代建筑
新建目的：沿袭里弄特色格局，维护场地整体性

三期风貌改造
改造对象：里弄街区内部
改造目的：营造烟火气的生活场景，增强场地与人的联系

时空事件交织 公众参与引流

晨间的早点摊子、午间的吆喝叫卖声、晚间院子门口老头老太槐下乘凉……空间因人的存在而活起来。小狗狗的主人通过宠物结识，外卖小哥在餐馆前形成聚集，街头摆几个沙发就是邻里间的茶座。这个场地从来不缺烟火气，旅人要有一双发现美的眼睛。

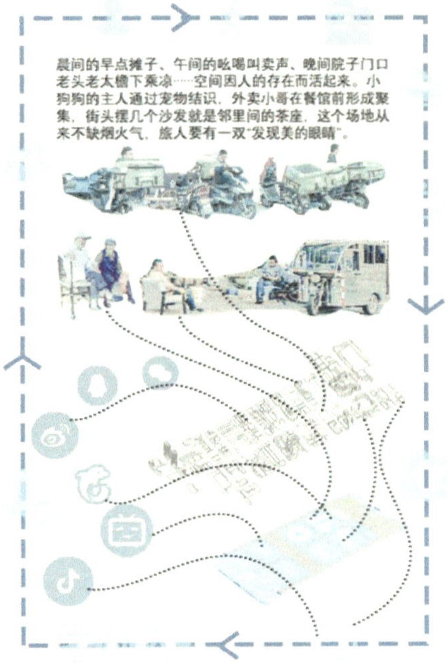

自然道
生态与十大场景

①主题场景，光影声色：通口人的一天，营造十大主题场景，激发通口故事，分析人与时间、人与空间关系得到十大场景。
②复合空间，邻里交互：活化利用停车场空间，白天停车、晚上集市，多种邻里交互，激发空间活力。
③串联营造，环境营造：串联交线各空间，对道路绿地进一步多系维，稳定空间结构，增加景观丰富度，提升绿化维度。
④统筹共治，有机共生：网状景观系统缝合，形成片区景观骨架脉络。

卯时 (5时-7时)	一晚老鞍山人记忆的家常面
辰时 (7时-9时)	一趟满载梦想的1号线
巳时 (9时-11时)	一缕阳光八张方桌安逸祥和
午时 (11时-13时)	一些菜市家常短路外暗卷
未时 (13时-15时)	家家饭菜常备美食
申时 (15时-17时)	一条满载香椿的漫步小巷

十大场景 点状绿地
道路绿地 织绿成网
公园打造 片区展示面

01 激活 街区环境营造
02 串联 多样场景串联
03 联动 片区资源整合

寅时 (3时-5时)	汇文中学门口同学结伴而出
丑时 (1时-3时)	鞍山道地铁口人群攒坎攒一堂
子时 (23时-1时)	通口FUN青年文艺青年基地
亥时 (21时-23时)	浑友酒馆依归游人卧卸
戌时 (19时-21时)	城市进入深夜依然隐藏活力
酉时 (17时-19时)	饭馆老板开始备餐

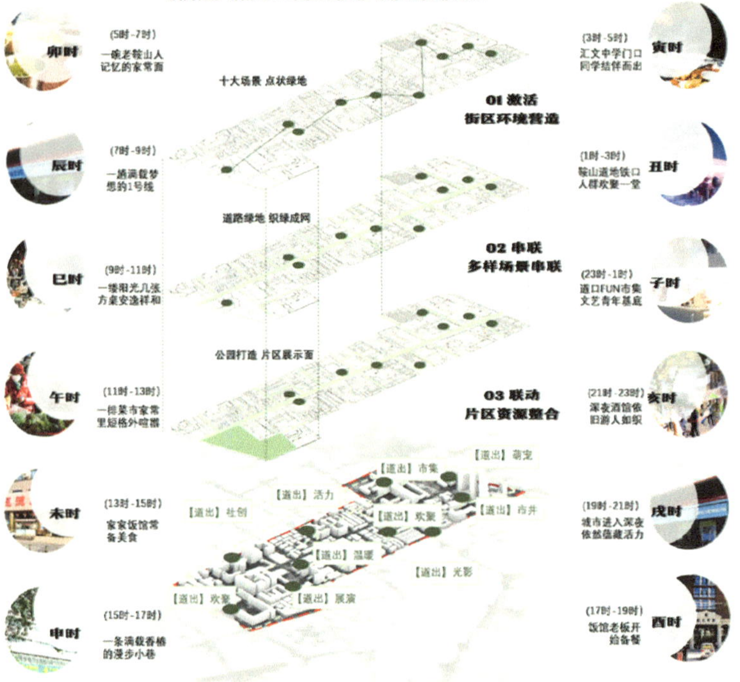

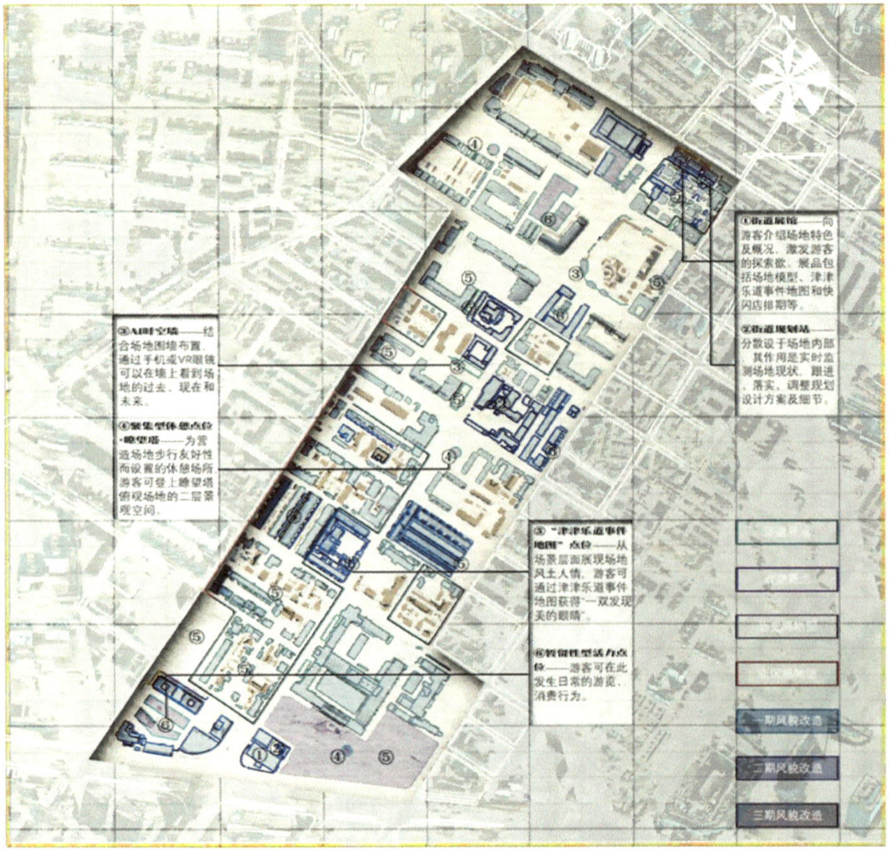

规划平面分析

平面叠加——触媒要素提取——时空多元空间组合
街区博物馆平面生成——轴线引导人流

道路系统分析图
非机动车停车点
地下停车点
地铁站
地下停车场范围

交通系统分析图
城市干道
城市次干道
城市支路
公共交通网络
绿色步行街
慢性步行街

功能分区分析图
居住用地
商住混合用地
商业商务用地
医疗卫生用地
文化设施用地
教育设施用地
公园绿地

空间结构分析图
空间轴线
空间主轴线
空间次轴线

景观系统分析图
绿地景观轴
文化景观轴
绿色开放空间
主要景观节点
次要景观节点

公服设施分析图

①街道展馆——向游客介绍场地特色及概况。激发游客的探索欲。展品包括场地模型、津津乐道事件地图和快闪展架等。

②街道规划站——分数设于场地内部其作用是其实时监测地状况、跟进落实，调整规划设计方案及细节。

④AR时空之旅——结合场地图绘场布置，通过手机或VR眼镜可以在墙上看到场地的过去、现在和未来。

⑥集型体悬点位·眺望塔——为营造场地步行友好性而设置的休憩场所游客可登上眺望塔俯瞰场地的二层景观空间。

③"津津乐道事件地图"点位——从场层面演展现场风土人情，游客可通过津津乐道事件地图获得"一双发现美的眼睛"。

⑤智能留型型活点位——游客于此发生日常的游览、消费行为。

一期风貌改造
二期风貌改造
三期风貌改造

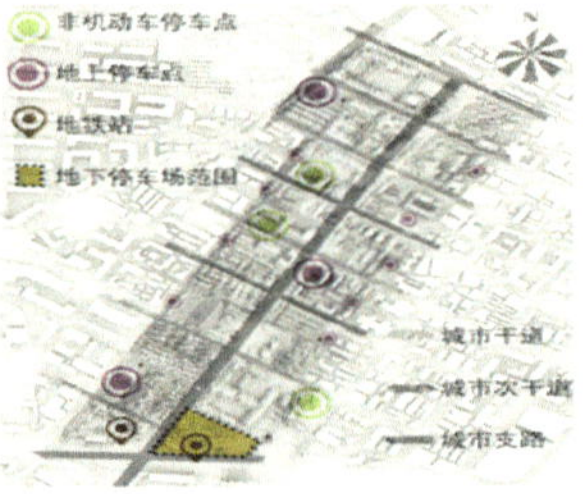

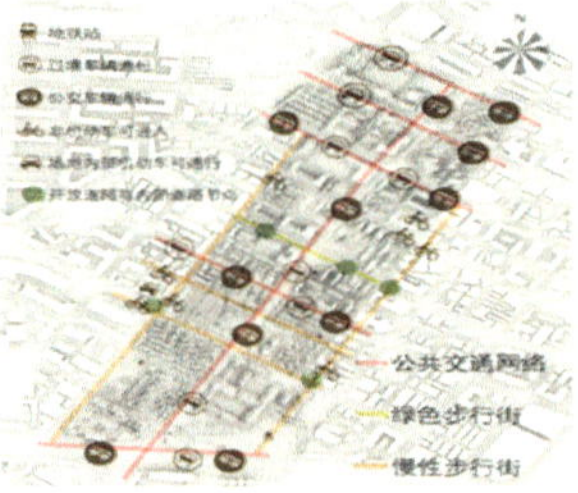

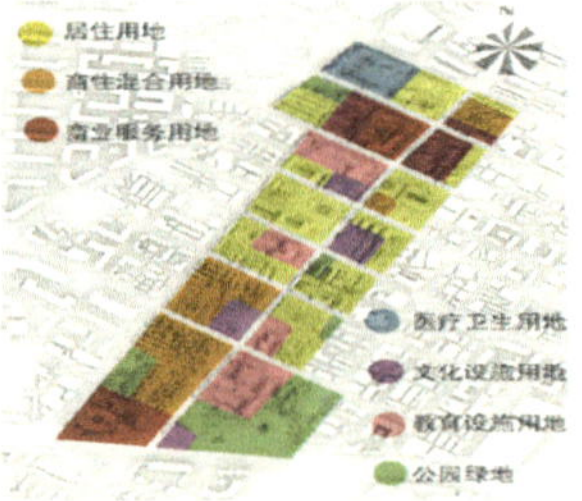

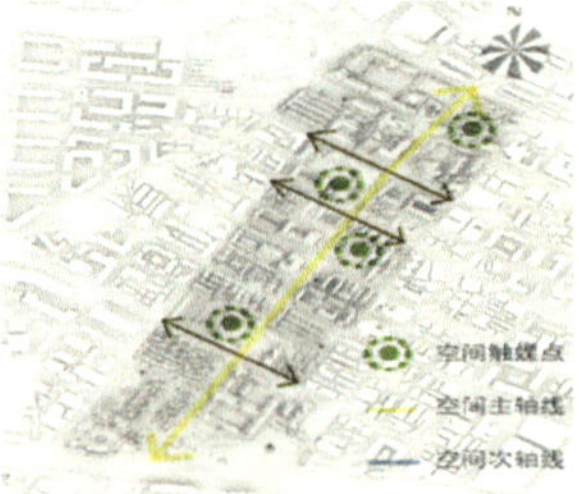

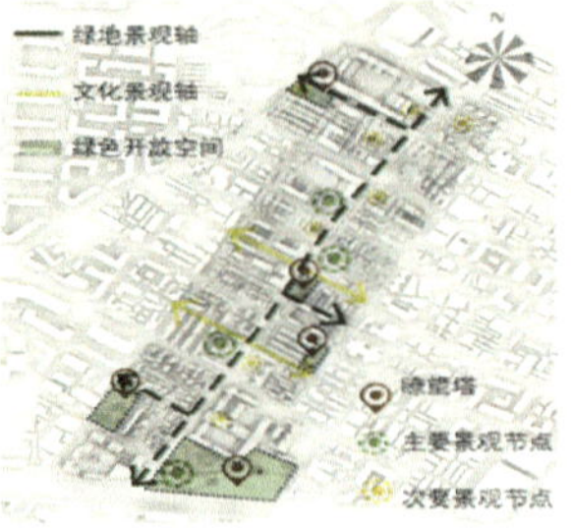

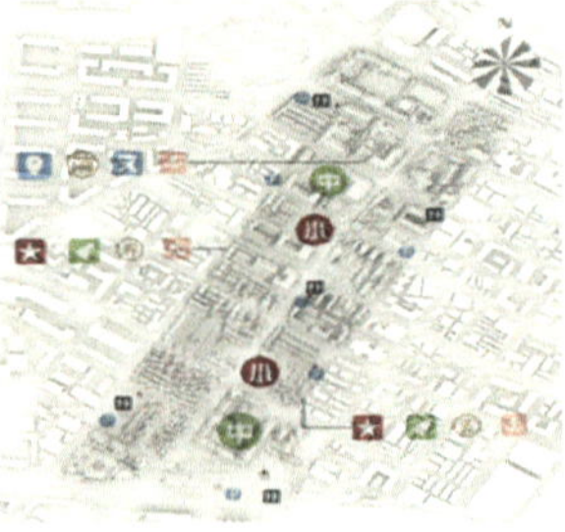

道中道 以道为骨 触媒三生

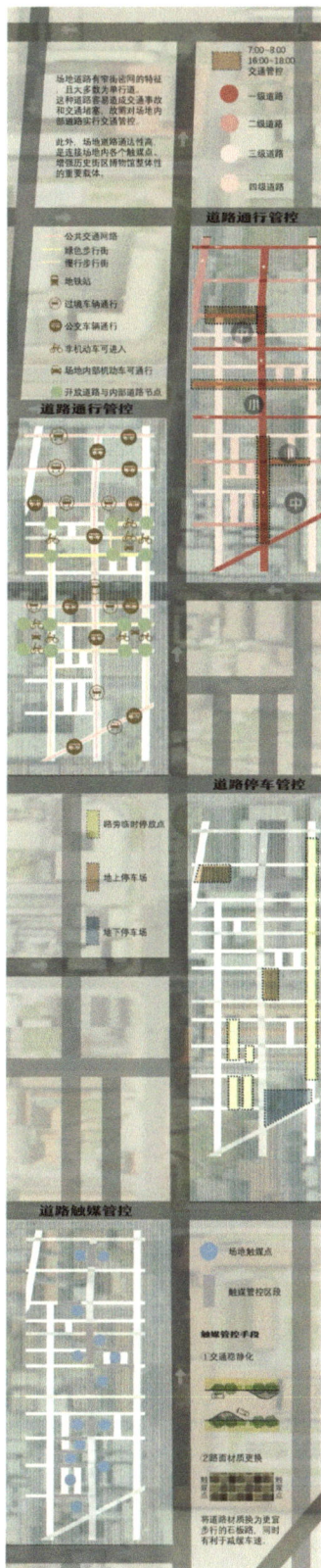

旧址新叙，钢铁狂想——文化生态视角下基于空间叙事的天津钢厂工业遗址有机更新

参赛院校：天津大学
作者姓名：赵亚美　蔡新雨　蒋孟凌　刘心竹　李志超
指导老师：臧鑫宇　王　峤
"天津城投杯"第二届全国大学生国土空间规划设计竞赛　二等奖

方案点评：

　　方案结合存量更新时代的国家政策和战略导向，总体定位准确，技术路线科学合理，立意鲜明、构思巧妙、模式创新、细节丰富，突破了传统工业遗址改造的壁垒，设计通过对天津钢厂历史事件和要素的深入分析，融合多学科理念和方法，基于空间叙事视角进行创新性策划和设计，赋予天津钢厂新的"使命"，使之成为天津人的精神堡垒。

1 区位背景

如何处理好城市发展与遗产保护的关系？

基地区位

上位规划

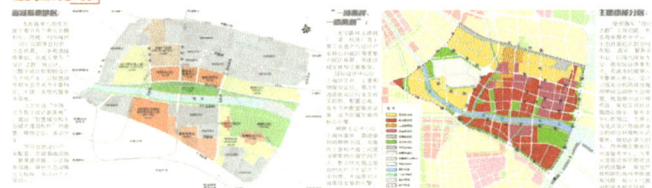

2 前期分析

如何从单纯物质空间建造转向以人为中心的场景营造？

工业遗产体系

历史沿革

钢铁是怎样炼成的

文化基因

人群分析

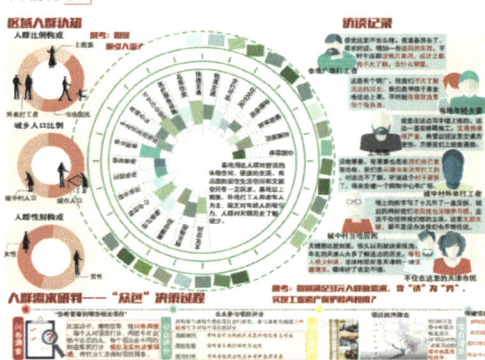

交通体系

场地分析

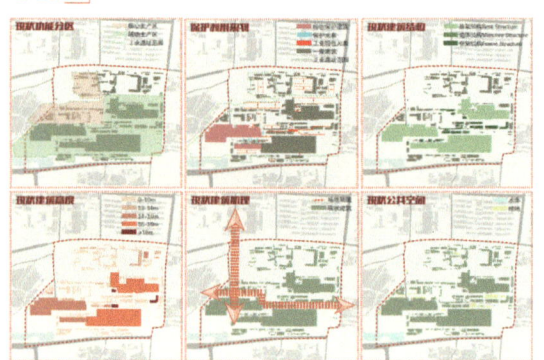

量化评估

3 引入主题

如何实现市场机制下工业遗产的保护、更新，再次焕发活力？

问题总结

自我思考

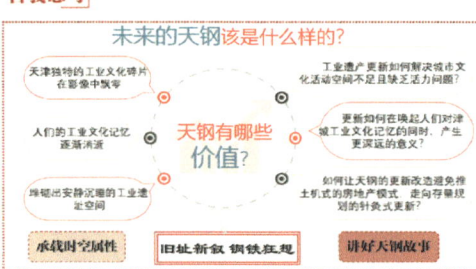

发展愿景

留改拆分析

应留尽留 旧址新叙

保留高线厂、钢轧厂核心厂房、烟囱和一些水塔。保留钢的基本格局与建筑特征，对建筑质量较差的进行适当拆除。

保留　　改造　　拆除

规划结构

三轴双核 纵横交错

规划三条特色景观轴带，贯穿基地内部，设计双核空间节点，形成纵横交错的规划格局。

● 节点　　← 主轴线　　← 次轴线

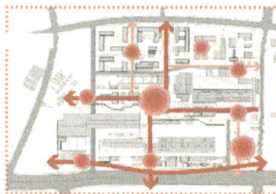

功能分区

多元共享 主题融合

结合特色建筑，进行功能置换，设计七个主题区，包含设计创意、文化博览、记忆体验、烟火生活等多样功能。

设计创意　　记忆体验　　生态公园
烟火生活　　邻里共享　　商业创意　　文化博览

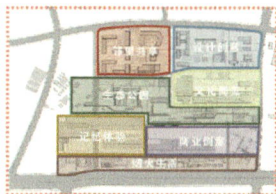

交通规划

环路围绕，内部纵横

交通结合上位规划和现状道路，充分考虑基地内部与外界的有机联系，四条主题环绕基地四周，内部尊重原有路基与场地。

← 主路　　← 支路　　停车场

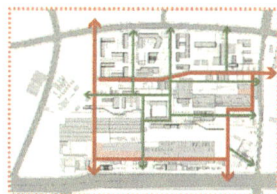

景观结构

一核四点 贯穿基地

设计五个主要开放空间，南侧设计休闲运动公园和居民交互活动广场，中间弹性全息广场成为重要景观节点。

← 绿带　　绿地

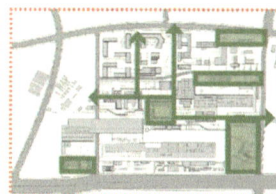

2022年「天津城投杯」第二届全国大学生国土空间规划设计竞赛获奖作品——本科生组（二等奖）

01 交互活动广场
02 工业特色商业综合体
03 工业特色娱乐城
04 沉浸式汽车影院
05 烟火集市
06 多维虚实活动室
07 休闲运动公园
08 记忆体验中心
09 记忆文教中心
10 钢铁记忆广场
11 虚实记忆长廊
12 弹性全息广场
13 虚实疗愈小廊
14 村庄记忆集市
15 艺术体验盒子
16 工业记忆展览馆
17 游客服务中心
18 居民活动中心
19 创意交流中心
20 虚实体验大院
21 设计创意展览

a 记忆长廊
b 攀岩水塔
c 螺旋互动烟囱
d 公共艺术水塔
e 铁轨创作小林
f 弹性轨道
g 龙门吊活动广场
h 轨道创意展架

经济技术指标

项目	数值	单位
总用地面积	39.6	hm²
总建筑面积	32.47	hm²
容积率	0.82	/
建筑密度	29.6	%
绿地率	35.2	%
地上停车位	120	个

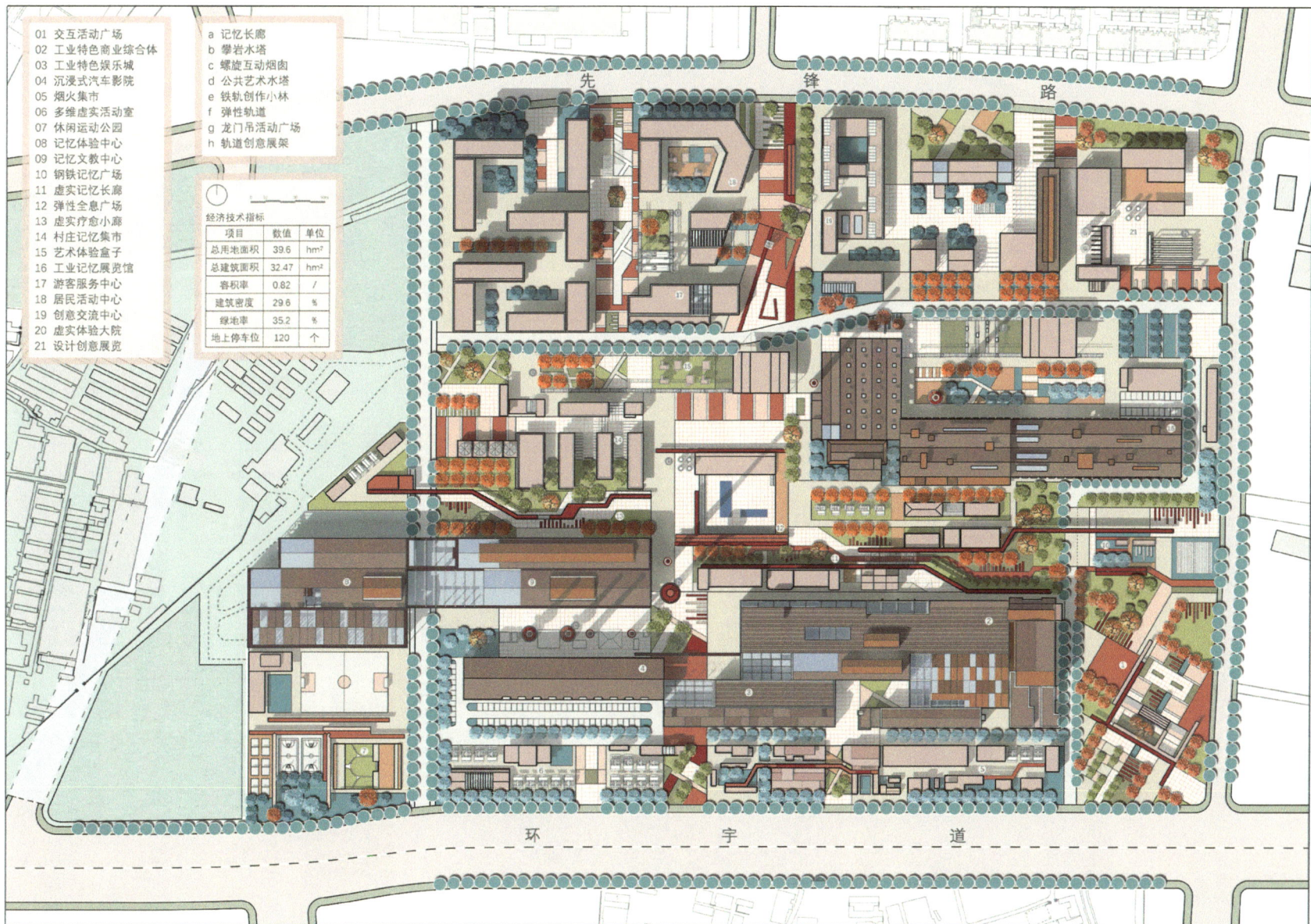

先　锋　路

环　宇　道

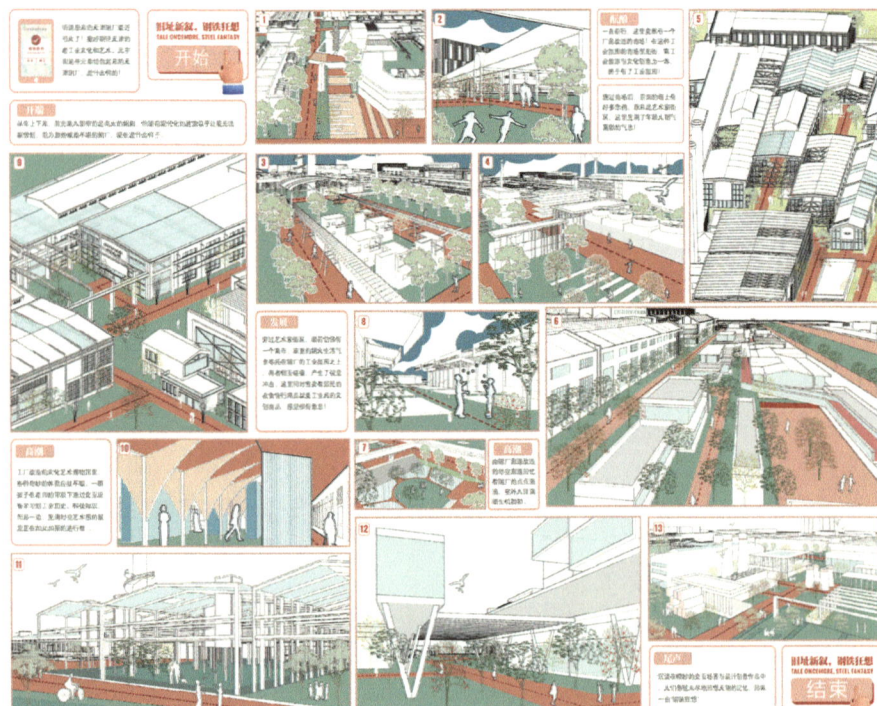

1 策略一 存量改造 新旧共生

标志性节点改造一：高线厂

标志性节点改造二：初轧厂

标志性节点改造三：中板厂

标志性节点改造四：构筑物

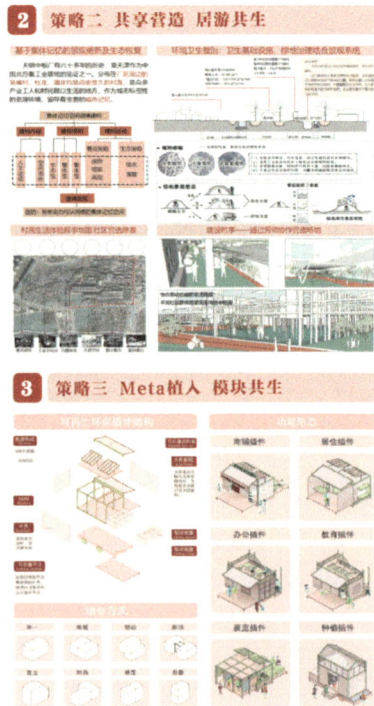

2 策略二 共享营造 居游共生

3 策略三 Meta植入 模块共生

策略生成

目标梳理

问题总结	追切诉求	解决路径	规划主题
文化记忆消逝	遗产保护利用 / 文化记忆传承	文化可持续传承	溯源 挖掘工业文化，修复文化生态。
人居品质较差	物质空间提升 / 文化空间打造	产业创新性发展	融元 融入元宇宙产业，绿色智慧发展。
环境污染遗留	生态治理保护 / 绿色持续发展	场景多元化营造	叙园 针对不同人群，基于在地性营造丰富多元的场景。
发展缺乏动力	转型机遇把控 / 功能创新融合		

策略落地

「情节撰写—叙事逻辑主线」

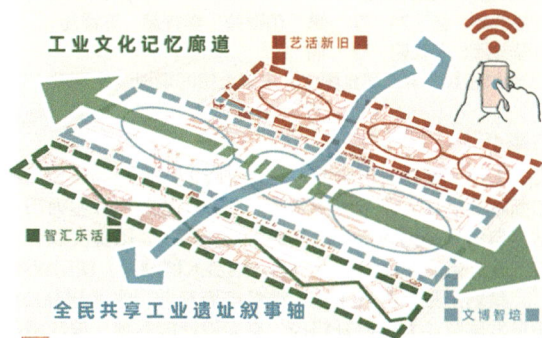

「线索并联—叙事结构搭建」

功能分区概述 / 空间叙事结构理论创新

主要人群 / 特殊活动 / 共同需求 / 设计流线

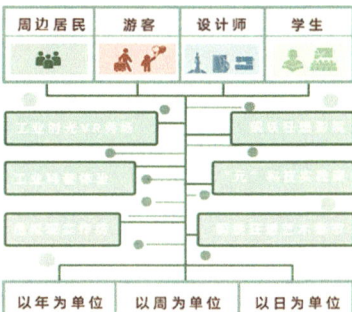

具体策略

情节撰写—挖掘文化因子，唤醒工业记忆；创新运维模式，全民文化舞台

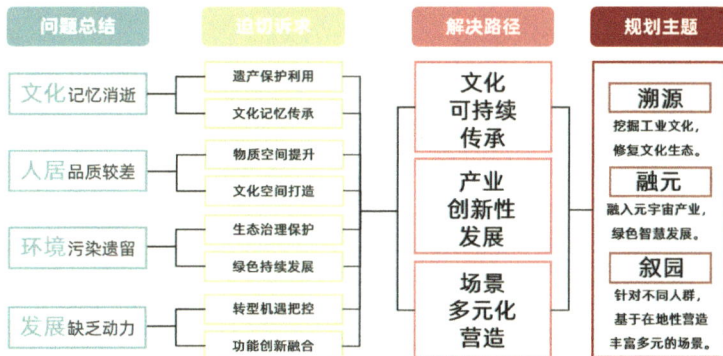

线索并联—构建步行体系，文化节点串联；景观体系建构，绿色健康园区

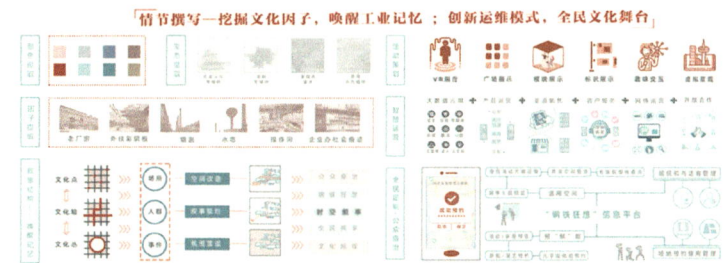

情景营造—存量分类改造，建筑多元组合；融合元宇宙，智慧模块的植入

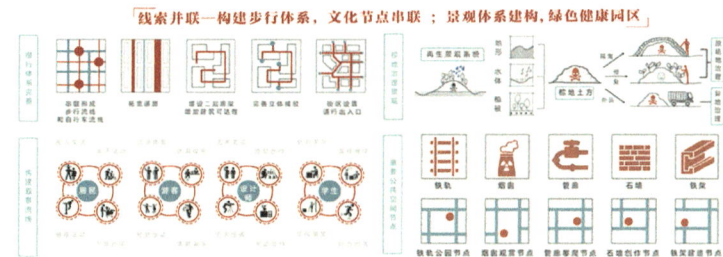

角色演绎—活动智慧互联，全民参与共治；绿色智慧共生，生态廊道共享

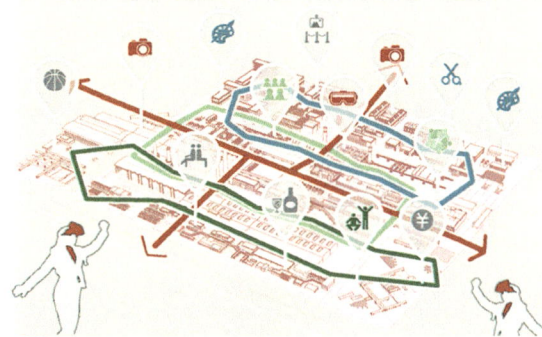

「情景营造—遗产保护性开发策划」

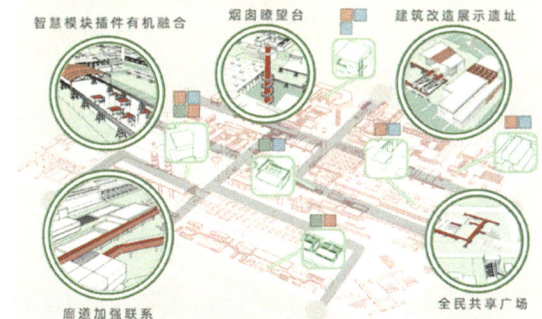

「角色演绎—共享全时活动策划」

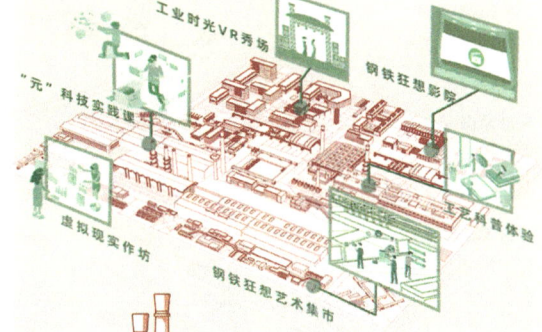

天钢SHOW"厂""C位"出道——工业"锈"到生活"秀"的活力转场

参赛院校：北京林业大学
作者姓名：杨 鸿 李 懿 苟镔倬 李梓赫 陈睿儿
指导老师：于长明 徐 桐
"天津城投杯"第二届全国大学生国土空间规划设计竞赛 二等奖

方案点评：

　　该作品问题分析全面，对定位有清晰准确的认知，对产业发展分析深入，了解地区发展的优势和面临的挑战。以社区生活与工业文化的前世今生为切入点，提出了叙事设计的概念。以工业遗存结合自然基地为布景，以各类人群为演员，以虚实媒介、体验式空间等多重设计策略为道具，以天钢工业文化的现代创意为剧本，结合人群画像，使用叙述性环境设计的手法，形成"天钢生活场"。

　　策划上贴合竞赛主题，结合电商产业，生活与办公场景灵活"转场"，在增添场地活力的同时，兼具发展驱动力的提升路径。空间设计能力强，设计思路与立意清晰，对厂房改造、生态可持续发展、产业空间激活等内容都有深入挖掘。图面效果好，叙事性表达能力强。

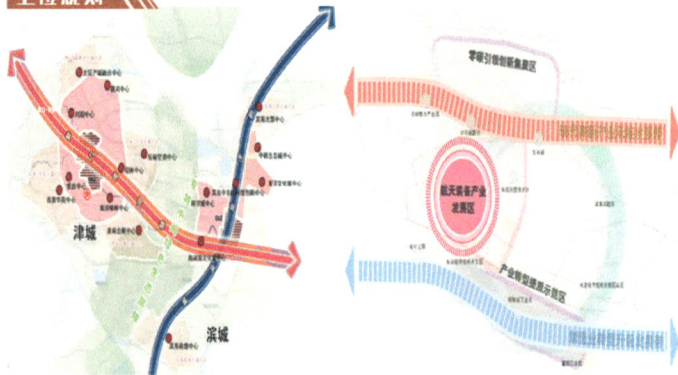

上位规划

京津发展廊道+魅力海河轴　　设计之都+创造业转型升级发展带

基地属于天钢柳林城市副中心用地，毗邻产业组团和高等院校，具有特殊的发展优势，是天津"设计之都"核心区、数字设计新高地，未来将发展以工业设计、工程设计、专业设计和海洋设计为主导产业的设计产业集中区，未来将建设成为以智慧城市和生态宜居为主要特征的天津"设计之都"核心区，是中国"三北地区"的现代服务业高地。

历史沿革

1860年 天津开埠后，经过洋务运动，建立了近代军工产业，逐渐成为全国重要的工业中心。

1935年 开办中山钢业所。

1945年 抗战胜利后，国民党政府合并其为华北钢铁公司天津钢厂，但因政府腐败，设备被大量盗卖，生产处于停工半停工状态。

1949年 新中国成立后，恢复生产。

1958年 天津钢厂第一次改制分设第一钢厂和第二钢厂，中板厂开始筹建。

1982年 中板厂实行经济责任制并注重技术进步和内涵挖掘，提高生产效率。

1997年 天钢中板厂全线告别停产。千禧年后，随着市区扩展为解决污染问题，开始实施天钢东移工程。

2022年 天钢地区面临如何更新这一重要问题。

现状问题总结

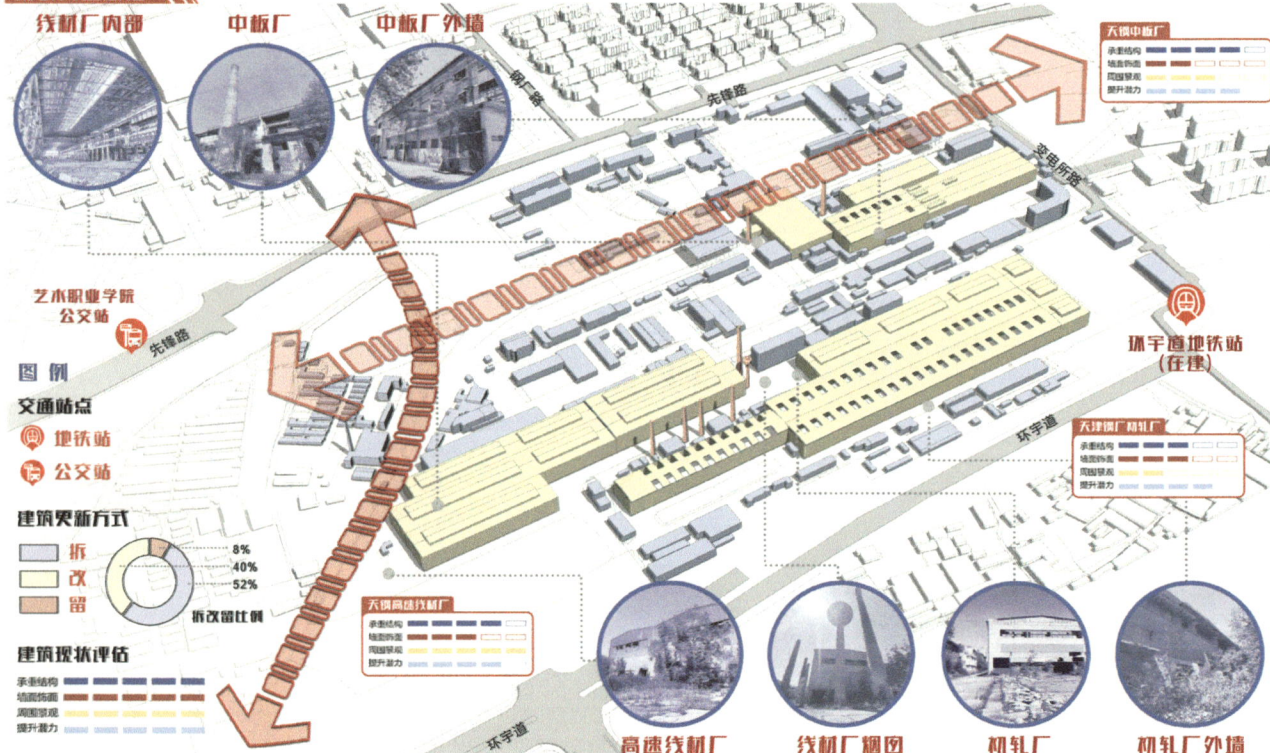

图例
交通站点
地铁站
公交站
建筑更新方式
拆
改
留
8%
40%
52%
拆改留比例
建筑现状评估
承重结构
墙面饰面
周围景观
提升潜力

基地现状

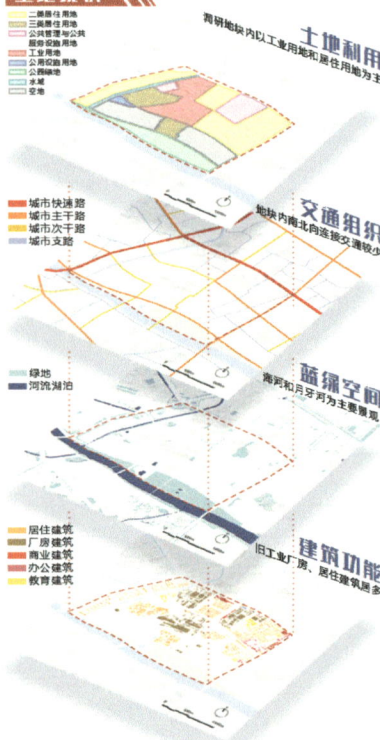

土地利用
交通组织
蓝绿空间
建筑功能

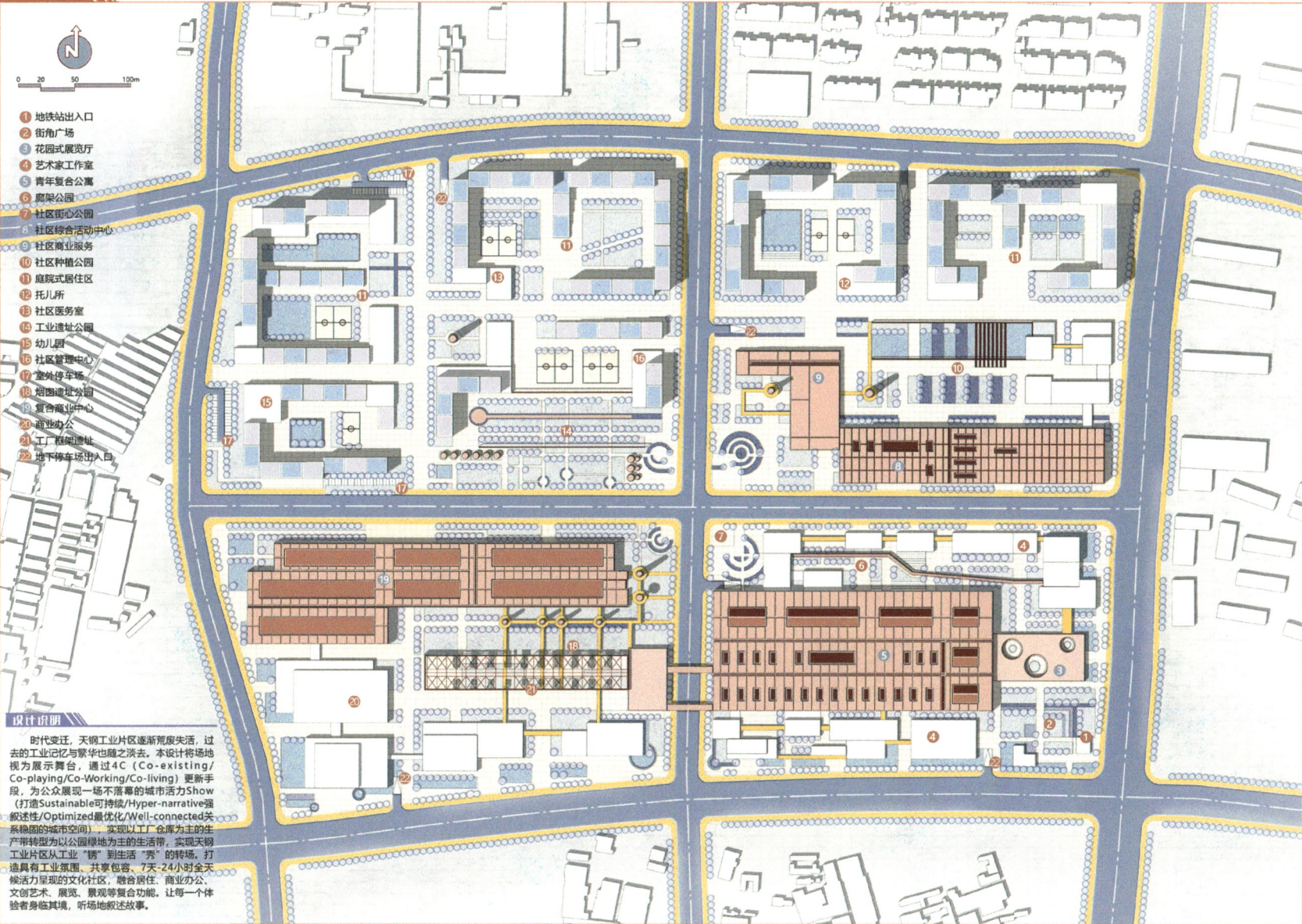

N
0 20 50 100m

① 地铁站出入口
② 街角广场
③ 花园式展览厅
④ 艺术家工作室
⑤ 青年复合公寓
⑥ 鹰架公园
⑦ 社区街心公园
⑧ 社区综合活动中心
⑨ 社区商业服务
⑩ 社区种植公园
⑪ 庭院式居住区
⑫ 托儿所
⑬ 社区医务室
⑭ 工业遗址公园
⑮ 幼儿园
⑯ 社区管理中心
⑰ 室外停车场
⑱ 烟囱遗址公园
⑲ 复合商业中心
⑳ 商业办公
㉑ 工厂框架遗址
㉒ 地下停车场出入口

设计说明

时代变迁，天钢工业片区逐渐荒废失活，过去的工业记忆与繁华也随之淡去。本设计将场地视为展示舞台，通过4C（Co-existing/Co-playing/Co-Working/Co-living）更新手段，为公众展现一场不落幕的城市活力Show（打造Sustainable可持续/Hyper-narrative强叙述性/Optimized最优化/Well-connected关系稳固的城市空间），实现以工厂仓库为主的生产带转型为以公园绿地为主的生活带，实现天钢工业片区从工业"锈"到生活"秀"的转换。打造具有工业氛围、共享包容、7天×24小时全天候活力呈现的文化社区，融合居住、商业办公、文创艺术、展览、景观等复合功能。让每一个体验者身临其境，听场地叙述故事。

2022年『天津城投杯』第二届全国大学生国土空间规划设计竞赛获奖作品——本科生组（二等奖）

设计分析

结构
□ 商业购物　□ 多元居住　● 重要节点
□ 商住办公　▬ 结构轴线　● 次要节点

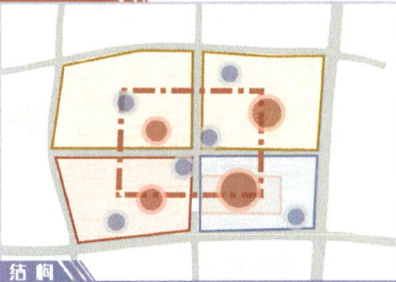

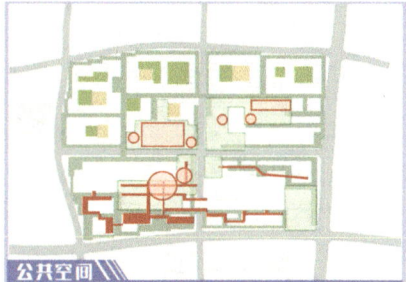

空间结构为环状轴线串联场地多个重要节点和次要节点。场地主要划分为商业购物、商住办公、多元居住三个功能板块。

娄山道
钢厂路
龙宇路
龙寿道
沙柳南路
环宇道

交通
▬ 地铁线　▬ 主要道路　■ 地面停车　○ 地铁站
▬ 慢行步道　▬ 次要道路　■ 地下停车

场地外部交通主要道路为城市主次干道，东南角有两条地铁线交接接驳，人流量大；内部交通次要道路为城市支路，街区内部形成慢行步道，设置跑道和自行车道。

公共空间
□ 健身场地　■ 慢行绿廊　□ 工厂遗存　■ 钢架平台
□ 庭院绿地　□ 公园绿地　○ 钢架构筑物

公共空间主要包括健身场地和公共绿地，此外还有依托于工厂遗存、钢架构筑物及平台的垂直公共空间，钢架构筑物、工厂遗存结合公园绿地形成多元的活动空间。

共享植入
□ 共享商业　□ 共享服务　□ 新建办公
□ 共享居住　□ 共享办公　□ 功能
□ 共享居住　□ 新建居住

场地内部建筑分为功能置换建筑和新建建筑，共享功能大部分通过植入功能置换建筑实现，植入的功能主要集中于共享商业、共享居住、共享服务、共享办公四类。

2022年「天津城投杯」第二届全国大学生国土空间规划设计竞赛获奖作品——本科生组（二等奖）

共享办公

创客办公：

会客厅　餐厅
会议室　咖啡吧
办公室　健身房
职工宿舍　活动室

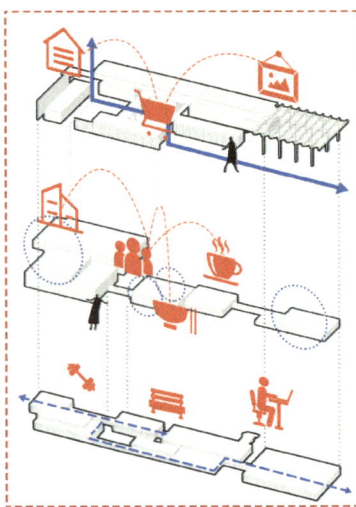

商业空间改造：
拆除厂房大体量废弃机床、构筑物，只保留必要承重构件，采用轻量化、可移动隔板组合形成不同功能用途的使用空间，以满足多元弹性的使用需求

"模块" + "弹性"

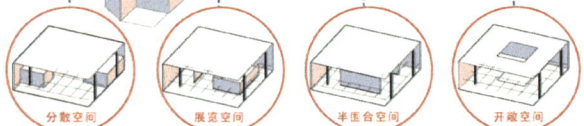
分散空间　　展览空间　　半围合空间　　开敞空间

共享居住

空间转化：

功能复合：功能单一转向多元化
模铁粗轧　→　创意办公+创客居住
转场

空间划分：单一个体转向多元组合
空间单一　→　图立 模块化 灵活性
转场

空间开放：封闭空间转向开放空间
厂房单体　→　垂直社区 开放共享
转场

空间尺度：大空间转向适人尺度
空大厂房　→　宜居 舒适 合理
转场

WORKING
LIVING
SHARING

家居及廊架站间
穿插嵌入办公起居空间
1层商铺共享空间

室内花园
廊桥连通
创客办公
创客办公
休廊公园

共享娱乐

共享家园

居住区　办公室　蔬果活　蔬果店　老年活动区　儿童科学馆　室外游乐　田园乐采

机械一：网络社区
学生　历史政策　教育活动
职业人员　图书馆　　其他资源
文化建设　运动活动

机械二：垂直乐园
智慧人员　　活动健身　购物采购
活力青少年　公园
青少年儿童　　自然娱乐

机械三：医享家园
社区居民　　卫生服务站　疾病康复
医疗保健　颐养社区　健康咨询
养老服务　　活化住宅　生活照料

场景一：好书共享，知识交流
场景二：活动丰富，乐未可言
场景三：设施齐全，共享天伦

共享空间

场地钢架、生产设备遗存保留，结合绿地形成文化活动广场。
水循环
廊架花园
下沉式绿地
遗风
烟图遗址公园
初轧厂建筑部分保留框架结构镶嵌玻璃镂空保留树木生长空间，形成室内外自然空间相融合的活动场所

场地钢架遗存保留，结合绿地形成社区活动中心
环境监测
工业遗址公园

保留现状树木，建设镂空玻璃廊架，形成森林空间
太阳能转换
廊架公园及花园式展厅

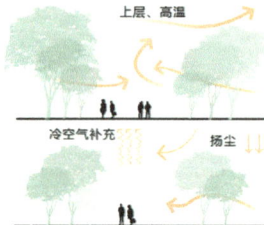
上层、高温
冷空气补充　扬尘

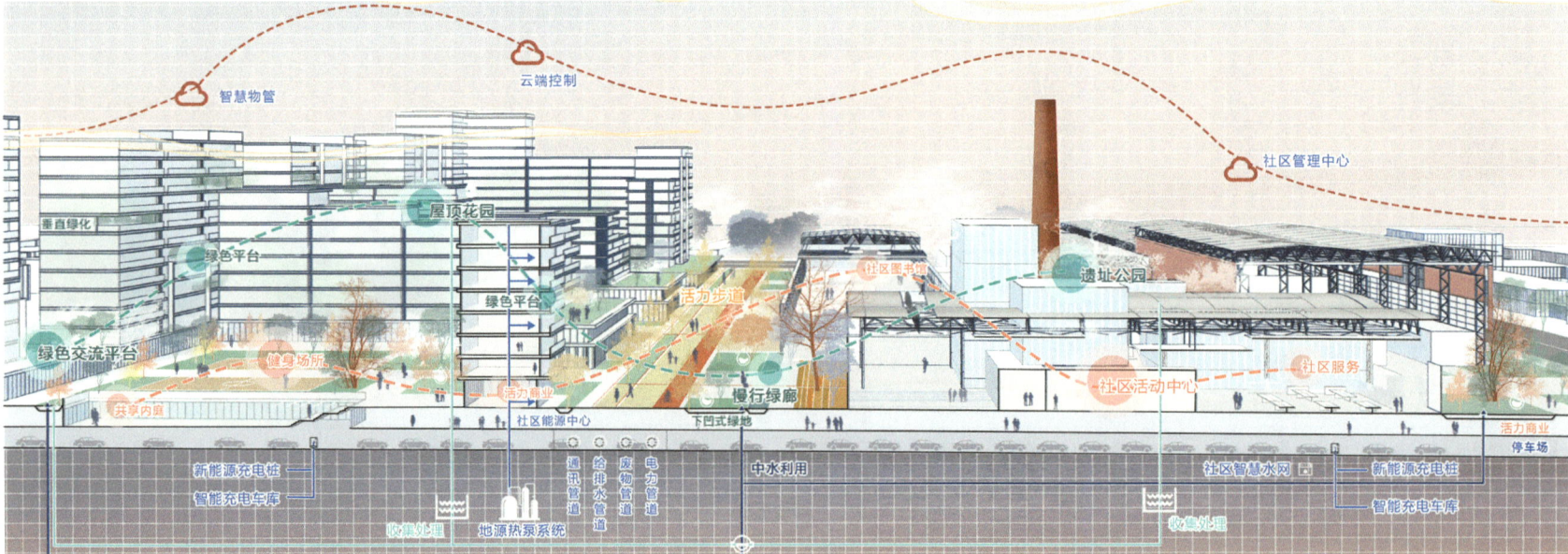
智慧物管　云端控制
社区管理中心
垂直绿化
屋顶花园
绿色平台
绿色平台
绿色交流平台
社区图书馆
活动步道
遗址公园
健身场所
活力商业
慢行绿廊
社区活动中心
社区服务
共享内庭
社区能源中心
下凹式绿地
活力商业
停车场
新能源充电桩　智能充电车库　通讯管道 轮排水管道 废物管道 电力管道　中水利用　社区智慧水网　新能源充电桩 智能充电车库
收集处理　地源热泵系统　收集处理

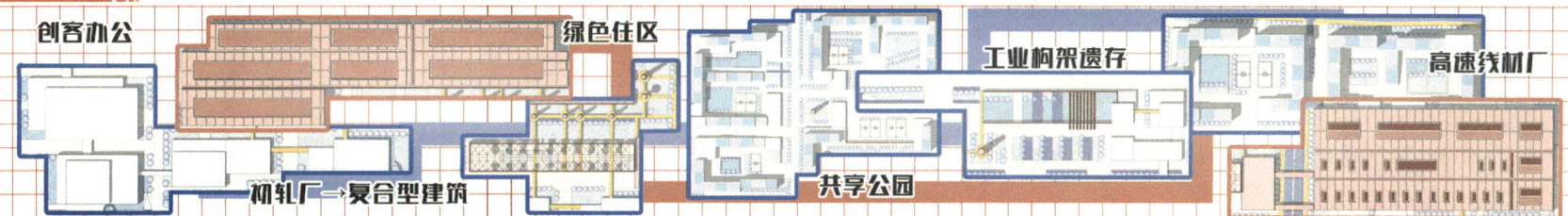

创客办公　　　　　　　　　　　绿色住区　　　　　　　　　工业构架遗存　　　　　　高速线材厂

初轧厂→复合型建筑　　　　　　　　　　共享公园

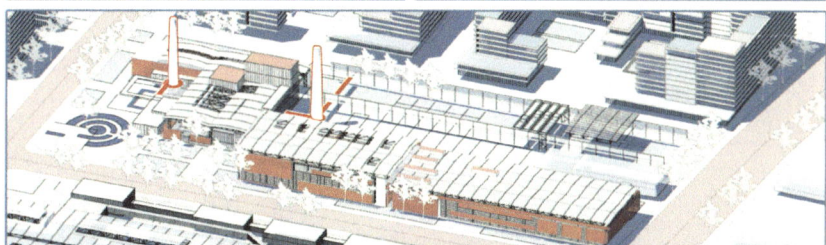

这里原来就是一片荒地，改造后成了公园，我们住在这周边的也能经常来散步。

鸟瞰图

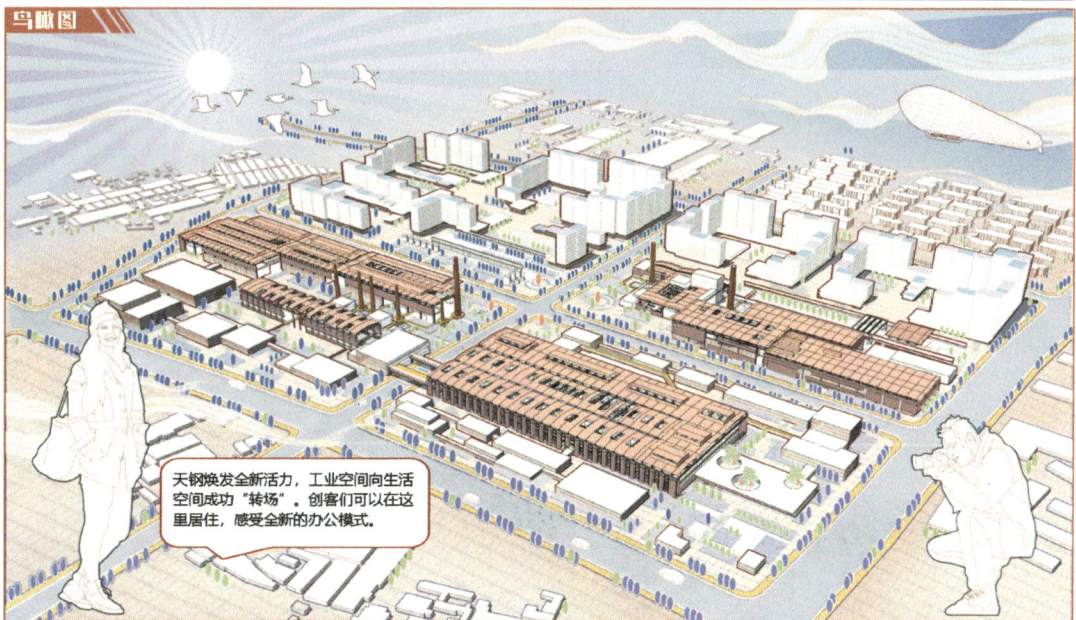

天钢焕发全新活力，工业空间向生活空间成功"转场"。创客们可以在这里居住，感受全新的办公模式。

2022年「天津城投杯」第二届全国大学生国土空间规划设计竞赛获奖作品——本科生组（二等奖）

魔方识城　多维塑链——社会生态链修复目标下的天津鞍山道历史街区空间识别与更新

参赛院校：重庆大学
作者姓名：徐霄羽　王晨亦　罗巧昕　陈子睿　邱博伦
指导老师：谭文勇　李旭
"天津城投杯"第二届全国大学生国土空间规划设计竞赛　二等奖

方案点评：

该作品以"人、人际关系、人际关系空间"这三个要素的现状关系链为切入点，创新性地提出"社会生态链"的概念，以社会生态链的修复和街区空间的更新改造为核心目标及基本策略，构思具有一定的创新性。建立"更新改造魔方"与"社会生态魔方"双评价系统识别空间与内涵，构建兼具改造型、整治型、修复型的改造修复工具箱，提出具有在地化特征的空间规划和设计方法。

该方案通过改造识别、机制保障、断链修复、节点营造的更新策略，从生活空间、产业空间、文化空间三个方面对场地内的问题进行识别，进而对改造对象进行分类，确定改造方式，打造了智慧生活菜市场、张园文化街市区、太和里生活广场等空间节点，实现对社会生态链的改善修复愿景。

场地区位

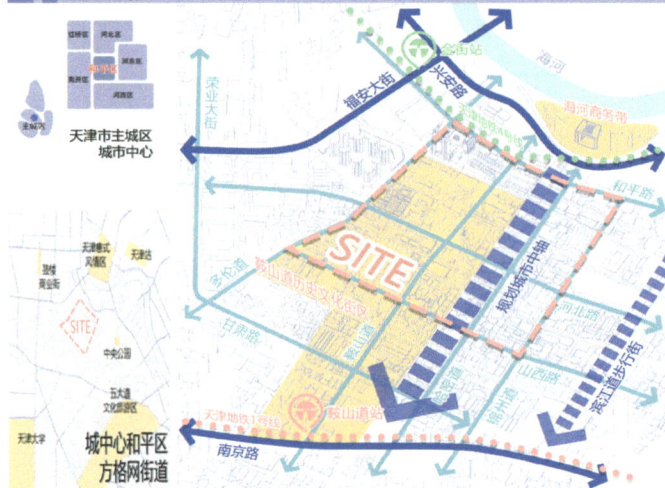

变迁与现状

历史变迁

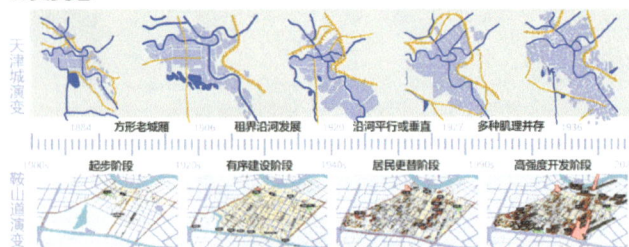

居住人群分类　场地内部环境　建筑类型分析

人口密度高、人户分离严重　居住建筑年久失修　独立式住宅保存利用较好
低收入群体聚集现象明显　配套设施不足且老化严重　里弄式住宅占比最多

主题阐释

概念解读　概念图解　概念引申

社会生态链现状

要素——人　　要素——人际关系　　要素——人际关系空间

更新策略

步骤1：改造识别

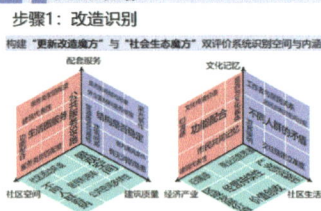

步骤2：机制保障

步骤3：断链修复

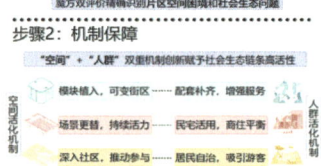
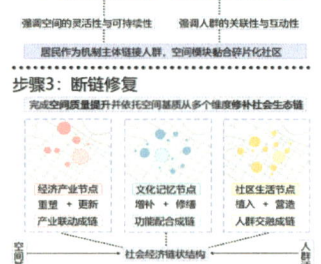

步骤4：节点营造

魔方识城　多维塑链

场地要素叠加

图例
历史建筑
主要建筑
活动节点
现状链条评估
社会生态链
记忆场所

识别方式

初期改造评价

结合用地现状与改造愿景进行街区用地初步功能分类

使用持续评价

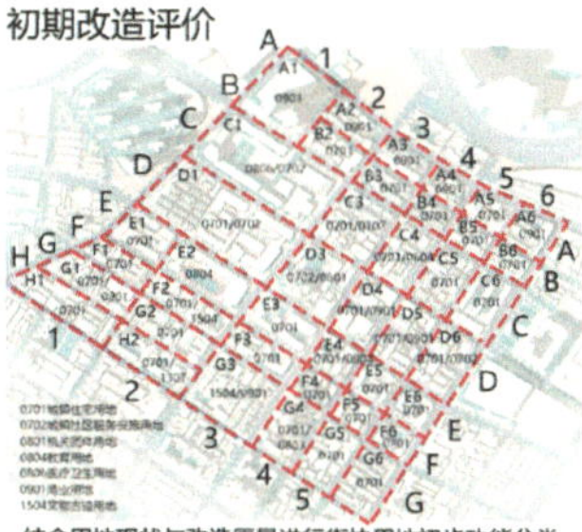

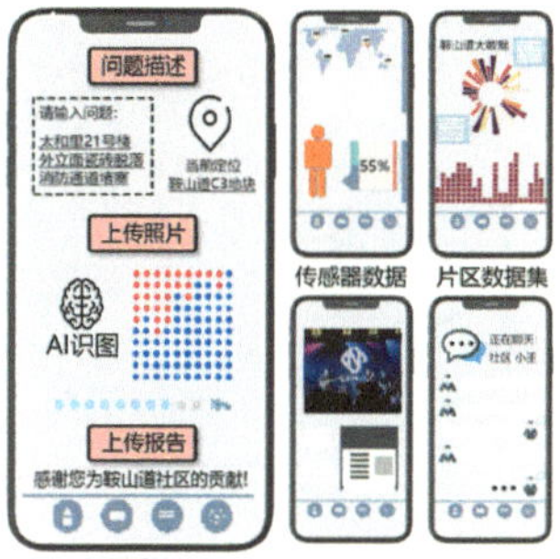

问题反馈　活动宣传页　社区工作室

识别过程

1. 形成空间识别评价指标结果 根据专家打分法确定权重

系统层	要素层	指标层	要素内权重	数据来源
更新改造魔方识别	配套服务 A	A1 5分钟步行内设施数量	0.75	数据计算
		A2 服务类型匹配度	0.16	专家打分
		A3 接受服务频率	0.09	数据估算
	社区空间 B	B1 人均开放空间用地	0.51	数据计算
		B2 社区公共空间质量	0.29	专家打分
		B3 空间利用率	0.11	数据估算
		B4 社区空间包容性	0.09	专家打分
	建筑质量 C	C1 建筑外立面安全性	0.43	专家打分
		C2 建筑结构安全性	0.46	专家打分
		C3 建筑阔旧	0.12	数据计算
社会生态魔方识别	经济产业 D	D1 商业运营可持续性	0.30	专家打分
		D2 产业多样性情况	0.57	数据估算
		D3 每平方米经济效益	0.13	专家打分
	文化记忆 E	E1 空间意象与记忆	0.71	专家打分
		E2 文物古迹保护现状	0.16	问卷调查
		E3 非物质文化承载情况	0.13	专家打分
	社区生活 F	F1 社交网络连接度	0.76	问卷调查
		F2 社区空间游客接纳度	0.12	问卷调查
		F3 社区事务决策方式	0.12	问卷调查

2. 专家、社区规划师对照标准评分 社区进行数据估算

规划专家　社区规划师　社区工作者

3. 根据用户上传问题与社交平台抓取进行语义识别

进行识别

4. 根据用户上传照片进行视觉语义识别

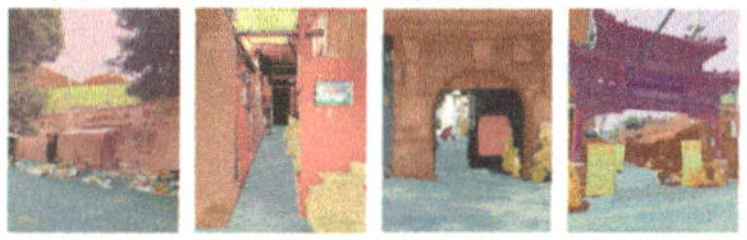

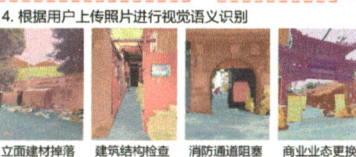

立面建材掉落　建筑结构检查　消防通道阻塞　商业业态更换

总结 改造评价、社会生态识别结果相似 社会生态链修补和空间改造应同步进行

现状识别结果

改造评价魔方

社会生态魔方

空间分类

类型	经济-整/改	经济-重塑	文化-整/改	文化-重塑	生活-整/改	生活-重塑
地块代号	A1 A3 A4 A5 D1 D3	D4 D5 G1	A6 C1 F2 C4	A2 B2 G3 G4	B3 B4 B5 B6 C5 C6 E1 E2 E3 E4 E5 E6 F1 F3 F4 F5 F6 G2 G5 G6 H2 H1	C3 D6
分类依据	已有经济产业发展较为缓慢 经济产业链连接情况不佳	缺失产业发展 发展新兴产业潜力较大	文保存较好 但影响不足 文化记忆残效能尚未体现	空间问题显著 居民生活不便捷较为明显	鞍山道片区基础发展较色 限制社会生态链要素范围广，程度低 整体呈现欠佳情况 需要进行修复	空间质量严重 制约居民生活 社区生活链 要素与场所缺失

空间留改拆

- 建筑保留/整治
- 建筑改造
- 建筑拆除重建

2022年「天津城投杯」第二届全国大学生国土空间规划设计竞赛获奖作品——本科生组（二等奖）

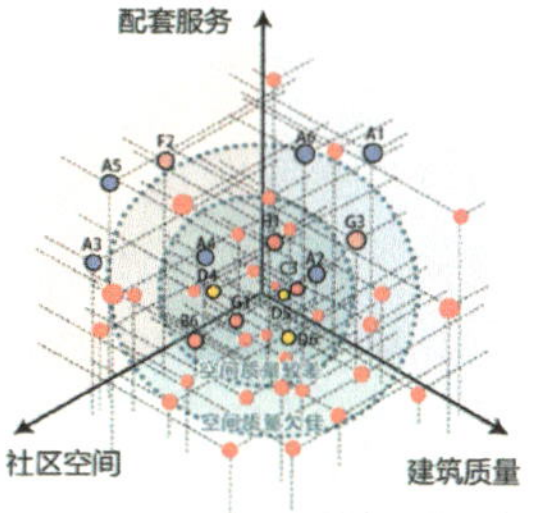

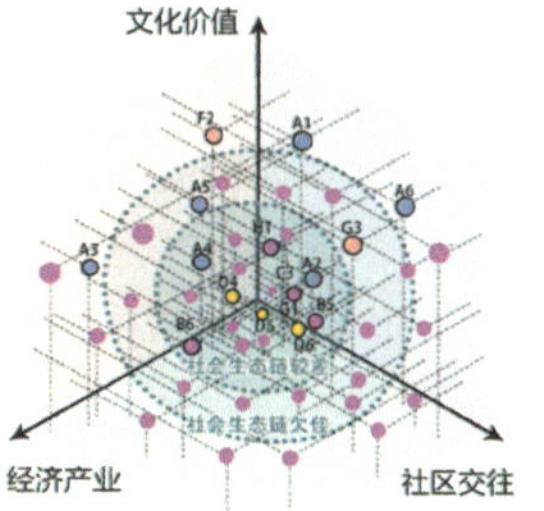

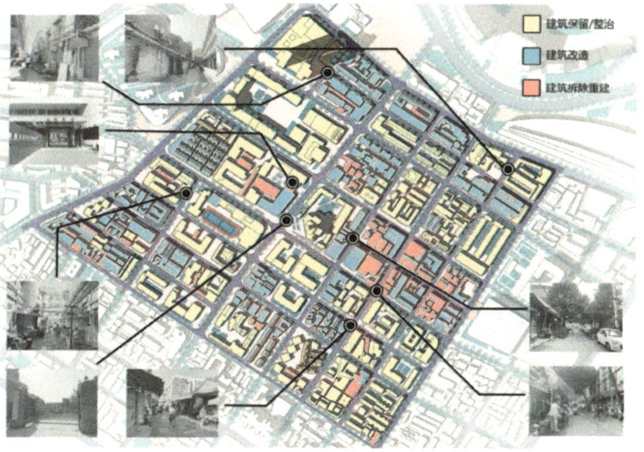

设计方案生成

空间结构　

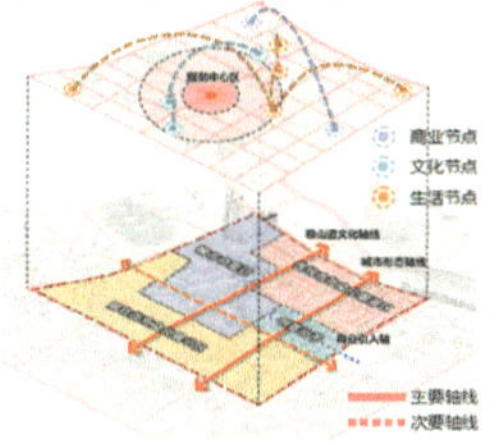

交通结构　

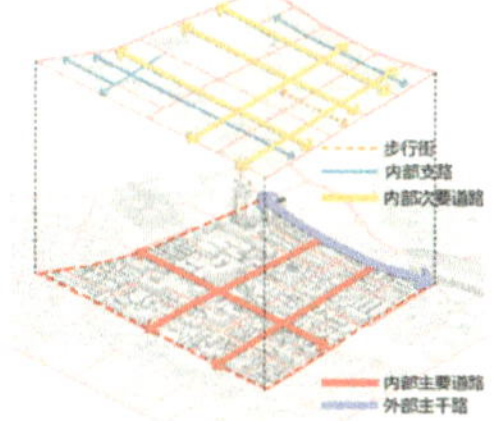

公共空间与流线　

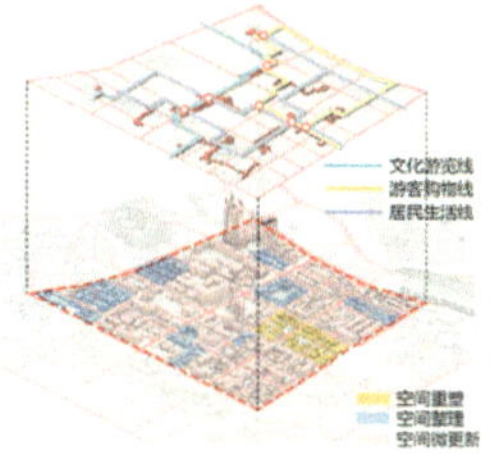

活动热力图　

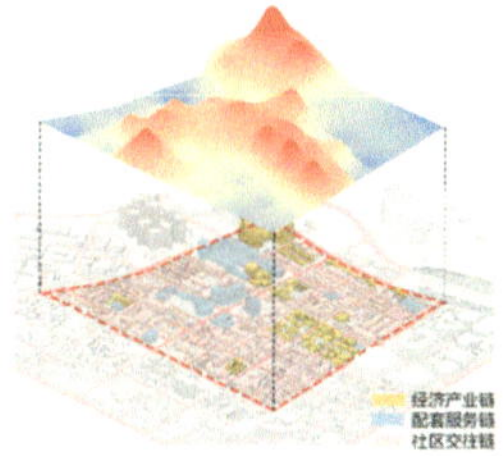

设计说明：

基于社会生态链的概念，本方案通过对现状场地分析，发现场地存在人际关系断链、经济产业断链、服务配套断链等问题。场地复杂的社会空间关系亟待识别、梳理、重构，方案引入「空间改造魔方」，从三个方面对场地内的问题进行识别，进而对改造对象进行分类、确定改造方式，构建改造修复工具箱。最后，基于修复工具箱对存在问题进行整治、改造和重塑，实现对社会生态链的改善修复愿景。

北

0　30　60　120　180m

经济技术指标

	单位	数值
基地面积	公顷(hm²)	37.79
建筑总面积	公顷(hm²)	54.04
建筑占地面积	公顷(hm²)	16.11
道路占地面积	公顷(hm²)	4.92
容积率		1.43
建筑密度	%	42.64
绿化率	%	28.74

用地性质分类

用地代码	用地分类名称	用地面积(hm²)	占比(%)
07	居住用地	19.12	58.17
0701	城镇住宅用地	18.03	54.85
0702	城镇社区服务设施用地	1.09	3.32
08	公共管理与公共服务用地	5.44	16.55
0801	机关团体用地	2.17	6.60
0804	教育用地	1.43	4.35
0806	医疗卫生用地	1.84	5.60
09	商业服务业用地	6.42	19.53
0901	商业用地	5.94	18.07
0902	商务金融用地	0.48	1.46
13	公用设施用地	0.91	2.77
1306	通信用地	0.72	2.19
1307	邮政用地	0.19	0.58
15	特殊用地	0.98	2.98
1504	文物古迹用地	0.98	2.98

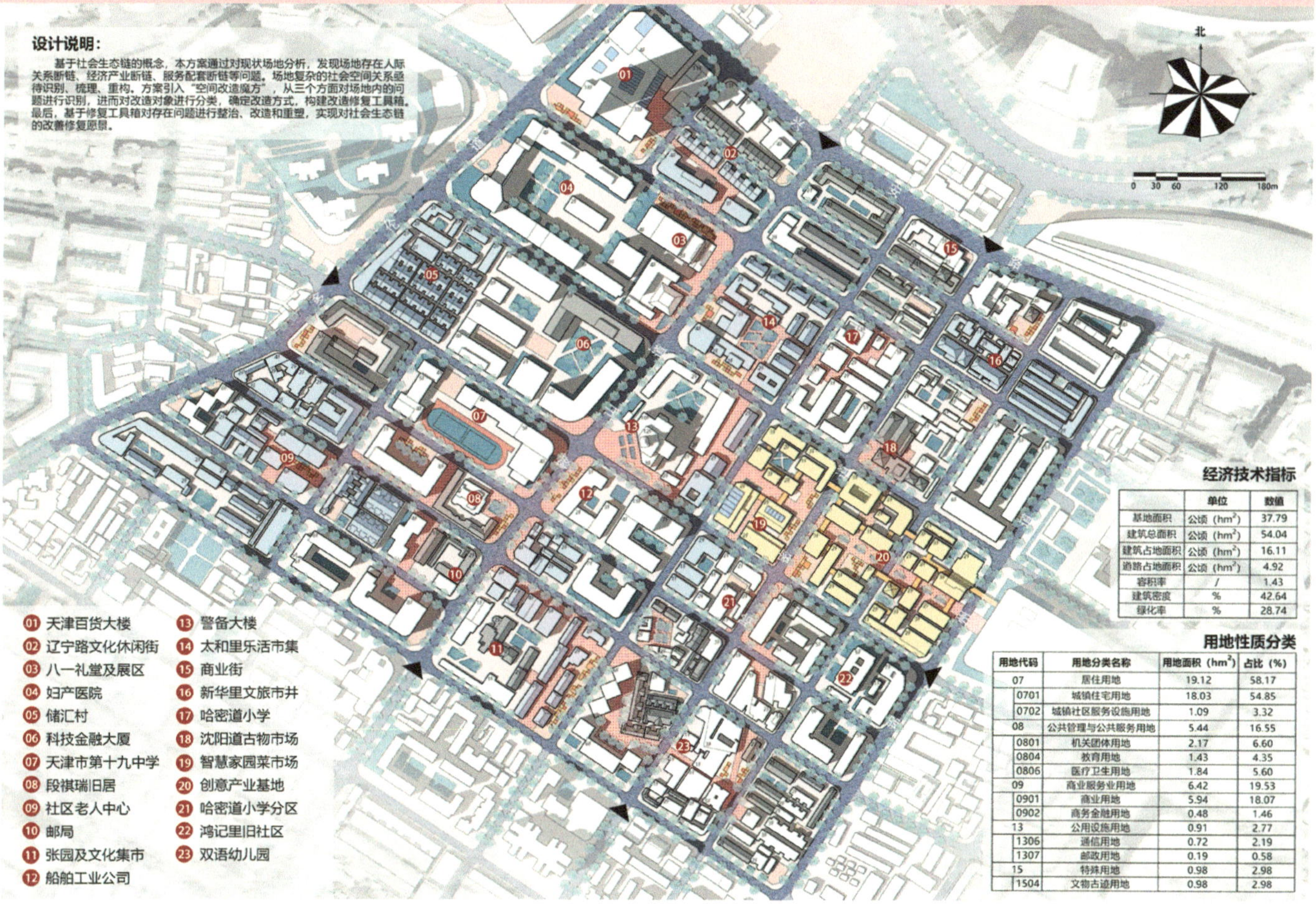

01 天津百货大楼
02 辽宁路文化休闲街
03 八一礼堂及展区
04 妇产医院
05 储汇村
06 科技金融大厦
07 天津市第十九中学
08 段祺瑞旧居
09 社区老人中心
10 邮局
11 张园及文化集市
12 船舶工业公司
13 警备大楼
14 太和里乐活市集
15 商业街
16 新华里文旅市井
17 哈密道小学
18 沈阳道古物市场
19 智慧家园菜市场
20 创意产业基地
21 哈密道小学分区
22 鸿记里旧社区
23 双语幼儿园

改造工具箱

工具箱1:整治型
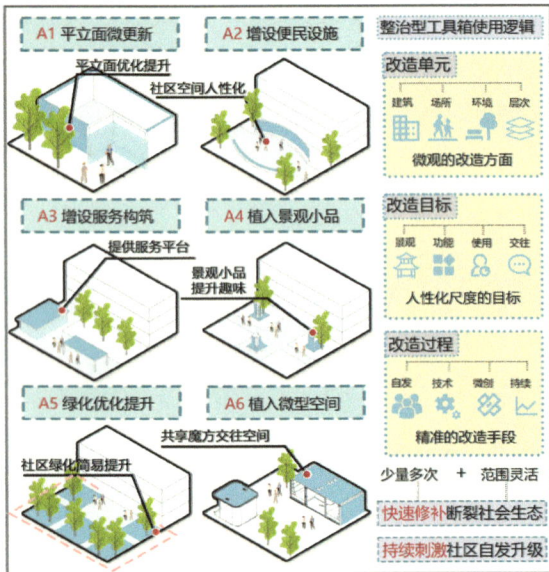

工具箱2:改造型
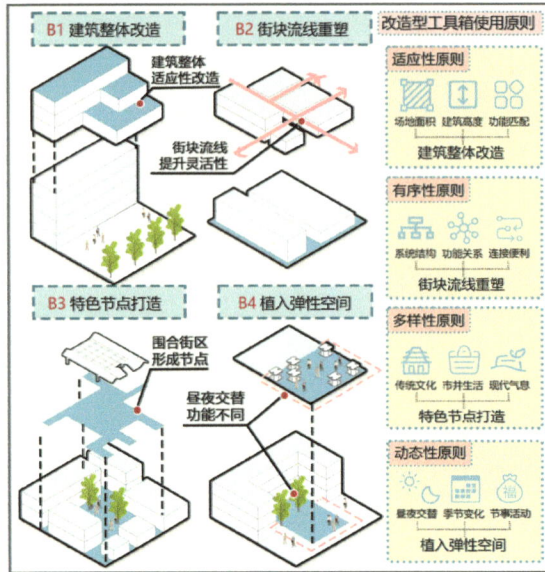

工具箱3:重塑型
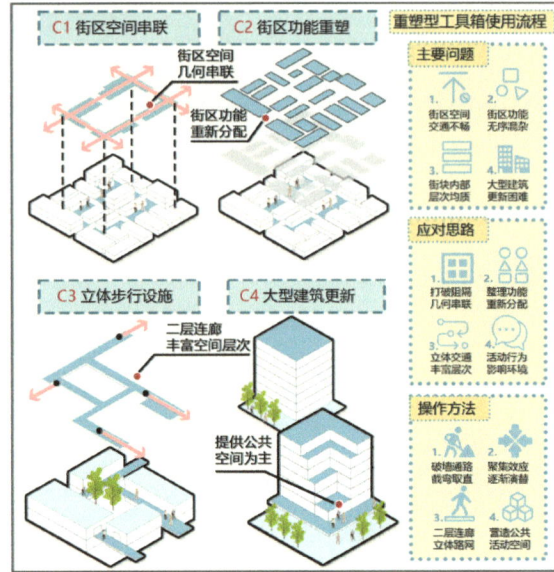

修复过程
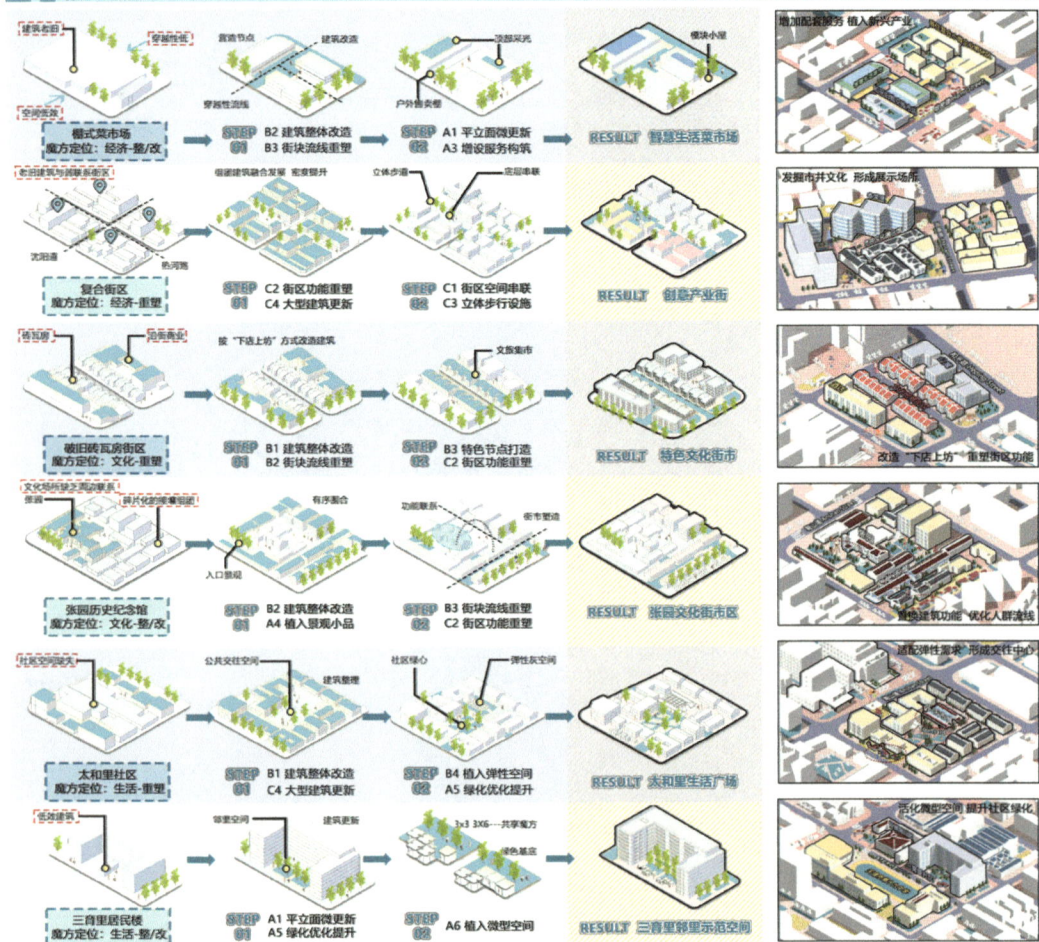

街道生活

社会生态链机制保障

经济产业链

文化记忆链

社区生活链

机制1 租金直变股金

机制2 社区集中管理租赁

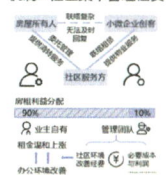

机制3 可变方块商业应用

机制4 居民导游

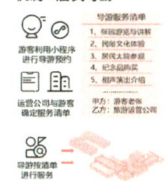

机制5 开放居民大院

机制6 文化共塑计划

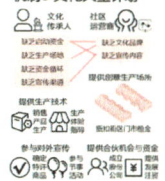

机制7 家家有课计划

机制8 "楼自治"制度

机制9 统一售卖车

设计方案生成

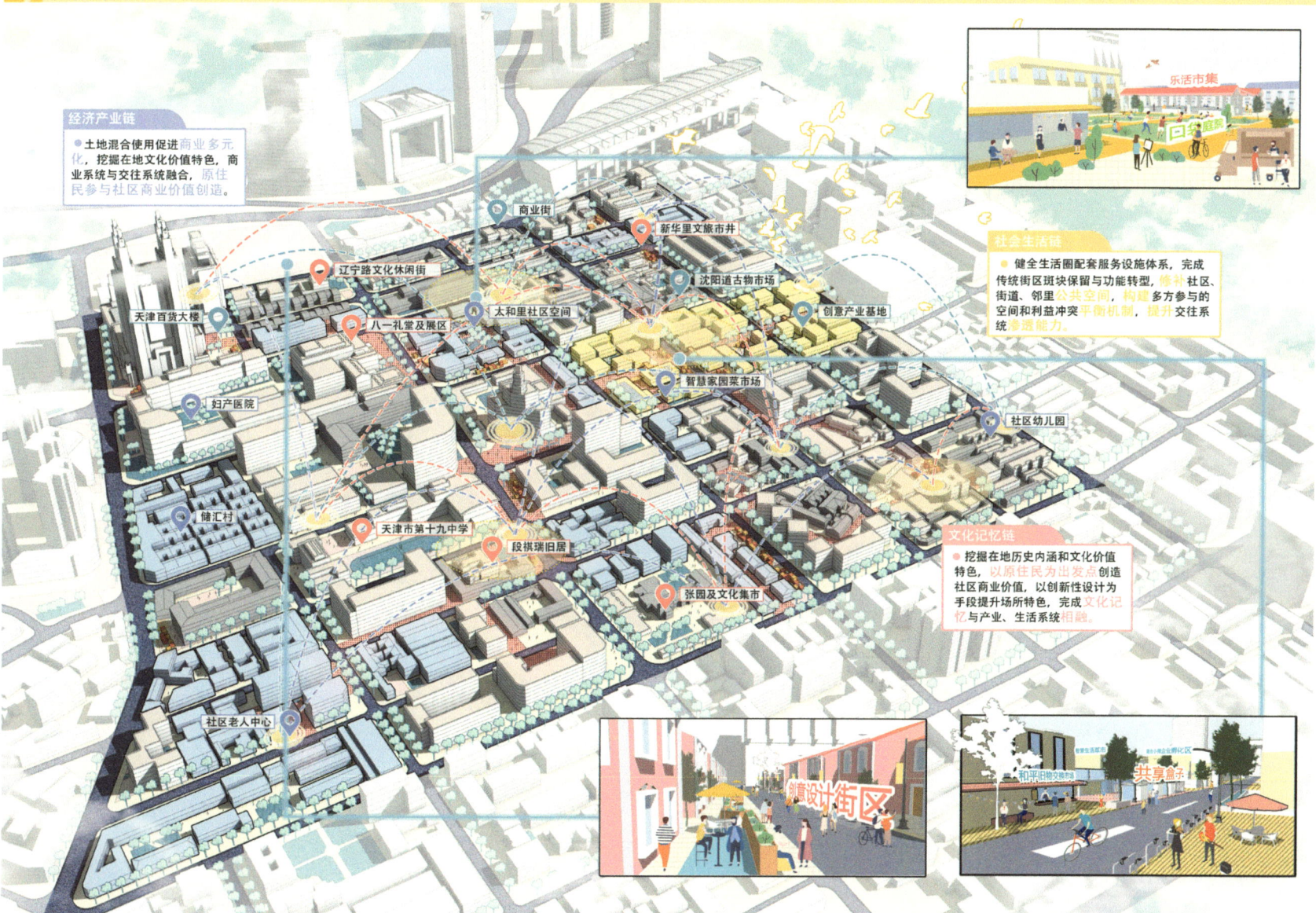

经济产业链
土地混合使用促进商业多元化，挖掘在地文化价值特色，商业系统与交往系统融合，原住民参与社区商业价值创造。

社会生活链
健全生活圈配套服务设施体系，完成传统街区斑块保留与功能转型，等社区、街道、邻里公共空间，构建多方参与的空间和利益冲突平衡机制，提升交往系统渗透能力。

文化记忆链
挖掘在地历史内涵和文化价值特色，以原住民为出发点创造社区商业价值，以创新性设计为手段提升场所特色，完成文化记忆与产业、生活系统相融。

乐活市集

商业街
新华里文旅市井
辽宁路文化休闲街
沈阳道古物市场
太和里社区空间
创意产业基地
天津百货大楼
八一礼堂及展区
妇产医院
智慧家园菜市场
社区幼儿园
储汇村
天津市第十九中学
段祺瑞旧居
张园及文化集市
社区老人中心

创意设计街区
共享盒子

133

健康城市 反应计划——健康导向的天津市"天钢-机床厂"片区城市设计

参赛院校：同济大学

作者姓名：杨 菡 朱雨菲 顾睿星 曹晨辰 高翌灵

指导老师：田宝江 尹 杰

"天津城投杯"第二届全国大学生国土空间规划设计竞赛 二等奖

方案点评：

该作品以健康城市发展方向为切入点，创新性地提出"健康反应堆＋健康反应核"的概念，以人群、环境、社会和产业的健康发展为核心目标及基本策略，建立健康影响评估体系，构建健康发展辐射网络，提出兼具前瞻性和在地化特征的空间规划和设计方法。

该方案以健康城市导向对空间规划设计进行方向性指引，通过构建健康发展辐射网络、建设多元"健康反应堆"（特色功能区）、打造创意"健康反应核"（重要空间节点），促进街区的持续健康反应，在工业遗产保护与延续、文创产业激活与互动、社群生活营造与治理等方面的空间设计效果突出。

区位分析

本次规划设计基地位于天津市海河柳林地区西北角，海河柳林地区是天津市河东区、河西区、东丽区、津南区的交接地带，是"津城"核心区规划的外环城市公园及周边地区中东南部最大的待开发用地。距离文化中心4公里，距离滨海国际机场6公里，距离国家会展中心7公里。基地周边有充足的交通支撑。基地内拥有天津第一钢厂、天津第一机床厂旧厂区等工业遗存。

上位规划

历史沿革

现状人群健康分析

现状环境健康分析

用地及公服设施 / 绿地及开敞空间 / 道路交通系统 / 交通设施布局 / 现状环境污染状况

基地综合现状分析

天津第一机床总厂 / 机床厂内部 / 天钢中板厂 / 冶金车间 / 第一机床厂销售公司

基地问题总结

问题解决导向

现状社会健康分析

多元住房及社会融合分析 / 建筑质量及历史价值分析

现状产业健康分析

基地周边产业分布图

现状周边以污染较重的第二产业为主，部分仍处于工作状态，造成严重大气污染和固体污染。

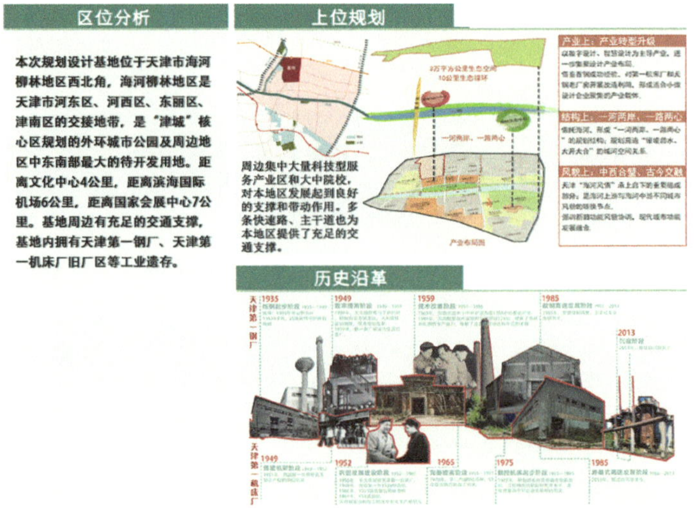

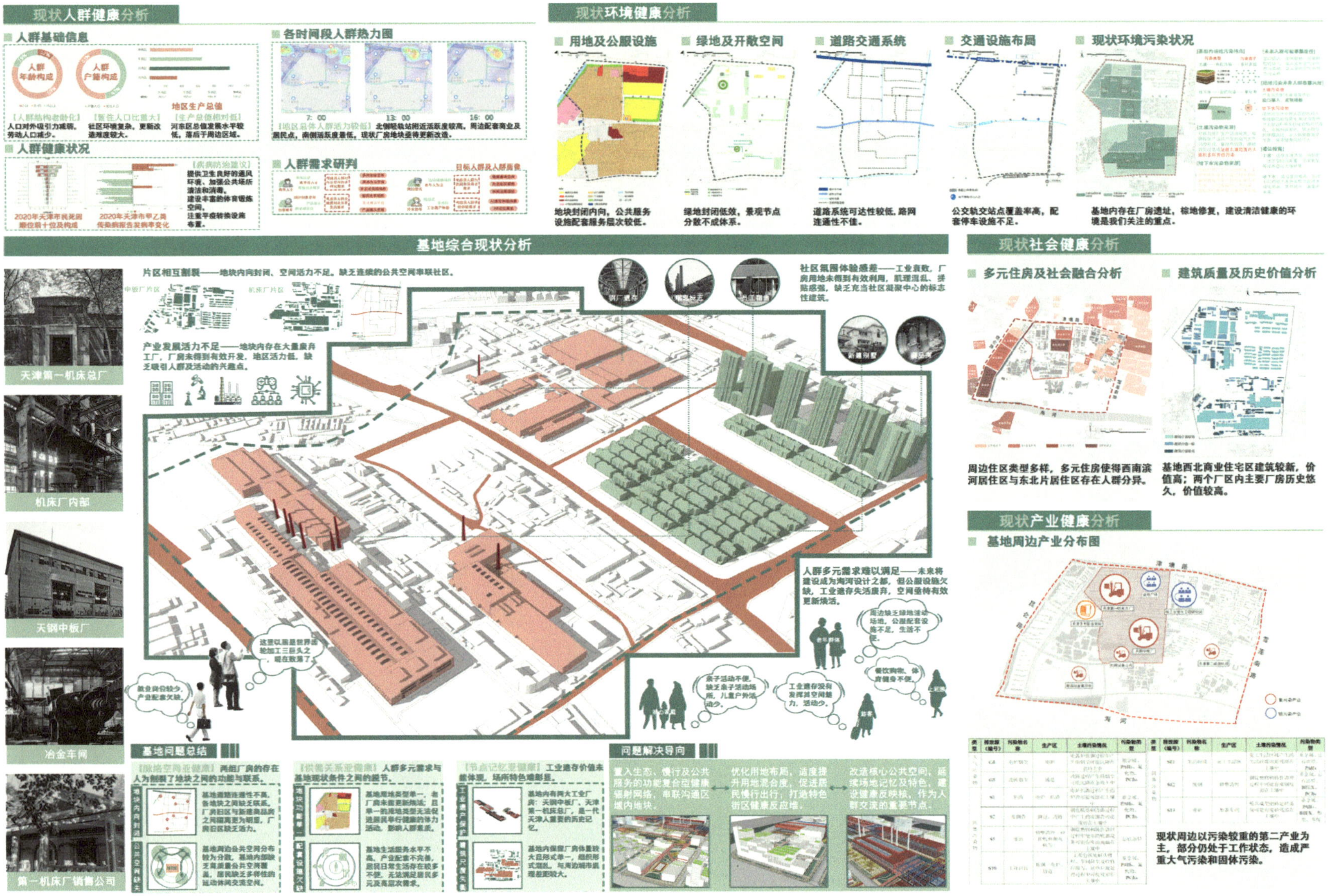

主题演绎

现状特征
- 工业衰退地块失活
- 滨河景观尚待开放
- 人群隔离缺乏交往

上位要求
- 周边科技型服务产业集聚
- 定位为津城"设计之都"核心区
- 以智慧城市及生态宜居为主攻点

核心矛盾
健康城市概念引入

- 地块闲及产业亚健康状态 VS 历史场所记忆留存延续
- 日益严重的健康问题 慢性非传染疾病成发展态势
- 体力活动缺乏开敞空间 VS 低效工业挤压生活空间
- 居民对于健康的需求 体力活动及场地的需求与健康

健康中国国家战略 完善起健康城市规划框架

居民对于健康的需求 体力活动及场地的需求与健康

规划设计应对健康 以人为本的规划机制与人居环境

场景演绎
健康反应设计计划
- 自然人慢
- 健康反应核
- 农夫市集
- 昔日明星工厂改造
- 健康反应堆
- 社区绿地
- 体育运动
- 模块产居 SOHO
- 健康辐射网络
- 自反应计划

可食花园 / 多元居住 / 休闲运动
产居一体 / 厂房改造 / 共创模块
屋顶绿化 / 亲自然慢行 / 滨水慢行

规划策略
- 编织健康辐射网络
- 建设多元健康反应堆
- 打造创意健康反应核

建设以文化展示功能为主，设计商务功能为辅的未来健康家园

功能定位
- 工业记忆丰富 → 生态健康开放街区
- 设计产业活跃 → 创意健康多元产区
- 人群生活健康 → 运动健康活力社区

生成逻辑

底——场地健康基底板覆
STEP1 保留现状历史建筑，延续文脉

STEP2 分级进行棕地修复

线——构建全域健康网络系统
STEP3 依据上位规划划分主要道路

STEP4 构建高可达性的专用慢行体系
STEP5 布局提供体力活动的开敞空间
STEP6 围绕公共建筑与场地形成健康反应核

面——辐射形成健康反应堆
STEP7 健康反应核周围布局辐射布局健康反应堆
STEP8 设计改造建筑形成多样的居住类型
STEP9 布置高绿视率的立体绿化

规划结构图

- 一级反应核（功能核心）
- 二级反应堆（景观节点）
- 三级反应堆（次要景观节点）
- 健康活力轴
- 健康蓝廊轴
- 景观渗透轴

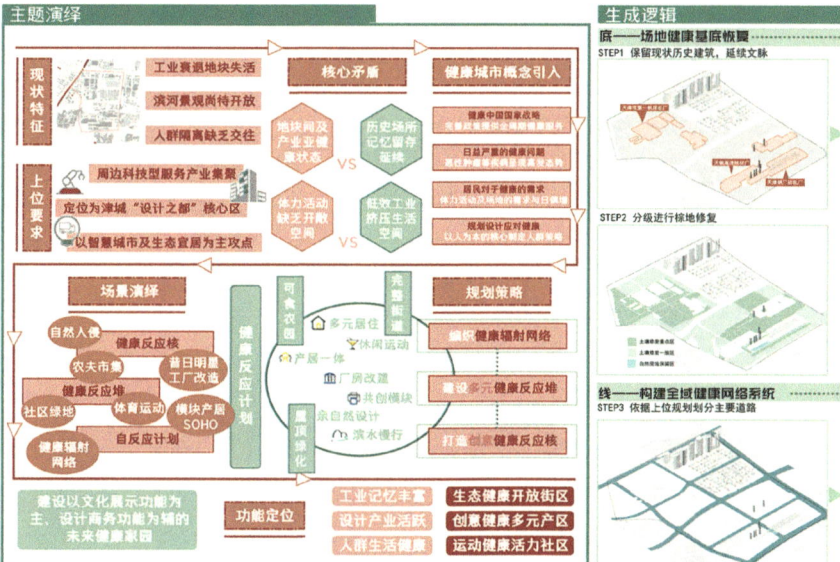

片区整体城市设计概念总平面

1 健康公园
2 科创办公
3 现状商业
4 滨江中心
5 小学
6 现状旅居住区
7 综合商业
8 创新研发
9 现状核创居住区
10 健康活力核
11 公寓式集合住宅
12 现状商住
13 健康农夫市集
14 中板公寓（低院落）
15 创意设计辐射群
16 百年天宫文化区
17 商务区
18 地铁商业广场
19 商业街

健康影响评估——城市工业遗产更新模式创新

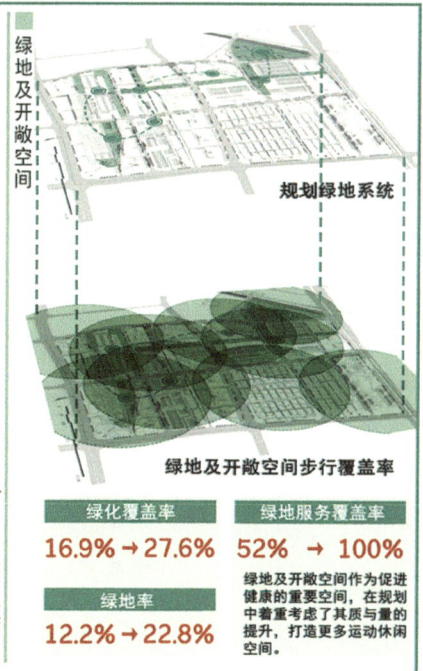

土地利用
- 现状土地利用
- 现状建筑密度
- 现状风环境分析

$$LUM = \frac{\sum_{i=1}^{n} P_i \ln P_i}{\ln n}$$

n:不同土地利用类型的种类
P_i:各土地利用类型中某类面积与社区面积的比值

土地利用以工业及居住用地为主，土地利用混合度为0.24，处于极低水平。建筑密度为42%，密度偏高，不利于室外活动。
场地风环境结果较差，空气流通性差，不利于健康。

土地混合程度
0.24 → 0.56

增加用地功能
- 居住用地R···26.3%
- 商住混合Rb··13.4%
- 商业用地B1··15.7%
- 商业办公B··30.6%
- 小学A33···2.86%
- 绿地及开敞空间·11.1%

风环境优化
- 平均风速1.054m/s
- 最大值2.882m/s
- 最小值0.050m/s

现状风环境风速较低，空气不流通，不利于健康，优化后风环境维持在宜人的尺度，促进环境健康。

交通设施规划
- 共享单车点
- 地下车库
- 地上停车
- 动机连接
- 步行连接
- 连接站点

路网（整合度）可达性
0.84 → 1.57

建筑密度
46% → 38%

道路交通
- 规划道路整合度
- 规划路网节点
- 公交站点覆盖

现状道路交通系统存在较多断点，连通性不佳，规划优化后，经空间句法测度，路网整体可达性由0.84提升至1.57；形成步行系统与路网相接，提升各公交站点可达性，公交站点步行指数提升。

绿地及开敞空间
- 规划绿地系统
- 绿地及开敞空间步行覆盖率

绿化覆盖率	绿地服务覆盖率
16.9% → 27.6%	52% → 100%

绿地率	
12.2% → 22.8%	

绿地及开敞空间作为促进健康的重要空间，在规划中着重考虑了其质与量的提升，打造更多运动休闲空间。

2022年「天津城投杯」第二届全国大学生国土空间规划设计竞赛获奖作品——本科生组（二等奖）

0 50 100 200 400M

2022年「天津城投杯」第二届全国大学生国土空间规划设计竞赛获奖作品——本科生组（二等奖）

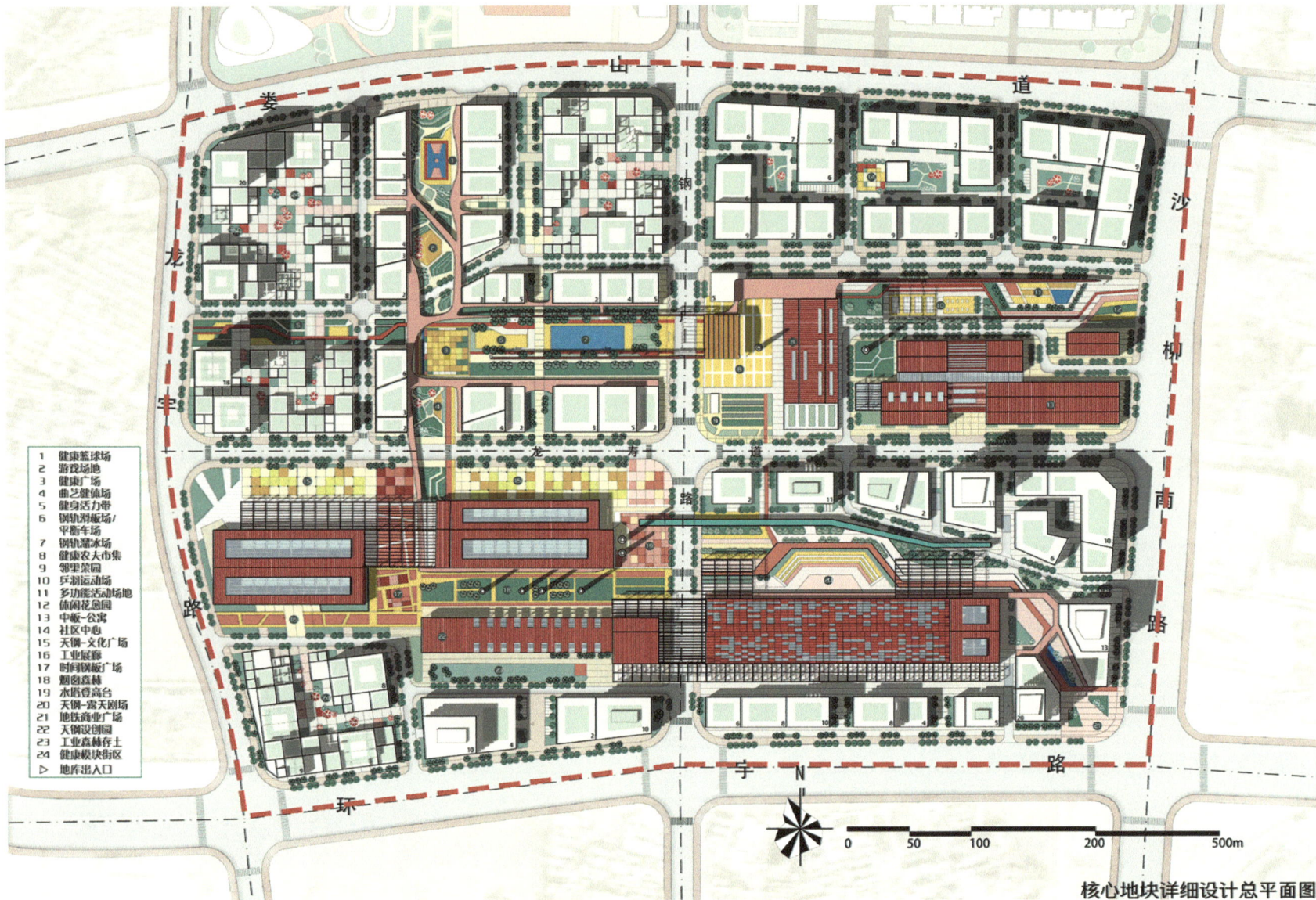

1 健康篮球场
2 游戏场地
3 健康广场
4 曲艺健体场
5 健身活力带
6 钢轨滑板场/平衡车场
6 钢轨溜冰场
7 健康农夫市集
8 邻里菜园
9 乒乓运动场
10 乒乓运动场
11 多功能活动场地
12 体闲花急园
13 中板-公寓
14 社区中心
15 天钢-文化广场
16 工业展廊
17 时间钢板广场
18 飘岛森林
19 水路登高台
20 天钢-露天剧场
21 地铁商业广场
22 天钢设创园
23 工业森林存土
24 健康模块街区
▷ 地库出入口

核心地块详细设计总平面图

策略1——线·健康网络

■ 健康慢行系统

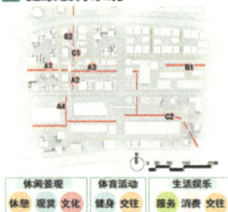

■ 完整街道

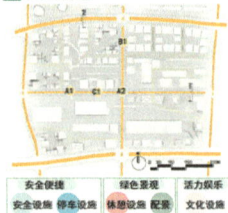

■ A 休闲景观型

■ B 体育活动型　■ C 生活娱乐型

A 安全便捷型　B 绿色景观型　C 活力娱乐型

街道断面1　街道断面2

■ 开敞空间

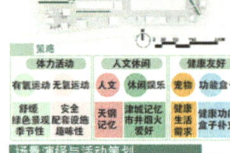

A 体力活动——有氧运动型　　　A 无氧运动型

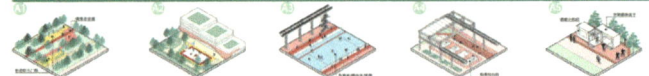

B 人文休闲型

C 健康友好型

场景演绎与活动策划

策略2——面·健康反应堆

特色反应堆——模块街区

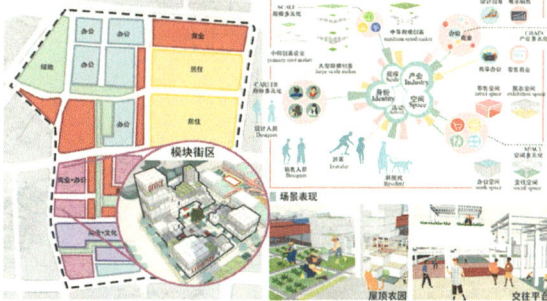

街区多元化融合

场景表现

屋顶农园　　交往平台

健康模块策略

A. 典型模块生成策略

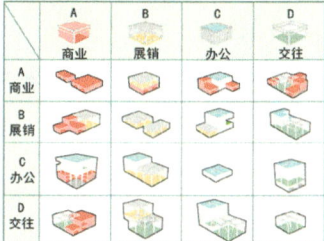

立体共享空间　　链接模块共享　　分割模块空间　　功能解析与置换　　健康评估与反馈

B. 模块组合策略

	A 商业	B 展销	C 办公	D 交往
A 商业				
B 展销				
C 办公				
D 交往				

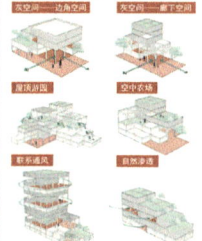

C. 公共空间策略

灰空间—边角空间　　灰空间—廊下空间

屋顶游憩　　空中农场

职形通风　　自然渗透

材质与立面

策略3——点·健康反应核

厂房改造形成主要反应核，辐射整个基地范围。

保留厂房与功能

将基地南北两侧的中板厂、机床厂保留厂房作为两大主要"健康反应核"，作为健康能量积蓄与辐射核心。厂房改造为公共建筑与居住建筑（保障房）。

建筑策略

功能与形态

结构

材质与立面

场地策略

立体绿化系统：与厂房共生的工业森林

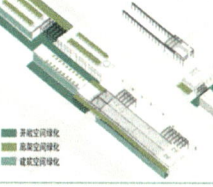

开敞空间绿化

重架空间绿化

建筑空间弹性

工业构筑物：承载工业记忆的健康触媒

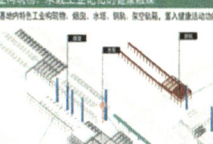

钢轨——钢铁力量

架空轨道——适绿慢通

烟囱——工业生产力象征　　水塔——储水与供水

平疫分时管理

单元管控

根据街区规模与功能划分管控单元。疫情时期各单元可自给自足。

弹性空间

各单元有足够弹性空间：

智慧设施

作为市政基础设施系统的总智慧设施，在疫情时不仅应急，还能通过投影技术打破空间阻隔，保障健康的社会交往。

健康治理模式

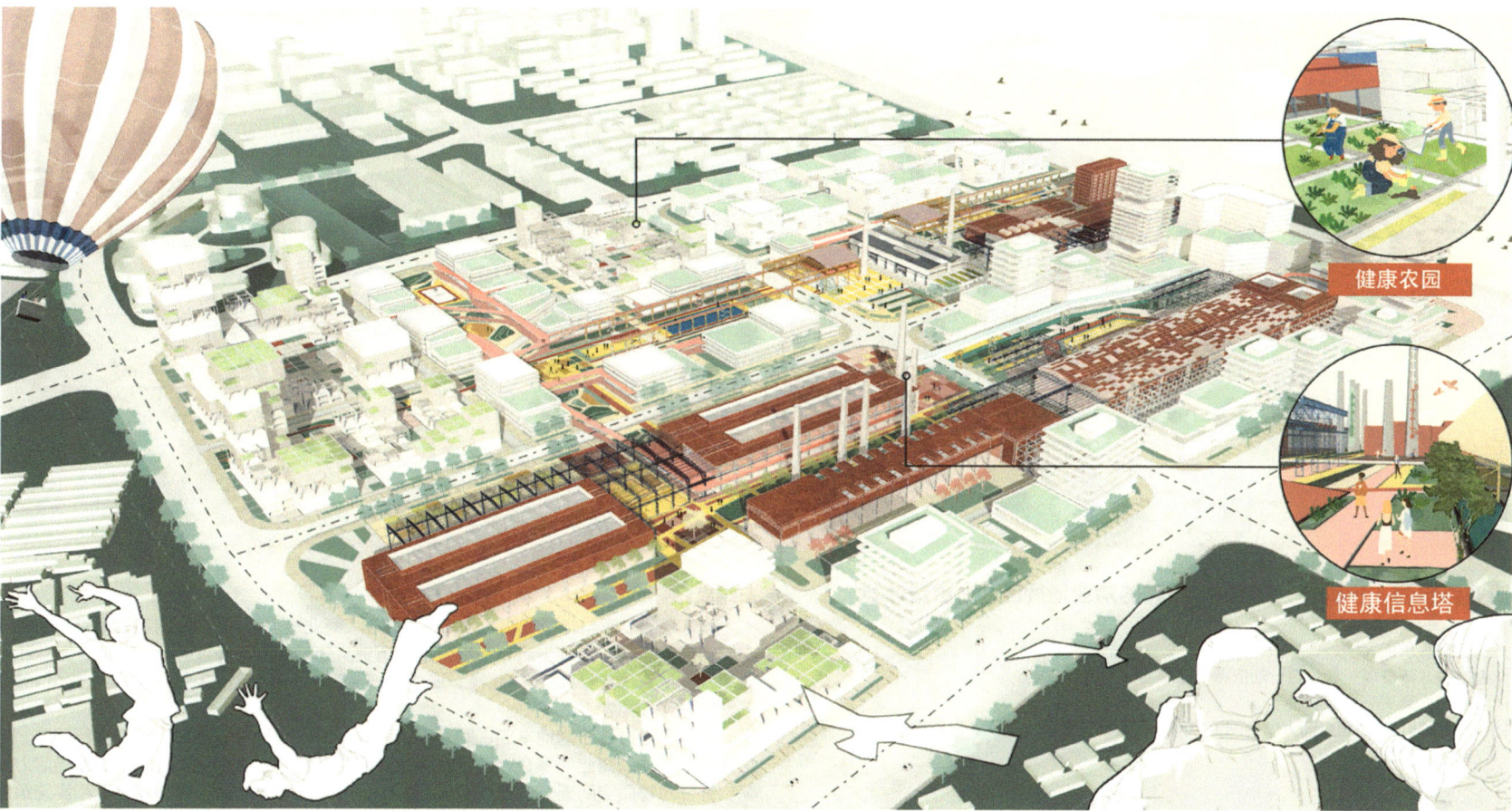

健康农园

健康信息塔

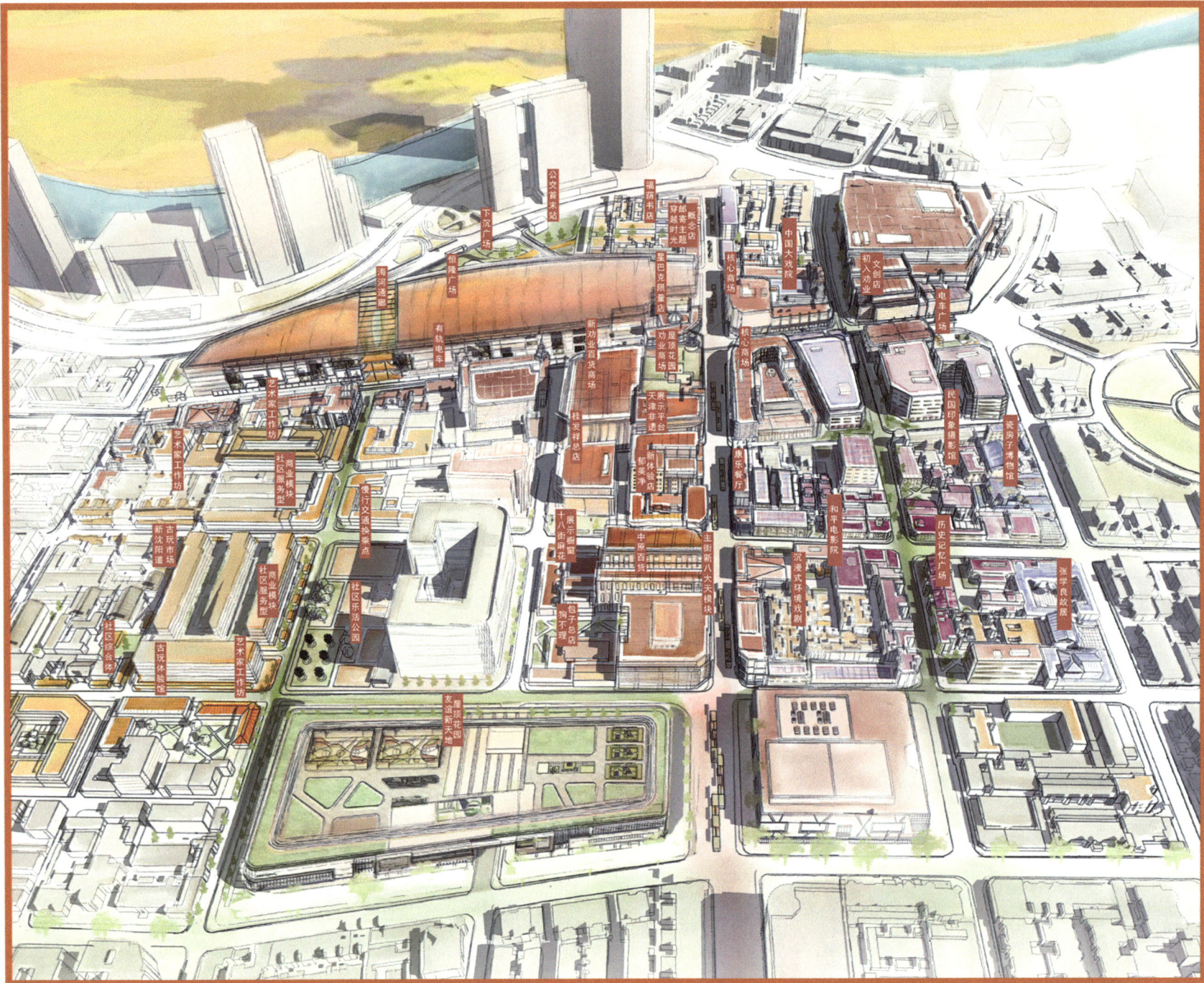

劝业百景图——基于"商业+"策略的劝业场片区活力重塑计划

参赛院校：东南大学

作者姓名：陈睿琪　李　周　刘依秾　徐欣月　阳锦鹏

指导老师：葛天阳　王承慧

"天津城投杯"第二届全国大学生国土空间规划设计竞赛　二等奖、最佳策划奖

方案点评：

该作品的立意与定位鲜明，创新性地提出"商业+"策略，设计内容的重点与特色突出，将商业活动与市井生活、城市客厅和历史文化相关联，通过寻业、疏业、置业和创业的"商业+"策略具体实施路径，形成"1个核心+2条主街+3个片区+4个节点+X个场景"的规划策略。

该方案通过认知基地本底、明晰现状问题、识别场所价值得到可行的更新策略，层层递进，形成以商业为媒介，具有复合多元的业态和丰富的空间体验的新劝业场活力片区，并针对物质空间提升，分门别类地提出相对应的实现方式，在空间设计和实施策划效果方面表现突出。

2022年「天津城投杯」第二届全国大学生国土空间规划设计竞赛获奖作品——本科生组（二等奖）

（专项奖——最佳策划奖）

劝业底色 "知本底" ——商业底蕴深厚，历史悠久；区位条件优越，商业基础优势大

■ 区位及规划

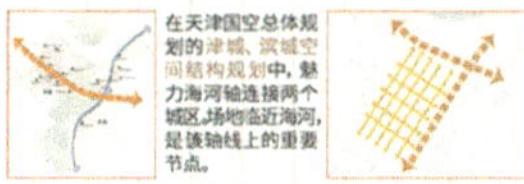

在天津国空总体规划的津城、滨城空间结构之中，势力海河发展轴逸连两个城区场地临海河，是重要轴线上的重要节点。

劝业场片区将形成"主街+节点"的规划结构，打造中西合璧古今荟萃城市标志性结构。

■ 历史沿革

近代民国 | 浩浩民国 | 建国时期 | 二十一世纪

■ 历史研究

1905年 | 1937年 | 1952年

场地处于日法租界文界点，临近海河处折弯，向南扩张。1950年代，重要的公共交通线路有轨电车穿越场地向南，和平路和滨江道临接于该线路的重要区位。

■ 历史资源点

天津市级文保单位

■ 街巷格局演变

1950路网 | 2000路网 | 2020空间 | 1950-有轨电车 | 2000-公交电车 | 2020-地铁

劝业底数 "明现状" ——商业活力衰退，同质化竞争严重；物质空间复杂多样，品质各异

■ 物质空间特征 ——从道路交通、地区活力、周边设施以及内部建筑四个层面明晰物质空间特征

1 地区活力特征
工作日早晨9:00 | 工作日中午12:00 | 工作日晚上20:00
周末早晨9:00 | 周末中午12:00 | 周末晚上20:00
商业潜力分布图

2 周边设施分布特征
场地绿化分布图 | 教育设施分布图 | 商业购物分布图
场地停车设施分布图 | 医疗卫生设施分布图 | 美食餐饮分布 | 生活服务设施分布图

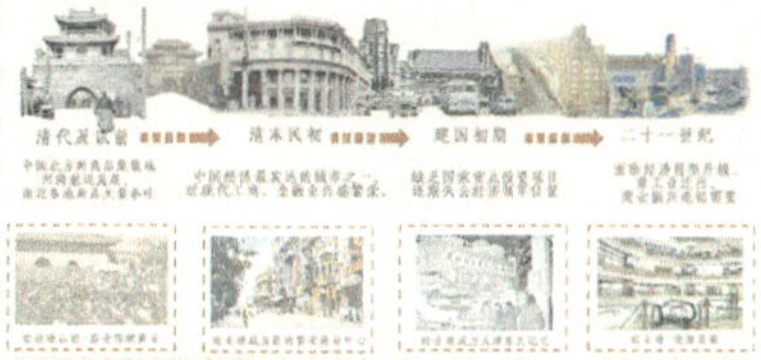

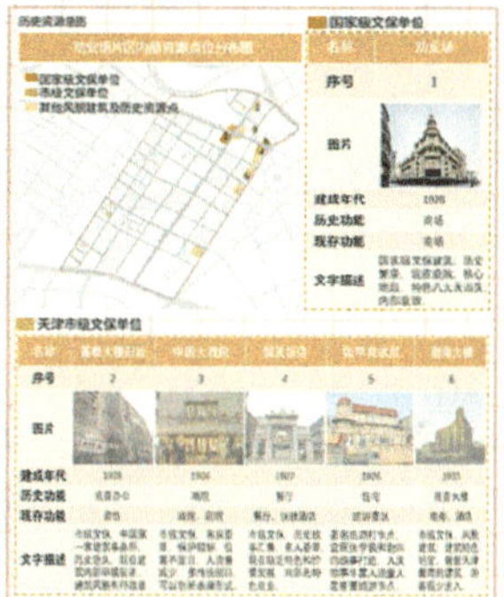

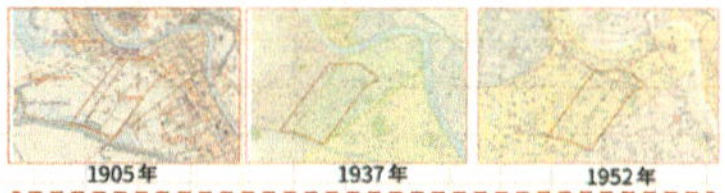

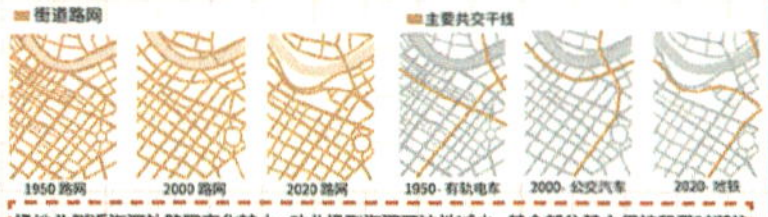

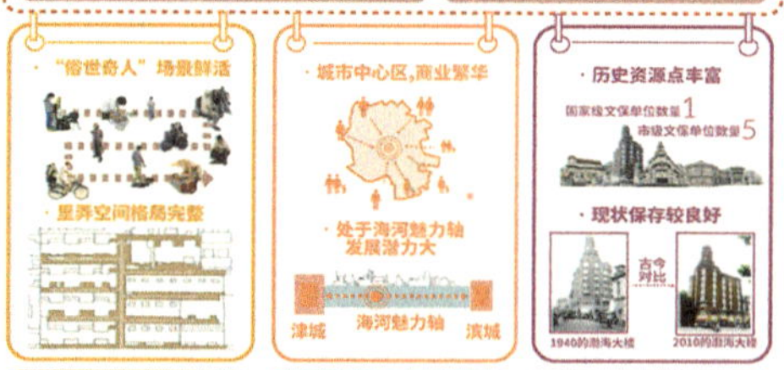

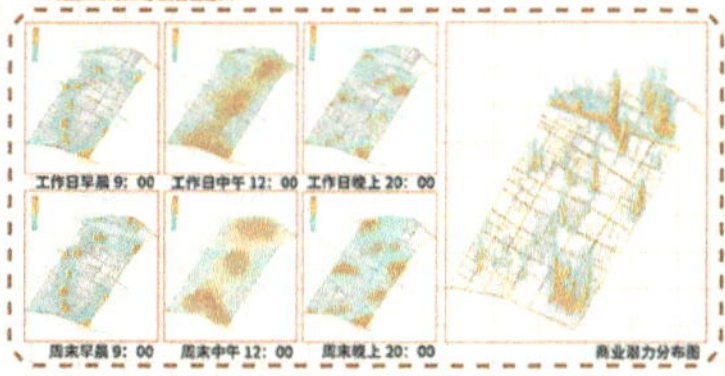

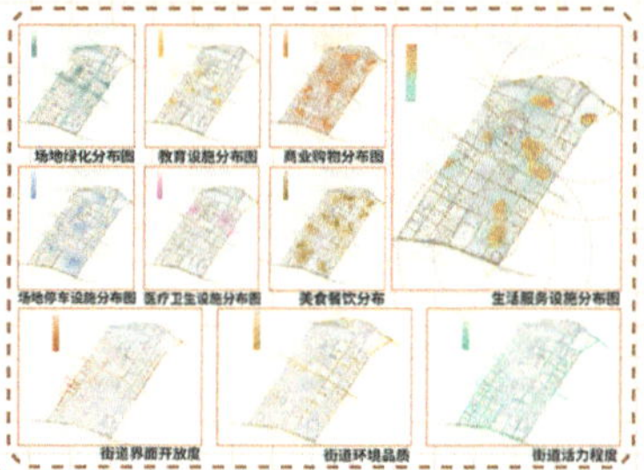

3 道路交通特征

4 建筑留改拆评价

5 建筑特征
建筑质量 | 建筑年代 | 建筑高度 | 建筑机理

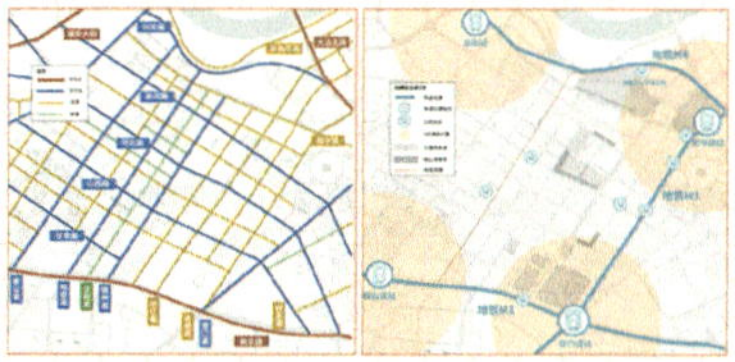

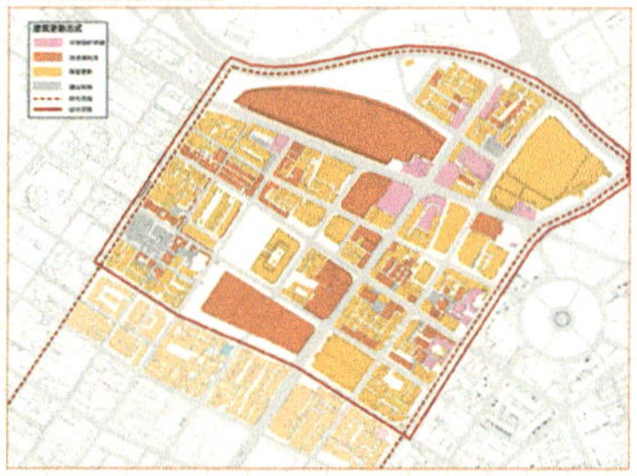

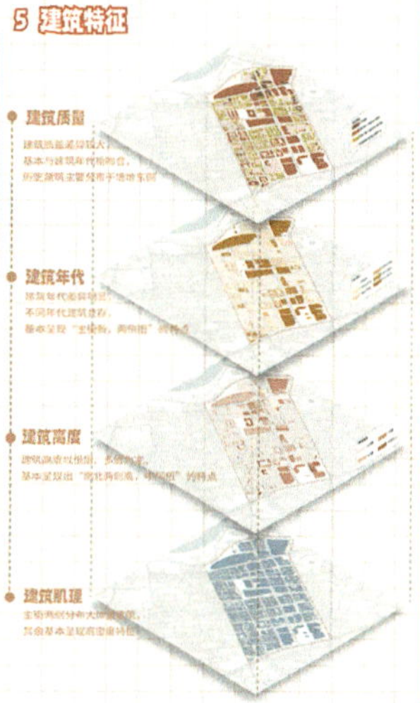

■ 社群环境特征 ——从社群结构、人群时间分布和空间分布三个层面展开社群特征评价

1 社群结构——新旧交织的多元社群
老年 35% | 青年 10% | 外来游客 55%

2 人群时间分布——商业性日程节点
老年居民日程流线 | 青年居民日程流线 | 外来游客日程流线

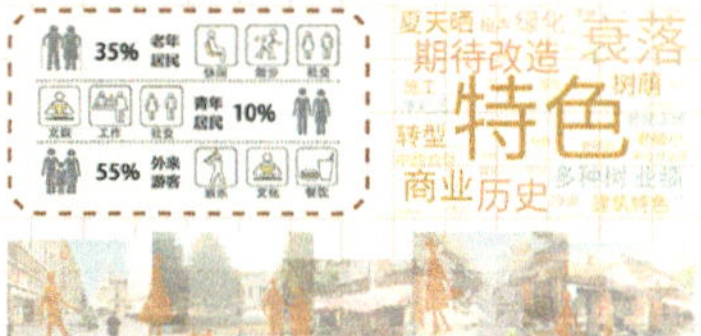

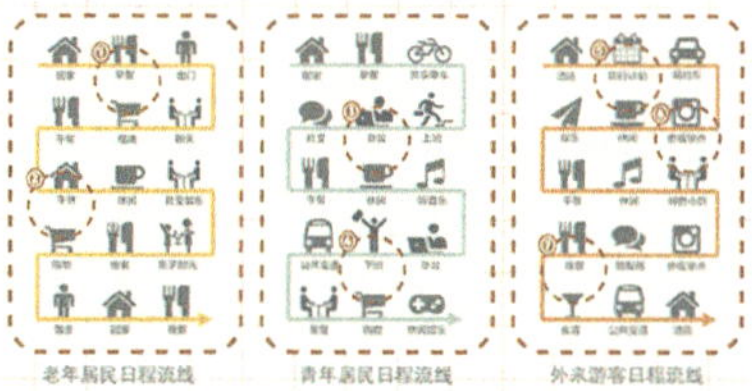

3 人群空间分布——集聚类消费场所

劝业底蕴 "识价值"

【商业底蕴深厚，区位条件优越】

南有新世界 北有八大天 业精于勤 近代商业中心 | 北邻海河 城中之城 津门品牌 市中之市

"傲世奇人"场景鲜活 · 里界空间格局完整 → **市井生活承载地**

城市中心区，商业繁华 · 处于海河魅力轴资源潜力大 → **百年商业所在地**

历史资源点丰富 · 国家级文保单位数量 5 · 市级文保单位数量 5 · 现状保存较良好 → **历史资源集聚地**

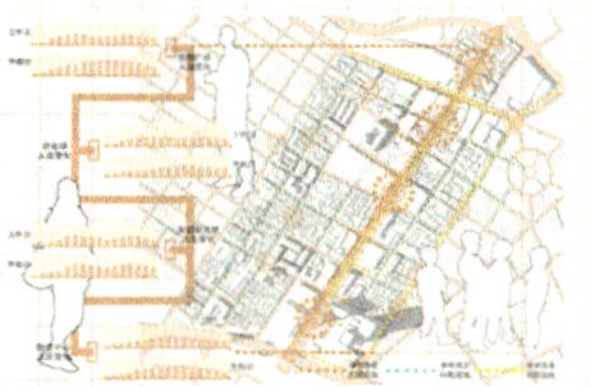

劝业底蕴 "析问题"

【商业魅力衰减，空间体验破碎】

商业衰退 | 形存神散

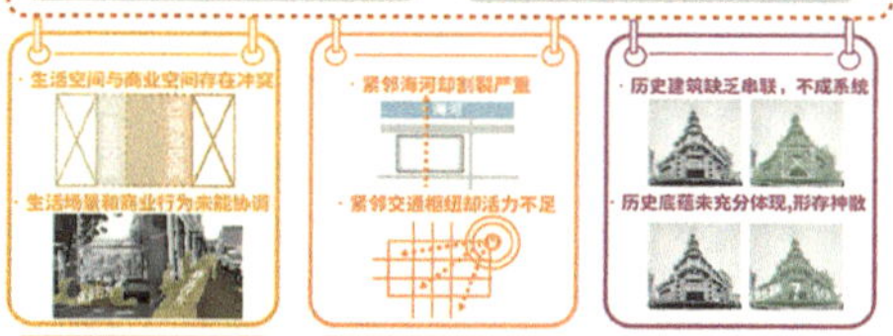

生活空间与商业空间存在冲突 生活场景影响商业行为与突破加剧 → **商住矛盾** 商业与市井生活挤压空间活力

紧邻海河却割裂严重 紧邻海河道割却却活力不足 → **活力不足** 与国际消费中心定位不匹配

历史建筑缺乏串联，不成系统 历史底蕴未充分体现，形存神散 → **特色不显** 丰富历史和市井资源缺乏联系

劝业底蕴 "引策略"

【基于"商业+"策略的活力重塑计划】

"商业+" 策略
以商业为媒介，复合多元业态，增强空间体验，激活片区活力

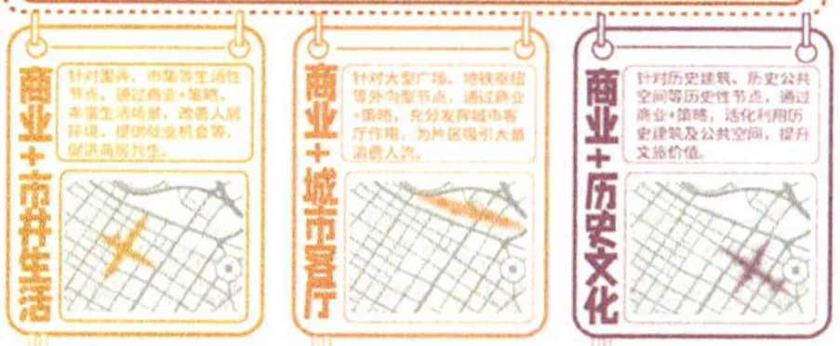

商业+市井生活 → **安居乐业** → **重振劝业魅力**

商业+城市客厅 → **津城兴业** → **焕活三大片区**

商业+历史文化 → **萃史汇业** → **体验百景百态**

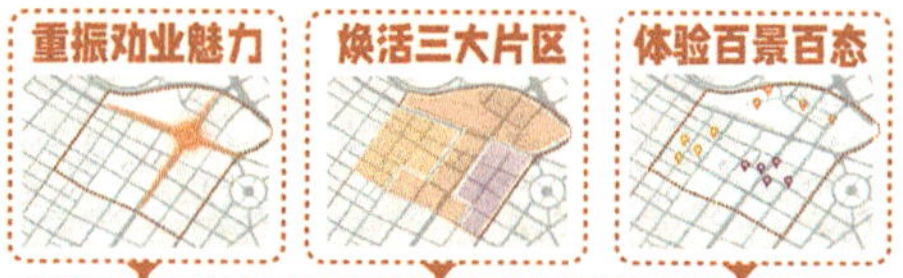

激活片区活力 走向美好新劝业

---

1 核心 劝业场等百年老字号商业融合三大"商业+"策略，起到核心引领作用。

2 主街 依托两条历史性高品质商业活力街道和平路与滨江道，作为片区两条主轴。

3 片区 三大"商业+"策略分别落实到三大片区——现代商业密集区、历史文化密集区、市井生活密集区。

4 节点 四个节点作为各自片区内部的商业激活点，起到触媒作用，连点成线，形成环线串联三片区。

X 场景 基于环线结构，或自发或升级或转型，生成多元场景，最终形成劝业百景图，重塑商圈活力。

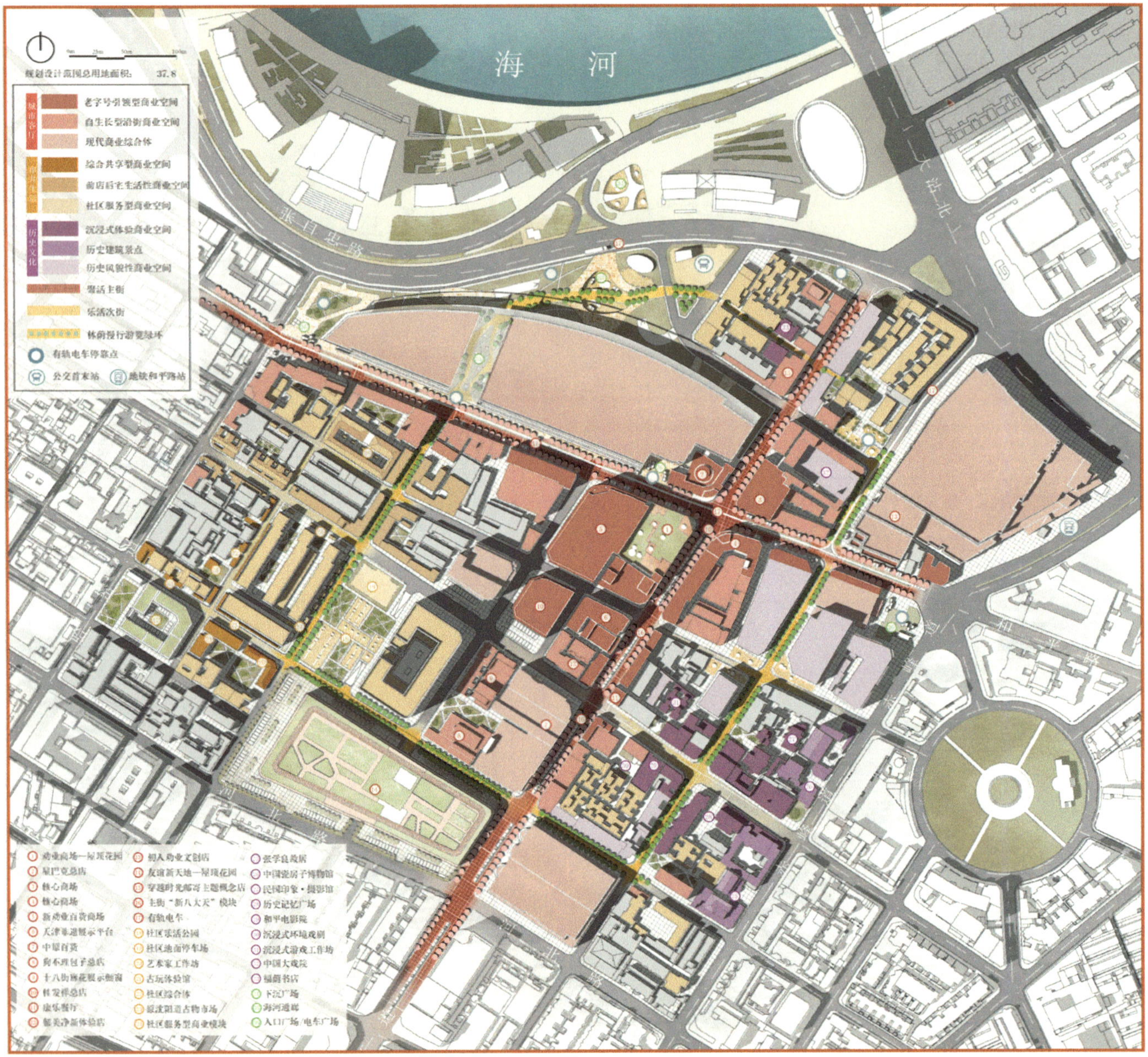
海 河
张自忠路
规划设计范围总用地面积： 37.8
城市客厅
老字号引领型商业空间
自生长型沿街商业空间
现代商业综合体
市井生活
综合共享型商业空间
前店后宅生活性商业空间
社区服务型商业空间
历史文化
沉浸式体验商业空间
历史建筑景点
历史风貌性商业空间
鲜活主街
乐活次街
林荫慢行游览绿环
有轨电车停靠点
公交首末站
地铁和平路站
劝业商场—屋顶花园
星巴克总店
核心商场
核心商场
新劝业百货商场
天津非遗展示平台
中原百货
狗不理包子总店
十八街麻花展示橱窗
桂发祥总店
康乐餐厅
雅美净新体验店
树人劝业文创店
友谊新天地—屋顶花园
穿越时光邮寄主题概念店
主街“新八大天”模块
有轨电车
社区乐活公园
社区地面停车场
艺术家工作坊
古玩体验馆
社区综合体
鼓楼街道古物市场
社区服务型商业模块
张学良故居
中国瓷房子博物馆
民园印象·摄影馆
历史记忆广场
和平电影院
沉浸式环境戏剧
沉浸式游戏工作坊
中国大戏院
辅仁书店
下沉广场
海河通廊
入口广场/电车广场

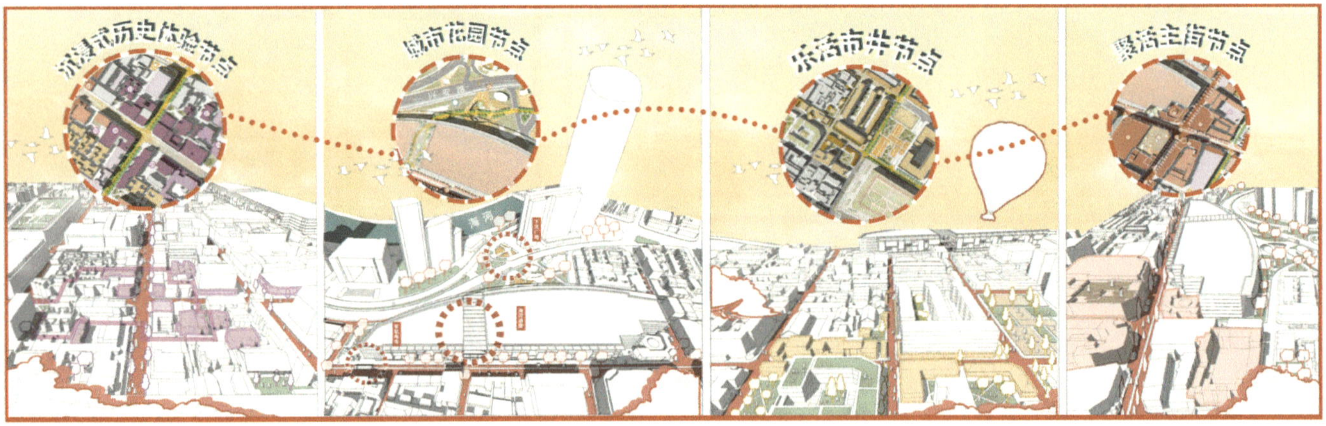
沉浸式历史体验节点
城市花园节点
乐活市井节点
鲜活主街节点
海河

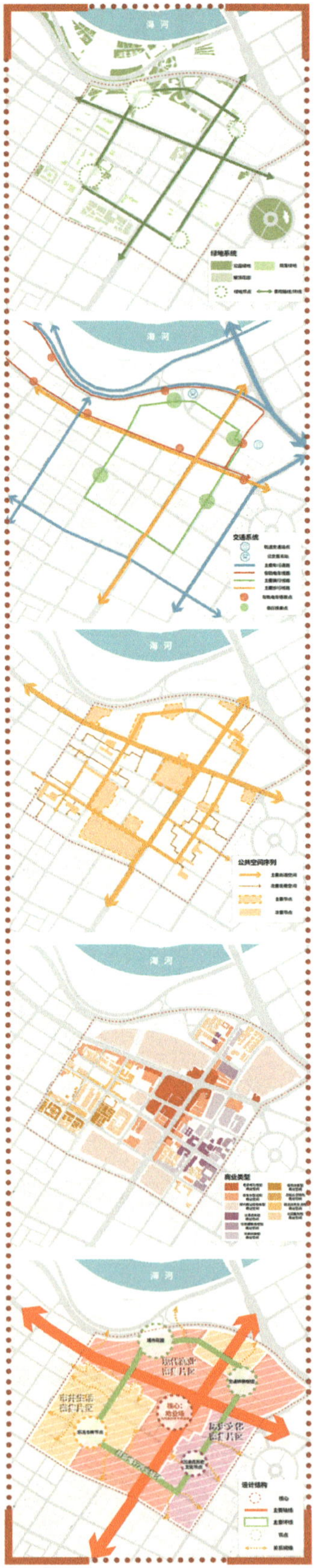
海河
海河
海河
海河
海河

"商业+"空间策略 ——针对物质空间，分门别类提出相对应的提升更新策略

乐业卷——商业+市井生活

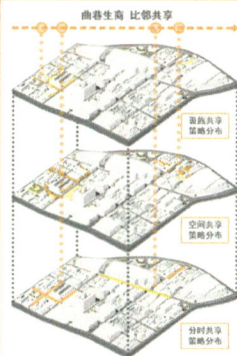

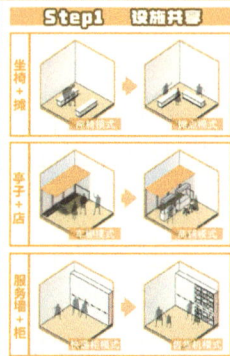

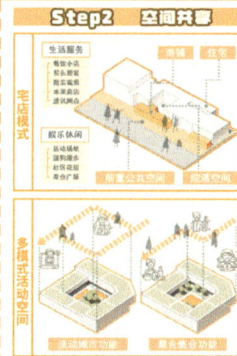

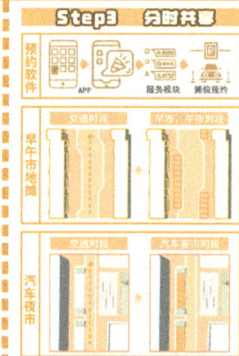

Step1 设施共享 | **Step2 空间共享** | **Step3 分时共享**

兴业卷——商业+城市客厅

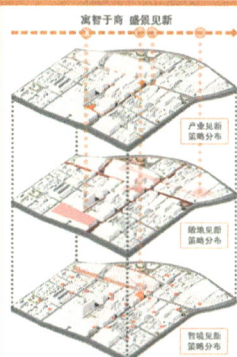

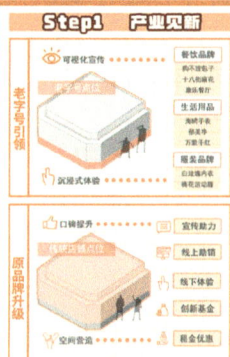

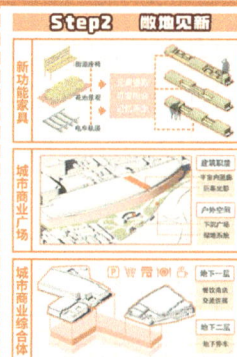

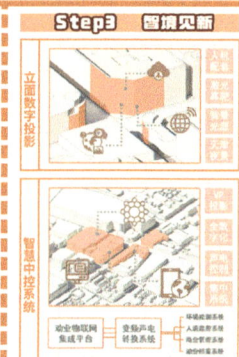

Step1 产业见新 | **Step2 散墙见新** | **Step3 智境见新**

汇业卷——商业+历史文化

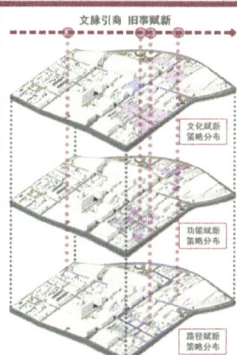

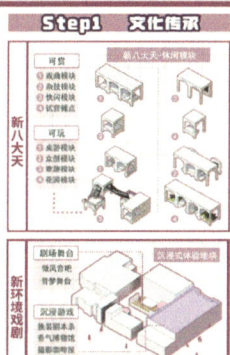

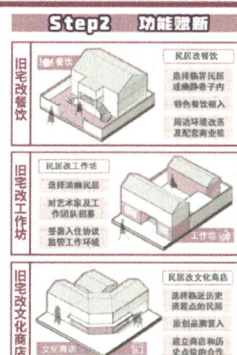

Step1 文化传承 | **Step2 功能赋新** | **Step3 路径焕新**

"商业+"实现路径

商业+市井生活 | 商业+城市客厅 | 商业+历史文化

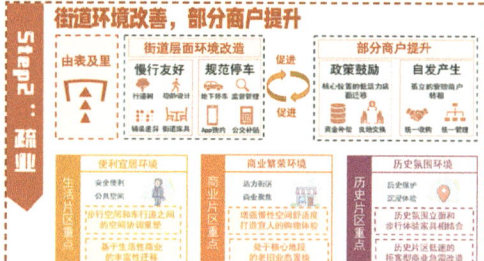

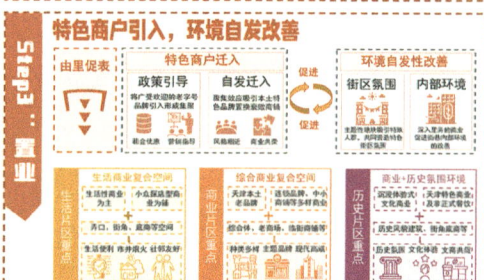

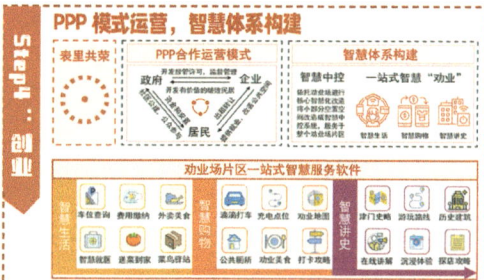

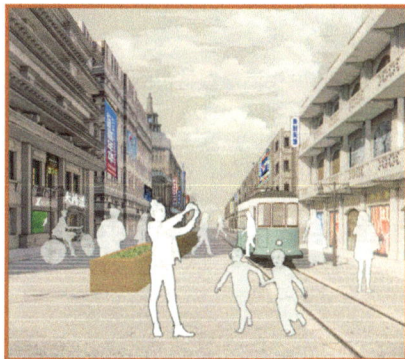

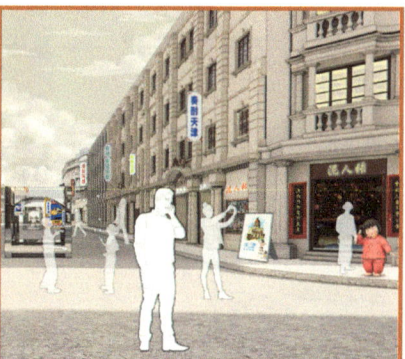

Step1 寻业：基底调查，需求分析

以人为本原则　调查：古今变迁 / 业态分布 / 人群需求　分析：商业动力 / 商业活力 / 商业潜力　场地价值 / 片区特色 / 供求关系

Step2 疏业：街道环境改善，部分商户提升

街道居面环境改造（慢行友好 / 规范停车）　部分商户提升（政策鼓励 / 自发产生）

便利宜居环境 | 商业氛围环境 | 历史氛围环境

Step3 置业：特色商户引入，环境自发改善

特色商户迁入（政策引导 / 自发迁入）　环境自发性改善（街区氛围 / 内部环境）

生活商业复合空间 | 综合商业复合空间 | 商业+历史氛围环境

Step4 创业：PPP模式运营，智慧体系构建

PPP合作运营模式（政府 / 企业 / 居民）　智慧体系构建（智慧中控 / 一站式智慧"劝业"）

劝业场片区一站式智慧服务软件

2022年「天津城投杯」第二届全国大学生国土空间规划设计竞赛获奖作品——本科生组（二等奖）（专项奖——最佳策划奖）

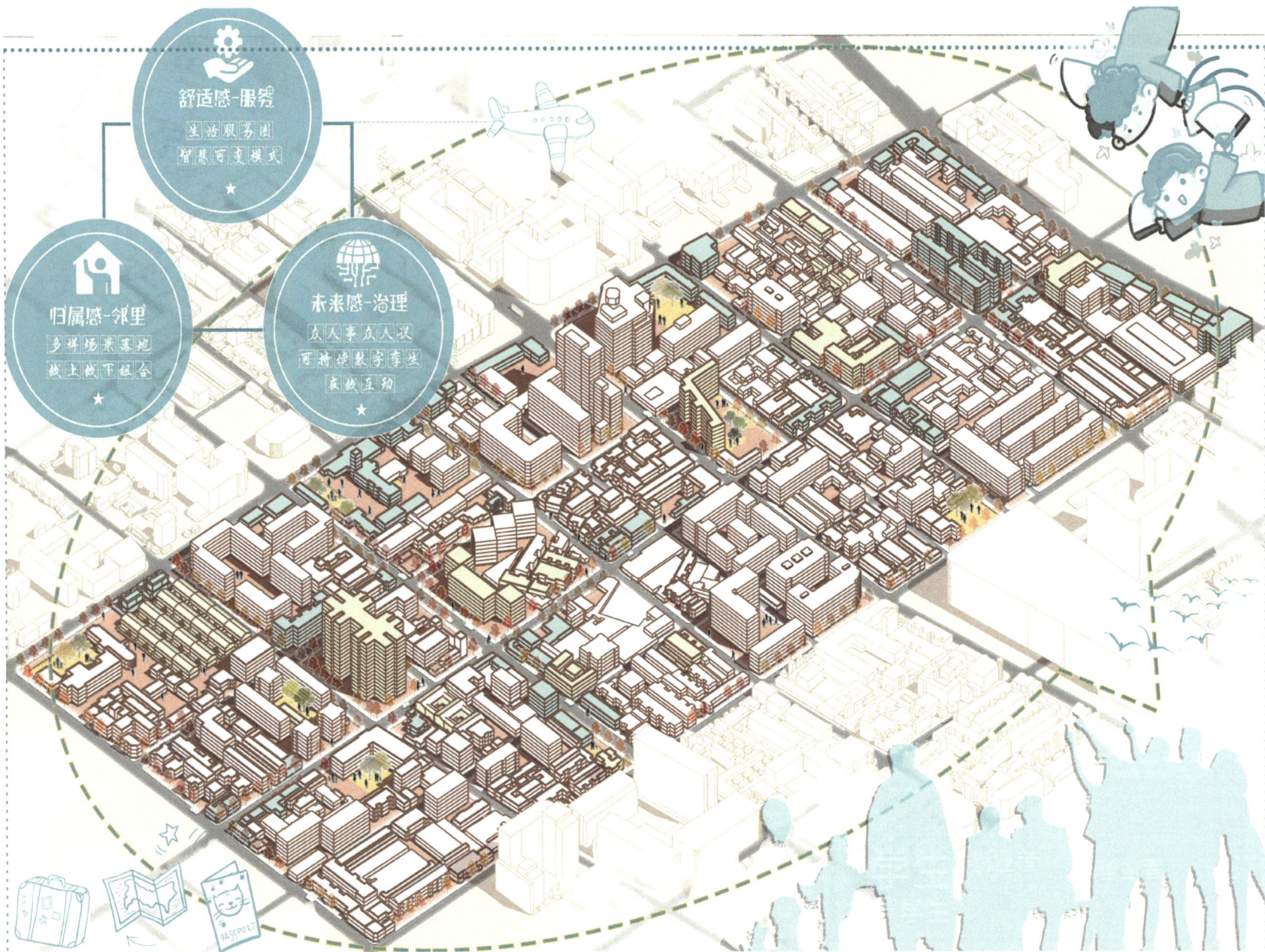

多元市井，万象归"哏"——基于文化根植性理念的鞍山道片区场所营造

参赛院校：南京大学
作者姓名：王佳丽　林馥雯　邱雨婷　赵羽昕　张淑娴
指导老师：陈浩　胡友培
"天津城投杯"第二届全国大学生国土空间规划设计竞赛　二等奖

方案点评：

"哏"是天津乐观豁达城市精神的表达，也是天津市井生活最具特色的基因，在历史文化街区体现得最为充分。南京大学参赛团队敏锐地识别到这一主题，在规划设计中探讨了文化基因与社区场所营造互相关联、互相激发的可能性，是富于地域性的探索，具有鲜明的"天津底色"。团队创新性地参考了城市体检的技术框架，对鞍山道片区的文化本底、物质环境特征和场所感知等进行了定量、扎实的分析。规划策略均衡涵盖了从建筑到街区、从人群到业态的内容，并充分考虑到了规划的可实施性，对规划实践具有一定的借鉴意义。

基地概况

1898年 清朝政府与日本政府签订协议，划定日本租界范围。

1900年 日租界当局开始规划道路网，修筑海河护岸，建设有轨电车。

1937年 日军占领天津，形成以和平路为主的商业街。

1945年 中国政府收回日租界，并制定《扩大天津都市计划》。

早期日本军官、日本华侨在此居住。 1924年孙中山在此下榻。 1926-1933年段瑞瑞离居于此。 1976年后人群渐趋多元。 1945年后工人阶级在此聚居。 1929-1931年溥仪在此居住。

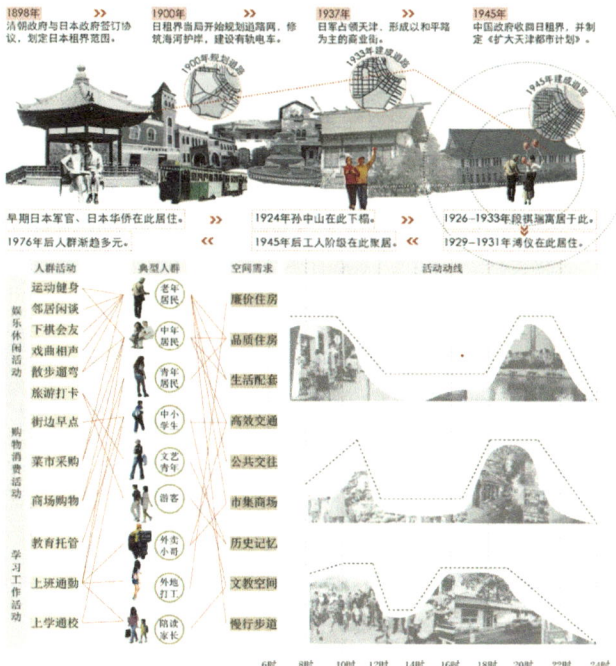

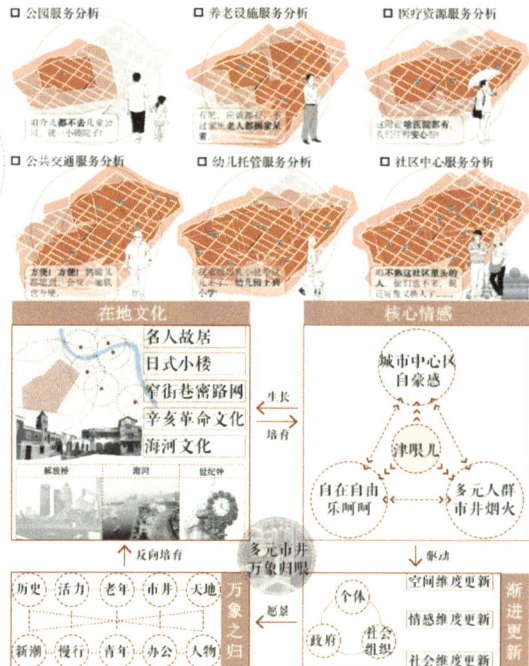

□ 公园服务分析　□ 养老设施服务分析　□ 医疗资源服务分析
□ 公共交通服务分析　□ 幼儿托管服务分析　□ 社区中心服务分析

在地文化 ／ 核心情感

场地感知 · 复杂问题

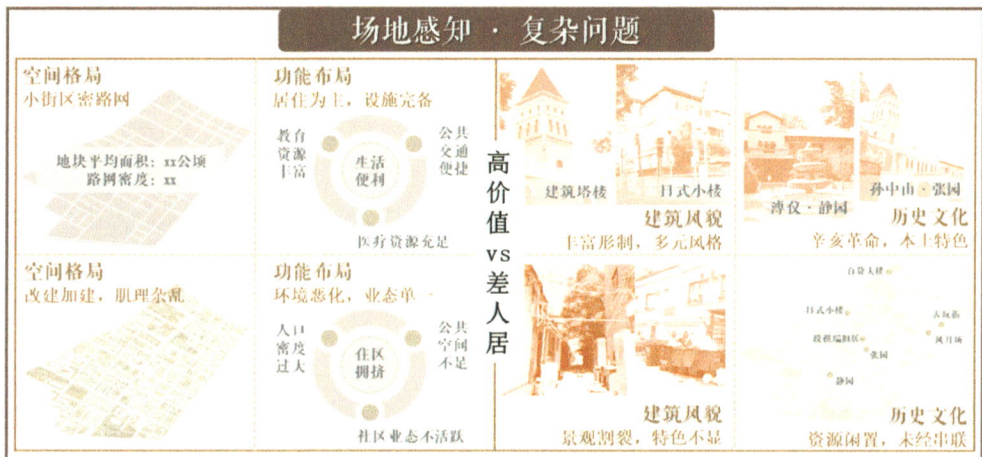

破题联想 · 城市体检

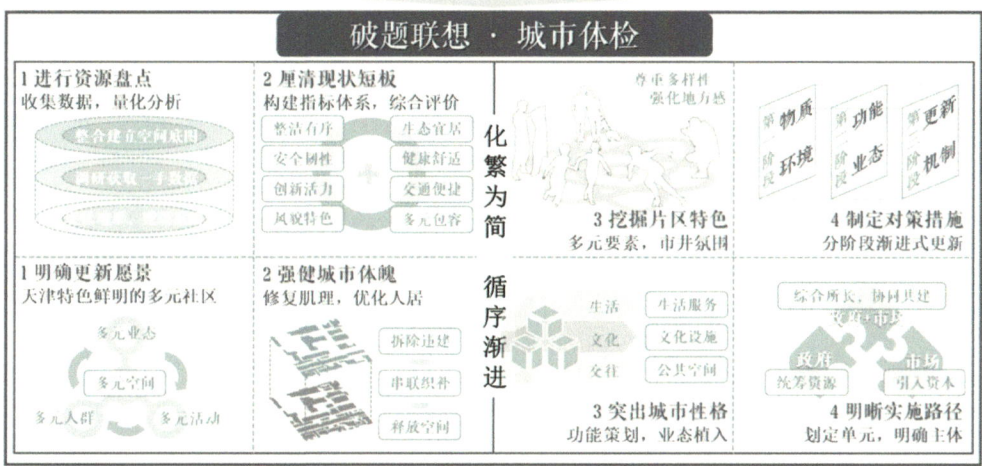

1 进行资源盘点 收集数据，量化分析
2 厘清现状短板 构建指标体系，综合评价
3 挖掘片区特色 多元要素，市井氛围
4 制定对策措施 分阶段渐进式更新

化繁为简 循序渐进

1 明确更新愿景 天津特色鲜明的多元社区
2 强健城市体魄 修复肌理，优化人居
3 突出城市性格 功能策划，业态植入
4 明晰实施路径 划定单元，明确主体

"归"嘛儿——目标梳理

问题总结-根植性格　解决路径-渐进式更新　发展目标-万象归眼

"归"哪儿——功能定位

通过城市体检掌握鞍山道片区的复杂现状，根植居民乐呵呵心态、浓郁市井、独特历史，强化"在地文化"的自驱力量，形成包含现代内核、弘扬文化特色、彰显天津性格的天津历史街区城市体检试点提升区，打造空间张弛有度、性格和谐创新、内涵深厚多元的现代内核居民示范区。

归"眼"儿——理念演绎

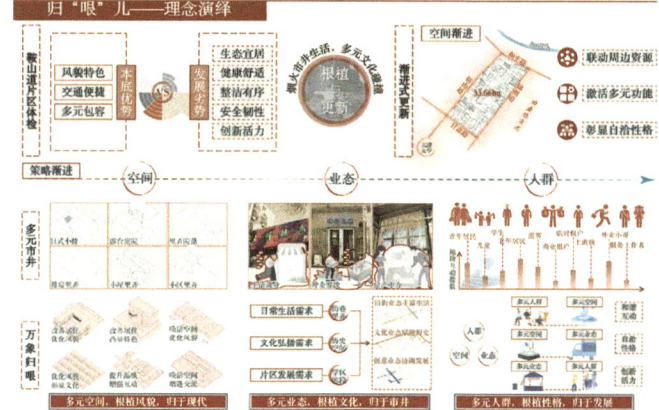

2022年「天津城投杯」第二届全国大学生国土空间规划设计竞赛获奖作品——本科生组（二等奖）

更新，哏新——空间生成

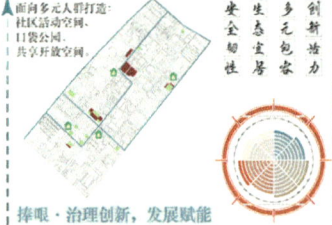

面向多元人群打造：社区活动空间、口袋公园、共享开放空间。
创新协力 多元包容 生态宜居 健康舒适 安全韧性
捧哏·治理创新，发展赋能

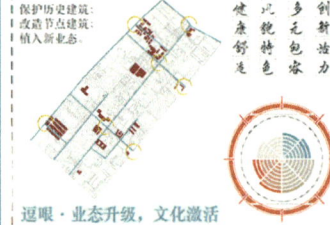

保护历史建筑：改造节点建筑、植入新业态。
创新协力 多元包容 生态宜居 健康舒适 此貌特色
逗哏·业态升级，文化激活

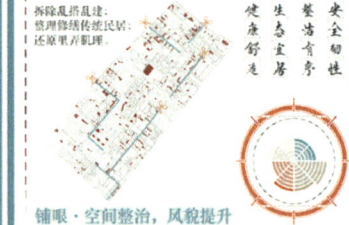

拆除乱搭乱建：整理修缮传统民居、还原里弄肌理。
创新协力 生态宜居 健康舒适 安全韧性 整洁有序
铺哏·空间整治，风貌提升

多元空间·里弄院落　　多元空间·社区空间　　多元空间·历史空间

出街"哏"去

街巷改造一览表

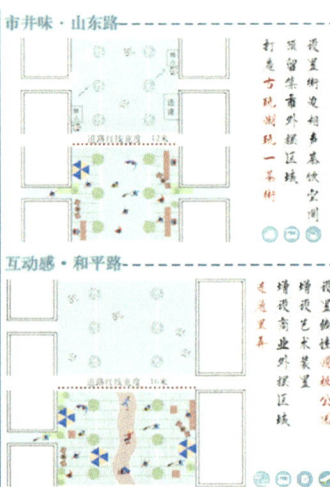

故事感·鞍山道　　**市井味·山东路**　　**疗愈性·山西路**

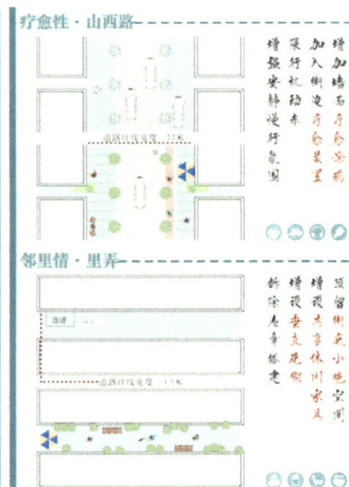

烟火气·四平东道｜哈密道｜沈阳道｜锦州道　　**互动感·和平路**　　**邻里情·里弄**

拆改留平面索引

经济技术指标

指标序号	指标名称	指标数值
1	总用地面积	33.66公顷
2	总建筑规模	471246平方米
3	建筑密度	43%
4	容积率	1.4
5	绿地率	19%

建筑改造项目表

建筑编号	原功能	更新后功能	更新方式	更新内容	更新主体
01	居住	庭院餐厅 居住	改造提升	立面整治 强化半围合结构 植入新业态	市场主导 居民参与
02	商业、居住	沉浸式展馆	改造提升	结构保留 内部空间改造 植入新业态	市场主导 居民参与
03	居住	日式民宿	保护修缮	拆除违建 恢复建筑原有形制 恢复院落	市场主导 居民参与
04	居住	古玩集市	改造提升	立面整治 强化院落空间 植入新业态	市场主导
05	居住	社区互动院 居住	改造提升	立面整治 提升居住品质 打造悬浮花园	政府主导 居民参与
06	菜市场	万象青年社区	拆旧建新	拆除破旧市场 打造津青年社区 植入多元功能	政府主导
07	旧物市场	公园式市集	拆旧建新	内部空间将绿植、艺术装置、摊位结合	政府主导
08	玉石交易	相声茶馆 共享院落	改造提升	立面整治 强化院落空间 植入新业态	市场主导
09	居住	邻里互动院 居住	改造提升	立面整治 提升居住品质 打造院落花园	政府主导 居民参与
10	居住	日式民宿	保护修缮	拆除违建 恢复建筑原有形制 恢复院落	政府主导 居民参与
11	居住	社区自习室 居住	改造提升	底层腾挪为社区自习室，打造街角公园	市场主导 居民参与
12	居住	咖啡小屋 居住	改造提升	立面整治 强化里弄空间与内部空间的关联	市场主导 居民参与
13	名人旧居	街头酒屋	保护修缮	保护历史空间 营造公共空间 植入新业态	市场主导
14	居住	口袋公园 居住	改造提升	拆除乱搭乱建 腾退空地建设绿地	政府主导
15	居住	共享院落	改造提升	拆除乱搭乱建 打造片区示范院落	政府主导 居民参与
16	居住	青年旅社	保护修缮	恢复建筑原有形制 强化里弄空间	市场主导
17	居委会	老年活动站 居委会	拆旧建新	由一层抬高至三层 扩展居委会功能	政府主导

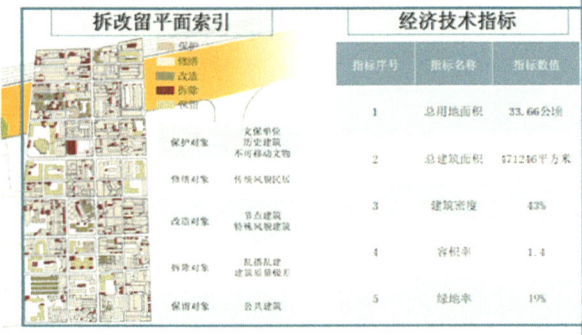

见哏，破哏——空间分析

规划结构分析　交通体系分析　绿色慢行系统分析　业态活力分析　社区服务分析

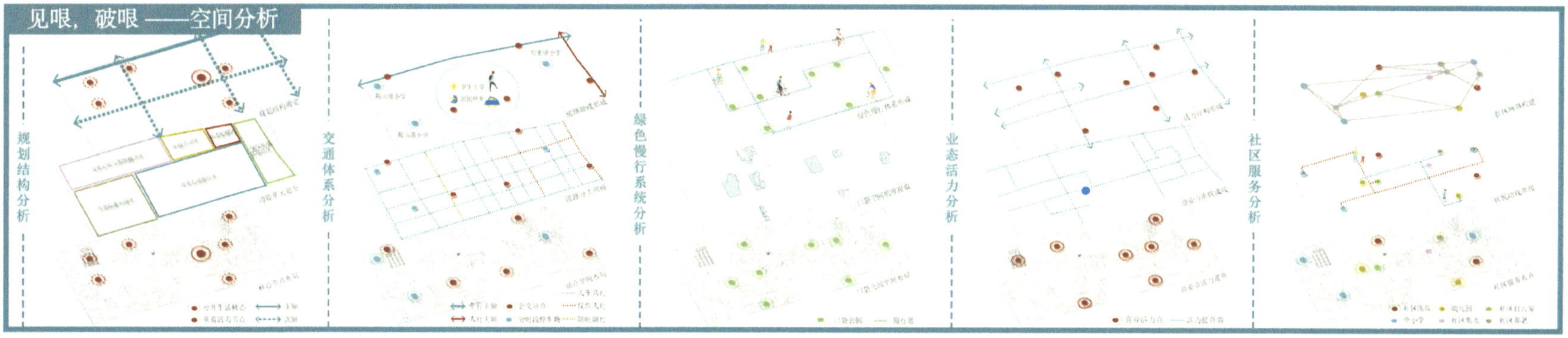

多元市井

安居而哏

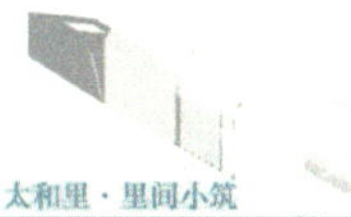

太和里·里间小筑

里间小筑融入里弄空间，为居民打造属于里弄的互动空间——人、地、万物都在安居的氛围里"乐闹哏"。

□说"哏"：出家门就可以闲里、喝茶，与街坊邻居唠"哏"。
□听"哏"：出门就可以听天津居民喜闻乐见的相声争日。

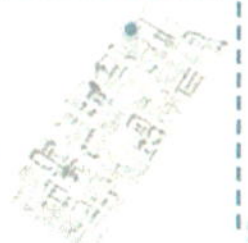

漫行而哏

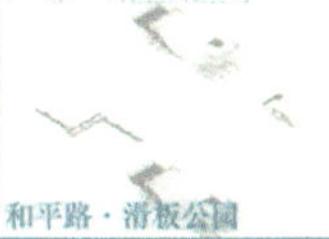

和平路·滑板公园

滑板公园更新和平路功能，商业更新与活力空间铺展相融，内外空间良性互动——居民、滑客乐见的慢空间。

□看"哏"：慢行和平路，可见百年建筑风韵、新生少年活力，传统里弄性格。

共业而哏

沈阳道·复古集市·古潮市场

复古集市使传统古物市场重焕活力，复合空间提供茶话、亲和的天津日常场所——旧地新生的复古潮流地。

□说"哏"：适应喜爱买卖的天津居民和独具特色的历史文化打造穿透性结构市集。
□听"哏"：二层公共空间搭接茶、一层集市提供休闲、茶话、会友空间。

图标词条（安居而哏）
邻里交往　日常休闲　宜行宜坐　语言哏（喝茶休闲／残障友好）
VR相声　里弄延续　空间适应　视听哏（创新日常／文化根植）
宜居景观　宠物休闲　花台生态　感受哏（小区共享／宜居情绪）
学习交流　商务办公　学生活动　语言哏（课程讨论／课后休闲）
多元景象　良性互动　通透明亮　视听哏（多元活动／周末小聚）
多元使用　学区底蕴　安心教育　感受哏（办公便捷／四季融洽）

图标词条（漫行而哏）
同学小聚　逛街休闲　沉浸娱乐　语言哏（创新空间／氛围活力）
运动观赏　滑板交流　散步聊天　视听哏（青年集聚／新生互动）
天津氛围　繁华市井　多变空间　感受哏（滑板文化／性格活力）
主客互动　全龄包容　活力天津　语言哏（话语自由／交通便利）
传统风貌　市井烟火　美食体验　视听哏（信仰根植／场景共享）
市井体验　文化彰显　性格感染　感受哏（性格窗口／宜居生活）

图标词条（共业而哏）
茶话会友　复古新潮　开阔可观　视听哏（阳光茶亭／创意文化）
艺术美化　复古新潮　开阔可观　视听哏（创业活力／多元共享）
万象复古　历史根植　多元功能　感受哏（小微根植／文化渗入）
青年交流　特色市集　社区活动　语言哏（青年个性／青年集聚）
快闪市集　青年包容　公园社区　视听哏（社群交流／多元时空）
功能复合　共享空间　宜居宜业　感受哏（前店后住／青年友好）

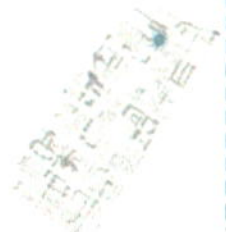

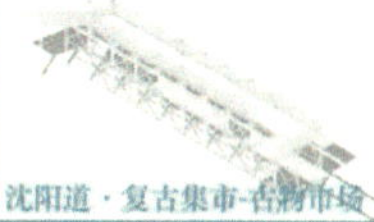

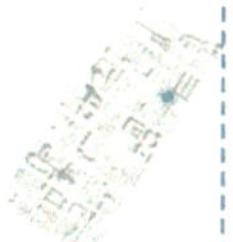

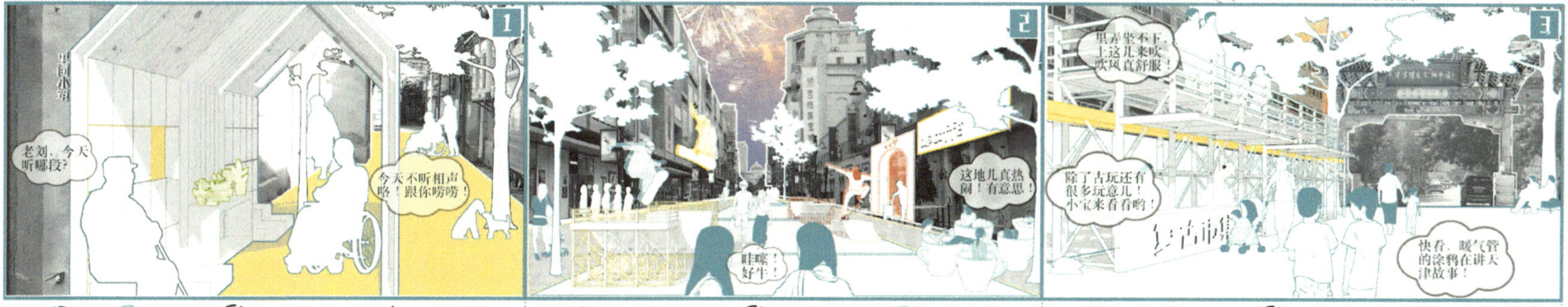

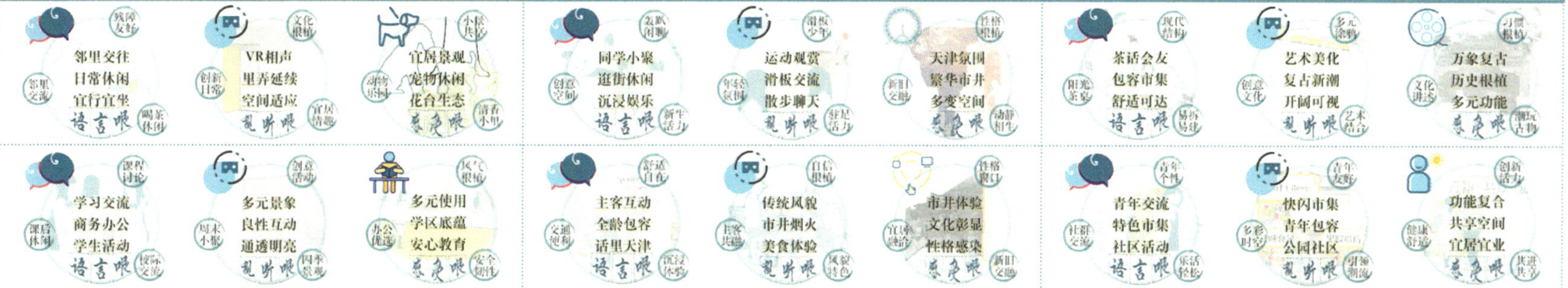

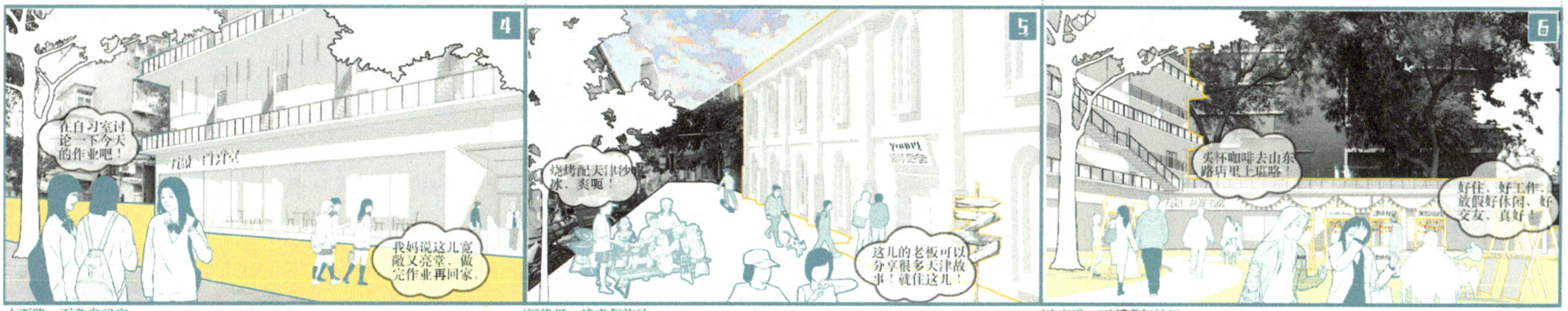

畅学而哏

山西路·万象自习室

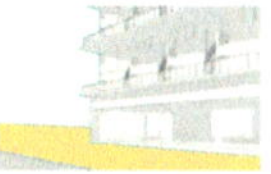

万象自习室为片区内外的学生提供"自习+"空间，学习、讨论、交友——"站式"校园外的校园。

□学"哏"：服务鞍山道直至天津大学片区学生的校外学习空间。
□学"哏"：促进多元学生交流、共享、互动。

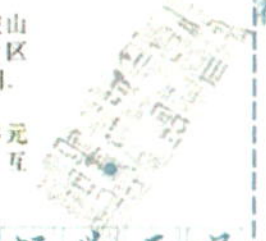

慢游而哏

福缘里·津青年旅社

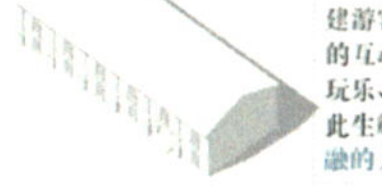

津青年旅社搭建游客与本地居民的互动平台，吃喝玩乐、文化特色在此共享——主客交融的天津乐旅社。

□听"哏"：游客在此感受鞍山道传统住宅，体验"最天津"生活。
□听"哏"：主客交流互动促进天津文化感染面容，提升城市温度。

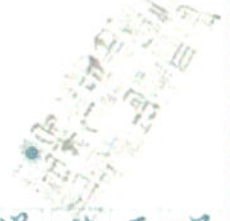

乐创而哏

哈密道·万象青年社区

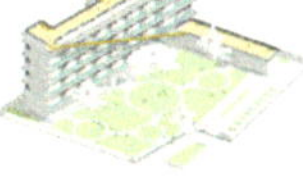

万象青年社区为创业发展青年提供生活创业的复合空间——共享、共住、共创、活力、舒适的创业青年社区。

□创"哏"：作为青年的聚集空间提供开放、创意、包容的发展平台。
□创"哏"：在社区服务与空间共享的基础上，实现青年发展与社区共享。

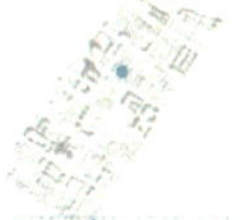

触微 共享——微更新理念下鞍山道地区参与式城市触媒设计

参赛院校：清华大学
作者姓名：蔡 欣 李元赫 朱睿佳 赵诗泉
指导老师：黄 鹤 袁 琳
"天津城投杯"第二届全国大学生国土空间规划设计竞赛 三等奖

方案点评：

设计方案思路完整，空间推演深入。设计图纸色调和谐、表现简洁清晰。对于更新的过程和要素考虑充分全面。其中针对鞍山道地区的复杂环境节点进行触媒更新，通过节点带动区域的思路独特，触微改造方式与环境契合度高，触媒点选取和更新机制亮点突出，对运作机制、业态策略、资金平衡等实际操作要素也有深入思考。

理论方法及策略综合

问题＆机遇

区位服务圈（含公园及便民商服） 慢行系统分析 车行交通分析

人群画像

触媒元素选取原则

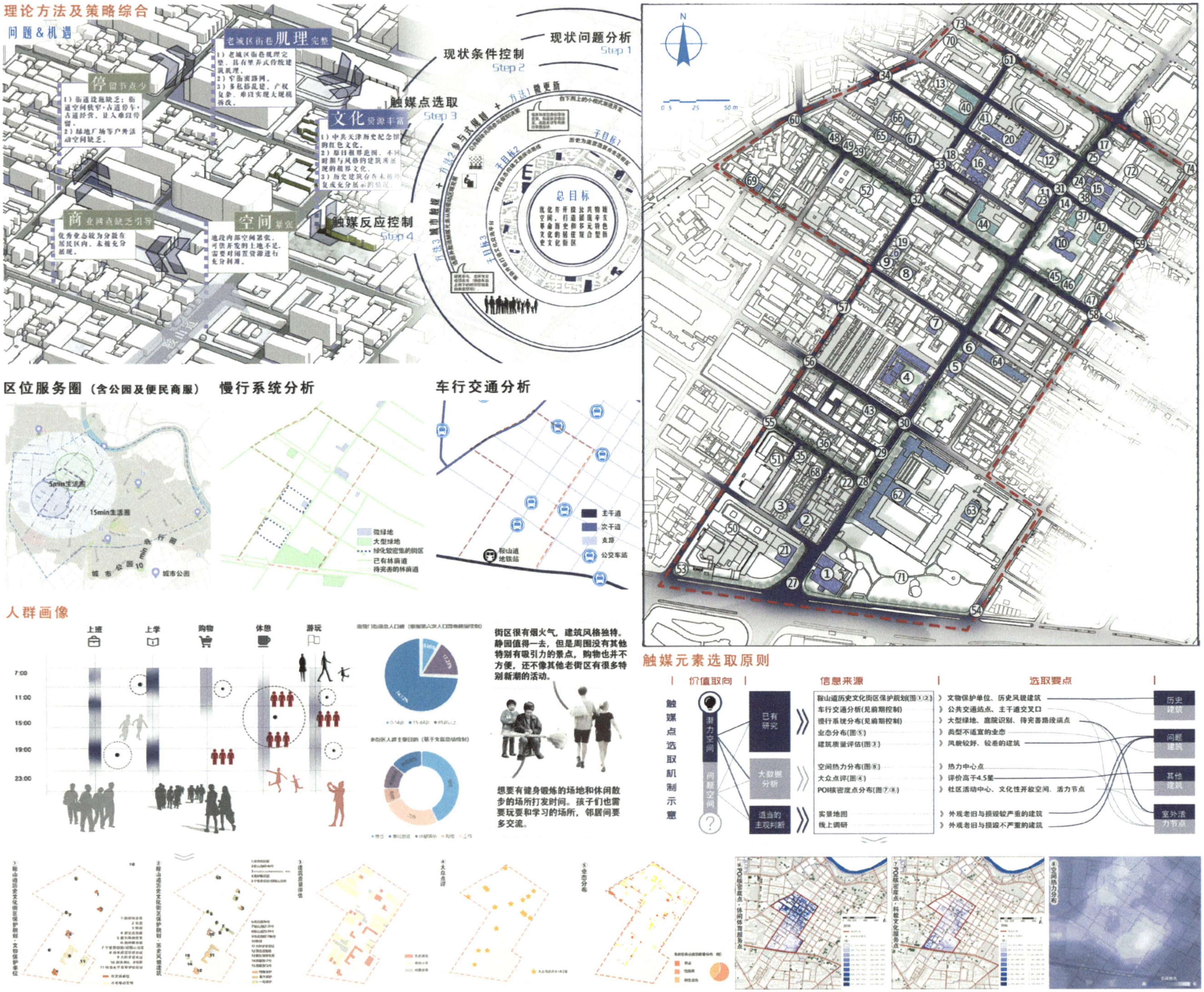

物质性与非物质性更新

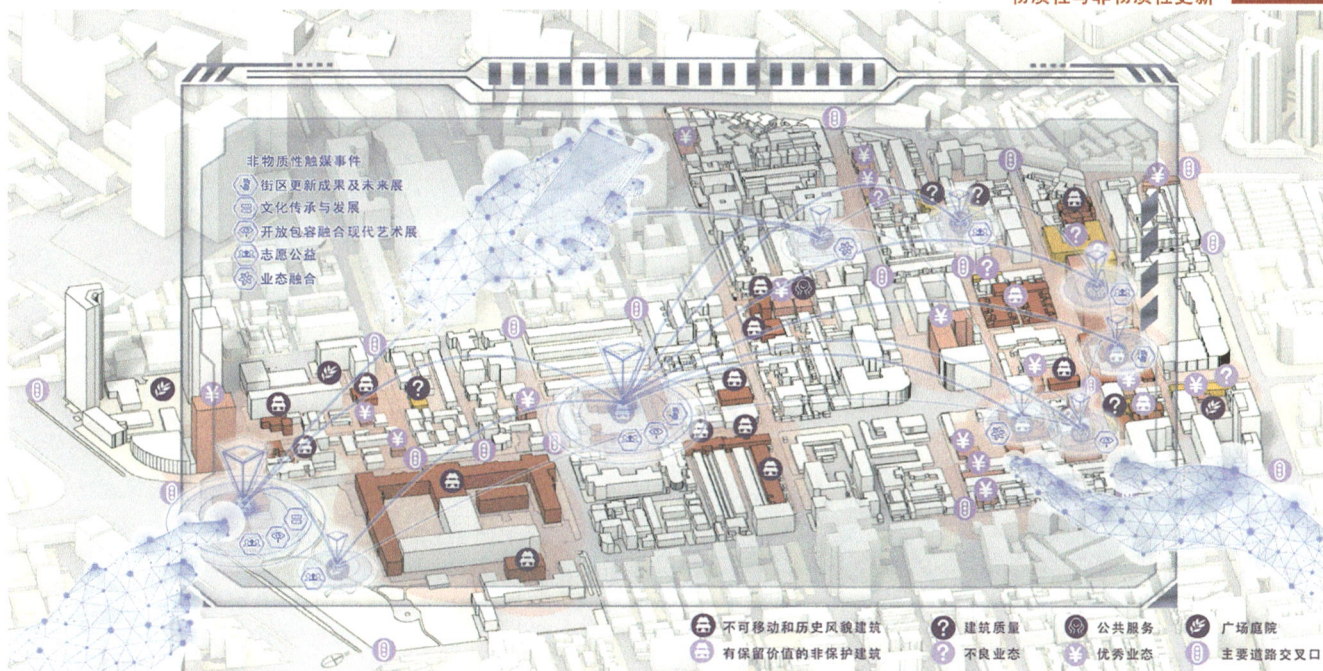

时序1 触媒点8/9/16/18/19/26/32/33
时序2 触媒点39/44/48/49/52
时序3 触媒点65/66/67

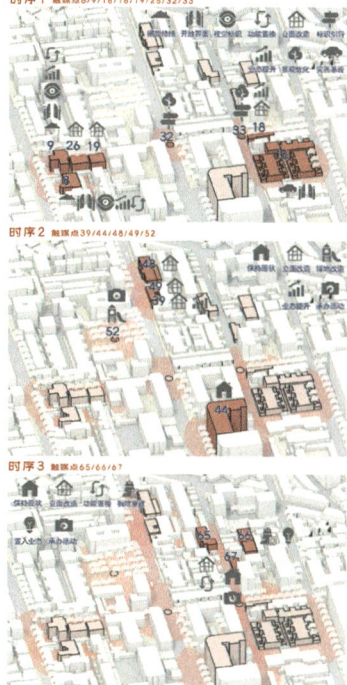

非物质性触媒事件
街区更新成果及未来展
文化传承与发展
开放包容融合现代艺术展
志愿公益
业态融合

不可移动和历史风貌建筑　建筑质量　公共服务　广场庭院
有保留价值的非保护建筑　不良业态　优良业态　主要道路交叉口

日常活动
特殊大型活动
结合触媒事件

触媒点时序确定 → 激活触媒点 → 激活线触媒 → 激活全场地 → 带动周边区域
更新规模效应
资金平衡控制

社区百衲与互动
居民健身运动项目
城市更新论坛

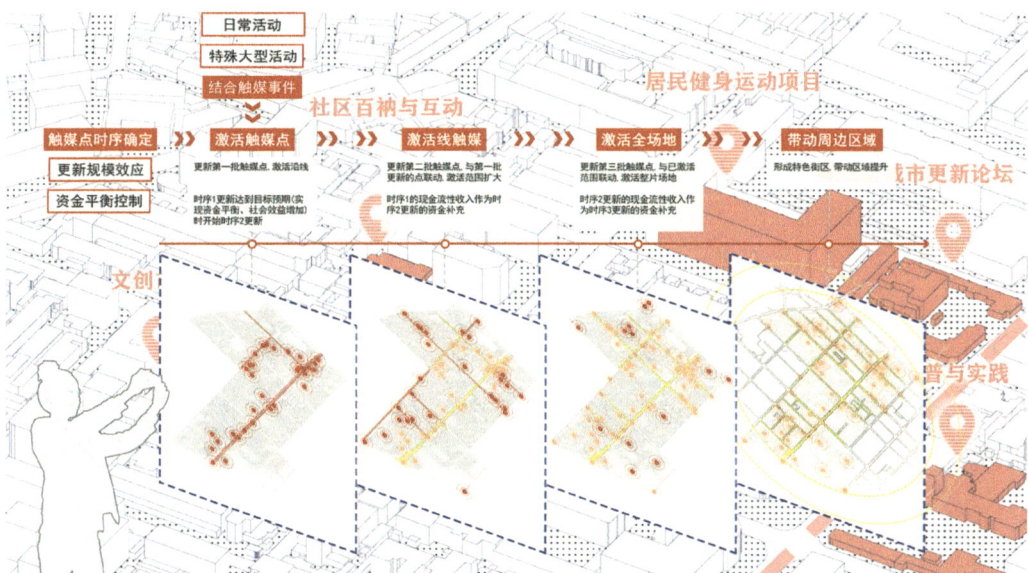

触媒点更新策略

不可移动和历史风貌建筑
保持原状 / 修缮立面 / 揭顶修缮 / 开放界面 / 完善基设 / 建筑改建
有保留价值的非保护建筑
立面改造 / 功能置换 / 业态提升 / 承办活动

建筑质量：拆除重建 / 立面改造 / 功能置换 / 置入业态 / 业态提升
不良业态 / 优良业态
广场庭院：保持原状 / 拆除违建 / 开放界面 / 绿地改造 / 标识引导 / 景观优化
道路交叉口：承办活动

改造策略示例

保持原状 — 不可移动和历史风貌建筑
揭顶修缮 — 不可移动和历史风貌建筑
开放界面 — 不可移动和历史风貌建筑
完善基设 — 有保留价值的非保护建筑

拆除违建 — 广场庭院
拆除重建 — 建筑质量
标识引导 — 道路交叉口
绿地改造 — 广场庭院

置入业态 — 不可移动和历史风貌建筑
承办活动 — 不可移动和历史风貌建筑
业态提升 — 有保留价值的非保护建筑
功能置换 — 有保留价值的非保护建筑

非物质触媒更新机制

业态策略

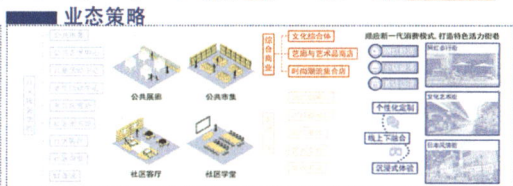

公共展廊　公众市集　社区客厅　社区学堂

运行机制策略

EPO+O模式

全生命周期高效管理

资金平衡策略

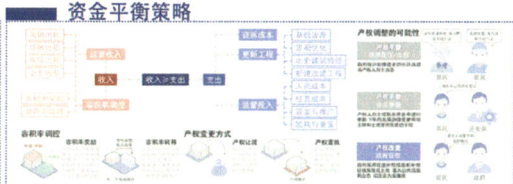

2022年【天津城投杯】第二届全国大学生国土空间规划设计竞赛获奖作品——本科生组（三等奖）（专项奖—最佳融合奖）

① 天津百货大楼
② 和平路步行街
③ 津门百货道
④ 万国风情街
⑤ 口袋公园
⑥ 封路集市
⑦ 古色津香定制街
⑧ 八一礼堂
⑨ 礼堂市集
⑩ 创意津弄
⑪ 分时商铺
⑫ 津范设计工作室
⑬ 老年协会
⑭ 潮汐停车场
⑮ 市公安局指挥中心
⑯ 新津范菜市场
⑰ 津范文化体验馆
⑱ 天津市第十九中学
⑲ 段祺瑞故居
⑳ 三育剧弄
㉑ 船舶公司
㉒ 口袋运动公园
㉓ 滨府戏弄
㉔ 华咏韵味里弄街
㉕ 集邮大厦
㉖ 张园
㉗ 兴隆南里
㉘ 口袋公园
㉙ 精致美学街
㉚ 静园
㉛ 鞍山道小学
㉜ 津色文艺商铺
㉝ 分时道路
㉞ 天津汇文中学
㉟ 运动场
㊱ 古津味集市
㊲ 祈年大厦
㊳ 原日武德殿
㊴ 津门博物定制馆
㊵ 草地舞台

1 基地背景

选址位于天津市和平区鞍山道沿侧区域，北接和平商业区，南连南京路。选址内有众多历史建筑，文化氛围浓厚；主要为居民生活区，生活氛围浓厚。

2 规划理念

时域性规划理念构建

编号	名称	原有功能	使用情况	更新后功能	更新模式
1	天津市旧物市场	旧物交易	闲置	创意市集	改造
2	空竹园北侧	临时绿地	闲置	公共空间	新建
3	空竹园南侧	临时绿地	闲置	商业综合体	新建
4	长安西里	公共空间	使用	古津味集市	改造
5	长安东里	公共空间	使用	古津味集市	改造
6	兴建里弄	公共空间	使用	分时道路	改造
7	文通里弄	公共空间	使用	公共空间	改造
8	福源里弄	里弄道路	闲置	分时道路	改造
9	静园里弄	路边集市	使用	精致美学街	改造
10	兴隆南里	小区绿地	闲置	公共空间	改造
11	察哈尔路小区	小区绿地	闲置	华咏韵味里弄街	新建
12	三育里弄	小区绿地	使用	三育戏弄	改造
13	滨府里弄	公共空间	闲置	滨府戏弄	改造
14	四平里弄	公共空间	闲置	口袋公园	改造
15	太和里弄	公共空间	闲置	古色津香定制街	新建
16	民生大院前	公共空间	闲置	创意津弄	新建
17	辽宁路	城市道路	使用	万国风情街	改造
18	天津百货大楼旁	公共空间	闲置	津门百货街	改造

规划结构图　功能分区图　交通分析图　景观结构图

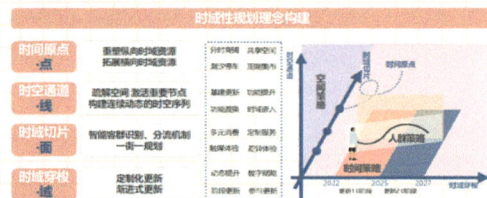

津范儿·时域新刊——时域性规划下的鞍山道开放历史街区更新企划

参赛院校：厦门大学
作者姓名：黄青阳　王舒仪　徐浩宇　李晓萌　高越航
指导老师：常玮　张若曦
"天津城投杯"第二届全国大学生国土空间规划设计竞赛　三等奖、最佳融合奖

方案点评：

从分析鞍山道历史街区所面临的商业模式低端、多元文化分散、人居环境恶劣这三个挑战入手，提出了不同于以往空间规划的立意——时域性规划，具有创新性；基于各类人群在不同时间段、不同空间的活动轨迹，提出了针对性的更新策略。图面表达完整、清晰，色彩布局均衡。

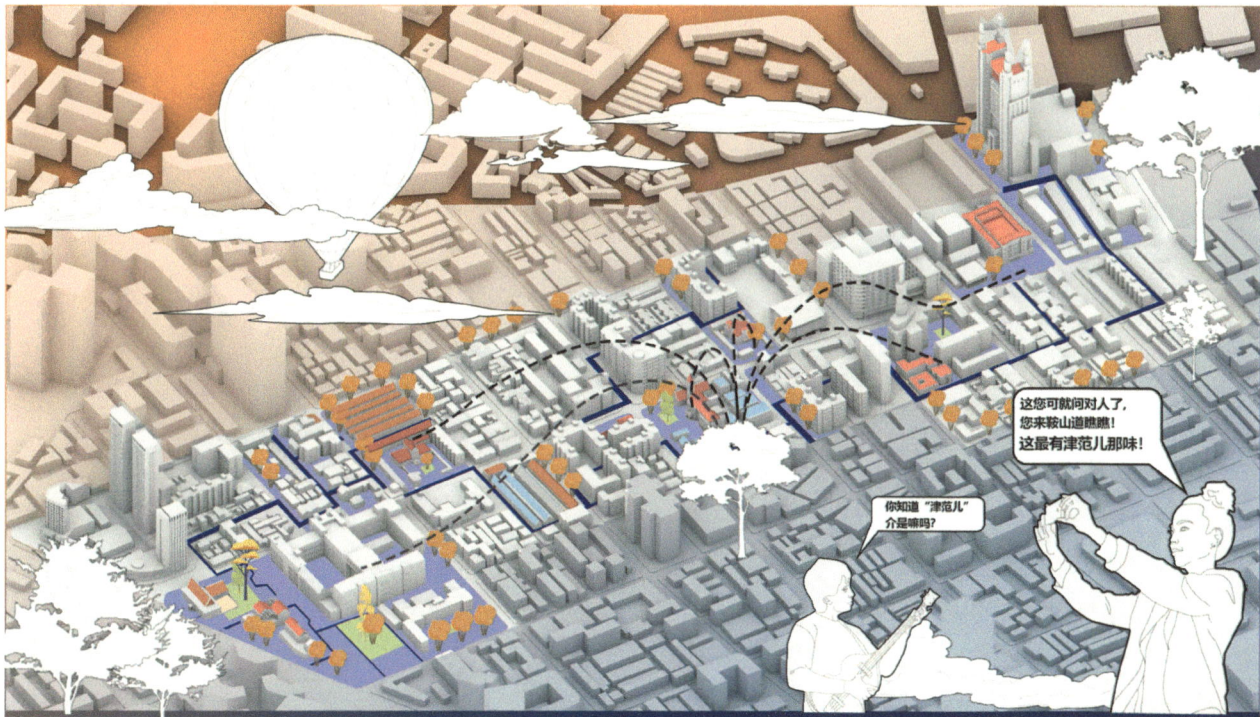

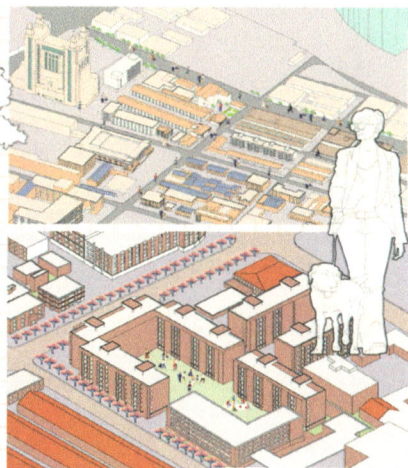

这您可就问对人了，您来鞍山道瞧瞧！这最有津范儿那味！

你知道"津范儿"介是啥吗？

鞍山道历史街区探索之旅

万国文化风情街区
以"万国文化"为主题，结合商铺及市集形式，容纳多国风情，营造包容津范儿。

"津"致生活体验带
以"品质生活"为主题，串联多路节点，引入高端精致业态，打造精致津范儿。

华咏津声呵味街区
以"戏剧相声"为主题，结合里声空间，进行预约及定制型演出，声绘能味津范儿。

津味生活乐呵带
以"老天津味"为主题，保留原有天津味道，营造惬意舒适的生活氛围，存乐呵津范儿。

日式美学文艺街区
以"日式美学"为主题，融合日式建筑风格，营造美学文艺街区氛围，打卡美学津范儿。

哈密道
四平东道
河南路
万全道
陕西路

一街一规划·鞍山后街群

鞍山道

天津百货
八一礼堂
静海道
万全道
原日武德殿

和平路
新华路
河北路
山西路
甘肃路

- 津范主轴
- 津范文化体验轴
- 万国主题街区
- 品质生活休闲带
- 津范核心节点

和平路
新华路
河北路
山西路
甘肃路

国际津门百物街
以"国际化"为主题，打造丰富、多元的业态组合，营造多元化消费，展现国际津范儿。

古色津香休闲街
以"津城小众创意设计"为主题，营造年轻、创意、活力的设计街区，渲染创意津范儿。

乐活津生悦动街
以"活力运动"为主题，围绕口袋运动公园，植入新运动内容场馆，营造悦动津范儿。

津门博物轻奢街
以"高雅精致"为主题，满足高端人群艺术品鉴、个性化消费的需求，定制轻奢津范儿。

津色文艺慢游街
以"文艺慢生活"为主题，打造工作时间外提供休闲、娱乐等活动，体验文艺津范儿。

3 规划策略

原有街巷空间　公共空间切割　新开放空间形成

原有公共空间　功能空间分解　新公共空间形成

原有竖向空间　空间改造　新开放空间形成

活力空间肌理

人群时域性活跃分析

时域性人群分流机制

消费时域切片
文化时域切片
生活时域切片

数实融合构建智能客群系统

City Game

CITYGAME运营机制

定制策划　技术支持　平台管理　动态监测　实时反馈

149

图例：

- 01 哈密道小学
- 02 八一礼堂
- 03 和平区消防救援支队
- 04 市公安局指挥中心
- 05 市老区建设促进会
- 06 和平区行政审批局
- 07 联通和平区分公司
- 08 河北路营业厅
- 09 市医药科学研究所
- 10 天津市第十九中学
- 11 中国船舶工业物资华北有限公司
- 12 信德大厦
- 13 段祺瑞旧居
- 14 张园
- 15 万全第二小学
- 16 儿童公园
- 17 鹿钟麟旧居
- 18 宁兴昔旧居
- 19 市基督教会教务委员会
- 20 康达公寓
- 21 万全小学
- 22 静园
- 23 鞍山道小学

保留建筑

- a 共享院
- b 文创售卖店
- c 文创艺术体验馆
- d 国潮体验馆
- e 社区活动中心
- f 文创商业街区
- g 历史纪念馆
- h 里弄体验型民宿
- i 里弄博物馆
- j 文创集市
- k 历史文创堂
- l 花鸟鱼虫集市
- m 农贸集市
- n 艺术家工坊
- o 社区市集

N

总平面图1:30000

基地现状功能分析

人群分析

潮汐街区策略

思路策划

平面分析

空间结构分析图　道路系统分析图　功能分区分析图

景观结构分析图　拆改策略分析图　建筑高度分析图

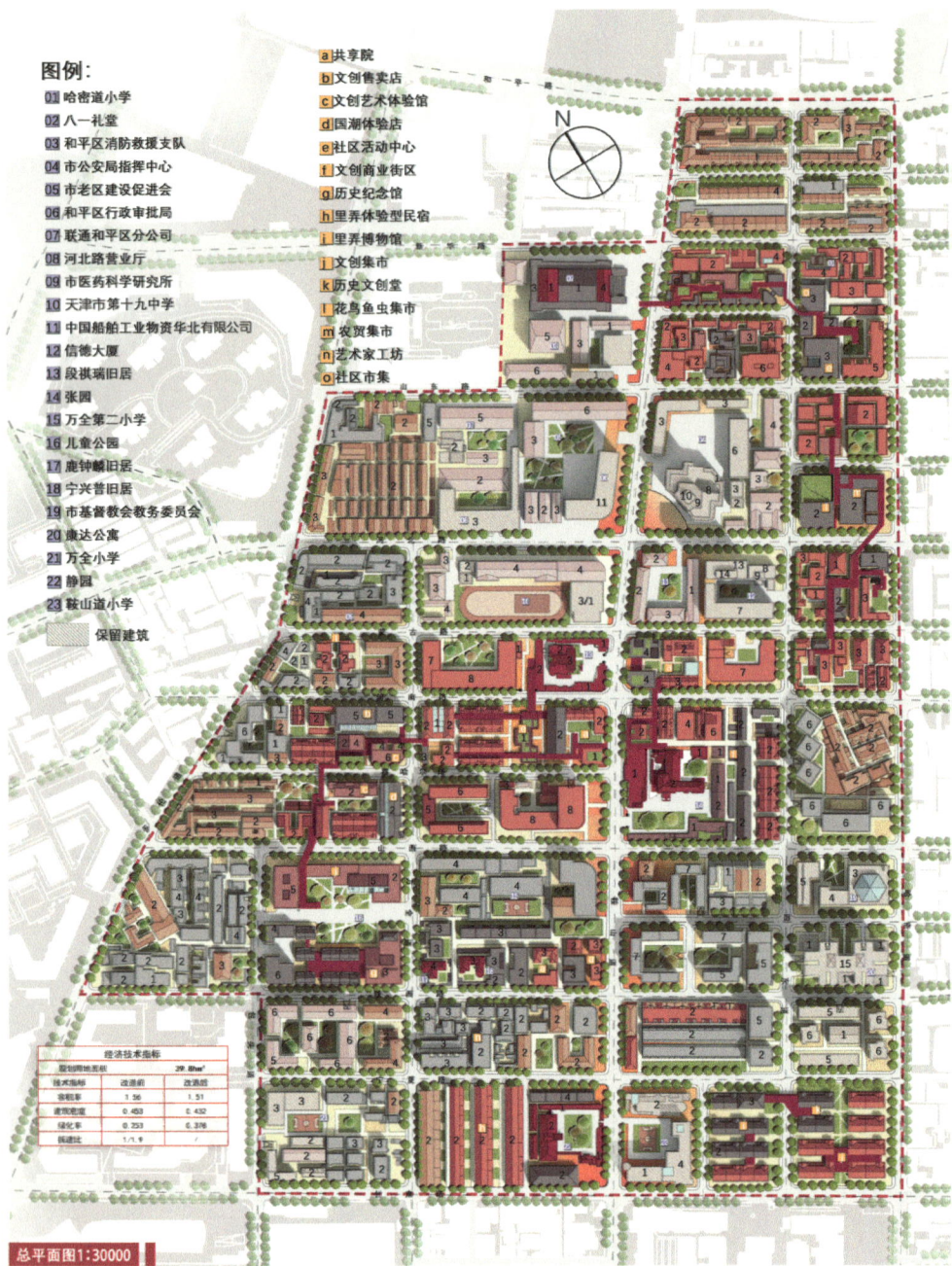

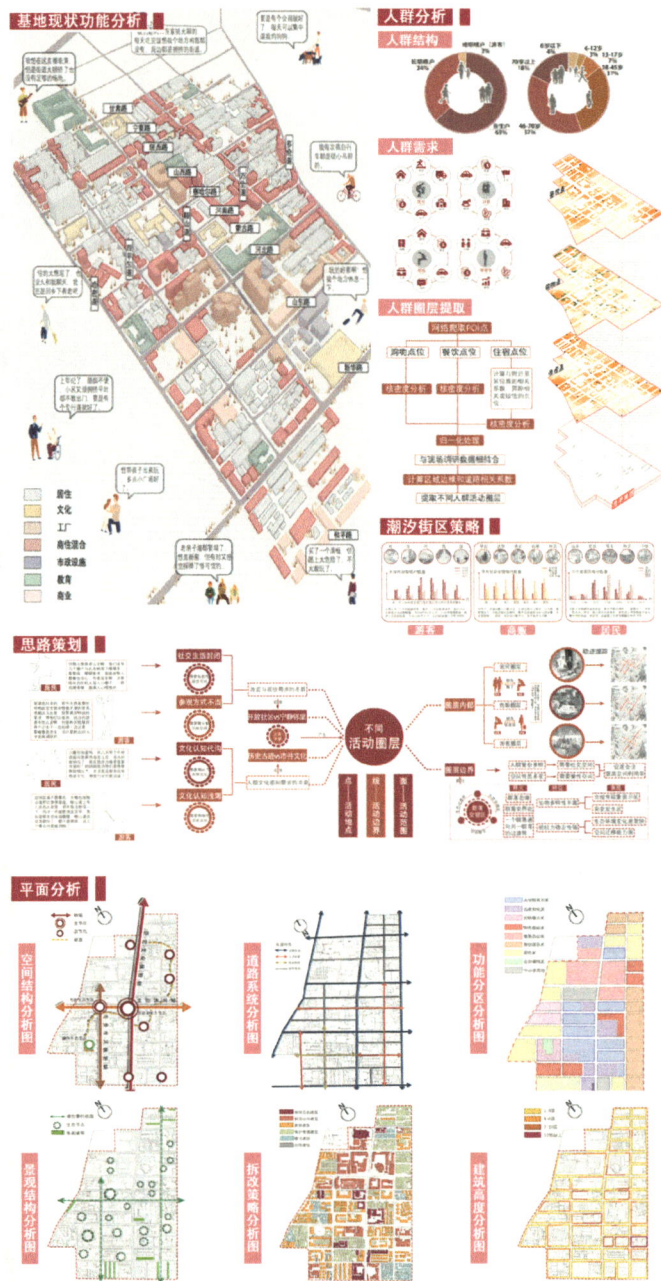

旦暮津桥，融"变"共享——基于触媒理论的鞍山道片区城市更新设计

参赛院校：沈阳建筑大学
作者姓名：王俊淇　孙御航　李思蒙　李福星　梁皓淋
指导老师：胡振国　宋岩
"天津城投杯"第二届全国大学生国土空间规划设计竞赛　三等奖

方案点评：

该作品以人群活动圈层为切入点，创新性地提出"弹性百变盒子"的概念，通过分析基地内外各类资源生长机制对方案生长的影响，在圈层交界处置入触媒点，设置功能可变的弹性百变盒子增加不同人群的互动，设置慢行廊道对零散空间进行串联，以兼具前瞻性和在地化特征的空间规划和设计方法打造全时段潮汐活力街区。

该方案以人群活动圈层的动力和矛盾分析对空间规划设计进行方向性指引，使街区的保护与发展之间产生良性互动，在居住、公共服务、交通、生态等方面的空间策划和设计效果较为突出。

鸟瞰图

人群策划

创业者和商贩
商贩主要活动在哈密道和万全道，而且业态较为单一，大部分为餐饮，并没有整体业态的联动与融合。经过触媒产业的植入，使整个片区富有活力。

原住民与租户
原住民与外界环境交流较少，活动范围也相对闭塞，经过整改，设置了开放绿地，也增加了交流的空间，并且增大了鞍山道社区的交通可达性。

外来游客
外来游客活动范围主要在鞍山道道路两侧和河南路附近。在经过潮汐街区的星罗之后，加强了与原住民的人群渗透，加强了与当地新居民的交流。

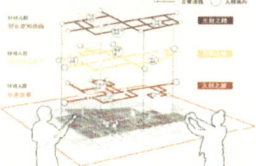

设计策略

居住空间策划

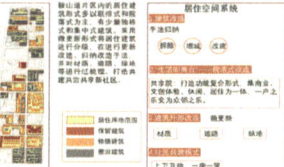

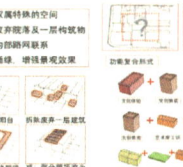

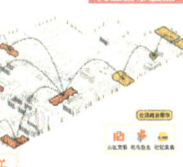

公共空间策划

居住空间策划

防灾系统策划　　**公共设施策划**　　**居住空间策划**

触媒共享

商业集市触媒

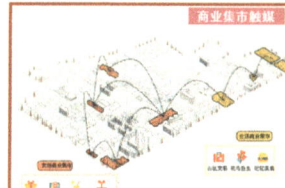

文化保护触媒

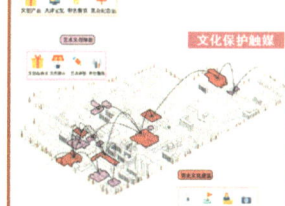

历史纪念触媒

生活共享触媒

经济技术指标

项目	改造前	改造后
规划用地面积	48.05hm	/
建筑用地面积	35.16hm	/
建筑密度	58%	60%
容积率	1.5	1.2
绿化率	15%	24%

主要项目一览表

① 旧日武德殿
② 空外馆
③ 工文中学
④ 游客服务中心
⑤ 立体停车场
⑥ 科技文化馆
⑦ 创新创业工作室
⑧ 建华中学
⑨ 天津市眼科医院
⑩ 鞍山道小学
⑪ 静园
⑫ 青年旅社
⑬ 文创店
⑭ 周边集成店
⑮ 文化茶吧
⑯ 游客音樂处
⑰ 万全小学
⑱ 老年人活动中心
⑲ 居民共享中心
⑳ 青少年活动中心
㉑ 休闲咖啡厅
㉒ 胶海巴士公交枢纽站
㉓ 儿童公园
㉔ 文德里居民展览馆
㉕ 旅行空间书店
㉖ 时光换装店
㉗ 鞍钢山旧园
㉘ 新种楼旧园
㉙ 民间艺术大剧院
㉚ 天津基督教会山西语堂
㉛ 传统手工作坊
㉜ 智慧河渡馆
㉝ 张园
㉞ 段祺瑞旧园
㉟ 居民休闲书屋
㊱ 天津市第十九中学
㊲ 传统美食店

图例

- 重点保护历史风貌建筑
- 特殊保护历史风貌建筑
- 一般性保护历史建筑
- 原性历史保护建筑
- 低层新住建筑
- 文化教育建筑
- 高层居住建筑
- 超高层建筑
- 绿地公园
- 新建停车场

鞍山道片区规划总平面图

立体停车场
主要功能：为周边居民和游客提供的车辆停放场所，解决了停车空间紧缺、交通压力大的问题，并且缓解了地区汽车周转转和交通分配合理化。综此之外，还促进了公共交通的发展及减少了内部车辆的流通。

老年活动中心
主要功能：为老年人提供丰富晚年生活，促进交流与友谊，营造"老有所乐"的晚年生活场所，满足不同层次的老年人在宜居服务方面的需求，让当地老年人真正享受到"老有所养、老有所乐"的幸福生活。

民间艺术大剧院
主要功能：以歌剧、话剧等形式呈现出当地文化，让前来游玩的旅客更深入地了解当地文化，也向周边居民注入人文化保护与传承的理念，更好地保护当地特有的文化，让其发扬光大。

历史风情街
主要功能：为周边居民和游客提供游玩观赏、休闲娱乐和文化活动的场地，解决单一产业和文化滞后的问题，商业与文化相结合的方式打造具有当地特色的游客聚集地，从而达到传承延续文化和商业多元化的效果。

屋顶花园
主要功能：以建筑物顶部平台为依托，搭建的绿护物建筑，改善城市环境，创造城市内生物生态空间的特殊围体形式。从而实现公共空间屋顶照再利用，提升街道桥神风貌，达到及暖重置注的效果。

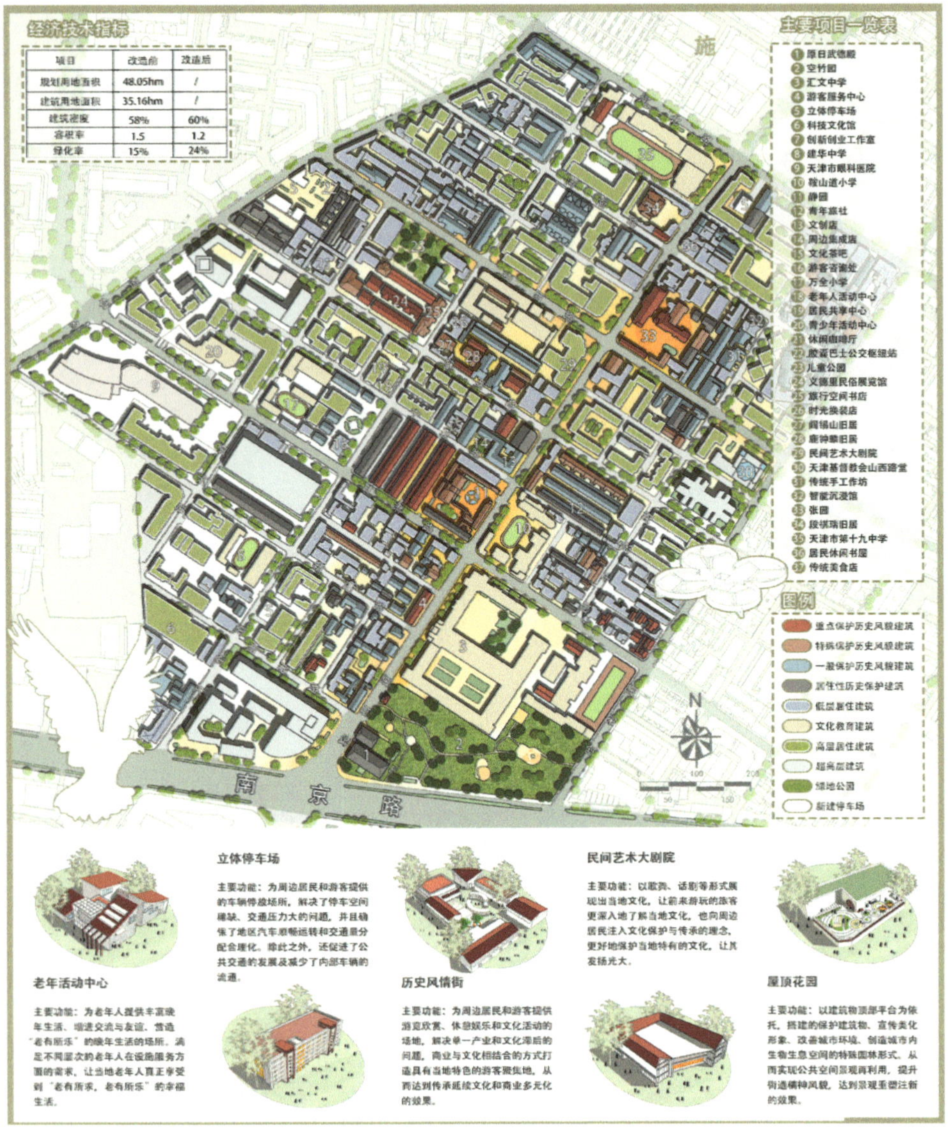

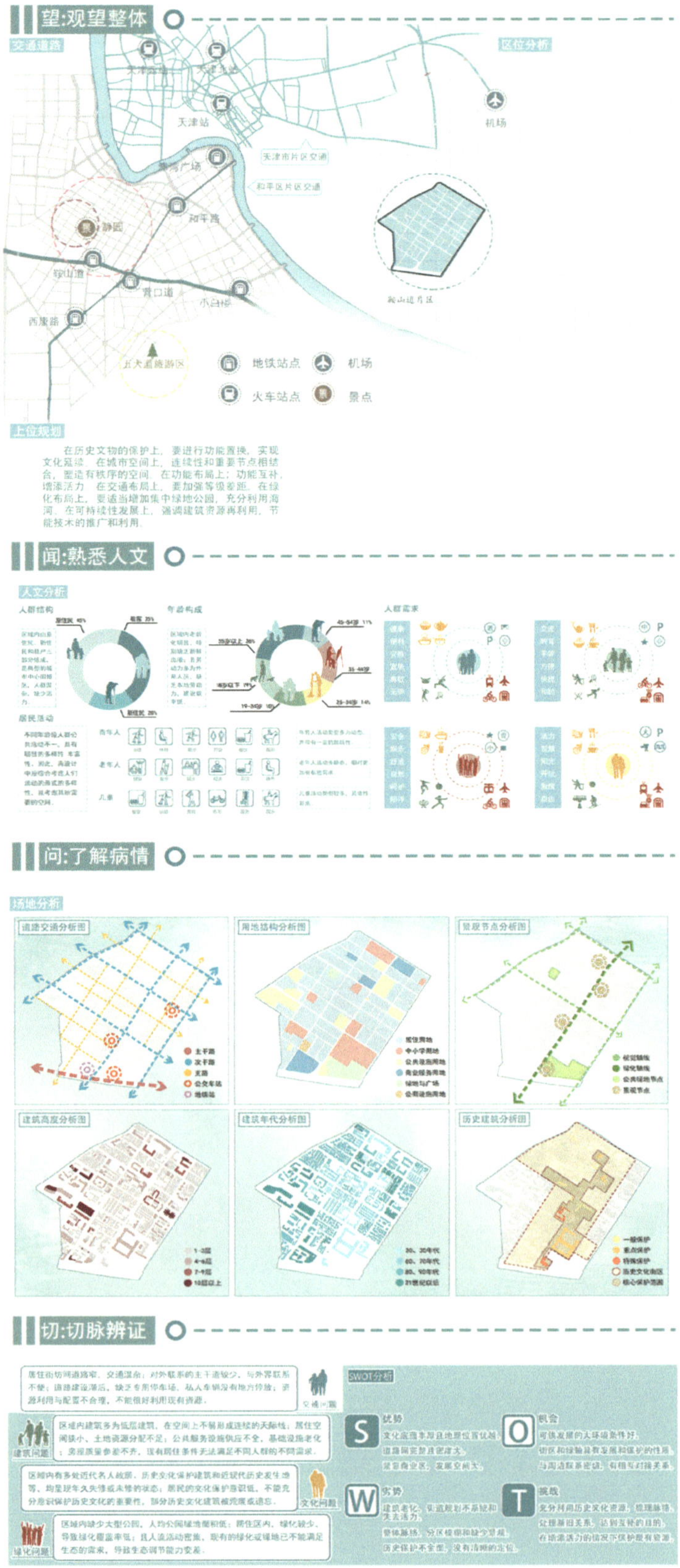

疏·里——城市针灸视角下鞍山道片区的保护与更新

参赛院校： 山东理工大学
作者姓名： 赵冰玉　罗　彬　王璇卿　杨凯鑫　孔晓逸
指导老师： 冯　敏　张桂花

"天津城投杯"第二届全国大学生国土空间规划设计竞赛　三等奖、最佳立意奖

方案点评：

作品运用城市针灸理论，从望闻问切入手发现鞍山道片区更新问题的痛点和难点，有的放矢，提出了逻辑清晰且特色鲜明的分析与解决问题的脉络，标本兼治，把城市问题和人体诊疗做了完整的对位，凸显了小干预、大效果的方法特色，图纸内容及深度呈现效果较好。

望：观望整体

交通建筑 / 区位分析 / 上位规划

上位规划：在历史文物的保护上，主要进行功能置换，实现文化复活。在城市空间上，连续性和重要节点相结合，塑造有秩序的空间。在功能布局上，功能互补，增添活力。在交通布局上，差加疏导等级差距。从绿化布局上，要适当增添集中绿地公园，充分利用海河，在可持续性发展上，涵调建筑资源再利用，节能技术的推广和利用。

闻：熟悉人文

人文分析 人群结构 专业构成 人群需求

问：了解病情

场地分析：道路交通分析图 / 用地结构分析图 / 景观节点分析图 / 建筑高度分析图 / 建筑年代分析图 / 历史建筑分析图

切：切脉辨证

SWOT分析 S O W T

‖ 设计流线

活穴：穴位不通 / 脉络堵塞 / 脏器受损

疏通经脉 — 片区激活

道路交通 + 街巷布局 + 景观营造

激活功能区域 / 激活功能空间

历史保护 / 文脉延续 / 活力再生 / 舒适宜居

‖ 景观营造

□ 痛点节点图：　　□ 设计分析：

布局绿化 / 道路营造 / 节点特振

‖ 道路交通

□ 痛点节点图：　　□ 设计分析：

机动车主导 → 车行道 / 步行道

历史街区的车行道 / 历史街区的步行道

‖ 公共空间

□ 痛点节点图：　　□ 设计分析：

功能梳理 / 历史挖掘 / 产业新生 / 旅游开发

规划定位： 旅游、生活居住、历史文化交相融汇，发展积极活力再生的文旅生活区

规划目标： 打造特色旅游空间，复兴里弄生活的文化特色

‖ 街巷布局

□ 痛点节点图：　　□ 设计分析：

建筑结构 / 建筑颜色 / 建筑材料

建筑违建 / 沿街商业 / 院落空间

‖ 功能空间

□ 痛点节点图：　　□ 设计分析：

灰度空间 / 场所塑造

供暖管道 / 电线电缆 / 垃圾处理

市政设施升级

‖ 活穴　　通

胶囊巴士居民路线
Capsule bus resident route

胶囊巴士旅游路线
Capsule bus tour route

名古建筑策游街道
Tourist street of scenic spots

休闲娱乐风情街
Leisure and entertainment style street

‖ 补气

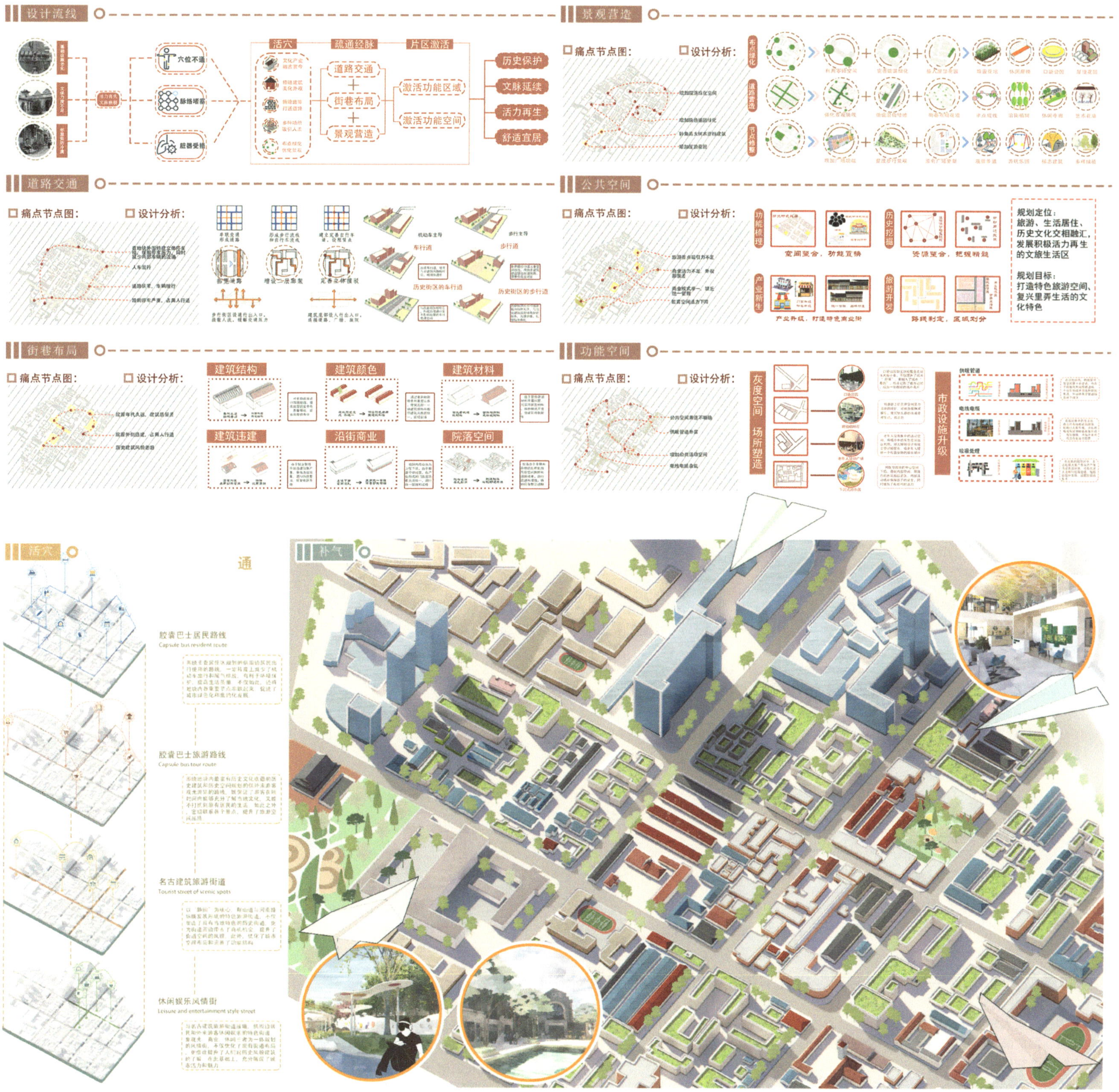

2022年「天津城投杯」第二届全国大学生国土空间规划设计竞赛获奖作品——本科生组（三等奖）（专项奖——最佳立意奖）

设计说明

本设计方案围绕"时空转承、智引津韵"的主题，重点打造"未来单元"模式下的历史商业街区。以智慧生活ESSENCE、智慧生产ECONOMY、智慧生态ECOLOGY为抓手，从功能、产业、空间等方面出发进行具体的建筑形态设计，兼顾实际的经济可行性，对片区的空间系统进行优化。

特色1：立体空间一体化挖掘

特色2：实虚空间复合联通

特色3：多元24h活力街区

未来单元

图例

物质空间分析

人群活力分析

经济潜力分析

□ 情景演绎

□ 区位分析

□ 历史沿革

1920S 劝业场、浙兴银行等相继开业，时为天津最繁荣的商业中心
1940S 房权费纷纷进驻，建筑成为工人阶级住宅，人居品质开始下降
2000S 商业活力持续衰退，居住环境恶劣
2030S 智慧生活、智慧生产、智慧生态同赋能未来单元

思考：如何利用正确手段保留历史记忆？

□ 街巷演变

街巷肌理尚未形成 **1903**　网络肌理基本形成 **1932**　街道肌理开始转变 **1947**　街巷肌理遭到破坏 **2000**

□ 城市认知

屋顶花园流线

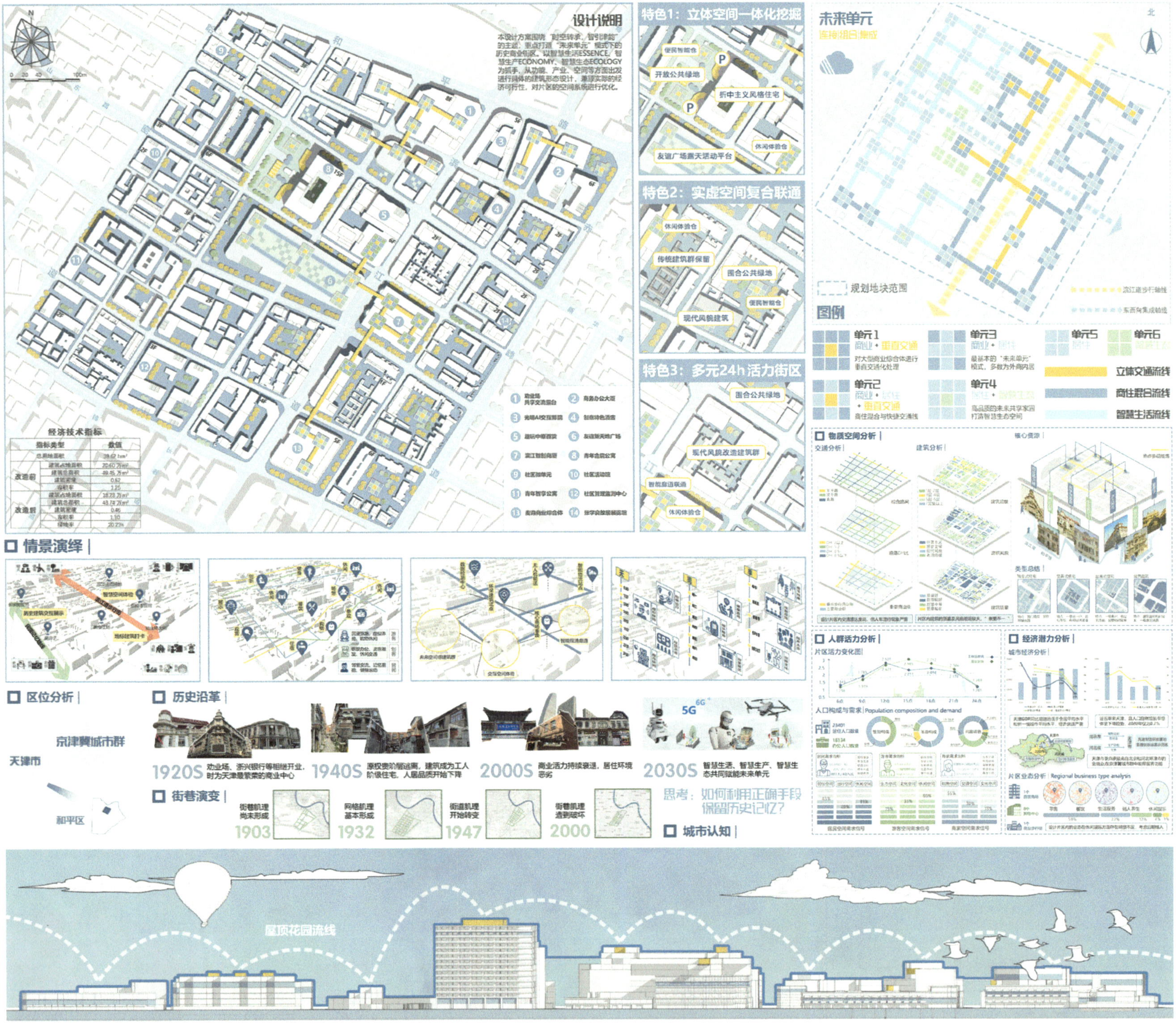

时空转承 · 智引津韵——"未来单元"模式下劝业场历史商业街区更新设计

参赛院校：南京大学
作者姓名：冯广源　马梦沅　孙　露　仝泽安　黄辰逸
指导老师：张益峰　孙　洁
"天津城投杯"第二届全国大学生国土空间规划设计竞赛　三等奖

方案点评：

南京大学参赛团队从"智慧城市——以人为本的可持续设计"理念出发，对劝业场片区进行了翔实、定量的分析。围绕历史保护、居住更新、文化传承的核心议题，探讨劝业场片区作为历史商圈转型创新示范区的可能性，创新性地提出了"未来单元"的设计概念，构建未来单元的空间场景，探讨单元模块的多元组合，展现了团队的探索精神。

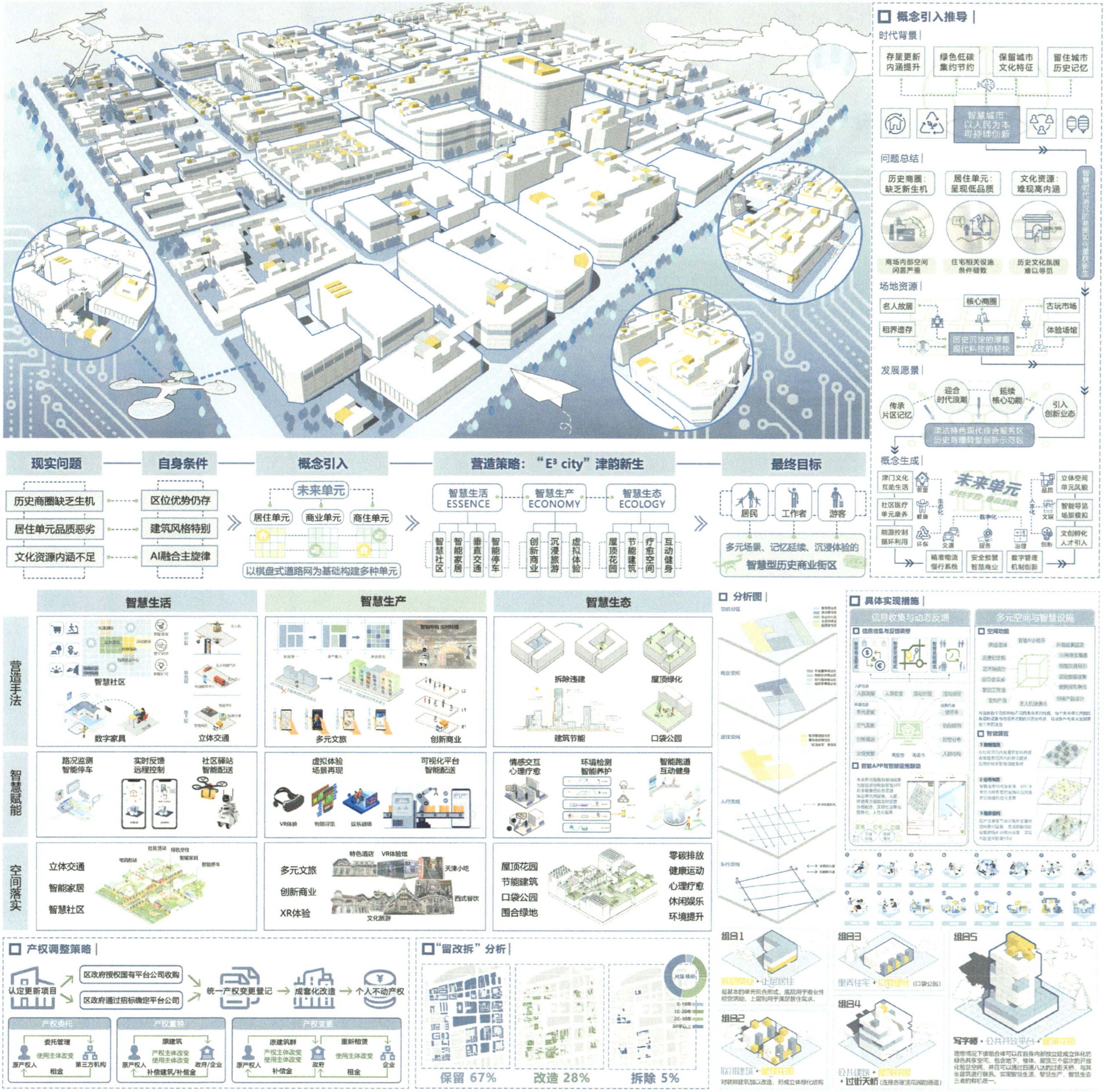

概念引入推导

时代背景
- 存量更新内涵提升
- 绿色低碳集约节约
- 保留城市文化特征
- 留住城市历史记忆

智慧城市，以人民为本可持续创新

问题总结
- 历史商圈：缺乏生机
  - 商场内部空间闲置严重
- 居住单元：呈现低品质
  - 住宅相关设施条件破损
- 文化资源：难现高内涵
  - 历史文化氛围难以寻觅

场地资源
- 名人故居
- 租界遗存
- 核心商圈
- 古玩市场
- 体验场馆

历史沉淀的厚重 现代科技的轻快

发展愿景
- 传承片区记忆
- 迎合时代浪潮
- 延续核心功能
- 引入创新业态

津沽特色现代综合服务区 历史肌理型创新示范区

概念生成

未来单元

现实问题
- 历史商圈缺乏生机
- 居住单元品质恶劣
- 文化资源内涵不足

自身条件
- 区位优势仍存
- 建筑风格特别
- AI融合主旋律

概念引入
未来单元
- 居住单元
- 商业单元
- 商住单元

以棋盘式道路网为基础构建多种单元

营造策略："E³ city"津韵新生
- 智慧生活 ESSENCE
  - 智慧社区
  - 智能家居
  - 垂直交通
  - 智能停车
- 智慧生产 ECONOMY
  - 创新商业
  - 沉浸旅游
  - 虚拟体验
- 智慧生态 ECOLOGY
  - 屋顶花园
  - 节能建筑
  - 疗愈空间
  - 互动健身

最终目标
- 居民
- 工作者
- 游客

多元场景、记忆延续、沉浸体验的智慧型历史商业街区

	智慧生活	智慧生产	智慧生态
营造手法	智慧社区 / 数字家具 / 立体交通	多元文旅 / 创新商业	拆除违建 / 屋顶绿化 / 建筑节能 / 口袋公园
智慧赋能	路况监测 智能停车 / 实时反馈 远程控制 / 社区驿站 智能配送	虚拟体验 场景再现 / 可视化平台 智能配送	情感交互 心理疗愈 / 环境检测 智能养护 / 智能跑道 互动健身
空间落实	立体交通 / 智能家居 / 智慧社区	多元文旅 / 创新商业 / XR体验 / 特色酒店 / VR体验馆 / 天津小吃 / 西式餐饮 / 文化旅游	屋顶花园 / 节能建筑 / 口袋公园 / 围合绿地 / 零碳排放 / 健康运动 / 心理疗愈 / 休闲娱乐 / 环境提升

分析图
功能分区 / 商业空间 / 宜居空间 / 人行流线 / 车行流线

具体实现措施
- 信息收集与动态反馈
  - 信息收集与反馈渠道
  - 智慧APP与智能设施联动
- 多元空间与智慧设施
  - 空间功能
  - 智慧建筑

产权调整策略
认定更新项目 → 区政府授权国有平台公司收购 / 区政府通过招标确定平台公司 → 统一产权变更登记 → 成套化改造 → 个人不动产权

- 产权委托
  - 委托管理 / 使用主体改变
  - 原产权人 / 租金 / 第三方机构
- 产权置换
  - 产权主体改变 / 使用主体改变
  - 原产权人 / 补偿建筑/补偿金 / 政府/企业
- 产权变更
  - 原建筑群 / 产权主体改变 使用主体改变 / 重建租赁
  - 原产权人 / 补偿金 / 政府 / 租金 / 企业

"留改拆"分析
保留 **67%** 改造 **28%** 拆除 **5%**

组团1 / 组团2 / 组团3 / 组团4 / 组团5

写字楼 · 公共开放平台

2022年「天津城投杯」第二届全国大学生国土空间规划设计竞赛获奖作品——本科生组（三等奖）

01 现状分析

建筑体系

建筑层数

- 9层以上
- 3~8层
- 1~2层

建筑年代

- 1949年前
- 1950~1976
- 1977~1990
- 1990~现在

建筑质量

- 极差
- 较差
- 一般
- 换新

基地内的建筑整体呈现高度低合标的状态，在3层以下的超过95%。包括大量旧时间连接制整、里弄建筑。抽存别墅及改革开放的集合住宅。空间层次丰富。新旧建筑群的分布相比较教密。片区历史遗存丰富。大量历史建筑保护况良好。

功能体系

公共空间

- 公共建筑
- 半室内
- 里弄
- 室外

基地公共空间少且杂乱。没有较一的组织。基地存在底层住改商的现象。主要分布在北部和平路、沈阳道、河南路附近。但是整体没有连通。缺乏整体活力。

保护建筑&文旅景点

- 文化景点
- 市级保护单位
- 普通建筑

基地文旅建筑和保护建筑主要分布在鞍山道和山西路沿街。主要以滨海式存在。

建筑功能

- 景点
- 教育
- 商业
- 公共服务
- 普通建筑

交通体系

公共交通

- 公交站点

基地的鞍山道和哈密道为最主要车道。可达性最高且在南北向连通南京路、张自忠路两条城市主干道。基地公交站点密集。公交路网密集。公交通可达性：基地停车问题严重。影响场地的正常通车。

可达性分析

高 — 低

道路层次

- 城市主干道
- 二级道路
- 支路

基地的鞍山道和哈密道为最主要车道。

02 时空分析

人群样本时空流线

- 本地居民王奶奶
- 年轻租客小侯
- 餐饮店员工小林
- 陪读家长罗女士
- 外来游客尹先生
- 中学生周同学
- 在职员工小陈
- 旅游主播小赵

场地时空热力图

工作日
07:00 08:00 09:00 10:00 11:00 12:00 13:00 14:00
16:00 17:00 18:00 19:00 20:00 21:00 22:00

节假日
07:00 08:00 09:00 10:00 11:00 12:00 13:00 14:00
15:00 16:00 17:00 18:00 19:00 20:00 21:00 22:00

- 生活活动
- 学习/工作
- 文旅活动
- 休闲活动
- 活动发生场所

03 设计框架

现状 — 概念 — 策略 — 呈现 — 愿景

- 时空错位 → 时空对位
- 潮汐社区
- 自然潮汐 → 潮汐道路
- 潮汐现象 → 潮汐手段应对

策略：
- 交通潮汐系统 — 道路功能转换
- 文化潮汐系统 — 弹性文化路线
- 商业潮汐系统 — 可变商业集市
- 生态潮汐系统 — 四季景观更替

- 一日潮汐 — 空间多用，潮涨多变
- 一周潮汐 — 活力商业，产业升级
- 一月潮汐 — 邻里焕新，文化激活
- 一年潮汐 — 绿色回归，四季景观

潮汐变化对人 — 全新生活体验 — 意识精神丰富，多元活动参与

04 总平面图

N

图例

辛亥文旅
- Ⅰ 原日式城殿
- Ⅱ 张园
- Ⅲ 基督教堂
- Ⅳ 中共天津历史纪念馆
- Ⅴ 曹汝霖故居

商业市井
- ① 早晚市集群
- ② 和平菜市场/周末市集
- ③ 空竹园周末市集
- ④ 沈阳道古玩市场
- ⑤ 院商业

潮汐生活
- (1) 多功能停车楼
- (2) 分时运动场
- (3) 口袋生活公园
- (4) 社区服务中心

日常生活
- 1 空竹园
- 2 汇文中学
- 3 小学
- 4 幼儿园
- 5 托老所
- 6 市公安局指挥中心
- 7 房地产管理局

- 停车装置
- 文旅建筑
- 不可移动文物/历史风貌建筑
- 商业建筑与社区服务
- 潮汐街道

经济技术指标

规划用地总面积	40.02 ha
建筑总基底	601504.95 m²
建筑密度	53.54 %
容积率	1.50
绿地率	18.60 %
拆除建筑面积	19948.47 m²
新建建筑面积	36486.12 m²

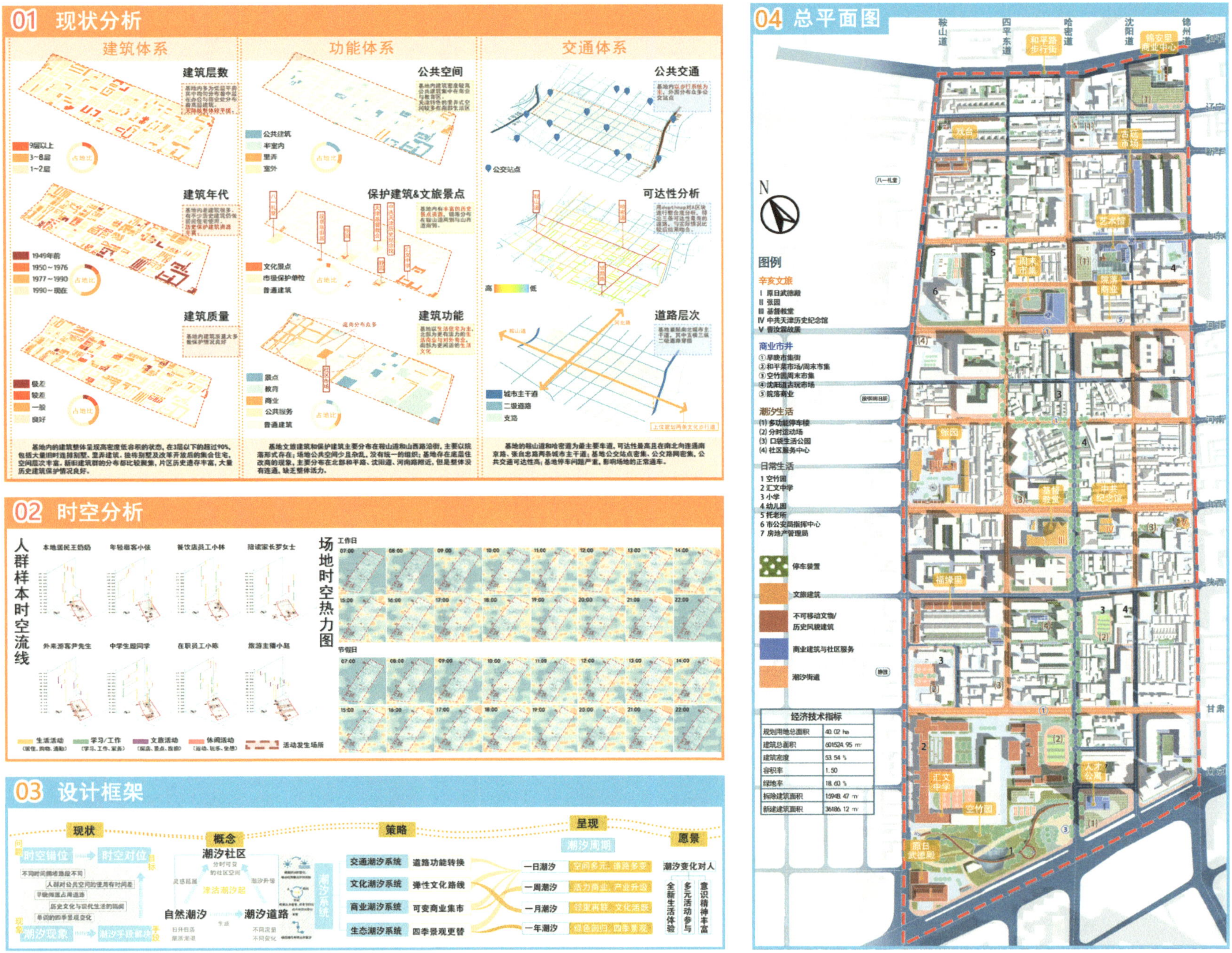

津沽潮汐起——基于空间分时利用策略的天津鞍山道片区城市更新设计

参赛院校：重庆大学
作者姓名：王思怡 陈晓钰 殷芷 张睿 林圳豪
指导老师：周露 李云燕
"天津城投杯"第二届全国大学生国土空间规划设计竞赛 三等奖

方案点评：

该作品巧妙地结合天津以水定城的津沽文脉特色，用"潮汐"代指地块"时空变换"的特征，并以"分时潮汐"为主题脉络提出空间分时利用策略。场景表达创新性地通过活泼、写实的节点设计展现潮汐地块未来场景，并结合新兴创意产业、AR技术、国潮文化等使"迟暮之年"的历史街区再次焕发青春活力，使人"犹在城中游"。该作品通过清新且令人愉悦的配色绘图手法，简洁明了地将问题切入、策略构建、规划方案表达出来。

武德殿广场
汇文中学成绩楼
里井清吧
张园广场
河南路
河北路
警局大院
太和里戏台
辽宁路艺术中心
空竹园
汇文中学操场
停车楼底层
纪念公园
基督教堂
和平路步行街
商业中心市场
林泉里社区中心
河北路菜市场
停车楼屋顶
古玩市场

典型商业型街道：河南路

平时正常通行；早晚流动摊贩路面摆摊，形成早晚市集。

23:00-06:00
09:00-19:00

06:00-08:00
19:00-23:00

典型文旅型街道：鞍山道

早高峰后游客逐渐增多，将一条车道用作步行道增加游客步行体验。

17:00-09:00

09:00-17:00

典型生活型街道：甘肃路

白天正常通行，晚上作为限时停车位提供场地解决停车问题。

08:00-20:00

20:00-08:00

智能升降柱
路测投影装置
可组合街道家具
自由公共空间 组合座椅/树池
空间设计模块

装配单元
装配基本框架
装配不同面板

木板
座椅
绿植

空间组合

【社区文化共创】

月初
月中
月末

多功能空间

【非遗周末市集】

交通分时利用系统

现状道路梳理
停车点梳理
人行车行分时利用
停车行车分时利用

路网成环

机械停车

山墙面

移动花坛 吊挂植物

四平东路24h车流
pcu/d
0 6 12 18 24 T

交通

系统运作方式

日常(6:00-8:00/18:00-19:30)
日常(10:00-17:00)

商业分时利用系统

修复断裂的商业结构
打造特色商业
形成分时利用商业系统

日常
特殊时间

商业

系统运作方式

日常商业十字系统
早晚市、鞍山一纵多横系统

文旅

系统运作方式

八一礼堂
张园
中共天津历史纪念馆
孙颖
武魁阁

日常文化"T"字系统
活动举办日一般两纵一横

片区更新之后，我的各种活动都变多了！

1. 日常——休闲锻炼
2. 游览——古玩市场艺术馆
3. 潮汐集市 天津非遗小吃会
4. 周末——旧物置换

2022年【天津城投杯】第二届全国大学生国土空间规划设计竞赛获奖作品——本科生组（三等奖）

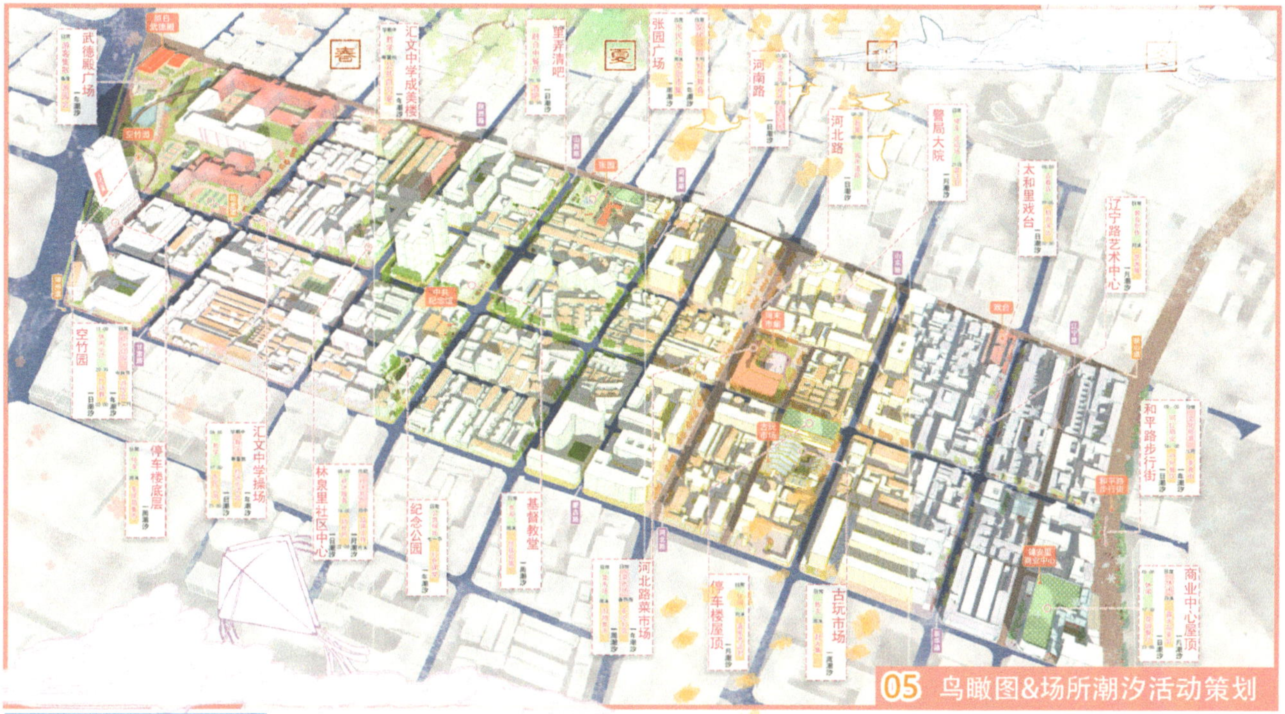

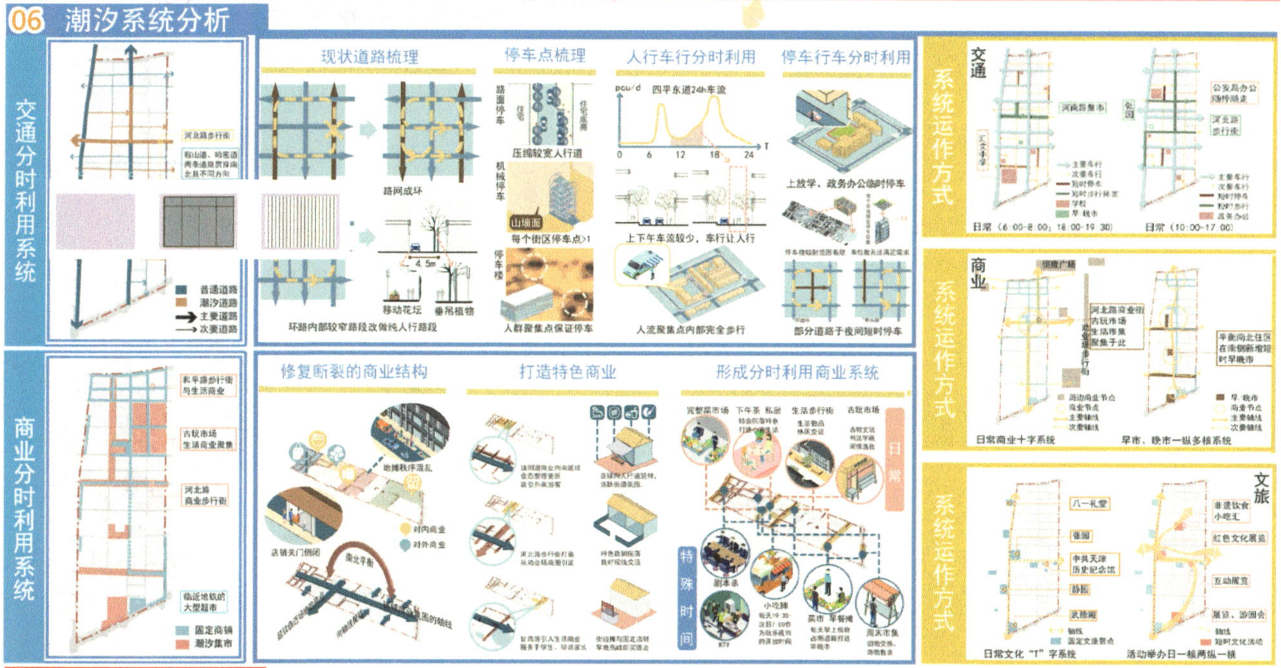

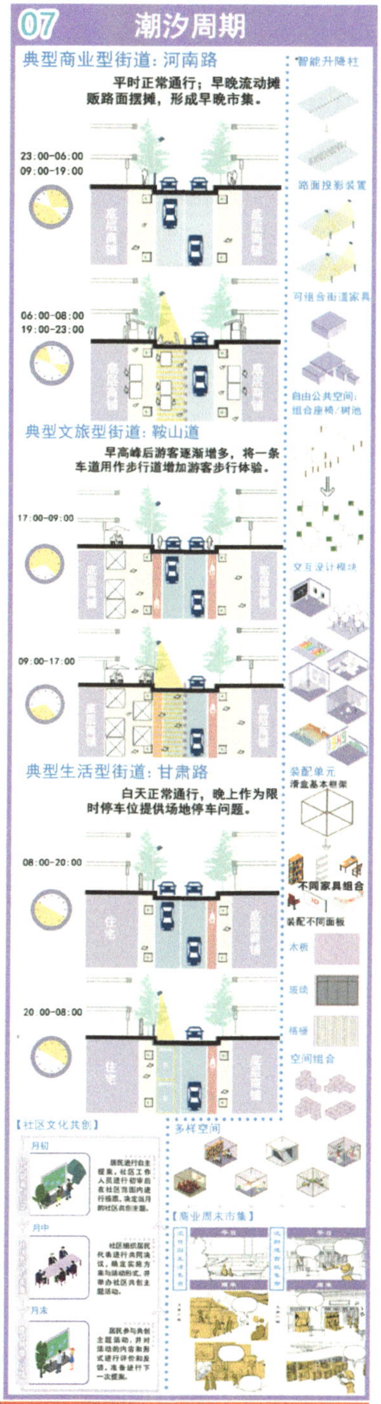

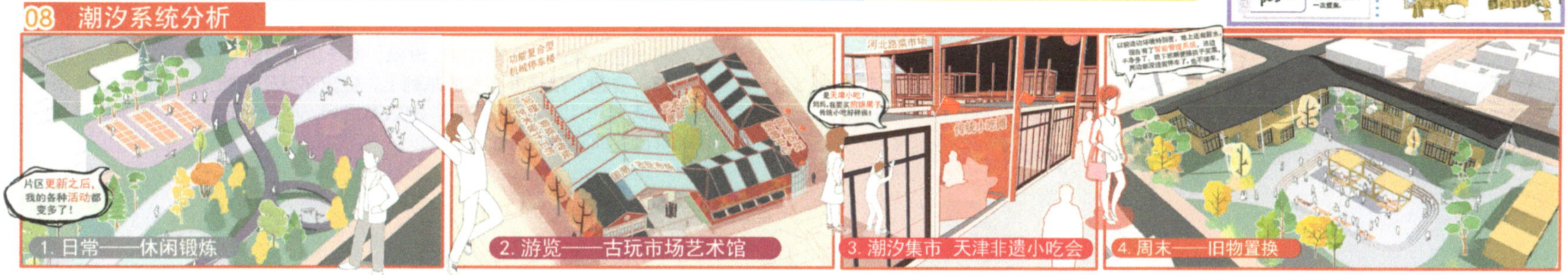

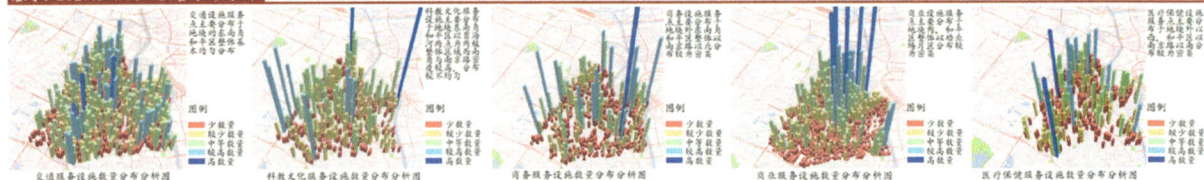

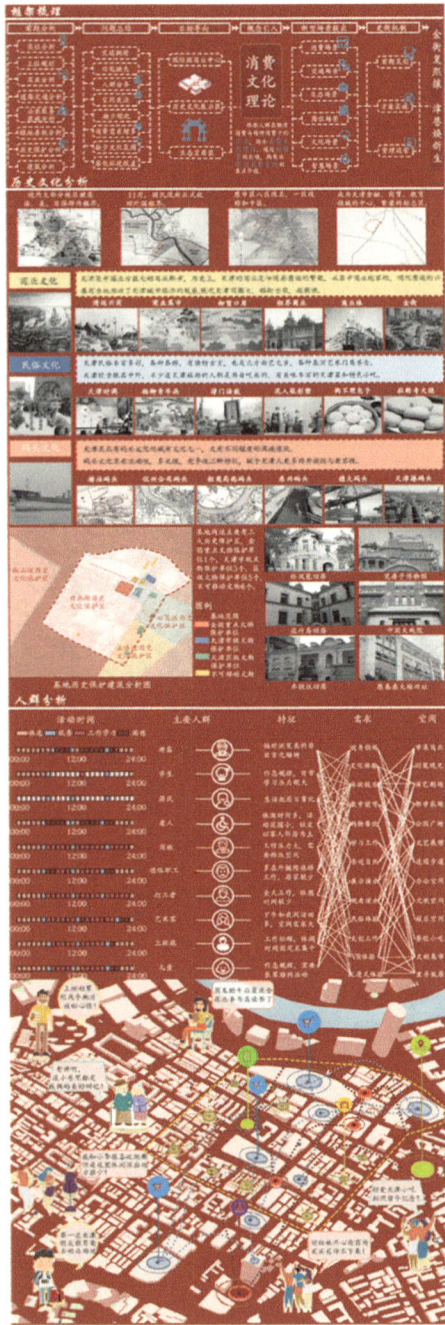

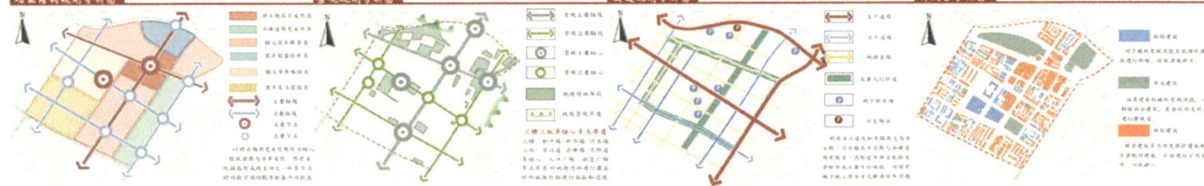

金街复熙攘· 津巷焕新生——基于消费文化理论下的天津劝业场片区更新

参赛院校：兰州交通大学

作者姓名：胥德泽　马晓霞　盛婧薇　宋春辉　魏姝坤

指导老师：关惠元　朱家聪

"天津城投杯"第二届全国大学生国土空间规划设计竞赛　三等奖

方案点评：

　　分析全面、深入，立意清晰、准确，设计逻辑完整、严谨。在分析了历史文化、人群、交通、建筑等方面的基础上，提出了基于消费文化理论的更新策略，非常符合天津市"国际消费中心"的培育目标。图纸完成度高，技术经济指标、节点设计图等细节表达到位。

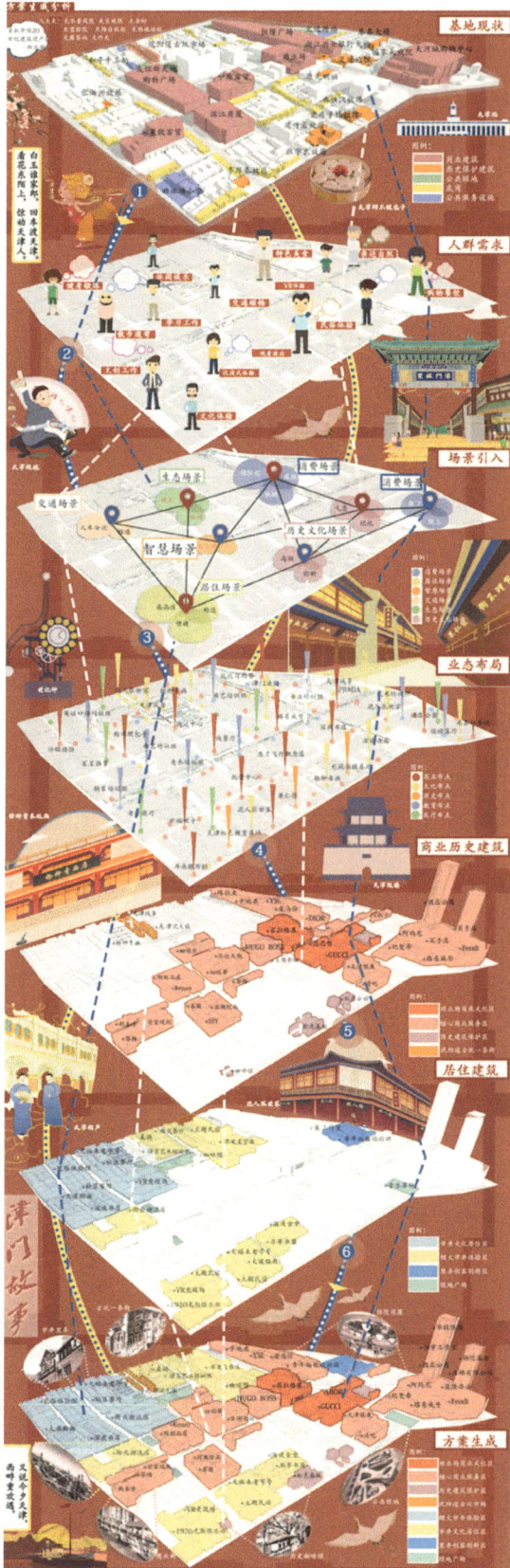
基地现状
人群需求
生态场景
消费场景
交通场景
智慧场景
历史文化场景
居住场景
场景引入
业态布局
商业历史建筑
居住建筑
津门故事
方案生成

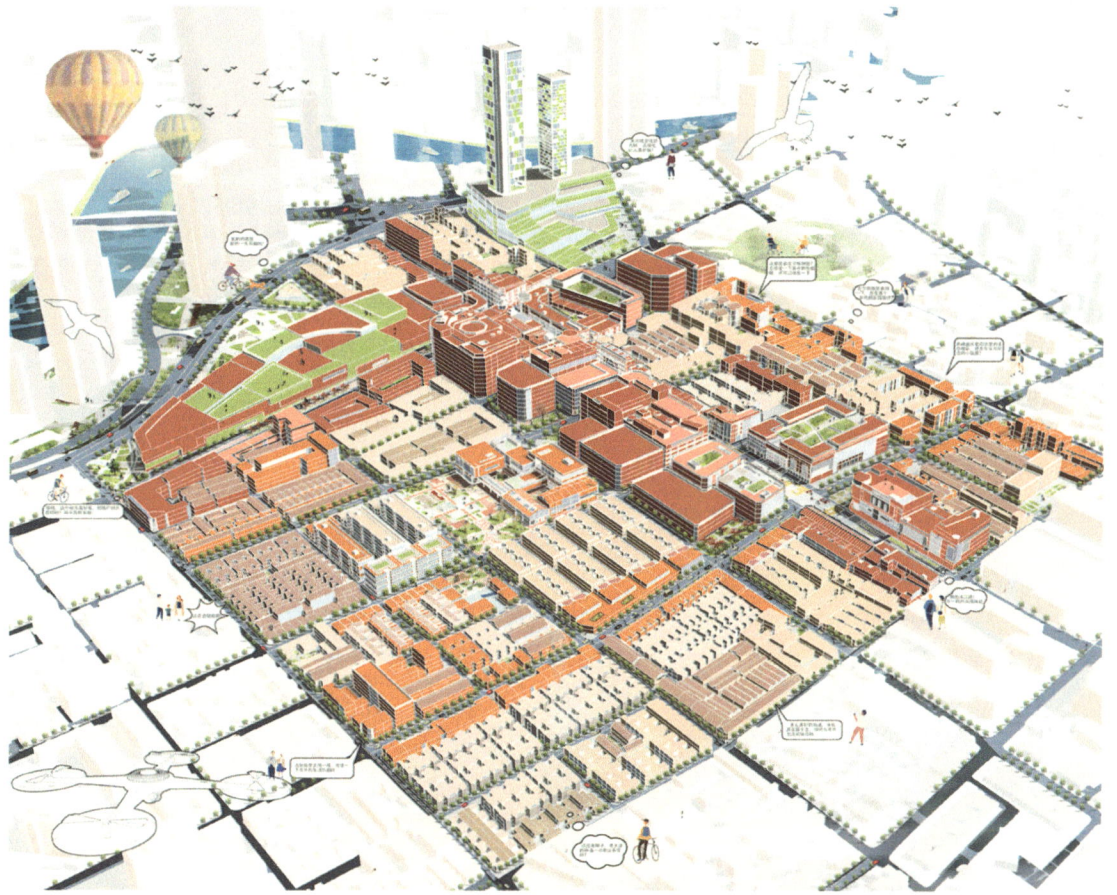

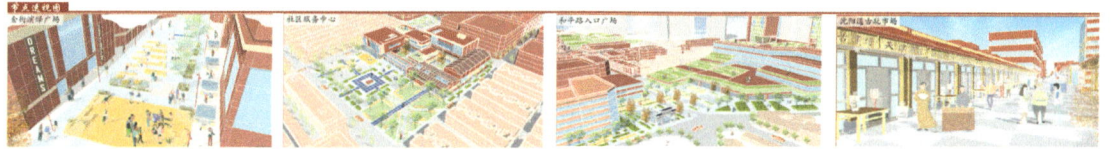

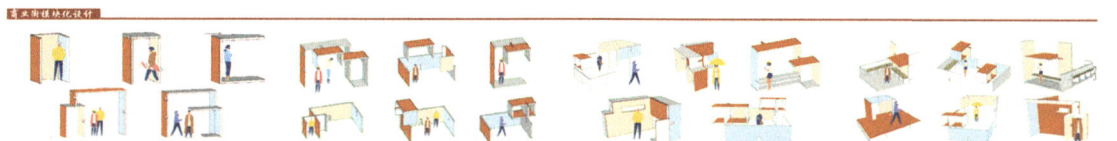

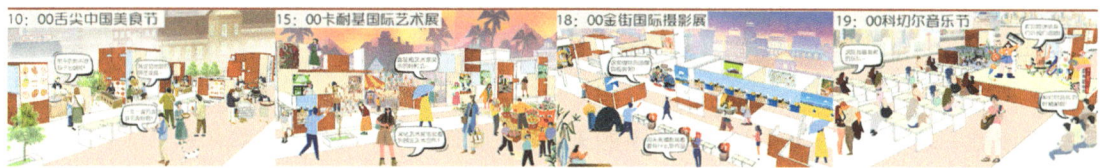
10：00舌尖中国美食节
15：00卡耐基国际艺术展
18：00金街国际摄影展
19：00科切尔音乐节

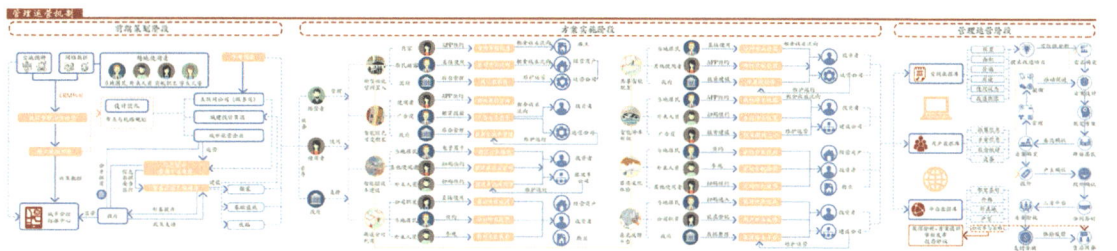

总平面图 1:2000 `01`

区位分析 `02`

上位规划 研究范围分析 `03`

历史沿革 `04`

建筑现状分析 `05`

人群分析 `06`

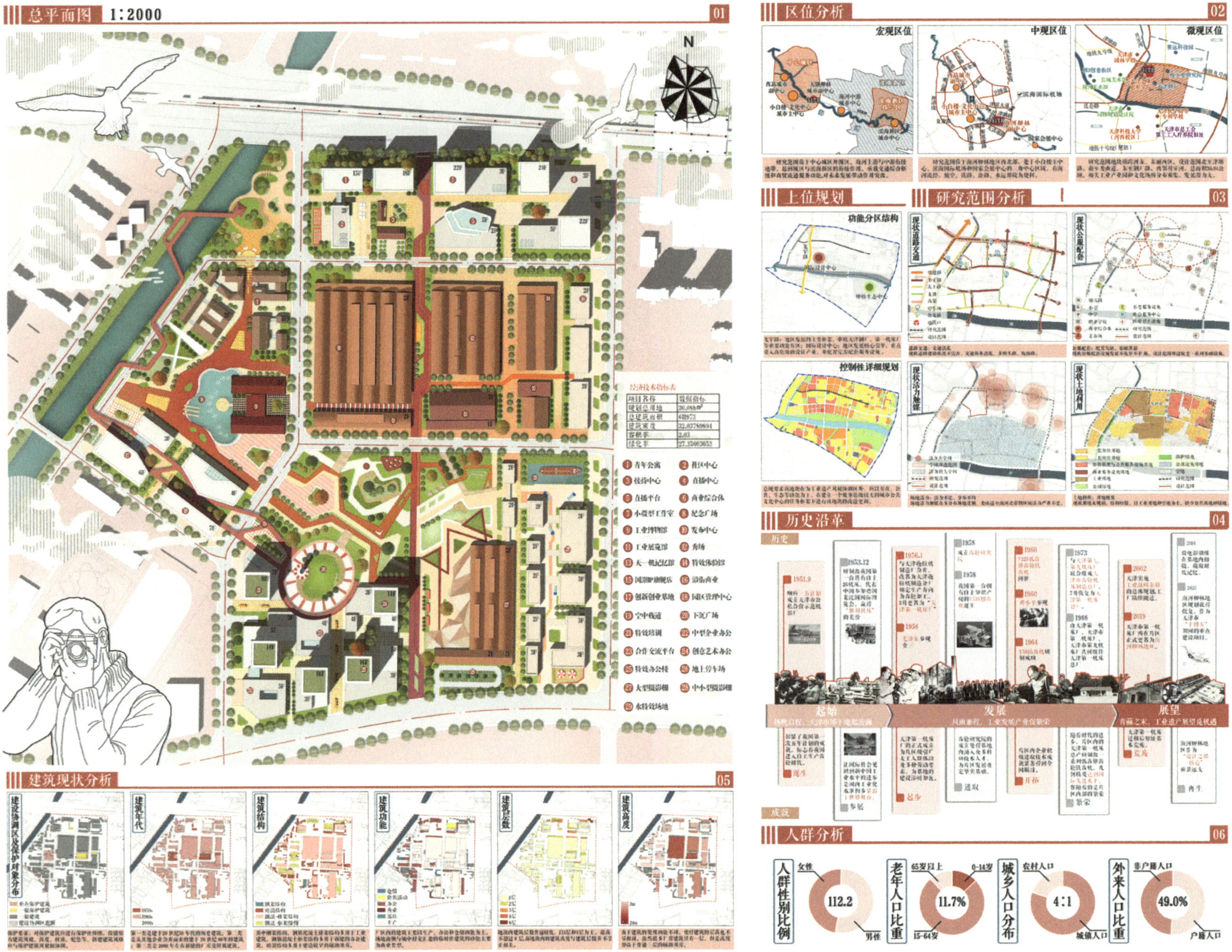

赋媒·浮影·赴新生——城市触媒理论下的天津第一机床厂更新改造设计

参赛院校：浙江工业大学
作者姓名：倪淑琳 宣炀 赵家骐 向晶 陶野
指导老师：李凯克 洪明
"天津城投杯"第二届全国大学生国土空间规划设计竞赛 三等奖

方案点评：

　　该作品以城市触媒理论为基础，通过对基地内外各类价值禀赋及其对未来发展的影响进行分析，确定以影视特效制作为片区主要功能定位，打造集工作、娱乐、居住于一体的小微企业创意园。方案以点线结合的方式对区内产业、建筑、景观进行触媒辐射渗透，促进更大区域的经济、文化、生态的和谐发展。

　　该方案基于触媒激发与渗透特征对空间规划设计进行方向性指引，使工业遗产的保护与发展之间产生良性互动，在老旧厂房、地铁站区、道路网络、滨河廊道等方面的空间策划和设计效果较为突出。

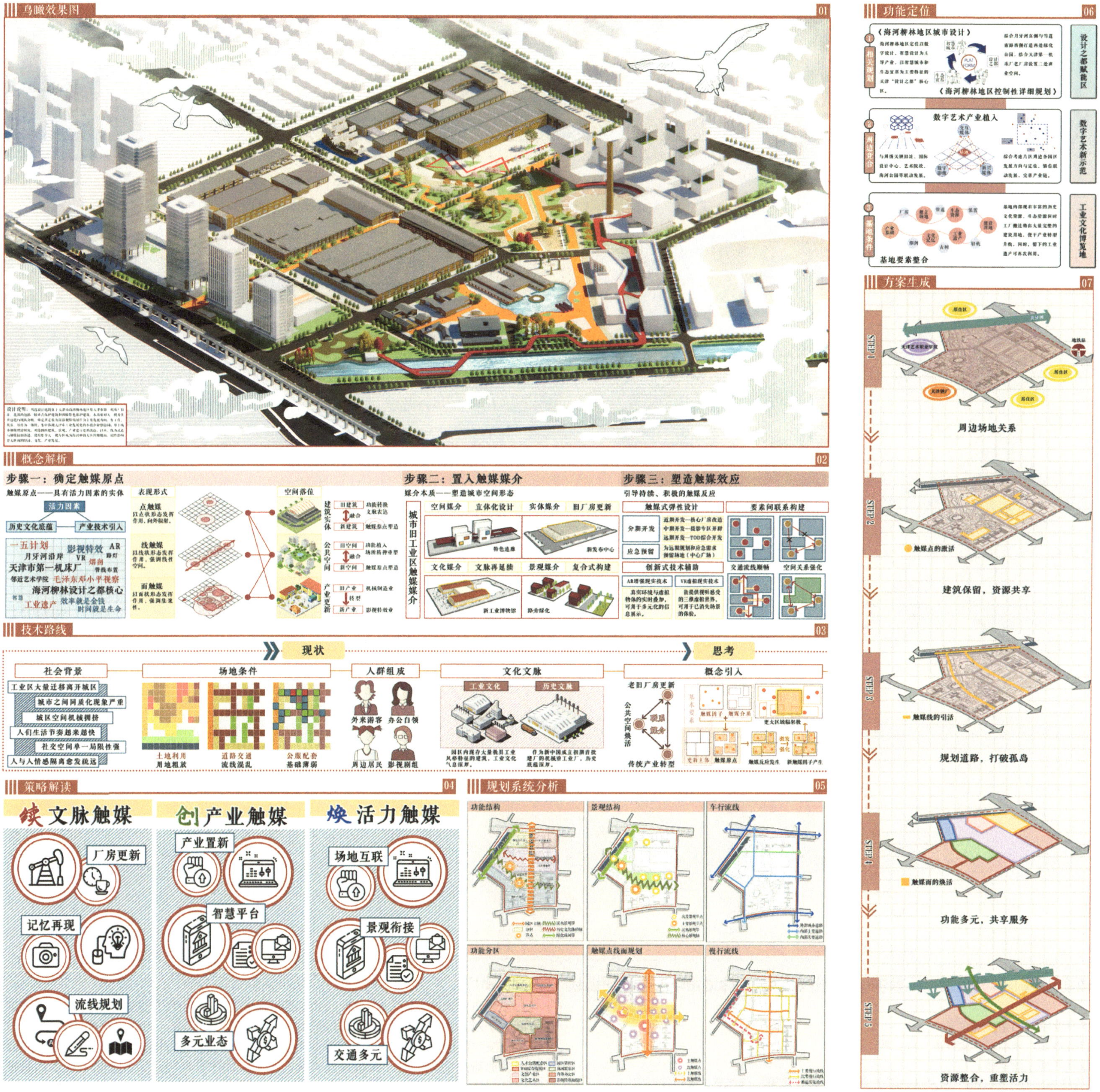

鸟瞰效果图

功能定位

《海河柳林地区城市设计》

《海河柳林地区控制性详细规划》

设计之都赋能区

数字艺术产业植入

数字艺术新示范

基地要素整合

工业文化博览地

方案生成

STEP 1　周边场地关系

STEP 2　建筑保留，资源共享

STEP 3　规划道路，打破孤岛

STEP 4　功能多元，共享服务

STEP 5　资源整合，重塑活力

概念解析

步骤一：确定触媒原点
触媒原点——具有活力因素的实体

活力因素　历史文化底蕴　产业技术引入

一五计划　月牙河沿岸　影视特效　AR　VR　爆尚
天津市第一机床厂
邻近艺术学院　毛泽东邓小平视察
海河柳林设计之都核心
工业遗产　效率就是金钱　时间就是生命

表现形式：点触媒、线触媒、面触媒

空间落位：建筑实体、公共空间、产业更新

步骤二：置入触媒媒介
媒介本质——塑造城市空间形态

城市旧工业区触媒媒介

空间媒介　直体化设计　实体媒介　旧厂房更新

文化媒介　文脉再延展　景观媒介　复合式构建

创新式技术辅助

步骤三：塑造触媒效应
引导持续、积极的触媒效应

触媒式弹性设计

要素间联系构建

触媒点的激活　触媒线的引活　触媒面的焕活

技术路线

现状　　思考

社会背景　场地条件　人群组成　文化文脉　概念引入

策略解读

续 文脉触媒
厂房更新　记忆再现　流线规划

创 产业触媒
产业置新　智慧平台　多元业态

焕 活力触媒
场地互联　景观衔接　交通多元

规划系统分析

功能结构　景观结构　车行流线

功能分区　触媒点线面规划　慢行流线

経済技術指標
基地面積: 40.4ha
建築面積: 1236755㎡
保留建築面積: 693351㎡
新建建築面積: 389826㎡
改建建築面積: 183578㎡
容積率: 2.82
緑地率: 30%

0 50m 100m 150m 200m

① 福隆里综合体   ⑧ SOHO乐公寓
② 文兴里综合体   ⑨ 住区服务中心
③ 国际商业区   ⑩ 带状公园
④ 劝业场   ⑪ 保障性住宅
⑤ 名人故居   ⑫ 社区合作住宅
   文创产业园
⑥ 珠宝交易中心   ⑬ 创意交流中心
⑦ 紫阳公园   ⑭ 青年公寓

规划结构分析图

公共空间景观分析图

功能布局分析图

道路系统分析图

02 商业

03 住宅

04 建筑保障

3 问题总结

05 基本概况

4 概念解析

01 租差理论概述

02 更新方式——租差曲线

03 优化方向

1 和平区现状

01 空间要素梳理

2 场地底图底数

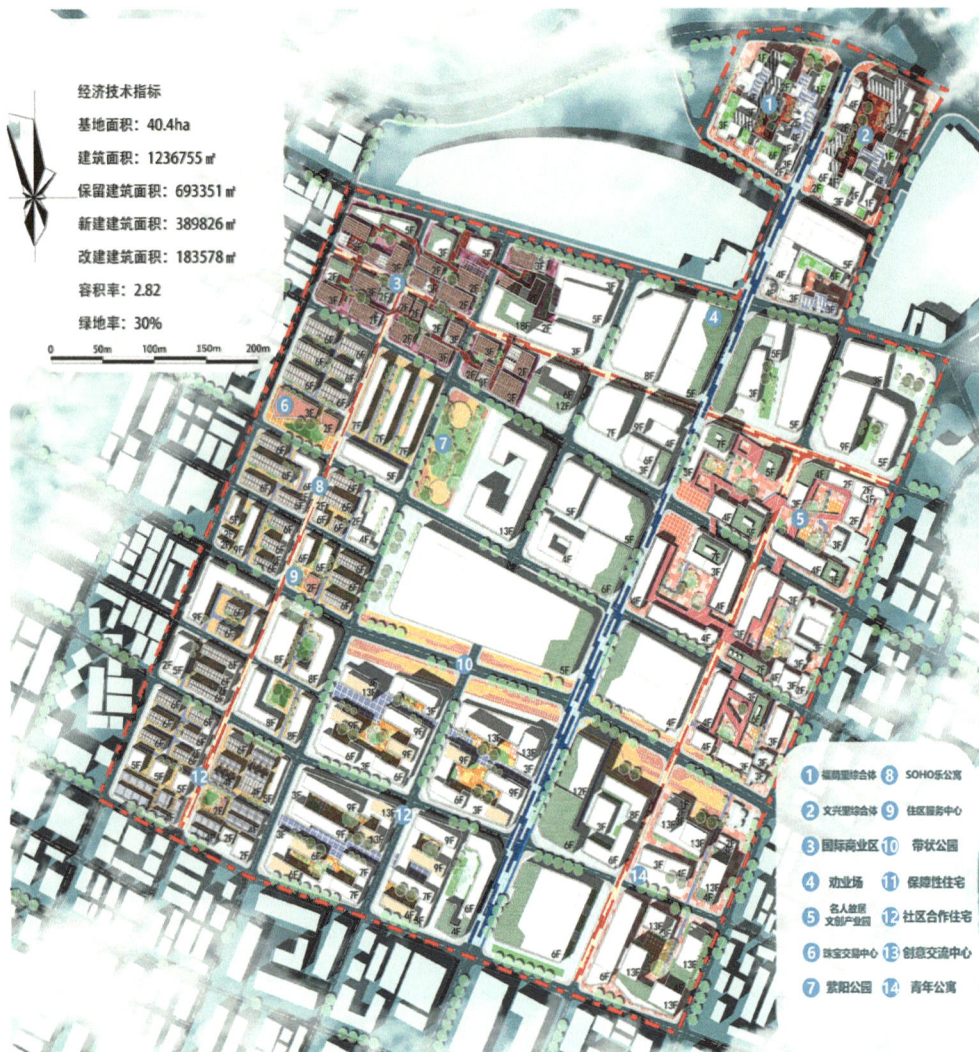

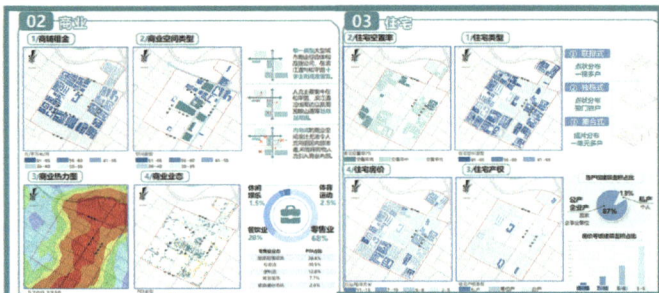

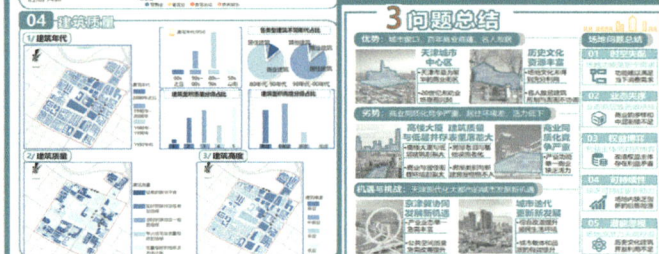

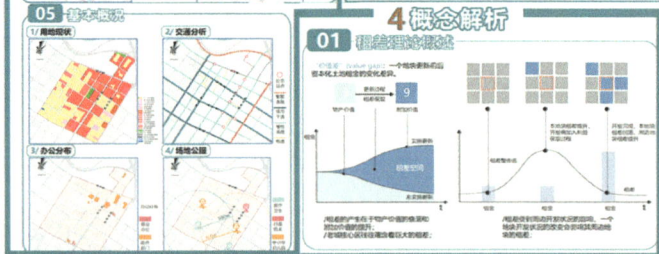

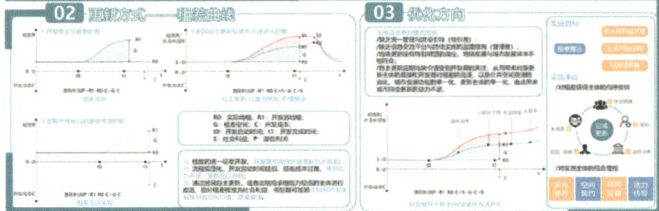

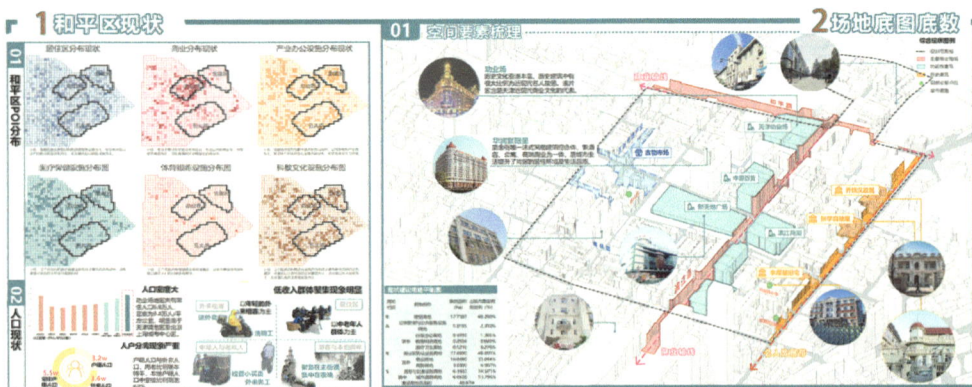

和实生物　共创共享——基于租差理论的多元主体城市中心区更新规划

参赛院校：西南交通大学
作者姓名：朱泓霖　仝佳豪　林仁毅　孔翎
指导老师：杨钦然
"天津城投杯"第二届全国大学生国土空间规划设计竞赛　佳作奖、最佳分析奖

方案点评：

　　设计方案以"租差"为主体，出发点是基于城市更新的价值重组与再分配的思考。方案基于对现状"底图底数"的详细分析，以租差为切入点，构建租差评估体系与计算模型，按照整体效益最优原则，统筹多元更新主体的利益优先级，最终制定更新的规划路径、更新的空间策略、更新的分类管控机制、地块更新导则等。图面表达逻辑清晰，整体色调统一，内容主次较为分明。

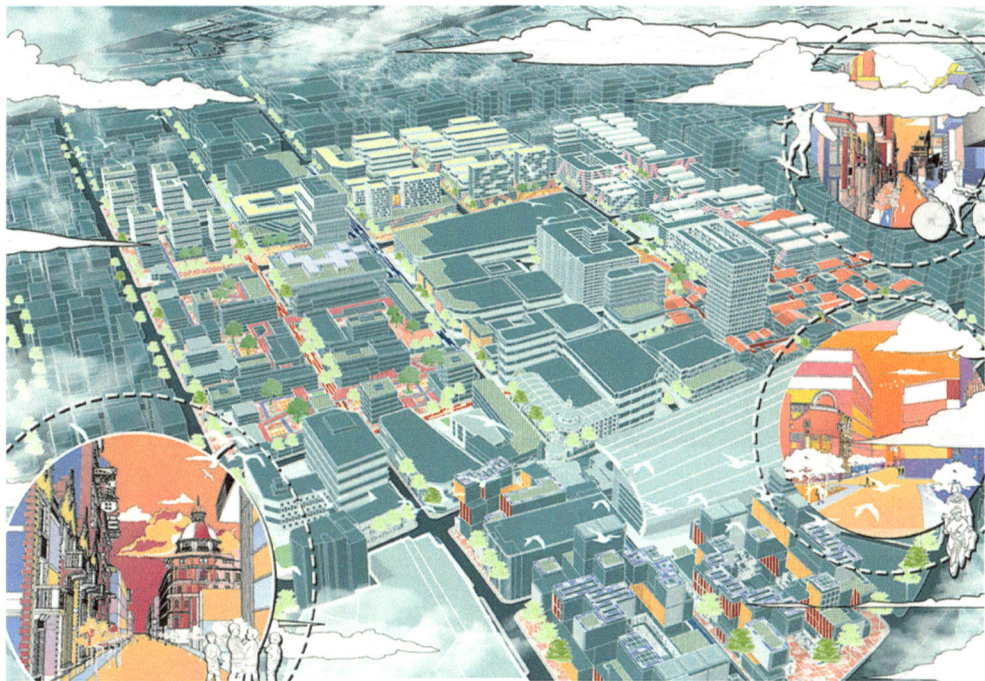

2022年「天津城投杯」第二届全国大学生国土空间规划设计竞赛获奖作品——本科生组 （佳作奖）（专项奖——最佳分析奖）

和实生物 共创共享

基于租差理论的多元主体城市中心区更新规划

6 策略一：理底数

01 城市数据集

02 基地现状评估

03 评估转化价值

04 租差计算模型

7 策略二：定时序

01 更新目标与价值

02 更新原则确定

可持续 · 多元参与 · 利益保障

03 更新顺序模拟

04 更新时序

强化学习：0.23
强化学习：0.50
强化学习：0.95

8 策略三：通空间

01 空间通融原则

1/适空间因子选样
2/更新空间-功能-管控措施匹配

02 空间营建策略：聚人气 佳宅多元融贯

1/合作保障住宅
2/居民自主更新

03 空间营建策略：兴产业 商业街区空间通融

1/业态形式
2/门户商业
3/商贸园区

04 空间营建策略：连网络

1/网络梳理
2/街道空间
3/公共空间
4/步行街区

9 策略四：细权义

01 分类管控机制

1/严控类
2/补偿类
3/功能管控类
4/放松管理类
5/租金补贴方式

02 信息资源平台

03 空间监管体系

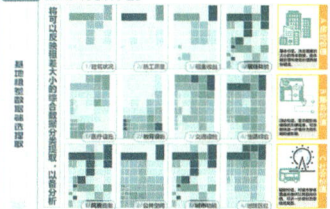

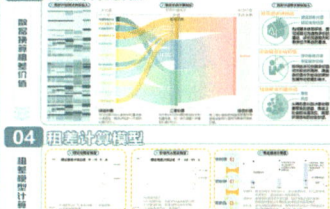

2022年【天津城投杯】第二届全国大学生国土空间规划设计竞赛获奖作品——本科生组（佳作奖）

重铸 X 天钢

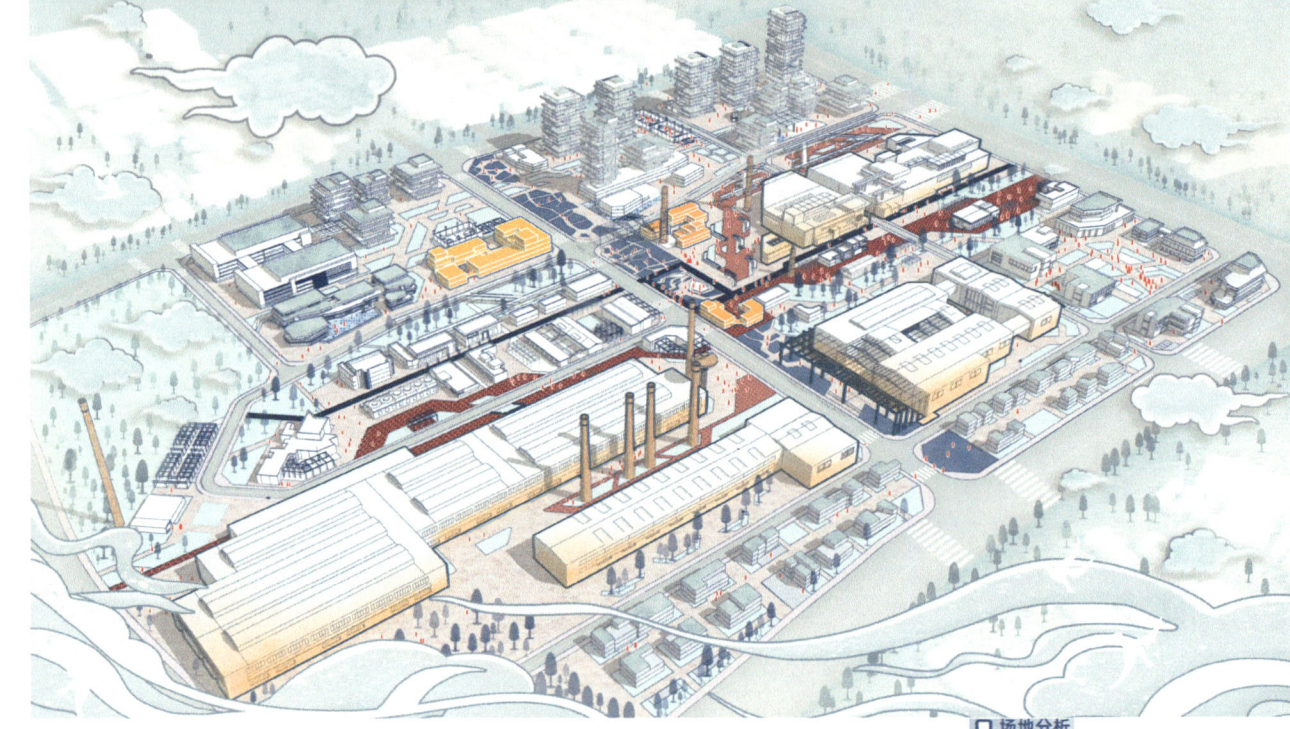

区位分析

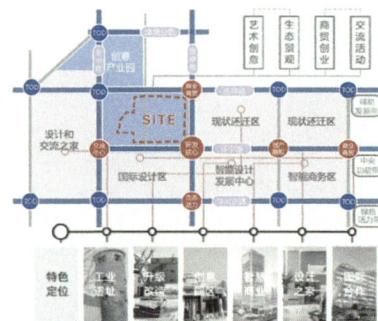

片区定位

上位规划

周边分析

公共服务设施分析　　周边用地分析

交通用地分析　　生态景观分析

文脉分析

场地分析

轨道交通分析

基地内外道路分析

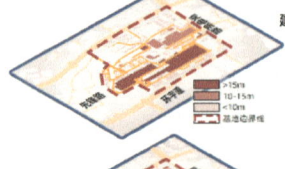

建筑高度分析

建筑质量分析

重铸X天钢

参赛院校：哈尔滨工业大学
作者姓名：王怡晨　李雅琳　咸骁　郭楚琦　康文
指导老师：戴铜　邹志翀
"天津城投杯"第二届全国大学生国土空间规划设计竞赛　佳作奖

方案点评：

　　哈尔滨工业大学参赛团队"重铸X天钢"的理念精准贴合了工业遗产片区的转型更新议题。团队对于场地的物质空间现状和历史文脉进行了翔实的分析，以融化、塑形、锻造、重铸的钢铁锻造流程，展现片区重构过程。在历史文脉保护、场所精神塑造、工业景观营造、功能策划方面都进行了积极尝试。图纸用色令人耳目一新，与主题契合，富有张力和感染力。

SWOT分析

优势
1. 区位优势
2. 文化资源优势
3. 空间优势

弱势
场地地块闭塞，周围人群活力低，对工业记忆认知程度较低

机遇
1. 转型时期
2. 上位规划

如何重铸天钢引入动力？

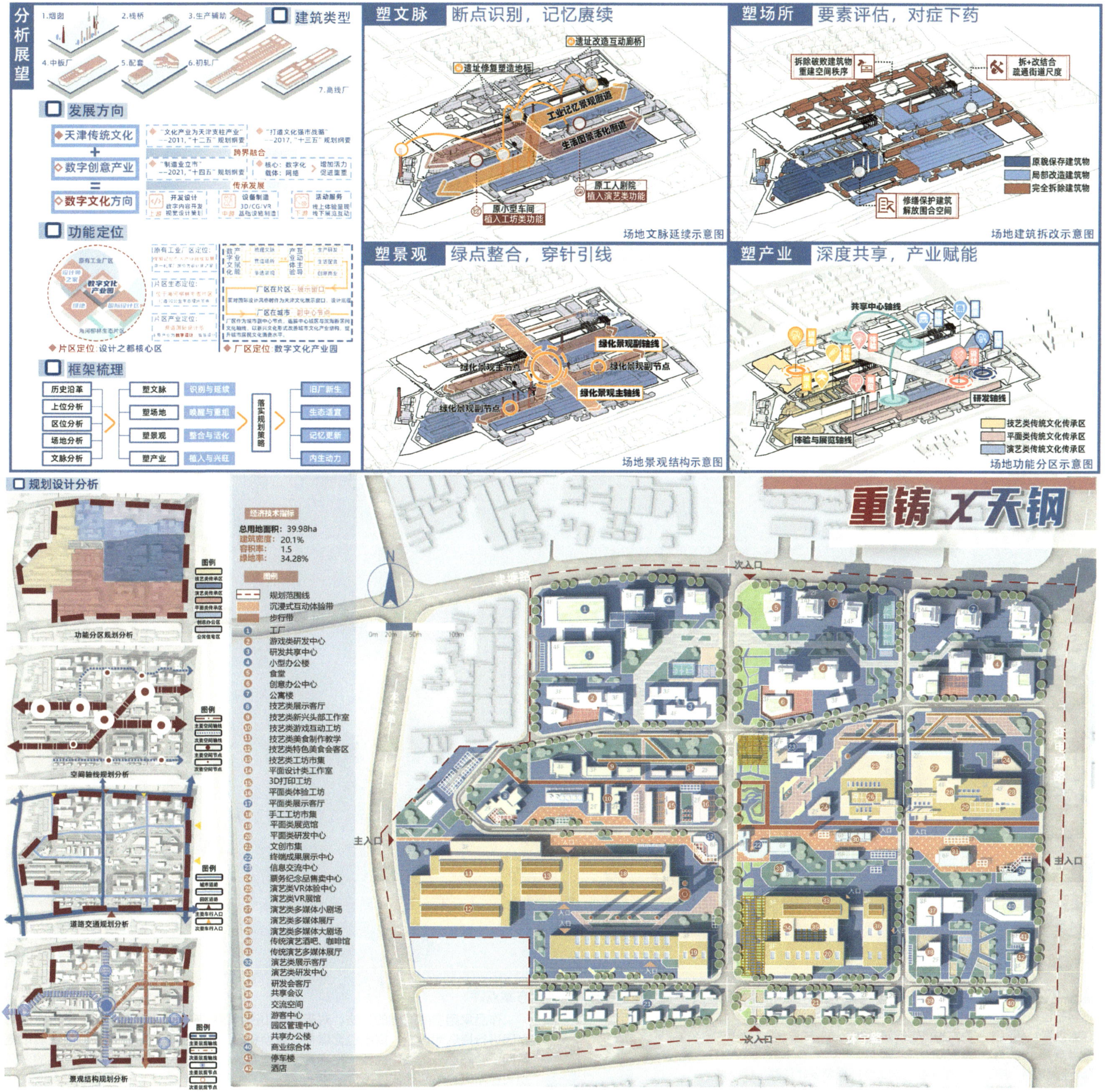

建筑类型

1.烟囱　2.栈桥　3.生产辅助
4.中板厂　5.配套　6.初轧厂
7.高线厂

发展方向

天津传统文化 ＋ 数字创意产业 ＝ 数字文化方向

"文化产业为天津支柱产业" ——2011，"十二五"规划纲要
"打造文化强市战略" ——2017，"十三五"规划纲要
"制造业立市" ——2021，"十四五"规划纲要

跨界融合
核心：数字化　增加活力
载体：网络　促进重建

传承发展
开发设计　数字内容开发　规划设计策划
设备制造　3D/CG/VR　虚拟设备制造
活动服务　线上体验娱乐　线下展示互动

功能定位

数字文化产业园

原有工业厂区　场地生态定位　旧厂新生　产业更新定位　产研互通、产学研一体化、创新驱动
设计师之家　场区生态定位　唤醒与重组　厂区在片区：展示窗口　技艺传承、活态保护、迭代创新
绿链　场区业态定位　记忆更新　厂区在城市：中心节点

◆片区定位：设计之都核心区
◆厂区定位：数字文化产业园

框架梳理

历史沿革 → 塑文脉　识别与延续
上位分析 → 塑场地　唤醒与重组　落实规划策略　旧厂新生／生态适宜
区位分析 → 塑景观　整合与活化　记忆更新／内生动力
场地分析 → 塑产业　植入与兴旺
文脉分析

塑文脉　断点识别，记忆赓续

遗址改造互动廊桥
遗址修复塑造地标
工业记忆景观廊道
生态图景活化廊道
原小型车间 植入工坊类功能
原工人剧院 植入演艺类功能

场地文脉延续示意图

塑场所　要素评估，对症下药

拆除破败建筑物 重建空间秩序
拆+改结合 疏通街道尺度
修缮保护建筑 解放围合空间

原貌保存建筑物
局部改造建筑物
完全拆除建筑物

场地建筑拆改示意图

塑景观　绿点整合，穿针引线

绿化景观主节点
绿化景观副轴线
绿化景观副节点
绿化景观主轴线
绿化景观副节点

场地景观结构示意图

塑产业　深度共享，产业赋能

共享中心轴线
研发轴线
技艺类传统文化传承区
平面类传统文化传承区
演艺类传统文化传承区
体验与展览轴线

场地功能分区示意图

规划设计分析

功能分区规划分析
空间轴线规划分析
道路交通规划分析
景观结构规划分析

技艺类传承区
演艺类传承区
平面类传承区
制造的公园
公寓住宅区

主要空间轴线
次要空间轴线
主要空间节点
次要空间节点

城市道路
园区道路
主要车行入口
次要车行入口

生态景观节点
次要景观节点

经济技术指标
总用地面积：39.98ha
建筑密度：20.1%
容积率：1.5
绿地率：34.28%

图例
规划范围线
沉浸式互动体验带
步行带

① 工厂
② 游戏类研发中心
③ 研发共享中心
④ 小型办公楼
⑤ 食堂
⑥ 创意办公中心
⑦ 公寓楼
⑧ 技艺类展示客厅
⑨ 技艺类新兴头部工作室
⑩ 技艺类游戏互动工坊
⑪ 技艺类美食制作教学
⑫ 技艺类特色美食会客区
⑬ 技艺类工坊市集
⑭ 平面设计类工作室
⑮ 3D打印工坊
⑯ 平面类体验工坊
⑰ 平面类展示客厅
⑱ 手工坊市集
⑲ 平面类展览馆
⑳ 平面类研发中心
㉑ 文创市集
㉒ 终端成果展示中心
㉓ 信息交流中心
㉔ 票务纪念品售卖中心
㉕ 演艺类VR体验中心
㉖ 演艺类VR展馆
㉗ 演艺类多媒体小剧场
㉘ 演艺类多媒体展厅
㉙ 演艺类多媒体大剧场
㉚ 传统演艺酒吧、咖啡馆
㉛ 传统演艺多媒体展厅
㉜ 演艺类展示客厅
㉝ 演艺类研发中心
㉞ 研发会客厅
㉟ 共享会议
㊱ 交流空间
㊲ 游客中心
㊳ 园区管理中心
㊴ 共享办公楼
㊵ 商业综合体
㊶ 停车楼
㊷ 酒店

津塘路　主入口　次入口　共青道　N
0m 20m 50m 100m

重铸 义 天钢

2022年「天津城投杯」第二届全国大学生国土空间规划设计竞赛获奖作品——本科生组（佳作奖）

融脉双生，市史焕新

空间基因视角下天津鞍山道片区更新改造设计

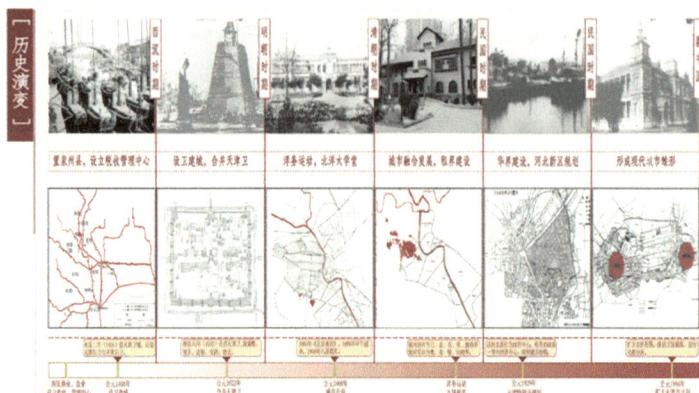

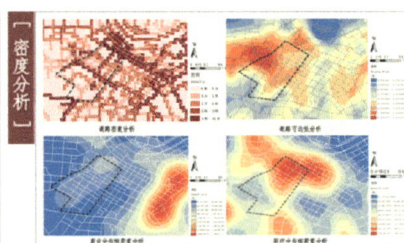

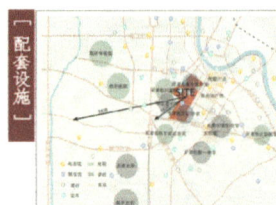

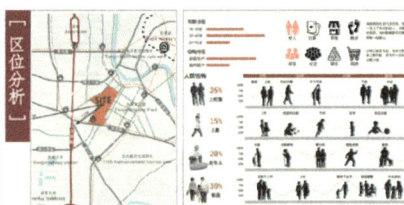

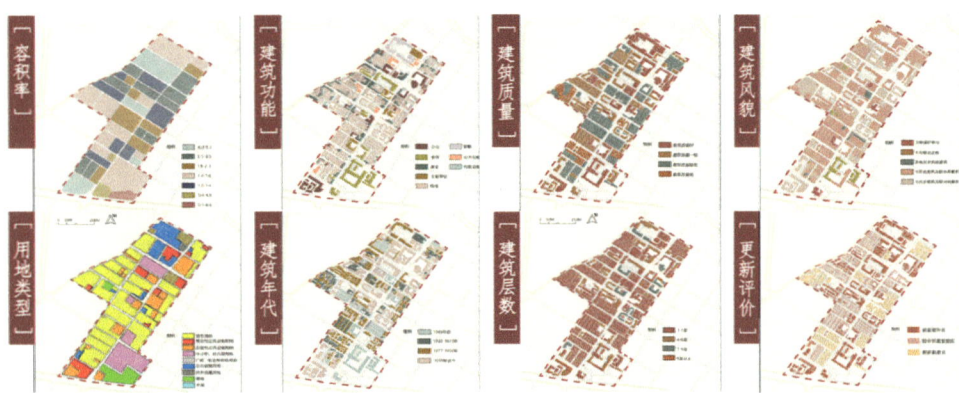

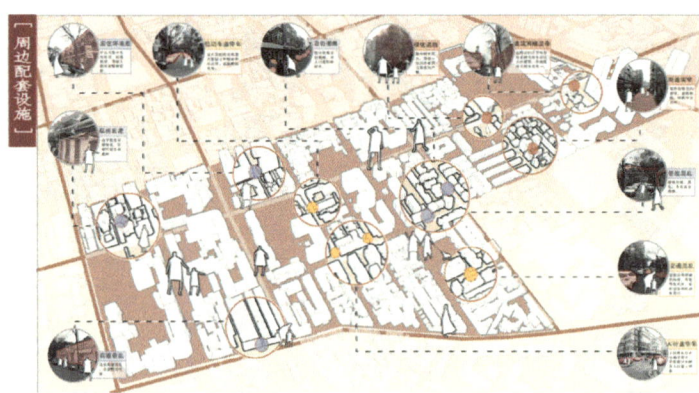

经济技术指标
用地面积：41.87ha
容积率：1.67
绿化率：31.25%
建筑密度：37.29%
总建筑面积：700341.89m²

主要项目
1.峻园
2.张园
3.段祺瑞故居
4.八一礼堂
5.天津市汇文中学
6.原日武德殿
7.空竹场
8.鞍山道记忆博物馆
9.游客服务中心
10.艺术创意街坊
11.历史风情步行街
12.智慧互动体验馆
13.交通里
14.拼角里
15.咖啡驿站
16.儿童公园
17.社区活动中心
18.养老主题花园
19.流艺文化广场
20.文创中心
21.社区文化馆
22.便民购物中心
23.养老驿站
24.幼儿园
25.辛亥革命纪念馆
26.蔚汇坊
27.天津和平医院

历史演变

SWOT分析

密度分析

配套设施

区位分析

容积率

建筑功能

建筑质量

建筑风貌

用地类型

建筑年代

建筑层数

更新评价

周边配套设施

融脉双生，市史焕新——空间基因视角下天津鞍山道片区更新改造设计

参赛院校：北京交通大学
作者姓名：伍泓杰　高文彬　饶梓妍　杜千禧　喻馨禾
指导老师：王　鑫　佘高红
"天津城投杯"第二届全国大学生国土空间规划设计竞赛　佳作奖

方案点评：

作品采用空间基因的方法，对天津鞍山道片区的城市、街区、建筑、院落空间的基因进行提取和诊断，提出包含增补、置换和敲除在内的基因治疗手段以解决城市更新问题，图面表达清晰完整，内容方法具有系统性，方案中划定近、中、远期的激活点和更新区，与落地实施衔接紧密。

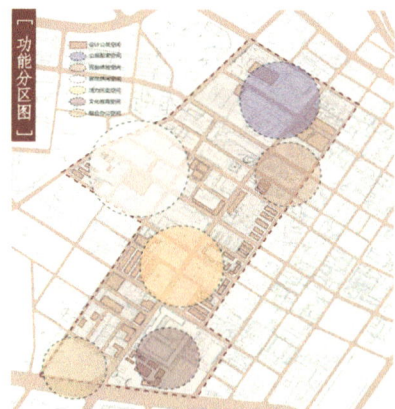

功能分区图

概念引入

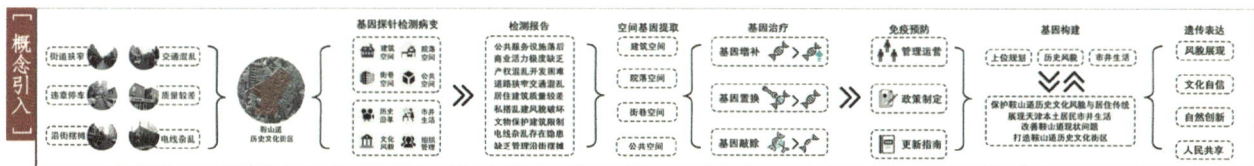

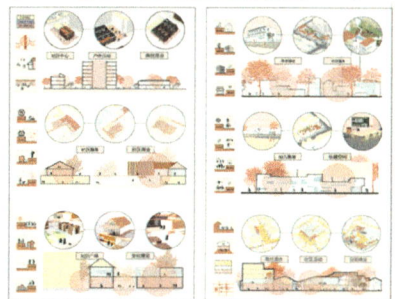

总体思路

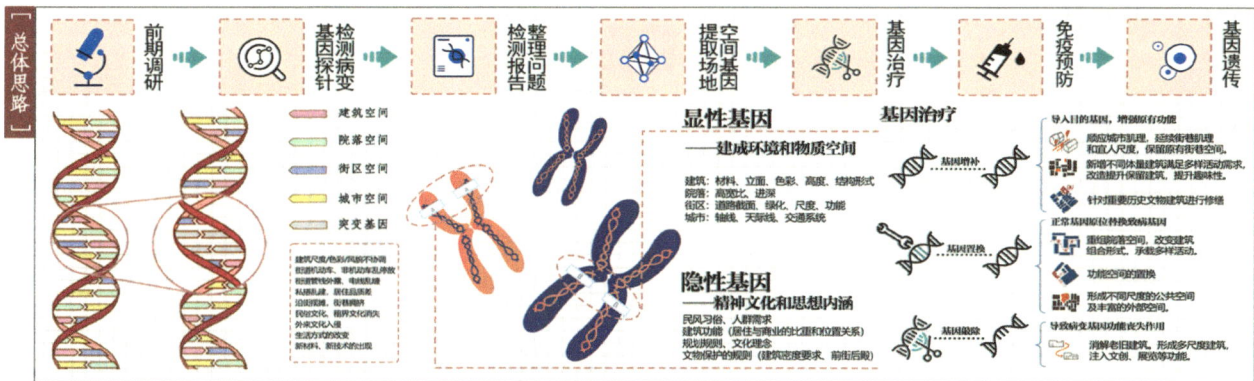

显性基因
——建成环境和物质空间

隐性基因
——精神文化和思想内涵

基因治疗

规划结构图

基因增补

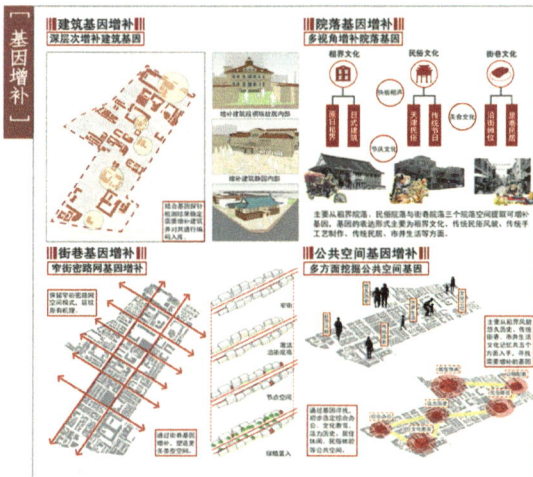

基因置换

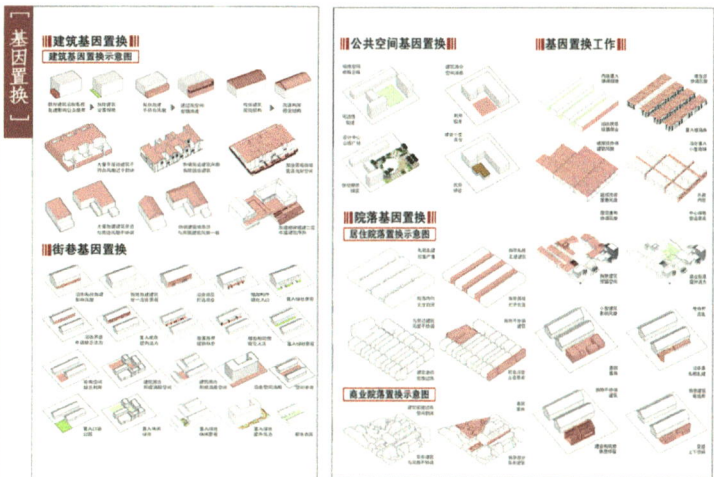

平面图

设计说明:

基于场景理论对天津劝业场核心片区进行更新设计，以特色文保单位及现代商业街区为核心，重塑生意、生活、社交、文化四大场景，更新商业模式、改造商业空间、修缮老旧建筑、打造未来社区、塑造剩余空间、优化街巷风貌、串联慢性系统、丰富文化空间。

融合共享商场、"智慧"馆、口袋公园、文创商街、屋顶花园、社区书院等重要空间节点，打造现代化、智慧化的历史商业街区。

主要节点:

❶ 中国大戏院
❷ 交通饭店（原交通旅馆）
❸ 星巴克咖啡馆（原浙江兴业银行）
❹ 劝业场
❺ 惠中饭店
❻ 光明影院（原光明社）
❼ 汉庭酒店（原国民饭店）
❽ 乔铁汉旧居
❾ 瓷房子
❿ 黄棠良故居
⓫ 范竹斋旧宅
⓬ 张学良故居
⓭ 李厚基旧宅
⓮ 劝业场小学
⓯ 仁风巷旧居

⓰ 天津国际金融中心
⓱ 天津国际中心商业
⓲ 和平翰林公馆
⓳ 麦购休闲广场
⓴ 米莱欧百货
㉑ 滨江商厦
㉒ 友谊新天地广场
㉓ 欧乐时尚广场
㉔ 乐宾百货
㉕ 文新里
㉖ 兆丰里
㉗ 光华巷
㉘ 口袋公园
㉙ 社区书院
㉚ 屋顶花园

赤峰道立面

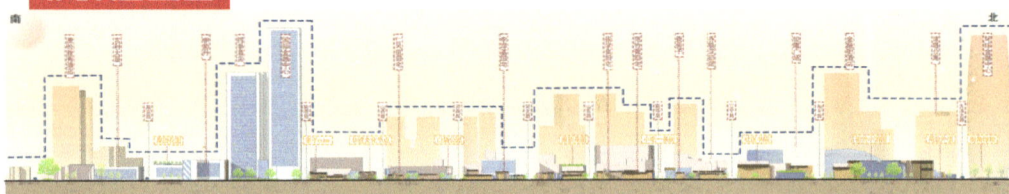

现状分析

历史沿革

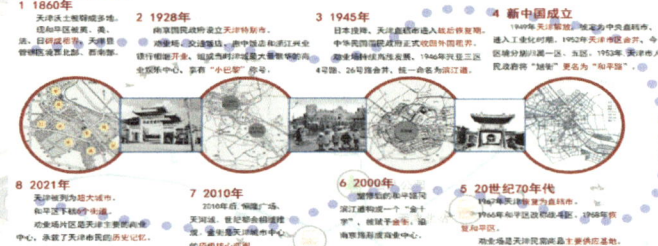

1 1860年
2 1928年
3 1945年
4 新中国成立
8 2021年
7 2010年
6 2000年
5 20世纪70年代

地理要素分析

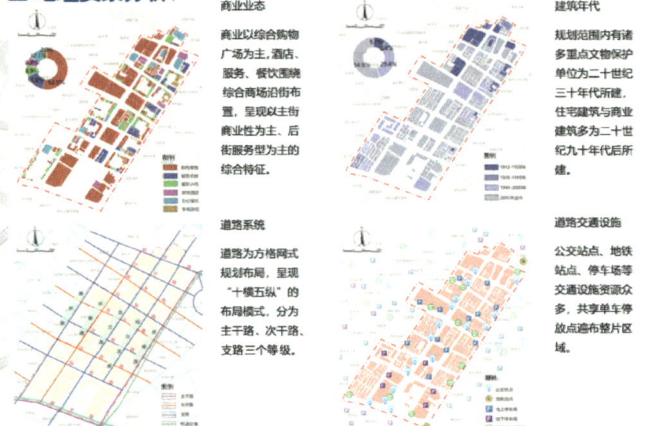

商业业态
商业以综合购物广场为主，酒店、服务、餐饮围绕综合商场沿街布置，呈现以主带商业性为主，后街服务型为主的综合特征。

建筑年代
规划范围内有诸多重点文物保护单位为二十世纪三十年代所建，住宅建筑与商业建筑多为二十世纪九十年代后所建。

道路系统
道路为方格网式规划布局，呈现"十横五纵"的布局模式，分为主干路、次干路、支路三个等级。

道路交通设施
公交站点、地铁站点、停车场等交通设施资源众多，共享单车停放点遍布整片区域。

概念演绎

概念解析

场景构想 **场景构建** **策略生成**

□ 生意场 □ 社交场 □ 生活场 □ 文化场

津沽欢聚场——基于场景理论的天津劝业场核心片区更新设计

参赛院校：河南城建学院
作者姓名：王俊辰 郑璐 姚帅杰 黄柯嫚 郭丽娜
指导老师：赵玉凤 刘洁
"天津城投杯"第二届全国大学生国土空间规划设计竞赛 佳作奖

方案点评:

前期分析全面，运用了场景理论，对场地的历史沿革、现状建筑的利用情况、业态衰败的原因等都进行了分析；制定了切实可行的打造欢聚场的策略，比如引入多元业态的生意场、赋能边角空间的社交场等；提出了区别于"拆、改、留"的"修、拆、活、改、补"更新思路，具有很好的创新性。

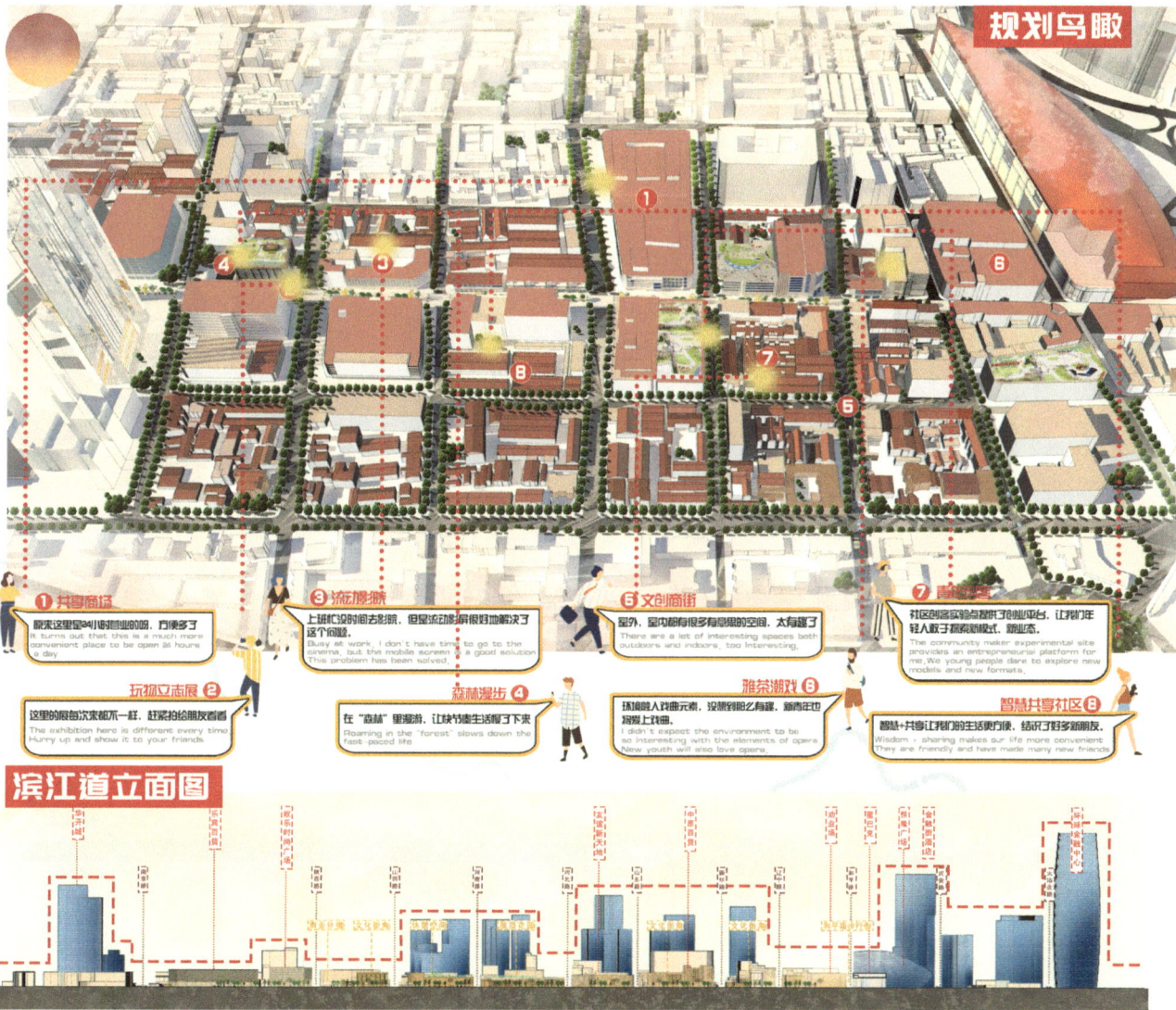

规划鸟瞰

方案生成

拆除
改造
保护
保留

□ 步骤02-公共设施

合理配置商业、办公、文化、行政、旅游、服务等公共设施。

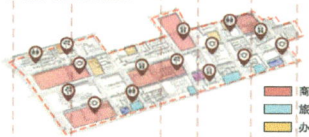

商业
旅游
办公
行政
教育

□ 步骤03-道路系统

打通街巷断头路，丰富街巷空间，构建慢行体系，提升步行体验。

慢行系统
街区小巷
步行街
步行节点

□ 步骤04-景观系统

打造"十字"步行绿轴，配置街区核心景观节点，串联街坊绿地空间，构建景观系统。

景观主轴
景观次轴
主要景观节点
次要景观节点

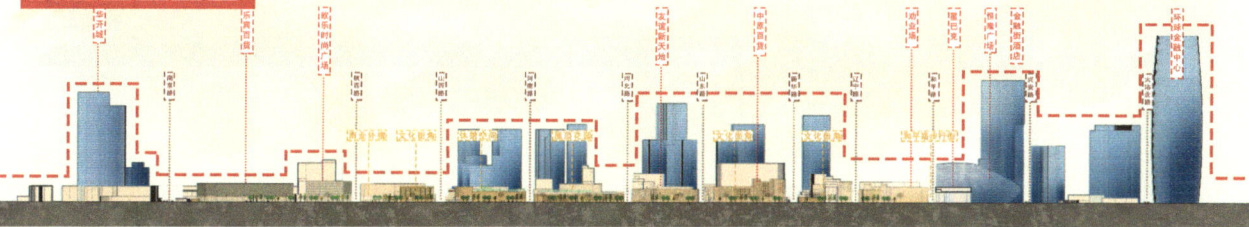

① 共享商场

现在这里是24小时商业的呢，方便多了

It turns out that this is a much more convenient place to be open 24 hours a day

玩物立志展 ②

这里的展每次都不一样，赶紧拍给朋友看看

The exhibition here is different every time. Hurry up and show it to your friends

③ 流动影院

上班们没时间去影院，但是流动影屏很好地解决了这个问题。

Busy at work, I don't have time to go to the cinema, but the mobile screen is a good solution. This problem has been solved.

森林漫步 ④

在"森林"里漫游，让快节奏生活慢了下来

Roaming in the "forest" slows down the fast-paced life

⑤ 文创商街

室外、室内都有很多有意思的空间，太有趣了

There are a lot of interesting spaces both outdoors and indoors, too interesting.

雅茶潮戏 ⑥

我没想人文曲元素，没想到那么有趣，新青年也爱上戏曲。

I didn't expect the environment to be as interesting with the elements of opera. New youth will also love opera.

⑦ 青年创客

社区创客实验点都供了创业平台，让我们年轻人敢于探索新模式、新业态。

The community maker experimental site provides an entrepreneurial platform for me. We young people dare to explore new models and new formats.

智慧共享社区 ⑧

智慧+共享让我们的生活更方便，结识了好多新朋友。

Wisdom - sharing makes our life more convenient. They are friendly and have made many new friends.

滨江道立面图

节点展示

□ 共享商场

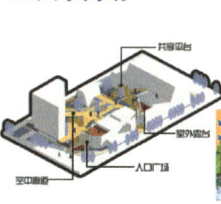

□ 玩物展

□ 森林漫步

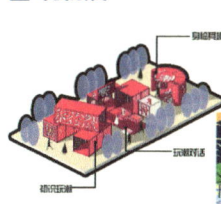

□ 流动影院

□ 文创商街

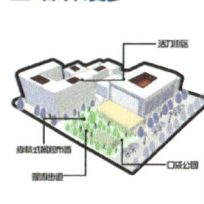

□ 雅茶潮戏

□ 青年创客

□ 智慧共享社区

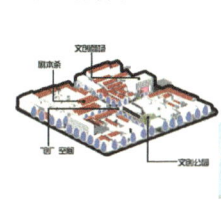

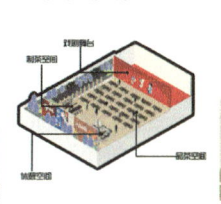

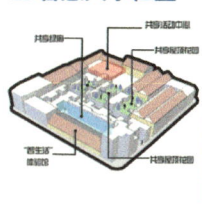

2022年『天津城投杯』第二届全国大学生国土空间规划设计竞赛获奖作品——本科生组（佳作奖）

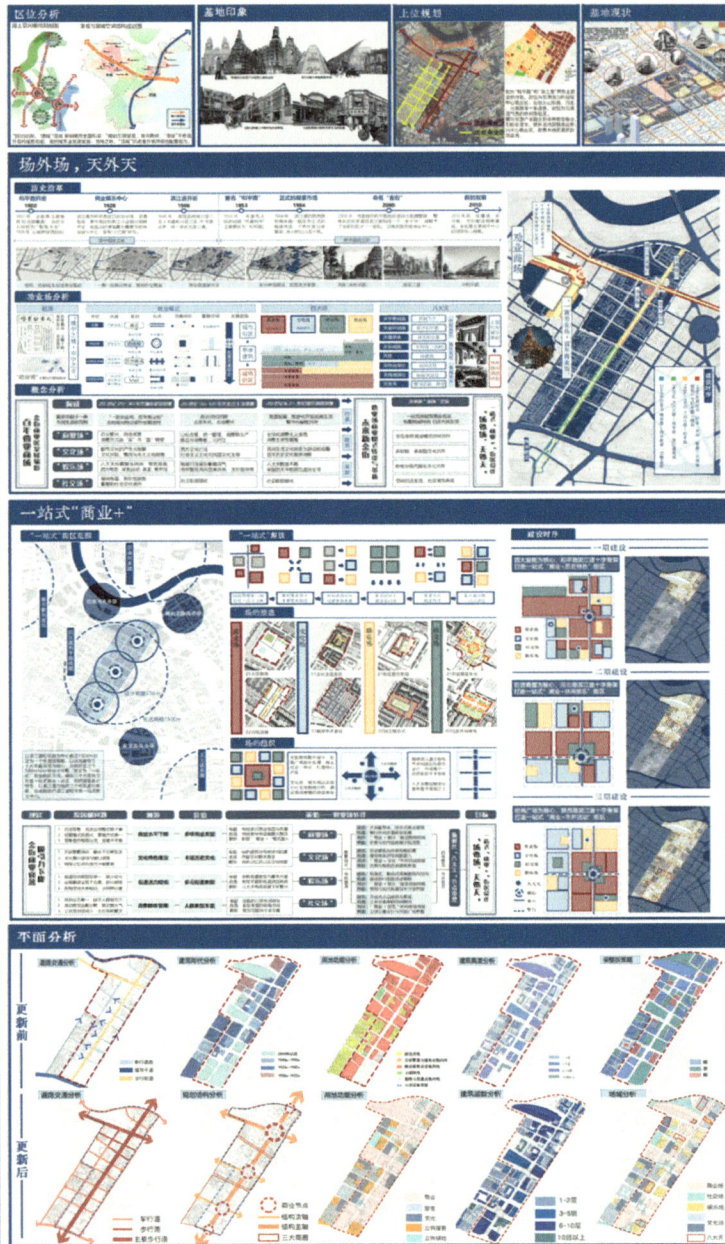

"场外场，天外天"——基于劝业场转译的一站式"商业+"街区设计

参赛院校：湖南大学
作者姓名：张越淇　刘昕宇　滕嘉祺　邓少炜　刘雅伦
指导老师：向　辉　孙　亮
"天津城投杯"第二届全国大学生国土空间规划设计竞赛　佳作奖

方案点评：

该作品以对劝业场的历史研究与未来发展研判为切入点，通过对基地内外各类价值禀赋及其对未来发展的影响分析，提取"四大场"和"八大天"两方面要素与特点进行转译，力图打造一站式"商业+"的新型商业街区。方案以满足各类人群体验需求为目标，塑造集游、逛、买、赏于一体的三个10分钟步行商圈结构，实现新时代金街商圈焕活与市井生活文化复兴。

该方案基于转译理论方法对空间规划设计进行方向性指引，使历史商业建筑及场所的保护与发展之间产生良性互动，在规划结构、空间布局、流线组织、业态分布、场景设计等方面的空间策划和设计效果较为突出。

设计后鸟瞰

"天外天"新时代"八大天"塑造

劝业场

商业场
复兴商业·提升历史文化体验/发挥地区合脉·打破造绿化

极星里

文化场
打造历史形象窗口/丰富居民日常生活

居住文化属性提升策略

文化主题街区打造

共享花园

娱乐场

影院建筑的功能延续与改造

围合院落式娱乐场设计策略

新天地

社交场

社交易营造策略

"场外场"一站式"商业+"街区打造

节点详图 1:1000

2022年『天津城投杯』第二届全国大学生国土空间规划设计竞赛获奖作品——本科生组（佳作奖）

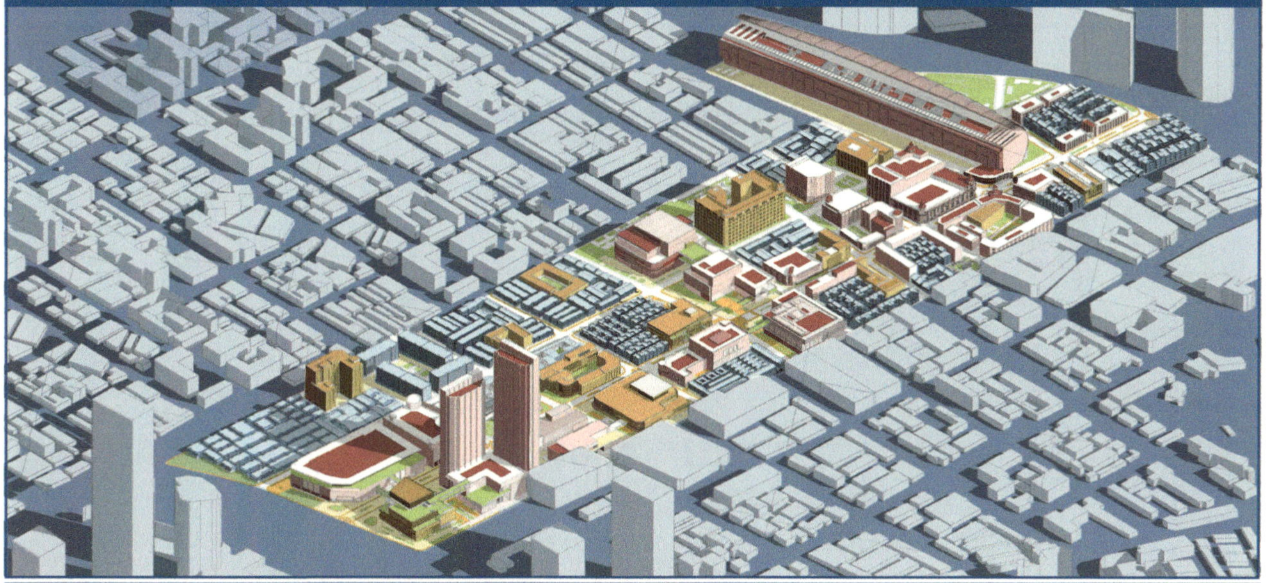

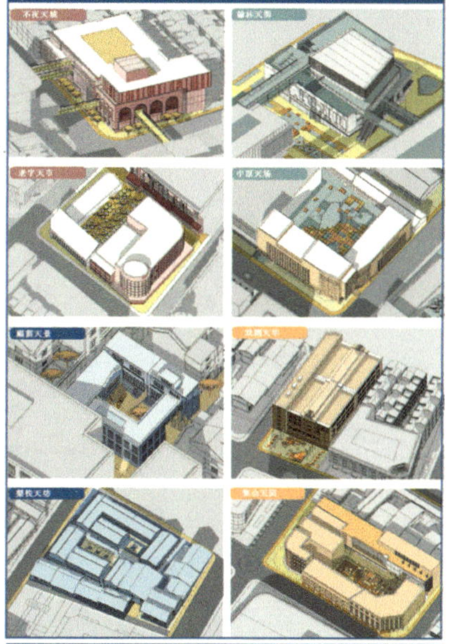

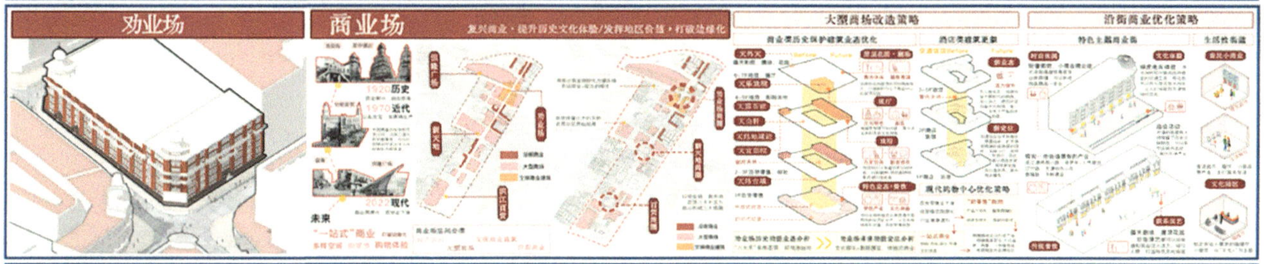

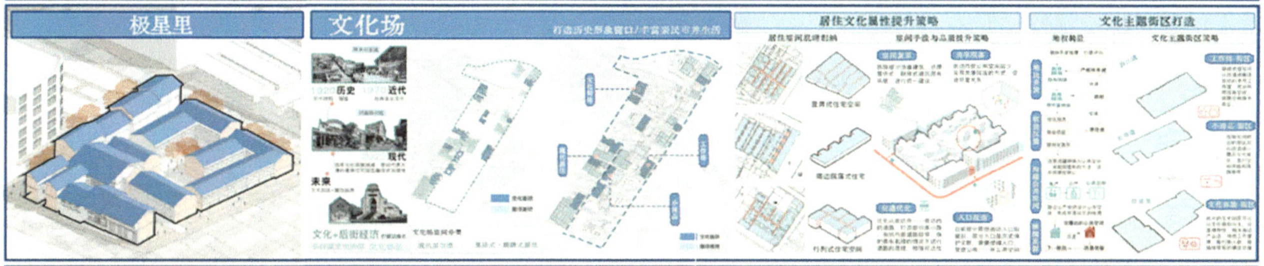

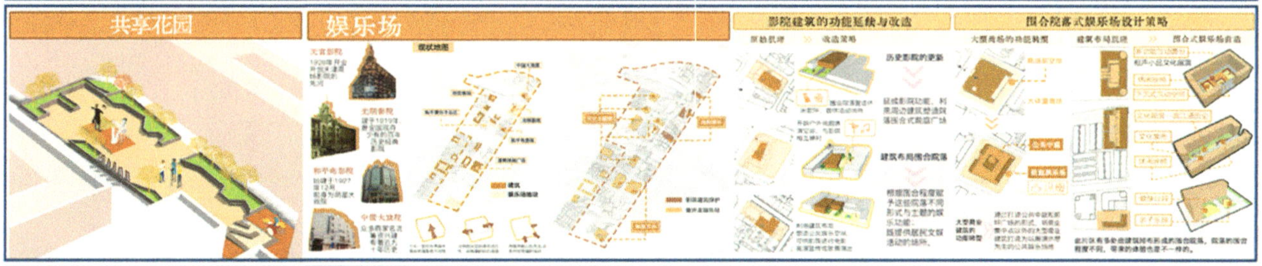

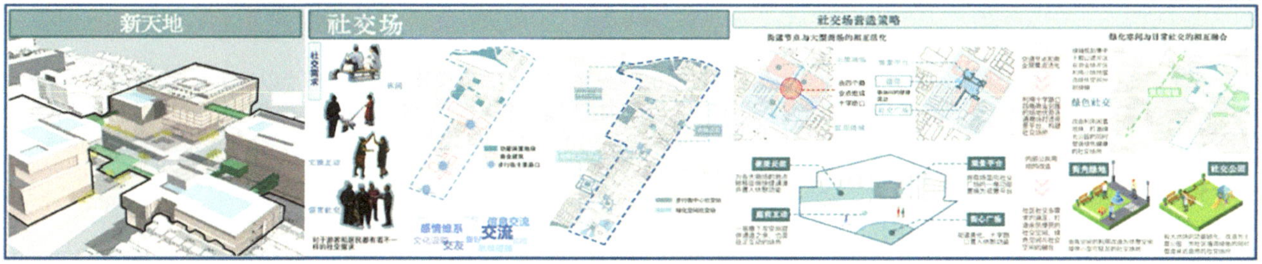

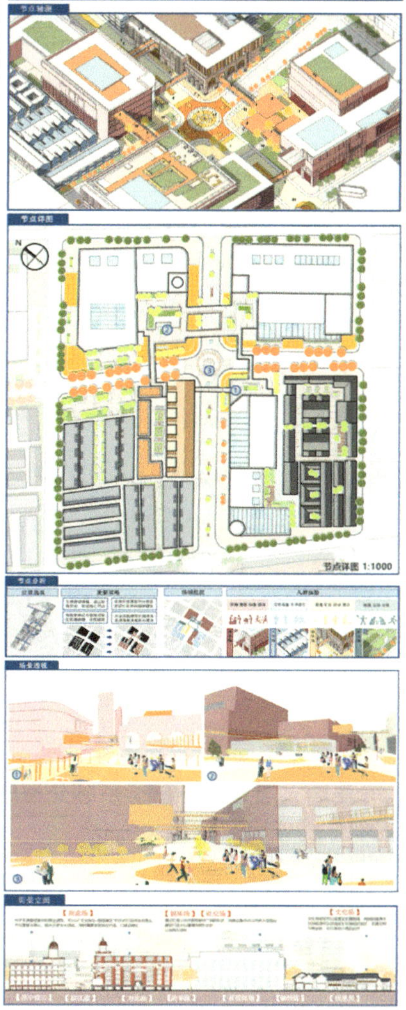

总平面图

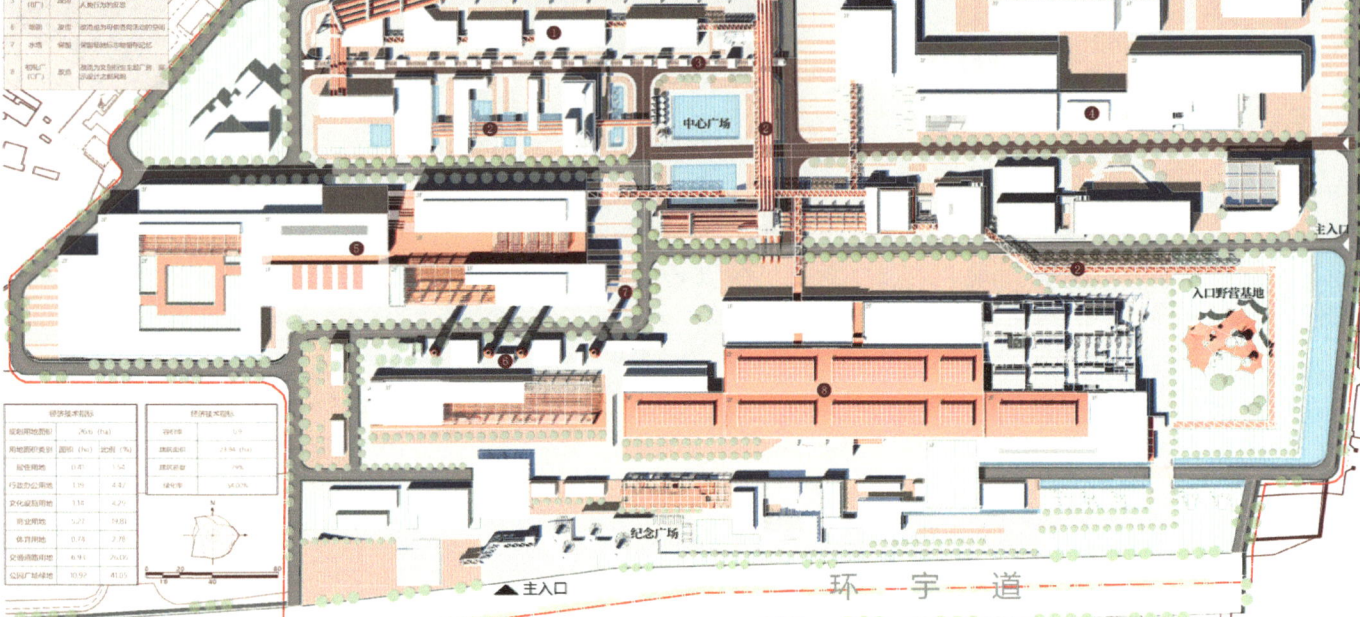

总平分析

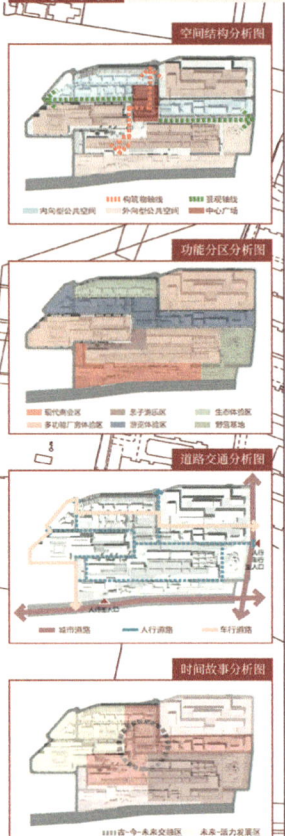

空间结构分析图

功能分区分析图

道路交通分析图

时间故事分析图

区位分析

SWOT分析

问题分析

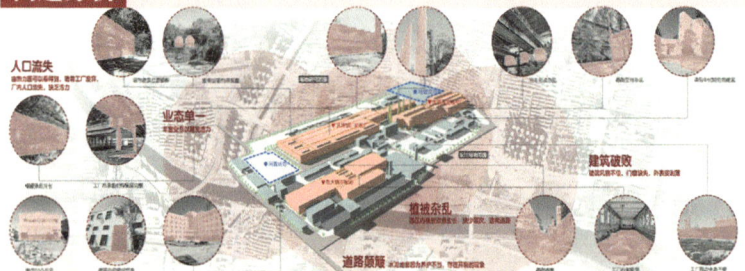

建筑现状

建筑年代分析图　　建筑风貌分析图　　建筑质量分析图　　建筑高度分析图

人·生态·工业——基于情感交互的工厂生态谷更新设计

参赛院校：太原理工大学

作者姓名：王晓诗　周晓烨　黄丹莹　侯怡露　赵旭颖

指导老师：冯雅茹　曹如姬

"天津城投杯"第二届全国大学生国土空间规划设计竞赛　佳作奖

方案点评：

　　作品从人、生态和工业三个角度出发，设计工业遗产节点以及包含车行流线和人行流线在内的特色工业路线，通过植入新型业态形成系列人类活动空间、生态修复场所和工厂体验空间等，其中对工厂建筑的改造也做了较细致的考虑，图纸内容所传达的信息比较明确。

鸟瞰图

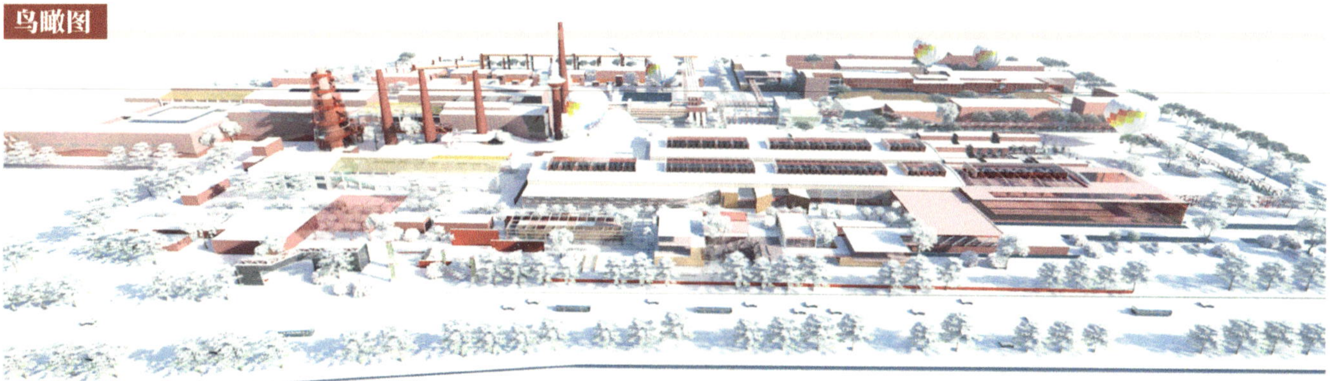

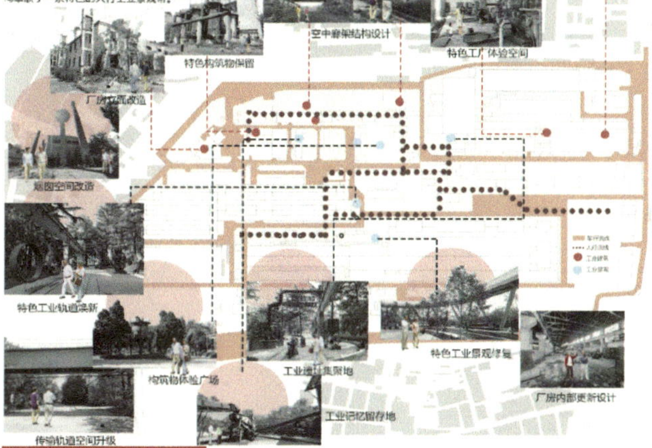

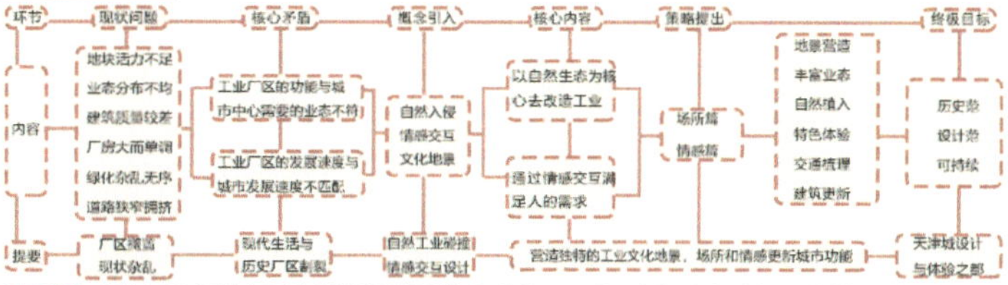

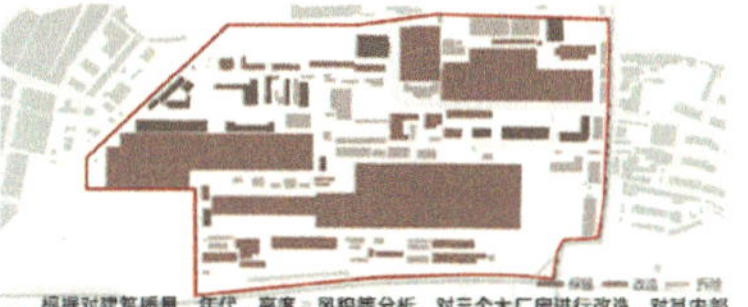

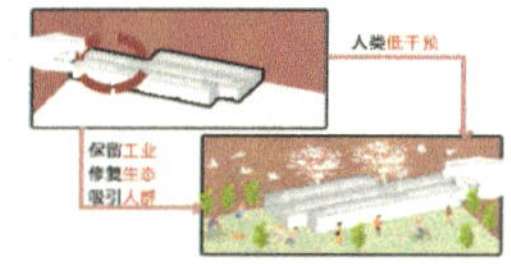

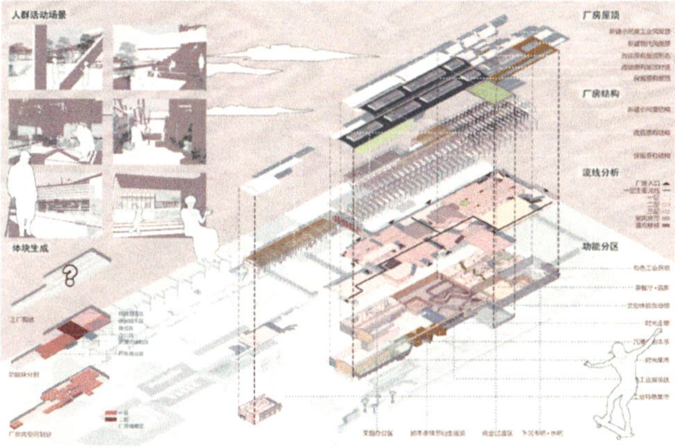

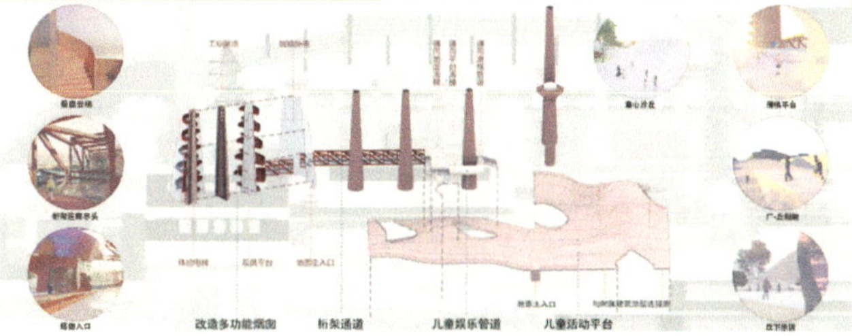

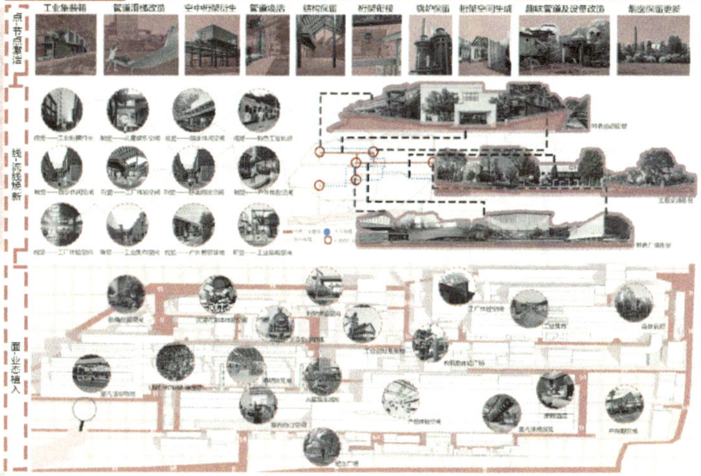

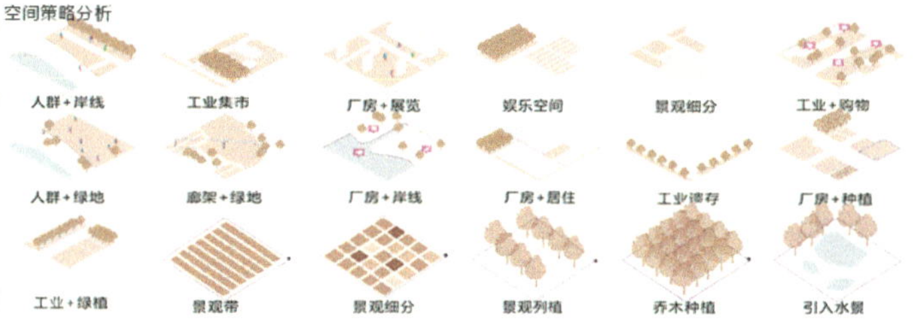

未来展望

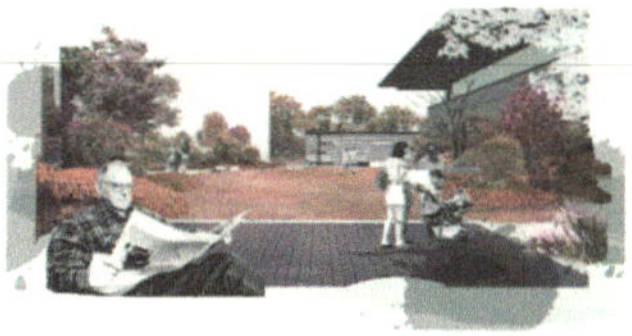

未来工厂后花园——40年后，工厂内部在人为低干预的背景下，围合的景观绿化空间焕发出勃勃生机，赋予整个场地活力的同时也吸引了更多的人来这里游玩体验。

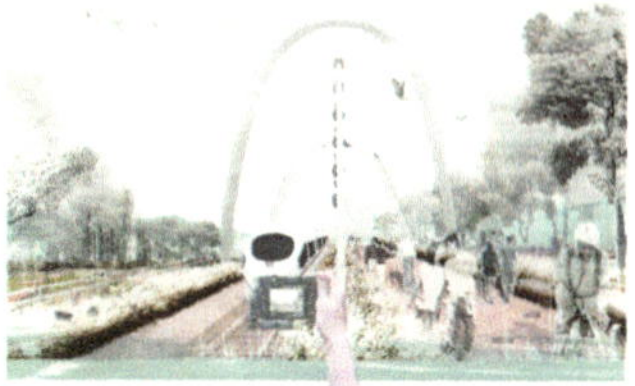

未来高科技轻轨——40年后，天津的轻轨运行范围扩建，保护管理机制也更加完善，地块也相应引进了保留工业场所记忆的轻轨模型代替原有的火车工业轨道，吸引更多人群在此打卡游玩。

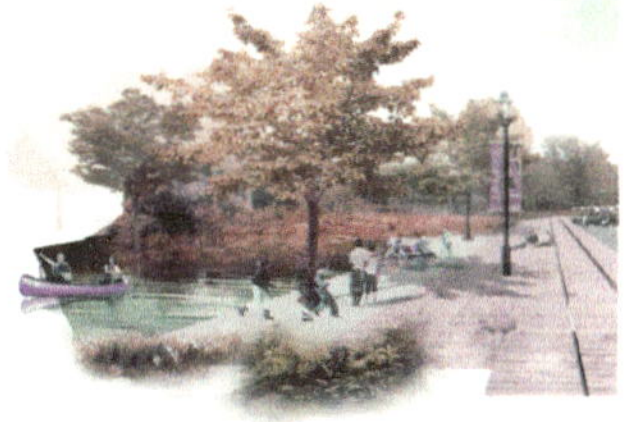

未来森林氧吧——40年后，保留的工厂遗址和新生绿植相融合，碰撞出一个富有工业场所记忆的新型工业核心"生态谷"。

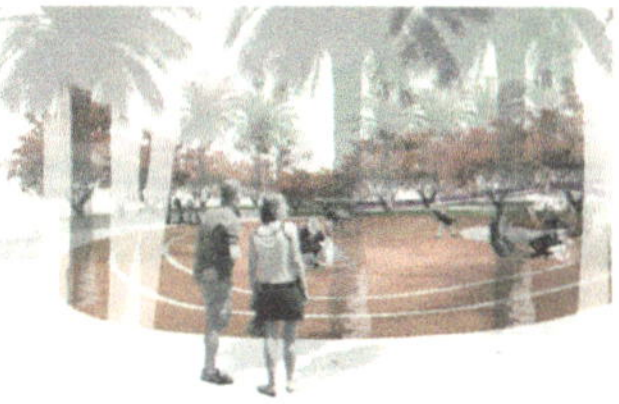

未来休闲多功能公园——40年后，围合空中桁架结构，更多的以自然生态为核心的休闲空间被开拓，并逐渐形成自己的独特风格。

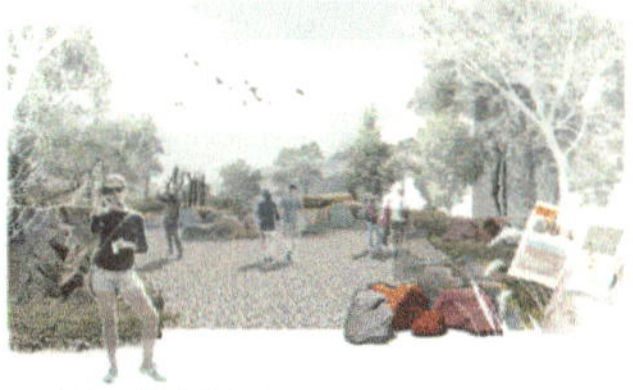

未来工业遗址打卡地——40年后，富有工业遗址气息的生态景观随厂房本体焕发出新的活力，更选为天津的一处新型地标，吸引很多国内外人群来此观赏打卡。

未来空中廊架公园——40年后，基地周边进行更新设计，周围高楼耸立。

道路空间分析

规划路径

拆改留分析

C厂轴测爆炸图

策略分析

空间策略分析

烟囱及周边轴测爆炸图

173

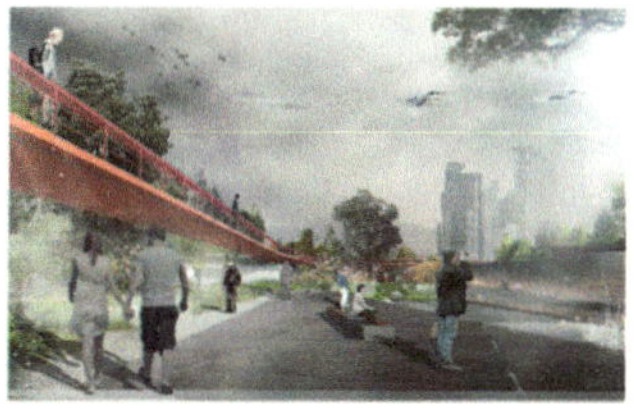

活穴通脉，固元开新——基于城市针灸理论的天津鞍山道片区更新改造设计

参赛院校：中南大学
作者姓名：朱敏之　杜雨轩　诸葛元　陈伊澜　王舒敏
指导老师：郑伯红　李铌
"天津城投杯"第二届全国大学生国土空间规划设计竞赛　佳作奖

方案点评：

　　中南大学团队基于城市针灸理论，探讨鞍山道片区的更新改造议题，采用的框架方法较为贴合历史街区的现状问题。团队从历史沿革、资源禀赋、人群分析、物质空间分析等方面，对现状进行了翔实的梳理。借鉴中医针灸治病的步骤流程，从把脉、辨证、听需、触体到开方、治病，展开分析、策划与规划策略，富有创意，成果图纸的文字表达令人耳目一新。

■ 规划总平面图

■ 基地概况

[区位分析]

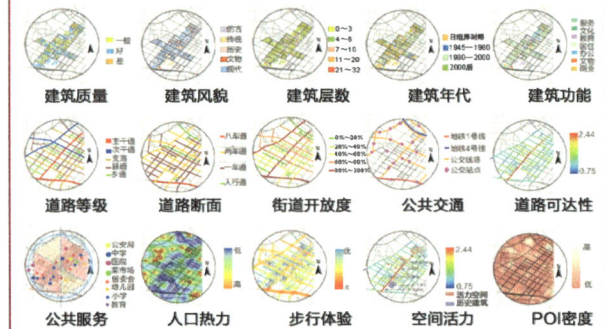

基地坐落于天津市和平区，为近代天津城市核心地带，是天津十四个历史街区之一，历史文化资源十分丰富。

图例：
- 基地范围
- 建筑
- 水系
- 道路

[空间分析]

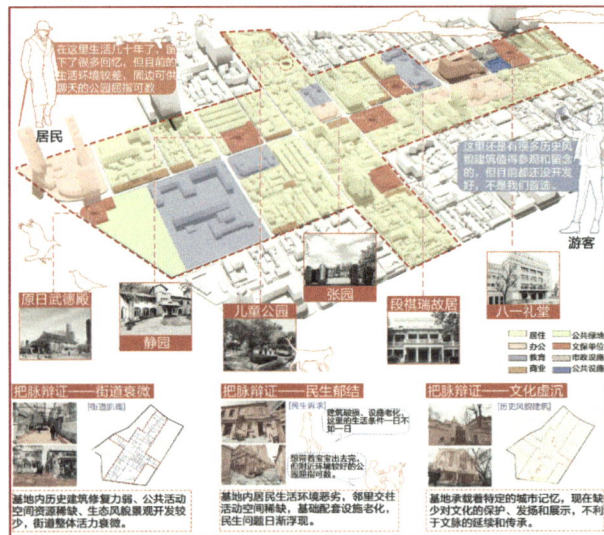

建筑质量　建筑风貌　建筑层数　建筑年代　建筑功能

道路等级　道路断面　街道开放度　公共交通　道路可达性

公共服务　人口热力　步行体验　空间活力　POI密度

■ 综合现状

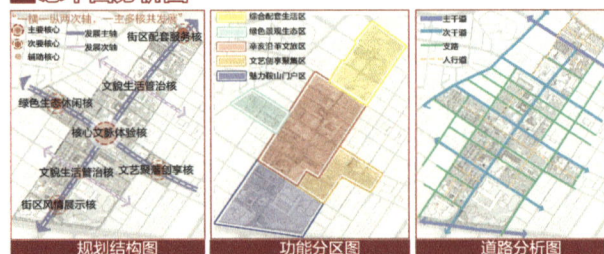

把脉辨证——街道衰微　把脉辨证——民生郁结　把脉辨证——文化虚沉

■ 总平面分析图

规划结构图　功能分区图　道路分析图

设计构思

把其脉
- 历史资源不足 / 城市记忆消殆 / 文化传承性差
- 业态过于单一 / 街道通达性差 / 绿化景观缺失
- 人居环境较差 / 公共空间缺失 / 基础设施老化

辨其症
- 文脉不通 文化虚沉
- 形脉不畅 街道衰微
- 业脉不清 民生郁结

听其需
- 如何充分开发利用历史文化资源?
- 如何提高文化认同性、传承度?
- 如何激活历史文化街区活力?
- 如何改善提升人居环境?

触其体
- 五穴位: 公共空间 / 交通设施 / 公共建筑 / 文化民俗 / 节日庆典
- 城市针灸: 在城市系统中,选择关键的"穴位"小规模精准介入,让生病或疲惫的区域及其周边恢复活力,并有助于整个系统的恢复。
- 三阶段: 点穴施针 / 疏经通脉 / 活络调和

开其方

STEP1 点穴施针
- 穴位选取: 核心穴——重要历史文物建筑
- 辅助穴——名人故居、公共空间等
- 潜力穴——院落空间、街巷空间等
- 施针治疗: 核心穴保护——保护原貌、业态植入
- 辅助穴修复——保护修葺、立面改造
- 潜力穴激活——空间改造、功能引入

STEP2 疏经通脉
- 文脉激活: 打造辛亥革命历史研学之路——挖掘历史文物建筑内涵、打造时间序列研学之路
- 打造传统民俗文化体验之路——挖掘传统民俗文化内涵、活化传统民俗记忆场所
- 形脉塑造: 营造绿色之路——完善慢行系统、绿色出行
- 营造安全之路——增设交通标识、机非分离
- 营造活力之路——增加公共空间、集约用地
- 业脉塑造: 业态置换——引入新业态、文产牵头
- 自愈式管理——自上而下、自下而上
- 生脉搭建: 修复生境——优化植物配置、增加循环
- 修复风境——构建通风廊道、促进循环
- 修复水境——构建海绵城市、修复循环

STEP3 活络调和
- 四脉融合: 文脉传承——激发生机空间、延续传统
- 形脉融合——完善生活空间、宜居宜业
- 业脉融合——活力生产空间、和谐共生
- 生脉共享——搭建生态空间、持续发展
- 功能联络: 新旧融合——构建整体空间、引古塑今
- 智慧鞍山——创建智慧街区、智慧共生

治其病
- 文旅居融合的历史文化街区
- 天津历史民俗文化体验窗口
- 传统社区可持续改造示范区

循经取穴

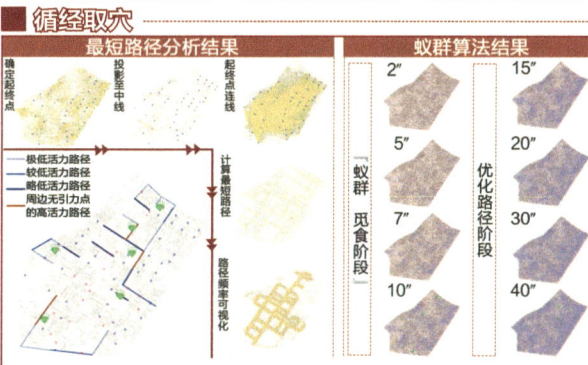

最短路径分析结果 / 蚁群算法结果

确定起终点 / 投影至中线 / 起终点连线 / 计算最短路径 / 路径频率可视化

- 较低活力路径
- 较高活力路径
- 略优活力路径
- 周边无引力点的高活力路径

2" 5" 7" 10" / 15" 20" 30" 40"

蚁群觅食阶段 / 优化路径阶段

鸟瞰图

施针治疗

[核心穴保护]

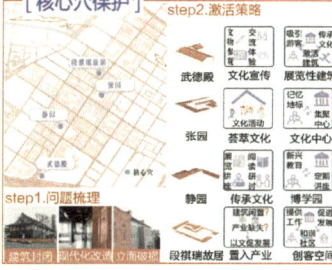

step1.问题梳理 / step2.激活策略

武德殿 文化宣传——展览性建筑 / 张园 荟萃文化——文化中心 / 静园 传承文化——博学园

建筑时序 现代化改造 立面破损 / 置入产业

[辅助穴修复]

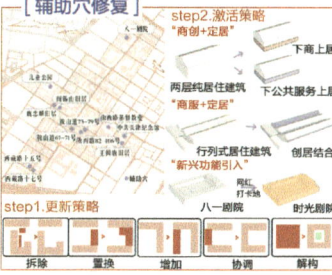

step1.更新策略 / step2.激活策略

"商创+定居" 下商上居 / 两层纯居住建筑 "商服+定居" 下公共服务上居 / 行列式居住建筑 创居结合 "新兴功能引入"

八一剧院 / 时光剧院

拆除 置换 增加 协调 解构

[潜力穴激活]

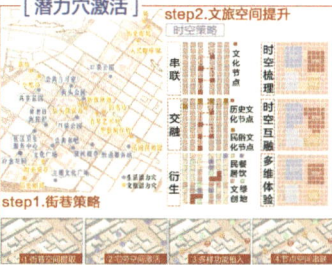

step1.街巷策略 / step2.文旅空间提升

串联 交融 衍生

时空策略: 时空梳理、时空互融、多维体验

疏经通脉

合纵连横,织补文脉 》》延续传统文化,打造记忆鞍山

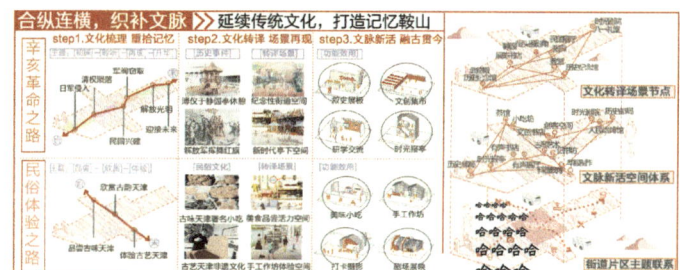

辛亥革命之路 / 民俗体验之路

step1.文化梳理 重拾记忆 / step2.文化转译 场景再现 / step3.文脉新活 融古贯今

文化转译场景节点 / 文脉新活空间体系 / 街道片区主题联系

肌理疏通,形脉塑造 》》构建慢行系统,打造活力鞍山

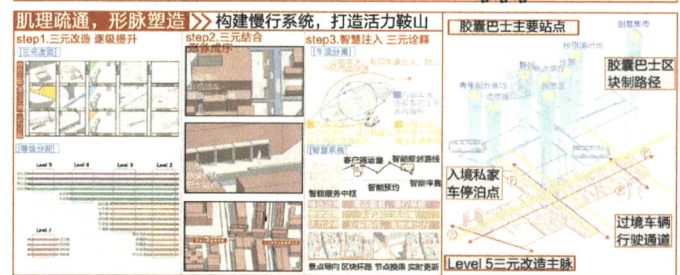

step1.三元改造 逐级提升 / step2.三元结合 / step3.智慧注入 三元诠释

胶囊巴士主要站点 / 胶囊巴士区块制路径 / 入城私家车停泊点 / 过境车辆行驶通道

Level 5 三元改造主脉

合纵连横,业脉塑造 》》引入新兴产业,打造宜业鞍山

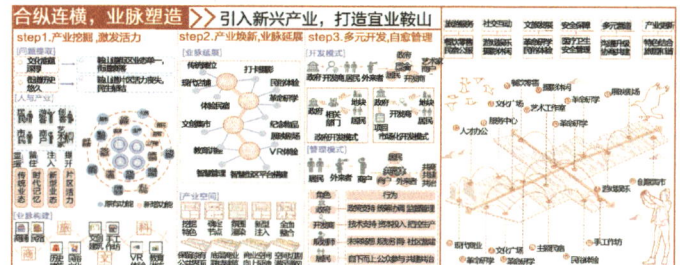

step1.产业挖掘,激发活力 / step2.产业焕新,业脉延展 / step3.多元开发,自治管理

鸟瞰图

八礼堂

段祺瑞故居

张园

静园

原日武德殿

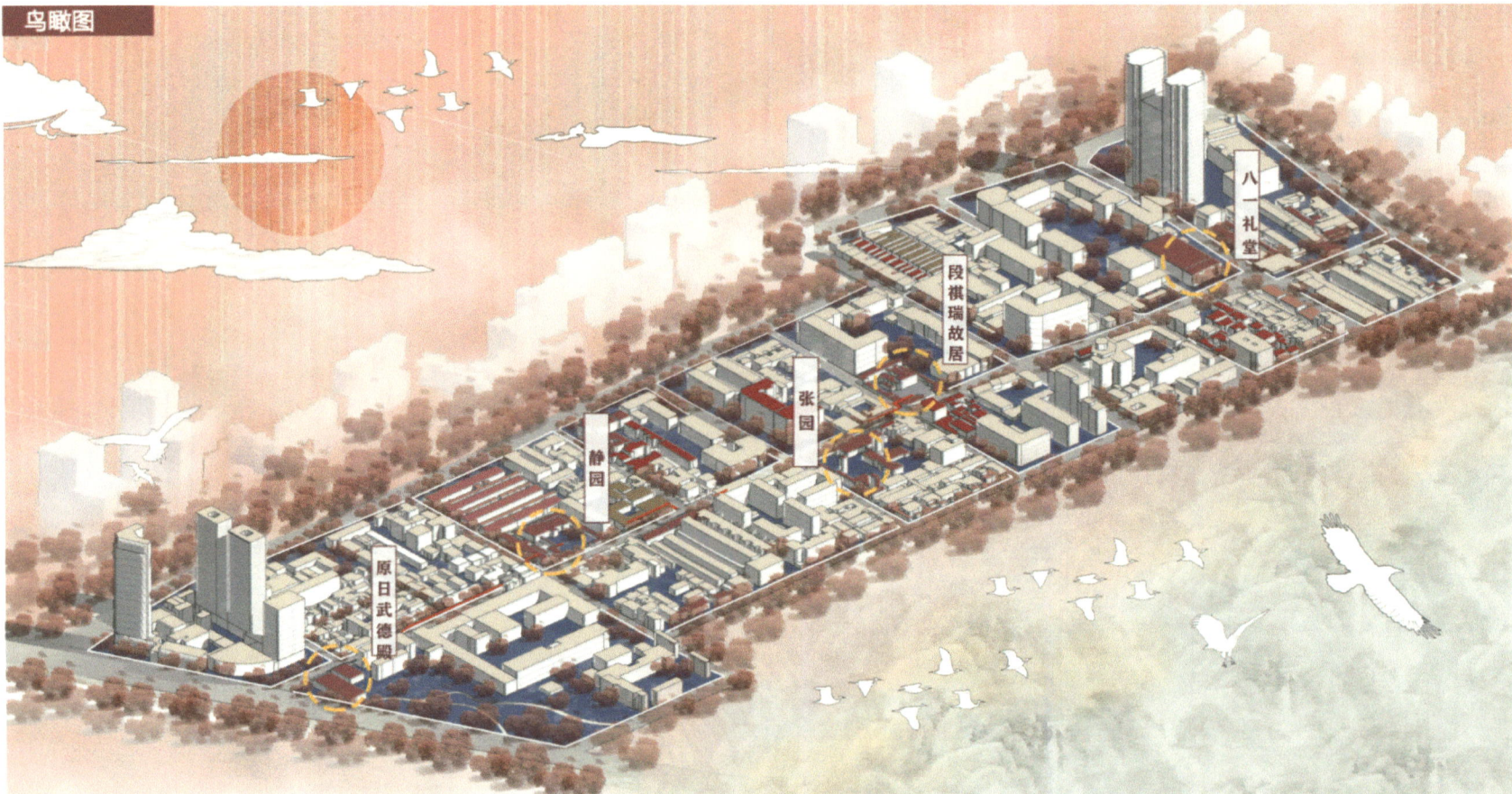

一场电影——基于电影叙事理论的鞍山道历史文化街区更新计划

参赛院校：南华大学
作者姓名：丁海婷　骆宇傲　谢　娟　周文婷　吴学伟
指导老师：阳海辉
"天津城投杯"第二届全国大学生国土空间规划设计竞赛　佳作奖

方案点评：

　　该作品在方案构思方面逻辑清晰，精准地分析了地块现状问题并把握了地块特征，提出了针对性较强的规划策略。同时提取相声、美食、年画、茶楼等具有天津特色的文化，将其植入规划方案中，实现规划地块环境整治的同时也弘扬了地块的历史文化内涵，并以此为契机吸引更多人群，激发地块活力。

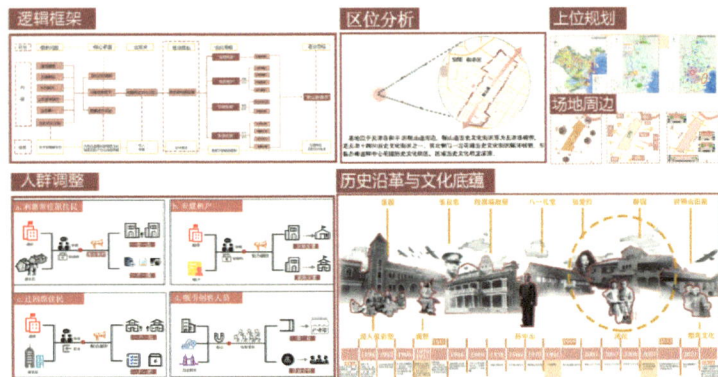

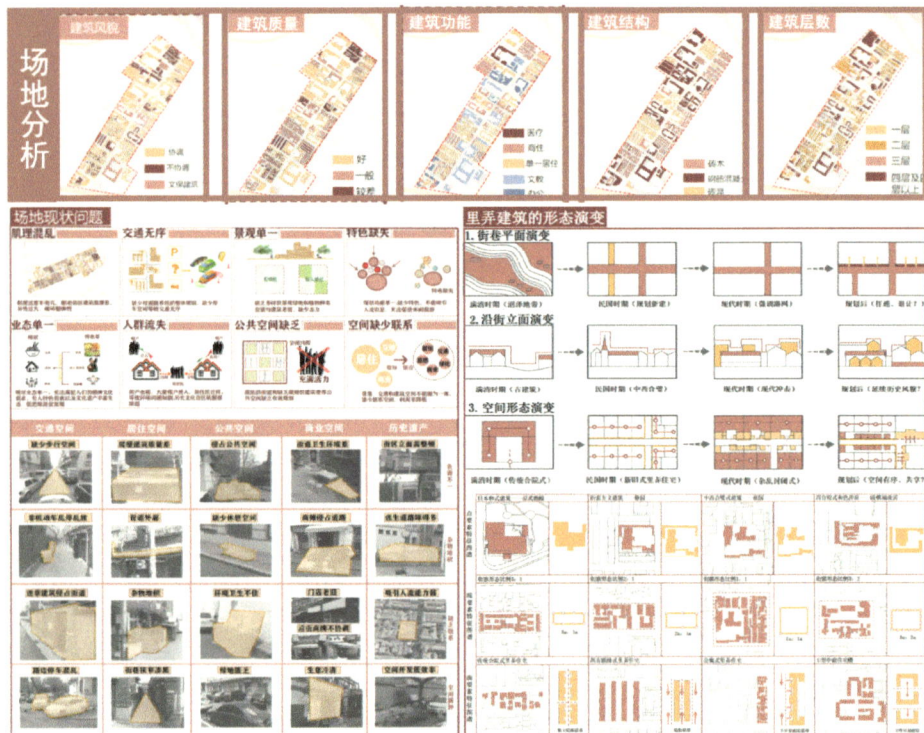

场地分析

建筑风貌　建筑质量　建筑功能　建筑结构　建筑层数

逻辑框架　区位分析　上位规划

场地周边

人群调整　历史沿革与文化底蕴

场地现状问题　里弄建筑的形态演变

故事构建

管道整治策略

业态重塑

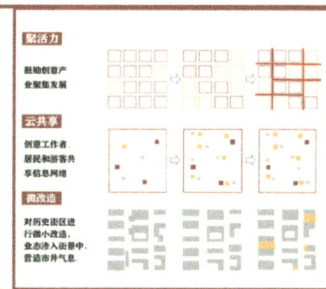

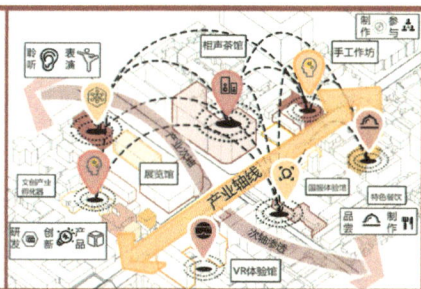

建筑改造策略

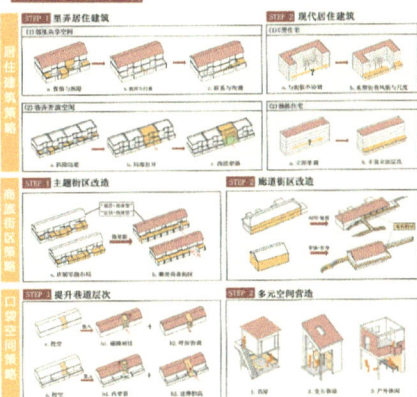

流线构建

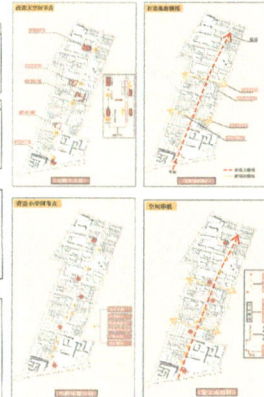

交通策略

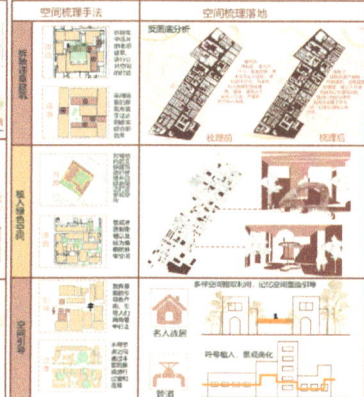

功能分区分析

空间结构分析

道路交通分析

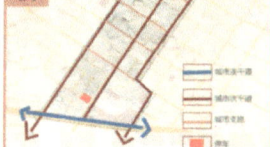

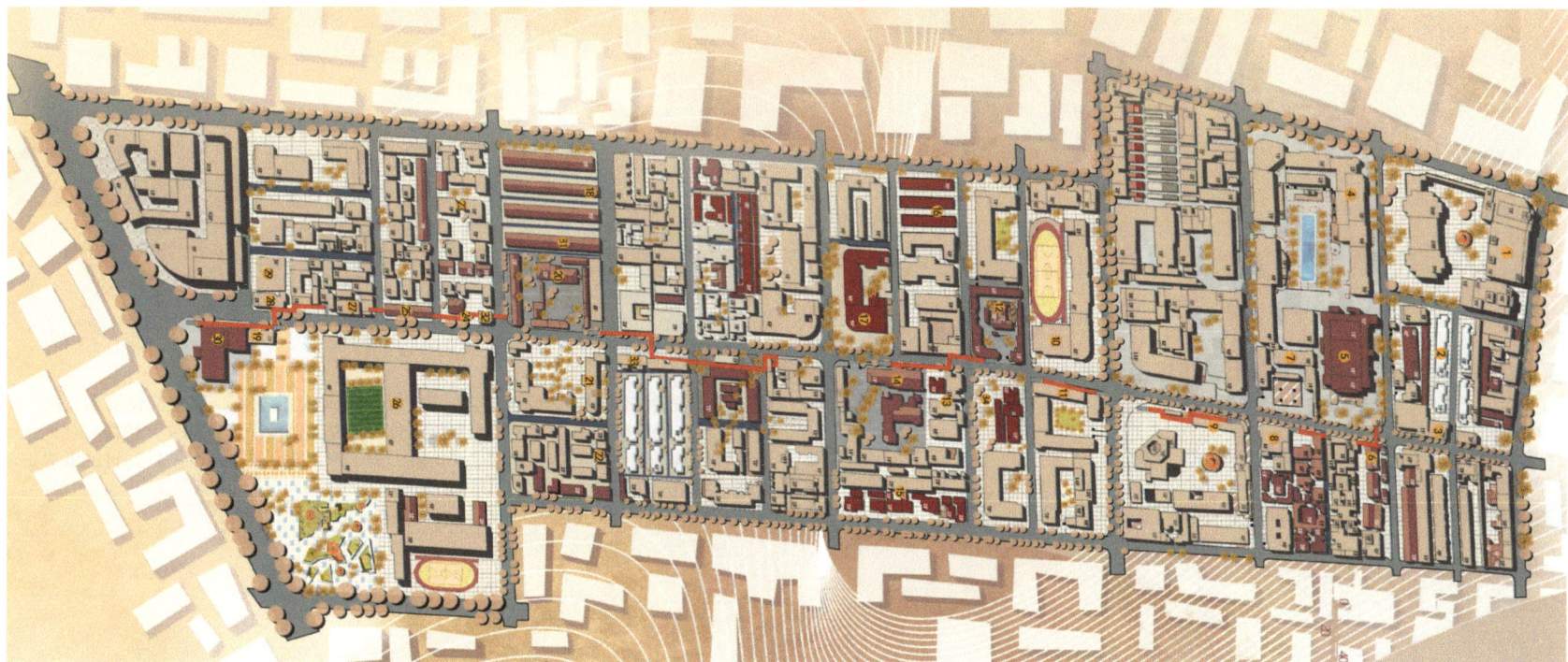

2022年【天津城投杯】第二届全国大学生国土空间规划设计竞赛获奖作品——本科生组（佳作奖）

区位概况

鞍山道历史街区为原天津日租界，是天津十四片历史文化街区之一，其北侧与一宫花园历史文化街区隔河相望，东临赤峰道和中心花园历史文化街区，区域历史文化积淀深厚。

历史文化资源

建筑空间肌理

人口社会构成

技术经济指标

规划用地面积：48ha		
技术指标	改造前	改造后
容积率	1.66	1.85
建筑密度	49.2%	41.5%
绿化率	25.3%	37.2%
拆建比	1：1.9	/

更新改造图例

- 保留一般建筑
- 商住混合建筑
- 学校建筑
- 名人故居保护建筑
- 办公建筑
- 商业建筑
- 保护性更新民居

① 艺术展墙 ② 手作互动 ③ 古玩拍卖 ④ 故事讲堂 ⑤ 曲艺剧场 ⑥ 相声社 ⑦ 历史展馆 ⑧ 一品茶楼 ⑨ 虚拟游览 ⑩ 活动庭院 ⑪ 室外画廊 ⑫ 文创集市 ⑬ 更新角

总平面图 1：2000

设计说明：

本方案采用社区营造理论对鞍山道历史街区进行更新设计。从"人——公众参与""地——在地营造""景——街景重塑""产——产业续营""文——文化诠释"五个维度提出具体的更新策略，以实现增强公众参与、提升生活永续性、延续生活原真性、复兴街区历史文化的设计目标。本方案提供了一种鞍山道历史文化街区的更新设计解法，以期重焕老城活力、重塑城市名片。

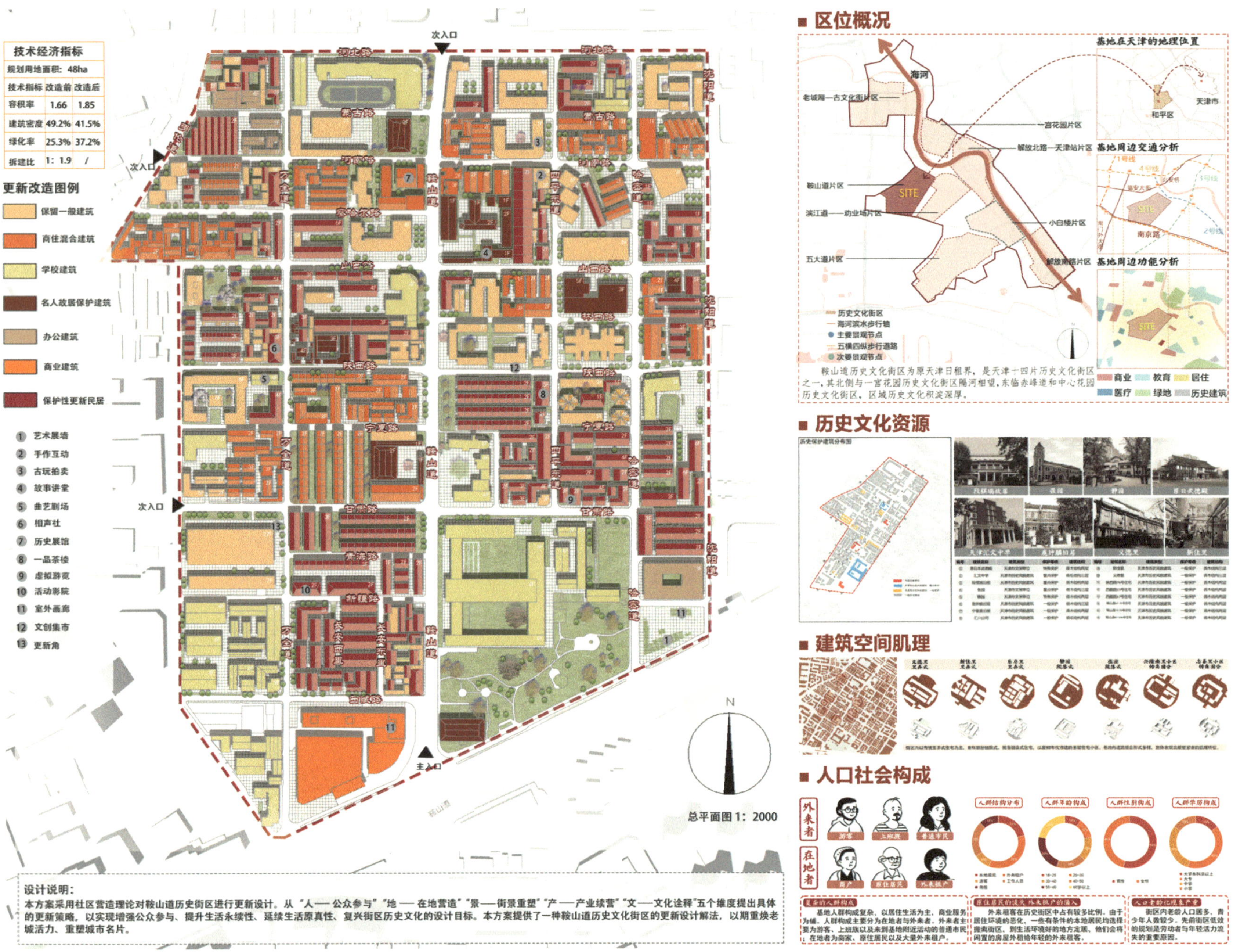

营造记——社区营造视域下鞍山道历史街区城市更新设计

参赛院校：青岛理工大学
作者姓名：董文婷 魏唯 明晓慧 刘哲 秦芷琼
指导老师：韩青 石峰
"天津城投杯"第二届全国大学生国土空间规划设计竞赛 佳作奖

方案点评：

城市更新设计方案完整、思路清晰、逻辑严谨；对社会关系、历史文化资源、历史沿革、上位规划、物质空间等进行了较为系统的分析，深入剖析了场地的文化价值和在地人民的生活愿景；从社区营造视角提出了"人、地、景、产、文"五个方面的针对性的渐进更新设计策略，视角全面且深入。

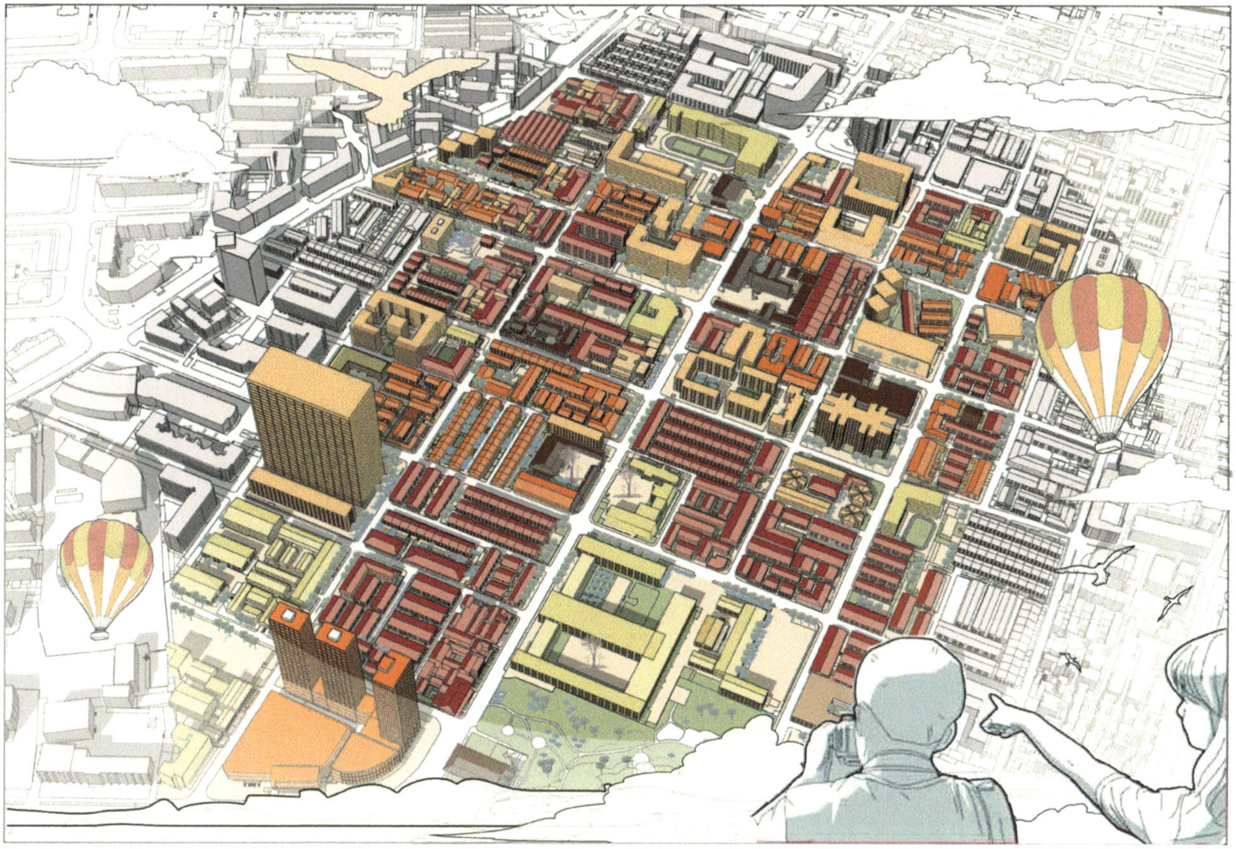

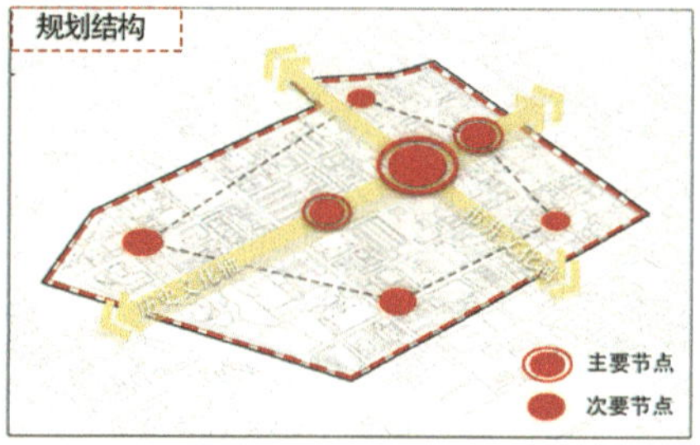

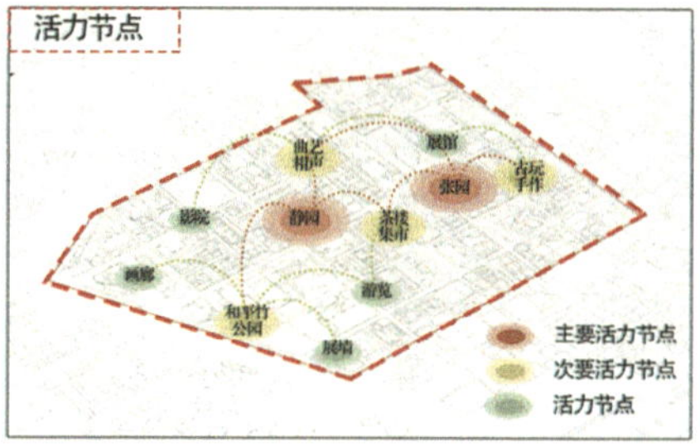

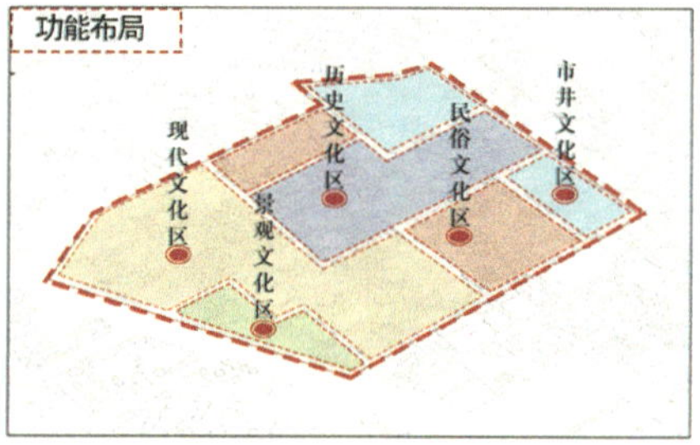

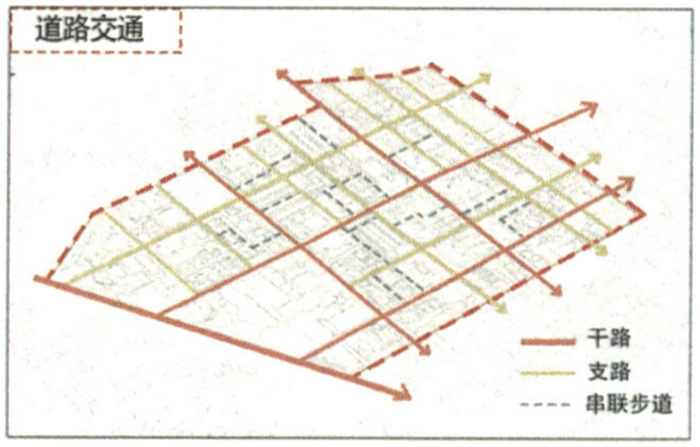

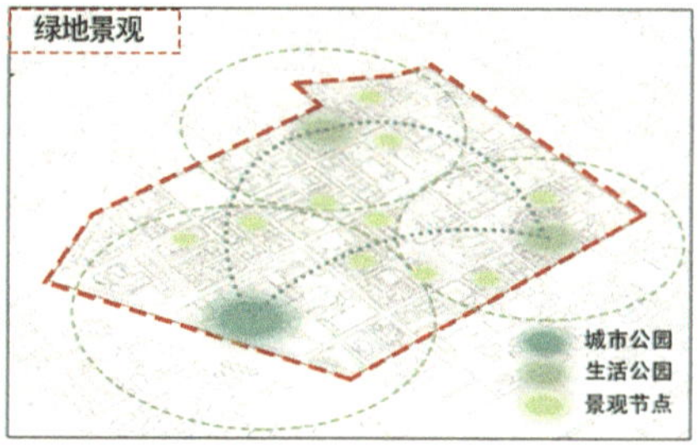

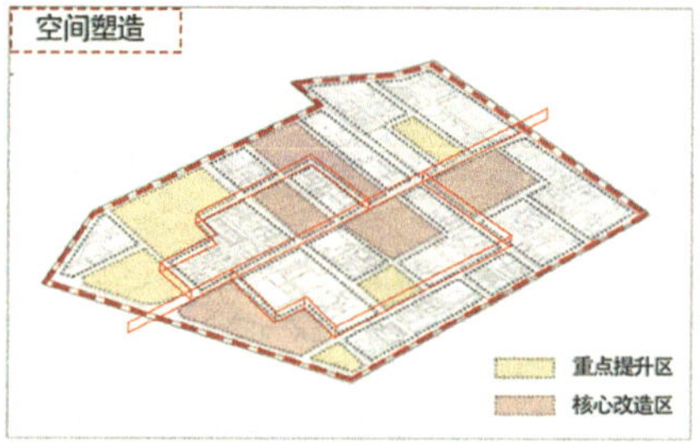

规划结构

○ 主要节点
● 次要节点

活力节点

● 主要活力节点
● 次要活力节点
● 活力节点

功能布局

道路交通

—— 干路
—— 支路
--- 串联步道

绿地景观

● 城市公园
● 生活公园
● 景观节点

空间塑造

重点提升区
核心改造区

■ 设计架构

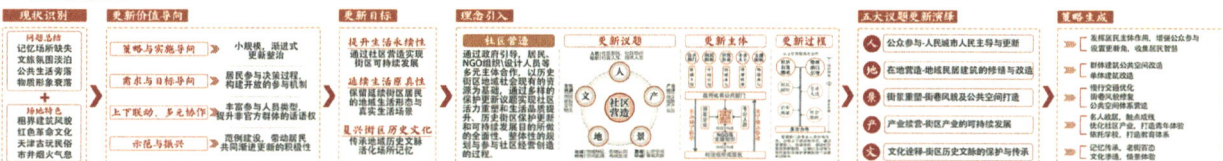

■ 策略生成

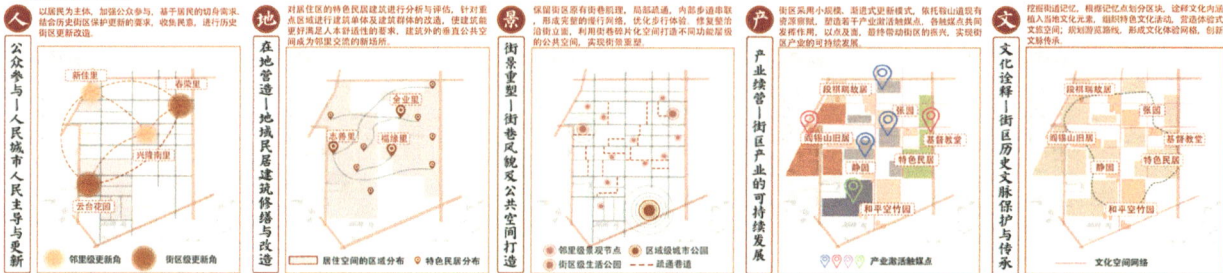

■ 更新路径

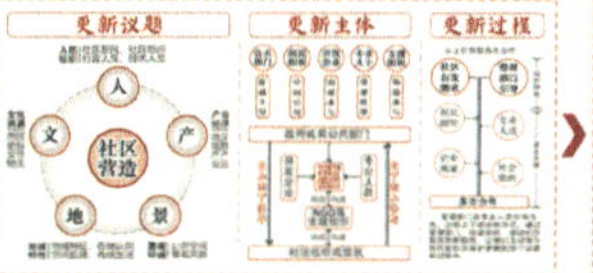

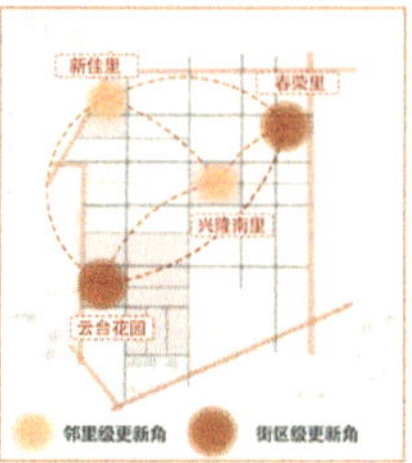

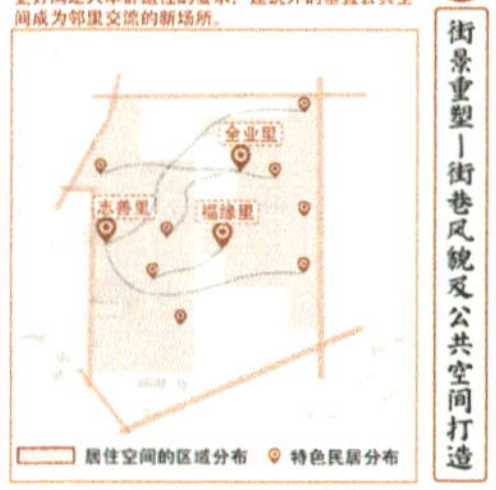

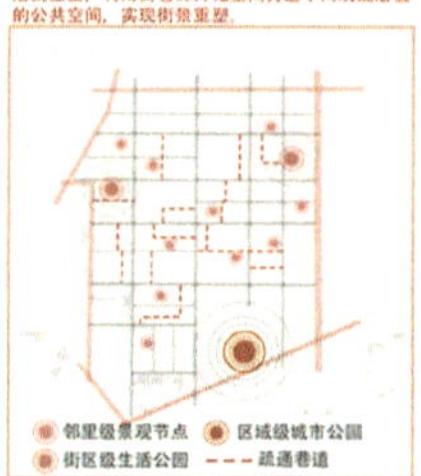

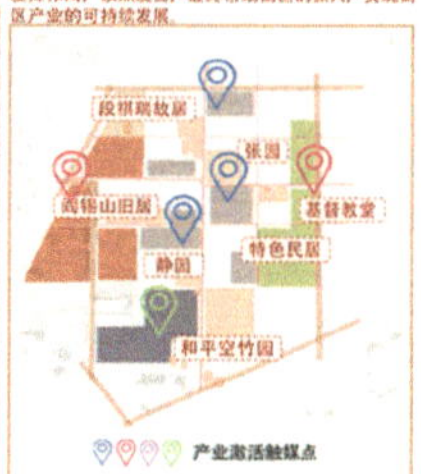

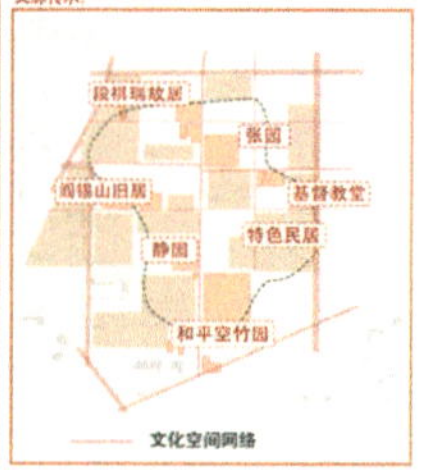

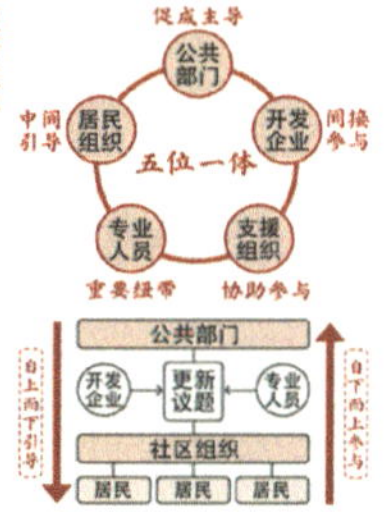

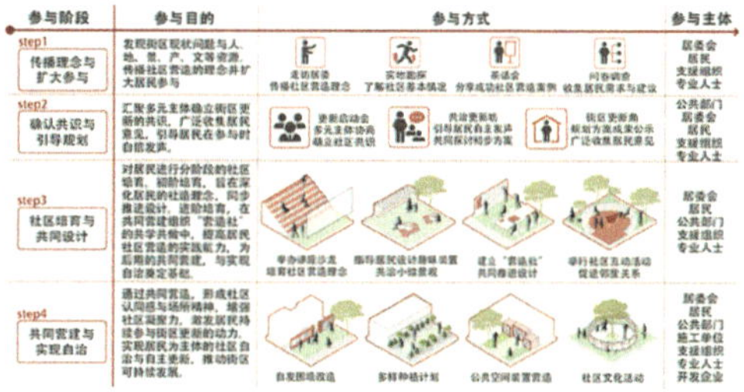

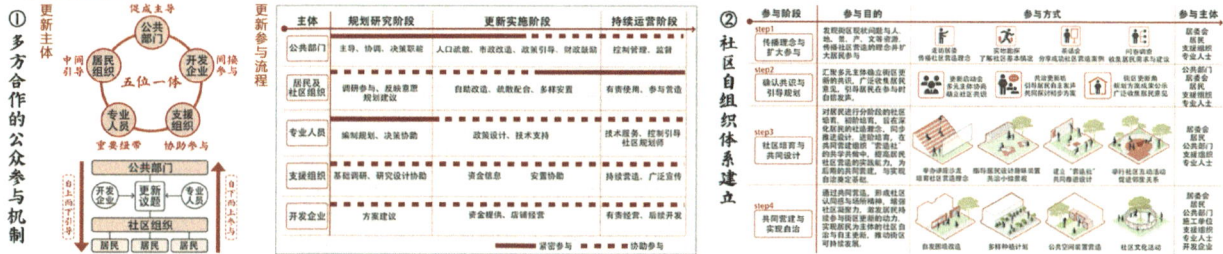

2022年「天津城投杯」第二届全国大学生国土空间规划设计竞赛获奖作品——本科生组（佳作奖）

忆津·俗世里 映今光影间

总平面图

街道空间设计

前期分析

空间品质评价

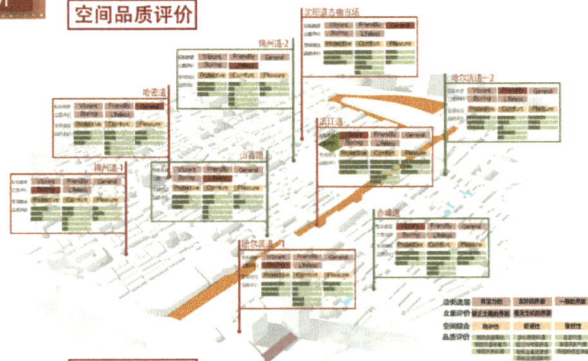

人群活动调查

平面分析

交通规划　**规划结构**　**功能分区**

拆改留分析　**地下空间规划**

·主要技术经济指标
总用地面积 73.429ha 总建筑面积 222.122hm
毛建筑密度 33.70%　毛容积率 3.025
主绿化率 30.75%　净建筑密度 45.90%
净容积率 3.53%　净绿化率 47.78%

·规划用地平衡表

项目	用地面积（ha）	比例（%）
规划用地	73.429	100
道路及树园	18.137	24.7
设施用地		
绿化用地	22.579	30.75
建筑用地	27.793	37.85
广场用地	4.920	6.70

忆津俗世里 映今光影间——基于场景理论的天津劝业场片区城市更新设计

参赛院校：云南大学
作者姓名：王清莹 梁子欣 陈漩 李思潞 黄沛诺
指导老师：赵 敏 罗桑扎西
"天津城投杯"第二届全国大学生国土空间规划设计竞赛 佳作奖

方案点评：

　　该作品以场景理论为基础，通过对基地内外人群、业态、活动、空间、文化五要素的关联性研判，以电影剪辑技术为依托，借助风貌拼贴、慢道构建、场景重现等空间设计策略，在平衡多方利益的同时，在城市高速运转的背景下还原老天津的街区氛围，以期守住市民记忆，打造新时代古今交融、中西合璧的特色街区。

　　该方案基于场景理论与电影剪辑技术方法对空间规划设计进行方向性指引，通过商业建筑及场所的传承与剪辑互动，在商业业态、文化体验、活动流线、主题街区、节点改造等方面的空间策划和设计效果较为突出。

增强记忆感和体验感

空间价值的最大化

破碎的场景串联

场景理论：
都市娱乐休闲设施的不同组合形式，会形成不同的都市场景，不同的都市场景蕴含着特定的文化价值取向，这种文化价值取向又吸引着不同的群体前来进行文化消费实践，从而推动区域经济社会的发展。

场景五要素

| 业态 | 物质 | 人群 | 活动 | 文化 |
| 色彩 | 布景 | 冲突 | 情节 | 光影 |

电影五要素

生成电影：

片场构建 → 胶片合成 → 剪辑串联 → 影片放映

前期调研

问题梳理

业态分析	商业业态同质化严重 传统行业缺乏创新活力 业态分布混乱无序
人群矛盾分析	用地产权混乱 停车困难，人车混行 不同主体共建合作度低
物质空间分析	新旧建筑立面缺乏过渡 建筑年久失修，私搭乱建 巷道空间逼仄无趣
活动需求分析	夜间活动（经济）匮乏 居民参与度低 活力节点和休憩家具缺失
文化分析	老城传统记忆缺失 历史建筑吸引力低

场的转变

旧场 ⟷ 新场

旧 智能化程度低 D/H比

新界面 沉浸体验

策略制定

业态策略	主题商业划分 传统行业创新 业态配套完善
人群矛盾策略	主体效益平衡 街道时空利用 停车系统智能化
物质空间策略	建筑结构改造 巷道空间重塑
活动策略	分时活动共享 社区活动策划 多元空间塑造
文化策略	民间技艺体验 文化多元传承

构建片场

记忆片场　摩登片场

价值片场

游客路线A

游客路线B

居民路线

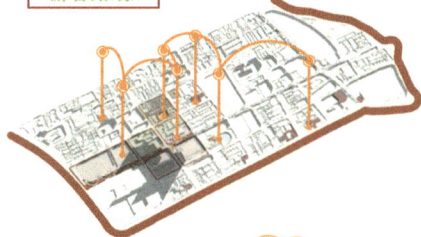

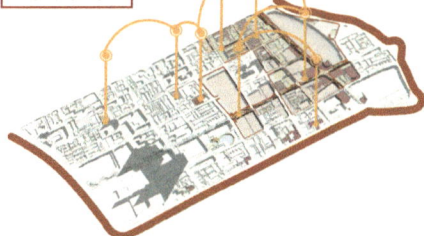

活动节点分布图

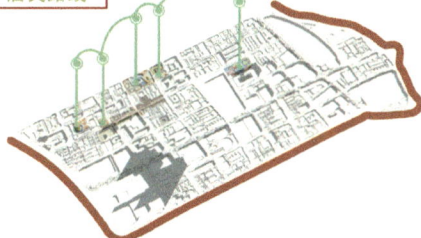

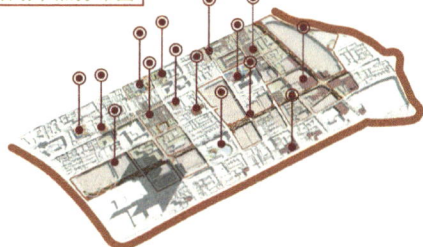

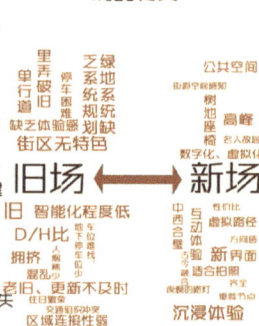
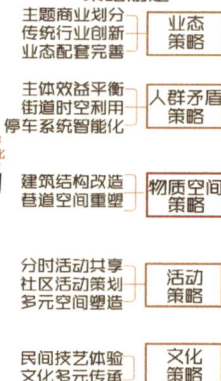

2022年『天津城投杯』第二届全国大学生国土空间规划设计竞赛获奖作品——本科生组（佳作奖）

【经济技术指标】
用地面积：30.97ha
建筑面积：557,460㎡
建筑密度：35.9%
容积率：1.8
绿地率：38.6%
停车位：460辆

总平面图

1 音乐剧场　2 津洁手绘　3 蒙芯雕刻　4 陈列展示　5 曾氏华服　6 创意办公
7 玉瀚商铺　8 盛天影院　9 怀旧商场　10 影视工厂　11 津轮博物馆
12 齿轮工艺　13 阳光草坪　14 葫芦技艺　15 法酒酿艺　16 Livehouse　17 京韵戏艺
18 名品街　19 莱莉花茶　20 泽禾饽饽　21 龙须面艺　22 艺术培训　23 青年公演
24 酒店住宅　25 创意民宿　26 室内娱乐　27 管理中心

道路系统分析

主要道路　　次要道路　　周边道路　　人行廊道

建筑风貌分析

遗址风貌建筑　　创意设计建筑　　现代功能建筑
青年公寓　津洁手绘　怀旧商场　影视工厂　名品街　艺术培训　津洁美食　齿轮博物馆

建筑分析　Architectural Analysis

加工车间　维修车间　食堂广场　居佳性建筑　服务性建筑　办公性建筑

组合分析　Combination Analysis

综合现状　Comprehensive Current Situation

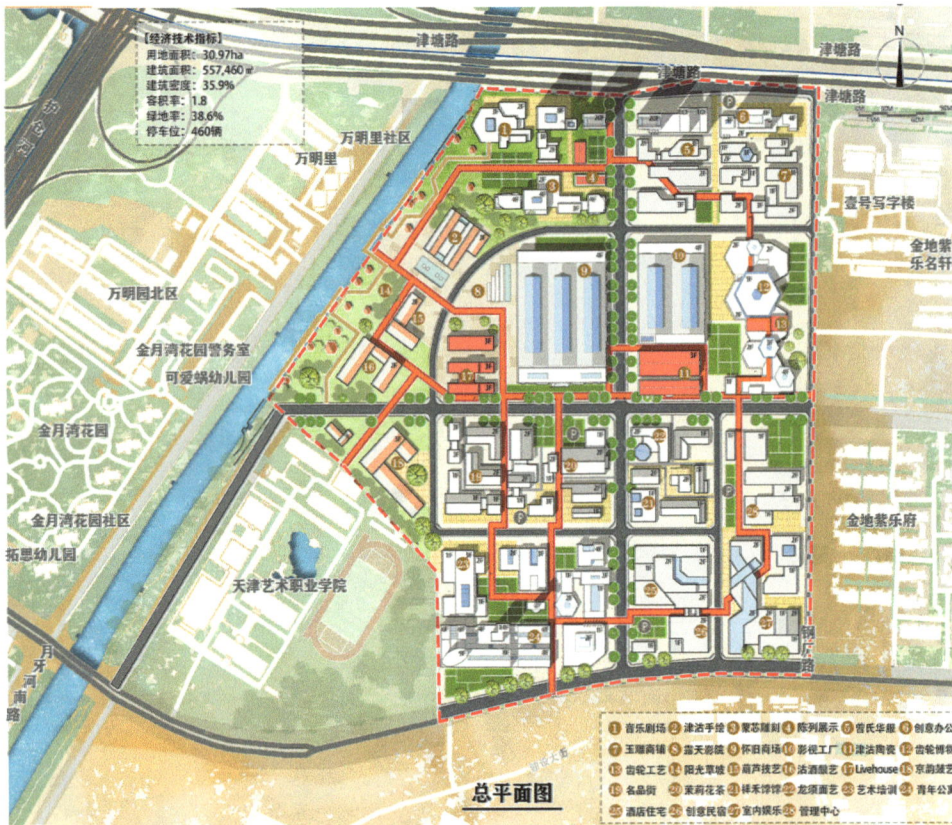

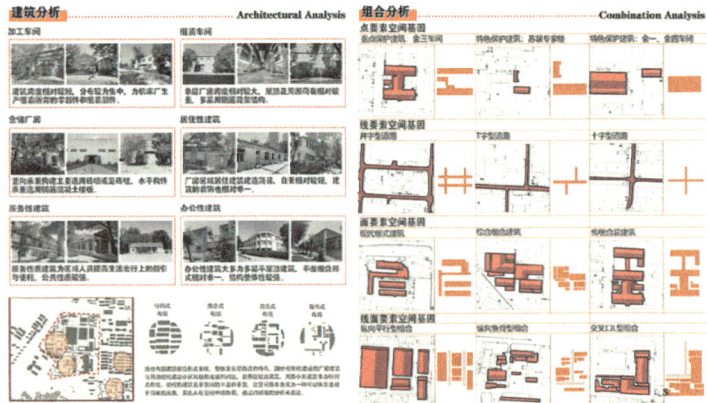

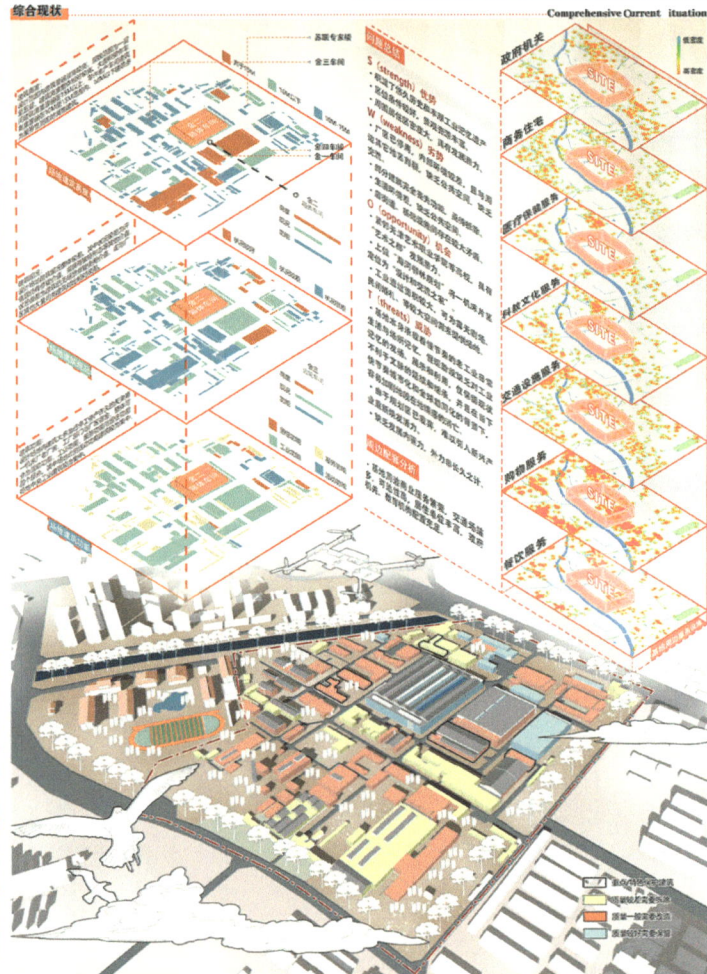

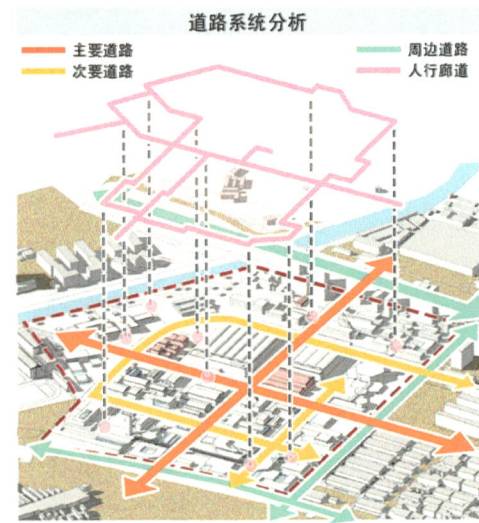

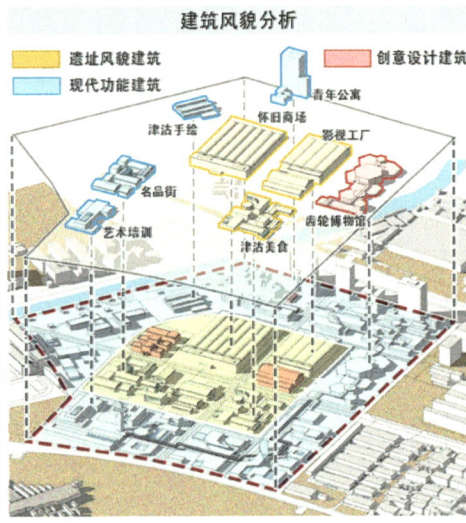

融旧铸新，津艺求精——空间生产理论下天津一机厂工业遗址更新规划设计

参赛院校：中南大学
作者姓名：唐伊雯　汪慧迪　杨瑞华　黄文剑　董志行
指导老师：李铌　刘钺
"天津城投杯"第二届全国大学生国土空间规划设计竞赛　佳作奖

方案点评：

作品综合运用多种方法对现状进行了深入且全面的分析，结合空间生产理论，提出记忆场景重塑、复合产业活化和社交体验鼓励三个重要的更新策略，并对物质空间生产节点的改造、精神空间生产节点的焕活以及社会空间生产节点的建构给出思考与丰富的表达。

具体策略　Specific Strategy　策略落地　Strategy on the Ground

记忆场景重塑

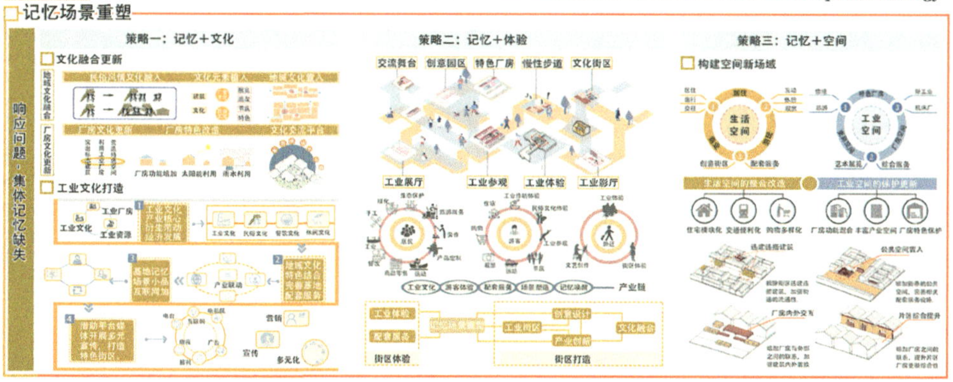

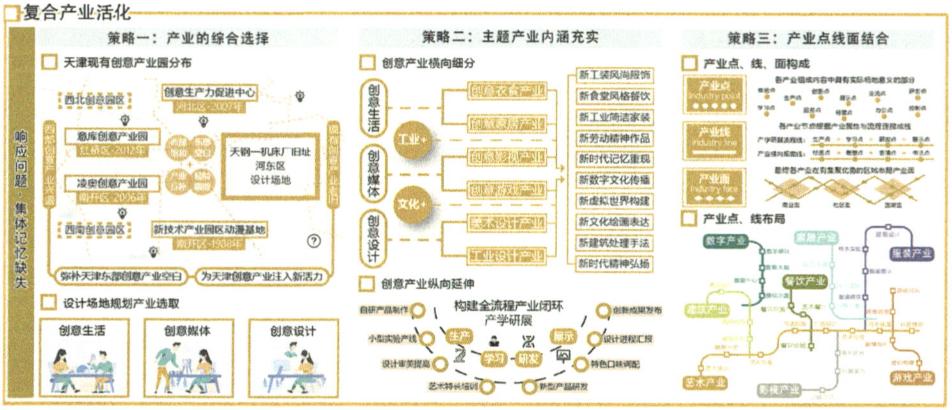

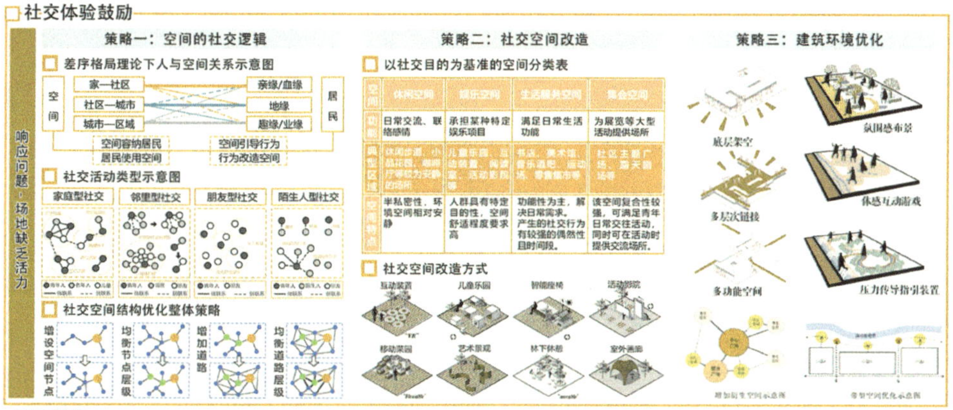

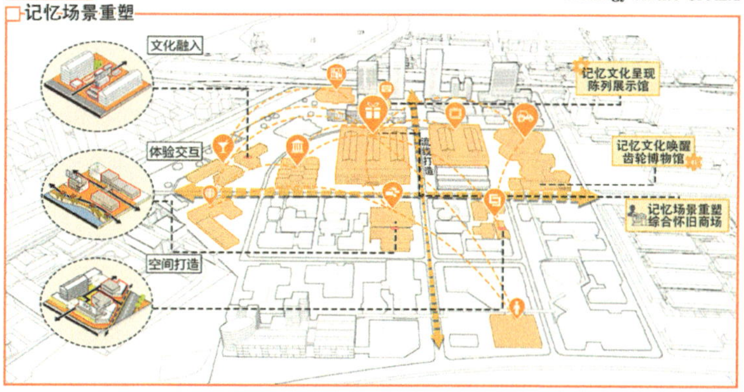

策略一：记忆+文化

□ 文化融合更新

□ 工业记忆打造

策略二：记忆+体验

策略三：记忆+空间

□ 构建空间新场域

记忆场景重塑

- 文化融入
- 体验交互
- 空间打造

- 记忆文化呈现陈列展示馆
- 记忆文化唤醒齿轮博物馆
- 记忆场景重塑综合怀旧商场

复合产业活化

策略一：产业的综合选择

□ 天津现有创意产业园分布

□ 设计场地规划产业选取

策略二：主题产业内涵充实

□ 创意产业横向细分

□ 创意产业纵向延伸

策略三：产业点线面结合

□ 产业点、线、面构成

□ 产业点、线布局

复合产业活化

社交体验鼓励

策略一：空间的社交逻辑

□ 差序格局理论下人与空间关系示意图

□ 社交活动类型示意图

□ 社交空间结构优化整体策略

策略二：社交空间改造

□ 以社交目的为基准的空间分类表

□ 社交空间改造方式

策略三：建筑环境优化

社交体验鼓励

- 居民社交打造
- 游客社交打造

- 游玩
- 婚戏
- 社交
- 休闲
- 活动

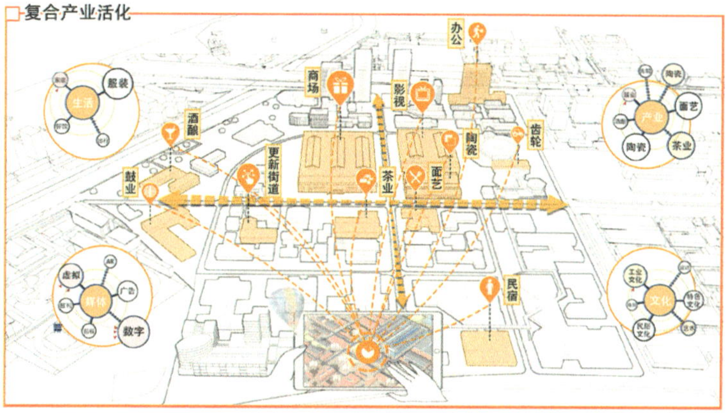

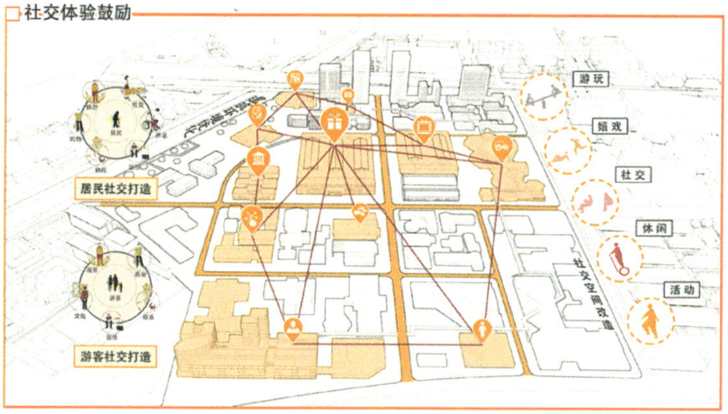

生产节点

Specific Strategy

[物质空间生产节点]

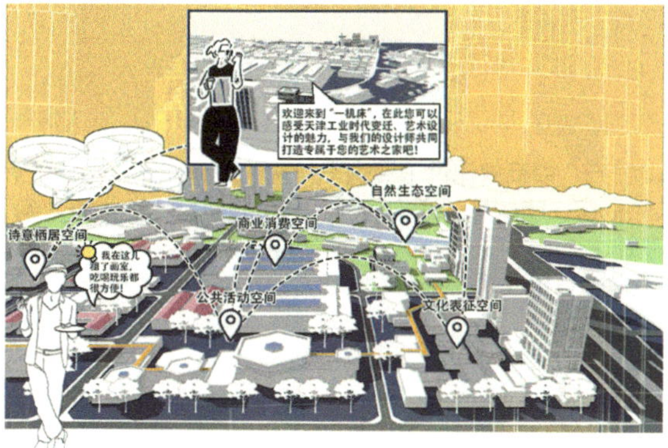

[精神空间生产节点]

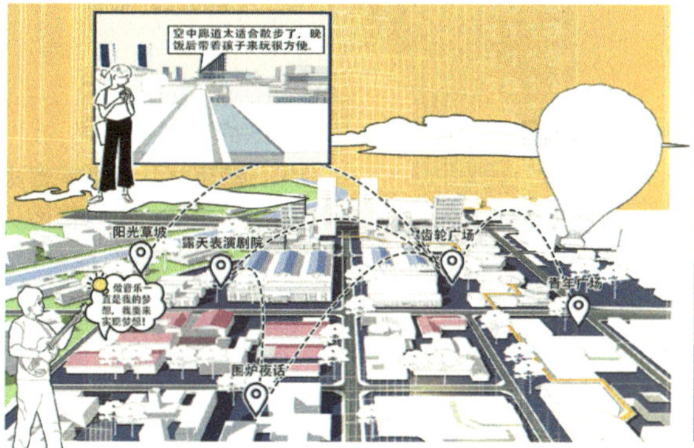

[社会空间生产节点]

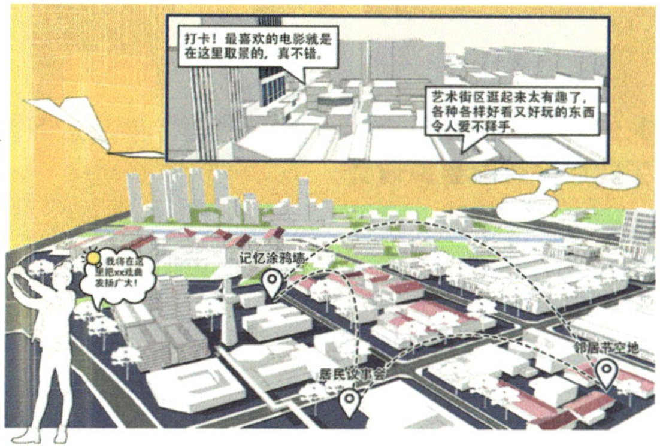

2022年『天津城投杯』第二届全国大学生国土空间规划设计竞赛获奖作品——本科生组（佳作奖）

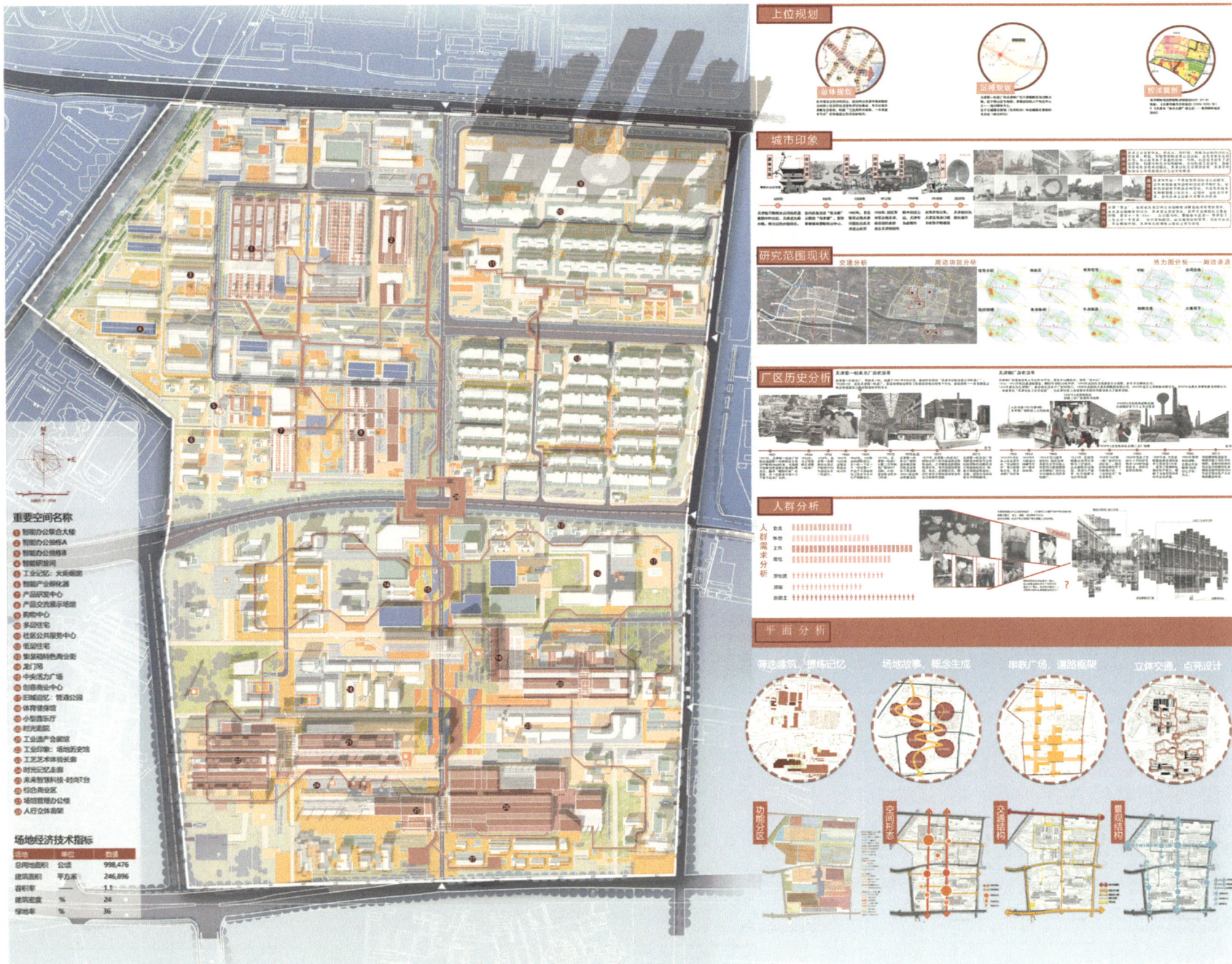

艺燃绎新，融炬沽津——基于"链"锁反应效益的天津天钢－机床厂工业遗产片区更新设计

参赛院校：南京林业大学
作者姓名：陈杰思榕　胡　茜　陆韵如　史菁妍　孙浩皓
指导老师：李　岚　方　程
"天津城投杯"第二届全国大学生国土空间规划设计竞赛　佳作奖

方案点评：

　　南京林业大学参赛团队以"链"锁反应探讨工业遗产片区的更新问题，展现了对城市复杂性、多元性的认知和把握。团队基于翔实的现状分析，所提出的生态之网、生活之环、记忆之"链"、设计之"链"，充分回应了场地的核心问题，并将资源要素、人群活动、城市记忆和新业态有机联系在一起，充分尊重了空间价值规律和演化逻辑，富于探索精神和创新意义。

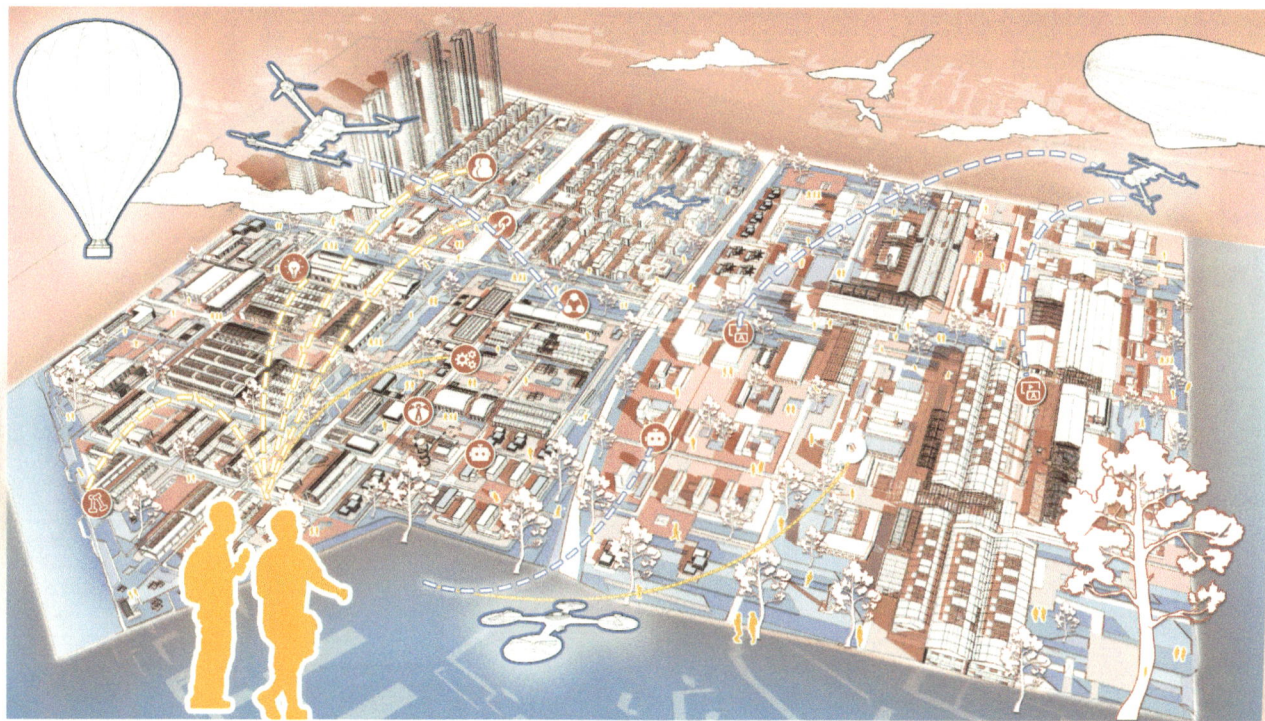

目标梳理

问题总结	迫切诉求	解决路径	规划主题
空间动力不足	地区功能定位 / 创新智慧转型	空间改造 / 功能重组 / 创意社群	链锁反应
生活品质低下	公共空间完善 / 社区公服完备	动力引入 / 教育活动 / 历史留韵	造炬焕新
历史记忆破碎	工业遗产再生 / 文化记忆传承		

概念解析

生产 · 设计 · 生活

规划策略

处理手法 — 紫线范围 / 红线范围

功能整合

艺术活力区 · 特色主题公园 · 智慧艺术设计产业区 · 宜居生活区 · 工业遗产文化展示区

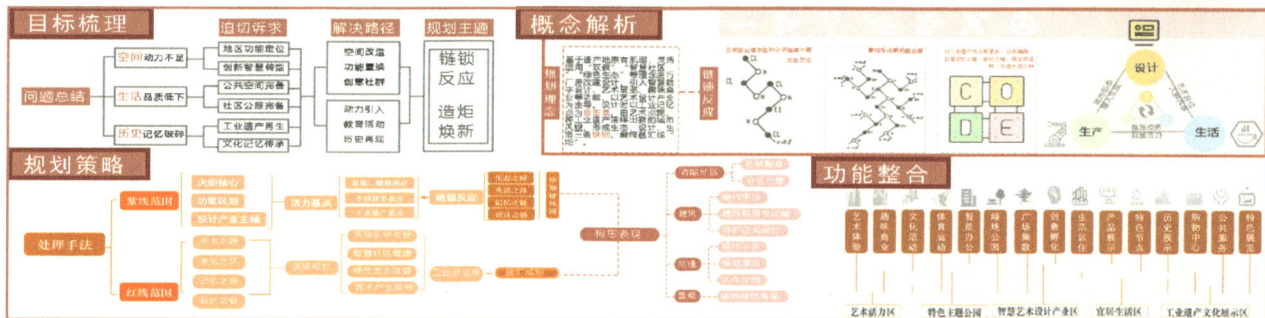

研究范围概念规划

总体概念：记忆之庭 Memory / 生活之环 Living Circle / 生态之网 Ecological / 设计之庭 Design

交通规划 / 生态之网 / 链锁效益 / 生活之环

场景激活 / 智慧共享 / 绿色健康 / 艺术灵动

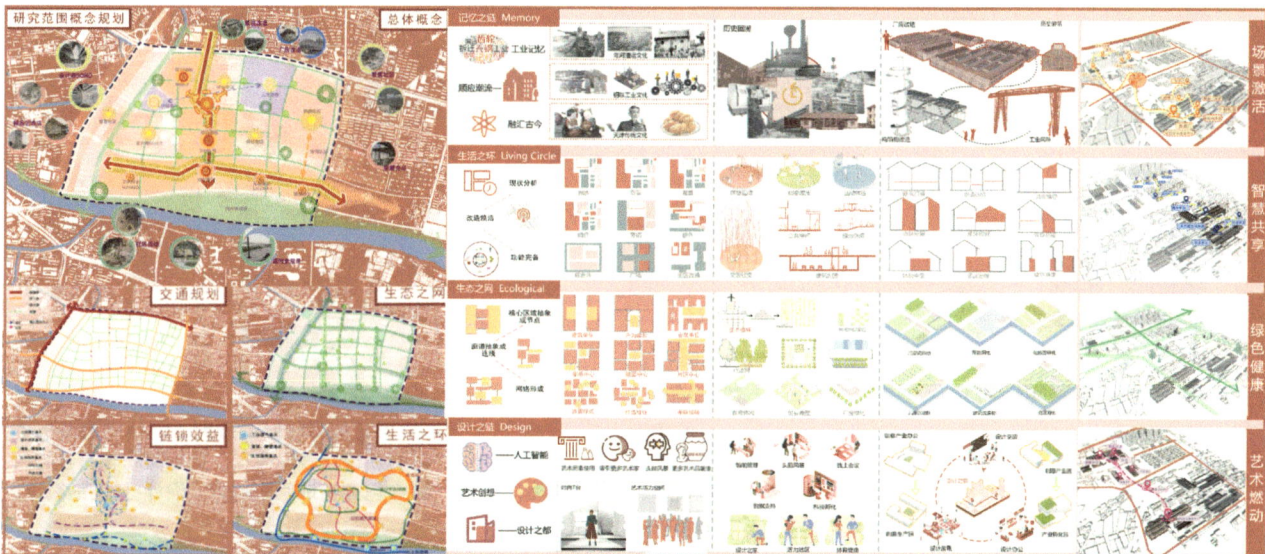

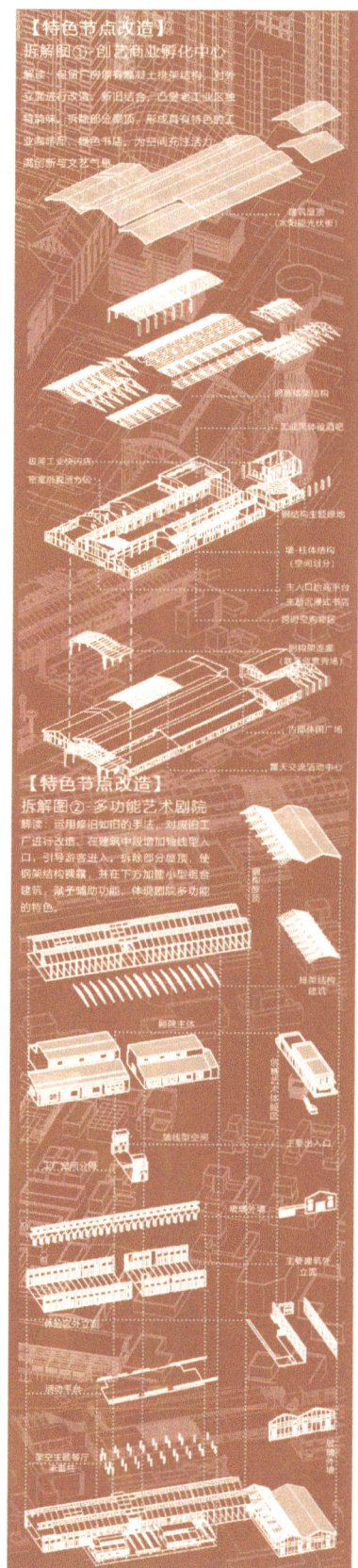

【特色节点改造】
拆解图①·创艺商业孵化中心

【特色节点改造】
拆解图②·多功能艺术剧院

185

左侧竖排：2022年「天津城投杯」第二届全国大学生国土空间规划设计竞赛获奖作品——本科生组（佳作奖）

平面图标注

上部建筑标注：
奥通环保设备厂　金地国际广场　万顺里小区　天津艺术职业学院

元居空间：
① 全龄智能运动公园
② 全龄社区
③ 休憩交流公园
④ 生态社区
⑤ 智慧共享公园
⑥ 创智社区
⑦ 绿地公园

元展空间：
38 文化会议中心
39 城市创新设计展馆
40 共享展示公园

经济技术指标：
规划用地面积：43ha
容积率：2.3
建筑密度：28.6%
总建筑面积：98.9ha
绿地率：36.8%
拆除建筑面积：30ha
新建建筑面积：68ha
拆建比：0.44
保留建筑

0m 50m 100m　25m

工业遗址公园
⑧ 社区中心
⑨ 智慧健康会所
⑩ 商业组团
⑪ 文化艺术公园
⑫ 商品零售

⑬ 创客交流中心
⑭ 智慧健康会所
⑮ 设计活动中心
⑯ 创新沙龙
⑰ 文化艺术公园
⑱ 工业文化体验馆

元创空间：
⑲ SOHO创客孵化园
⑳ 创智研发中心
21 智能化科技酒店
22 人才交流公园
23 智能体验办公

24 创智研发中心
25 人才公寓
26 创智工坊
27 园区活动中心
28 人才公寓

29 众创空间
30 园区活动广场
31 高新产业研发区
32 商务办公
33 配套公寓

34 工业创意中心
35 艺术工作区
36 商务办公
37 文化创意工坊

历史沿革

1951 兴起　1956 高升高走　1978 被时代遗忘 2000

机床厂的成立
始建于1951年9月22日，最初的名称为"天津市公私合营示范机器厂"。

机床技术讯速发展
1956年7月，改名天津第一机床厂。是我国唯一一家掌握弧齿锥齿轮成套加工机床制造技术的企业，世界弧齿锥齿轮成套加工机床三大巨头之一。

机床行业整改
改革开放前期，行业开始整改。从计划经济时代向社会主义市场经济迈进。在20世纪90年代，中国开始大幅降低关税，进口机床纷纷涌入国内，给我国机床行业带来了巨大的挑战。

机床行业走向衰落

遗失的工业遗产

配套设施齐全
天津第一机床总厂工厂占地26万平方米，相当于26个足球厂，建筑保留相对完整、大跨度，配有宿舍楼、办公楼等配套设施。

老厂房头大活力
厂房主体为单层厂房，采用砖混凝形排架结构，由屋架或屋面梁、柱和基础组成。排架柱与屋架或屋面梁为铰接，而与其下基础为刚接，构成较大的空间，满足在车间中放置尺寸大、较重型的设备生产重型产品的需求。

上位规划

一河两岸，一路两心

双轴、多点的发展格局

海河柳林地区汇聚产业组团高等院校，具有独特的发展优势，是天津"设计之都"核心区，数字设计新高地，未来将发展以工业设计、工程设计、专业设计和特许设计为主导产业的设计产业集中区，未来将建设成为以智慧城市和生态宜居为主要特征的天津"设计之都"核心区，是中国"三北地区"的现代服务业高地。

现状建筑高度　现状土地利用　现状交通系统

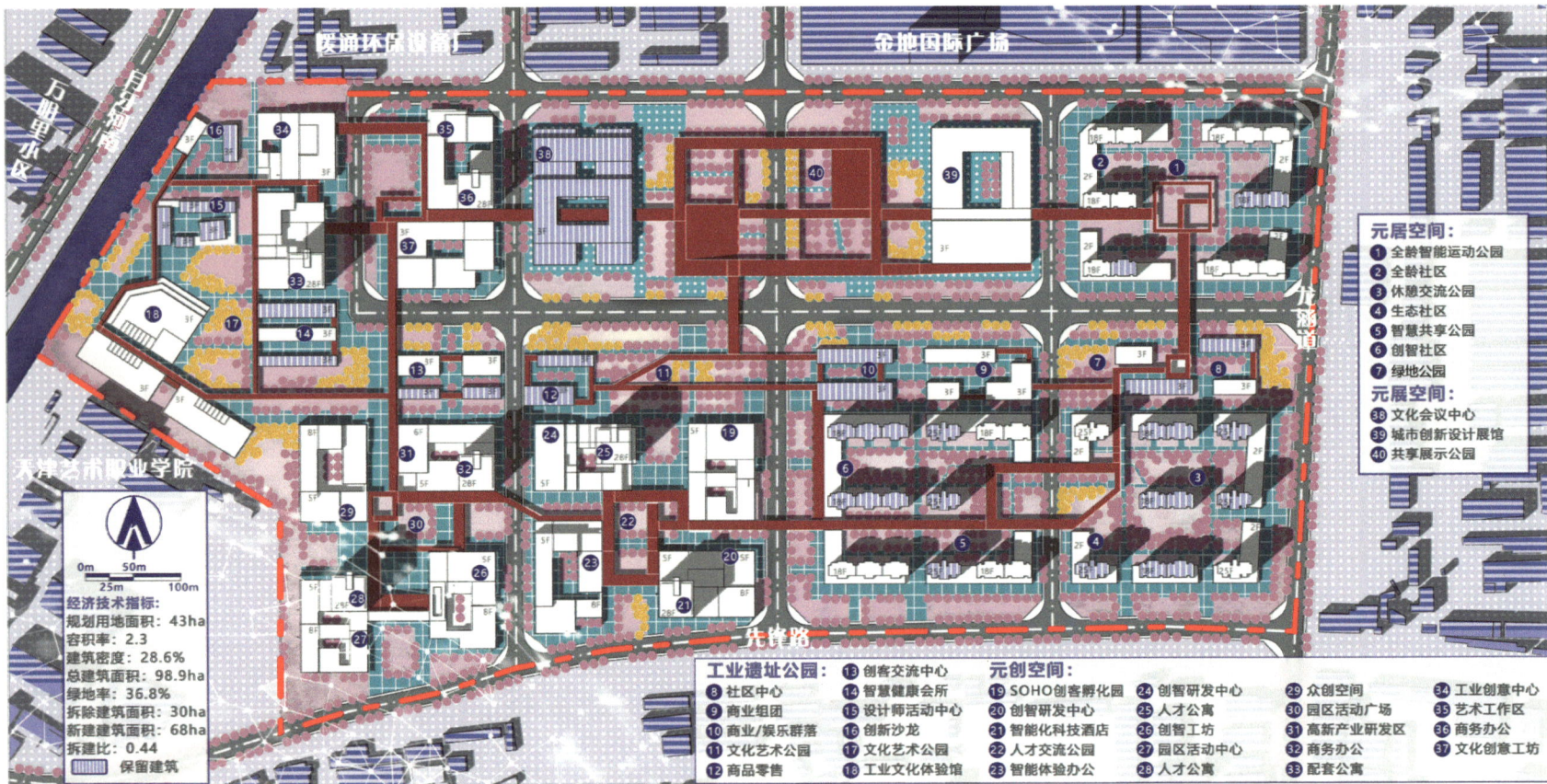

元生共融，创智更新——基于元宇宙交互生长的天津海河柳林地区更新设计

参赛院校：天津城建大学
作者姓名：沈　磊　朱泓叡　周重良　张　正
指导老师：宫同伟　朱凤杰
"天津城投杯"第二届全国大学生国土空间规划设计竞赛　佳作奖

方案点评：
方案对上位规划对该片区的发展定位有较好的理解。现状问题分析透彻。设计能力较强，对工业遗产的更新设计较为翔实。功能策划丰富，结合创意设计、居住、展览等功能，综合且完整地回应需求。设计结构完整，图面表达清晰。

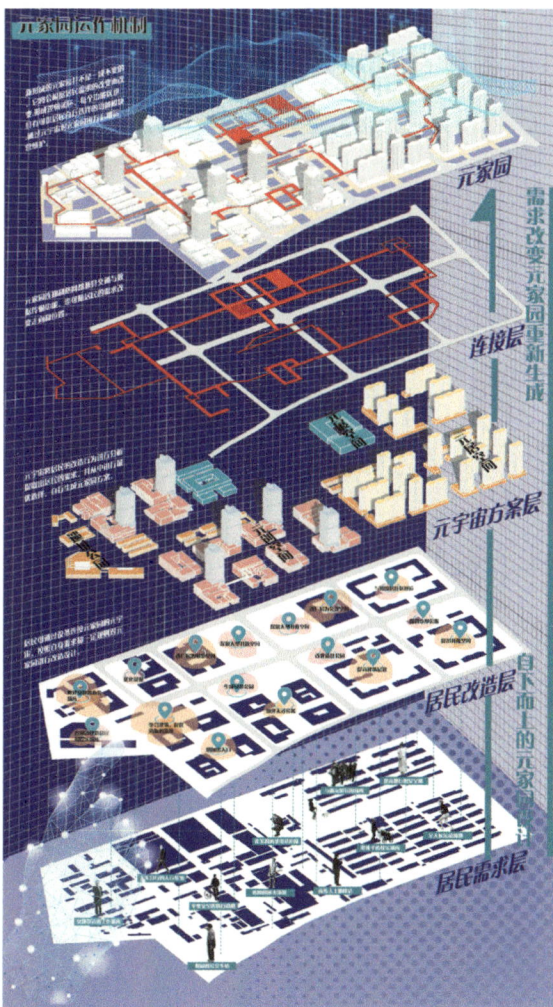

元家园运营系统

居住　工作　游憩　交通

社交　　　　道路

购物　　　　办公

景观　　　　物业

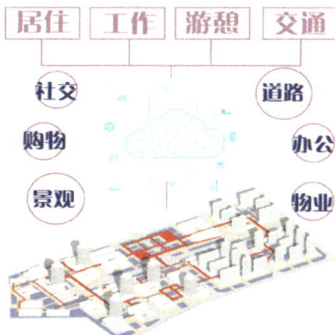

居住

元宇宙运营管理

社区

住宅

工作

线下办公场景控制

线下智慧办公

定制办公空间

虚拟产业集景

虚拟办公场景搭建

交通

交通监管

智慧公交　可变街道

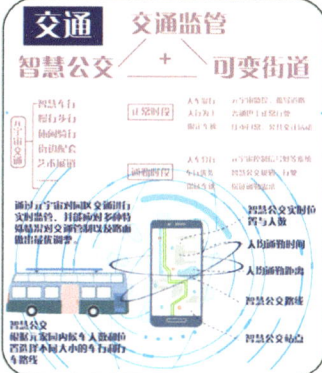

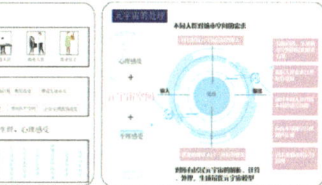

元创空间

人才公寓

设计工作室

创作模式

多元化空间　小微创意工坊

大型设计企业

游客展销首道

线下空间　元宇宙产品推荐

线上空间　元宇宙信息收集

元宇宙产品定制

元展空间

会议空间

线下会议厅

线上会议厅

展销空间

展销模式

多功能空间　交通物流系统

大型展销中心

线下空间　线下直播广场

元宇宙购物空间

线上空间　元宇宙展示空间

元宇宙直播平台

2022年「天津城投杯」第二届全国大学生国土空间规划设计竞赛获奖作品——本科生组（佳作奖）

青年规划师

2022年 "天津城投杯"第二届全国大学生
国土空间规划设计竞赛获奖作品
——研究生组

2022年【天津城投杯】第二届全国大学生国土空间规划设计竞赛获奖作品——研究生组（一等奖）

经济技术指标

序号	名称	单位	数值
1	总用地面积	公顷	73
2	建筑面积	平方米	1065800
3	容积率	—	1.46
4	建筑密度	%	59.4
5	绿地率	%	25

主要设施一览表

① 劝业场大楼　　⑦ 中国大戏院　　⑬ 数据监测塔
② 劝业场文化广场　⑧ 交通旅馆IP体验馆　⑭ 休闲健身房
③ AI体验馆　　⑨ 法国电灯房AR馆　⑮ 创意剧场
④ 浙江兴业银行大楼　⑩ 文化交流馆　⑯ 劝业创意VR秀场
⑤ 互动广场　　⑪ 银龄活态生活馆　⑰ 古玩一条街
⑥ 原光明社　　⑫ 邻里共享中心　⑱ 社区市集

设计说明

劝业场街区位于天津市中心城区，见证了天津近现代城市发展的历史。如今，劝业场曾经的商业龙头地位衰弱、空间效能下降，历史文化街区面临着基础设施老化、公共空间缺失、历史建筑价值和功能不匹配等诸多问题，我们以"流动的超级里"为解决思路，打造功能更加复合、空间使用更加高效、生活空间更加绿色、社群更加凝聚的新劝业场"超级里"。

更新改造情况

编号	原功能	改造后功能	更新方式	更新内容
1	商业	+展览方式	改造	立面整饬，屋顶增加玻璃窗
2	交通通道	休憩停留	新建	新建下沉文化集市
3	商业	文化体验、创意商业	改造	立面整饬，室内空间改造，生态材料利用
4	商业	旧址展览、文化展示	改造	立面整饬，屋顶增加玻璃窗
5	交通通道	休憩停留、文化活动	新建	新建下沉文化集市
6	商业	文化体验、创意商业	改造	立面整饬，屋顶增加玻璃窗
7	商业	+VR展示	改造	立面整饬
8	文保旧址	+文化交流	改造	立面整饬，室内空间改造，顶部增加观景平台
9	文保旧址	创意交流、VR展示	改造	立面整饬
10	名人故居	创意剧场表演	新建	立面整饬，空中平台衔接
11	康养	社区老年活动	改造	立面整饬，室内空间改造，顶部增加观景平台
12	社区中心	休闲健身、亲子互动	改造	立面整饬，室内空间改造，顶部增加观景平台
13	居住	科研体验	新建	立面整饬，室内空间改造，顶部增加观景平台
14	商业	休闲健身、亲子互动	改造	立面整饬
15	商业	创意交流、VR展示	新建	立面整饬，屋顶增加玻璃窗
16	商业	+文化互动	改造	立面整饬，联系内外部建筑与空中廊道
17	商业	+文化互动	改造	立面整饬
18	商业	零售市集	改造	立面整饬

总平面图

流动的超级里——天津劝业场商业街区焕活设计

参赛院校：清华大学
作者姓名：李沅儒　邓一秀　李思颖　周雨晴　刘燕敏
指导老师：黄鹤　袁琳
"天津城投杯"第二届全国大学生国土空间规划设计竞赛　一等奖

方案点评：

　　该作品以系统驱动力和传统街区空间的关系为切入点，创新性地提出"流动的超级里"概念，同时也建构了一种具有特色的城市更新模式，以信息赋能的再流动和载体疏通的里重构为核心目标及基本策略，"流"即经济流、历史流、交通流，"载体"即功能业态空间、历史文化空间、公共开放空间，最终达到"网形成－超级里建构"的愿景。在对片区"流不动""里不活"的主要原因进行深入剖析的基础上，提出了兼具落地性和在地化特征的空间更新策略、设计方法，并构建相应的空间规划和表现方法。

　　该方案通过"商业主导里""历史资源聚集里""点状公共空间激活里"等建构，回应功能业态空间、历史文化空间、绿化开放空间的需求变化，打造功能更加复合、空间使用更加高效、生活空间更加绿色、社群更加凝聚的新劝业场"超级里"街区，实现了系统驱动力和街区空间的互促互生。

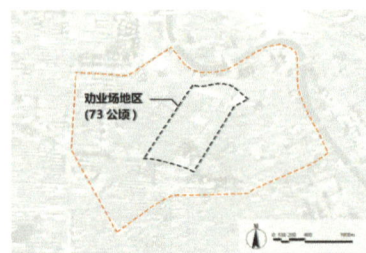

劝业场地区
（73公顷）

区位图

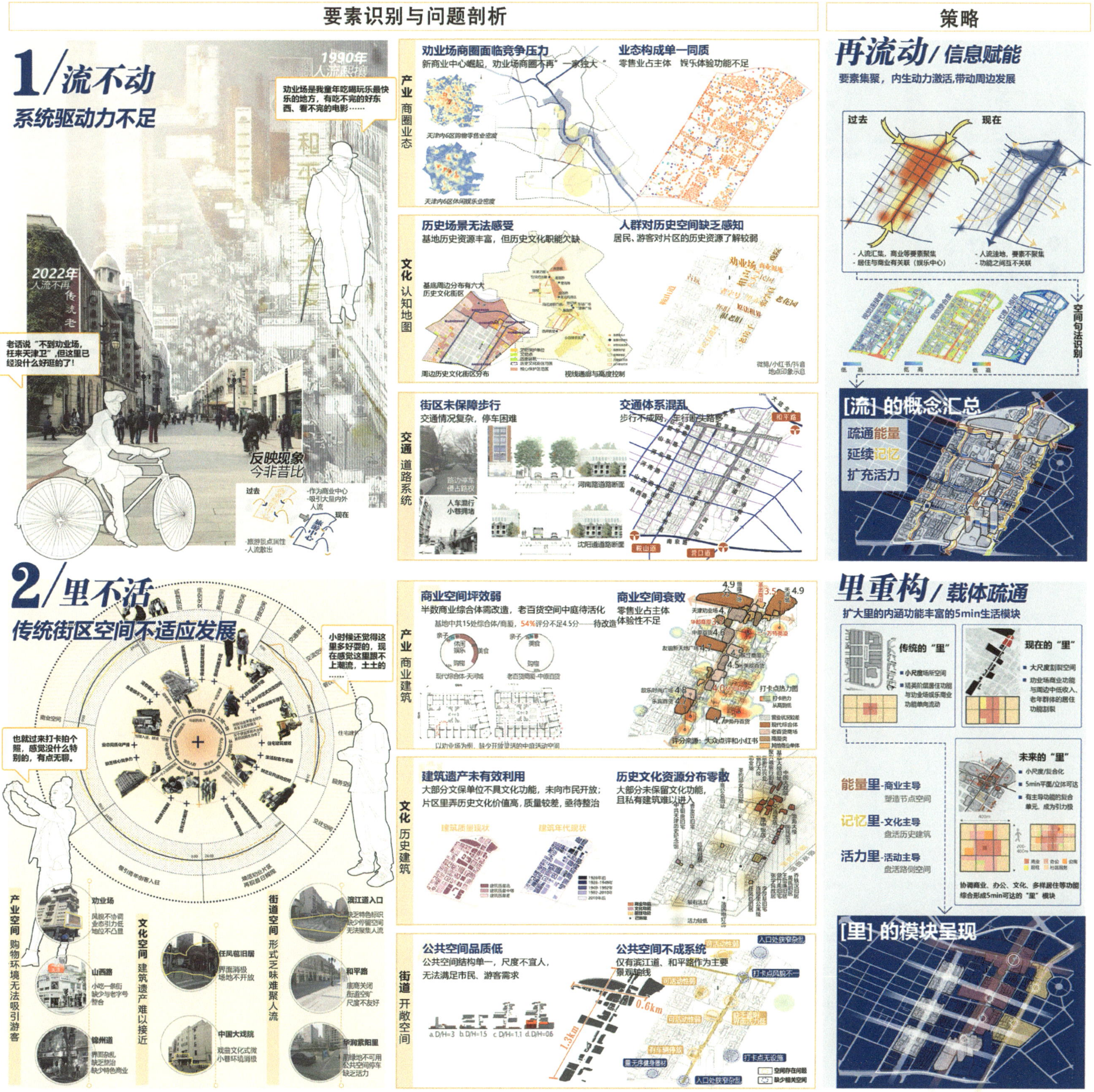

1/流不动
系统驱动力不足

反映现象
今非昔比

1990年 人流鼎沸

2022年 人流不再 传壳老

> 劝业场是我童年吃喝玩乐最快乐的地方，有吃不完的好东西、看不完的电影……

> 老话说"不到劝业场，枉来天津卫"，但这里已经没什么好逛的了！

过去
- 作为商业中心，吸引大量内外人流

现在
- 旅游式点属性
- 人流散出

产业 商圈业态

劝业场商圈面临竞争压力
新商业中心崛起，劝业场商圈不再"一家独大"

天津市6区购物零售业密度

天津市6区休闲娱乐业密度

业态构成单一同质
零售业占主体　娱乐体验功能不足

文化 认知地图

历史场景无法感受
基地历史资源丰富，但历史文化职能欠缺

基底周边分布有六大历史文化街区

周边历史文化街区分布

人群对历史空间缺乏感知
居民、游客对片区的历史资源了解较弱

视线通廊与高度控制

微博/小红书/抖音地点印象力

交通 道路系统

街道未保障步行
交通情况复杂，停车困难

路边停车侵占路权

人车混行　小巷拥堵

河南路道路断面

沈阳道道路断面

交通体系混乱
步行不成网，车行街区路多

2/里不活
传统街区空间不适应发展

> 小时候还觉得这里多好逛的，现在感觉这里跟不上潮流，土土的。

> 也就过来打卡拍个照，感觉没什么特别的，有点无聊。

产业空间
购物环境无法吸引游客

产业空间
- 劝业场
风貌不协调业态引力低地位不凸显
- 山西路
小吃一条街缺少与老字号整合
- 锦州道
弄堂商业缺少特色商业

文化空间
建筑遗产难以接近

文化空间
- 任风蕴旧居
界面消极场地不开放
- 中国大戏院
戏曲文化式微小巷环境消级

街道空间
形式乏味难聚人流

街道空间
- 和平路
底商关闭街道空间尺度不友好
- 华润紫阳居
绿地不可用公共空间停车缺少活力

- 滨江道入口
- 和平路
- 华润紫阳居

产业 商业建筑

商业空间坪效弱
半数商业综合体需改造，老百货空间中庭待活化

基地中有15处综合体/商厦，54%评分不足4.5分 待改造

以劝业场为例，缺少开放空间的中庭活动空间

商业空间衰败
零售业占主体　体验性不足

打卡点热力圈

评分来源：大众点评和小红书

文化 历史建筑

建筑遗产未有效利用
大部分文保单位不具文化功能，未向市民开放，片区里弄历史文化价值高，质量较差，亟待整治

建筑质量现状　建筑年代现状

历史文化资源分布零散
大部分未保留文化功能，且私有建筑难以进入

活力轴线

街道 开敞空间

公共空间品质低
公共空间结构单一，尺度不宜人，无法满足市民、游客需求

a. D/H>2　b. D/H=1.5　c. D/H=1.1　d. D/H=0.6

公共空间不成系统
仅有滨江道、和平路作为主要景观轴线

0.6km

1.3km

再流动/信息赋能
要素集聚，内生动力激活，带动周边发展

过去
- 人流汇集，商业等要素聚集
- 居住与商业有关联（娱乐中心）

现在
- 人流迷地，要素不聚集
- 功能之间互不关联

空间句法识别

低密 低高 低密

[流] 的概念汇总

疏通能量
延续记忆
扩充活力

里重构/载体疏通
扩大里的内涵功能丰富的5min生活模块

传统的"里"
- 小尺度场所空间
- 结合低层居住功能与劝业场娱乐商业功能

现在的"里"
- 大尺度割裂空间
- 劝业场商业功能与周边中低收入、老年群体的居住功能割裂

未来的"里"
- 小尺度/复合化
- 5min平面/立体可达
- 有主导功能的复合单元，成为引力场

能量里-商业主导
塑造节点空间

记忆里-文化主导
盘活历史建筑

活力里-活动主导
盘活居民侧空间

协调商业、办公、文化、多样居住等功能综合形成5min可达的"里"模块

[里] 的模块呈现

191

"里"的类型化设计

2022年【天津城投杯】第二届全国大学生国土空间规划设计竞赛获奖作品——研究生组（一等奖）

历史发展脉络

业态产业构成

现状：商业失活

策略：消费升级

目标：业态焕活

历史记忆文脉

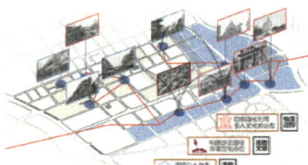

现状：记忆缺失

策略：节点叙事

目标：文脉延续

车行人行系统

现状：交往受阻

策略：街道营造

目标：服务力提升

空间策略落实

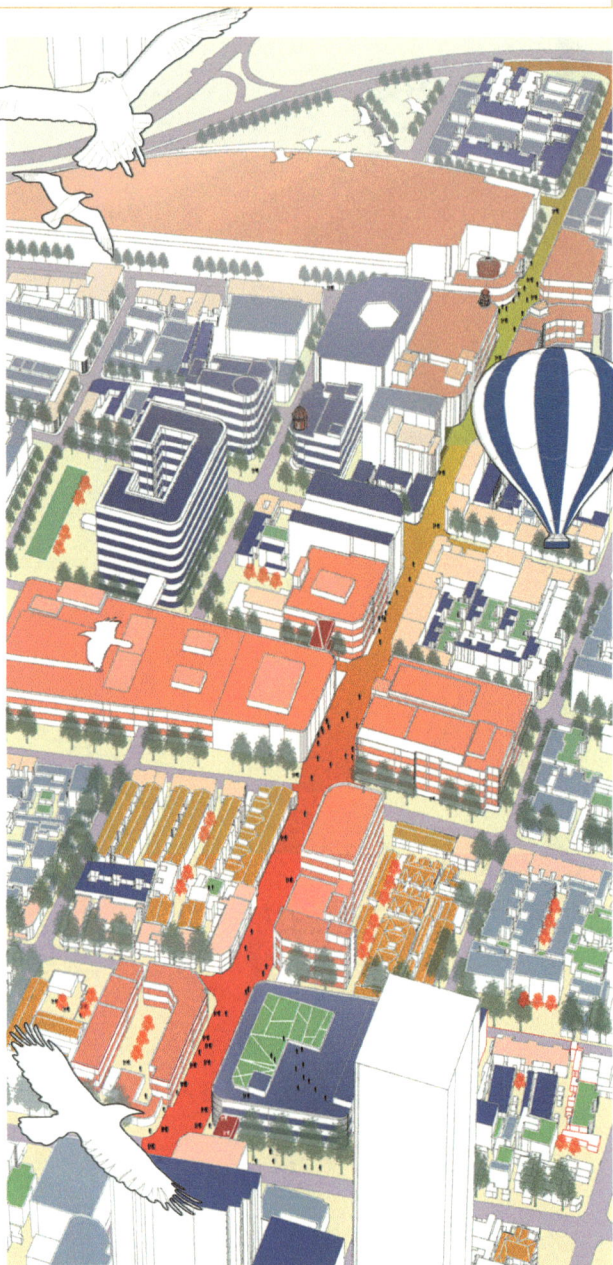

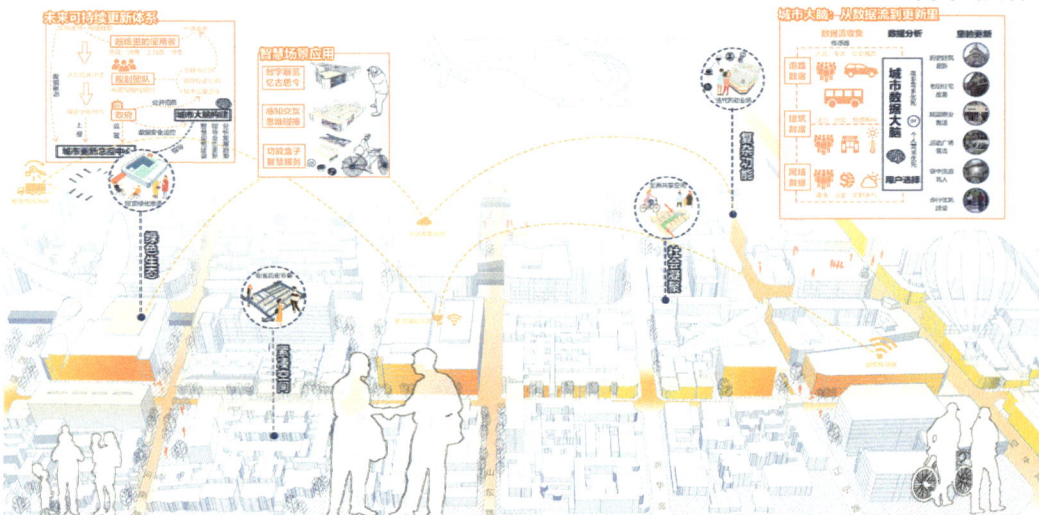

智慧运行场景

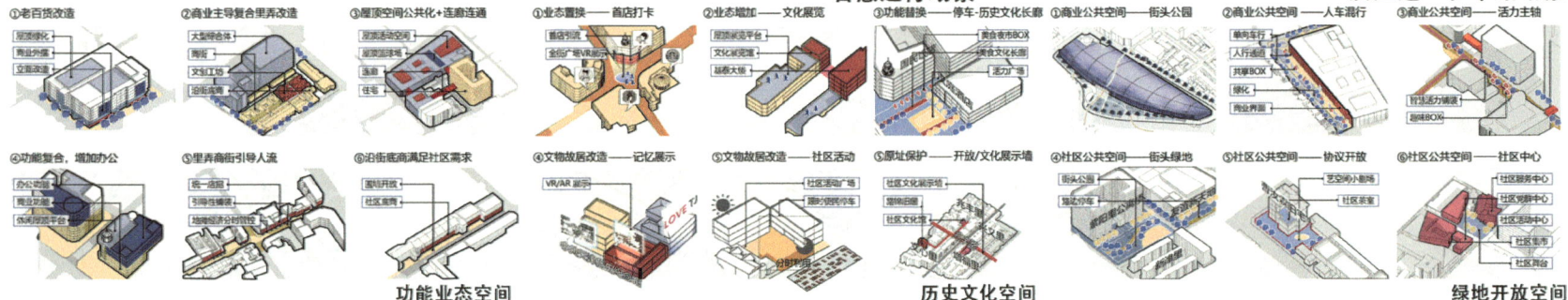

滨江道—和平路场景

①老百货改造 ②商业主导复合里弄改造 ③屋顶空间公共化+连廊连通 ①业态置换——商店打卡 ②业态增加——文化展览 ①功能替换——停车·历史文化长廊 ①商业公共空间——街头公园 ②商业公共空间——人车混行 ③商业公共空间——活力主轴

④功能复合，增加办公 ⑤里弄商街引导人流 ⑥沿街底商满足社区需求 ④文物故居改造——记忆展示 ⑤文物故居改造——社区活动 ⑤原址保护——开放/文化展示墙 ④社区公共空间——街头绿地 ⑤社区公共空间——协议开放 ⑥社区公共空间——社区中心

功能业态空间 历史文化空间 绿地开放空间

"流"的类型化设计

功能业态空间转变

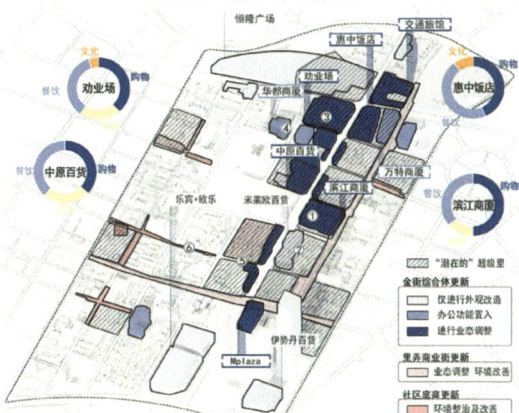

餐饮 购物
文化 劝业场

银座广场
惠中饭店
华都商厦 劝业场
中原百货
乐宾+娱乐 万福楼厦
米莱欧百货
滨江商厦
伊势丹百货
Mplaza

交通旅游
惠中饭店
购物
餐饮
中原百货 购物

"潜在的"超级里
金街综合更新
- 仅进行外观改造
- 办公能置入
- 进行业态调整

里弄商业街更新
- 业态调整 环境改善

社区庭院更新
- 环境整治及改善

历史文化空间转变

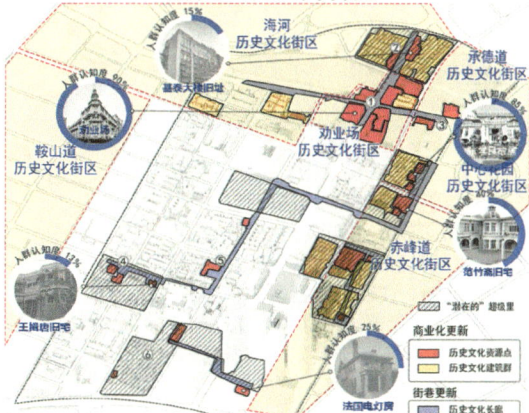

海河历史文化街区
承德道历史文化街区
劝业场
鞍山道历史文化街区
中心花园历史文化街区
赤峰道历史文化街区

王颂钧旧宅
法国电灯房

"潜在的"超级里
商业化更新
- 历史文化资源点
- 历史文化建筑群

街巷更新
- 历史文化长廊

绿地开放空间转变

居民活动
游客活动
商户活动

"潜在的"超级里
公共空间更新
- 公共服务建筑更新
- 活力主轴
- 街巷公共空间

商业主导里（各类商业+办公）	复合功能里（商业+居住+办公）	历史资源聚集里（商业化）	历史资源散落里（路径优化）	点状公共空间激活里	线性公共空间带动里
置换低效商业	处理商业与居住的关系	商业植入，旅游配套	拆除建筑，疏通路径	拆除建筑，释放空间	私有空间，协议开放

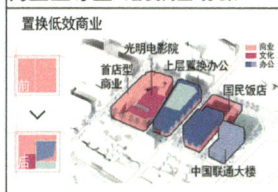

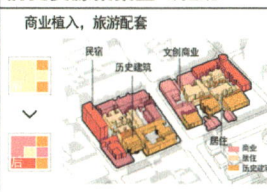

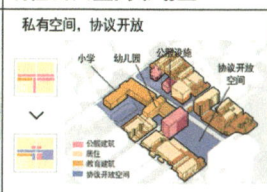

商业主导里：光明电影院、首店型商业、上层置换办公、国民饭店、中国联通大楼

复合功能里：更新模范路校、青年公寓、酒店、商业、居住、办公

历史资源聚集里：民宿、历史建筑、文创商业、商业、居住、历史建筑

历史资源散落里：拆除建筑、文创商业、酒店

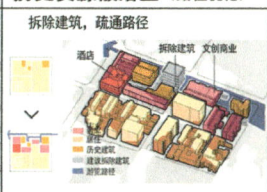

点状公共空间激活里：拆除建筑、公服设施、居住、社区中心

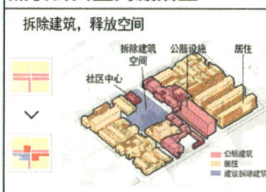

线性公共空间带动里：小学、幼儿园、公服设施、协议开放空间、公服建筑、居住、教育建筑、协议并建空间

现在的滨江道好热闹，还能玩 AR！

买手店、潮玩……劝业场真可谓"城中之城"

劝业场
原劝业银行大楼
国民饭店
劝业大楼

鸟瞰图

人人皆享　津津乐道——天津市和平区鞍山道片区乐享社区营造计划

参赛院校：武汉大学
作者姓名：黄昕彤　邹文筠　陈树林　张凯莉　李宏亮
指导老师：彭建东　刘晓阳
"天津城投杯"第二届全国大学生国土空间规划设计竞赛　二等奖、最佳分析奖

方案点评：

　　该方案以乐享社区为主题，以人群需求与空间矛盾为切入点，着重从人的角度出发，细分片区人群类型，并针对不同人群需求提出相应的空间建设策略。基于当地居民、游客、租户和商户的个体需求，对于社区内部的居住空间、交通空间、生活空间、就业空间、游玩空间进行梳理和改造，较好体现了以人为本的空间建设理念。同时，挖掘片区空间潜力，寻找片区发展方向。通过融合场地本身的传统文化和保护遗产，以文化节点为动力核心来营造社区场所，实现乐享社区的趣生长。更新设计以点状有机更新方式为媒介，在丰富社区功能节点，创造流动和固定人群动线，建筑与外部空间及文化遗产相契合，突出开放空间更新和功能复合等方面的设计具有一定特色，并对更新开发时序提出了建议。在图纸表达上，方案色彩明亮，图面内容表达清晰，主次有序。

01 区位分析

02 时代背景

03 基地背景

3 现状要素梳理

4 问题聚焦

混乱的社区空间秩序
难以匹配
多元的人群需求

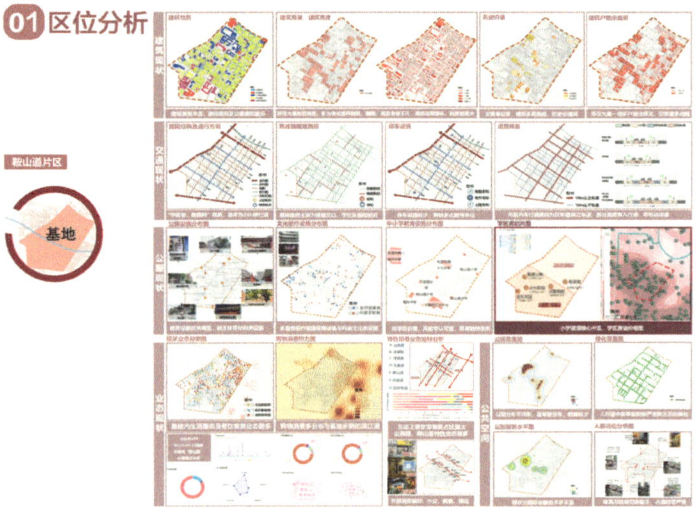

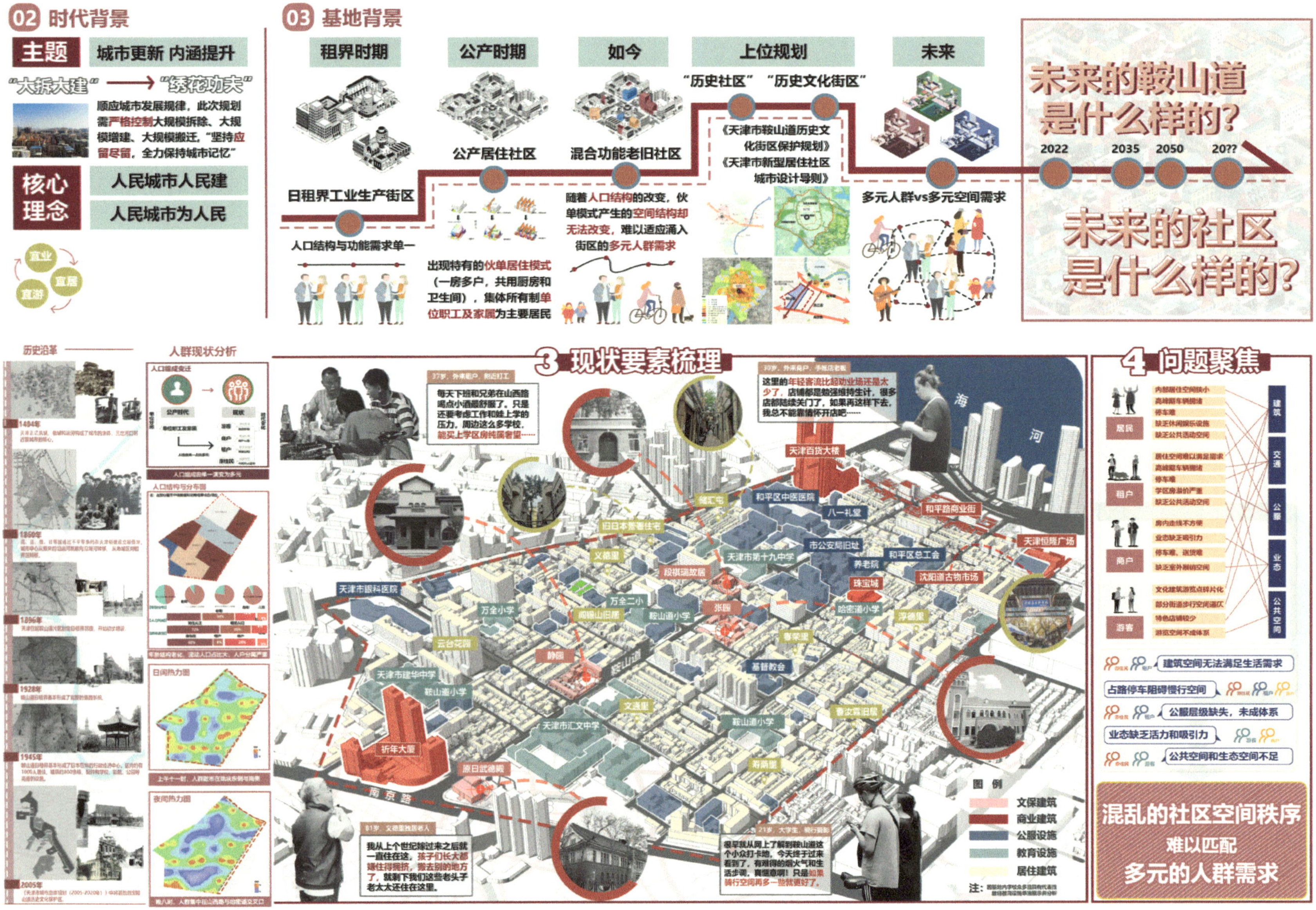

1 理念引入

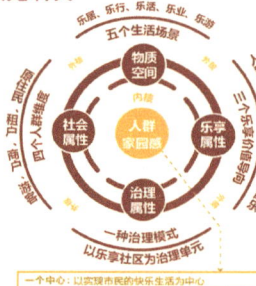

01 概念释义

【乐享社区】

图中圆的中心代表者乐享社区，四向四个小外代表了乐享社区的四个属性，也代表了乐享社区中乐享生活的多元人群。

基于社区的邻里性本质，提出"乐享社区"的创新理念。

乐享社区，就是以实现人人举步即享的快乐生活为根本目的的人民社区。它是一种以人群快乐、邻里和乐、生活康乐为导向，以乐居、乐行、乐活、乐业、乐游五大场景为基础，以提高居民乐享为目标的新型城市功能单元。

注：居民乐享度，反映居民对生活的乐享程度，一种由居民满意度演化而来的居民福祉测度指标体系。

乐享社区的内核·外核系统

五个生活场景
- 物质空间 内核
- 社会属性
- 乐享属性
- 治理属性

一种治理模式
以乐享社区为治理单元

一个中心：以实现市民的快乐生活为中心

2 规划思路

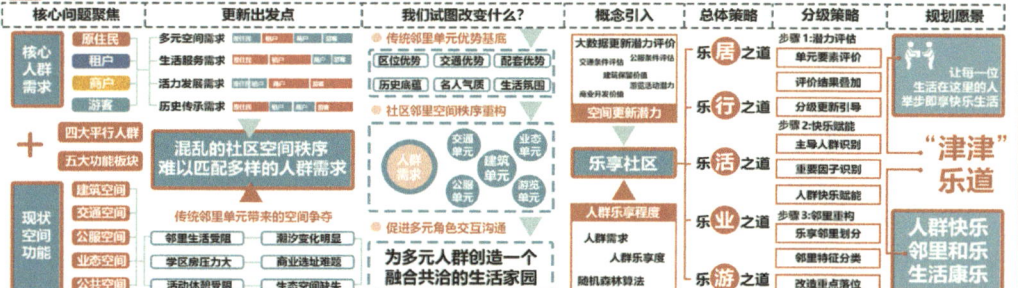

核心问题聚焦 | 更新出发点 | 我们试图改变什么？ | 概念引入 | 总体策略 | 分级策略 | 规划愿景

核心人群需求 / 现状空间功能

传统邻里单元优势基底
社区邻里空间秩序重构

混乱的社区空间秩序难以匹配多样的人群需求

为多元人群创造一个融合共治的生活家园

步骤1：潜力评估
步骤2：快乐赋能
步骤3：邻里建构

让每一位生活在这里的人举步即享快乐生活

"津津乐道"

人群快乐 邻里和乐 生活康乐

5 总平面图

重点建设项目一览

01 快闪店铺	02 时尚精品街	03 潮玩空间	04 趣玩美食街	05 主题密室	06 剧本杀店铺
07 古玩广场	08 古玩公园	09 沈阳道古玩市场	10 古玩市集	11 街头艺术展	12 鞍山道文化博物馆
13 游客服务中心	14 街头小剧场	15 特色小吃街	16 百货市集	17 民宿	18 咖啡简餐
19 张园	20 书店/手账	21 小洋楼风情街	22 音乐酒吧	23 旅拍/花艺/文创	24 新建住宅
25 儿童公园	26 生活街市	27 名人故居	28 静园	29 漫步鞍山道VR体验馆	
30 鞍山道文创中心	31 美食馆	32 汇文中学	33 街头公园	34 武德殿	
35 鞍山道商城					

建筑更新改造一览表

改造建筑 / 共计46处
新建建筑 / 共计4处
拆除建筑 / 共计10处

序号	改造后功能	改造方式
07	广场空间	拆除重建
08	社区公园	拆除重建
10	商业街	拆除重建
24	住宅	拆除重建
35	大型商业区	新建

经济技术指标表

总用地面积	83.6公顷
建筑基底面积	346943平方米
建筑密度	41.5%
绿化率	27%
人口密度	0.075人/平方米
拆建比	47.2%

设计说明

鞍山道片区作为历史悠久的旧租界区，面临着多元的人群需求与混乱的空间秩序不匹配的问题。本次规划提出乐享社区的创新理念，通过大数据抓取、机器学习方法、GIS空间分析，从五大功能板块（居、行、活、业、游）和四类主体人群（原住民、租户、商户、游客）入手，对物质空间要素更新潜力和人群乐享度进行定量评估，基于主导人群识别进而划分乐享社区的邻里单元，并提出相应的改造策略。在乐居层面对民居建筑进行保留改造梳理，形成一房一策；乐行层面重点打造慢行环线；乐活层面构建乐享生活圈；乐业层面提出对内对外的不同商业街巷；乐游层面则打造活力游览街道。基于空间定量分析确定更新时序，并提出信托管理、公私合营、商业反哺等投资运营模式，为多元人群的融合共治构建和谐环境，为乐享社区的创建实施提供充分保障。

"乐享社区"

这里有租户们的早出晚归，这里有商户们的辛苦打拼，有游客的好奇和眷恋，更有原住民的半生回忆……多样的人群构成多彩的生活，人人都共存共享在这片土地，这里会有良好的邻里关系，这里会充满欢声笑语……

01 土地利用规划图
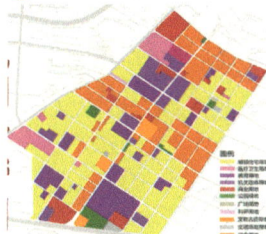

02 道路交通系统规划图

03 功能结构规划图
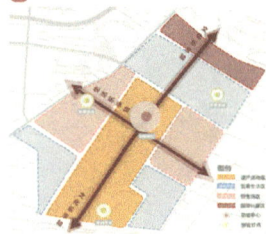

04 景观系统规划图

05 公共服务设施系统布局图
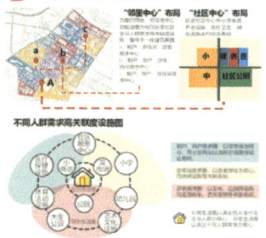

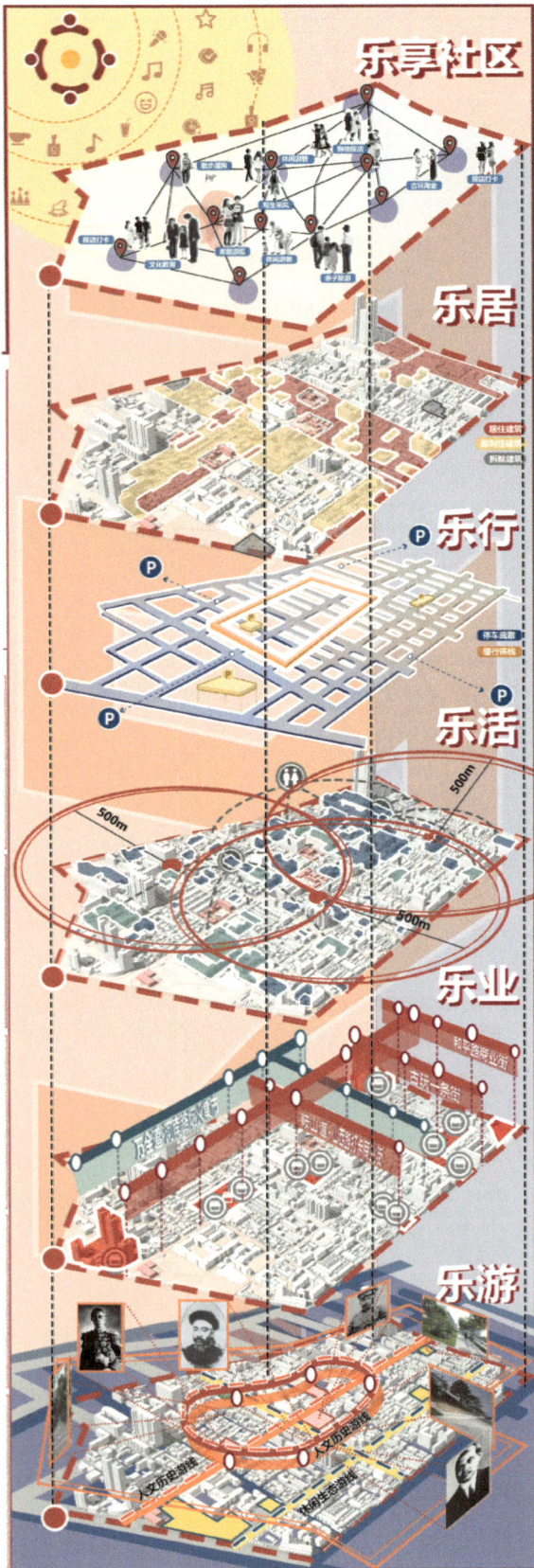

2022年「天津城投杯」第二届全国大学生国土空间规划设计竞赛获奖作品——研究生组（二等奖）（专项奖——最佳分析奖）

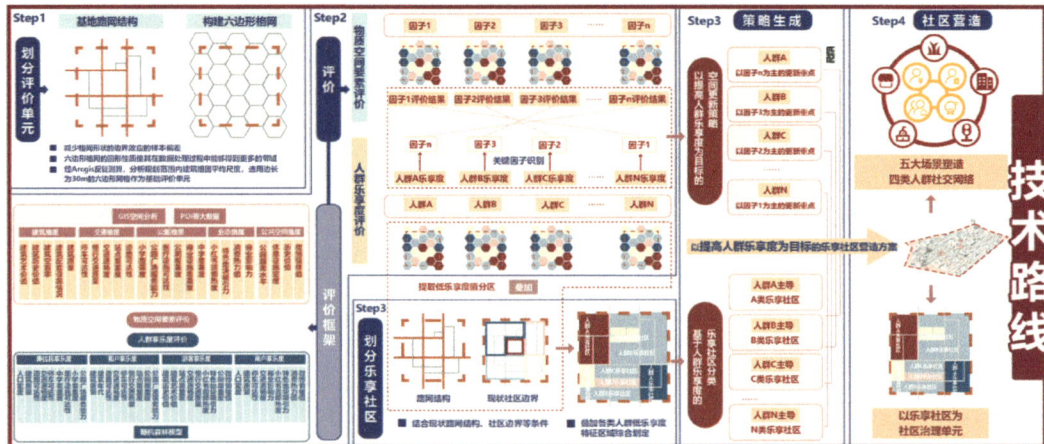

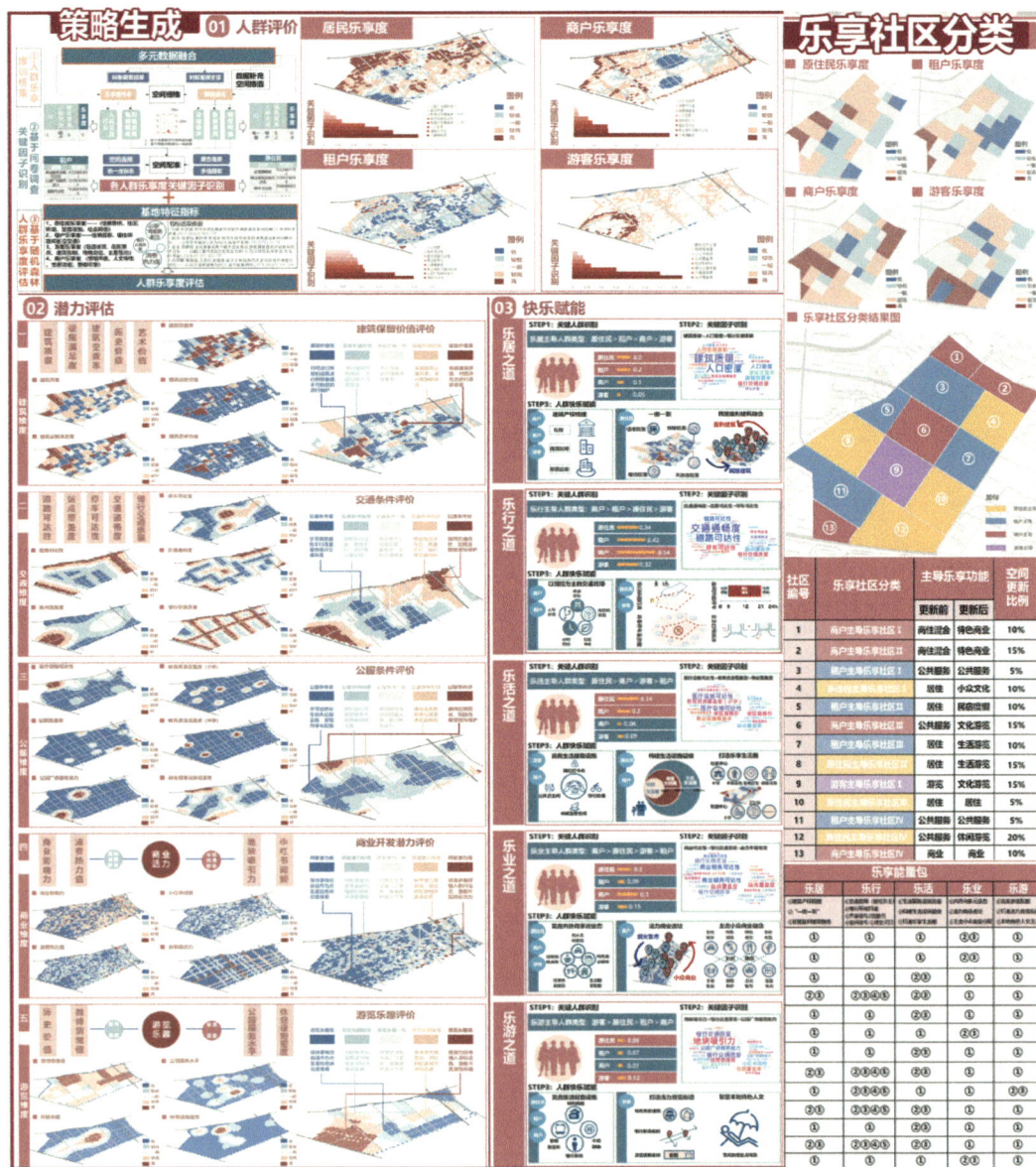

场景塑造
场景分析
原住民
租户
商户
游客
更新时序
更新时序叠加过程
FIRST STEP:
SECOND STEP:
人群乐享度
更新时序
更新潜力
原住民乐享度
原住民更新时序
原住民更新潜力
租户乐享度
租户更新时序
租户更新潜力
原住民更新时序
商户更新时序
租户更新时序
游客更新时序
更新单元时序
鞍山道沿街立面（东侧）
鞍山道文化博物馆
街头小驿站
张园
沿街店铺
沿街店铺
汇文中学
街头公园
武德殿
逛吃逛吃乐不停!
鸟瞰效果图
静园历史博物馆
汇文休闲公园
小洋楼特色商业街
鞍山道故事体验中心

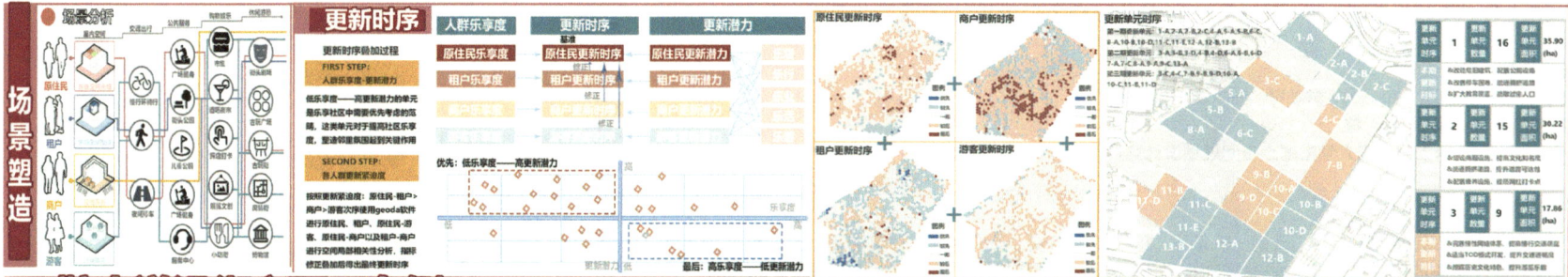

CELLS"生长"指南——城市全生命周期视角下的模块化存量工业更新

参赛院校：天津大学
作者姓名：吴献淋 郑玥 李美萍 张真 侯宇昂
指导老师：许熙巍 侯鑫
"天津城投杯"第二届全国大学生国土空间规划设计竞赛 二等奖、最佳突破奖

方案点评：

　　该设计基本完整地保留了"天钢-机床厂"厂区原有格局，在价值综合评价的基础上，对工业建筑进行合理保留与改建。在城市全生命周期视角下，提出智慧技术赋能的CELLS（细胞）生长概念，融合新型模块化更新的理念，以实现工业存量的可持续更新、社群良性类聚和社区和谐生长、小微企业创意园区低成本更新和高活力运营，承接片区未来设计之都的规划定位。

2022年【天津城投杯】第二届全国大学生国土空间规划设计竞赛获奖作品——研究生组（二等奖）（专项奖——最佳突破奖）

□ 技术路线

□ 区位概况

□ 规划背景

天津是北方最早孕育中国近现代民族工业发祥地。设计产业选址临黑。规选择产业空间导向性较为显著。为发挥沿地设计产业优势，进一步整建设产业集群，汇津规划将海河柳林地区打造为"设计之都"核心区。

□ 上位规划

依据天津市《海河柳林地区区域城市设计草案》《天津市海河柳林地区控制性详细规划草案》等规定，选择区为的为海河柳林地区和生态宜居城市主要节点建海河"设计之都"核心区。

□ 厂区保留价值评价体系

评价结果

□ 基地社群分析

基地人口构成

人口年龄分层

18~30
30~60
60+

人群活动轨迹

人群空间诉求

周边分析

建筑分析

道路分析

环境分析

典型肌理

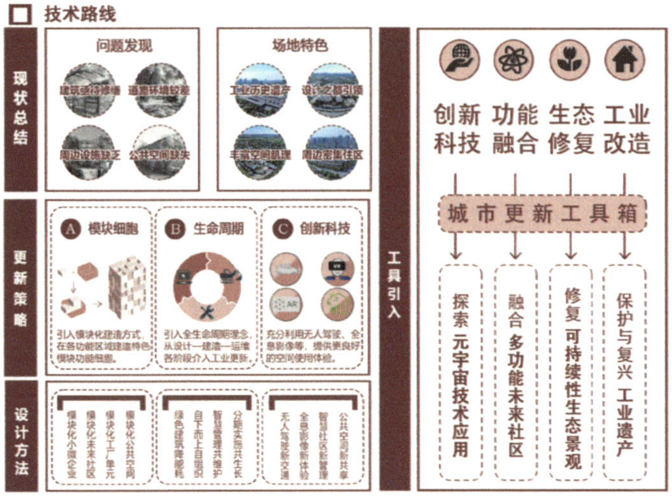

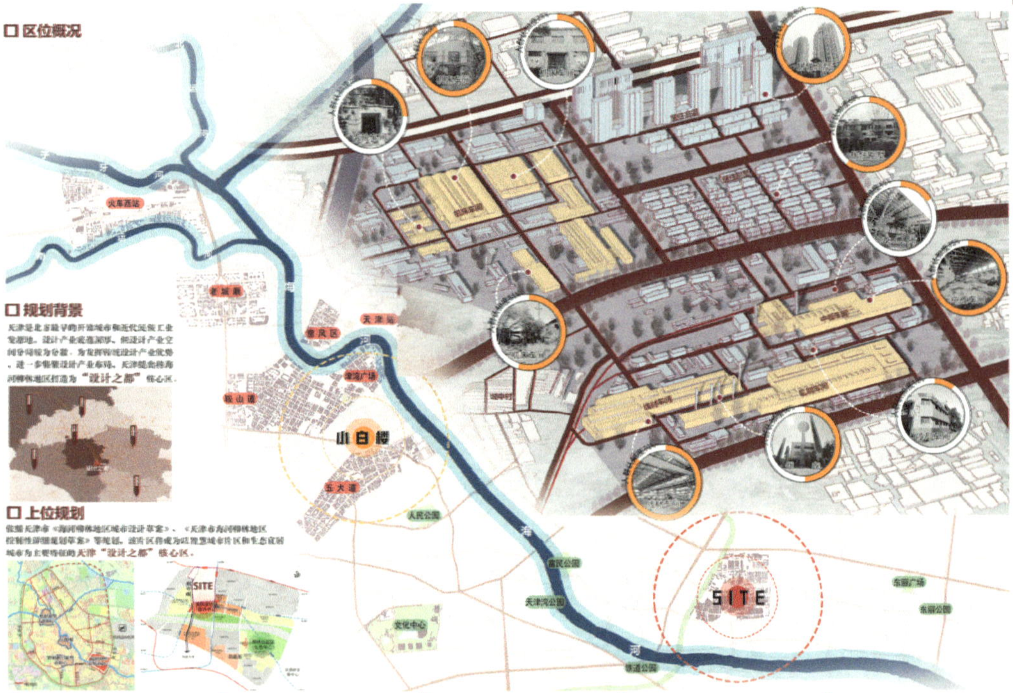

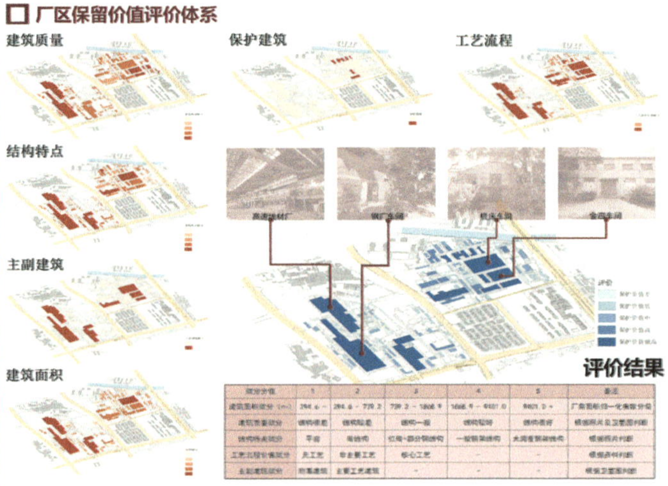

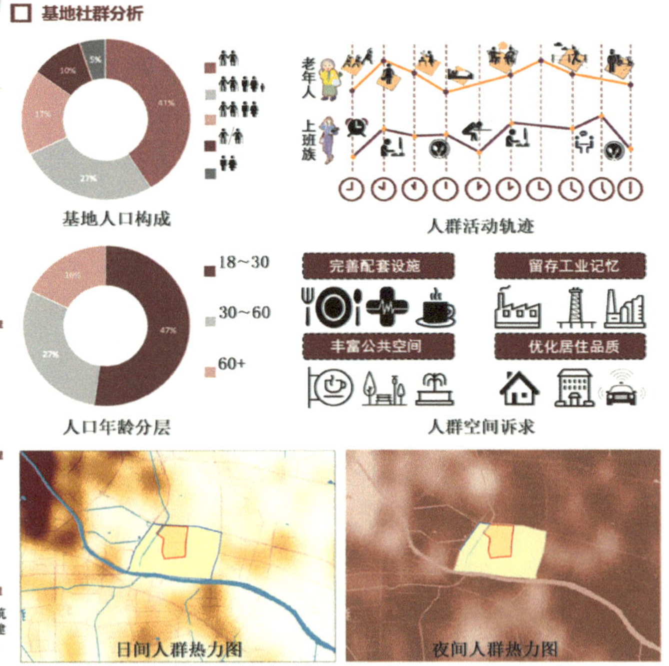

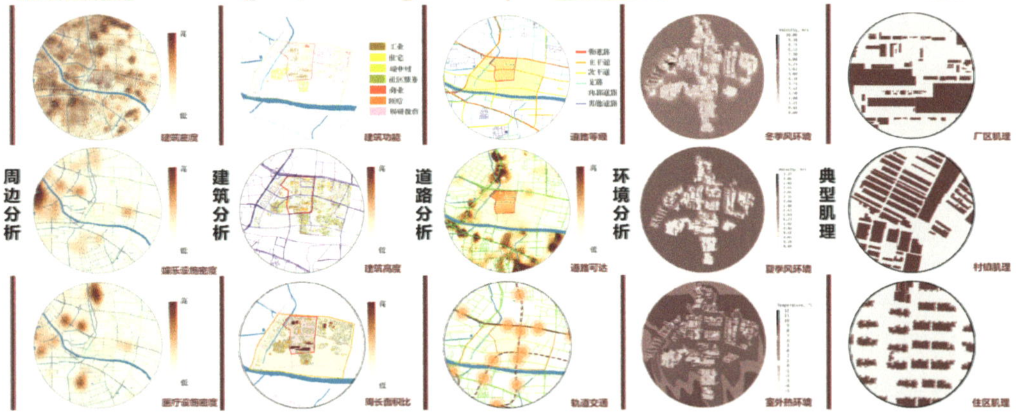

该地块建筑密度与周边区域相对接近，但基础设施配套较为薄弱，是周边设施洼地。

本地块内部建筑以原工业遗留厂房为主，同时存在城中村、新建高层住宅及洋房别墅等，建筑高度总体较低。

本地块道路现状较为杂乱，存在多处断头路，总体道路可达性较差。但周边有新建地铁站三处，建成后将改善出行条件。

本地块风热环境一般，冬季存在大风情况，主要出现在大型建筑之间，且主要公共空间热环境较差；夏季通风条件较好。

本地块功能混杂，不同功能建筑肌理存在较大差异。原有工业建筑和城中村肌理特点较为明显，具有较大保留价值。

日间人群热力图

夜间人群热力图

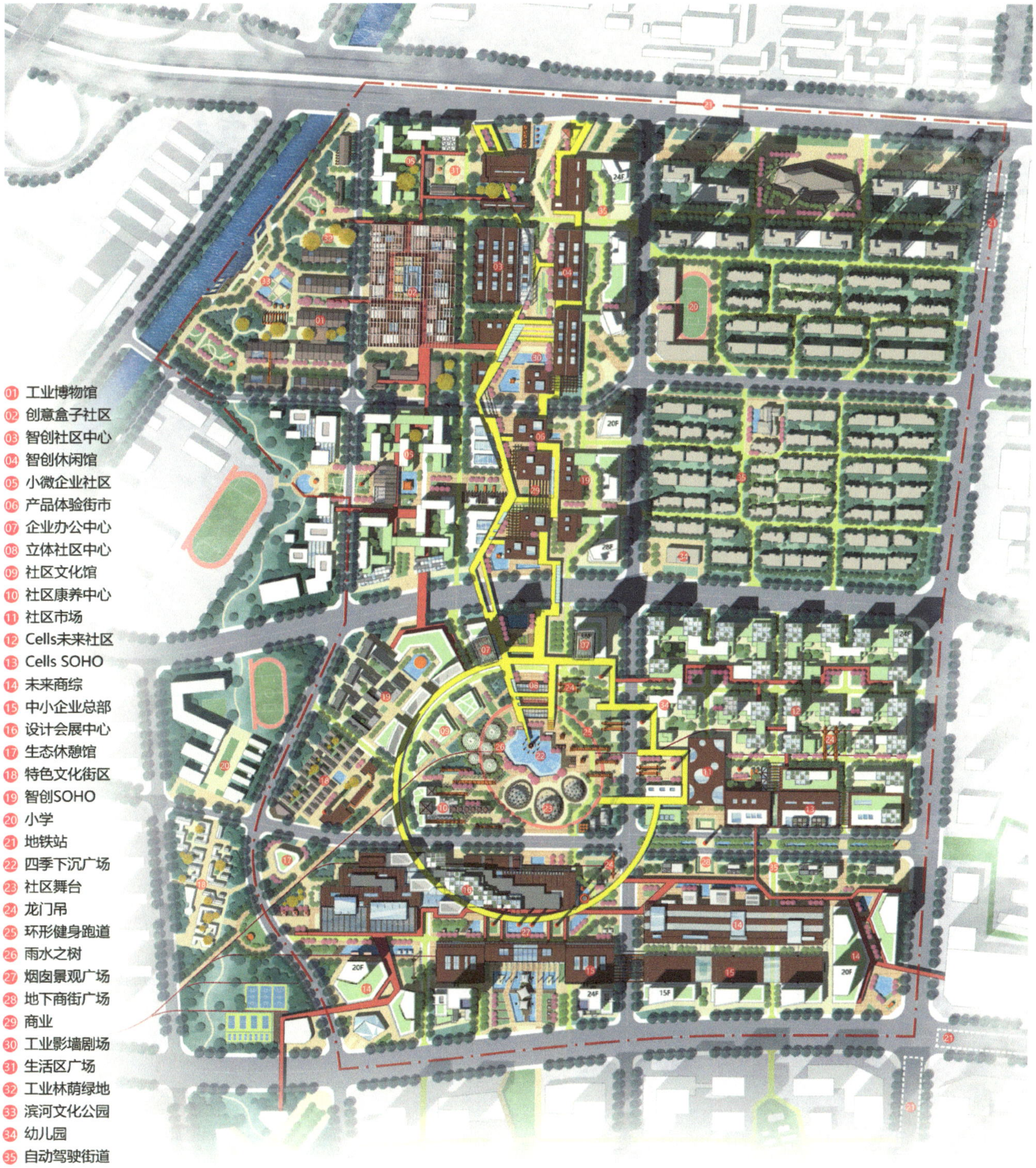

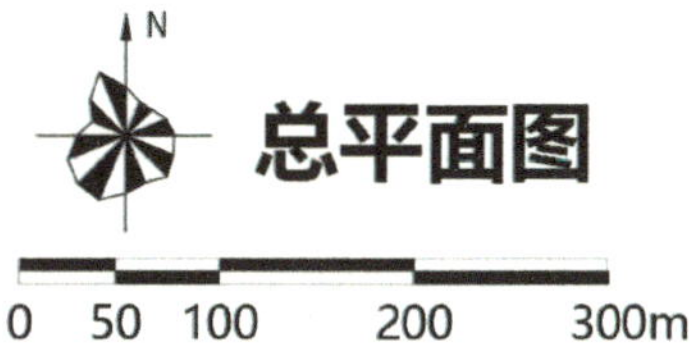

01 工业博物馆
02 创意盒子社区
03 智创社区中心
04 智创休闲馆
05 小微企业社区
06 产品体验街市
07 企业办公中心
08 立体社区中心
09 社区文化馆
10 社区康养中心
11 社区市场
12 Cells未来社区
13 Cells SOHO
14 未来商综
15 中小企业总部
16 设计会展中心
17 生态休憩馆
18 特色文化街区
19 智创SOHO
20 小学
21 地铁站
22 四季下沉广场
23 社区舞台
24 龙门吊
25 环形健身跑道
26 雨水之树
27 烟囱景观广场
28 地下商街广场
29 商业
30 工业影墙剧场
31 生活区广场
32 工业林荫绿地
33 滨河文化公园
34 幼儿园
35 自动驾驶街道

总平面图

N

0 50 100   200   300m

技术经济指标表

	用地面积	103.21hm²	容积率	1.72
	总建筑面积	1779416m²	建筑密度	29%
其中	保留建筑面积	497004m²	绿地率	35%
	改造建筑面积	320023m²	停车位	10330
	新建建筑面积	962389m²	其中	地面	830
	地下建筑面积	310736m²		地下	9500

风环境优化

冬季
夏季

2022年「天津城投杯」第二届全国大学生国土空间规划设计竞赛获奖作品——研究生组（二等奖）（专项奖——最佳突破奖）

功能结构

智创商务商业
社区中心
创意园区
居住社区
未来智创轴
社区生活轴
生态景观渗透
节点核心

道路交通与停车

主干道
次干道
支路
自动驾驶支路
地下车库入口
地下停车空间
自动驾驶停车
居住/SOHO

建筑与景观留改

保护/保留建筑
改造建筑
改造为景观框架
保留/迁移构筑物
保留树木
保留街巷
保留绿地空间
再现工业铁道

公共服务

社区服务
小学/幼儿园
创意办公
商业
博物展览
休闲康体
公用设施
居住/SOHO

步行体系与公共交通

主景观廊架
社区连廊
步行空间
健身步道
地铁站点
公交站点
微公交站点
周边绿色空间

景观绿地

景观绿带
组团绿地
屋顶绿化
水池
景观主轴
景观次轴
步行景观网络
景观节点

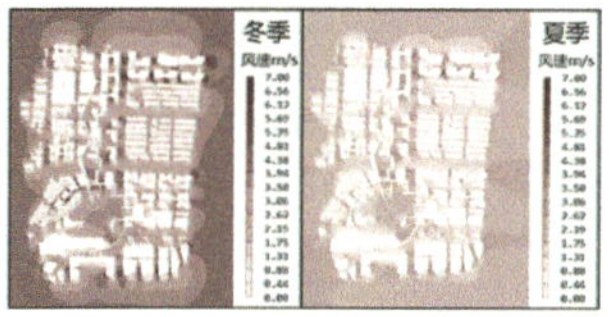

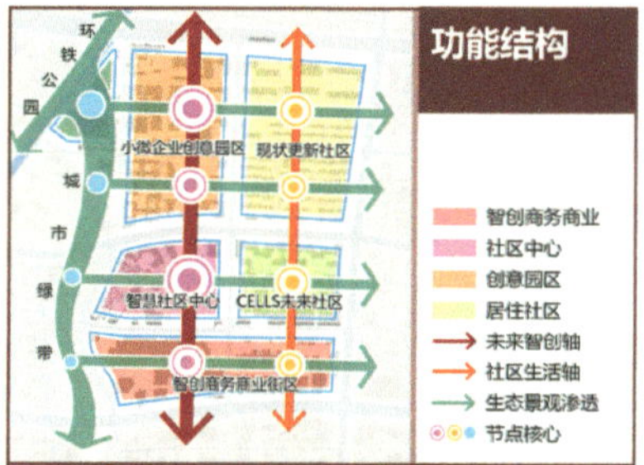

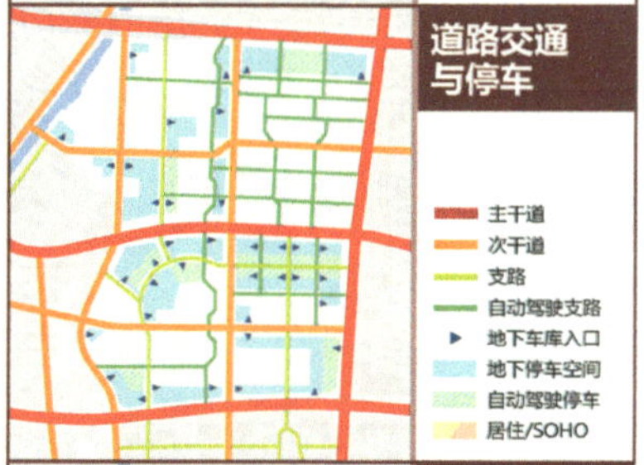

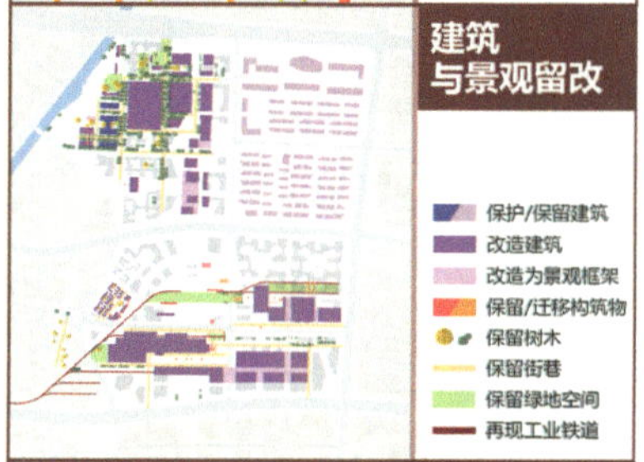

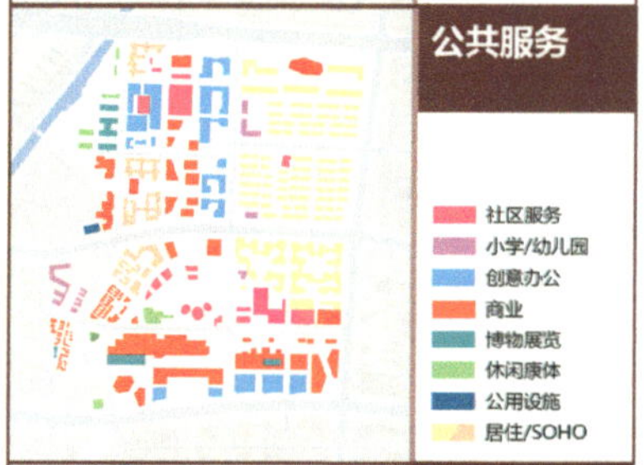

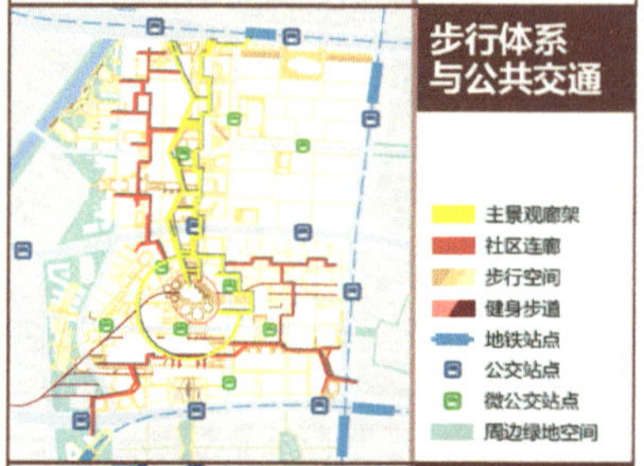

居变置峰
小微绿化
滨水公园
全息碎影
未来社区
工业记忆
超级共享
时空之梭

2022年【天津城投杯】第二届全国大学生国土空间规划设计竞赛获奖作品——研究生组 （二等奖） （专项奖——最佳突破奖）

场景意向

全息碎影
广场融合光束声音成剥现实交互
通过三维投影打造虚拟现实空间
打造活力的平衡城市

居态叠峰
核心碎线上的起起伏伏的存量厂房
把握风貌要素，场地续从三维空间
提升至三维，富有层次

超级共享

时空之梭
广场的光善声音交融现实
重叠城市的虚拟空间，通过未来穿
日交融，塑造虚拟空间穿越

城市更新工具包

营建绿色基础设施	保留场所记忆	应用无人驾驶技术	沉浸式体验空间
植入多尺度公园	进行模块化设计	匹配智慧城市需求	研发智慧管理平台
增加水景观要素	塑造弹性可变功能	营造未来社区	打造数字经济
打造垂直绿化景观	研发创意孵化器	促进功能高度融合	万物互联智慧建筑
提升生物多样性	多方参与功能置换	未来基础设施建设	合理划分街区
调节城市微气候	利用城市地下空间	共享公共空间	塑造流动活力空间

保护与复兴 工业遗产　　　　修复 可持续生态景观　　　　融合 多功能未来社区　　　　探索 元宇宙技术应用　　　　CELLS 生长之城

CELLS "生长"之形——模块化街区

原有模式：三生空间分离 闭合传统 → 叠加模式：三生空间融合 交互共生

细胞横数化 400m × 400m, 20m, 80m

庭院横数化

建筑横数化
6m 18m 36m
6m 18m 24m

细胞单元结构
钢结构骨架
落地玻璃窗
门窗开洞
可翻折板材
玻璃推拉门
玻璃纤维夹芯板
原装地板
瓦楞钢板
天花板坡墙
玻璃丝绵夹芯板

细胞组织横式
单调隔绝 +生态 生态循环 +推拉 屋顶丰富
+工业元素 +中庭水景
夏季 冬季

模块化街区——CELLS横块化社区

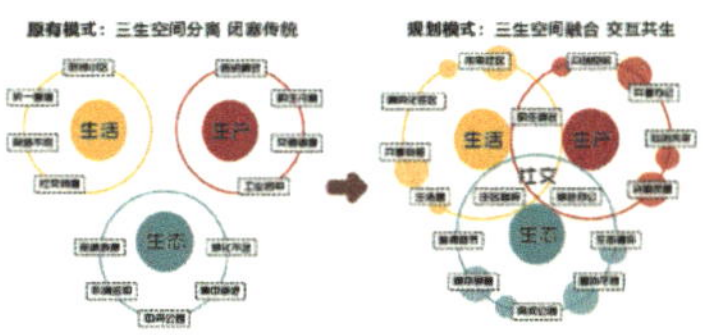

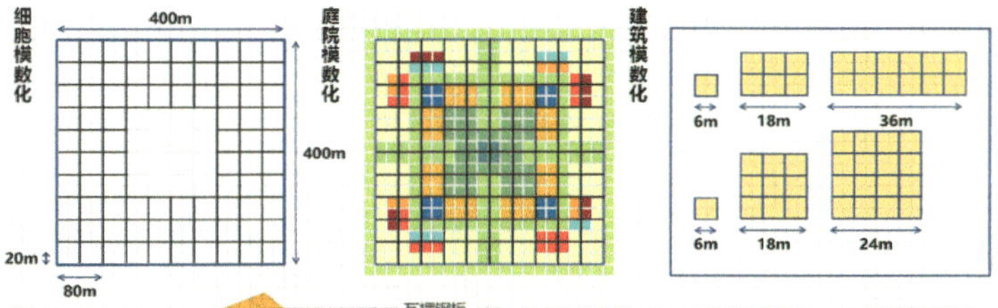

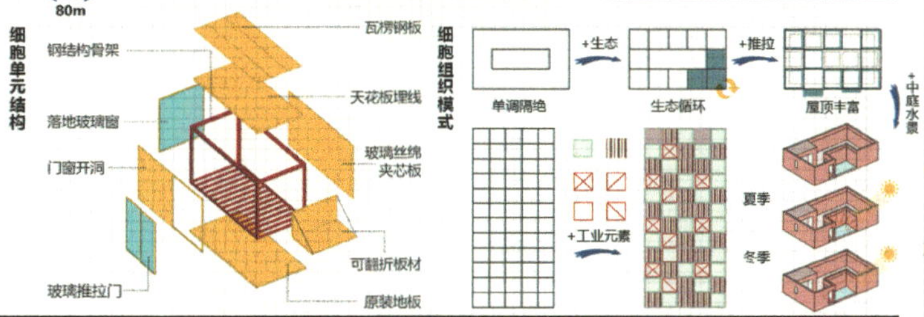

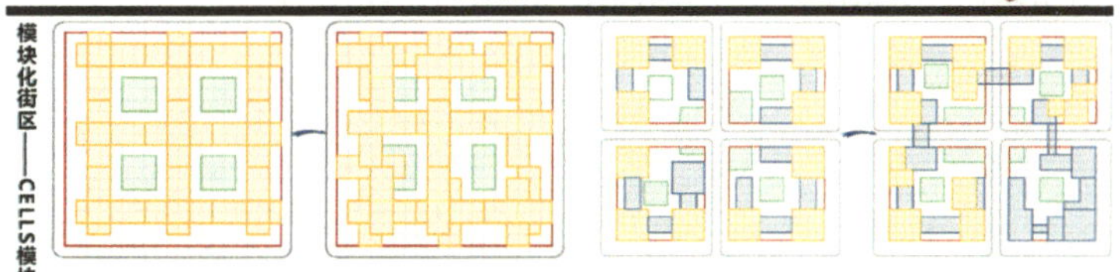

采用原有小厂房的尺度，用工厂板材或者集装箱改造而成，运用"交叉编织"手法，与连廊相结合，创造灵活的灰空间

利用不同层次的屋顶农场、屋顶花园、垂直绿化以及非上人屋面，运用"体块交错"手法，创造丰富立体的的绿色空间

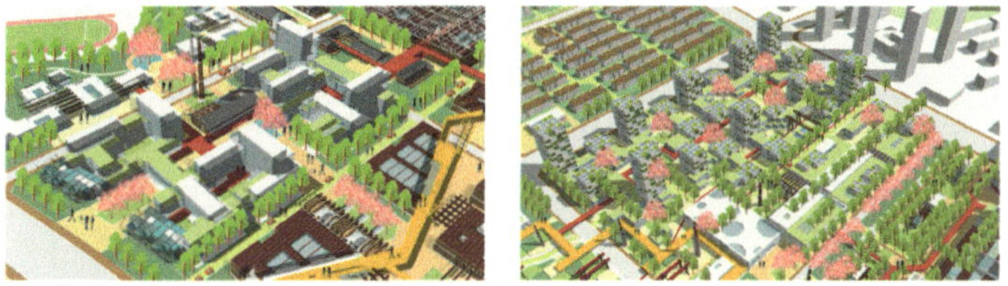

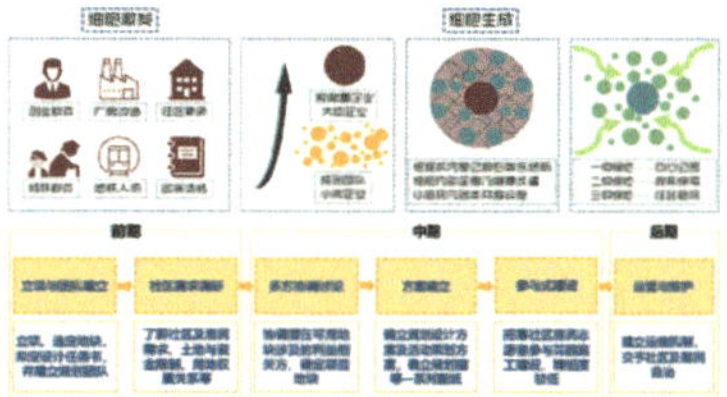

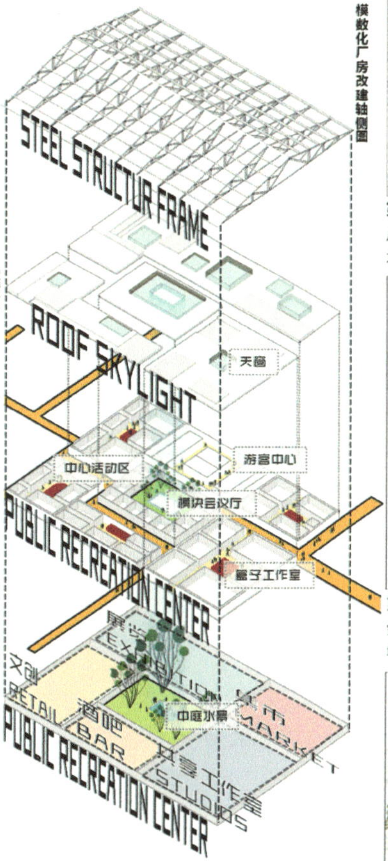

CELLS "生长"之能——创新科技应用

80% 20%

全息投影 | 未来广场
光动雕塑 | 自动驾驶

STEEL STRUCTURE FRAME
ROOF SKYLIGHT
PUBLIC RECREATION CENTER
EXHIBITION
RETAIL BAR STUDIOS
PUBLIC RECREATION CENTER

模数化厂房改建轴侧图

天窗
荟富中心
横织音议厅
毯牙工作室
中心活动区
中庭水景

CELLS "生长"之计——全生命周期

本次建设周期共分为四个阶段，通过工业厂房的利用更新以及不断提高模块化街区的商用比例来带动街区活力，并逐步提升片区人口密度和建设花园程度，打造充满未来气息的CELLS创意片区。

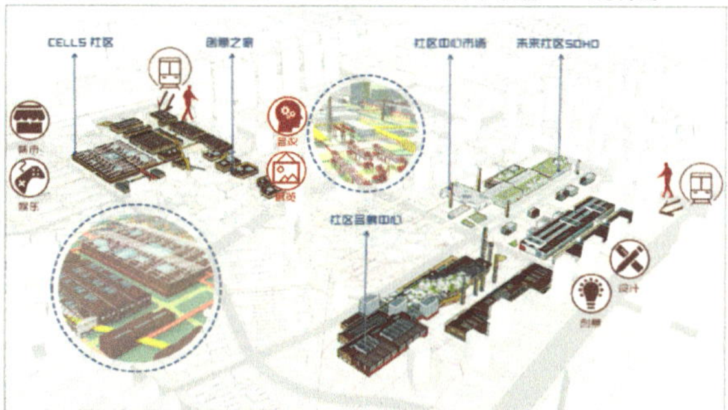

第一阶段——工厂遗址改建

从人流量较多的地铁站口开始，改造现有工厂遗址，引入多种业态，鼓励小微企业入驻，增加地区活力，初步建立工业主题的商服性多功能园区。

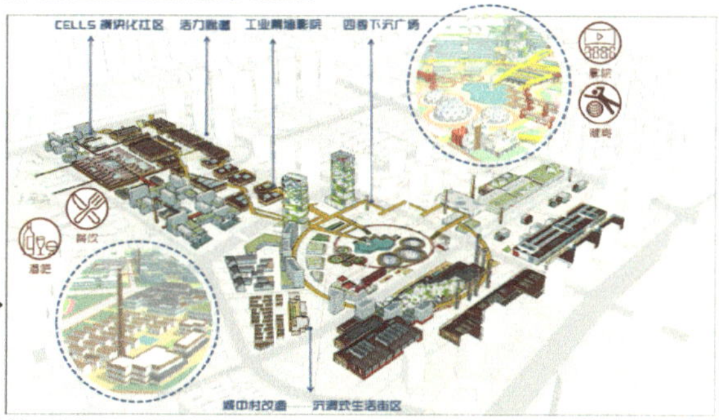

第二阶段——下沉广场建设

完善地区核心广场的建设以及对城中村进行改造，为村庄原住民以及外来从业者提供居住社区，完善地区的公服设施与景观环境，进一步吸引人群，引导产业升级。

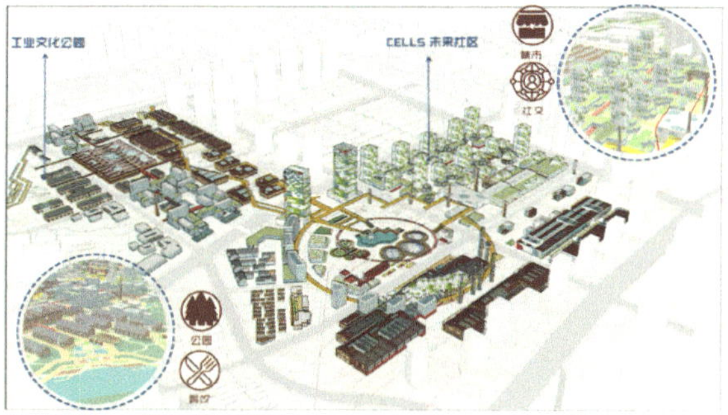

第三阶段——模块化街区建设

进行未来模块化社区的建设，对滨河公园以及公园内部保留建筑进行改造与整治，进一步优化地块景观环境。

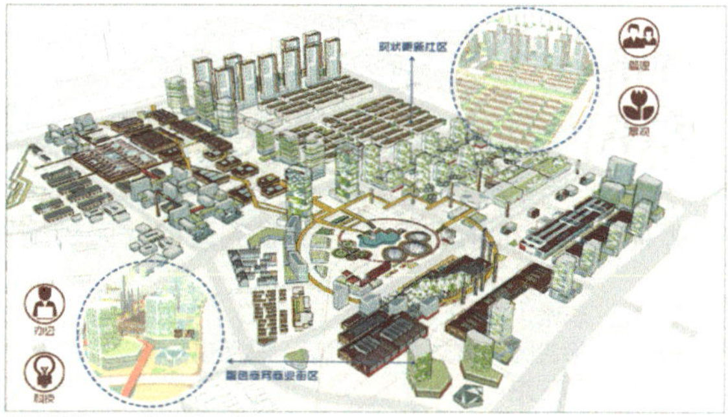

第四阶段——商务新区建设

未来模块化社区以及工业主题园区中居住用地的比例增加，对现状小区进行绿化渗透以及沿街立面的改造，并进行场地内商务新区的建设。

2022年【天津城投杯】第二届全国大学生国土空间规划设计竞赛获奖作品——研究生组（三等奖）

总平面图

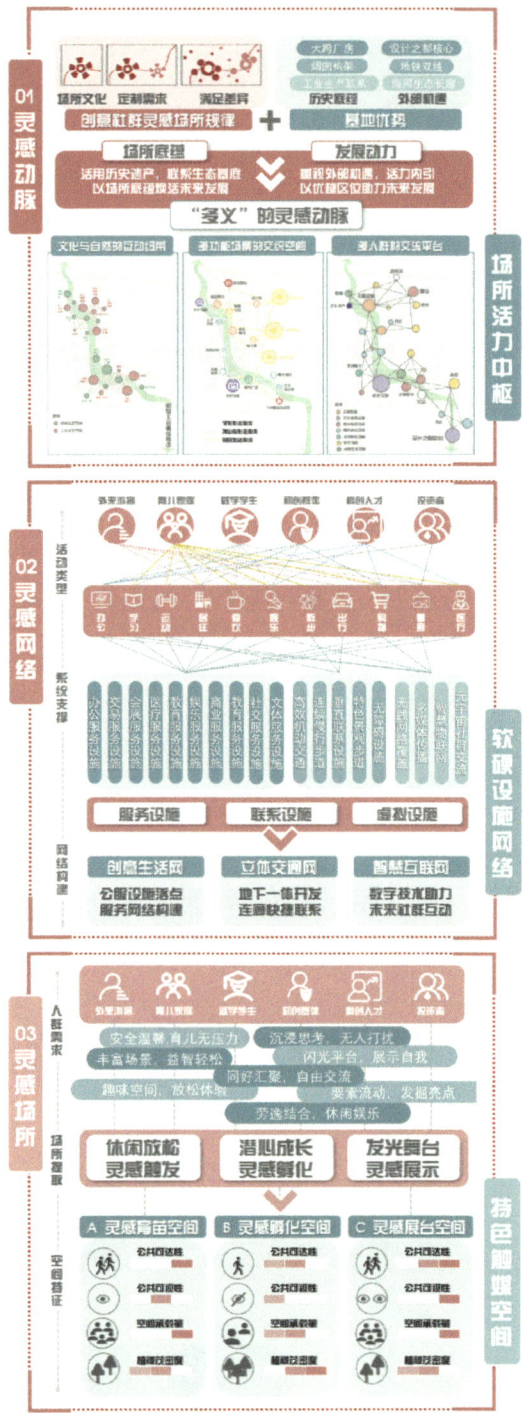

灵感花园——促进创意社群发展的天钢片区转型更新

参赛院校：东南大学

作者姓名：徐金图　石文杰　郝思远　马雨琪　李念雅

指导老师：葛天阳　王承慧

"天津城投杯"第二届全国大学生国土空间规划设计竞赛　三等奖

方案点评：

　　如何吸引创新人才，是城市竞争力提升的核心问题，尤其是在天津城市经济增速放缓、城市活力持续下降的大背景下，为人才提供支持性的空间更加重要。东南大学参赛团队敏锐地识别到这一关键问题，聚焦工业遗产与创意社群发展的关联，从工业生产脉络的空间逻辑入手，使其与创意社群的空间需求相结合，在运用生态化手段实现工业污染治理的同时，打造可参与的开放景观系统，最终形成"灵感花园"的设计IP。方案设计空间意象极具冲击力，当创意空间网络与工业遗产相遇，一定能激发出历史与未来、传承与创新的火花。

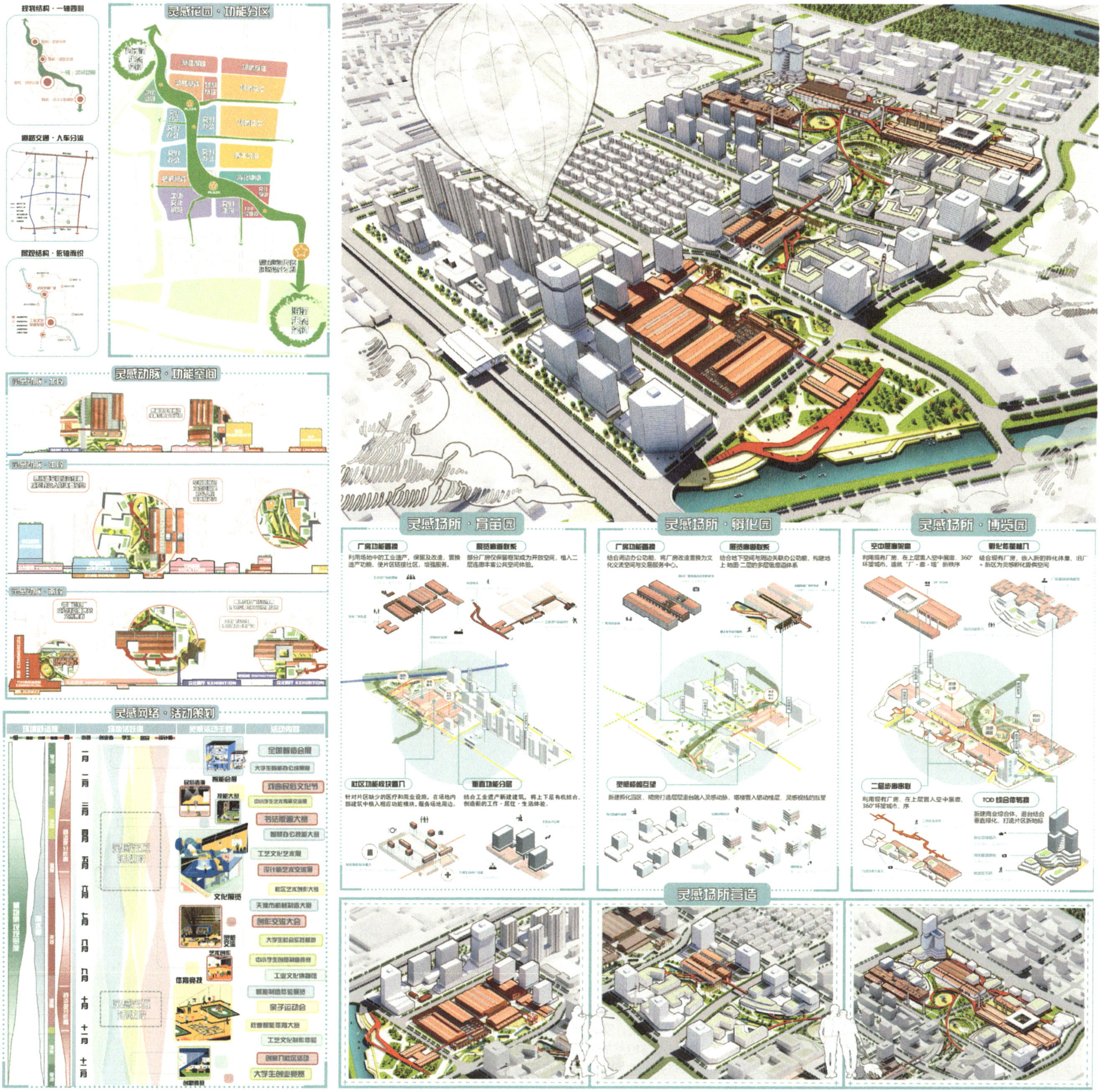

2022年"天津城投杯"第二届全国大学生国土空间规划设计竞赛获奖作品——研究生组（三等奖）

总平面图

现状分析

核心种子

共生状态

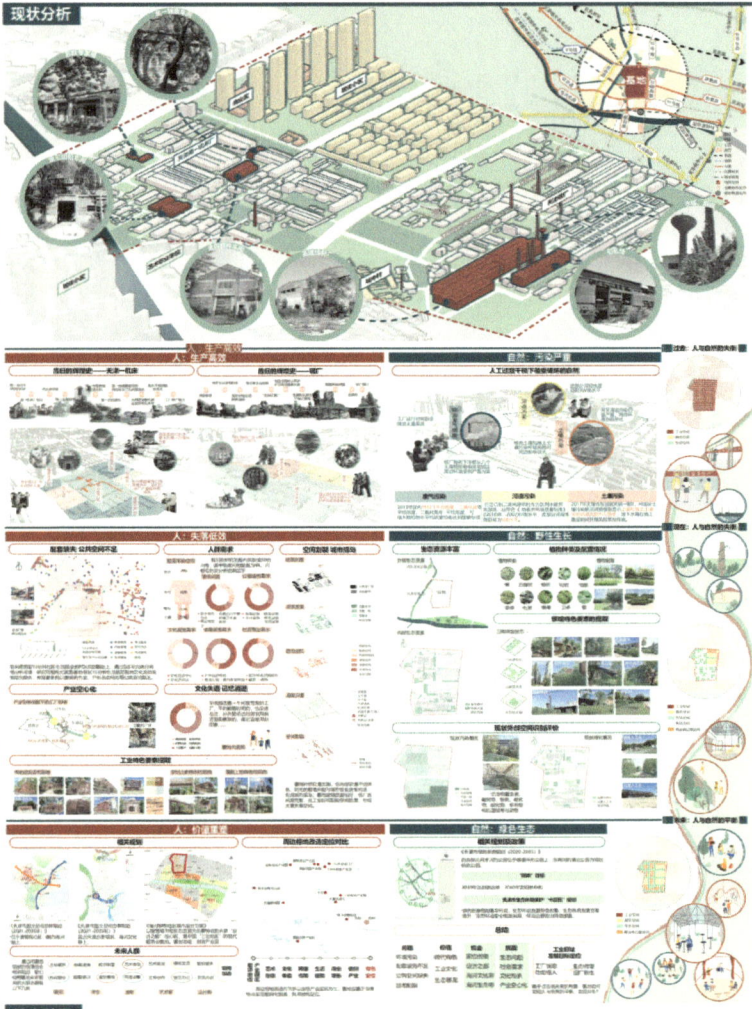

生长吧！"工园"——基于"生态种子"媒介下的棕地改造设计

参赛院校：深圳大学

作者姓名：洪 艳 赖 菁 吴天翔 缪文杰 李璐瑶

指导老师：甘欣悦 洪武扬

"天津城投杯"第二届全国大学生国土空间规划设计竞赛 三等奖

方案点评：

该作品以探索人与自然的新型关系为切入点，创新性地提出"生态种子＋生态模块"概念，以人与自然共生体的价值重塑和融合生长为核心目标及基本策略，构思具有一定的创新性。通过融合场地本身的工业文化和自然景观，以生态为激活核心来营造空间场所，实现社区的永续生长。更新设计以"生态种子"为媒介，通过种子的生长蔓延形成代表人与自然的两条轴带对生态斑块进行串联，在空间结构和体系设计方面效果较为突出，建筑群与外部空间、工业遗产延续性更新和复合生态绿地系统等方面的设计及表现具有一定特色。

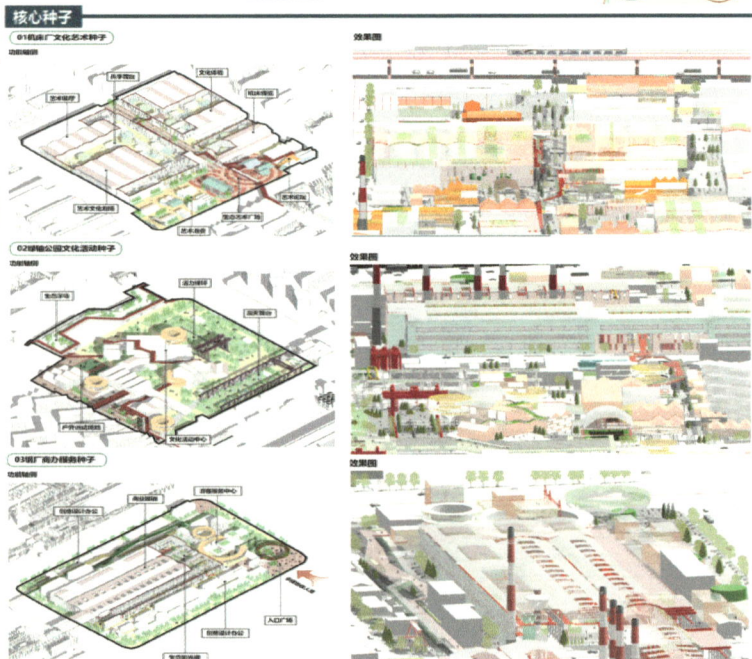

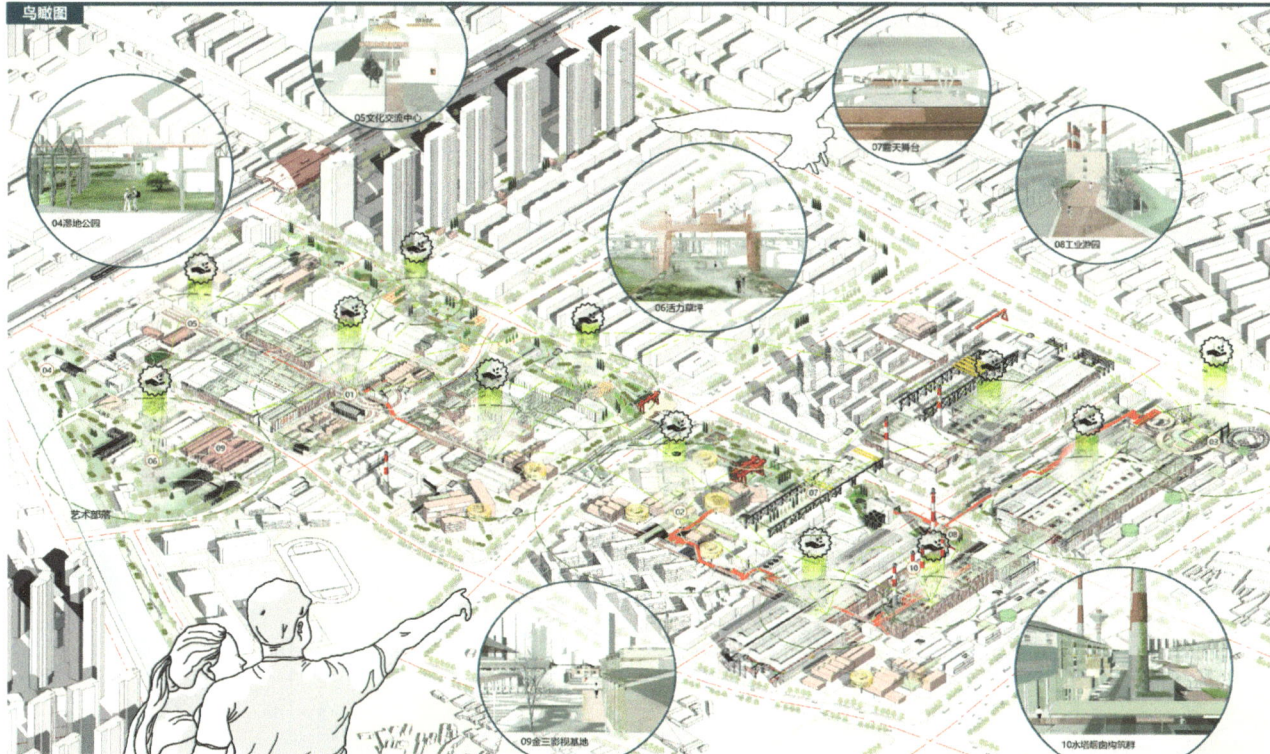

鸟瞰图

05文化交流中心
07露天舞台
04湿地公园
08工业游园
06活力跑道
艺术窗街
09金三影视基地
10水塔原位构筑群

设计生成

绿斑提取
识别场地内的绿色要素，对场地原始品质较好绿斑提取

建筑拆改
对场地内的建筑进行风貌和结构方面的价值评估，作为建筑保留、拆除、改造的依据

绿斑调整
考虑道路、设计等要素对绿色图块做出调整，形成生态体系

种子植入
在功能区植入适宜的种子，使其在生态基底上生长以人的视角营造活力空间

道路串联
打通道路断点，连接绿色斑块和生态种子，形成有机整体

厂房消解
结合功能布置和道路连接对原有厂房进行消解，以实现空间的相互联通

编织成网
通过种子生长要延连接绿色斑块编织成网

设计框架

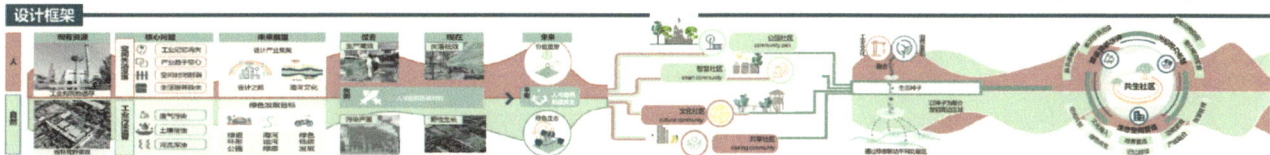

概念解释

生态模块类型

种子生长

生态基底修复
01 污染区评估   02 挖掘并运走污染土壤   03 堆积污染土并覆盖新土   04 修护型生态模块植入   05 安全与活力并存

生态空间营造

大跨度厂房内部空间改造

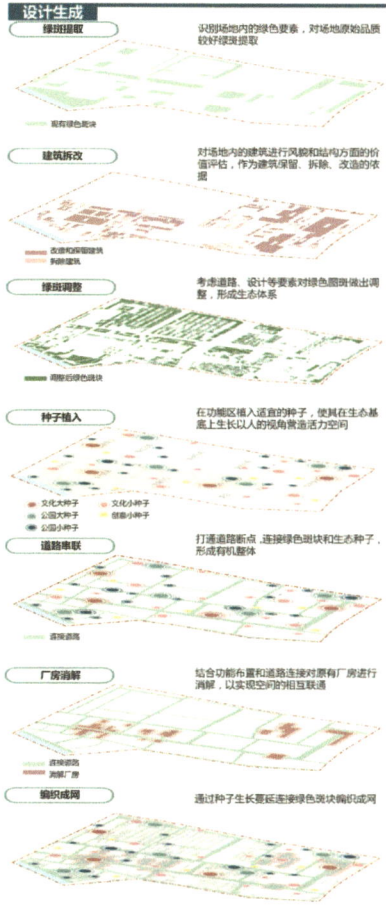

机床厂片区
① 生态栖息模块
② 景观互动模块
③ 文化培育模块

自然联结   人工联结

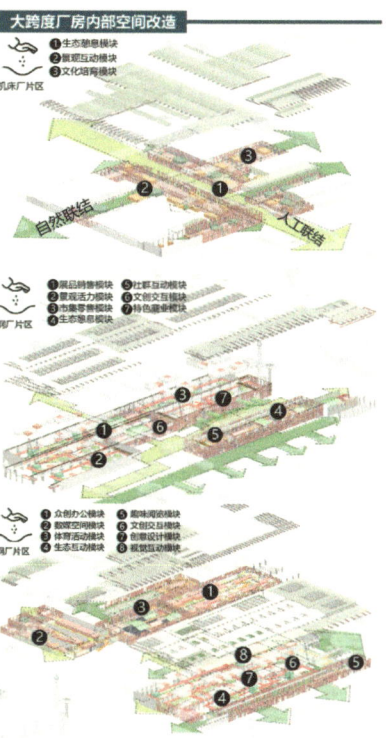

生态永续活力

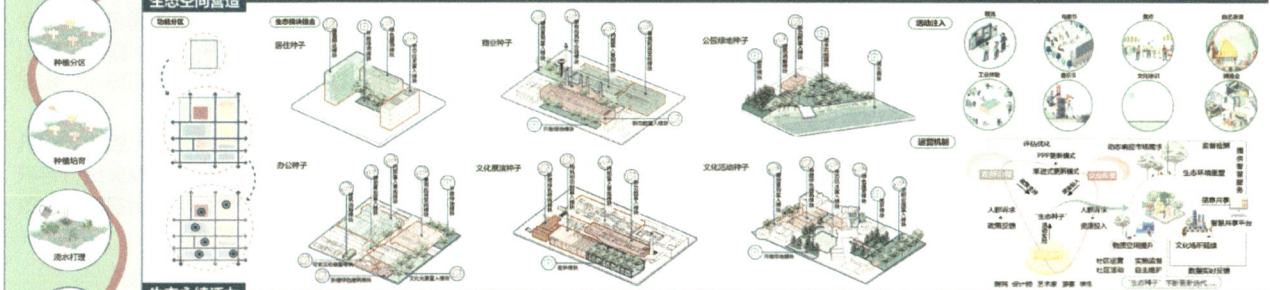

鞍山道片区变迁历史

现状功能分析

以居住功能为主，但缺乏生活配套设施

建成年代分析

建筑留存较多

人口密度分析

常住人口远少于户籍人口

交通组织分析

步行道方正宜人，承载周边停车需求

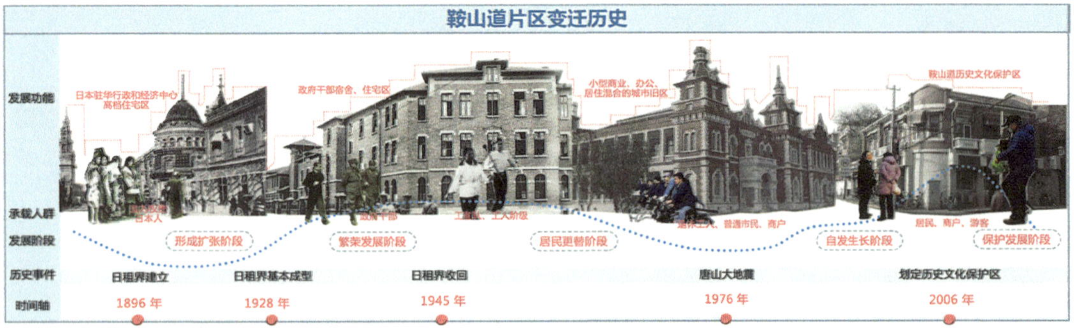

鞍山道生活指南——社区营造视角下鞍山道片区更新规划设计

参赛院校：华南理工大学
作者姓名：邓思华　黄　斌　高婷婷　马慧娟　周煊祥
指导老师：陶　金　魏　成
"天津城投杯"第二届全国大学生国土空间规划设计竞赛　三等奖

方案点评：

　　该作品以社区营造的视角为切入点，创新性地提出"生活指南"的概念，以改善日常、关联城市空间与社会活动、打造社区共同体为核心目标及基本策略，构思具有一定的创新性；提出社区空间重建、社会关系重塑、更新制度重构的更新策略，以空间为触媒营造空间场所，实现片区的生长激活。

　　方案通过打造功能复合的社区和多元共享的空间，实现社区空间的重建；提出邻里互动机制模式，形成邻里精神共同体，重塑社会关系；以容积率转移制度（TDR）为理论基础进行容积率论证，重构更新机制。方案在邻里交往空间和未来生活场景设计上较为突出，街巷空间的改造、文化遗产空间的延续性更新和活化利用等方面的设计及表现具有一定特色。

2022年「天津城投杯」第二届全国大学生国土空间规划设计竞赛获奖作品——研究生组（三等奖）

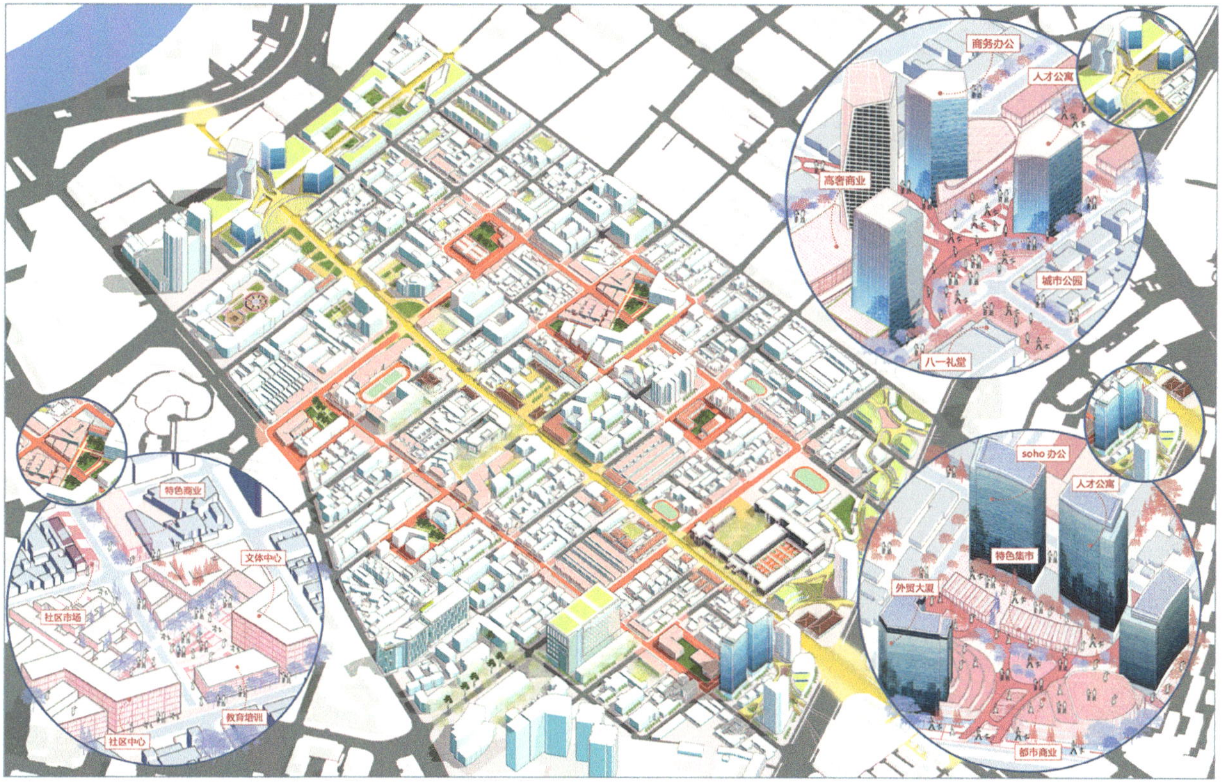

2022年「天津城投杯」第二届全国大学生国土空间规划设计竞赛获奖作品——研究生组（三等奖）

社区关系重塑

邻里互动机制模式

邻里积分商店

形成邻里精神共同体

邻里文化培育

社区共同感营造

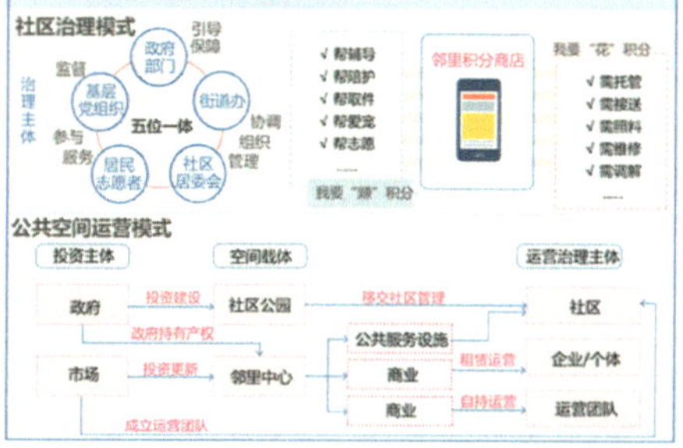

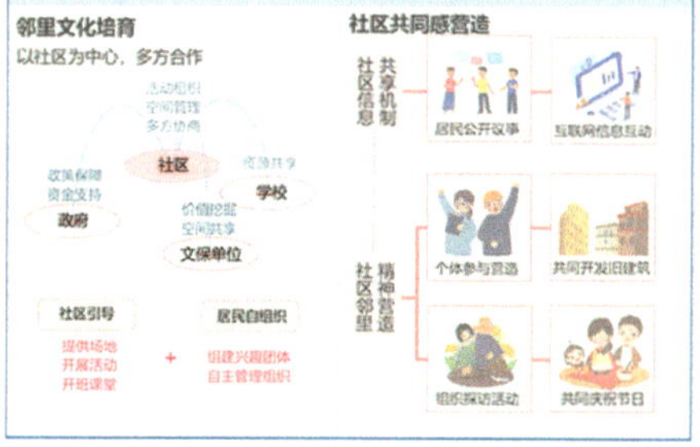

更新机制重构

开发强度论证

理论基础：容积率转移制度（TDR）

指将土地发展权从限制开发的发送地转移到鼓励开发的接受地，利用市场力量保护资源并促进城市或区域的发展，可用于历史街区保护、自然资源保护等地区。

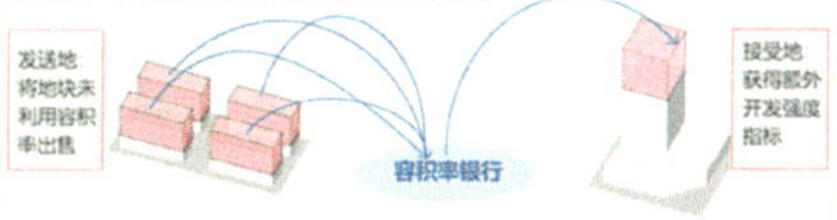

容积率银行

地块开发强度分析

识别更新地块 → 明确容积率发送地与接受地 → 开发强度调整

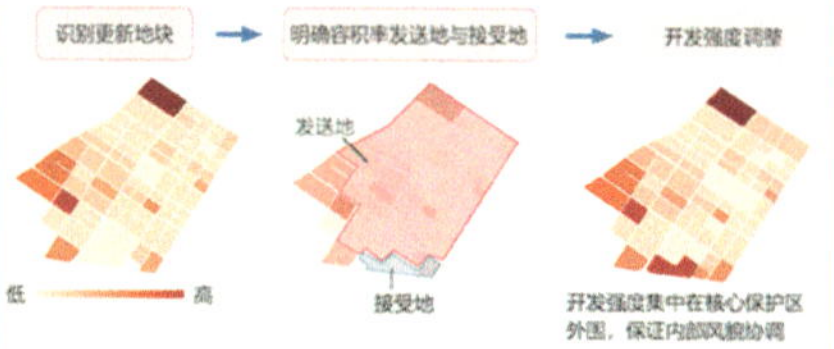

本片区设定为城市更新区+历史保护区+特别发展区，受历史街区开发强度限制，保持历史街区范围内容积率将部分拆出更多公共空间，将内部拆除用地的容积率转移至地铁站附近待开发地块，实现容积率在地块的稳定以及经济平衡。

社区更新时序与路径

Step1 点状激活

Step2 线性引流

Step3 全面赋能

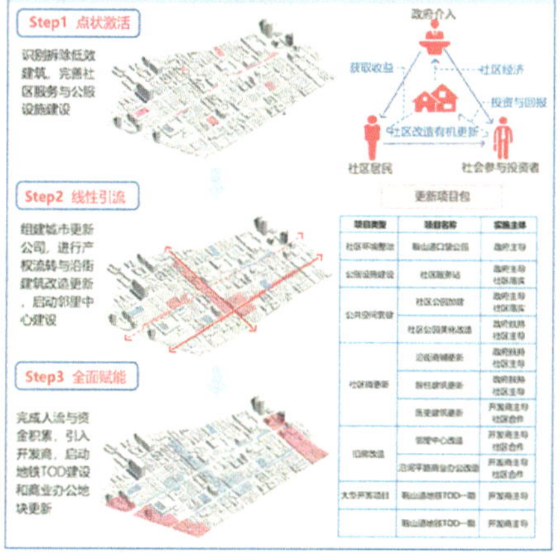

社区空间重建

空间腾挪，打造功能复合社区+

社区单元

街巷空间

公共空间

时空拼享，营建多元共享空间

时间延展 利用时间的延展性，在同一块场地的不同时间段开展不同的功能

白天　夜晚

空间共享

Step1 组建策略　Step2 文化营造　Step3 约约书书　Step4 产业培育　Step5 记忆再现

文化复兴，重拾历史街区记忆

记忆再现

遗产活化

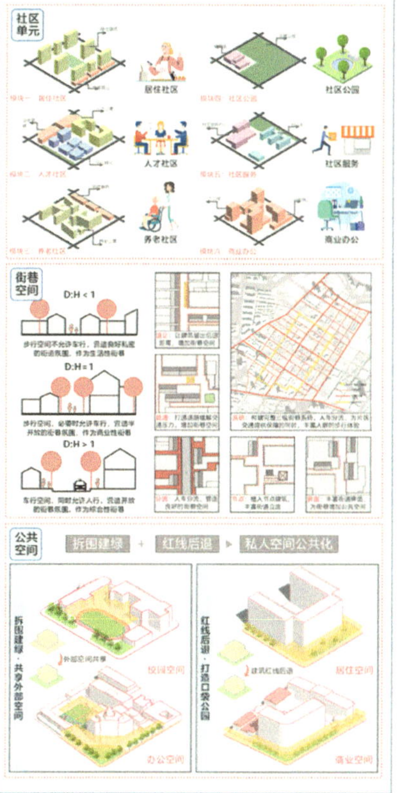

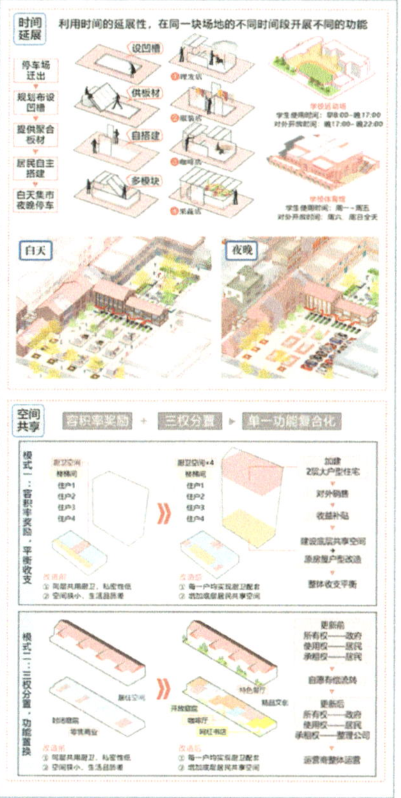

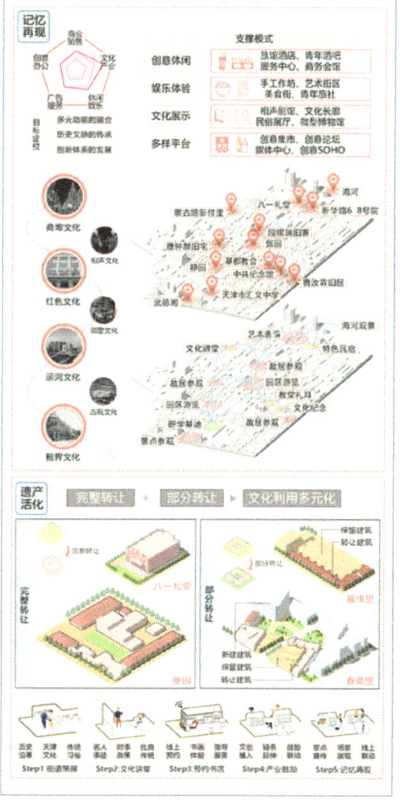

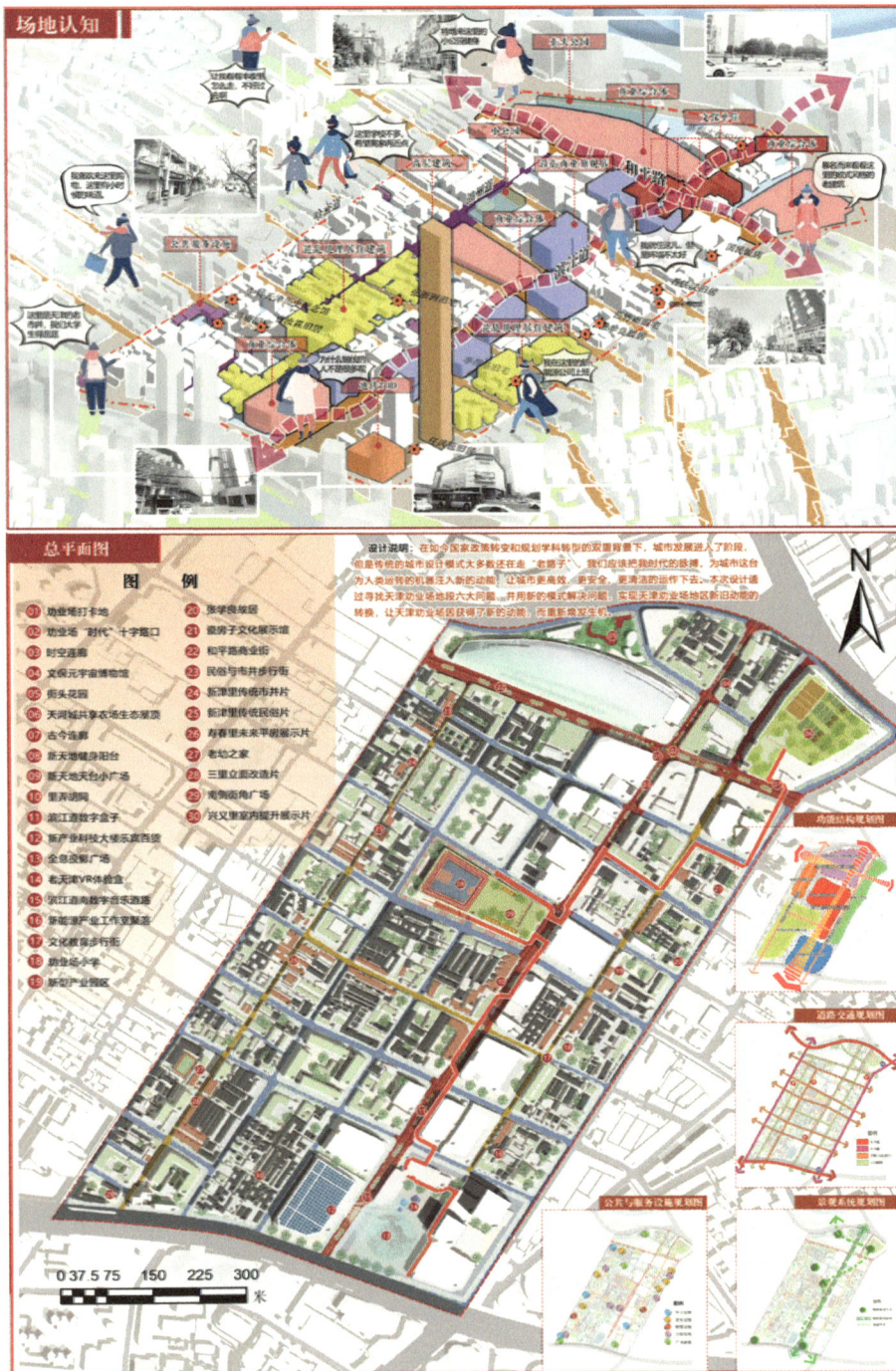

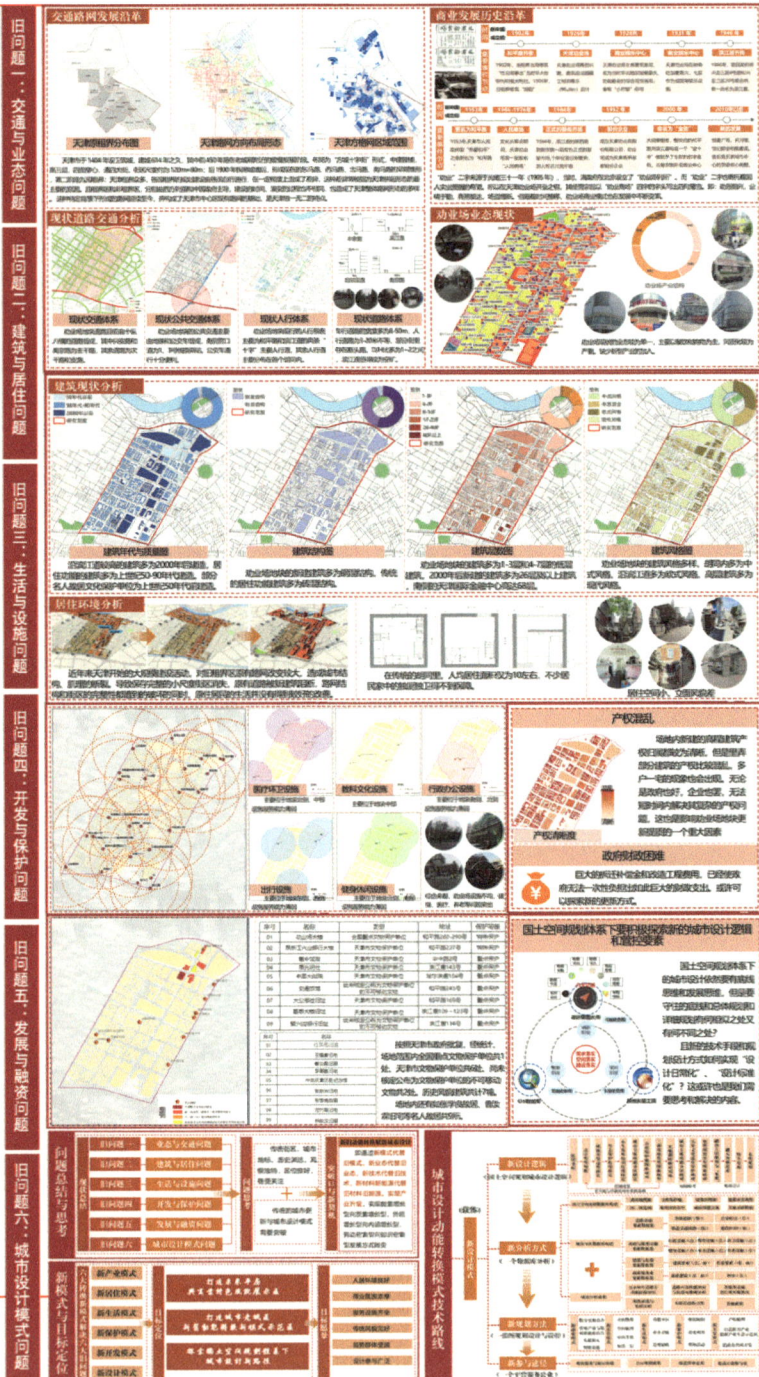

国土空间规划体系下老城区城市设计新旧动能转换模式探究

参赛院校：中南大学

作者姓名：于泽坤　胡建丽　岑晓彤　廖健鑫　李少杰

指导老师：李　铌　邹卓君

"天津城投杯"第二届全国大学生国土空间规划设计竞赛　佳作奖

方案点评：

作品综合考虑历史、文化、区位、政策等多种因素，对现状形成深入分析。在解决策略上提出城市设计动能转换模式技术路线，提出新产业、新居住、新生活、新保护、新开发、新设计模式来解决旧问题，对未来活动人群和规划愿景也有较深入的思考。

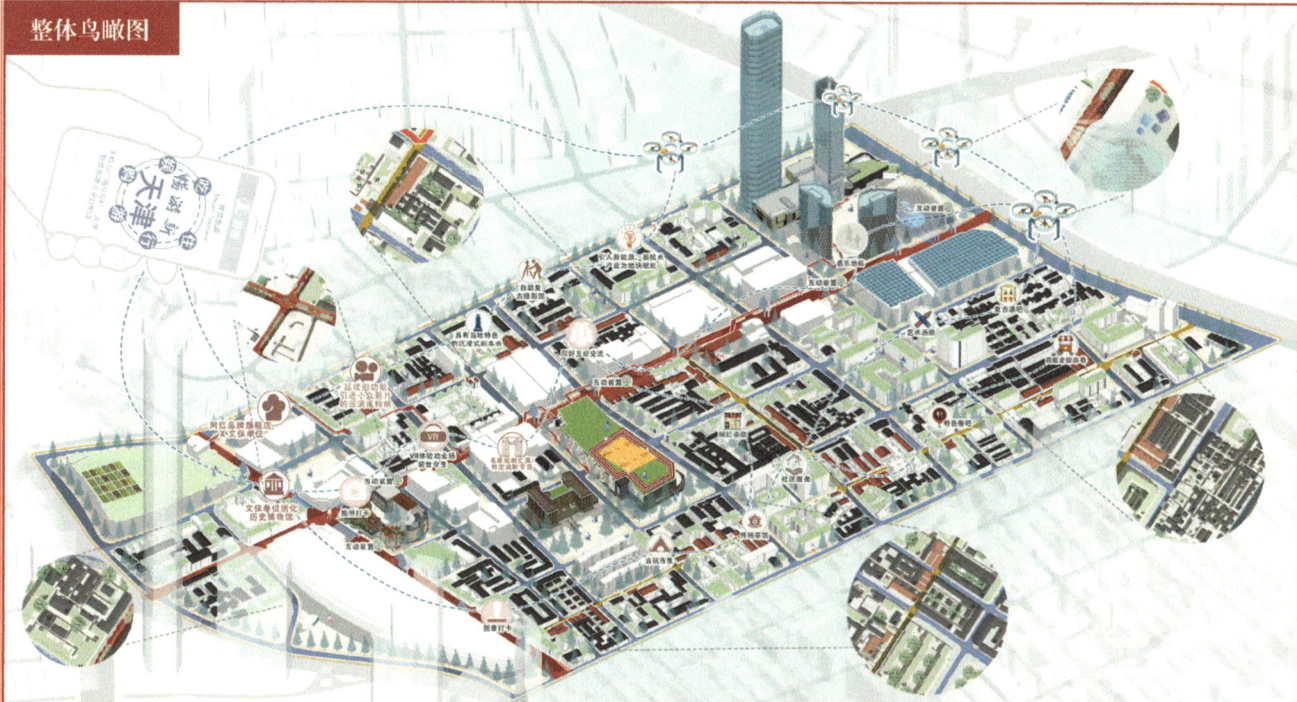

整体鸟瞰图

滨江道和平路交叉路口——未来"时代"十字路口

滨江道街巷展示　　老幼之家节点图

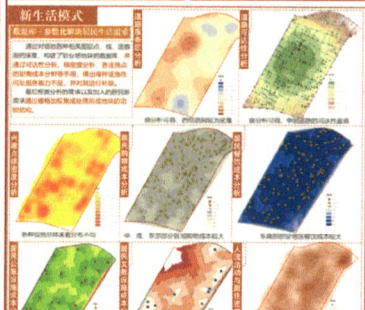

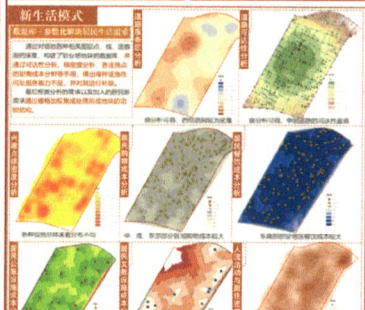

2022年『天津城投杯』第二届全国大学生国土空间规划设计竞赛获奖作品——研究生组（佳作奖）

新产业模式

问题聚焦

数字赋能产业空间

业态
主要是产业单一，同质化竞争多，缺少体闲体验类，且老天津的商业市井味道消失

商业人流不能到地块内部，停车难

交通

智慧共生　历史文化　＋　现代科技

传统产业与新型产业交融

实体空间：展示本土文化历史的实体构筑物，如：建筑、雕塑小品等

虚体空间：运用VR技术，投影技术、线上功能等，用互联网、物联网扩展空间维度，展现新业态场

虚实的重叠空间

空间文织

新旧的平行时空

数字经济＋实体经济

数字化线下实体店
夜间经济

传统的零售商业

传统零售业升级

业态交融

夜宴、夜购、夜展、夜演等多种业态

数字、智慧低碳产业

新保护模式

沿滨江道和平路打造新业态

延续区域历史文化脉络

文保单位　历史风貌建筑　市井生活

复兴区域地道市井生活

重点保护
合理保留
局部改造
普遍改造

整体性保护
原真性保护
特色性保护
利用性保护

新居住模式

改建模式

梳理空间肌理
①打通里巷堵塞空间　②打通高层建筑一层空间

拆建模式

①拆除违章建筑　②拆建整栋建筑

更新目标：房屋安全和环境改善
改造方式：外墙和阳台排险加固为主

建筑外立面

立面更新改造

户型改造

室内空间

改造前（左）、后（右）标准单元平面图

新开发模式

发展新能源产业，新兴产业融入生活示范，引进新兴产业融资

投资融资模式

政策落地："留改拆"并举，以保留利用提升为主

《关于在实施城市更新行动中防止大拆大建问题的通知》

内生需求

城市更新新思路

政府联合社会资本

各方责任明确

社会权利　社会责任
市场责任　市场权利
政府责任　政府权利

全责机制

数字平台资源公建

1.财政拨款　2.城市更新专项债

政府拨款　　政府拨款

3.地方政府授权国企

新设计模式

土地使用规划图

用地现状图

立面效果展示

立面图：滨江道向南
立面图：和平路向南

① 商业粒子：恒隆广场
② 商业粒子：劝业场
③ 社区粒子：社区幼儿园
④ 社区粒子：活动中心
⑤ 文化粒子：瓷房子博物馆
⑥ 社区粒子：社区健身中心
⑦ 文化粒子：范竹斋旧居
⑧ 社区粒子：社区商场
⑨ 商业粒子：友谊新天地
⑩ 社区粒子：社区医院
⑪ 社区粒子：活动广场
⑫ 商业粒子：信义里商业街
⑬ 商业粒子：文化商场
⑭ 社区粒子：社区超市
⑮ 社区粒子：社区健身中心
⑯ 商业粒子：清合商场
⑰ 商业粒子：庆泰商场
⑱ 社区粒子：社区商场
⑲ 商业粒子：乐宾百货
⑳ 商业粒子：泰丰商场

梳理现有 **28个** 粒子空间
改造 **7个** 衰败粒子空间
植入 **18个** 高能粒子
以 **33个** 粒子空间
激活劝业场 **61个** 街坊

规划范围线

规划总平面图

粒子效应——基于场所空间衰变·碰撞的天津劝业场街区微更新研究与设计

参赛院校：山东建筑大学
作者姓名：张艺杰 陈霈琛 黄 仲 赵文潇
指导老师：赵 亮 杨 慧
"天津城投杯"第二届全国大学生国土空间规划设计竞赛 佳作奖、最佳融合奖

方案点评：

山东建筑大学参赛团队以物理学中的"粒子"概念，对天津劝业场片区进行梳理和解读，进而提出微更新策略。团队对街坊原型的分类提取和统计展现了严谨的工作态度，将不同空间、场所的碰撞类比为正负粒子的相遇，富于奇思妙想。网络化、节点式的微更新策略，以及对不同节点功能和形态的细致考虑，充分回应了劝业场物质空间衰退、活力不足的现实问题。

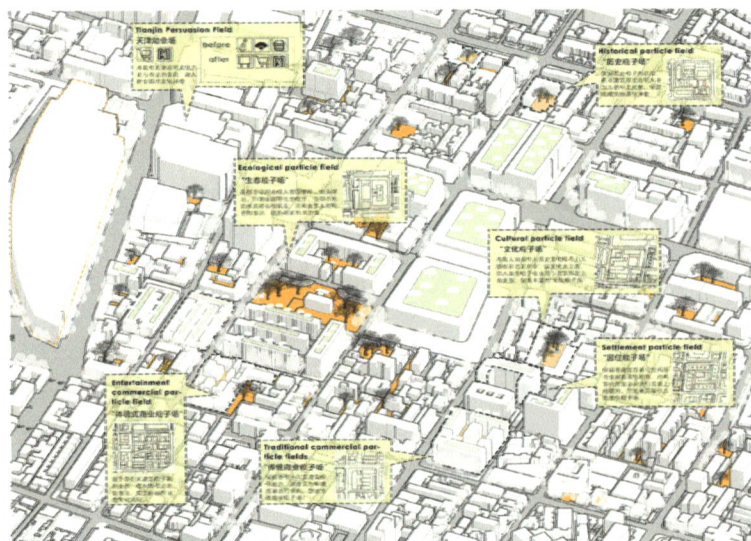

平整立面
开放场所
商流渗透
连贯廊道
修补营造
构造围合
天然出露
疏导通廊
场所演替

正如动力学中需要寻找合适的中间体降低能量壁垒，寻求能量更低的反应路径，劝业场片区的粒子空间设计需要为生态的衰变与碰撞提供合适的场所，构建经济可行的反应路径。通过梳理老城区内的末梢道路，腾退质量不达标的老旧建筑，实现片区的动态土地收储。在储备用地上进行易恢复易拆解重组的建设开发，并保留其短期内转换用途开发建设的可能性，从而保障整个城市片区的动态业态空间营造，承托片区商业活动的实时流动发展。

2022年【天津城投杯】第二届全国大学生国土空间规划设计竞赛获奖作品——研究生组（佳作奖）

（专项奖——最佳融合奖）

■街区功能粒子

A U G
B R S
?

■街区印象

历史文化性
老龄化
建筑老化严重
人口密度高
居住设施不足
低收入

■典华板访

■街坊特征

街坊单元A
功能 居住+商业
建筑密度 66%
建筑数量 11个
建筑形态 板式
点式、回型

街坊单元B
功能 居住
建筑密度 52%
建筑数量 4个
建筑形态 板式

街坊单元C
功能 商业
建筑密度 60%
建筑数量 1个
建筑形态 近方形
综合体

街坊单元D
功能 居住
建筑密度 52%
建筑数量 60个
建筑形态 点式、板式

街坊单元E
功能 商业
建筑密度 60%
建筑数量 8个
建筑形态 近方形

历史场地区是天津市保护与发展不能兼容的地段，最严重的地段，作为天津市中心商业区，它也是旧了城市的高度相繁荣。原有且丰富主要资源，常刚出存在人口密度过高，居住产权问杂，建筑年久失修，社区老龄化等突出的民生问题。
基地中有61个粒子，8个历史资源粒子，29处界破空间粒子。

● **历史资源粒子**

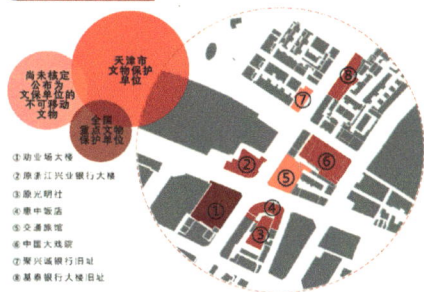

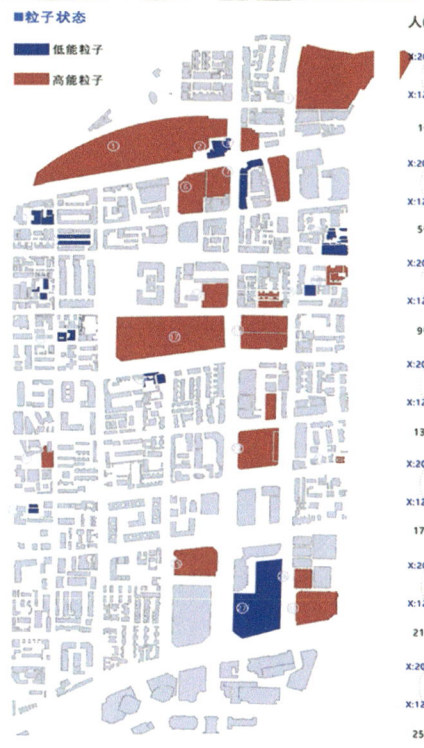

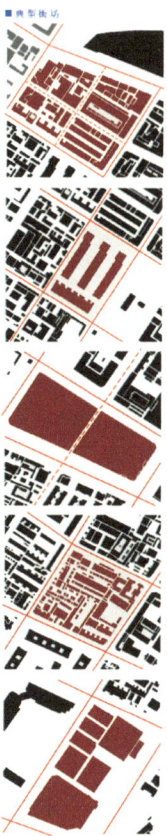

天津市文物保护单位
尚未确定公布名称文保单位的不可移动文物
全国文物保护单位
省级文保单位

①劝业场大楼
②惠丰江兴业银行大楼
③原光明村
④惠中饭店
⑤交通旅馆
⑥中国大戏院
⑦聚兴城银行旧址
⑧基泰银行大楼旧址

■ **粒子状态量化计算**

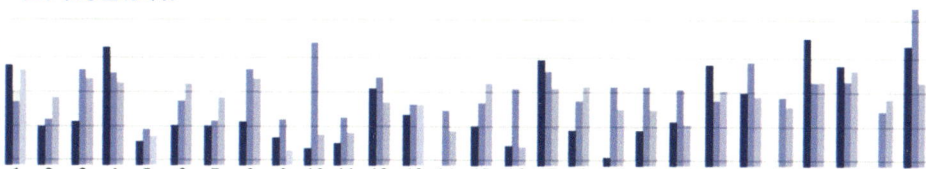

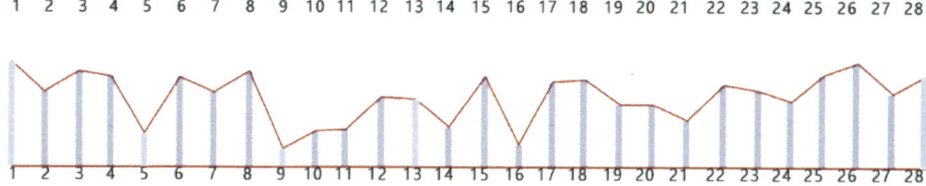

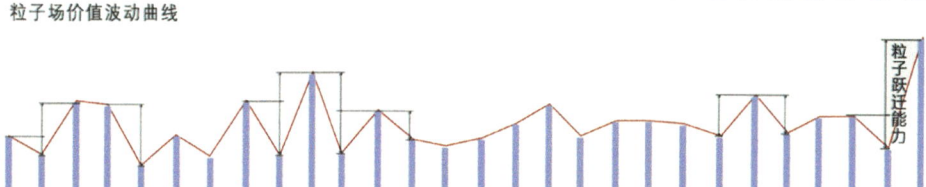

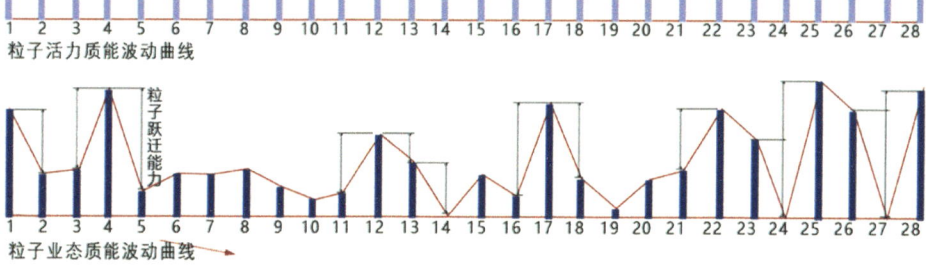

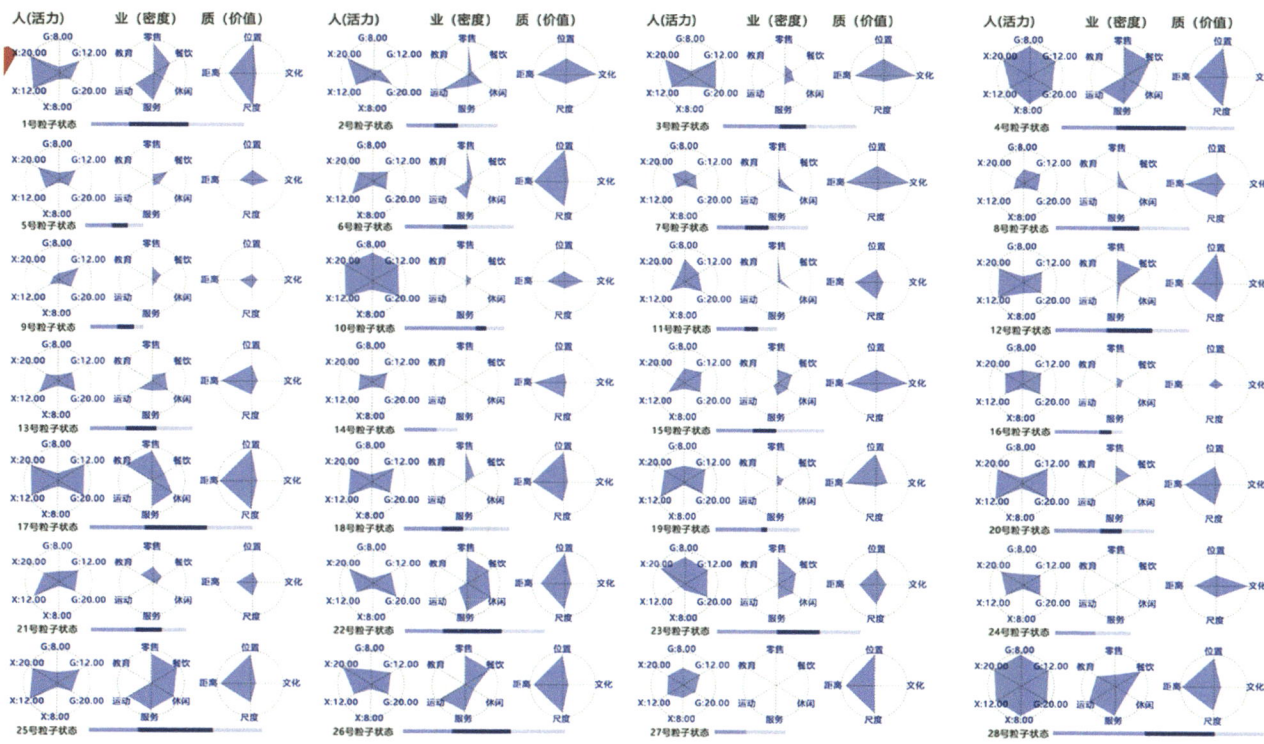

粒子场价值波动曲线

粒子活力质能波动曲线

粒子跃迁能力

粒子业态质能波动曲线

粒子跃迁能力

■粒子状态

低能粒子
高能粒子

人(活力)　业(密度)　质(价值)

（雷达图 1号粒子状态 至 28号粒子状态，各含 零售、餐饮、文化、尺度、休闲、服务、教育、距离、位置 等维度，G:8.00 / G:12.00 / G:20.00 / X:8.00 / X:12.00 / X:20.00）

211

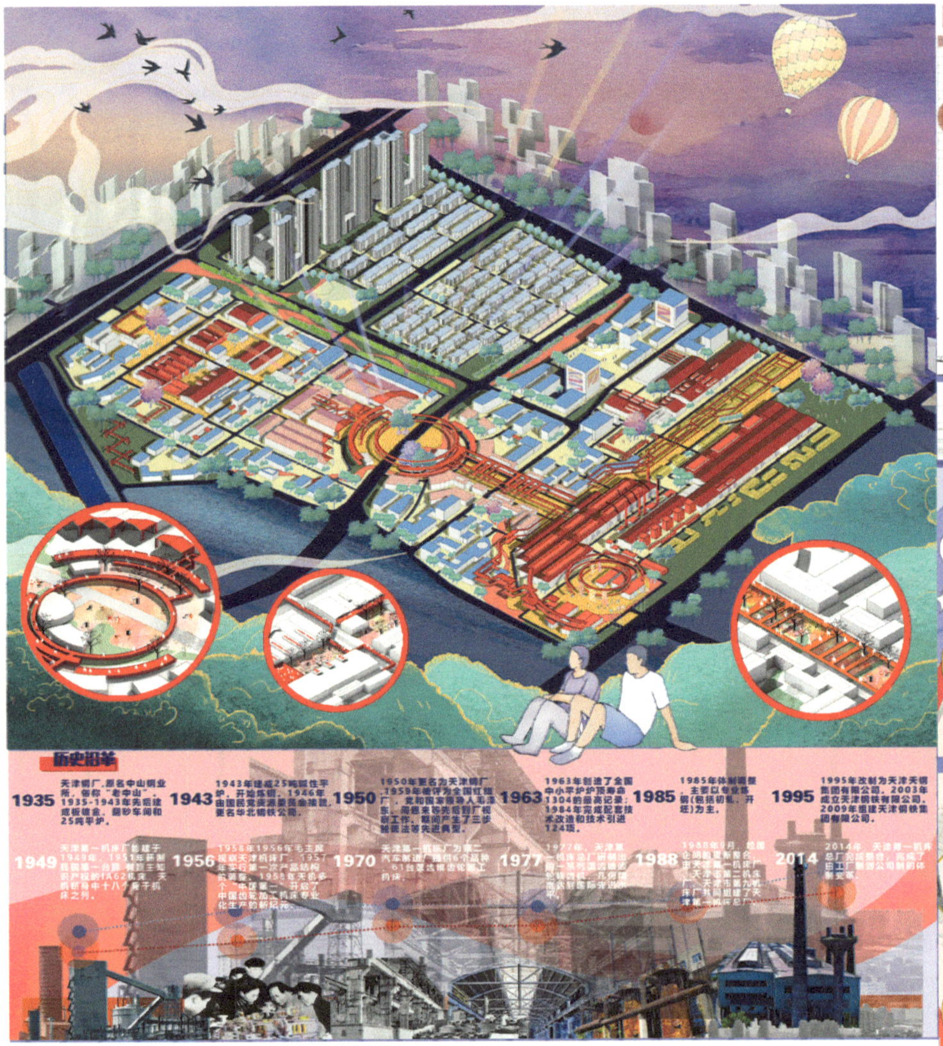

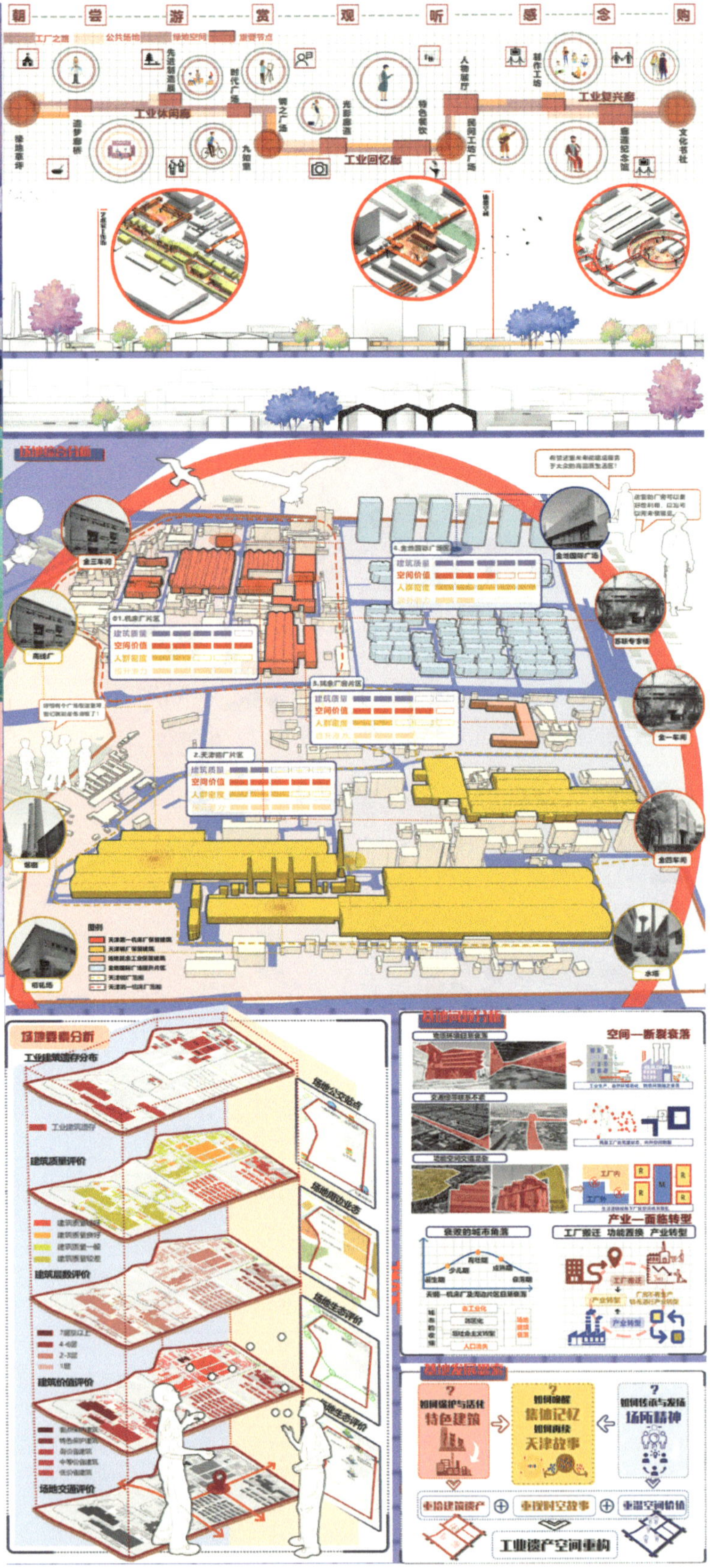

熔融——基于遗产空间重构的天钢-机床厂片区适应性再利用设计

参赛院校：华中科技大学
作者姓名：张 恪　黎懿贤　吴俊波　张 旭
指导老师：孔惟洁　黄亚平
"天津城投杯"第二届全国大学生国土空间规划设计竞赛　佳作奖

方案点评：

该作品以遗产空间重构为发展目标，通过对基地特色建筑、集体记忆、场所精神三大关键要素的关联性研判，以重拾建筑遗产、重现时空故事、重温空间价值等为主要策略，通过适应性再利用设计的空间重构方法，基于价值评估对工业遗产空间解构过程中的特色要素予以保留，并基于各自的空间定位进行再组织重构，打造复合化文旅消费型工业街区。

方案基于空间解构理论与空间重构方法对规划设计进行方向性指引，通过生产单位迭代、片区空间重构、线性空间再生、特色景观延续等设计方法，在业态组织、路网疏通、绿带梳理、建筑节点等方面的空间策划和设计效果较为突出。

遗产空间解读

三要素 公共物品 生态单元 特色景观

科技价值 社会价值 历史价值

典型代表

空间解构遗存

1生产单元：
2公共物品：
3特色景观：

办公楼 管线 水塔 龙门吊

基地定位

生产过程：生产技术 生产流程
生产者
生产环境：物质环境 人文环境

实体空间部分：公共空间部分 特色建筑

宏观背景 外部需求 内部条件 更新改造 规划方案 目标定位

集文化休闲、创意生活、特色旅游为一体，倡导红色文化、工业文化的交融消费型工业街区

空间重构策略

工业街区 公共中心 文创园区 居住片区

1生产单元迭代，重构片区空间
①场地整体重构
②建筑空间重构
新建建筑：
原有建筑：
杂乱 无序 整合建筑肌理，扩大公共空间
打破大体量建筑，创造公共空间 内部切分 体块连接

众筹会议 团队训练 娱乐项目
项目探讨 酒吧开业 店面经营
创业培训 集市售卖 餐厅共享
创客开业 作坊经营 思想交流 Support Group

2公共物品再生，重构线性空间
疏通路网，建立人车分流系统
连廊内穿 连廊外搭
广场绿带，梳理开放空间体系
生态景观 再利用

3特色景观延续，重构节点空间
工业厂房改造成景观节点
拆除厂房表皮，保留钢构 保留工业厂房，进行改造

4长效运营机制，重构集体精神
旅游 文创 学 展览 咖啡 健身
运营模式优化 数据终端 数据分析 重点位置
优化完毕 底层改造 问题分析 实地勘察
旅游计划书 网上客户 电子邮件
公共信息库 信息发布 文化宣传
智能信息服务 游客资源数据库 信息数据分析
过去计划经济下的集体精神在市场经济中得到重塑与巨变

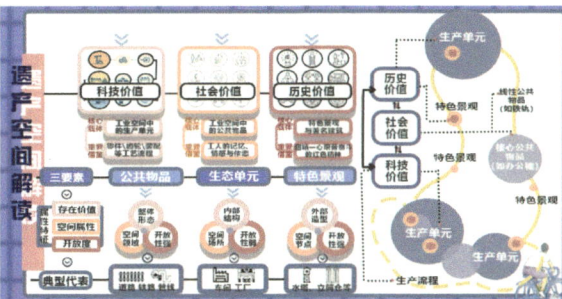

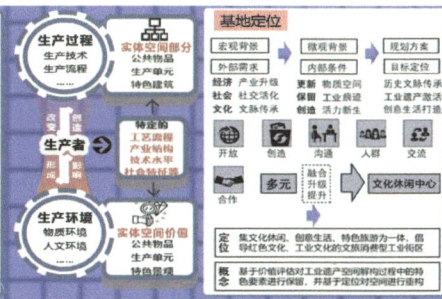

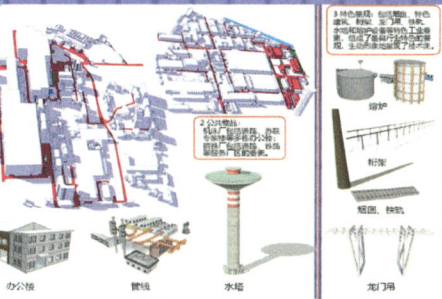

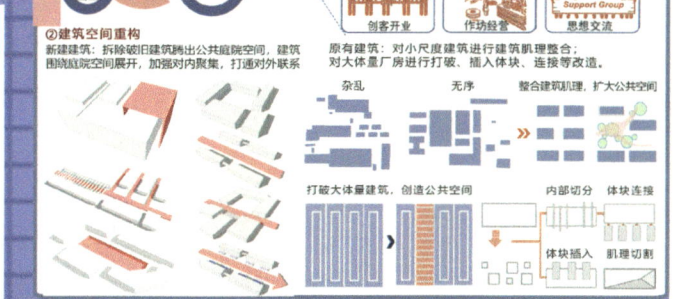

铸剑之魂 工业记忆文化艺术展示区
① 历久弥坚入口广场
② 超级滑梯
③ 实景互动演绎展场
④ 时光发布中心｜工厂艺术中心
⑤ 工业记忆创意市集
⑥ 超级烟囱攀岩墙
⑦ 弹力蹦动基地
⑧ 盒子艺术家工坊
⑨ 超级市内跑场
⑩ 超级翻转乐园

新兴之刀 生活服务型产业孵化区
⑪ 靖之下创业俱乐部
⑫ 社群生活展示馆
⑬ 新兴产业孵化馆
⑭ 沃土花园创意办公楼
⑮ 新锐众创空间

市民之家 现代科技体验展示区
⑯ 大国重器文化长廊
⑰ 科学技术展览馆
⑱ 红色记忆博物馆
⑲ 穿越1980主题科技街道

时代之心 红色主题研学教育区
⑳ 1号 大国之基科学馆
㉑ 2号 改革春风科学馆
㉒ 3号 科技创新研学馆
㉓ 4号 复兴伟业研学馆
㉔ 劳动教育体验基地
㉕ 田野素质训练场
㉖ 大国边疆广场
㉗ 党建服务中心
㉘ 红色脉搏广场
㉙ 研学基地餐饮服务馆
㉚ 研学基地生态馆

安居之乐 品质生活社区
㉛ 城市高端创意配区
㉜ 面色公园
㉝ 社区自治留用地
㉞ 智慧之家公寓区
㉟ 商业服务中心

津塘路 福贤里 理化工程研究院 天津艺术职业学院 吴嘴村 欣园小区 环宇道

技术经济指标 总用地面积：105公顷 容积率：2.3 建筑密度：34.6% 绿地率35% 车位数5250个

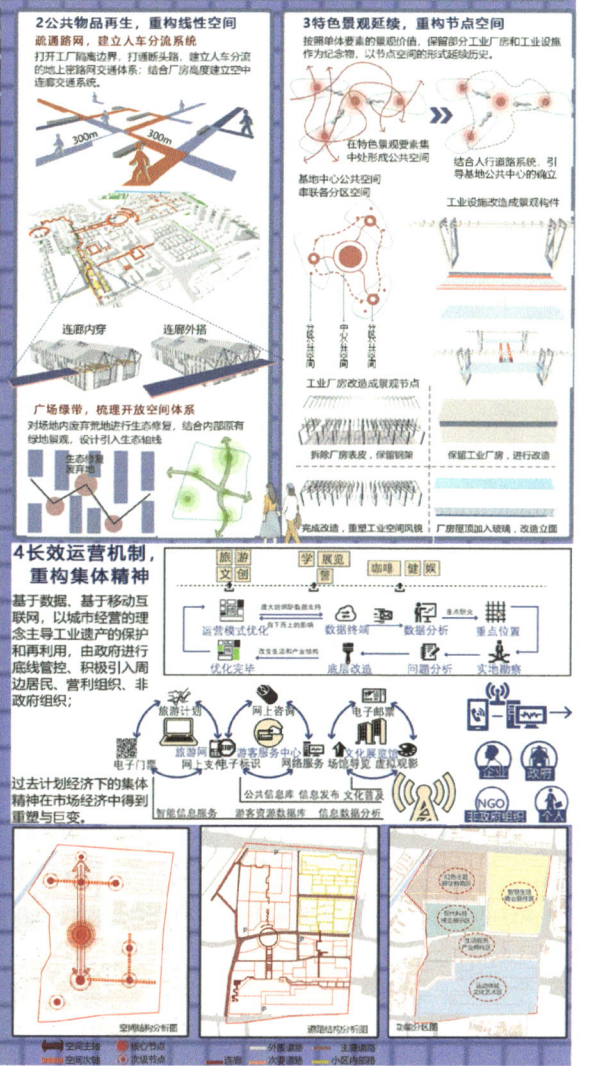

为时代铸剑，为天地立心，为历世开新局

2022年「天津城投杯」第二届全国大学生国土空间规划设计竞赛获奖作品——研究生组（佳作奖）

左侧竖排文字：

2022年「天津城投杯」第二届全国大学生国土空间规划设计竞赛获奖作品——研究生组（佳作奖）

总平面图

经济技术指标

总用地规模	98ha
总建筑面积	1.078*10⁶㎡
容积率	1.1
建筑密度	39%
绿地率	31%

图例：

1 生态野趣公园
2 艺术创意社区
3 商业活力街区
4 工业手办小天地
5 传统办公管理街区
6 新型智创办公街区
7 艺术创意剧场基地
8 数字艺术展场
9 艺术创意实验室
10 创意体验工坊
11 齿轮环廊小游园
12 艺术家工作室
13 艺术展演天台
14 艺术展演中心
15 UVE餐厅
16 科创技术中心
17 特色商业
18 商业综合体
19 互动公寓
20 工业遗址体验集市
21 教育研学坊
22 智能公寓
23 公寓
24 便民服务中心
25 便民商业空间hi
26 社区服务
27 loft公寓
28 幼小园
29 中小学
30 居住社区
31 商业综合体
32 文创展览厂房组
33 组合建筑管理中心
34 工作室厂房组
35 组合公寓厂房组
36 室内商业食厂房组
37 生态模块厂房组
38 娱乐体验厂房组
39 工业遗址厂房组
40 文创商业厂房组
41 商业娱乐综合体
42 自由商业街

右侧：

基地现状分析

现状功能分区
现状道路系统
现状闲置空间
现状建筑风貌
现状建筑高度
现状建筑质量

城市记忆遗失，文化氛围淡漠
产业业态滞后，工业空间没落
发展动力不足，无创新功能引领
人群流失，空间活力缺失
工业污染严重，生态环境破坏
居住空间封闭，公共空间待提升

现状问题总结

SWOT

S	W	O	T

平面节点分析

记忆廊道节点分析　齿轮广场节点分析　共享公寓节点分析

"工"享容器——时空链接视角下天津天钢-机床厂工业片区城市更新设计

参赛院校：北京林业大学
作者姓名：伊慧敏　马俊杰　杨婷婷　赵婷　王帆
指导老师：李翅　钱云
"天津城投杯"第二届全国大学生国土空间规划设计竞赛　佳作奖

方案点评：

该方案对于天钢片区历史沿革、现状背景、空间识别等的分析认识准确，对该片区未来人群分析有所考虑，值得学习。同时，该方案整体更新路径方向明确，其提出的空间化更新、数字化保护和结构化传承三大路径思路精准。针对未来发展，方案提出了天钢片区"双区驱动，三位一体"的发展愿景，植入产业为天钢片区发展赋能，建立"工"享生活圈、创客交流圈、遗产漫游圈三类空间更新片区。方案图纸效果突出，空间节点设计丰富。

鸟瞰图

设计思路

判势·前期分析 **诊断·问题总结** **推演·概念引入** **解构·策略生成** **焕活·空间对应** **生长·机制运营**

上位规划分析
预判用地性质
人群需求分析
确定用地功能
场地问题总结

历史沿革分析
挖掘地块文脉
场地现状分析
剖析地块问题

- 工业文明遗失
- 工人精神遗忘
- 社区文化疏离
- 建筑质量不一
- 建筑风貌差异
- 建筑功能单一
- 道路系统混杂
- 生态环境衰败
- 公共空间缺乏

容器—厂房
模块化改造
超边容器

超边—共享
链接时空圈层

- 空间化更新
- 数字化保护
- 结构化传承
- 产业植入
- 艺术体验
- 创意设计
- 共享生活圈
- 创意交流圈
- 工业文化圈

- 厂房空间+居住空间
- 科普展览空间
- 研学教育空间
- 文创孵化核心区
- 艺术创作空间
- 文创商业空间
- 传统住宅+租赁公寓
- 传统办公+文创街区
- 展示传承变革空间

建筑智慧
生长机制

历史保护
传承机制

产业发展
联动机制

多样人群
交往机制

主题阐述

工业遗产
空间功能
人群交往

1+1+1=? 园区+社区=？
1+1+1=N "双区驱动，三位一体"

"忆"
工业遗迹
超边容器
"造" "愿"
建筑更新 交往场景

文化圈 创意人才 文创园区
生活圈 在地居民 多元社区
交往圈 多样人群 智慧片区

方案生成

天钢初轧厂改造意向

生产型
居住型
办公型
糅合

工业遗产 → 钢铁与齿轮icon → 粗犷与精细的空间美学

分割大型肌理 聚合小型肌理 完善空间流线 构建立体连接

INTO

艺术体验
创意设计 产业核心
文化社区
工业遗产

OUT

共享大厅 共享多功能展厅 产品设计营销
共享创意平台 自由设计市集
共享会议室 盒子工作室
虚拟交互实验室 联合办公模块
独立工作室 路演/讲座共享阶梯

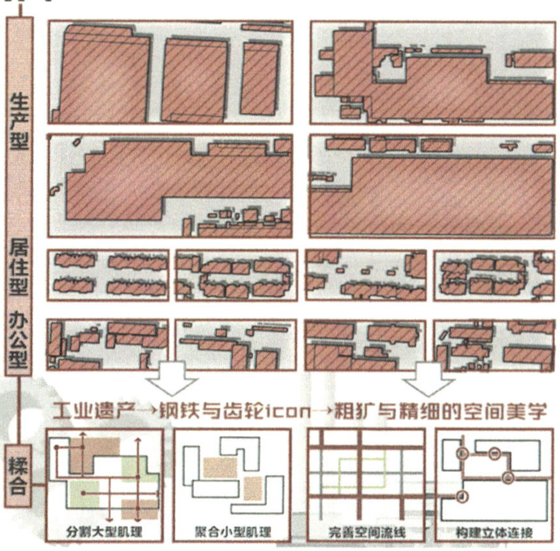

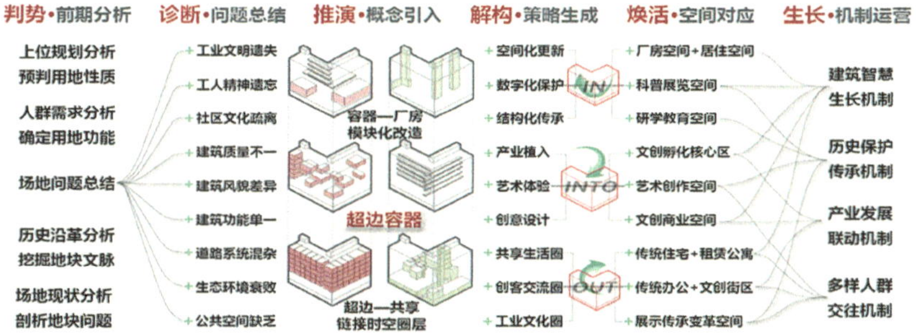

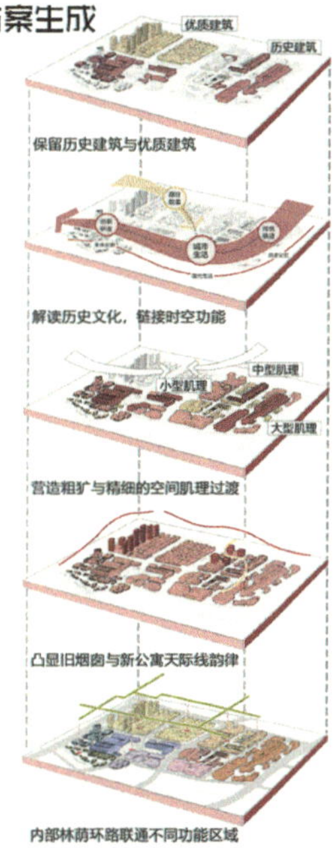

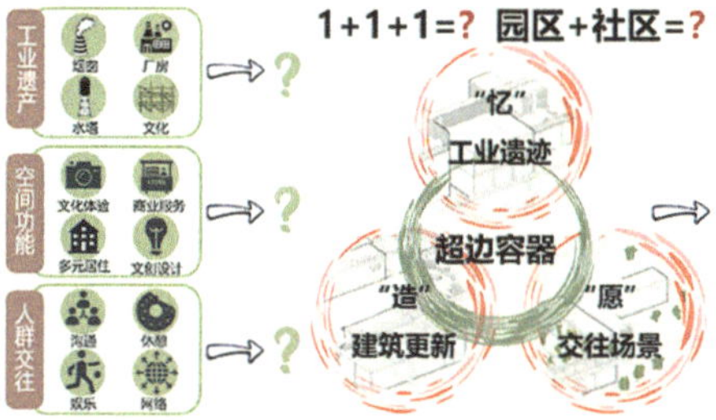

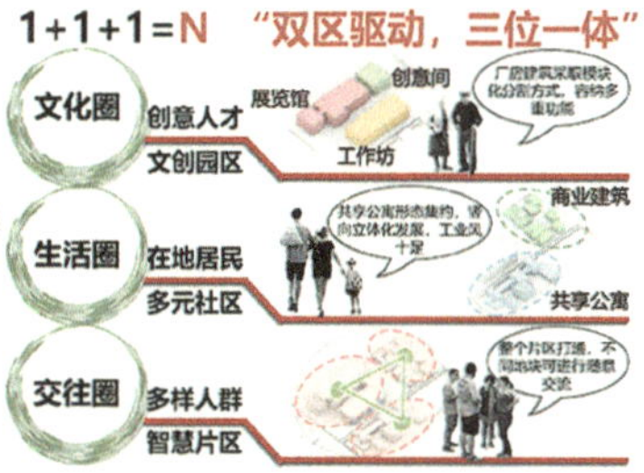

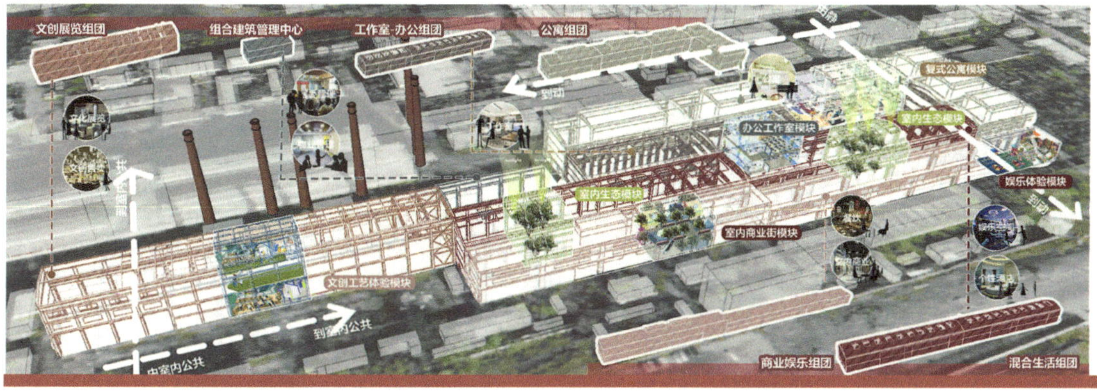

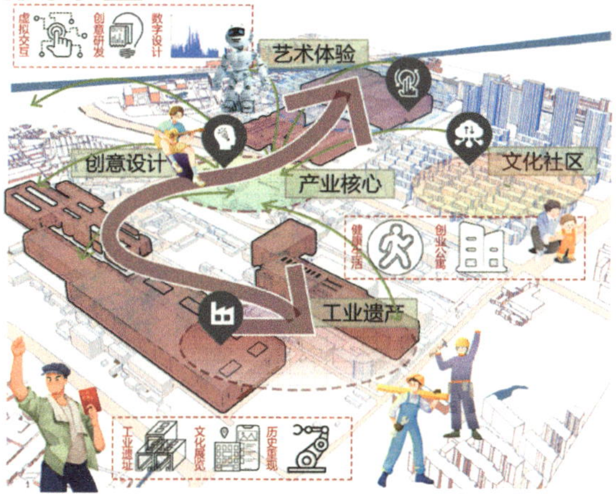

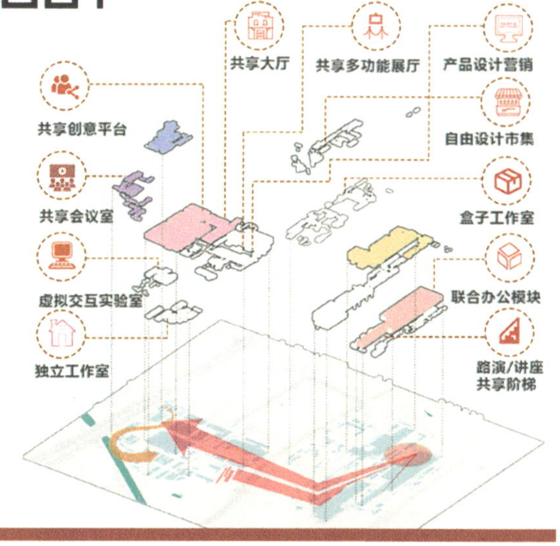

时空底层人节点　文化感知节点　商业情物节点

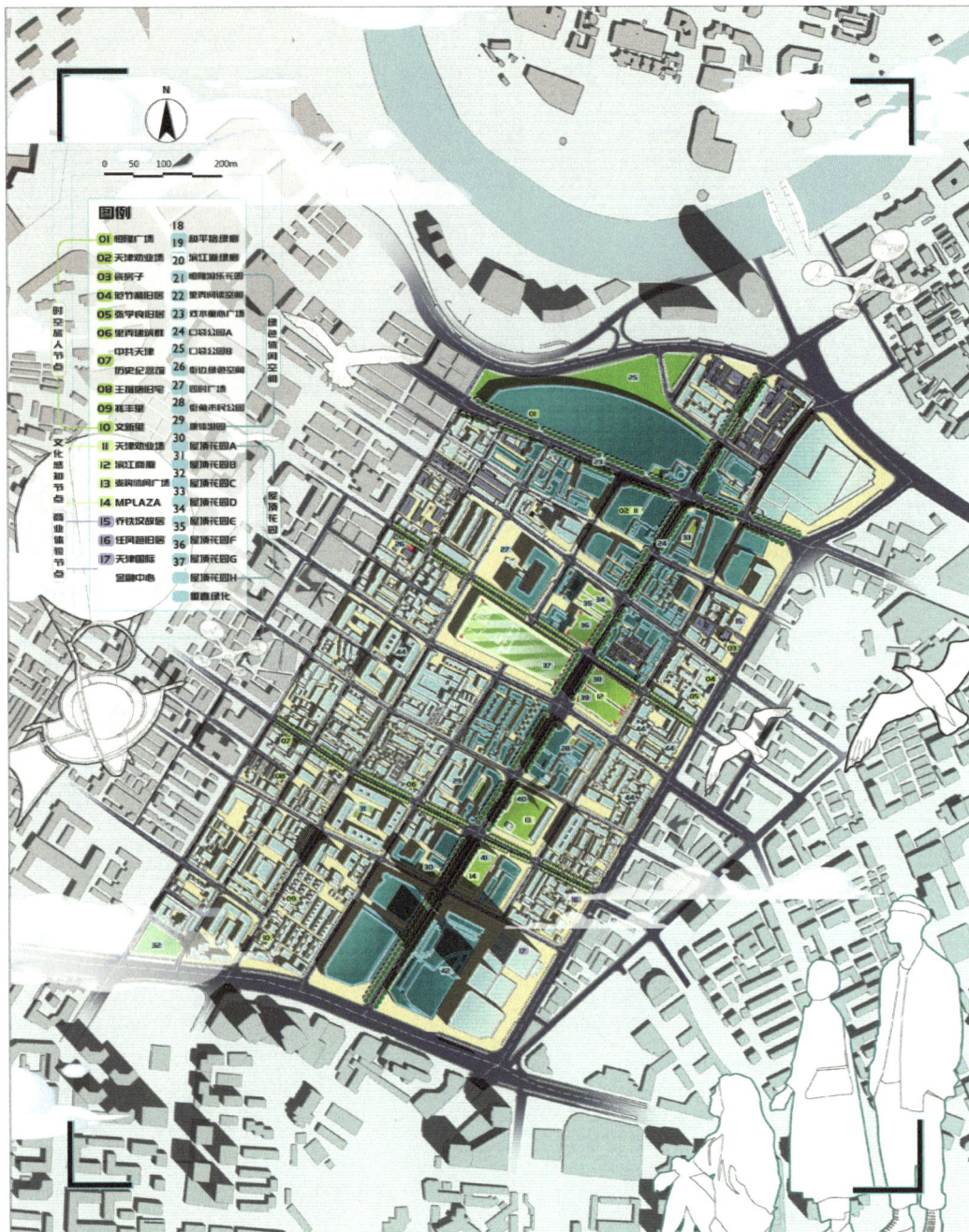

图例

01 和平广场
02 天津劝业场
03 森房子
04 娑竹楼旧居
05 张学良旧居
06 袁洁建筑群
07 中共天津历史纪念馆
08 王瑞廷旧宅
09 孙丰琼
10 父浙馆
11 天津劝业场
12 滨江商廊
13 袁洁情阁广场
14 M PLAZA
15 乔秋汉故居
16 住用超旧居
17 天津国际
宝融中地

18
19 和平路绿廊
20 滨江道绿廊
21 明晓娱乐花园
22 星河网境空间
23 双木星商广场
24 口袋公园A
25 口袋公园B
26 街边绿色空间
27 四时广场
28 街角市民花园
29 屋顶花园
30 屋顶花园A
31 屋顶花园B
32 屋顶花园C
33 屋顶花园D
34 屋顶花园E
35 屋顶花园F
36 屋顶花园G
37 屋顶花园H
垂直绿化

绿色情阅空间

屋顶花园

垂直绿化

1850年 法租界划定
1900-1945年 法租界扩张时期
1945-2000年 居民更替时期
2000年至今 高强度开发时期

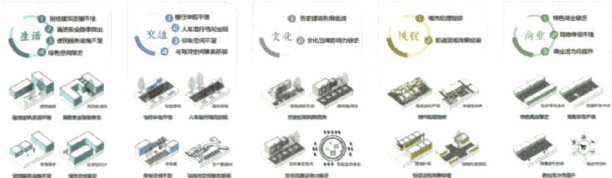

1860年 城市建设处于起步阶段，此时劝业场片区尚为空白。
1900年 基地内部城市开始"由西向东"开始城市建设，并开通了有轨电车的建设。同时形成富裕阶级的聚居地。
1945年 片区内部城市进一步扩张，跟随现代商业开始发展，内部居民形成聚落空间杂住的格局。
2000年 城市中肌理由于城市新的开发建设进一步变化，高强度标志建筑在本片区建成，形成南北高、中间低的城市格局。居住空间进一步被挤压。

■ 现存问题

生活　交通　文化　风貌　商业

■ 现状综合分析

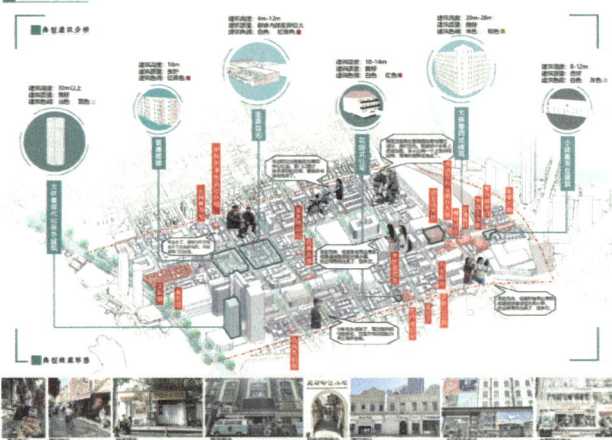

空间提升设计
里弄记忆追溯　全天候活力-白天　全天候活力-夜晚　竖向功能融合

节点设计

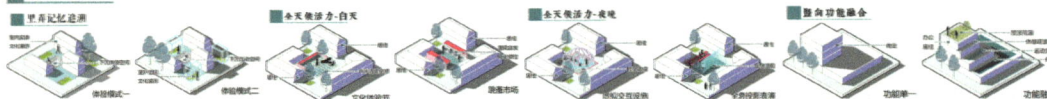

融文兴业，时空双生——天津劝业场地区更新规划

参赛院校： 北京工业大学
作者姓名： 方婧萱　杨圣洁　董俊
指导老师： 郑善文　王淑芬
"天津城投杯"第二届全国大学生国土空间规划设计竞赛　佳作奖

方案点评：
　　前期分析全面，对基地的历史、人群、建筑等都进行了剖析，深度挖掘了片区的场所精神；提出了将商业和文化旅游相结合，在空间上采用数字孪生的设计主题，主题立意新颖；设计逻辑严谨，从前期分析到主题演绎，再到空间设计，都有据可依。

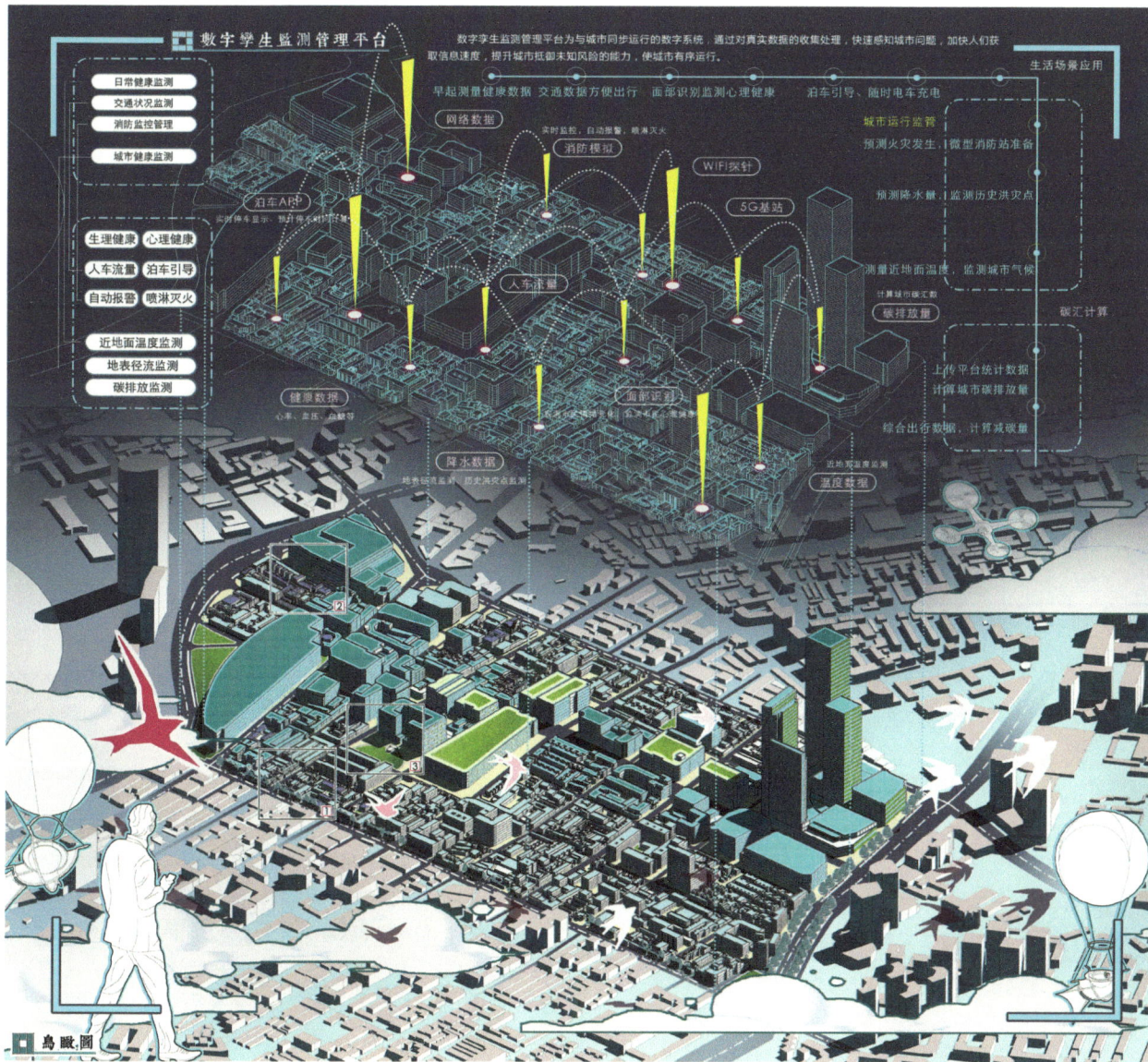

数字孪生监测管理平台

数字孪生监测管理平台为与城市同步运行的数字系统，通过对真实数据的收集处理，快速感知城市问题，加快人们获取信息速度，提升城市抵御未知风险的能力，使城市有序运行。

日常健康监测
交通状况监测
消防监控管理
城市健康监测

生活场景应用

网络数据
泊车AR导
早起测量健康数据 交通数据方便出行 面部识别监测心理健康 泊车引导、随时电车充电

城市运行监管
预测火灾发生 微型消防站准备
预测降水量 监测历史洪灾点
测量近地面温度 监测城市气候

碳汇计算
上传平台统计数据 计算城市碳排放量
综合出行数据，计算减碳量

生理健康 心理健康
人车流量 泊车引导
自动报警 喷淋灭火
近地面温度监测
地表径流监测
碳排放监测

消防模拟
人车流量
面部识别
降水数据
温度数据

健康数据
心率、血压、血糖等

WIFI探针
5G基站

鸟瞰图

规划结构图
商业主轴线
商业次轴线
商业慢行线
主节点
次节点
慢行节点

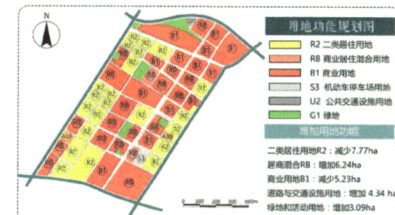

用地功能规划图
R2 二类居住用地
RB 商业居住混合用地
B1 商业用地
S3 机动车停车场用地
U2 公用设施用地
G1 绿地

增加用地功能

规划结构图
骑行线路
步行线路
休憩点

提升步行指数

绿地系统规划图

游线规划图
时空旅人之路
近代商业演进之路
时空旅人节点
文化感知节点
商业体验节点

体验商业慢行之路示意 | 历史建筑活化功能改造漫画示意

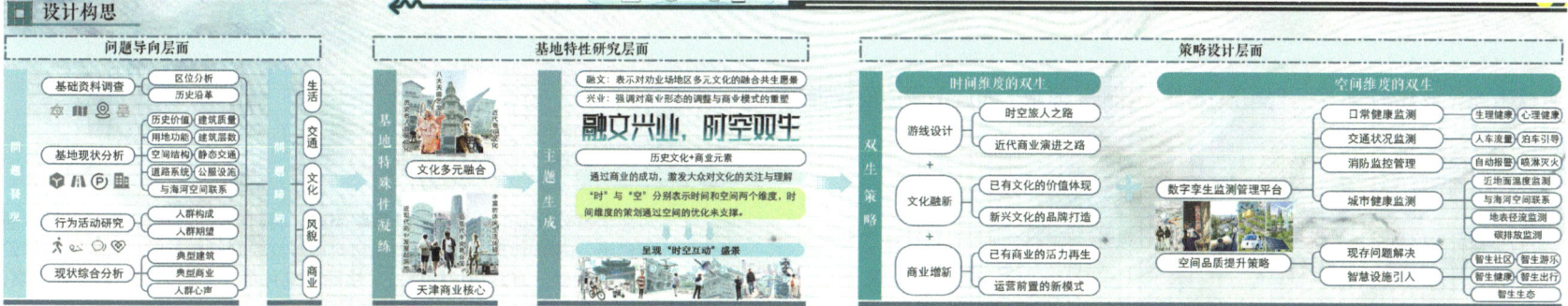

设计构思

问题导向层面

基础资料调查
区位分析
历史沿革
历史现状分析
用地功能 建筑层数
空间结构 静态交通
道路系统 公服设施
与海河空间联系
行为活动研究
人群构成
人群需求
现状综合分析
典型建筑
典型商业
人群心声

生活
交通
文化
风貌
商业

基地特性研究层面

基地特殊性凝练

文化多元融合
天津商业核心

融文兴业，时空双生

历史文化+商业元素

"时"与"空"分别表示时间和空间两个维度

主题生成

策略设计层面

时间维度的双生
游线设计
时空旅人之路
近代商业演进之路
文化融新
已有文化的价值体现
新兴文化的品牌打造
商业增新
已有商业的活力再生
运营前瞻的新模式

双生策略

空间维度的双生
日常健康监测 生理健康 心理健康
交通状况监测 人车流量 泊车引导
消防监控管理 自动报警 喷淋灭火
城市健康监测 近地面温度监测 与海河空间联系 地表径流监测 碳排放监测

数字孪生监测管理平台
空间品质提升策略

现存问题解决
智慧设施引入

智慧社区 智慧游乐
智慧健康 智慧出行
智慧生态

图例

1. 创意联合事务所
2. 津味民艺体验工坊
3. 劝业场大楼
4. 津味曲艺体验剧馆
5. 空中廊道
6. 津味市井体验街区
7. 健康跑道
8. 屋顶花园
9. 城市客厅
10. 青年创智公寓
11. 社区集市中心
12. 社区公园
13. 创客交流坊
14. 津味生活体验街区
15. 津味潮玩体验商场

经济技术指标

总用地面积：73ha
总建筑面积：1915855.69m²
拆除建筑面积：27650m²
新建建筑面积：42730m²
拆留比：0.03
建筑密度：44.17%
容积率：2.18
绿化覆盖率：25.06%
新增停车位：4320个
地面停车位：500个
地下停车位：3820个

0 50 100

【规划功能分区】　【文化体验轴线】　【交通系统规划】　【绿化景观结构】

【问题挖掘】磁滞严重
- 商业滞后于新消费文化的要求
- 生活滞后于新社群文化的需求

【问题挖掘】磁性不足

文化力不足

1900S前　1920S　1960S　2022

154份 问卷 + 深度调研访谈

空间体破败
- 基础设施老化
- 市政环卫缺乏
- 建筑外观受损
- 公共空间破败
- 环境缺乏维护

非成套房屋 "公房"
"没有厨房和卫生间"
"单室比较多"
"冬天不方便"
"下雨积水很深"
"环境很差"
"一百来年的老房子了"
建筑成套情况

消费情况
- 消费吸引不足
- 消费金额偏低
- 消费目的单一
- 消费频率较高

业态问题
- 主街业态活力缺失
- 后街业态类型单一
- 商场业态复合不足
- 离黄金比例有差距

功能类单一

消费金额/次　消费目的　业态黄金比例　主街沿街业态
消费频率　消费吸引力　后街沿街业态　商场业态

人群消费数据&商圈感知　　现状整体业态占比分析图

问题挖掘	磁滞消除	磁性增强	磁能释放
现状总结	规划愿景	策略路径	实施机制
1	2	3	4
更新滞后 文化淡漠 功能单一 居住破败	商文业圈 生活图景 新旧交融	历史活化 商业提质 生活强化	租差释放 租差提升 租差溢出 租差分配

津赋磁能，业兴场荣——"文化-功能-空间"视角下的城市中心复兴计划

参赛院校：南京大学
作者姓名：刘洋 刘畅 赵祎璇 林为民 柯茂
指导老师：张敏 唐莲
"天津城投杯"第二届全国大学生国土空间规划设计竞赛　佳作奖

方案点评：
作品对现状有较全面的分析，设计思路清晰，将研究片区类比为一块磁铁，通过分析外部磁场、内部电流、内部线圈和材料等寻找更新问题的解决思路，在理论方法上有一定的突破。方案构建的商业、生活和文化等方面的图景内容比较丰富，图面效果较佳。

【规划愿景】磁滞消除：文化充能功能

1 新旧文化要素梳理

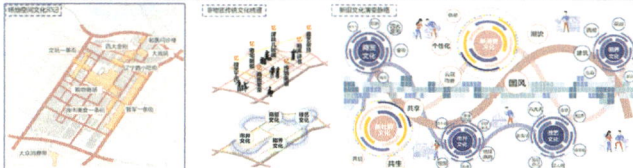

2 文脉传承商业图景：业态升级，场景打造，数智提升

步骤1
多元业态升级，激活文化潜能

步骤2
消费场景构建，新旧文化融合

步骤3
数智手段提升，激活文化能量

3 新旧交融生活图景：社群共生，记忆共享，文化共创

步骤1
功能混合，构建文化碰撞场

步骤2
圈层交互，打造文化融合场

步骤3
价值合伙，激活文化创造场

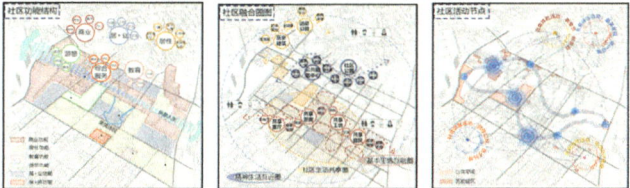

【策略路径】磁性增强：文化赋能空间

1 历史建筑活化：风貌再现，主题激活

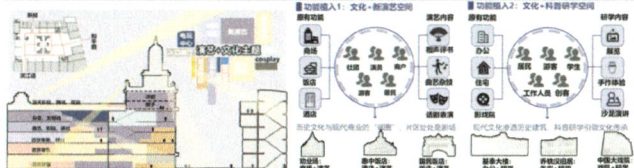

2 商业空间提质：空间串联，场景共生

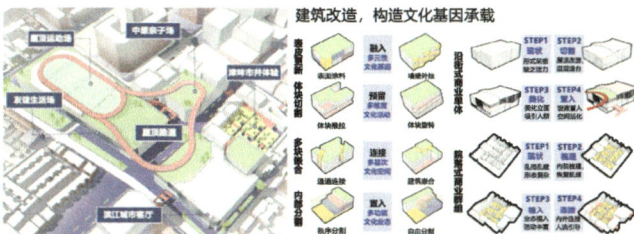

3 生活场景强化：肌理梳理，活动植入

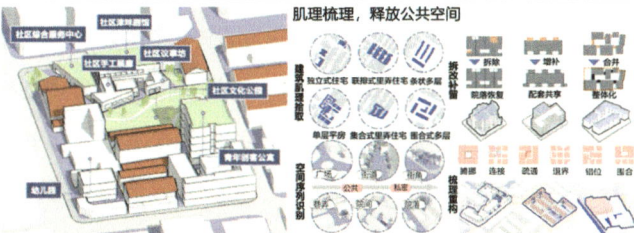

【实施机制】磁能释放：租差撬动

1 释放规则租差

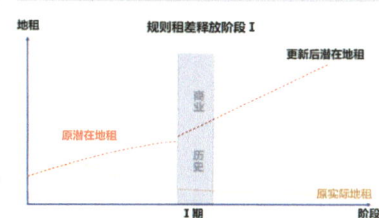

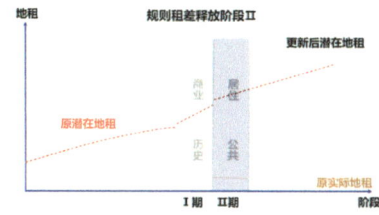

2 撬动发展租差

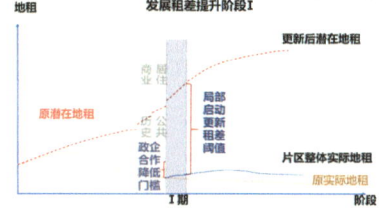

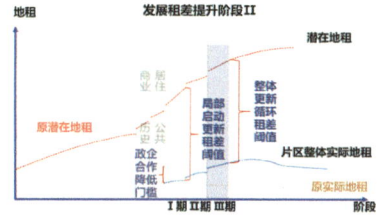

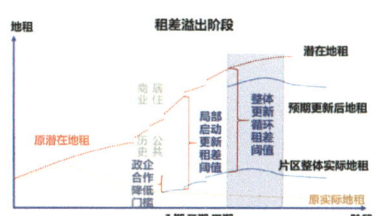

3 租差主体分配

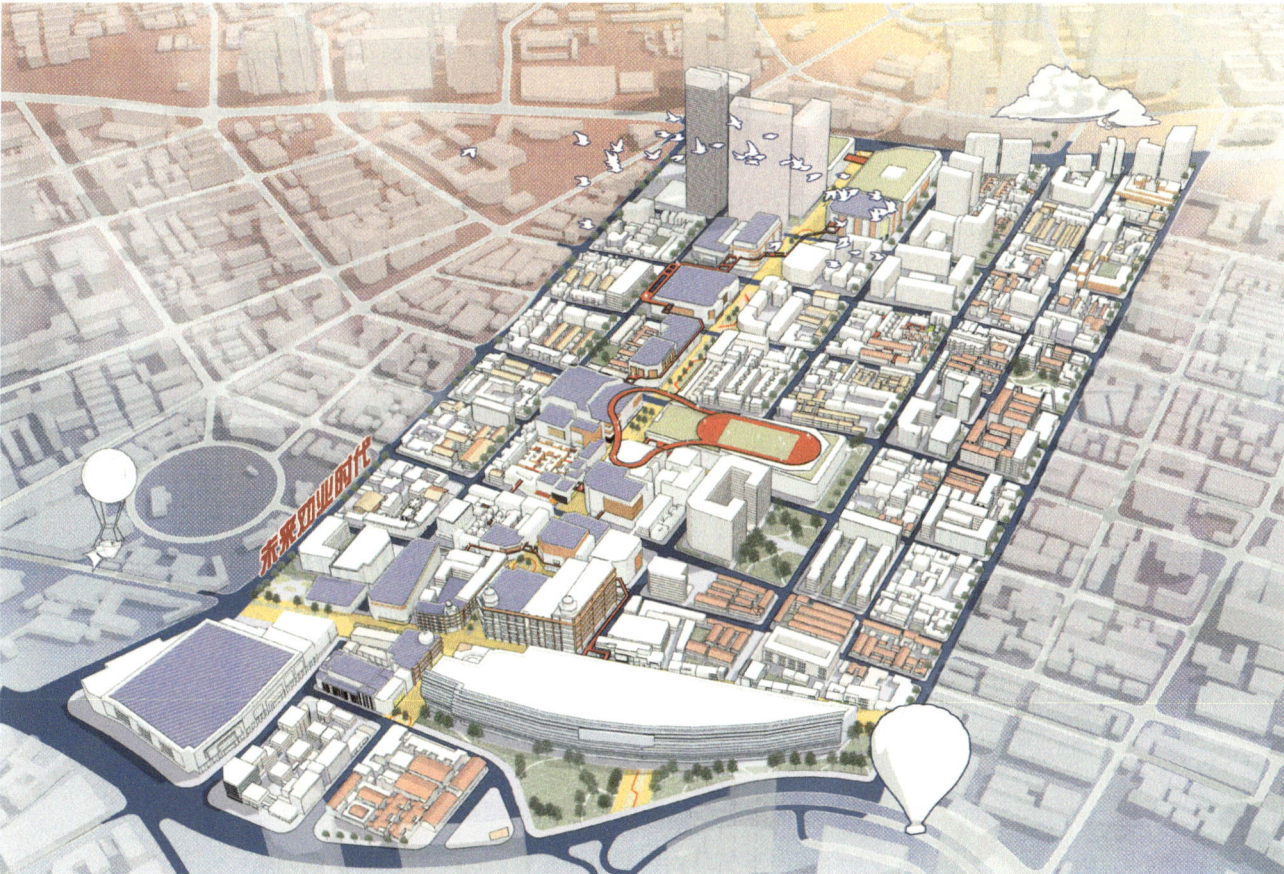

2022年『天津城投杯』第二届全国大学生国土空间规划设计竞赛获奖作品 —— 研究生组（佳作奖）

后 记

时值第三届全国大学生国土空间规划设计竞赛暨第一届城乡规划毕业设计（论文）竞赛在武汉举办之际，前两届竞赛获奖作品集也要跟广大读者见面了。这项竞赛创立至今虽不过三年时间，但在城乡规划教育领域已经具备相当的知名度和影响力，这体现在参赛人数的增长和作品质量的提升上。本书编辑出版的初衷，是全面展示城乡规划相关专业师生在两届竞赛中取得的成果，既是对过往获奖者的褒奖，也是对未来参赛者的激励。

从竞赛主题"城市更新"出发，两届竞赛的设计任务书均选取真实的城市地段，面向真实的城市问题，竞赛作品集思广益，百花齐放，为我国国土空间规划体系下城市更新的价值与方法贡献了新鲜的思考，对城市更新工作的理论研究和实际操作都有较高的借鉴价值。

从专业教学和专业学习的角度出发，本书是一本不可多得的参考书，因为它忠实、完整地呈现了两届竞赛的优秀作品的面貌，便于学生直接观摩学习，也可认识到全国范围内各院校城乡规划教学的共性与差异。

对非专业人士来说，本书图文并茂，大量信息都进行了可视化表达，可以说是一本生动活泼的科普书。城市更新与在地居民的关系极为密切，成功的城市更新离不开公众参与。我们希望本书能为城乡规划学在公众中的普及作出一点贡献。

最后，在此获奖作品集面世之际，我们谨代表竞赛组委会对竞赛承办高校、各位参赛者、获奖者致以诚挚谢意。

感谢段进院士连续担任两届竞赛评审委员会主任。

感谢本书编委会各位专家老师的辛勤工作，他们是：

于海涛、门晓莹、王引、王超、叶斌、边兰春、吕斌、朱妍、刘军、江泓、许熙巍、孙在宏、阳建强、李枫、李建波、吴卫东、张兵、张彤、张尚武、张晓玲、陈天、陈晓东、武廷海、林坚、易树柏、罗小龙、周俭、周长林、段进、贺灿飞、顾安国、党晟、殷铭、黄亚平、黄经南、曹一辛、彭翀、董玛力、傅兆、曾坚、曾鹏、鲍莉、霍兵、蹇庆鸣（按姓氏笔画排序）。

感谢两届竞赛的工作组成员，他们是：

第一届：

张彤、阳建强、鲍莉、江泓、陈晓东、殷铭、葛天阳、高舒琦、徐瑾、李建波、童承江、朱洁。

第二届：

宋昆、曾鹏、许熙巍、蹇庆鸣、党晟、侯鑫、米晓燕、郭源园、王雨、田健、盛明洁、来琳、刘丹青、谢舒、朱金锦、杨云婧、赵松、蒋飞阳、张建勋、李含嫣、张哲群、聂月、王嘉钰、孙已可、杨彬、赵家慧、王宇彤、田汭林、杨阳、李易璋、费龙翔、姚鹏远、冀蕾诺。

竞赛组委会

2023年8月2日